JAHRBUCH
des
Stiftes Klosterneuburg

Herausgegeben von Mitgliedern des Chorherrenstiftes

II.

WIEN und LEIPZIG
WILHELM BRAUMÜLLER
K. U. K. HOF- UND UNIVERSITÄTS-BUCHHÄNDLER
1909

Gesellschafts-Buchdruckerei Brüder Hollinek, Wien III. Erdbergstraße 3.

Inhalt

                                                                                 Seite

1. Schönsteiner, Dr. Ferdinand, Die Collectio Claustroneoburgensis. Eine neu entdeckte Kanonsammlung (mit einer Tafel) 1
2. Černík, Berthold, Tagebücher des Stiftes Klosterneuburg über die Invasionen der Franzosen in Österreich in den Jahren 1805 und 1809 (mit drei Faksimiles) 155
3. Ludwig, Dr. Vinzenz Oskar, Franz Kurz im Spiegel seiner Briefe an Max Fischer 231
4. Weißenbäck, Andreas, Johann Georg Albrechtsberger. Eine Erinnerung zu seinem 100. Todestage [7. März 1909] (mit einer Tafel und zwei Notenbeilagen) 259
5. Pauker, Dr. Wolfgang, Der Bildhauer und Ingenieur Matthias Steinl. Eine kunsthistorische Studie (mit 35 Tafeln) 275

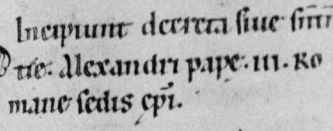

Incipiunt decreta siue sm̄-
tie. Alexandri pape. III. Romane sedis epi.

Icet p̄ uitanda discordia in-
tercōne romani pontificis manifesta satis a predecessorib; nostris ostituta manauerunt quia
tamen sepe p̄ illa imp̄pera am-
bicionis audaciam grauem
passa ē cissuram eccla-
nos ⁊ ad hoc malum deuitandū de
consilio f̄rm̄ nr̄oy̆ ⁊ sac approbato
ne ositū aliquid decreuimus adiun-
gendum. Statuim̄ g̃ ut si forte inimi-
co homine superseminante humani a-
iuī cardinales de substituendo rom̄
pontifice. nō potuit plena ēe cōcordi-
a ⁊ tb; partib; concordantib; quarta
pars cōcordare noluit, aut si aliqi ordinare ut nominare ipsum serit ille
absq; exceptōne ab uniuersa romana
ecclia pontifex habeatur qui a tota tib;
partib; electus fuit ⁊ recept. Si qs de
quarte partis nominatōne confis. da-
rem non p̄ hīre nom̄ epi. $; usurpauit
tam ipe qua ipi qui cum suceperunt ex-
cōmunicōni subiaceant. totius sac ordinis p̄uatōne multent ita ut uiati-
cis eis nisi tm̄ in ultimis oīo denegetur. ⁊
nisi resipuirit cum dathan ⁊ abiron qs
t̄ra uiuos absorbuit accipiant porcio-
nem. Preterea si a pauciorib; quam a trib;
partib; aliquis electus fuit ad aptat oficī

nisi maior concordia interuenerit nullatenus assumant s; predictē pene subiaceant si humilit uoluerint abstinere. Et
hoc tamen nullis canonicis ostitutionib; ⁊
aliis ecclesiasticis g̃ nētur p̄iudicium. in q-
b; sanioris ⁊ maioris partis debet p̄uale-
re sententia. quia qd ab eis in dubiū ue-
nit superioris pot;ıit iudicio p̄inri. In
romana u. ecclia speciale aliquid constitu-
tur. quia nō potest de electōne epi ad
superiorem recursus fieri. ut h̄ri.

Quod a predecessore nr̄o felicis memo-
rie papa innocentio factū ē innouā-
tes ordinatōnes ab octauiano qui done-
ēmensi heresiarchis nec non ⁊ Iohe Sti-
mensi qui eos secut est. scd̃a ad eis ordinatōnes irritas ēe censemus. adicientes
⁊ ut qui dignitates ecclesiasticas ut officia
seu b̄nficia per predictos cismaticos ac-
ceperint careant impetratis. alienatio-
nes q; siue inuasiones que p eosdem cismaticos siue per laicos f̄ce sunt de reb;
ecclesiasticis omi careant firmitate ⁊
ad ecclesiam sine omi eius onere reuitan-
tur. Si quis au contra p̄sumpserit
ex comunicōni se nouit subiacere.
illos au qui sponte iuramtū de tenen-
do cismate p̄stiterint a sacs ordinib; ⁊ di-
gnitatib; decernimus manere suspensos.

Cum incunctis sacs ordinib; ⁊ ecclesiasticis ministris ⁊ etatis maturitas ⁊
morū g̃uitas ⁊ uit̄as scientia sit inquirendum multo fortius in epo hec
oportet inquiri. qui ad causam postu-
atiōes in se ipo debet ostendere qualit a-
lios in domo d̄ni oportet conuersari ut
conseruari. Ea propt. ne quod aquib;
dam ex necessitate tnp̃s scim est in

Anfang der Collectio Claustroneoburgensis.

Die Collectio Claustroneoburgensis.

(Eine neu entdeckte Kanonsammlung.)

Von

Dr. Ferdinand Schönsteiner.

Prolegomena.

§ 1. Beschreibung der Handschrift Nr. 19.

Anläßlich seiner Arbeiten zur Herstellung eines neuen Handschriftenkatalogs machte mich der hochw. Herr Stiftsbibliothekar Prof. Hermann Pfeiffer im Herbst vorigen Jahres auf ein kirchenrechtliches Werk im Codex M. S. Nr. 19 aufmerksam. Ich entdeckte in demselben eine höchst wertvolle, an Umfang und Alter hervorragende Kanonsammlung des zwölften Jahrhunderts, welche der Wissenschaft bis zur Stunde gänzlich unbekannt geblieben ist. Diese Sammlung, ich nenne sie Collectio Claustroneoburgensis, gelangt hier zur Veröffentlichung.

Die Handschrift Nr. 19 der Klosterneuburger Stiftsbibliothek besteht aus Pergamentblättern, welche sämtlich zweispaltig beschrieben sind. Höhe 38·7 cm, Breite 30 cm. Die Schrift weist drei verschiedene Hände auf. Zwölftes Jahrhundert. Moderner Pappeinband mit Lederrücken welcher die mit Goldbuchstaben eingepreßte Inschrift trägt: S. Augustinus XXXII. M. S. 19.

Den Inhalt dieses Sammelkodex bilden zunächst mehrere Schriften des hl. Augustinus; hierauf, Fol. 36^a—87^b, folgt die neu aufgefundene Dekretalensammlung mit dem Titel: Decreta sive sententiae Alexandri papae III. Romane Sedis episcopi; und am Ende steht eine liturgische Summa de divinis officiis des Johannes von Boleto.

Ich gebe zunächst eine genauere Beschreibung der einzelnen Teile des Codex M. S. Nr. 19:

I. Fol. 1^a—11^b (S. Augustini de nuptiis et concupiscentiis ad Valerium comitem libri II).

Prologus incipit: „Scripsi duos libros ad illustrem virum." Epistula ad Valerium incipit: „Cum diu moleste haberem, quod." Opus incipit: „Haeretici novi, dilectissime fili Valeri, qui medicinam." Explicit: »propter quae Jesus id est salvator possit esse et ipsorum.« Ed. Migne Patr. lat. T. 44, col. 411 seq.

II. Fol. 11ᵇ — 15ᵇ (Rubr. Incipit liber Augustini de bono conjugali).

Incipit: „Quoniam unusquisque homo humani generis pars est."
Explicit: „qui non propter hoc saeculum, sed propter Christum patres fuerunt."
Ed. Migne T. 40, col. 373 sq.

III. Fol. 15ᵇ — 21ᵇ (Rubr. Augustini de sancta virginitate).

Incipit: „Librum de bono conjugali nuper edidimus." Explicit: „Et orantes etiam pro nobis benedicite sancti et humiles corde Dominum, hymnum dicite et superexaltate eum in saecula." (Dan. III, 87.) Ed. Migne, P. L. T. 40, col. 397 seq.

IV. Fol. 21ᵇ — 25ᵃ. (Rubr. Augustinus ad Julianam de professione s[anct]e viduitatis). Tit. apud Migne et alios: De bono viduitatis epistula ad Julianam viduam.

Incipit: „Augustinus episcopus . . . Ne petitioni tuae et in Christo dilectioni diutius." Explicit: „et perseveretis in eo, quod estis et proficiatis ad id, quod eritis." Ed. Migne T. 40, col. 397 sq.

V. Fol. 25ᵃ — 36ᵃ (Rubr. Incipit Augustini liber enchiridion).

Incipit: „Dici non potest, dilectissime fili Laurenti." Explicit: „utinam tam commodum quam prolixum de fide spe et charitate conscripsi. Deo gracias."
Ed. Migne T. 40, col. 429 sq.

VI. Fol. 36ᵃ — 87ᵇ (Rubrum: Incipiunt decreta sive sententiae Alexandri papae III. Romane sedis episcopi).

Incipit: „Licet pro vitanda discordia in electione Romani Pontificis manifesta." Explicit: „decimas non persolvant, concessit."

Initiale, rot und schwarz: ein Jüngling, fliehend vor verfolgendem Bären, erklettert einen schützenden Baum.

VII. Fol. 88ᵃ — 119ᵇ (Rubr. Summa cujusdam Johannis de Boleto (Beleth) de divinis officiis).

Incipit: „In primitiva ecclesia prohibitum erat, ne quis loqueretur linguis." Explicit: „agnus, qui in quinta feria debebat immolari. Proprie vero pascha..."

Über Johannes Beleth siehe Hurter, Nomenclator liter. Tom. IV, col. 160.

§ 2. Papst Alexanders III. Leben und Werke.

I. Leben.

Orlando Bandinelli, geb. zu Siena, war Lehrer des kanonischen Rechts zu Bologna. Oktober 1150 ernannte ihn Papst Eugen III. zum Kardinaldiakon mit dem Titel St. Kosmas und Damian. Bald erhielt er den Kardinalpriestertitel von St. Marcus, wurde 1153 Kanzler der römischen Kirche und Legat in wichtigen Angelegenheiten. Als solchen finden wir ihn Okt. 1157 auf dem glänzenden Reichstage zu Besançon, wo er durch seine unerschrockene Verteidigung der kirchlichen Gerechtsamen (vielleicht etwas unklug; Doppelsinn des Wortes beneficium) den Zorn des gewaltigen Rotbart auf sich lud. Nach dem Tode des Engländers Papst Hadrians IV. (1154—1159) wählte die Mehrheit der Kardinäle den Kanzler Roland zum Oberhaupte der Kirche (Alexander III. 1159—1181), während eine kaiserlich gesinnte Minderheit den Kardinal Ottaviano Maledetti (Viktor IV.) als Gegenpapst aufstellte. Auf ihn folgen noch drei Gegenpäpste. Der weitaus größte Teil der Christenheit stand jedoch treu zu Alexander, für ihn erklärten sich Ludwig III. von Frankreich, Heinrich II. von England, Spanien, Irland, Norwegen und Ungarn schlossen sich an. Viele hervorragende Bischöfe und Prälaten sowie die Orden[1]) Deutschlands stellten sich, den Grimm des mächtigen Imperators nicht achtend, auf die Seite des rechtmäßigen Vorstehers der Gesamtkirche, trotzdem mußte Alexander III. den italienischen Boden verlassen und in Frankreich ein Asyl suchen (1162—1165). Der Streit zwischen Sacerdotium und Imperium endete mit der völligen Niederlage des Staufers: Frieden zu Venedig 1177. Seit dem 12. März 1178 residierte Alexander wieder in Rom und hielt hier 1179 das elfte ökumenische Konzil ab (III. Lateransynode). Der große heilige Streiter für die Ehre der Braut Christi schloß seine Augen zu Civita Castellana, 30. August 1181.

Alexander III. ist eine der blendendsten Erscheinungen auf dem Stuhle des Apostelfürsten. Mit nie zitternder Hand hält er das Steuer der Kirche inmitten des tosenden Wogenschwalls der kirchenpolitischen Kämpfe. Überall vernimmt man im Hause Gottes seine gebietende, mahnende, strafende, tröstende Stimme. Zu ihm flüchtet Englands standhafter Bekenner Thomas Becket; er bestätigt in Portugal die Königswürde des Herzogs Alphons I.; in Frankreich kämpft er Hand in Hand mit Ludwig III. für die Reinerhaltung des Glaubens gegen die bedrohlich auftretenden Katharer; er wacht für Zucht und christliche Sitte im skandinavischen Norden, und zur gleichen Stunde denkt seine Hirtensorgfalt an die Missionen in Palästina und im übrigen Asien. Groß als Kenner des Rechts, regelt er durch mehr als 4000 Erlässe die mannigfaltigsten und schwierigsten Rechtsfälle. Als Förderer der Universitäten, als Hort aller Bedrängten, als Rächer jedweden Unrechts erhebt sich der Bischof von Rom. Den stolzen Imperator zwingt er zum vollkommenen Rückzuge auf allen Linien.

---

[1]) In dieser schweren Zeit hielt auch das Chorherrenstift Klosterneuburg, ungeachtet aller Anfeindung durch die Passauer Bischöfe, unter seinem Propst Wernher (1168—1186) unentwegt zu Alexander III.

Watterich II. 377 seq.; Migne P. L. 200; Reuter, Geschichte Alexanders III. und der Kirche seiner Zeit, II. Aufl. Leipzig 1860—64, 3 Bde.

II. **Werke.** Von Alexanders III. schriftstellerischen Arbeiten sind uns zwei bekannt:

1. Die **Summa Magistri Rolandi**, besser Stroma genannt, nach Paucapaleas Werk die älteste Bearbeitung des Decretum Gratiani, verfaßt vor 1150. Sie kommentiert den zweiten Teil des Dekrets und gibt zu den 101 Distinktionen des ersten Teiles ein sehr kurzes Inhaltsverzeichnis; eine Besprechung des dritten Teiles (de consecratione) fehlt. Ausgabe: „Die Summa Magistri Rolandi, nachmals Papstes Alexanders III. nebst einem Anhange Incerti Auctoris Quaestiones, herausgegeben von Dr. Friedrich Thaner, Innsbruck 1874".

2. Die **Sentenzen**, ein dogmatisches Lehrbuch, verfaßt nach dem Stroma, wahrscheinlich in der ersten Zeit des Kardinalats Rolands. Genauer Titel: „Sententiae Rodlandi Bononiensis magistri auctoritatibus rationibus fortes". Ausgabe nach der einzigen bisher bekannten Handschrift (Cent. III. 77 der Stadtbibliothek zu Nürnberg, Fol. 144^b—178^b): „Die Sentenzen Rolands nachmals Papstes Alexander III., zum ersten Male herausgegeben von P. Fr. Ambrosius M. Gietl O. Pr., Freiburg i. Br. 1891.

Der Untertitel der Klosterneuburger Handschrift: Decreta sive sententiae Alexandri papae III. ist insofern irreführend, als er die Vermutung erweckt, es liege hier ein Exemplar des eben erwähnten Sentenzenwerkes vor. Da es sich aber in Wirklichkeit um eine Kollektion von Dekretalen Alexanders handelt, so ist jene Bezeichnung „sententiae" eine unzutreffende und wohl auf ein Mißverständnis des Amanuensis zurückzuführen.

In den folgenden Paragraphen geben wir eine Orientierung über die an das Dekret Gratians anschließende kanonistische Literatur der zweiten Hälfte des zwölften Jahrhunderts. Wir besprechen im § 3 die Glossatoren, im § 4 die Summisten, im § 5 einige untergeordnete Literaturgattungen, im § 6 die sog. appendices ad decretum und § 7 die selbständigen Kompilationen. In dem so gewonnenen Milieu findet dann die Collectio Claustroneoburgensis ihre rechte Stelle und Würdigung.

§ 3. Die Glossatoren des XII. Jahrhunderts.

Die herrschende exegetische Methode der großen Lehrer des römischen Rechts in Bologna wurde von den Dekretisten auf die Wissenschaft des Kirchenrechts übertragen, und so das Dekret Gratians, welches allgemein angenommene Grundlage der Vorlesungen und der Literatur bildete, von vielen

Händen glossatorisch bearbeitet. Die Glossen waren zunächst Worterklärungen, Wortparaphrasen, welche oberhalb des betreffenden Textes, zwischen den Zeilen, beigefügt wurden, glossa interlinearis.

Als die Bemerkungen und Erläuterungen größeren Umfang gewannen, und ihr Inhalt durch Aufnahme von Begriffsbestimmungen, Zitaten, Parallelstellen, Quellenbelegen, Rechtsregeln (Brocarda genannt) sich bereicherte, notierte man die Glossen am Rande, seitwärts, oben und unten, glossa marginalis, aus welcher schließlich umfangreiche Kommentare erwuchsen (Lectura, apparatus).

Die bedeutenderen Glossatoren des XII. Jahrhunderts sind:

1. Paucapalea (Lehramt c. 1144—1150), Begründer der Glosse. Er gab Worterklärungen, Parallelstellen und Zitate. Über seine glossatorische Tätigkeit vgl. Schulte, Geschichte der Quellen und Literatur des kanon. Rechts I, 111.

2. Rufinus, ein Franzose, mit deutschen Verhältnissen vertraut, scheint Lehrer in Paris gewesen zu sein. Seine Sigle: R. (Schulte, Die Glosse zum Dekret Gratians, Wien 1872, Separatabdruck aus den Sitzungsberichten der kais. Akad.).

3. Albertus, gebürtig aus Benevent, daher Beneventanus, Lehrer in Bologna, seit 1157 Kardinal und Kanzler der römischen Kirche, bestieg als Gregor VIII. 1187 den Stuhl Petri zu kurzer Regierung († 17. Dezember 1187). Sigle: A. Einzelne Glossen von ihm führt Schulte auf (Die Glosse zum Dekret, § 8).

4. Gandulphus, Lehrer des großen Huguccio, wie es scheint, Lebenslauf unbekannt. Seine Glosse, im 8. oder 9. Jahrzehnt des XII. Jahrhunderts verfaßt, erstreckte sich wohl auf das ganze Dekret. Seine Ansichten, als zu subjektiv, werden von der Glossa ordinaria häufig zurückgewiesen. Einzelne Fragmente gibt Schulte (l. c. § 9) aus einer Wolfenbütteler, einer Trierer und Münchener Handschrift. Sigle: G., Gan., Gand.

5. Johannes Faventinus, geb. zu Faënza, Bischof dieser Stadt 1160—1190, Anhänger Kaiser Friedrichs I., starb auf dem Kreuzzuge 1190. Sein Glossenapparat ist ungefähr 1179 verfaßt, jedenfalls später als seine Summa und ist auch das reifere, selbständige Werk. Die Glosse siehe bei Schulte, a. a. O., § 5. Sigle: Jo., Jo. f.

6. Cardinalis. Nach Maaßen und Schulte bezeichnet diese Sigle in den Handschriften den Kardinal Gratian. Vorher Magister in Bologna, erhielt er 1168 den Purpur und starb als Kardinaldiakon nach 1197. Glossen von ihm, auch interlineare, bei Schulte, a. a. O., § 7.

7. **Bazianus**, Zivilist und Kanonist, der erste Doctor Utriusque Juris, starb als Kanonikus zu Bologna 1197. Sigle: Baz, Bar. usw. Sein ausführlicher und ausgezeichneter Glossenapparat entstand etwa 1180—1190. Schulte, a. a. O., § 11.

§ 4. Die Summenliteratur.

Während die Arbeiten der Glossatoren in engstem Anschlusse an das Dekret Gratians den Text desselben kommentieren, erreicht die kirchenrechtliche Wissenschaft in den Summen einen hohen Grad von Selbständigkeit und konstruktiver Durchbildung. Die Summa bietet den rechtlichen Stoff in freier Darstellung, befolgt aber doch, bald mehr, bald minder gewissenhaft, die Ordnung der gratianischen Distinktionen und Causae, und später die Ordnung der Dekretalentitel. Innerhalb der einzelnen so gewonnenen Abschnitte wird die Kapitelfolge nicht streng beobachtet. Es ist dies die Methode, welche im wesentlichen noch heute von den italienischen Kanonisten angewendet wird, wenn sie das Kirchenrecht, unter Verzicht auf ein gewillkürtes System, im Anschluß an die Dekretalenordnung darstellen (z. B. Santi, Praelectiones juris canonici, ed. III. Ratisbonae 1898; Phil. de Angelis, Praelectiones juris can. ad methodum decretalium Gregorii exactae, Romae 1877 seq.). Überblicken wir die illustre Reihe der Summisten, so fällt sogleich die Erscheinung in das Auge, daß dieselben Schriftsteller, welche Glossen zum Dekret schrieben, sich vielfach auch in Abfassung von Summen versucht haben.

Hervorragende Summisten des XII. Jahrhunderts:

1. **Paucapalea** (siehe ob.), Summa verfaßt vor 1150, ed. J. Fr. von Schulte, Gießen 1890.

2. **Rolandus Bandinelli** (Alexander III.). Orlandos Werk, verfaßt vor 1150, trägt handschriftlich die von der gewöhnlichen Nomenklatur abweichende Bezeichnung Stroma. Der Herausgeber, Prof. Thaner, wählte die Benennung Summa, wofür ihm der literarische Charakter des Erzeugnisses maßgebend war. Über diese Summe siehe ob. § 2, II, 1.

3. **Rufinus** (siehe ob.). Die Summa Rufins, ein bedeutendes Werk, ist vielleicht um das Jahr 1164 geschrieben und liegt, allerdings unvollständig, in mehreren Handschriften der Bibliotheken von Mainz, Bamberg, Göttingen (Universitätsbibliothek) und Troyes (Stadtbibliothek) vor. Ed. von Schulte, Gießen 1892 und besser von Heinr. Singer, Paderborn 1902 („Die Summa decretorum des Magister Rufinus").

4. **Stephanus von Tournay** (Tornacensis), geb. 1135 zu Orléans, studierte Theologie in Paris und Rechte zu Bologna, wurde regulierter Chor-

herr im Stift zu Orléans, dann Abt von St. Genovefa in Paris, zuletzt Bischof von Tournay 1192. Sein Tod 9. Sept. 1203.

Summa ed. Friedrich von Schulte, Gießen 1891. Rezension derselben von Gietl O. Pr., Archiv für kath. Kirchenrecht, 67, 421. Das Werk ist in den sechziger Jahren des XII. Jahrhunderts gefertigt und benützt Paucapaleas, Rolands und Rufins Arbeiten.

5. **Summa Coloniensis**, ein anonymes Werk, entstanden um 1170 in Deutschland, Kölner Diözese, benützt Rufins und Stephans Vorlagen. Fr. von Schulte (Geschichte der Quellen etc. I, 224) charakterisiert sie als ein auf das Dekret sich stützendes Lehrbuch des Kirchenrechts mit systematischer Darstellungsform. Beschreibung von Schulte, nach dem Codex Bambergensis D. II. 17 im 2. Beitrag zur Literatur über das Dekret Gratians, Sitzungsberichte der kais. Ak., phil.-hist. Kl., Wien 1870, S. 93—114.

6. **Johannes Faventinus** (siehe ob.). Seine Summa super Decretum, vollendet nach 1171, doch früher als die Glosse, ruht zwar ganz auf den Vorlagen von Rufinus und Stephanus; daher heißt es in der Handschrift Nr. 655 fol. membr. saec. XIII. des Chorherrenstiftes Klosterneuburg: „Incipit praefatio in decreta magistri G (Gratiani) a magistro Jo. Faventino canonice ac dilucide edita ex duabus summis Ruffini et Stephani utili artificiosoque [modo] excepta". Diese Summe, obzwar nach moderner Auffassung Plagiat, übte dennoch auf alle Späteren den größten Einfluß. Handschriften in Klosterneuburg, Wien, München, Bamberg, Frankfurt a. M., Angers, Alençon, Chartres, Arras, Erlangen.

7. **Summa Parisiensis**, von Maaßen bekannt gemacht; sie ist um dieselbe Zeit wie die beiden vorausgenannten in Frankreich, Kirchenprovinz Sens, entstanden. Eine Beschreibung dieser Summe gibt nach dem Codex ms. Bambergensis P. II. 26. Schulte im 2. Beitrag, Sitzungsberichte 1870, S. 114—134.

8. **Simon de Bisiniano**, über dessen Lebensverhältnisse nichts Zuverlässiges bekannt ist. Seine Summa, verfaßt 1174—1179, ist uns in einem Codex ms. der Bamberger Bibliothek erhalten, Da. II, 20, saec. XIII. Fol. 3—107. „Summa magistri Symonis de Bisiniano super decretum Gratiani." Sie zeichnet sich (nach Schulte, Geschichte usw. I, 142) durch zwei besondere Vorzüge aus, nämlich einerseits durch Aufnahme der nachgratianischen Dekretalengesetzgebung in größerem Umfange und anderseits durch Aufstellung von sog. Schemata, übersichtlicher Zusammenstellungen von Rechtssätzen mit deren Ausnahmen, Parallelstellen, vites et arbores.

9. **Sichardus von Cremona**, seit 1185 Bischof von Cremona, erscheint später als päpstlicher Legat, † 1215.

Summa, verfaßt 1179—1181 zu Mainz unter Benützung von Johannes Faventinus und Simon, jedoch nach eigenem, selbständigem Plane.

Handschriften in Bamberg, Darmstadt, Wien, München, Arras, Palatino-Vaticana. Auch Sichardus zieht nachgratianische Papstbriefe herbei, bei ihm finden sich die von Simon zitierten Dekretalen, aber auch einige neuere. Sichards Werk war also ein praktisches, auf das jus vigens berechnetes Lehrbuch. Beschreibung von Schulte in Sitzungsber. der kais. Akad., phil.-hist. Kl. LXIII (Wien 1870), 337 ff.

10. **Anonyme Summe**, geschrieben zwischen 1179 und 1187, enthalten in zwei Handschriften zu Halle Ye, Fol. 1—96, und Bamberg P. I. 11. Fol. 75—95, bietet einen Kommentar zu den einzelnen Kapiteln. Beschrieben von Schulte, 2. Beitrag S. 42—46. 3. Beitrag S. 43—56.

11. **Summa decreti Lipsiensis**, enthalten im Leipziger Codex 986, Fol. membr. saec. XIII. Ihre Vollendung fällt in das Jahr 1186. Schulte (Gesch. der Quell. u. Lit. I, 150) hält Johannes Hispanus für den Verfasser. Diese Summa ist von großer Ausführlichkeit, benützt die Vormänner und enthält auch reichlichen neueren Dekretalenstoff.

§ 5. Sekundäre Dekretsliteratur.

A. Hilfsmittel zur Benützung der Quellen.

1. **Lehrbehelfe zum besseren Verständnisse der Quellen**
Dieselben entsprechen den Bedürfnissen des akademischen Studiums und führen in der Zeitsprache ihre besonderen Benennungen. **Distinctiones** sind Darstellungen über den Gedankengang des Gesetzgebers mit Erörterungen einzelner schwieriger Kapitel; **Apostillae** und **Notabilia** bringen Auszüge der Rechtssätze aus den Quellen, wir würden heute Repertorien sagen. Hierher gehören auch die einzelne Rechtsfälle erläuternden Werke, **Casus**.

2. **Hilfsmittel für das Gedächtnis** werden in prosaischer und in poetischer Form unermüdlich hergestellt. Die Bezeichnungen dafür sind: **Indices, Margaritae, Breviaria, Summae metricae**.

B. Umgestaltungen des Dekrets.

Da das wissenschaftliche System Gratians nicht durchaus befriedigte, so wurden bald Versuche gemacht, das Decretum durch Umformung, Umarbeitung brauchbarer zu machen. Solcherlei Versuche fanden bei der Beliebtheit des gratianischen Werkes im ganzen wenig Anklang.

Von derartigen Schriften sind aus dem XII. Jahrhunderte zu erwähnen:

1. Die **Abbreviatio decreti** des **Omnibonus**, Bischofs von Verona († 1185). Bickell hat dieses Werk in einem Codex Nr. 68 der Frankfurter Stadtbibliothek an. 1824 aufgefunden. (Bickell, De Paleis, quae in Gratiani decreto inveniuntur, Marburg 1827.) Vgl. auch Schulte, De decreto ab Omnibono abbreviato, Bonner Progr. 3. 8. 1892. Die Abbreviatio besteht aus 26 Distinktionen und 37 Causae.

2. Der **Codex Compilationis** des Kardinals **Laborans** († c. 1189), verfaßt 1182 und erhalten in einer HS der Vaticana. Beschrieben von Theiner, Disquisitiones criticae, Rom, 1836, 399—446. Laborans beabsichtigte, dem Dekrete eine bessere Anordnung des Stoffes zu geben und teilte es zu diesem Zwecke in fünf Bücher. Siehe **Rud. Ritter von Scherer** im Kirchenlexikon VII, 1282.

3. **Liber aureus** decretorum concordatorum, enthalten im Cod. Nr. 88 (181) der Stiftsbibliothek zu Göttweig Fol. 1—22, saec. XII.

4. **Excerpta ex Summa Canonum** sive decretorum, liegen vor in mehreren HS der Bibliotheken zu Göttweig, Wien (kais. Hofbibliothek), München (Hofbibl.), Darmstadt, Basel (Universitätsbibliothek).

5. **Exceptiones decretorum Gratiani**, Auszüge, welche Frankreich und dem XII. Jahrhundert angehören. Beschreibung gibt Schulte nach einem Codex des Prager Domkapitels J. LXXIV, membr. 8⁰, saec. XIII. (Schulte, Über drei in Prager Handschriften enthaltene Kanonensammlungen, Wien 1868, Sitzungsber. LVII, 221—229.)

§ 6. Nachträge und Anhänge zum Dekret Gratians.

I. **Die Paleae.** Gratians Dekret ist eine Art scholastisches Lehrbuch mit Quellenbelegen. Das von dem fleißigen Kamaldulensermönch übersehene oder übergangene Material wurde zum Teil von anderen Rechtslehrern nachgetragen und an passender Stelle in Gratians Werk eingefügt. Die ältesten dieser Zusätze rühren von Gratians Schüler **Paucapalea** her, davon der Name Paleae für alle derartigen späteren Einschiebsel. In neuerer Zeit bemühte sich die Textkritik mit gutem Erfolge, die Paleae im Dekret zu agnoszieren und nachzuweisen. Friedberg zählt 166 Paleae und bestimmt in seiner Tabelle deren Herkunft. (Prolegomena zur Editio Lipsiensis secunda des Corpus Jur. Can., Pars prior, I, 2; vgl. auch Maaßen, Paucapalea, Sitzungsberichte der kaiserl. Akademie der Wissenschaften zu Wien, phil.-hist. Klasse, XXXI, 1859, S. 449 ff.; Schulte, Die Paleae im Dekret, Sitzungsberichte, Wien 1875.)

Die Paleae trugen aber bloß älteres Gesetzmaterial nach; dem Bedürfnisse, neueres Recht zugänglich zu machen, entsprechen nach Friedbergs Ansicht höchstens zwei. Die eine von diesen, C. II, qu. 5, can. 17, gehört Innocenz II. (1130—1143) an, die zweite C. XXXV, qu. 6, can. 2, ist Coelestin II. (1143—44) zuzuschreiben.

Mit dem Pontifikate Alexanders III. setzte die päpstliche Gesetzgebung so mächtig ein, daß es unumgänglich notwendig wurde, die nach Abschluß des Decretum Gratiani (c. 1145) erflossenen Dekretalen in die juristische Darstellung aufzunehmen. Dies geschah zunächst in Form von Anhängen (Appendices), welche in den Handschriften entweder an den Schluß einzelner Teile des Decretums oder an das Ende des ganzen Werkes angefügt wurden. Wir haben in der Literatur nur geringe Reste von solchen Anhängen.

II. **Innsbrucker Handschrift Nr. 90**, beschrieben von Maaßen (Beiträge zur Geschichte der jur. Literatur des Mittelalters, Sitzungsberichte der kais. Akad. XXIV, 4, Wien 1857, S. 64 ff.).

Diese Handschrift des Decretum Gratiani enthält folgende Anhänge:
- *a*) ungeordnetes älteres Material in 89 Kapiteln;
- *b*) can. 2 des Conc. Turonense an. 1163;
- *c*) 12 Dekretalen von Vor-Gratianischen Päpsten.
- *d*) fünf Dekretalen Alexanders III., nämlich Jaffé ed. II. n. 12.433, 13.972, 12.293, 12.785, 13.604;
- *e*) die Schlüsse des III. Laterankonzils von 1179.

III. **Codex I, B. I, saec. XIII des böhmischen Museums in Prag**, früher dem Chorherrenstifte Saczke, dann dem Grafen Kolowrat-Krakowsky gehörig.

Enthält den Text des Gratianischen Dekrets und als Anhang acht Stücke, nämlich vier Konzilsbeschlüsse: Conc. ap. Vermeriam, Aurelianense, Meldense, Triburiense und vier Papstbriefe: 2 Eugens III., Leo IX., Honorius III. Beschrieben von Schulte, Die Glosse zum Dekret Gratians Wien 1872, S. 23.

IV. **Codex Nr. 907 der Hofbibliothek zu Darmstadt**, membr. fol. saec. XIII (monasterii Weingartensis 1628) ist eine Abschrift von Gratians Dekret und enthält als Anhang 17 neuere Dekretalen sowie poetische Vitae Pontificum bis auf Johann XIX. (1024—1033).

V. **Codex Haenel Nr. 3464**, jetzt im Besitze der Leipziger Universitätsbibliothek. Über diese Handschrift hat Haenel in den Berichten der Sächs. Ges. der Wissenschaften, phil.-hist. Klasse, 1877, nähere Mitteilungen gemacht.

Die Handschrift enthält das Dekret Gratians und folgende Zusätze:
- *a*) Zitate aus dem römischen Rechte nach C. I. qu. 1. can. 30;

b) älteres Qullenmaterial, eingeschoben hinter c. 8. Dist. 5 de poen.;
c) fünf neuere Dekretalen, vier von Urban II. (1088—1099) und eine von Alexander III.

VI. Simon von Bisignano führt in seiner Summa eine größere Anzahl von Extravaganten auf, nämlich je eine Dekretale von Innozenz II. und Coelestin II., drei von Eugen III., zwei von Hadrian IV. und 62 von Alexander III. Aus dieser großen Zahl von Zitaten schließe ich mit v. Schulte (Zur Geschichte der Literatur über das Dekret Gratians, 1. Beitrag, Wien, Akad. der Wiss., LXIII, 1870, Sep. Abdruck, S. 25 ff.) und Rudolf Ritter von Scherer (Handbuch des Kirchenrechtes, Graz 1886, I. Bd., S. 247), daß Simon bereits eine selbständige Sammlung von Papstbriefen vor sich hatte, aus welcher er seine Belege schöpfte. Ob diese „Collectio a Simone citata" in einer uns bereits bekannten Sammlung vorliegt, etwa in der Collectio Cantabrig. oder Paris. II., oder ob vielmehr Simons Vorlage verloren gegangen ist, darüber sind die Ansichten verschieden.

Ebenso haben auch Sichardus von Cremona, der Verfasser der Summa anonyma (oben § 4, X) und der Autor der Summa Lipsiensis (ob. § 4, XI) Sammlungen benützt, von denen wir keine nähere Kunde besitzen.

§ 7. Selbständige Kanonsammlungen in der Zeit vom Decretum Gratiani bis auf Gregor IX.

Bei dem mächtigen Anschwellen der Dekretalengesetzgebung unter Alexander III. und später in der Zeit Innocenz III. erwies sich die Form von Anhängen zum Dekret Gratians bald als unzulänglich, um den ungeheuren Rechtsstoff aufzunehmen. Die Anhänge lösten sich, so zu sprechen, vom Dekrete ab und wuchsen zu selbständigen Sammlungen aus, welche als Kollektionen oder Kompilationen eine große Berühmtheit erlangt haben.

Diese Kollektionen waren zunächst sehr primitiv in der Anlage und entbehrten, wie es scheint, eines strengen Systems in der Anordnung des Stoffes. Bald aber begannen juristisch feinfühlige Hände von Kompilatoren das reiche gesetzgeberische Material nach dem Inhalte zu sichten und zu ordnen; man verfachte die denselben Gesetzesgedanken umschließenden Texte, Kanones und Dekretalen in bestimmte Kategorien, Tituli, welche mit einer Benennung, Rubrica, versehen wurden. Propst Bernhard von Pavia schuf sodann um 1191 sein mit größtem Beifalle aufgenommenes System in fünf Büchern (judex, judicium, clerus, connubia, crimen), in welche die Titel und Kapitel eingereiht wurden. Diese Stoffeinteilung erlangte durch die Kodifikation Gregors IX. an. 1234 (S. Raymund a Pennaforte O. P.) offizielle und bis auf den gegenwärtigen Augenblick fortdauernde Bedeutung.

Zur folgenden Darstellung vgl. Laurin im Kirchenlex. III, 762; Friedberg, Die Kanonessammlungen zwischen Gratian und Bernhard von Pavia, Leipzig 1897; Rud. Ritter von Scherer, Handbuch des K. R. I, 247 ff.

I. Codex aus dem Kloster des Medastus in Arras, ed. Martène und Durand, Thesaurus Bd. II, S. 622—1011, ist eine lokale Sammlung für die Kirchenprovinz Rheims und enthält Dekretalen der Päpste Alexander III., Urban II., Paschalis II., Eugen III., Hadrian IV. sowie literae episcopales.

II. Collectio Cantabrigiensis.

Beschrieben und ediert von Emil Friedberg (l. c. S. 5 ff.) aus dem einzig vorhandenen Codex R. 9. 17, saec. XIII des Trinity College in Cambridge. Diese Sammlung enthält 99 mit Inskriptionen versehene Nummern; die Hauptmasse der Stücke gehört Alexander III. an, Nr. 38—40 sind Schlüsse des Conc. Turonense an. 1163. Eine Einteilung in Titel fehlt, ebensowenig ist ein durchgreifendes System zu bemerken, die Dekretalen sind nach Willkür aneinander gereiht. Friedberg verlegt die Abfassung in die letzten Regierungsjahre Alexanders oder in die unmittelbar folgende Zeit. Die Heimat der Sammlung dürfte in England zu suchen sein.

III. Collectio Parisiensis II.

Codex latinus Nr. 1566 der Pariser Nationalbibliothek enthält diese Sammlung sowie zwei Werke Bernhards von Pavia, nämlich die Summa de matrimonio und die Summa de electione.

Die Niederschrift rührt von einer Hand des XII. oder XIII. Jahrhunderts. Die Sammlung zerfällt in 95 Titel, welche mit Rubriken bezeichnet sind. Die Reihenfolge dieser Rubriken ist eine zwanglose. 236 Kapitel verschiedenartigsten Inhaltes sind in diese Titel untergestellt, darunter 44 Dekretalen Alexanders III. Die Parisiensis II. ist kein Exzerpt aus dem Breviarium Extravagantium, wie Theiner (Disquisitiones criticae p. 117—120) irrig glaubte, vielmehr eine selbständige, sehr alte, von großer juristischer Gewandtheit zeugende Arbeit, deren Entstehung vielleicht noch vor 1179 zu verlegen ist. Es ist nicht ausgeschlossen, daß Bernhard von Pavia Verfasser dieser Sammlung gewesen; doch läßt sich der sichere Beweis dafür nicht herstellen.

IV. Collectio Parisiensis I.

Codex latinus Nr. 1596 der Pariser Nationalbibliothek, früher Bigotianus 389. R. 4388, saec. XII vel XIII, Klein-Oktav, enthält auf Fol. 4—46 eine Zusammenstellung von ungeordneten Papstdekretalen, die sich an die Kanones des III. Laterankonzils anschließen.

Richter hat schon 1836 auf diese Kompilation aufmerksam gemacht, Friedberg (l. c. S. 45 ff) gibt eine Beschreibung derselben. Die 185 Kapitel tragen Überschriften (inscriptiones), welche Absender und Adressaten kennzeichnen. Inhalt der Sammlung:

a) 26 Canones Lateran. III. Conc. in eigentümlicher Folge;

b) 10 Kanones von Partikularsynoden (1 can. Conc. Cabilon. II und 9 can. Conc. Turon. 1163);

c) 11 Dekretalen verschiedener Päpste bis Hadrian IV.;

d) die Hauptmasse sind Dekretalen Alexanders III.

Titeleinteilung und System fehlt. Verfasser und Heimat sind unbekannt. Als Zeit der Abfassung nimmt Friedberg das Jahr 1181 als Pendelpunkt an. Dies ruht auf der Voraussetzung, daß die Aufnahme der lateranensischen Kanones eine ursprüngliche ist; doch könnte sie auch von Späteren herrühren und in diesem Falle der Zeitpunkt der Abfassung vor 1179 liegen.

V. **Appendix Concilii Lateranensis.**

Gedruckt u. a. von Mansi, Tom. XXII, pag. 248 seq. Harduin VI, 2, 1693 seq. Die Leipziger Universitätsbibliothek, Cod. lat. 1242, besitzt eine alte Handschrift der Appendix. Die Sammlung hat drei Rezensionen erfahren. Die erste Gestalt umfaßte Pars 1—44, die zweite Hand fügte Pars 45—48 hinzu, was durch den Zusatz „secundo" in den Titelrubriken zum Ausdruck gebracht ist. Pars 49 und 50 enthalten ein bunt gemischtes Material. Die einzelnen Partes sind ohne innere Systematik aneinandergereiht. Von den 579 Kapiteln der Sammlung gehören 448 oder (mit Einschluß der lateranensischen Kanones) 484 Alexander III. an. Als Heimat der Sammlung gilt England. Abfassungszeit 1179—1191, wahrscheinlich die ersten Jahre des Pontifikats Klemens III. (1187—1191). Siehe Emil Friedberg, Die Kanones-Sammlungen zwischen Gratian und Bernhard von Pavia, Leipzig 1897, pag. 63 sq.

VI. **Collectio Bambergensis,**
aufgefunden von J. F. von Schulte in der königlichen Bibliothek zu Bamberg (Cod. P. I. 11, saec. XIII mit Marginalglosse).

Die Sammlung zerfällt in 56 Titel mit insgesamt 437 Kapiteln. Sie stellt sich, nach Friedbergs Analyse, als eine Bearbeitung der Appendix dar, deren Titel nach systematischen Gesichtspunkten geordnet sind, so daß sich größere Stoffgruppen zu konsolidieren beginnen, z. B. Strafrecht, Eherecht, Prozeß. Vorgratianisches Material tritt stark in den Hintergrund; nebst einigen älteren Papstbriefen finden wir vorwiegend Erlässe der Päpste des XII. Jahrhunderts bis Lucius III. (1181—1185). Das Hauptkontingent stellen die Dekretalen

Alexanders III., darunter 20 neue Stücke. Den Abschluß bilden die lateranensischen Konzilsschlüsse (III. Lat. 1179) in besonderer Anordnung.

Als Heimat der Sammlung nimmt man wegen Tit. XLVIII (Rangstreit zwischen den Kirchen Dole und Tours) Frankreich, als Entstehungszeit die Regierung Lucius III. an, da spätere Dekretalen fehlen.

Beschreibungen: Schulte, Sitzungsber. der Wiener Akad. phil.-hist. Klasse, LXIV, 138 ff; LXXII, 494 ff; besser Emil Friedberg, l. c. p. 84 ff.

VII. Collectio Lipsiensis.

Diese Sammlung liegt im Cod. fol. 975, 116—153, saec. XIII. der Bibliotheca Albertina in Leipzig vor. A. L. Richter hat sie entdeckt und zuerst bekannt gemacht, Emil Friedberg gab sie partiell heraus, in seinen Quinque Compilationes antiquae necnon Collectio Canonum Lipsiensis, Leipzig bei Tauchnitz, 1882, und besprach sie nochmals vom kritischen Standpunkte in seiner Arbeit: Die Kanonessammlungen zwischen Gratian und Bernhard von Pavia, Leipzig 1897.

Die Lipsiensis enthält 65 Titel mit der Gesamtzahl von 618 Kapiteln, wozu noch die 28 Kanones des III. Laterankonzils zu rechnen sind. Der Verfasser benützte die Parisiensis II. und ganz besonders die Bambergensis (15 neue Titel und 222 neue Stellen), nicht aber die Appendix. Das Werk entstand wahrscheinlich auf italienischem Boden um das Jahr 1185.

VIII. Collectio Casselana.

Sie ist uns erhalten in einem Codex der Kasseler Landesbibliothek M. S. jur. in Fol. Nr. 15, saec. XIII. J. H. Böhmer entdeckte sie in der Mitte des XVIII. Jahrhunderts und übergab sie nebst einigen Zutaten in seiner Druckausgabe des Corpus Juris Can., Hal. Magd. 1747, II. App. II. col. 185 sq. der Öffentlichkeit.

Beschreibung von Friedberg, l. c. p. 130.

Die Casselana besteht aus 65 Titeln mit 460 Kapiteln. An der Spitze stehen die Kanones des III. Lateranense in 12 Titel verteilt. Das Ganze stellt sich dar als eine Reproduktion der Bamberger Kanonsammlung, wobei wohl auch die Appendix benützt worden ist. Zahl, Rubriken und Reihenfolge der Titel stimmen mit Bamb. überein, doch hat der Sammler nicht ohne Geschick und Originalität gearbeitet und auch einige neue Stücke aufgenommen.

Die Entstehung kann auf die Zeit Urbans III. (1185—1187) angesetzt werden, da spätere Papstdekretalen nicht vorkommen.

IX. Collectio Brugensis.

Augustin Theiner fand diese Sammlung in der Bibliothek zu Brügge auf und gab über dieselbe in seinen Disquisitiones criticae, Rom. 1836, p. 113—116 einige Orientierungen. Eine genauere Beschreibung und Analyse derselben haben wir erst von Emil Friedberg erhalten, l. c. p. 136.

Die Sammlung ist in zwei gleichlautenden Handschriften der genannten Bibliothek, Katalog Laude 378 und 379, erhalten. Beide Exemplare stammen aus der Zeit um die Wende des XII. Jahrhunderts. Die Brugensis umfaßt in 59 Titeln 450 Kapitel. Die Rubriken sind ganz originell und weichen von den Titelbezeichnungen der andern Kollektionen bedeutend ab. Der Inhalt besteht fast ausschließlich aus Dekretalen, und zwar der Päpste bis Coelestin III. (1191—1198); 79 derselben werden, weil sonst nirgends vorfindlich, von Friedberg im Wortlaute abgedruckt. Die Kanones des III. Laterankonzils sind nicht mehr als besondere Gruppe behandelt, sondern unter die entsprechenden Rubriken aufgeteilt. Entstehungszeit nach 1191. Heimat vielleicht Frankreich, da Rheims und Amiens als Adresse mehrerer Dekretalen erscheinen.

Die drei folgenden Sammlungen sind von K. Hampe 1895 auf einer Studienreise in England entdeckt und von diesem Gelehrten im Neuen Archiv der Gesellschaft für ältere deutsche Geschichtskunde, Bd. XXII, 387—400, zuerst beschrieben worden. Eine kritische Besprechung derselben lieferte Emil Seckel in derselben Zeitschrift, XXV, 523—537, an. 1899 mit einigen erläuternden Tabellen.

X. **Die Londinensis Regia** ist enthalten im Cod. Mus. Brit. Reg. 10 A. II. Bl. 5 a—62 b. Sie präsentiert sich als eine systematisch geordnete Sammlung in 7 Titeln.

Ihre Überschrift lautet: **Incipiunt decretales epistolae Alexandri pape III.** und in der Tat begegnen wir in dieser Kollektion bloß Erlässen dieses Papstes. Die Londinensis Regia dürfte gegen Ende der Regierung Alexanders III., etwa um das Jahr 1179, entstanden sein, wahrscheinlich noch vor Abhaltung des III. Laterankonzils. Der Entstehungsort ist nicht festgestellt, doch weist die Vermutung auf **deutschländischen** Boden; denn ein Capitulum nullibi repertum ist an Bamberg adressiert, und zwei weitere Kapitel nach Mainz gerichtet, deren eines bloß noch in Brug., das andere nur in Cotton. wiederkehrt.

XI. Die **Collectio Cottoniana**.

Enthalten in Cod. Mus. Brit. Cotton. Vitell. E XIII. Bl. 210 b. ff. Sie enthält (nach Hampe, l. c. p. 388) mit wenigen Ausnahmen Briefe oder Brieffragmente Alexanders III., ist systematisch geordnet und in mehrere Titel eingeteilt, deren Überschriften unleserlich sind. Wie es scheint, finden sich in ihr bloß Dekretalen, keine Konzilsschlüsse. Heimat ungewiß. Entstehungszeit vielleicht 1187—1191, da die spätesten Dekretalen von Clemens III. herrühren.

XII. Die **Collectio Cheltenhamensis**.

Cod. Cheltenh. 11.726, Bl. 8 b—15; Bl. 16 b ff.

Sie ist (nach Hampe l. c. 398—400) eine sachlich geordnete Dekretalensammlung, ähnlich den beiden andern mit Papstbriefen aus dem XII. Jahrhundert bis herab zu Innocenz III. (inclusive?). Die Namen der Päpste sind nicht immer angegeben.

Die Cheltenhamensis zerfällt in 15 Titel; Dekretalen sind agnosziert von: Paschal II. 1, Innocenz II. 1, Alexander III. die meisten, Lucius III. 3, Urban III. 2, Clemens III. 1, Coelestin III. 1. Nach Seckel (l. c.) hat der Verfasser entweder aus der Lipsiensis oder aus der Casselana geschöpft. Entstehungsort ungewiß. Die Zeit der Abfassung scheint (nach den bisherigen Untersuchungen) um 1193 zu liegen, da die jüngste bisher agnoszierte Dekretale aus diesem Jahre herrührt.

XIII. Collectio Berolinensis.

Justizrat Dr. Emil Seckel-Berlin erwähnt in seinem vorhin angezogenen Aufsatze (Neues Archiv der Gesellschaft für ältere deutsche Geschichtskunde, Bd. XXV, S. 527) eine ihm bekannte, in Berlin liegende Kanonsammlung und stellt deren Veröffentlichung, respektive Beschreibung in Aussicht. Wie mir der Gelehrte auf meine Anfrage mitteilte, hat er bislang nicht Gelegenheit gefunden, dieses Vorhaben zur Ausführung zu bringen. Er war aber so liebenswürdig, mir die nachfolgenden Erläuterungen zur Verfügung zu stellen.

Die Berliner Kanonsammlung ist enthalten im Kodex Berol. Phillipp. 1742, saec. XIII. ineunt. Bl. 287ª—294ᵇ, und trägt keinerlei Überschrift oder Buchtitel. Ihr Inhalt setzt sich zusammen wie folgt: An der Spitze steht das Concilium Lateranense III. an. 1179. Die eigentliche Sammlung enthält meist Dekretalen Alexanders III., aber auch einzelne ältere Dekretalen und Konzilsschlüsse. Bezüglich der Entstehungszeit ist Seckel der Ansicht, daß das Werk sicher nach März 1177 und vermutlich vor 1179 oder kurz nach 1179 das Licht der Welt erblickt habe. Der Entstehungsort ist nicht festzustellen. Was die äußere Gestalt der Berliner Kompilation anbelangt, so fehlen im Kontext die Titelrubriken; einige wenige Rubriken erscheinen auf dem Rande der Blätter konzipiert. Nach diesen Mitteilungen Seckels ist die Berliner Kanonsammlung der Claustroneoburgensis der Anlage nach sehr nahestehend.

XIV. Das Breviarium Extravagantium, auch Compilatio prima genannt, verfaßt um 1191 von Bernhard, Propst zu Pavia. Bernhard teilte — ein großer Fortschritt in der Systematik — in Anlehnung an das Vorbild des justinianischen Kodex seine Sammlung in fünf Bücher, diese in Titel und Kapitel. Die kanonistische Wissenschaft und die päpstliche Gesetzgebung rezipierten diese im ganzen zweckmäßige Einteilung. Die Zahl der Kapitel beträgt 920; davon finden sich mehr als 700 in den früheren Sammlungen. Von dem neuen Material Bernhards ist der größere Teil vorgratianischen Ursprungs und besonders aus Burchards Dekret und Ivos Sammlung geschöpft; nachgratianisch sind die Dekretalen der Päpste von Alexander III. bis Klemens III. (1187—1191).

Abgedruckt bei Ant. Augustini Antiquae Collectiones Decretalium, ed. Ilerd. 1576, 7 seq.; Friedberg, Quinque Compilationes antiquae, 1, seq. (partiell).

XV. **Collectio Lucensis.**

Entdeckt von Dom. Mansi in einem Manuskript der Kapitelsbibliothek zu Lucca, Nr. 541. Gedruckt in Baluzii Miscellanea, ed. Mansi, Luc. 1762, III, 368 sq. Diese Sammlung, entstanden zur Zeit Innocenz III. (1198—1216), ist nach Scherer, l. c. p. 247, nur ein Fragment, weder chronologisch noch sachlich geordnet, und enthält Dekretalen der Päpste Alexander III., Klemens III., Cölestin III. und Innocenz III., sowie einige Pönitentialkanones. 39 Stücke tragen eine Titelrubrik.

XVI. **Collectio Halensis**, enthalten in einem Kodex der Universitätsbibliothek zu Halle, Nr. 80 fol. membr. saec. XIII., zuerst beschrieben von Laspeyres, Bernardi Papiensis Summa Decretalium, p. XXIII sq. Sie enthält Nachträge zur Compilatio prima in 88 Kapiteln. Die Handschrift ist unvollständig.

XVII. **Rainer von Pomposa**, Diakon und Mönch des Benediktinerklosters S. Mariae zu Pomposa, Diözese Comacchio in der Kirchenprovinz Ravenna, fertigte um 1201 eine Kompilation, welche in 41 Titeln Dekretalen aus den ersten drei Regierungsjahren Innocenz III. enthält. Ed. Stephanus Baluzius, Epistol. Innocentii III., Paris 1682, I, 543 seq.

XVIII. **Gilbertus**, ein Engländer, schuf seine Kanonsammlung 1201 oder 1202 und erweiterte sie später. Sie enthält, nach der Ordnung der Compilatio prima, Erlässe der Päpste von Alexander III. bis Innocenz III. (usque ad an. 1205). Gilbert läßt überall Ort- und Zeitangabe der Dekretalen weg, was von Späteren nachgeahmt wurde.

XIX. **Alanus**, ebenfalls ein Engländer, stellte, um die Sammlung seines Landsmannes Gilbert zu ergänzen, um 1208 nach dem System Bernhards von Pavia Dekretalen der Päpste, von Eugen III. anfangend, zusammen.

Vgl. Schulte, Die Kompilationen Gilberts und Alanus, Wien 1870, Sitzungsberichte der Akad. der Wiss. LXV, 595 ff.

XX. **Collectio Fuldensis.** Codex D. 3ª fol. membr. saec. XIII. der Bibliothek zu Fulda enthält eine Sammlung, die sich als eine Vereinigung der beiden Kompilationen Gilberts und Alanus mit einigen Zusätzen darstellt. Beschrieben von Schulte, Geschichte der Quellen und Literatur, I, 85.

XXI. **Compilatio Romana** wurde von manchen die Privatsammlung des Kanonisten Bernardus Compostellanus antiquus genannt. Sie entstand zu Rom 1208 oder 1209 und bietet Dekretalen aus den ersten zehn Regierungsjahren Innocenz III.

XXII. **Compilatio tertia**, veranstaltet durch Papst Innocenz III. im Jahre 1210.

Der große Papst ließ im genannten Jahre die Erlässe seiner bisherigen Regierung durch seinen Notar Petrus Beneventanus in der Ordnung des Breviarium Extravagantium sammeln und schickte das Werk als **offizielles Gesetzbuch** an die Universität Bologna.

Ed. Antonii **Augustini**, Antiquae Collectiones Decretalium, Ilerd. 1576; partiell Friedberg, Quinque Compilationes ant., p. 105 seq.

XXIII. **Compilatio secunda**, angelegt bald nach der Tertia von dem Engländer **Johannes Galensis**. Diese Privatarbeit reicht inhaltlich nur bis zum Pontifikat Cölestins III. (1191—1198), weshalb sie von der Schule die Bezeichnung „secunda" empfing.

XXIV. **Compilatio quarta**, unbekannten Verfassers, gefertigt um 1217. Sie enthält die Episteln des Papstes Innocenz III. aus seinen sechs letzten Regierungsjahren. Von der Schule als Privatsammlung rezipiert, wird sie von Benedict XIV. den offiziellen Kompilationen beigezählt.

Separatausgabe von Antonius **Augustinus** zu Ilerda, 1576: Collectio quarta Decretalium.

XXV. **Compilatio quinta**, eine offizielle Sammlung des Kirchenrechts von Papst Honorius III. (1216—1227) im Jahre 1226 publiziert.

Sie enthält die Dekretalen dieses Papstes sowie einige Kaiserkonstitutionen.

Separatausgaben: Innoc. **Cironius**, Toulouse 1645; Jos. Anton von **Riegger**, Wien 1761: Quinta Compilatio Epistolarum Decretalium Honorii III. Pont. Max.

§ 8. Die Collectio Canonum Claustroneoburgensis.

I. Gliederung des Inhaltes.

Die Collectio Canonum Claustroneoburgensis, Kodex Nr. 19, Fol. 36[a]—87[b] erweist sich als eine ziemlich umfangreiche (52 Pergamentblätter in

Folioformat) Kompilation von Dekretalen aus dem XII. Jahrhundert. Rotfarbene Initialen, welche aus der Kolumne herausgerückt sind, teilen den sonst ununterbrochenen Text in 344 Abschnitte, welche aber keineswegs numeriert sind und weder Überschrift noch eine Rubrik noch eine Adreßangabe, weder Ort noch Datum noch Unterschrift tragen, wenn wir von einigen ganz verschwindenden Ausnahmen absehen. Wir bezeichnen die durch Initialen kenntlich gemachten Abschnitte als Nummern.

Zunächst taucht die Frage auf, nach welchem Prinzip der Rechtsstoff vom Sammler zusammengetragen wurde. Eine äußere Gliederung ist außer den durch Initialen markierten Nummern in der Handschrift nicht wahrzunehmen. Titelrubriken, wie sie in fast allen Kompilationen (siehe vorausgehend. §) vorkommen, fehlen hier gänzlich. Ich konnte weder eine durchlaufende chronologische Ordnung noch ein streng sachliches System in der Masse erkennen; immerhin lassen sich einige größere Stoffgruppen aufzeigen, welche, ein kleiner Ansatz zur Systematisierung, je ein besonderes Rechtsgebiet umschließen.

Besonders sind folgende Stoffgruppen erkennbar:
a) Nr. 1—24 sind Kanones des III. Laterankonzils (1179) und stehen hier in einer eigentümlichen Reihenfolge;
b) Nr. 26—59 behandeln vorherrschend Eherecht, entsprechend dem IV. Buche der Compilatio prima;
c) Nr. 65—74 wieder eherechtliches Gebiet;
d) Nr. 83—178 enthalten: Vermögensrecht, Pfründenwesen, Standespflichten des Klerus, Patronat, Zehent usw. in Analogie zum III. Buche der Compilatio prima;
e) Nr. 230—245: Strafrecht (= V. Buch der Compilatio prima);
f) Nr. 260—305: überwiegend kanonischer Prozeß (= II. Buch des Breviarium Extravag.).

Doch sind diese Stoffgruppen keineswegs klar, bewußt und konsequent durchgeführt. Von einer wirklichen Systematik kann in der Collectio Claustroneoburgensis wohl nicht gesprochen werden; wir haben eine primitive Sammlung ältesten Charakters vor uns.

II. Zeit der Abfassung.

Wann entstand die Collectio Claustroneoburgensis? Diese Frage kann ich nur annäherungsweise beantworten und entscheide mich für das Jahr 1181 als Pendelpunkt, d. h. ich halte dafür, daß der Zeitpunkt der Abfassung nicht viel vor, aber auch nicht bedeutend nach 1181 fällt.

Für diese Annahme sprechen folgende Gründe:

A. **Paläographische Indizien.** Die Seiten der Handschrift sind in zwei Kolumnen beschrieben, deren jede 38 Zeilen in gewöhnlichem Linienschema enthält. An dem Werke hat eine Hand in mehreren Absätzen gearbeitet. Die einfache Brechung ist überall durchgeführt; bei i und u erkennt man schon den Ansatz zur doppelten Brechung. Alle Schäfte brechen unten unter spitzen Winkeln um; n und u ist in der Regel deutlich unterscheidbar. Die Oberlängen sind oben meist gegabelt; r und s (langes) haben lange, gerade Schäfte. Der Arm des r hat zuweilen einen Aufsatz. Für c, e und o ist nur die spitzbogige Form verwendet. Der Winkelschenkel des a ist auch oben umgebrochen. Die Schlingen des g sind geschlossen, die untere läßt von der Brechung noch wenig merken. Die Halbkreise von b, d, p, h unterliegen der Brechung. Rundes d und spitzes v sind noch nicht häufig, etwas öfter kommt rundes s vor, jedoch in stark eckiger Form. Doppelte I-Striche erscheinen oft, einfache I-Striche kommen nicht vor. Von Ligaturen findet sich nur die von s und t mit spitzbogiger Verbindung. Von den Kürzungen wird reichlicher Gebrauch gemacht, besonders erscheint die Kürzung durch Überschreibung. Für Interpunktion genügt der Punkt.

Diese graphischen Anhaltspunkte weisen auf die letzten Dezennien des XII. Jahrhunderts hin.

B. **Das Werk trägt die Überschrift:** »Incipiunt decreta sive sententiae Alexandri III. Romanae Sedis episcopi«, und tatsächlich gehört die überwiegendste Masse der Inhaltsstücke diesem genialen Papste zu.

Nur wenige Nummern sind es, deren **Autorschaft** zweifelhaft ist und welche daher eine nähere Besprechung erheischen. Es sind dies folgende Stücke:

Nr. 25. **Relatum.** Diese Dekretale gehört wahrscheinlich **Leo IX.** (1048—1054) an, möglicherweise ist sie aber doch von Alexander III.

Nr. 45, II. **Praeterea hi.** Dieses Kapitel könnte nach App. VI, 33 von **Innocenz II.** (1130—1143) stammen; dagegen App. L, 43 (Doublette), Cass. und Bamb. schreiben dasselbe Alexander III. zu. Dies ist auch nach Claustroneob. das Richtige. Textus Romanus hat irrigerweise die Aufschrift: Innocentius III.

Nr. 56. **Tua fraternitas.** Ist eine Epistel **Hadrians IV.** (1154—1159), des unmittelbaren Vorgängers Alexanders.

Nr. 149. **Ad audientiam nostram noveris pervenisse.** Compilatio II. c. 2 h. tit. (III, 10) trägt die Inskription: Coelestinus III. Exoniensi episcopo (1191—98), welcher auch Jaffé n. 10. 690 folgt. Doch ist viel wahrscheinlicher, daß die Dekretale Cölestin II. (1143—44) oder Alexander III. zugehört.

Nr. 155, II. **Vir autem et mulier**. Die römische Ausgabe nennt hier Urban III. (1185—1187), doch nach Cass. LXIV, 1, Brev. Extrav. IV, 22, 1 und Jaffé n. 9186. 9185 ist Alexander III. Absender dieser Dekretale. App. IX, 1 liest unbestimmt: Idem Vigilensi Episcopo, was sich auf Lucius III. beziehen würde, aber sicher unrichtig ist, wie sich aus den nachfolgenden Kapiteln ergibt.

Nr. 251. **Super illa vero quaestione**. Von dieser Dekretale gilt das gleiche wie von Nr. 155, II.

Nr. 264. **Ex literis**. Der römische Text, Gregoriana II, 19, 3 schreibt diese Epistel Lucius III. (1181—1185) zu, in Wahrheit ist Alexander III. ihr Autor, wie auch Friedberg in den Anmerkungen zu c. 3. X. (II, 19) nachweist. Jaffé, Reg. Pont. n. 8912, ed. II. n. 13. 845.

Nr. 307, II. **Mulieres vero**. Dieses Caput incertum wird von den Kompilationen (App. L, 46; Lips. LXV, 3; Bamb. LVI, 3; Cass. LXIV, 3; Brev. IV, 20, 1) einem **Conc**. habitum **apud Wormaciam** zugeschrieben = Conc. Vermer. an. 753, Mon. Germ. LL. I, 22.

Nr. 318. **Quotiens**. Bamb. liest: Eugenius III., ebenso Textus Romanus, c. 5, X. (II, 20) und Jaffé ed. II. n. 9657. App. VIII, 17, Cass. XLVIII, 13 und Claustroneob. geben Alexander III. als Verfasser an; Lips, XLIII, 17 trägt die Aufschrift: Urbanus III.

Nr. 323. **Videtur nobis**. Wir entscheiden uns für Papst Cölestin II. (1143—1144) als Autor. Dieses Kapitel findet sich als Palea im Dekret Gratians, c. 2. Causa XXXV. qu. 6.

Nr. 335. **Literas tuae dilectionis**. Ist mit Jaffé n. 6684 wohl auf **Eugen III.** (1145—1153) zurückzuführen. Textus Romanus liest: Honorius II. (1124—1130).

Nr. 336. **In pertractandis causis**. Fortsetzung des Kapitels Nr. 335 und demnach von **Eugen III**. Lipsiensis XXXVII, 3 hält an Alexander III. als Verfasser fest.

Es ergibt sich also vom textkritischen Standpunkte, daß, obwohl einige wenige Dekretalen anderen Päpsten als Alexander III. angehören, doch kein Kapitel der Klosterneuburger Sammlung nachweisbar nachalexandrinischen Ursprungs ist. Wir sind deshalb, was die Zeit der Abfassung der Sammlung anbetrifft, nicht genötigt, über die Regierungszeit Alexanders III., also über das Jahr 1181, hinaus zu gehen.

C. Das auf diese Art gewonnene Resultat wird noch durch folgende Erwägungen befestigt und ergänzt. Die Collectio Claustroneoburgensis hat keinerlei streng systematische Ordnung; sie kennt weder Titelrubriken noch Titel überhaupt, geschweige denn eine Teilung in Bücher. Sobald aber die Parisiensis II., die Appendix, Bambergensis, Lipsiensis, Casselana und andere systematische Sammlungen erschienen waren, würde wohl jeder Sammler diese bequemen und praktischen Rubriken benützt haben. Auch ist anzunehmen, daß bei späterer Abfassung Dekretalen der auf Alexander folgenden Päpste Aufnahme gefunden hätten. Endlich spricht auch die Tatsache, daß die Teilung und Stückelung der Dekretalen in einzelne capita in der Claustroneoburgensis noch nicht soweit gediehen ist als in den eben genannten Sammlungen, für höheres Alter. Am meisten fällt die Ähnlichkeit der Anlage mit Cantabrig. und Parisiensis I. ins Auge. Wir werden aus diesen Gründen nicht viel über 1181 als Zeitpunkt der Abfassung hinausgreifen.

Anderseits veranlaßt die Aufnahme der Schlüsse des III. Laterankonzils, das Jahr 1179 als terminus a quo gelten zu lassen, falls nämlich diese Aufnahme in die Sammlung eine ursprüngliche ist.

Sollten diese Kanones erst durch spätere Zutat in die Kollektion gekommen sein — wofür ihre Separatstellung an der Spitze des Werkes ins Treffen geführt werden kann — so wäre ein noch früherer terminus a quo zu wählen. Somit ergibt sich das Jahr 1181, Allexanders III. Todesjahr, als Pendelpunkt.

III. Über den Entstehungsort der Kompilation und die Persönlichkeit des Kompilators konnte ich nichts Sicheres in Erfahrung bringen. Was aber den Amanuensis betrifft, von dem die Niederschrift des Klosterneuburger Exemplars herrührt, so erwähne ich, daß Kodex Nr. 19 zu dem ältesten Bestande der Stiftsbibliothek gehört. Man findet ihn bereits im Handschriftenkatalog des Magisters Martin angeführt. Dieser Katalog stammt aus 1330 und enthält auf Fol. 3ª die Aufzählung:

Item Augustini de Nuptiis et concupiscentiis,
ibidem de bono conjugali,
ibidem de virginitate,
ibidem de professione sanctae viduitatis,
ibidem in Enchiridion,
ibidem decreta sive sententie alexandri papae (steht zweimal, einmal durchstrichen),
ibidem Summa Magistri Johannis de Boleto de officiis divinis in uno volumine.

Der Kodex Nr. 19 ist mutmaßlich, wie die übrigen Handschriften dieses Katalogs, über Auftrag des Chorherrenstiftes von einem einheimischen Schreiber angefertigt worden.

Des Lateinischen war dieser Scriba nicht sehr kundig, denn er begeht mitunter sehr sinnwidrige Schreibfehler, so z. B. Nr. 87 Deminimus statt Meminimus, Nr. 330 Suaviter statt Graviter, Nr. 185 Spectacula statt Specula u. a. m. Die Eigennamen sind vielfach verderbt oder unleserlich.

IV. Meine Edition.

Der Text vorliegender Ausgabe bietet jene Kapitel, welche in das Corpus Juris Canonici Aufnahme gefunden haben, zitatweise, mit Bezeichnung von Incipit und Explicit, alle übrigen Stücke aber im Wortlaut.

Die Anmerkungen unter dem Strich geben die Fundorte der Kapitel in den übrigen Sammlungen an. Stücke, welche ich nirgends nachzuweisen vermochte, tragen den Vermerk: Nullibi repertum.

Am Schlusse des Werkes folgt eine komparative Tabelle, welche das äußere Verhältnis der Collectio Claustroneoburgensis zu vier anderen großen Sammlungen ersichtlich macht, und ein alphabetischer Index der Kapitelanfänge.

Incipiunt decreta sive sententiae Alexandri papae III. Romanae Sedis episcopi.

Nr. 1.
Licet pro vitanda discordia in electione Romani Pontificis manifesta satis a praedecessoribus nostris — ad superiorem recursus fieri vel haberi.
Decretales Gregorii IX. De Electione et electi potestate I, 6, 6.

Nr. 2.
Quod a praedecessore nostro — decernimus manere suspensos.
De Schismaticis V, 8, 1. Concilium Lateranense III. can. 2.

Nr. 3.
Cum in cunctis sacris ordinibus — nequiverit, ordinetur.
De Electione et electi potestate I, 6, 8. Concil. Lat. III. can. 3.

Nr. 4.
Sicut ait Beatus Leo — christiana sepultura privetur.
Concil. Lateranense III. can. 27 et 14.

Nr. 1.
Appendix I, 1; Cass. I, 1; Bamb. LVI, 1; Lips. Prooem 1; Brev. I, 4, 15; Pa. I, 1; Brug. IX, 1.

Codex Claustroneoburgensis erronee legit: „Si forte... inter cardinales de substituendo Romano Pontifice non potuerit plena esse concordia et **tribus partibus concordantibus quarta pars concordare noluerit**, ... ille absque exceptione ab universa Romana Ecclesia Pontifex habeatur, qui a **tribus partibus electus** fuerit et receptus."

Nr. 2.
Pa. I, 2; App. I, 2; Lips. prooem. 27; Bamb. LVI, 20; Cass. XII, 5; Brug. IV, 1.

Nr. 3.
Pa. I, 2; App. I, 3; Lips. prooem. 3; Bamb. LVI, 2; Cass. I, 2; Brug. IX, 2.

Nr. 4.
Pa. I, 4; App. I, 27; Lips. prooem. 3; Cass. X, 3; XII, 3; Brug. III, 2.

Nr. 5.

Quoniam in quibusdam locis — non fuerit definitum.
De Jure Patronatus III, 38, 3.

Nr. 6.

Ita quorundam animos occupavit saeva cupiditas — excommunicationi se noverint subjacere.
De Judaeis V, 6, 6. Concil. Later. III. can. 24.

Nr. 7.

I. Innovamus autem, ut presbyteri, clerici, monachi, conversi — congrua securitate laetentur.
De Treuga et pace I, 34, 2. Concil. Lat. III. can. 22.
II. Nec quisquam alicui pedagiorum — communicatione careat christiana.
De Censibus, exactionibus et procurationibus III, 39, 10. Concil. Lat. III. c. 22.

Nr. 8.

Treugas a VI. feria post. occasum solis-damnum propriae dignitatis incurrat.
De Treuga et pace I, 34, 1. Concil. Lat. III. can. 21.

Nr. 9.

Felicis memoriae papae Innocentii et Eugenii — ecclesiastica tamen careat sepultura.
De Torneamentis V, 13, 1. Concil. Lat. III. can. 20.

Nr. 10.

I. Cum in ecclesiae corpore omnia membra debeant — cujus factum exactione turpis muneris imitatur.
De Simonia V, 3, 9. Conc. Lat. III, c. 7.

Nr. 5.
App. I, 17; Lips. prooem. 18; Bamb. LVI, 23; Cass. XII, 12; Brev. III, 33, 4

Nr. 6.
Pa. I, 7; App. I, 24; Lips. prooem 14; Bamb. LVI, 13; Cass. XII, 14; Brug. III, 3.

Nr. 7.
I. Pa. II, 8; App. I, 22; Lips. prooem. 26; Bamb. LVI, 19; Cass. XII, 4; Brug. XXI, un.
II. Continuatio.

Nr. 8.
Pa. I, 9; App. I, 21; Lips. prooem. 21; Bamb. LVI, 8; Cass. V. 1; Brug. XXIII, 3.

Nr. 9.
Pa. I, 10; App. I, 20; Lips. prooem. 28; Bamb. LVI, 15; Cass. IV, 1; Brug. XXIII, 2.

Nr. 10.
I. Pa. I, 17; App. I, 7; Lips. prooem. 10; Bamb. LVI, 4; Cass. XII, 9, 10; Brug. IV, 9.
II. Continuatio.

II. Prohibemus insuper, ne novi census — irritum, quod fecerit, habeatur.

De Censibus III, 39, 7. Concil. Lat. III. can. 7.

Nr. 11.

Monachi non pro pretio recipiantur — de consilio fratrum fuerint transferendi.

De Statu Monachorum et Canonicorum Regularium III, 35, 2. Conc. Lat. III. can. 10.

Nr. 12.

Cum ecclesia Dei et in his, quae spectant — ecclesiasticum profectum impendere nititur.

De Magistris V, 5, 1. Conc. Lat. Can. 18.

Nr. 13.

Cum apostolus se aut suos propriis manibus — plurium sibi credant potestatem indultam.

De Censibus, exactionibus et procurationibus III, 39, 6. Conc. Lat. III. can. 4.

Nr. 14.

Reprehensibilis valde consuetudo — pro salute sua a priore suo eis fuerit injunctum.

De Appellationibus II, 28, 26. Conc. Later. III. can. 6.

Nr. 15.

I. Nulla ecclesiastica ministeria seu beneficia — metropolitanus secundum Dominum de ipsis absque illorum disponat contradictione.

De Concessione Praebendae et ecclesiae non vacantis III, 8, 2. Conc. Lat. III. c. 8.

II. Praeterea si episcopus — subsidium vitae possit habere.

De Praebendis et dignitatibus III, 5, 4. Conc. Lat. III. can. 5.

Nr. 11.
Pa. I, 16; App. I, 10; Lips. prooem. 13; Bamb. LVI, 11; Cass. XII, 1, 2; Brug. IV, 13.

Nr. 12.
Pa. I, 18; App. I, 18; Lips. prooem. 11; Bamb. LVI, 18; Cass. X, 1, 2; Brug. XX, 1.

Nr. 13.
Pa. I, 19; App. I, 4; Lips. prooem. 5; Bamb. LVI, 25; Cass. I, 5; XII, 7; Brug. X, 4.

Nr. 14.
Pa. I, 23; App. I, 6; Lips. prooem. 15; Bamb. LVI, 5; Cass. VIII, 1; Brug. XV. 1.

Nr. 15.
I. Pa. I, 20; App. I, 8; Lips. prooem. 4; Bamb. LVI, 3; Cass. I, 4; XII, 8; Brug. XV, 1.
II. Continuatio. App. I, 5.

Nr. 16.

Cum in cunctis ecclesiis — a perceptione dominici corporis existat alienus.

De his, quae fiunt a majore parte Capituli III, 11, 1. Conc. Lat. III, can. 16.

Nr. 17.

Clerici in sacris ordinibus constituti — ab ecclesiastico beneficio immunis reddatur.

Concil. Lat. III. can. 11 (Klerogamie).

Nr. 18.

Clerici in subdiaconatu et supra — aliquid praedictorum ausus fuerit attentare.

Concil. Later. III. can. 12 (Advokatur und Prokuratur).

Nr. 19.

Quia nonnulli modum avaritiae non ponentes — qui in ecclesiis deservire valeant, indigentiam sublevare.

Concil. Lat. III. can. 13 (Pluralität der Benefizien).

Nr. 20.

Cum in officiis charitatis — episcopus conferendi hoc officium potestatem amittat.

Concil. Lat. III. can. 15 (Testamente der Geistlichen).

Nr. 21.

Cum et plantare sacram religionem — interdicto subjaceant et quod egerint, irritum et vacuum habeatur.

Concil. Lat. III. can. 9 (Übergriffe der Templer und Hospitaliter).

Nr. 16.
Pa. I, 24; App. I, 16; Lips. prooem. 25; Bamb. LVI, 17; Cass. XII, 20; Brug. IX, 3.

Nr. 17.
Pa. I, 15; App. I, 11; Lips. prooem. 20; Bamb. LVI, 7; Cass. XI, 1, 2; Brug. XII, 8.

Nr. 18.
Pa. I, 21; App. I, 12; Lips. prooem. 12; Bamb. LVI, 24; Cass. VII. 1, 2; Brug. XII, 4.

Nr. 19.
Pa. I, 12; App. I, 13; Lips. prooem. 19; Cass. XII, 11; Brug. XVI, 2.

Nr. 20.
Pa. I, 25; App. I, 15; Lips. prooem. 17; Bamb. LVI, 9; Cass. VI, 1; Brug. XVII, 15.

Nr. 21.
App. I, 9; Pa. I, 22; Lips prooem. 22; Bamb. LVI, 10; Cass. XII, 13.

Nr. 22.

Cum dicat apostolus abundantiorem honorem — decimas tribuere non cogantur.

Concil. Lat. III, can. 23 (Aussätzige).

Nr. 23.

Quia in omnibus fere locis crimen usararum invaluit — executione maneat suspensus.

Concil. Later. III. can. 25 (Wucher).

Nr. 24.

Judaei sive Saraceni — ex integro faciant eis inhiberi.

Concil. Lat. III. can. 26 (Verkehr der Christen mit den Juden).

Nr. 25.

Relatum est auribus nostris esse quosdam perverse agentes — anathematis gladio subjaceat.

De sepulturis III, 28, 2.

Nr. 26.

Pervenit ad nos, quod cum hi, qui leprae morbum — vinculo anathematis adstringatis.

De Conjugio leprosorum IV, 8, 1.

Nr. 27.

Accedens ad nos lator praesentium simplici nobis relatione monstravit — tamquam uxori facias adhaerere.

De Sponsalibus et matrimonio IV, 1, 15.

Nr. 22.

Pa. I, 11; App. I, 23; Lips. prooem. 24; Bamb. LVI, 21; Cass. XII, 15; Brug. XXII, 1.

Nr. 23.

Pa. I, 13; App. I, 25; Lips. prooem. 16; Bamb. LVI, 12; Cass. IX, 1; Brug. V, 1.

Nr. 24.

Pa. I, 14; App. I, 26; Lips. prooem. 23; Bamb. LVI, 22; Cass. II, 1; Brug. II, 4.

Nr. 25.

Jaffé ed. II. n. 4269; Pa. II, 52, 3; Lips. XXIII, 28; Bamb. XXVII, 5; Cass. XXXVI, 5; Brev. III, 24, 4; Ivonis Decret. VII, 150; Pan. II, 29; Deusdedit III, 59.

Haec decretalis videtur esse Leonis IX. papae (1048—1054).

Nr. 26.

Jaffé ed. II. n. 13.794; Cantabr. 82; Pa. I, 3; App. XXXVII, 2; Lips. LXI, 1; Bamb. LII, 1; Cass. LX, 1; Brug. L, 3; Brev. IV, 8, 1.

Numeri 26—59 praecipue de Jure matrimoniali tractant.

Nr. 27.

Gilb. auct. 1. (IV, 1); Comp. II. IV, 1, 2; Jaffé n. 9866.

Nr. 28.

Continebatur in literis tuis, quas tua nobis destinavit devotio, quod quaedam puella — de consanguinitate puellae aliquam sibi desponsare vel ducere in uxorem.

De Desponsatione impuberum IV, 2, 6.

Nr. 29.

Super eo vero, quod nos consulere voluisti, utrum clericus sit cogendus, usuras creditori reddere, prudentiae tuae taliter respondemus: quod, cum periculosum sit omnibus Christi fidelibus usuras recipere, ad earum solutionem nullus Christianus est cogendus, nisi juramento vel fide eas solvere tenetur, sed potius creditores ab usurarum exactione ecclesiastica sententia sunt coërcendi.

Nr. 30.

Pervenit ad nos, quod quidam miles R. nomine fide interposita firmiter in multorum praesentia promisit cum quadam puella, filia Edwini de Belesal, contractum, sed postmodum, licet ex ea, sicut nobis asseruit, prolem susceperit, fidem tamen violare non timens adhaesit alteri et praedictam puellam, quam dicitur deflorasse, in uxorem ducere contradicit. Quoniam igitur non modicum delinquit, qui fidem violare praesumit, discretioni tuae mandamus per apostolica scripta praecipientes: quatenus rei veritatem diligenter inquiratis, et si vobis pro certo constiterit, praefatum militem praefatam puellam in uxorem ducturum fide interposita promisisse et postmodum eam cognovisse: eundem militem monere studeatis et diligenter inducere, ut memoratam puellam omni contradictione et appellatione cessante, in uxorem ducere nulla ratione postponat. Verum si commonitioni vestrae parere contempserit et eam in uxorem ducere noluerit, vos apostolica auctoritate freti vel alter vestrum, si uterque interesse non poterit, illum sub districtione anathematis nostrum mandatum adimplere compellat.

Nr. 31.

Significavit nobis Andegavensis parochianus Eboracensis ecclesiae —

Nr. 28.
Jaffé ed. II. n. 14.032; Cantabr. 89; Pa. I, 180; App. VI, 10; Lips. LIX, 20; Cass. LVIII, 10; Brug. LIII, 5; Brev. IV, 2, 8; Bamb. L, 9.

Nr. 29.
App. XVI, 6; Jaffé ed. II. n. 14.151.

Nr. 30.
App. XLV, 3; Jaffé ed. II. n. 13.901.

Nr. 31.
Cantabr. 76; App. VI, 13; Lips. LIX, 23; Bamb. L, 12; Cass. LVIII, 13; Brev. IV, 7, 2; Jaffé ed. II. n. 13.937.

dantes licentiam ducendi aliam in uxorem si voluerit, cum prima sit mortua.

De eo qui duxit in matrimonium, quam polluit per adulterium IV, 7, 2.

Nr. 32.

Cum institisset apud nos Hugo, praesentium lator, parochianus vester, ex ordine subdiaconatus, ad quem recipiendum nimis enormiter et inordinate se commiserat, ut cum eo misericorditer ageremus, nec posset, sicut nec debuit, in hac parte proficere: tandem a nobis licentiam postulavit, ut posset sibi **aliquam in uxorem**[1]) copulare legitime. Nos itaque studiosius attendentes, quomodo praedictus ordo, cum nullam sibi dignitatem contulerit vel honorem, **matrimonium ejus non impedit**,[2]) discretioni vestrae per apostolica scripta mandamus: quatenus si ipse matrimonium legitime duxerit contrahendum, nullus **vestrum**[3]) a contractu matrimonii, praedicti ordinis obtentu, prohibere praesumat nec sibi molestiam inferre [vel] gravamen.

[1]) emend. pro: aliam in ca. . . . (lapsus amanuensis). [2]) emend. pro: matrimonii esse impedierit non. [3]) emend. pro: nostrum.

Nr. 33.

Ad audientiam apostolatus nostri pervenit, quod cum G. de Sancto Leodegario Mariam filiam suam absentem — qui contra prohibitionem ecclesiae hoc fecerint.

De Matrimonio contracto contra interdictum ecclesiae IV, 16, 2 (Can. Ex literis).

Nr. 34.

Cum sis praeditus scientia literarum — ad religionem transeat.

De Conversione conjugatorum III, 32, 4.

Nr. 35.

Consuluit nos fraternitas tua, quid tibi faciendum de Willehelmo parochiano tuo, qui licet in manu tua fidem dederit, quod mulierem quandam

---

Nr. 32.
Cantabr. 67; Par. I, 153; App. XVIII, 14; Lips. LXIV, 13; Bamb. LIV, 13; Cass. LXIII, 13; Brug. XIII, 7; Brev. IV, 6, 4; Jaffé ed. II. n. 13.983.

Nr. 33.
Jaffé ed. II. n. 14.311; App. VI, 28; Lips. LIX, 38; Cass. LVIII, 26; Brug. XLIX, 12; Bamb. L, 25; Brev. IV, 17, 3.

Nr. 34.
App. V, 5; Lips. LVIII, 5; Cass. LVII, 6; Bamb. XLIX, 5; Brev. III, 28, 4; Jaffé ed II. n. 13.899.

Nr. 35.
Cantabr. 31; Pa. I, 53; App. VI, 2;

acciperet in uxorem, spreta tamen religione fidei¹), ipse sibi aliam copulare praesumpsit. Super hoc itaque consultationi tuae taliter²) respondemus: quod licet non sit tutum cuilibet, contra fidem suam venire, si aliam tamen in suam receperit nec in facto primae mulieris ultra processerit, nisi quod fidem dederit, se eam in uxorem ducturum: a secunda non debet [separari], sed ei de laesione fidei suae poenitentia injungatur.

¹) emend. pro fidi. ²) em. pro taliter tuae.

Nr. 36.

Conjugatus in monasterium converti desiderans — possit perditionis occasio. De Conversione conjugatorum III, 32, 5 et 6.

Nr. 37.

Veniens ad nos lator praesentium R. sua nobis confessione aperuit, quod cum quandam mulierem carnaliter cognovisset, postea sciens ejus sobrinam ausu nefario in uxorem accepit. Nunc autem suum cognoscens reatum, ut animae suae consultius provideremus, nostrum consilium postulavit cum lacrymis. Nos vero ad poenitentiam eum revocare volentes, ipsum fraternitati tuae remittimus, per apostolica scripta tibi mandantes, quatenus si peccatum ipsius notorium fuerit, et eam, quam prius cognovit¹), uxoris suae consobrinam esse constiterit, aut alii appareant, qui hoc velint et possint legitime probare: ipsum ad religionem venire commoneas et inducas. Si autem ad hoc eum inducere non poteris, condignam poenitentiam imponas et ipsum ab utraque muliere removeas et sine spe conjugii perpetuo manere praecipias. Quodsi delictum ejus occultum esse cognoscas, ipsum cum uxore sua, quam in facie Ecclesiae duxit, morari permittas, et eidem de commisso poenitentiam condignam injungas.

¹) emend. pro recognovit.

Nr. 38.

Consuluit nos dilectio vestra de duabus personis, viro videlicet et muliere,

---

Lips. LIX, 2; Bamb. L, 2; Cass. LVIII, 3; Brev. IV, 1, 3; Jaffé ed. II. n. 14.136.

Nr. 36.
Jaffé ed. II. n. 14.104; Pa. I, 145, *a*, *b*; App. V, 6. 7; Lips. LVIII, 6 et 7; Bamb XLIX, 6 et 7; Cass. LVI 7 et 8; Brev. III, 28, 5 et 6.

Nr. 37.
App. XII, 5 (abbreviatum); Jaffé ed. II, n. 14.215.

Nr. 38.
Brug. XLIX, 13.

quorum uterque cum esset¹) aptae aetatis ad matrimonium contrahendum, alterum in suum suscepit, et ante carnalem copulam mulier nupsit alteri, a quo in uxorem recepta est, interim ducta et cognita: utrum a secundo viro relinqui debeat et²) primo restitui. Super quo utique consultationi vestrae taliter respondemus, quod si inter primum virum et eandem mulierem intercesserit de praesenti consensus, ita quod unus alterum in suum recepit, dicendo: „Ego recipio te in meum", et: „Ego recipio te in meam", et si ab alio, antequam cognosceretur³) a primo, sit traducta et cognita: primo viro debet restitui, cum post talem consensum⁴) alii nubere non licuerit.

¹) emend. pro sit. ²) emend. pro vel. ³) cognoscerentur. ⁴) em. pro: cum primo talem consensum.

Nr. 39.

Literas tuae fraternitatis accepimus, ex quarum tenore perpendimus — nec matrem habere permittas.

De Desponsatione impuberum IV, 2, 4.

Nr. 40.

Ad aures nostras perlatum esse cognoscas, quod cum quidam parochianus tuus uxorem duxisset, ea dimissa aliam, illius consanguineam scilicet, carnaliter cognoscere carnali commixtione et secum tenere minime dubitavit. Cum prior mulier super hoc querelam movisset, matrimonium negavit et secundae confessus est. Unde cum primum¹) conjugium adversus eum esset probatum per testes, quoniam a secunda discedere noluit, ad nostram audientiam appellavit. Super quo utique tuae prudentiae respondemus: quod si prima mulier et secunda se in prima vel secunda consanguinitatis linea contingunt, tu virum facias utraque, omni contradictione cessante, carere et sine spe conjugii permanere. Si vero in tertio gradu solummodo vel supra sese contingunt, tu ipsum a secunda cogas discedere et de commisso poenitentia condigna sibi imposita, eum priorem in²) suam recipere et maritali de cetero affectione tractare adstringas.

¹) em. pro primo. ²) em. pro: in priorem.

Nr. 39.
Jaffé et II. n. 13.947; Cantabr. 29; Pa. I. 100; Pa. II. 80, 4; App. XII, 2; Lips. LX, 2; Bamb. LI, 2; Cass. LIX, 2; Brug. XLIX, 1; Brev. IV, 2, 5.

Nr. 40.
Jaffé ed. II. n. 13.163; Pa. I, 69; Pa. II, 47, 9 a; App. VI, 15; Lips. LIX, 27; Bamb. L, 14; Cass. LVIII, 16; Brug. XLIX, 2; Brev. IV, 13, 2; in epp. Gilbert Foliot ed. Giles II. 102.

Nr. 41.

Illas vero terras — honore et labore confessi.
De rebus Ecclesiae alienandis vel non III, 13, 7.

Nr. 42.

Singulorum consultationibus, quantum nobis Deus ministravit — de suo delicto commodum reportare.
De eo, qui duxit IV, 7, 1 (Propositum est nobis).

Nr. 43.

Tanta est vis matrimonii — inter se contrahere non possunt.
Qui filii sint legitimi IV, 17, 6.

Nr. 44.

Super hoc, quod tua sollicitudo a nobis quaesivit, utrum ille, qui prius[1] matrem sive sororem[2] ejus, quam postea duxit in uxorem, maculavit, teneatur eidem carnale debitum reddere et ab ea non possit exigere, quod consilium dandum sit ei, qui hoc secretius confitetur, cum probari[3] non possit, nec ipse velit nullatenus confiteri: tuae prudentiae duximus respondere, quod attentius est commonendus, ut uxorem suam laboret inducere ad continentiam conservandam, ut si illa continere voluerit, continentiam observent. Si autem ad hoc induci non possit: et vir debitum solvat et de commisso condignam poenitentiam agat. In hoc vero casu, cum aliquis post contractum matrimonium uxoris suae vel matrem vel sororem cognoscit, idipsum quod in priori servetur.

[1] primus. [2] em. pro: matrem suam sive sororem. [3] em. pro: probare.

Nr. 41.
Pa. I, 70; Pa. II, 47, 9 *b*; App. XXIX, 4; Cass. XXVII, 3; Bamb. XVII, 3; Brug. XVIII, 3; Brev. III, 11, 7; Jaffé ed. II n. 14.132 (recte 13.163).

Nr. 42.
Jaffé ed. II. n. 12.636; Pa. I, 107; App. VI, 1; Lips. LIX, 1; Cass. LVIII, 1; Bamb. L, 1; Brug. XLIX, 14; Brev. IV, 7, 1.

Nr. 43.
Jaffé ed. II. n. 13.917; Cantabr. 100; Pa. I, 91; App. XXXIII, 1; Lips. LXIII, 6; Bamb. LIII, 8; Cass. LXII, 5; Brev. IV, 18, 6.

Nr. 44.
Jaffé ed. II. n. 13.907; Pa. I, 82; App. XII, 7; Lips. LX, 7; Bamb. LI, 6; Cass. LIX, 6; Burg. XLIX, 22; Comp. II. c. 1. (IV, 7).

Nr. 45.

I. De peregrinationis quoque votis, an eleemosynis redimi possint — debet exinde dispensare.

De Voto et voti redemptione III, 34, 1.

II. Praeterea hi, qui de matrimonio — sicut promiserunt, conjungant.

De Sponsalibus et matrimonio IV, 1, 2.

Nr. 46.

Cum inter J. concivem nostrum — gravamina sustineatis inferri.

Qui filii sint legitimi IV, 17, 2.

Nr. 47.

I. Cum sicut ex multis auctoritatibus — non est propterea a viro suo dimittenda.

De Conjugio leprosorum IV, 8, 2.

II. Super hoc vero — secundum canones prohibetur perpetuo.

De eo, qui duxit IV, 7, 3.

Nr. 48.

Leprosi, si continere noluerint — nullam invenimus exceptionem.

De Conjugio leprosorum IV, 8, 2 (pars altera).

Nr. 49.

Veniens ad nos lator praesentium P. — numquam poterit eam vel aliam in uxorem accipere.

De eo, qui cognovit consanguineam IV, 13, 2.

Nr. 45.

I. Jaffé ed. II. n. 13.916; Pa. I, 83; App. XXXV, 3 et XLIX, 19; Lips. XXIII, 23; Bamb. XXVI, cap. un.; Cass. XXXIX, 2; Brug. XXIV, 3; Brev. III, 29, 1.

II. Jaffé ed. II. n. 13.903; App. VI, 33 et L, 43 (mutilata pars prior); Lips. LIX, 47; Bamb. L, 30; Cass. LVIII, 31; Brev. IV, 1, 11.

Textus Romanus falso ponit: Innocentius III.

Nr. 46.

Jaffé ed. II. n. 14.194; Cantabr. 78; Pa. I, 137; Pa. II, 89, 2; App. XXXIII, 5; Lips. LXIII, 2; Bamb. LIII, 4; Cass. LXII, 2; Brug. LI, 6; Brev. IV, 18, 2.

Nr. 47.

I. Jaffé ed. II. n. 13.773; Cantabr. 79 *a*; Pa. II, 87, 1 *a*; App. XXXVII, 3; Lips. LXI, 2; Bamb. LII, 2; Cass. LX, 2; Brug. L, 2; Brev. IV, 8, 2.

II. Jaffé ed. II. n. 13.773; Cantabr. 79 *b*, *c*; 85 *A*; Pa. II, 87, 1 *b*, *c*; App. VI, 16; Lips. LIX, 28; Bamb. L, 15; Cass. LVIII, 17; Brug. L, 2; Brev. IV, 7, 3.

Nr. 48.

Vid. Nr. 47, I.

Nr. 49.

Jaffé ed. II. n. 14.058; Cantabr. 77; App. XII, 4; Lips. LX, 5; Cass. LIX, 4; Bamb. LI, 4; Brug. XLIX, 18; Brev. IV, 13, 4.

Nr. 50.

Lator praesentium cum literis fraternitatis tuae ad praesentiam nostram accessit, ex quarum tenore innotuit nobis, quod, cum pater ejus quandam sibi juvenculam desponsasset, ipsum, ut eam illi adduceret, destinavit, sed ipse diabolico instinctu sponsam patris, licet uxoratus, carnali commixtione corrupit. Cumque patratum ambo zelarent, pater ignarus commissi sceleris sponsae suae ex more adhaesit. Tandem ille divina miseratione compunctus ad praesentiam tuam[1]) accessit et crimen, quod illicite commiserat, humiliter est confessus. Mulier vero interrogata prius negavit, sed postea discussione cautius facta, eandem culpam confessione propria patefecit. Quod cum patri ejus innotuit, vehementi dolore constrictus, ad te pro consilio venit. Constitutis igitur in facie Ecclesiae tribus praedictis, licet clerici tui abundarent in suo sensu, diversa dantes consilia, unum tamen omnium consilium fuit: ut super instanti periculo[2]) in causa tam difficili apostolicum esset oraculum consulendum. Indicta itaque continentia patri et uxori suae, filium poenitentem cum literis tuis[3]) rei veritatem continentibus ad nostram curasti praesentiam destinari,[4]) quaerens tibi formam praescripti, quam in pluribus, si forte tale quid diabolica operatione immerserit, deceat observari, et quam eis debeas satisfactionem imponere, praescripto nostro postulas edoceri. Tuis igitur inquisitionibus respondentes, praesentium tibi significatione mandamus: quatenus si postquam rei conscius fuit, uxorem suam pater carnaliter non cognovit, de priore commissione aut leve aut nullum peccatum contraxit. Ei tamen vel alii, illa vivente, non poterit copulari. Ceterum si sciens facinus, carnaliter eidem mulieri adhaesit, septennis ei poenitentia injungatur nec illi nec alii carnaliter de rigore juris[5]) valebit commisceri. Mulieri quoque perpetuam continentiam et XII annorum poenitentiam duximus[6]) imponendam. Lator autem praesentium totidem annis poeniteat. Ab uxore tamen legitima, quam prius habebat, nisi de communi consensu, nullatenus separetur.

[1]) em. pro suam. [2]) em. juxta Append. pro: consilio. [3]) em. pro suis. [4]) destinare. [5]) alterius. [6]) induximus.

Nr. 51.

Ex publico instrumento, quod nobis praesentasti — licitum est sibi ad religionem transire.

De Conversione conjugatorum III, 32, 7.

Nr. 50.
Jaffé ed. II. n. 14.120; Cantabr. 96; App. XII, 3; Lips. XL, 3; Cass. LIX, 3; Bamb. LI, 3;

Nr. 51.
Jaffé ed. II. n. 13.787; Cantabr. 81; App. V, 8; Lips. LVIII. 8; Bamb XLIX, 8; Cass. LVII, 9; Brug. LII, 7; Brev. III, 28, 7.

Nr. 52.

Veniens ad nostram praesentiam Marcus eremita — in Domino licentiam tribuere non postponas.

Qui clerici vel voventes IV, 6, 5.

Nr. 53.

Ad nostram noveris audientiam pervenisse, quod Eremitae de Monte F. — si alia rationabilis causa non impediat.

De Regularibus et transeuntibus ad religionem III, 31, 8.

Nr. 54.

Consuluit nos tua fraternitas, quid tibi sit faciendum de milite quodam, qui cum mulierem quandam duxerit in uxorem, et eam longo tenuit et prolem ex ea suscepit[1]. Nunc matrimonium ipsum accusat, dicens, se ei in quarta consanguinitatis linea esse conjunctum. Ad quod utique consultationi tuae taliter respondemus, quod si praefatus miles mulierem ipsam in facie duxit Ecclesiae et longo tempore tenuit, non debet vox suae actionis admitti, nisi personae aliae idoneae apparuerint et omni suspicione carentes, quae matrimonium velint impetere et possint; nec ecclesiasticae[2] personae admitti debent, si per XX annos vel XVIII insimul sine quaestione vixerint.

[1] Vox suscepit in Codice rasa conspicitur. [2] ecclesiae.

Nr. 55.

Super eo vero, quod quendam juvenem asseris puellam quandam nondum nubilem fide interposita jurasse, quae nunc facta nubilis virum repetit et ille excipit, dicens: se non debere eam ducere, pro eo, quod postquam puellam

---

Nr. 52.
Jaffé ed. II. n. 14.165; Cantabr. 87; App. V, 10; Lips. LVIII, 13; Cass. LVII, 11; Bamb. XLIX, 10; Brev. IV, 6, 8.

Nr. 53.
Jaffé ed. II. n. 13.854; Cantabr. 46; Pa. I, 133; Pa. II. 68, 2; App. XXI, 1; Lips. XVI, 1; Cass. XXVI, 1; Bamb. XVI, 1: Brug. XLIX, 3; Brev. III, 27, 8.

Nr. 54.
Pa. I, 157 a; App. VI, 30; Lips. LIX, 40; Bamb. L, 27; Cass. LVIII, 28; Brug. XLIX, 30; Brev. IV, 19, 2; Jaffé ed. II. n. 13.790.

Nr. 55.
Pa. I, 157 b; App. XII, 6; Lips. LX, 6; Bamb. LI, 5: Cass. LIX, 5; Brug. 50, 5; Comp. II. c. 1 (IV, 8); Jaffé ed. II. n. 13.790.

illam affidaverat, carnaliter propinquam cognoverit: inquisitioni tuae duximus respondendum, quod si manifestum est eundem juvenem cognovisse propinquam praedictae puellae, aut si manifestum non est et id fama loci habet, cum sponsio tamen fuerit de futuro: idem juvenis potest et debet absolvi a petitione puellae.

Nr. 56.

Tua fraternitas de servorum conjugiis, quae invitis et contradicentibus dominis — nec ex hoc minus sunt propriis dominis exhibenda.

De Conjugio servorum IV, 9, 1. (Can. Dignum est).

Nr. 57.

I. Licet praeter solitum et amplius solito multis simus negotiis — a quibusdam praedecessoribus nostris sit judicatum.

De Sponsa duorum IV, 4, 3.

II. Verum post consensum legitimum — in saeculo remanere.

De Conversione conjugatorum III, 32, 2.

Nr. 58.

Utrum filii et filiae — aliter se habeat.

De Cognatione spirituali IV, 11, 1.

Nr. 59.

I. Si vir et mulier — non debet eis fraus vel dolus patrocinari.

De Cognatione spirituali IV, 11, 2.

Nr. 56.

Jaffé ed. II. n. 10.445; Pa. I, 97; App. XLV, 7; Cass. LXV, un.; Brev. IV, 9, 1.

Haec epistula non ad Alexandrum III. pertinere censenda est, verum ad immediatum successorem Alexandri, Hadrianum IV. papam (1154–1159).

Nr. 57.

I. Jaffé ed. II. n. 14.091; Cantabr. 94 $A\,a$; Pa. I, 21; Pa. II. 15, 4 a; App. VI, 8; Lips. LIX, 5; Bamb. L, 5; Cass. LVIII, 6; Brug. LII, 5; Brev. IV, 4, 3.

II. Jaffé ed. II. n. 14.091; Cantabr. 94 A, b; Pa. I, 21; Pa. II, 15, 4 b; App. V, 1; Lips. LVIII, 1; Bamb. XLIX, 1; Cass. LVII, 1; Brev. III, 28, 2.

Nr. 58.

Jaffé ed. II. n. 14.091; Cantabr. 94 $A\,c$; Pa. I, 22; Pa. II, 15, 4 c; App. XXXII, 1; Lips. LXII, 1; Bamb. LIII, 1; Cass. LXI, 1; Brev. IV, 11, 1.

Nr. 59.

I. Jaffé ed. II. n. 14.091; Cantabr. 94 B; Pa. I, 22; Pa. II, 15, 4 d; App. XXXII, 2; Lips. LXII, 2; Cass. LXI, 2; Brev. IV, 11, 2; Brug. XLIX, 10; Bamb. LIII, 2.

II. Jaffé ed. II n. 14.091; Cantabr. 48 $A\,a$; Pa. I, 23; Pa. II, 15, 4 e; App. VIII, 8; Lips.

II. De cetero laicos in accusationem — possint admitti.
De Testibus II, 20, 14.

III. Si clerici coram judice saeculari convicti fuerint — ab altario et ministerio perpetuo deponendi.
De Judiciis II, 1, 4.

Nr. 60.

De adulteriis et aliis criminibus, quae minora sunt — duplici contritione conterere.
De Judiciis I, 1, 4 § 2.

Nr. 61.

Porro si clericus alicui duellum obtulerit — diminutio non sit subsecuta.
De Clericis pugnantibus in duello V, 14, 1.

Nr. 62.

I. In causis vero ecclesiasticis — publice deputari.
De Testibus II, 20, 15.

II. De quarta vero decimae et oblationis — contra ecclesiam non admittit.
De praescriptionibus II, 26, 4.

Nr. 63.

De presbytero autem Campaniae, qui sponte obtulit duellum — excessus gravis admodum exstiterit.

De Corpore vitiatis I, 20, 1.

XLIII, 9; Cass. XLVIII, 6; Bamb. XXXIX, 6; Brev. II, 13, 14.

III. Jaffé ed. II. n. 14.091; Cantabr. 48 *A b*; Pa. I, 24; Pa. II. 15, 4*f*; App. XXVI, 4; Lips. XI, 1; Bamb. XI, 4; Cass. XXI, 8; Brug. XLIV, 9; Brev, II, 1, 6.

Nr. 60.
Vide numerum praecedentem.

Nr. 61.
Jaffé ed. II. n. 14.091; Cantabr. 48, *B a*; Pa. I, 25; Pa. II, 15, 4*g*; App. XXVI, 5; Lips. XI, 5; Cass. XXI, 9; Bamb. XI, 5; Brug. XII, 5; Brev. V, 12, 1.

Nr. 62.

I. Jaffé ed. II. n. 14.091; Cantabr. 48, *B b*; Pa. I, 26; Pa. II, 15, 4*h*; App. VIII, 9; Lips. XLIII, 10; Bamb XXXIX, 7; Cass. XLVIII, 7; Brev II, 13, 5.

II. Jaffé ed. II. n. 14.091 Cantabr. 48 *C*; Pa. I, 27; Pa. II, 15, 4*i*; App. XXXVIII, 1; Lips. XLVI, 1; Cass. L, 1; Bamb. XLI, 1; Brug. XVII, 3; Brev. II, 18, 6.

Nr. 63.
Jaffé ed. II. n. 14.091; Cantabr. 48 *b*; Pa. I, 28; Pa. II, 16, 1*a*; App. XXVI, 6; Lips XI, 6; Cass. XXI, 10; Bamb. XI, 6; Brug. XII, 6; Brev. I, 12, 2.

Nr. 64.

Presbyterum autem alium puerum quendam intuitu disciplinae — de qua noscitur exspirasse, incurrerit.

De Homicidio V, 12, 7.

Nr. 65.

Uxoratus, qui praesentibus sacerdotibus et monachis — castitatem servare promittat.

De Conversione conjugatorum III, 32, 1.

Nr. 66.

Pervenit ad nostram audientiam, quod Hugo de Taleg. et M. uxor sua in tali sunt linea consanguinitatis conjuncti, quod nullo modo potuerunt insimul commorari. Unde quoniam magna discretio ad hoc est adhibenda, fraternitati tuae per apostolica scripta mandamus, quatenus si aliqui apparuerint, qui velint et possint legitime matrimonium ipsum impetere, utraque parte ante praesentiam tuam convocata, quanto tempore cohabitaverint, diligenter ac studiose perquiras, et utrum tempore, quo conjuncti fuerant, accusatores siluerint et eos conjungi debere cognoverint, sollicite investiges. Quod si illos tempore conjunctionis hoc scivisse et siluisse constiterit, de cetero grave esset eos audire. Tolerabilius enim est, aliquos contra statuta hominum copulatos conjunctos relinquere quam quoslibet legitime conjunctos contra statuta Domini separare. Si vero matrimonium ipsum est recenter contractum vel notitiam ejus ad accusatores tempore contractus non pervenisse constiterit: fama viciniae et personarum sollicite perscrutata causam audias et eam fine canonico studeas terminare.

Nr. 67.

Ex praesentium latoris confessione accepimus, quod cum ipse quandam alterius conjugem adulterio polluisset, poenitentiam in [se] suscepit, sed postmodum incidit diabolo instigante in reatum ac eandem mulierem defuncto

---

Nr. 64.

Jaffé ed. II. n. 14.091; Cantabr 48 *E*; Pa. I, 29; Pa. II, 16, 1 *b*; App. XXVI, 7; Lips. XI, 7; Bamb. XI, 7; Cass. XXI, 11; Brev. V, 10, 8.

Nr. 65.

Jaffé ed II. n. 13.946; Cantabr. 71 *b*; Pa. I, 30; Pa. II, 20, 1 *d*; App. V, 4; Lips. LVIII, 4; Cass. LVII, 5; Bamb XLIX, 4; Brug. LII, 4; Brev. III, 28, 1.

Nr. 66.

App. VIII, 23; Lips. LIX, 57; Cass. LVIII, 39; Bamb. L, 37; Brug. LIII, 4; Brev. IV, 19, 3; Jaffé ed. II. n. 14.214.

Nr. 67.

App. XLV, 2; Brug. XLIX, 31; Jaffé ed. II. n. 13.900.

viro sibi in matrimonium copulavit. Unde quia nos de salute animarum ipsorum compellimur in Domino cogitare, fraternitati tuae per apostolica scripta mandamus, quatenus rem ipsam diligenter inquiras, et si tibi constiterit, quod illa vel iste in mortem prioris viri fuerit aliquatenus machinatus vel eo vivente fidem ipsi mulieri dederit, se illam in conjugem recepturum: eos non differas penitus separare. Quod si neutrum istorum tibi constiterit, in causa ipsa juxta ecclesiasticam consuetudinem et canonum statuta procedas.

Nr. 68.

Conquestus est nobis Herbertus, lator praesentium, quod quandam mulierem — severitate ecclesiastica percellatis.

Qui filii sint legitimi IV, 17, 1.

Nr. 69.

Significasti nobis, quod quidam miles in provincia tua uxore sua dimissa — adulterium commisisse.

De Divortiis IV, 19, 4.

Nr. 70.

Licet contineatur in literis tuis, quod puella erat minoris aetatis — hereditatis prohiberi non possunt.

De Desponsatione impuberum IV, 2, 5 (pars altera).

Nr. 71.

De hoc, quod consulere nos voluisti, quid debeat observari, quando inter alios sponsalia — materiam aliquibus ministrare.

De Sponsalibus et matrimonio IV, 1, 7 (pars altera).

Nr. 68.

Jaffé ed. II. n. 14.167; Pa. I, 156 (Dat. Venet. in rivo alto III. non. Julii); App. XXXIII, 3; Lips. LXIII, 1; Cass. LXII, 1; Bamb. LIII, 3; Brug. LI, 3; Brev. IV, 18, 1; in fine Claustroneob. legit: Datum Venetiae in rivo alto, sicut coll. Parisiensis I

Nr. 69.

Jaffé ed. II n. 14.107; App. XLIX, 14; Lips. LIX, 26; Cass. LVIII, 14; Bamb. L, 13; Brug. L, 4; Brev. IV, 20, 4.

Nr. 70.

Jaffé ed. II. n. 13.887; Cantabr 86; App. VI, 7; Lips. LIX, 4; Cass. LVIII, 5; Bamb. L, 4; Brug. XLIX, 6; Brev. IV, 2, 6.

Nr. 71.

Jaffé ed. II. n. 13.793; App. VI, 20; Lips. LIX, 3; Cass. LVIII, 19; Bamb. L, 17; Brug. XLVIII, 4; Brev. IV, 1, 6.

Nr. 72.

De his qui infra annos matrimonio aptos contrahendo sponsalia contrahunt — consensum praestare negaverit.

De Desponsatione impuberum IV, 2, 7.

Nr. 73.

Ex literis tuis ad nos directis accepimus, quod quidam secreto mulierem quandam viduam subarrhasset — super his nequaquam ignorent.

De Consanguinitate et affinitate IV, 14, 1.

Nr. 74.

Consuluit nos tua discretio, quid faciendum sit de nobili muliere, quae post mortem mariti — consummatum nequaquam dissolvit.

Qui clerici vel voventes IV, 6, 4.

Nr. 75.

De cetero quod diaconus — ad sacerdotium promovendus.

De homicidio V, 12, 11.

Nr. 76.

Intelleximus ex literis [tuis], quod R. de Laviano parochianus tuus jam diu, scilicet VI annis, decimam capellae tuae tibi[1]) detinuit, asserens, quod in commutationem ipsius decimae praedecessori tuo reditus quarundam dederit villarum[2]), quos etiam ipse tibi vult assignare. Ceterum quia decimae cum temporalibus non sunt aliqua ratione commutandae; auctoritate praesentium tibi inhibemus, ne praescriptos reditus in commutationem ipsius

---

[1]) em. pro: compelleret . . . (legi non potest in Codice). [2]) villatorum.

Nr. 72.
Jaffé ed. II. n. 13.767; App. VI, 29; Lips LIX, 39; Cass. LVIII, 27; Bamb. L, 26; Brug. XLIX, 15; Brev. IV, 2, 9.

Nr. 73.
Jaffé ed. II. n. 13.838; Cantabr. 75; Pa. I, 168; App. VI, 32; Lips. LIX, 46; Cass. LVIII, 30; Bamb. L, 29; Brug. LIII, 2; Brev. II. 14, 2.

Nr. 74.
Jaffé ed. II. n. 14.005; App. XLV, 4; Lips. LIX, 50; Bamb. L, 33; Cass. LVIII, 34; Brug. XLIX, 21; Brev. V, 10, 12.

Nr. 75.
Vide numerum praeced.

Nr. 76.
App. IV, 1; Lips. XXII, 7; Cass. XXXIV,

decimae praesumas recipere, sed praedictum R. ad restituendas decimas praedictas et ad eas solvendas in posterum ecclesiastica compellas districtione.

Nr. 77.

De quaestione G. viduae auribus nostris insonuit, quod cum terram quandam juxta civitatem tuam jure hereditario possideret, frater tuus O., quondam archidiaconus Coloniensis, terram ipsam canonicis tuis ea reclamante concessit. Unde si tibi constiterit, quod praefatam terram sicut suam praefata vidua possederit et canonicis praescriptis fuerit data ea reclamante: nec postea consentiente, eam sibi facias restitui. Et deinde si canonici contra ipsam agere voluerint, causam debito fine discidas.

Nr. 78.

I. Ad vestram petitionem regulam, sub qua vivere debeatis et omnipotenti Deo servire, duximus constituendam, in primis statuentes, ut professionem majori priori omnes laici faciant, in manu ejus absque proprio vivere promittentes et continentiam divina gratia servare. Cui siquidem[1]) tam clerici quam laici sicut magistro et animarum rectori debitam in omnibus promittant reverentiam [et] obedientiam; nec alicui inter vos professo liceat ad alium ordinem transire absque prioris sui licentia, nisi forte ad religionem migraverit arctiorem. Nullus absque prioris majoris licentia[2]) hospitale audeat facere; nullus proprium habeat, si quid acquisierit, rectori suo incunctanter assignet. Nullus vestrum alicui vobiscum esse volenti crucem tribuat, sed per medium annum, si cognitus sit, si vero incognitus sit, per unum annum integrum vobiscum in probatione permaneat et tunc majori priori praesentetur, ut ab ipso, non ab alio, crucem suscipiat.

[1]) si qua. [2]) in Codice per lapsum amanuensis verba inseruntur: si cognitus sit si in cognitus sit per unum annum — quae verba e textu sequenti falso assumpta esse apparet.

II. Eum vero, quem noveritis debito conditionis servilis adscripticium, absque permissione domini sui nullo modo in consortium vestrum recipiatis,

---

4; Bamb. XXIV, 4; Brug. IV, 7; Brev. III, 26, 5; Jaffé ed. II. n. 13.862.

Nr. 77.
Capitulum nullibi repertum.

Nr. 78.
I. App. XXVII, 5; Lips. XV, 1; Cass.

XXV, 1; Bamb. XV, 1; Brev. III, 27, 1; Brug. XIX, 2; Jaffé ed. II. n. 13.972.

II. Capitulum nullibi repertum.

III. App. V, 9; Lips. LVIII, 9; Bamb. XLIX, 9; Cass. LVII, 10; Brev. III, 28, 8; Jaffé ed. II. n. 13.972.

IV. App. XXVII, 5 (continuatio).

et si quando talem per ignorantiam receperitis, absque contradictione eum statim, si a domino suo fuerit repetitus, sibi reddatis, nisi forte ipsum ex ignorantia fratrum et ejus, a quo ordinatus est, contigerit esse promotum.

III. Uxoratus autem nisi licentia propriae uxoris — mulierem audeat tonsurare vel ad cohabitandum secum assumat.

De conversione Conjugatorum III, 32, 8.

IV. Nemo vestrum alicui coronam faciat in capite. Si hospitale in aliquo loco sine oratorio feceritis, liberum erit vobis absque conscientia episcopi, in cujus parochia fuerit, ipsam domum constituere. Quodsi oratorium ibidem aedificare volueritis, id absque licentia et assensu episcopi non faciatis, justitia sua in omnibus servata. Si cum aliquo vestrum, eo mortuo, pecunia inventa fuerit et in vita sua non patefecerit: nec ad ecclesiam nec ad hospitale sepeliatur, sed extra civitatem in campis deponatur.

Nr. 79.

I. Consuluit nos tuae devotionis providentia, quid tibi sit faciendum de his, qui a saeculo fugientes in monasterium, religionis habitum susceperunt et inter cetera[1]) postmodum confitentur, se tale delictum commisisse, propter quod ipso actu excommunicationis sententiam incurrunt. Hos autem sine sententia Romani Pontificis non potes neque debes absolvere, sed si forte post conversionem[2]) suam in aliquos de fratribus suis violentas manus injecerint, liceat tibi eos a sententia excommunicationis absolvere et praesumptionem delinquentium debita animadversione punire.

[1]) em. pro iterum (?). [2]) confessionem.

II. Porro si qui violentas manus — absolvi non possint.
De Sententia excommunicat. V, 39, 7.

Nr. 80.

Sicut tu asseris, ita fatemur et nos, quod multi pastores Ecclesiarum sint temporibus istis, qui potius, quae sua sunt, non quae Jesu Christi, quaerentes, lac et lanam percipiunt et salutem ovium contemnunt. De talibus itaque do-

---

Nr. 79.
I. App XIV, 2; Lips. VII, 3; Bamb. VII, 3; Cass. XIX, 3; Cantabr. 7; Pa. I, 135, 136; Brev. V, 34, 8; Jaffé ed. II. n. 14.025.
II. App. XIV, 3; Lips. VII, 4; Bamb. VII, 3; Cass. XIX, 3; Brev. V, 34, 9; Jaffé ed. II. n. 14.025.

Nr. 80.
Capitulum nullibi repertum.

lemus admodum, sicut praecipimus ex ratione dolere. Sed nisi Deus mentibus eorum inspiret, ut quae sibi ex officio praelationis incumbunt, cogitent, admonitio nostra vel alterius nullum fructum operatur in ipsis, cum scriptum sit: „Neque qui plantat, est aliquid, neque qui rigat, sed qui incrementum dat, Deus." Multi quidem ad habendam curam Ecclesiarum ambiunt imprudenter, et quaerunt eas[1]), ut praesint potius quam prosint; qui potius essent a praelationis officio removendi, si eas essent adepti, quam ad Ecclesiarum regimen assumendi. Idcirco cum tempora prava sint et homines ambitione pleni, non esset conveniens vel honestum, ut cessioni tuae nostrum praebeamus, sicut postulas, favorem; ne talis tibi succederet, quem sinistra[2]) conversatio successorem faceret indignum. Rogamus itaque et discretioni tuae consulimus, quatenus studiose considerans et attendens, tibi melius esse cum multis quam solum ad nuptias superni patrisfamilias introire, a proposita intentione cedendi meo desistas consilio, et sicut bene ac laudabiliter hactenus fecisse dinosceris, onus sollicitudinis, quod sumpsisti ad honorem Dei et salutem tuam et subditorum tuorum, studeas supportare. Nos itaque districte fratribus tuis praecipimus, ut debitam obedientiam et subjectionem exhibeant, et venerabili fratri nostro Rhemensi archiepiscopo, Apostolicae Sedis legato, dedimus in mandatis, ut eos ad hoc nostra et sua auctoritate cum districtione compellat. Verum si idem archiepiscopus te omnino insufficientem ad hoc onus cognoverit, et tuae voluntatis fuerit, administrationi et regimini cedere: tuam recipiat cessionem et cum[3]) consilio tuo et abbatis S. Victoris et alterius abbatis ejus ordinis talem studeat personam in abbatem substituere, quae[4]) praeesse valeat et prodesse, et tibi de bonis Ecclesiae convenienter providcat.

[1]) em. quaerunt et. [2]) em. nostra. [3]) in. [4]) qui.

Nr. 81.

Ad nostram noveris audientiam pervenisse, quod si quando subditos tuos — corrigas et castiges.

De Appellationibus II, 28, 3.

Nr. 82.

Consuluit nos vestra devotio super quodam confratre vestro, qui dum

---

Nr. 81.
Jaffé ed. II. n. 13.865; Cantabr. 68; Pa. II. 33, 3; App. X, 4; Lips. XLVII, 3; Cass. LI, 3; Bamb. XLII, 2; Brug. XLVII, 2; Brev. II, 20, 3.

Nr. 82.
Cantabr. 56; Pa. I, 142; App. XXVI 2; Lips. XI, 2; Bamb. XI, 2; Cass. XXI, 4; Jaffé ed. II. n. 14.119.

esset in saeculo, cum quinque solidos pro se ordinando dedisset, statim postquam delictum cognovit, poenitentia ductus religioni vestrae[1]) se contulit. Nos igitur quaestioni vestrae satisfacere volentes, vobis praesentibus literis significamus, quod ordine taliter suscepto carere meruit nec ad superiores ordines debet promoveri. Verumtamen in ordinibus, quos prius susceperat, Domino poterit deservire.

[1]) em. nostrae.

Nr. 83.

Literaturam tuam et prudentiam jam pridem fama referente cognovimus — civitatem parvulam petiit et accepit.

De Voto et voti redemptione III, 34, 3.

Nr. 84.

Super eo, quod quaesitum est a nobis ex parte tua — in eadem veste recedant, qua venerunt.

De Regularibus III, 31, 9.

Nr. 85.

I. Sane super hoc, quod moris esse dixisti quibusdam episcopis Scotiae et Galliae — privarentur auctoritate ordinandi.

De Temporibus ordinationum I, 11, 2.

II. De eo vero, quod quaesivisti a nobis, an liceat extra jejunia — subdiaconos nonnisi in quatuor temporibus.

De Temporibus ordinat. I, 11, 3.

III. Ad hoc, cum contingat multoties, actorem mittendum esse in possessionem — cum reus se cautione adstringat judicio standi.

De Dolo et contumacia II, 14, 1.

Nr. 83.

Alan. III, 16, 1; Comp. II. c. 1 (III, 21); Cantabr. 12; Brug. XXIV, 2; Jaffé ed. II. n. 14.150.

Nr. 84.

Jaffé ed. II. n. 13.946; Cantabr. 9; Pa. I, 42, *a*; Pa. II, 20, 1*a*; App. XXI, 2; Lips. XVI, 2; Bamb. XVI, 2; Cass. XXVI, 3; Brug. XIX, 18; Brev. II, 27, 9

Nr. 85.

I. Jaffé ed. II. n 13.948, recte 13.946; Cantabr. 71*a*; Pa. I, 42*b*; Pa. II, 20, 1*b*; App. XXVI, 24; Lips. XVIII, 2; Cass. XXIX, 2; Bamb. XIX, 2; Brug. XI, 2; Brev. I, 6, 2.

II. Jaffé ed. II. n. 13.948, recte 13.946; Cantabr. 70; Pa. I, 42, c; App. XXVI, 25; Lips. XVIII, 3; Cass. XXIX, 3; Bamb. XIX, 3; Brug. VIII, 5; Brev. I, 6, 3.

III. Jaffé ed. II. n. 13.949, recte 13.946; Cantabr. 71, *c*; Pa. II, 20, 1*e*; App III, 1; Lips. XL, 1; Cass. XLVI, 1; Bamb. XXXVII, 1; Brug. XLIV, 8; Brev. II, 10, 1.

Nr. 86.

Sane de clericis inferiorum ordinum — unicam et virginem habent uxorem.
De Clericis conjugatis III, 3, 2.

Nr. 87.

Meminimus nos ex parte tua quaestionem hanc audivisse — cogendus transire et matrimonium rescindere.
Qui clerici vel voventes IV, 6, 3.

Nr. 88.

De monachis autem, qui vicarios suos — sustentatio fuerit assignata et in his ita provisum, quod tibi de justitia tua possint, sicut convenit, respondere.
De Praebendis III, 5, 12.

Nr. 89.

I. Praeterea illi, qui episcopo ignorante — post decessum suum censuales efficere.
De Censibus III, 39, 8.

II. Ceterum, cum aliquam causam contigerit — non esse aliquatenus observandum.
De Appellationibus II, 28, 9.

Nr. 90.

Super eo, quod a nobis sollicitudo tua requirit — appellationis obstaculum inhibeatur.
De Appellationibus II, 28, 10.

Nr. 86.

Jaffé ed. II. n. 13.946; Cantabr. 71 *d*; Pa. II. 21, 1; App. XVIII, 5; Lips. LXIV, 4; Cass. LXIII, 4; Bamb. LIV, 4; Brev. III, 3, 3.

Nr. 87.

Jaffé ed. II. n. 13.162; App. VI, 9; Lips. LIX, 19; Cass. LVIII, 9; Bamb. L, 8; Brug. XLIX, 11; Brev. IV, 6, 6.

Nr. 88.

Jaffé ed. II. n. 13.162; Cantabr. 10 *B c*; Pa. I, 57 a; Pa. II, 1, 2 *b*; App. XXXIX, 1; Lips. XXIII, 21; Cass. XXXV, 17; Bamb. XXV, 17; Brug. XVIII, 1; Brev. III, 5, 14.

Nr. 89.

I. Jaffé ed. II. n. 13.162; Pa. I, 57 *b*, repet. 71; Pa. II. 1, 2 *c*; App. XXVIII, 9; Lips. VI, 1; Bamb. VI, 1; Cass. XVIII, 1; Brug. XVIII, 1; Brev. III, 34, 8.

II. Jaffé ed. II. n. 13.162; Pa. I, 58 *a*; Pa. II, 1, 2 *d*; App. X, 8; Lips. XLVII, 9 repet XLVII, 24; Cass. LI, 1; Bamb. XLII, 6; Brev. II, 20, 9.

Nr. 90.

Jaffé ed. II. n. 13.162; Cantabr. 10 *D*; Pa. I, 59; Pa. II, 1, 2 *f*, *g*; App. X, 9; Lips. XLVII, 10; Cass. LI, 9; Bamb. XLII, 8; Brug. XLVII, 10; Brev. II, 29, 10.

Nr. 91.

I. De Appellationibus, quae pro minimis causis — districte compellas.
De Appellationibus II, 28, 11.

II. Si autem aliqua causa intra certum terminum praecipiatur decidi, non poterit negotium ultra praefixum diem prorogari nisi de communi partium consensu[1]). Verum judex delegatus, si aliter fecerit et fines mandati excesserit, ejus jurisdictionem[2]) non est dubium exspirare.

[1]) textus corruptus est in codice. [2]) em. pro: inducere (!).

Nr. 92.

I. Si aliquis parochianorum tuorum matrem, sororem vel filiam suae uxoris forte cognoverit et hoc publicum exstiterit, est ab ea separandus, et uterque tam moechus quam moecha debet sine spe conjugii perpetuo permanere. Si autem occultum fuerit vel secretum, poenitentiam debet de commisso accipere et uxori suae intra tempus poenitentiae vel ultra debitum, si exegerit, solvere. Sane si aliquam uxoris suae consanguineam, quae illam tertio vel deinceps gradu contingat, commixtione carnali cognoverit, non est propterea divortium celebrandum, sed delinquenti secundum qualitatem personae et criminis erit injungenda poenitentia.

II. Ceterum si abbatem tuae dioecesis — irritum judicandum.
De Donationibus III, 24, 3.

III. Verumtamen si alicui Ecclesiae — possessio debet revocari.
De conditionibus appositis IV, 5, 4.

IV. Scripta vero authentica — firmitatis robur habere.
De fide Instrumentorum II, 22, 2.

Nr. 91.

I. Jaffé ed. II. n. 13.162; Cantabr. 8 *B*; Pa. I, 60; Pa. II, 1, 2 *h*; App. X, 10; Lips. XLVII, 11; Cass. LI, 10; Bamb. XLII, 9; Brug. XLVII, 10; Brev. II, 20, 11.

II. Jaffé ed. II. n. 13.162; Pa. I, 58 *b*; Pa. II, 1, 2 *e*; App. VII, 14; Lips. XXXV, 14; Cass. XLII, 15; Bamb. XXXIII, 14; Brev. I, 21, 12.

Nr. 92.

I. Jaffé ed. II. n. 13.162; Cantabr. 92 *B*; Pa. I, 61; Pa. II, 1, 21; App. XII, 1; Lips. LX, 1; Cass. LIX, 1; Bamb. LI, 1; Brug. LIII, 13; Brev. IV, 20, 6.

II. Jaffé ed. II. n. 13.162; Pa. I, 62, 63; Pa. II, 1, 2 *Kl*; App. XXIX, 3; Cass. XXVII, 2; Bamb. XVII, 2; Brev. III, 20, 3.

III. Continuatio; Brev. IV, 5, 3.

IV. Jaffé ed. II. 13.162; Cantabr. 30, *b*; Pa. I, 64; Pa. II, 1, 2 *m*; App. VIII, 5; Lips. XLIII, 7; Cass. XLVIII, 4; Bamb. XXXIX, 4; Brev. II, 15, 2.

Nr. 93.

Inter cetera sollicitudinis tuae curae commissa prudentiae tuae convenit, studiose ac diligenter attendere, ut tales in ecclesiis tuae gubernationi commissis[1]) ministros ordines ac proponas, qui et domui Domini sciant decenter disponere et populo Dei prodesse.

[1]) commissos.

Nr. 94.

Pervenit ad nostram audientiam, quod quidam in dioecesi tua morantur, qui se ecclesiasticae professionis fingentes ecclesiastica beneficia nihilominus obtinere praesumunt. Alii, licet filii sacerdotum existant, patribus suis in ecclesiis quasi jure hereditario succedunt et postmodum instituti ad sacros ordines minus licite promoventur. Quod quia indignum est et sacrorum [canonum] institutionibus noscitur penitus obviare: fraternitati tuae per apostolica scripta mandamus, quatenus illos, qui infra[1]) subdiaconatum matrimonium contraxerunt, a suis uxoribus nulla ratione separari permittas, nisi de communi consensu illae ad religionem transire voluerint et ipsae in servitio Dei jugiter commorari. Si autem cum uxoribus vixerint, ecclesiastica beneficia, quae ad illos tantum, qui in Dei servitio assidue persistunt, spectare videntur, debent nullatenus obtinere. Illi vero, qui in subdiaconatu vel supra ad matrimonia convolaverunt, mulieres possunt et debent invitas renitentes relinquere, neque hujusmodi conjunctio matrimonium, sed contubernium est nuncupandum.

[1]) em. intra.

Nr. 95.

I. Praesentium quoque auctoritate tibi jubemus — studeas penitus removere.

De Filiis presbyterorum I, 17, 3.

II. De sacerdotibus publice fornicantibus discretioni tuae nihilo minus praecipiendo mandamus, ut eos diligenter convenias et attentius commoneas,

---

Nr. 93.
Pa. I, 65; Pa. II. 22, 2 *a*; App. XVIII, 6; Lips. LXIV, 5; Bamb. LIV, 5; Cass. LXIII, 5; Brug. XIII, 3; Brev. III, 3, 4; Jaffé ed. II. n. 12.254.

Nr. 94.
App. XVIII, 6 (continuatio).

Nr. 95.
I. Jaffé ed. II. n. 12.254; Pa. I, 66; Pa. II, 22, 2 *b*; App. XIX, 4; Cass. XXXIII, 4; Bamb. XXXIII, 4; Brug. XIII, 3; Brev. I, 9, 3.
II. Jaffé ed. II. n. 12.254; Pa. I, 67; Pa. II, 22, 2 *c*; App. XVIII, 7; Lips. LXIV, 6; Bamb. LIV, 6; Cass. LXIII, 6; Brug. XIII, 3;

ut fornicarias dimittant et post se prorsus expellant. Quod si commonitionem tuam facere contempserint et in sua immunditia duxerint persistendum, tu eos absque appellationis remedio ab omni beneficio ecclesiastico non differas spoliare.

Nr. 96.

De priore, qui non deferens protectioni — non audeant similia attentare.
De Appellationibus II, 28, 31.

Nr. 97.

Ad hoc in beatorum Apostolorum principis cathedra — remoto appellationis obstaculo exequaris.

De Privilegiis V, 33, 5.

Nr. 98.

Praeterea de his, qui juramentum praestant — ad ipsam prosequendam compellas.

De Appellationibus II, 28, 20.

Nr. 99.

Causam, quae vertitur inter fratres — valeat iterum suscitare.
De Judiciis II, 1, 9.

Nr. 100.

Archiepiscopis, episcopis, abbatibus et dilectis filiis prioribus[1]) et universis Ecclesiae praelatis, ad quos literae pervenerint, salutem.

Milites templi Jerusalem novi sub tempore gravi machabaei, abnegantes saecularia desideria et propria relinquentes, tollentes crucem suam secuti sunt

---

[1]) em. prioris.

Brev. III, 2, 6; Gilbert Foliot epp. ed. Giles II, 97.

Nr. 96.

App. X, 25; Gilbert. auct. 2 (II, 18); Comp. II. c. 3. (II, 19).

Nr. 97.

Jaffé ed. II. n. 12.448; App. XXXI, 5; Lips. XIII, 3; Cass. XXIII, 3; Bamb. XIII, 3; Brev. V, 28, 6; Gilbert Foliot epp. ed. Giles II, 64.

Nr. 98.

Jaffé ed. II. n. 14.314; App. X, 29; Lips. XLVII, 29; Cass. XXVIII, 6; Bamb. XLII, 26; Brev. II, 20, 30.

Nr. 99.

Comp. II. can. 2 (II, 1).

Nr. 100.

App. XLIV, 5; Brug. XIX, 1. Caput incertum.

Christum. Ipsi sunt, per quos Deus orientalem Ecclesiam a paganorum spurcitia liberat et christiani nominis inimicos expugnat. Ipsi pro fratribus animam dare non formidant et peregrinos ad sancta loca proficiscentes tam in eundo quam in redeundo a paganorum incursibus defendunt. At cum ad sanctum et pium opus explendum eis propriae facultates non suppetant: praesentibus literis exoro, quatenus, ut[1]) eorum suppleatur inopia, populum vobis a Domino[2]) commissum collectas facere moneatis. Quicumque vero de facultatibus sibi a coelo[3]) collatis eis subvenerit et in tam sancta collecta se constituerit eisque beneficia annuatim persolverit: septimam partem poenitentiae injunctae, confisi de Beatorum Apostolorum Petri et Pauli meritis, indulgemus. Si vero excommunicatus non fuerit, in jucundo loco eorum adventu pro templi honore et eorundem militum reverentia semel in anno aperiantur ecclesiae, et exclusis excommunicatis divina celebrentur officia. Quae autem de non excommunicatis eorundem militum fratribus ecclesiae sepulturae traditis et ecclesiis in eorum adventu excommunicatis exclusis semel aperiendis a nobis statuta sunt: vobis mandantes praecipimus, ut per vestras parochias faciatis irrefragabiliter observari.

[1]) em. uni.   [2]) em. saeculo.   [3]) em. clero.

Nr. 101.

I. Fraternitatem tuam scire volumus et firmiter tenere, quod te ex charitatis fervore ob multiplicia tuae gratissimae devotionis obsequia nobis frequenter impensa diligimus, ut nihil aliquando tibi negare velimus, quod cuique fratrum nostrorum debeamus. In eo autem, quod de compellendis monachis albis [et] nigris, canonicis regularibus et saecularibus ad solvendas decimas de terris suis conductis, quas habent ad terminum vel firmam, a nobis tuae discretionis postulavit prudentia: te vel quemlibet alium audire vel exaudire nulla ratione possumus, nisi manifeste velimus justitiae obviare et praedecessorum nostrorum institutionibus contraire, ne videamur persequi religionem, quam si forte in nobis non habemus, in aliis fovere et diligere tenemur. Cautum siquidem habetur in scripturis praedecessorum nostrorum Romanorum Pontificum, quod religiosi viri ab exactione decimarum de laboribus, quos propriis manibus vel sumptibus colerent[1]) et de nutrimentis animalium suorum prorsus essent

[1]) em. tollerent.

Nr. 101.
I. Pa. I, 8; Par. II., 56, 8; App. XIII, 3; Lips. XXIII, 8; Bamb. XXV, 4; Cass. XXXV, 4; Brug. XIX, 6; Brev. III, 26, 8; Jaffé ed. II. n. 13.873. Gilbert Foliot epp. ed. Giles II, 72.

immunes. Sed piae recordationis papa Adrianus praedecessor noster in novalia labores pro sua voluntate convertit. Illud etiam nos a petitionis tuae affectu noveris retrahere, quod in veteri testamento non recolimus nos unquam legisse, ut Levitae Levitis decimas persolverent. In novo etiam, sicut tua discretio non ignorat, non ambigimus esse statutum, ut populus ecclesiis decimas persolvat, ubi ecclesiastica recipiunt sacramenta. Unde apostolus ait: Non est magnum, si temporalia metimus, ubi spiritualia seminavimus. Non grave tibi sit, sicut esse non debet, si ratione divinae scripturae et nostra honestate pensata petitionem illam (diligamus quantumcumque te et sicut charissimo fratri nostro deferentes) non duximus admittendum. In nullo patereris repulsam, quod secundum Dominum et justitiam a nobis fieri postulares.

II. Ex privilegio Adriani papae. Sane laborum vestrorum, quos[1]) vos propriis manibus aut sumptibus colitis, sive de nutrimentis animalium vestrorum nullus omnino clericus vel laicus a vobis praesumat decimas exigere. Hoc idem ex privilegiis aliorum Romanorum Pontificum determinatur.

[1]) em. quae.

III. Pontifex Paschalis secundus: Decimas a populo sacerdotibus et Levitis reddendas — nutrimentis suprascriptorum (?) extorquere debeant.
Decretum Gratiani, C. XVI. qu. 1. can. 47.

IV. Unde Beatus Gregorius: Communi vita viventibus jam de faciendis portionibus — et ecce omnia munda sunt vobis.
Decretum Gratiani C. XVI. qu. 1. can. 47 (in medio).

V. Item Moguntiense: Decrevit idem sacer conventus, ut episcopi et abbates de agris vel vineis suis — per totum anni circulum missas audiunt.
Decretum Gratiani, C. XVI, qu. 1, can. 46 (in medio).

VI. Item Gregorius papa: Statuimus, ut monasteria ex suis praediis nullo modo cogantur decimas solvere; quodsi legitime dandae sunt orphanis et peregrinis indigentibus, indignum valde est, ut ab eis exigantur, qui pro ejus amore, cujus sunt decimae, pauperes reficiunt. Nam si pauperes sunt Domini, paupertas eroganda est pauperibus, illis videlicet, qui pro amore Dei, quae

---

II. Pa. I, 9; Pa. II. 56, 10 *b*; App. XIII, 7; Lips. XXIII, 12; Bamb. XXV, 8; Cass. XXXV, 8; Brug. XIX, 8; Brev. III, 26, 12; Jaffé ed. II. n. 14.173 = 14.023.

III. Fragmentum epist. incerti temporis; Jaffé n. 6443; Pa. I, 10.

IV. Eodem loco.

V. Ex Conc. Cabilon. II. habito an. 813, can. 19, ap. Mansi XIV, 97; Burch. III, 132; Ans. V, 57; Ivonis Decr. III, 198; Ivon. Pan. II, 59; Pa. I, 11.

VI. Pa. I, 12; Pa. II. 56, 6; App. XIII, 9;

possidere poterant, dimittunt eumque nudi sequentes potestati se attentius subdunt.

VII. Item Paschalis secundus: Novum exactionis genus est — spiritualium ministeriorum laborem accipiunt.

De Decimis III, 30, 2.

VIII. Item ex privilegio Alexandri papae: Statuimus, ut si super decimis — rata temporibus perpetuis et inconcussa permaneat.

De Transactionibus I, 26, 2.

Nr. 102.

Cum deceat nos commodis et profectibus ecclesiarum frequenter intendere, nobis summopere congruere dinoscitur, ut earum ordinationibus toto studio intendamus, et ne inordinatae remaneant, vigilem curam et sollicitam adhibeamus. Inde est, quod vestrae universitati[1]) per apostolica scripta mandamus, quatenus in ecclesiis, in quibus praesentationis jus habetis, cum vacaverint, dioecesanis episcopis clericos idoneos praesentetis, qui illis de spiritualibus, vobis de temporalibus debeant respondere.

[1]) vox humanitati in cod. expuncta est.

Nr. 103.

Avaritiae, quae est idolorum servitus — aliquatenus dividere praesumatis.
De Praebendis III, 5, 10.

Nr. 104.

Sicut vobis jura vestra integra et illibata servari [vultis], sic aliis justitiam suam subtrahere non debetis. Audivimus autem, quod decimas ecclesiae de Colligram cum ea, qua solvi[1]) solebant integritate, antequam fundus ad

[1]) em. cum ea solvi qua.

Lips. XXIII, 14; Bamb. XXV, 10; Cass. XXXV, 10; Brev. III, 26, 14 (cap. incertum).

VII. Pa. I, 13; Pa. II, 56, 7; App. XIII, 16; Lips. XXIII, 7; Bamb. XXV, 3; Cass. XXXV, 3; Brev. III, 26, 7; Jaffé n. 6605.

VIII. Pa. I, 14; Pa. II, 56, 9; App. XXVIII, 3; Lips. V, 2; Bamb. V, 2; Cass. XVII, 2; Brug. XXV, 6; Brev. I, 27, 2; Jaffé ed. II. 14.191.

Nr. 102.
App. XV, 24; Lips. LII, 28; Bamb. XLIV, 21; Cass. LIII, 21; Brev. III, 32, 3; Gilbert Foliot Epp. ed. Giles IV, 68; Jaffé ed. II. n. 13.829.

Nr. 103.
App. XIII, 1; Lips. XXIII, 1; Bamb. XXV, 1; Cass. XXXV, 1; Brev. III, 5, 12; Jaffé ed. n. 12.892.

Nr. 104.
Pa. II. 56, 5; App. XIII, 13; Lips. XXIII,

vestrum dominium pervenisset, non solvitis. Unde quia indecens vobis et inhonestum valde existit, ut aliis damna praesumatis inferre, quae vobis irrogari nullatenus velletis: universitati vestrae per apostolica scripta mandamus, quatenus praedictas decimas memoratae ecclesiae sine diminutione aliqua et cum integritate, qua[1]) antiquitus solvi solebant, solvere non differatis. Nobis enim grave existeret, si super hoc ulterius querimonia ad nos perferretur. Verumtamen si aliquid juris ibi vos habere confiditis, in praesentia venerabilis fratris nostri Vigorniensis episcopi et dilecti filii decani Cistrensis[2]) occasione et appellatione remota ordine judiciario experiamini: quod inter vos et alteram partem duxerint statuendum, firmiter accepturi et inviolabiliter servaturi.

[1]) em. quam. [2]) em. Cisterciensis.

Nr. 105.

Si de terra, quam habetis infra parochiam — vos in hac parte tueri. Sane nisi vos et ordinem vestrum etc.

De Privilegiis V, 33, 6.

Nr. 106.

Dilecti filii nostri Abbas et fratres Sanctae Crucis — vobis indultum est, manus extendere.

De Decimis III, 30, 8.

Nr. 107.

Suggestum est ex parte vestra, quod Abbas et fratres monasterii — apud nos querelam saepe proponunt.

De Decimis III, 30, 9.

Nr. 108.

Cum ex defectu pastoris sacris Dei ecclesiis multa soleant provenire detrimenta, expedit vobis sollicite providere, ne pastoribus et praelatis diutius careatis etc. Unde cum velimus in necessitate vobis consulere et indem-

---

18; Bamb. XXV, 14; Cass. XXXV, 14; Brev. III, 26, 19; Jaffé ed. II. n. 13.978.

Nr. 105.

App. XXXVIII, 4; Brev. V, 28, 9; Gilbert Foliot epp. ed. Giles II, 105; Jaffé ed. II. n. 13.739.

Nr. 106.

Gilbert Foliot epp. ed. Giles II, 109;

App. XIII, 2; Lips. XXIII, 2; Bamb. XXV, 2; Cass. XXXV, 2; Brev. III, 26, 6; Jaffé ed. II. n. 14.023; Pa. II, 56, 10.

Nr. 107.

App. XIII, 4; Lips. XXIII, 9; Cass. XXXV, 5; Brug. XVIII, 8; Brev. III, 26, 9; Jaffé ed. II. n. 14.004; Bamb. XXV, 5.

Nr. 108.

Capitulum nullibi repertum.

nitati¹) vestrae sollicite praecavere: universitati vestrae per apostolica scripta mandamus, quatenus, cum a fratre nostro venerabili Cantuariensi archiepiscopo Apostolicae Sedis legato exinde fueritis exquisiti vel ante requisitionem ejus singuli conventus ecclesiarum et monasteriorum vestrorum, omni dilatione et appellatione cessante, in personam idoneam et honestam pari voto conveniatis et eam in pastorem eligere curetis et electionem, sicut moris et rationis est, praefato archiepiscopo praesentetis, ut in electionibus vestris confirmandis vel reprobandis procedat, sicut viderit procedendum. Si autem in his contra²) mandatum nostrum et illius fueritis negligentes, noveritis nos eidem archiepiscopo in mandatis dedisse, ut vos ad id exequendum, appellatione cessante, collata sibi auctoritate, compellat.

¹) em. identitati.   ²) em. citra.

Nr. 109.

Cum Ordinis Cisterciensium professione et eo privilegio — minime teneatis respondere.

De Rescriptis I, 3, 6.

Nr. 110.

Audivimus et audientes admirati sumus, quod cum fratribus de Ronforde monasterii sive aliis omnibus Cisterciensis ordinis a patribus et praedecessoribus nostris concessum sit et a nobis ipsis postmodum confirmatum, ut de laboribus, quos propriis manibus et sumptibus colunt, nemini decimas solvere cogantur vel teneantur, quidam ab eis nihilominus contra mandatum Apostolicae Sedis decimas exigere et extorquere praesumunt et sinistra interpretatione apostolicorum privilegiorum captum pervertentes asserunt, „de novalibus" debere intelligi, ubi „de laboribus" est insertum. Quoniam igitur manifestum est omnibus, qui recte sapiunt, interpretationem hujuscemodi perversam et intellectui sano contrariam, cum absolute secundum capitulum illud a solutione decimarum tam de terris illis, quas conduxerint, ut deducant¹) ad cultum, quam de terris cultis, quas propriis manibus vel sumptibus excolunt, sint penitus absoluti, ne ullus habeat contra eos materiam litigandi vel quomodolibet ipsos contra justitiam molestandi, per apostolica scripta mandamus:

¹) em. deducunt.

Nr. 109.
App. XLI, 4; Comp. II. c. 1. (I, 2); Brug. XIX, 5; Jaffé ed. II. n. 13.846.

Nr. 110.
Capitulum nullibi repertum.

quatenus omnibus, qui vestrae¹) sunt potestatis, auctoritate nostra prohibere curetis, ne a memoratis fratribus de Ruforde vel de novalibus vel de aliis terris, quas propriis manibus vel sumptibus excolunt vel de nutrimentis animalium decimas praesumant quomodolibet extorquere. Nam si „de novalibus" voluissemus tantum intelligi, ubi posuimus „de laboribus", apponeremus²), sicut in privilegiis quorundam aliorum apponimus. Quia vero non est conveniens, ut contra statuta Apostolicae Sedis temere veniatur, quae obtinere debent immobilem firmitatem: per apostolica scripta mandamus, ut si qui canonici, clerici, monachi vel laici contra privilegia Sedis Apostolicae praedictos fratres decimarum exactione gravaverint, appellatione remota laicos excommunicationis sententia percellatis, reliquos autem ab officio suo suspendatis, et tam sententiam excommunicationis quam suspensionem faciatis inviolabiliter observari.

¹) em. nostrae. ²) em. deponeremus.

Nr. 111.

Praesentium auctoritate mandamus atque praecipimus, quatenus si quis in fratres¹) praescriptorum monasteriorum manus violentas injecerint, ipsos candelis accensis excommunicatos publice nuncietis et faciatis ab hominibus sicut excommunicatos districtius evitari, donec congrue satisfaciant et cum literis dioecesani episcopi rei veritatem continentibus apostolico se conspectui repraesentent.

¹) em. si qui interea (!).

Nr. 112.

Causa, quae vertitur inter moniales Sanctae Margaretae — recipi Abbatissam, si tamen idonea existat.

De Electione I, 6, 8.

Nr. 113.

Commissae nobis a Domino dispensationis officium — decimas volumus absque diminutione persolvere.

De Decimis III, 30, 4.

Nr. 111.
Caput nullibi repertum.

Nr. 112.
App. XL, 5; Lips. XXXI, 6; Bamb. XXXI, 4; Cass. XL, 4; Brug. IX, 5; Brev. I, 4, 17; Jaffé ed. II. n. 14.070.

Nr. 113.
Pa. II, 56, 4; App. XIII, 12; Lips. XXIII, 17; Bamb. XXV, 13; Cass. XXXV, 13; Brug. XVII, 12; Brev. III, 26, 18; Jaffé ed. II. n. 11.660.

Nr. 114.

I. Relatum est auribus nostris, quod monachi de N. — ad sui ordinis observantiam convertantur.

Ne clerici vel monachi III, 50, 7.

II. Cum in Cantuariensi provincia, ubi religionis officium tibi commisimus, multi sint clerici, qui fornicarias in domibus suis habere dicuntur, mirabile satis gerimus, quod eos in spurcitia vitiorum permittis[1]), qui ad vitia resecanda ac peragendas[2]) virtutes diligens omnino et sollicitus esse deberes. Inde est, quod fraternitati tuae p. a. s. mandamus, quatenus, si qui clerici concubinas vel fornicarias habent, eos constanter admoneas et, si opus fuerit, ecclesiastica districtione compellas, ut fornicarias a se prorsus removeant[3]), eas vel alias nequaquam ulterius admissuros. Si qui autem eorum ita fuerint pertinaces, quod noluerint in hac parte tuis obedire mandatis, ipsos ab ecclesiis, quas habent, appellatione remota, non differas spoliare.

[1]) em. permittitis. [2]) em. propter. [3]) verbum „et" redundat in codice.

III. Ad haec, cum cautum sit sacris canonibus, ne Judaei christiana mancipia habeant, praesentium tibi auctoritate praecipimus, quatenus sub anathematis interminatione inhibeas publice, ne aliquis christianorum alicujus Judaei mancipium efficiatur. Si autem contra tuam prohibitionem venire praesumpserint, eos sublato appellationis remedio ecclesiastica censura percellas.

Nr. 115.

Consuluit nos tua fraternitas, utrum liceat tibi spurios et servos — ad ordinem promovere praesumas.

De Servis non ordinandis I, 18, 5.

Nr. 114.

I. App. XXVII, 7; Brev. III, 37, 7; Brug. XIV, 9; Jaffé ed. II. n. 13.997.

II. Pa. I, 166; App. XVIII, 10; Lips. LXIV, 9; Bamb. LIV, 8; Cass. LXIII, 9; Brev. III, 2, 9; Jaffé ed. II. n. 13.810.

III. Caput nullibi repertum.

Nr. 115.

App. XXVI, 19; Bamb. XIX, 4; Brev. I, 10, 1; Cantabr. 13; Pa. I, 132; Pa. II, 17, 4; Cass. XXXIII, 7; Brug. XI, 13; Jaffé ed. II. n. 14.121.

Nr. 116.

Cum non ignoretis venerabilem fratrem Cantuariensem archiepiscopum — si voluerint, possint transferre.

De Officio legati I, 30, 1.

Nr. 117.

Significavit nobis venerabilis frater noster Cantuariensis archiepiscopus Apostolicae Sedis legatus, quod si quando vos appellatis ad praesentiam nostram a praesentia archiepiscopi vestri super quodam certo negotio, episcopatus et archiepiscopatus vestros sub apostolica protectione ponitis et appellatis ad annum et ita neque de praeteritis neque de novis excessibus vestris permittitis illum cognoscere, sed omnem justitiam ejus suspenditis et prorsus evacuatis. Quoniam igitur providendum est nobis, ne appellationis obtentu delicta maneant incorrecta aut[1]) subditi nostri de suorum excessuum impunitate laetentur: discretioni vestrae p. a. s. mandamus, quatenus si vos episcopatus aut archidiaconi vestri archidiaconatus suos apostolicae protectioni subjecerint, propter hoc memoratum archiepiscopum nullatenus impedire tentetis, quominus de causis vel excessibus subjectorum suorum cognoscere valeat et juxta meritorum qualitatem eos debita animadversione punire aut etiam excessus vestros, si qui manifesti sunt et notorii, his dumtaxat exceptis, [super] quibus appellatio est interposita, possit digne corrigere et quod injuste factum est, ad rectitudinis[2]) tramitem revocare.

[1]) em. ante.   [2]) em. restitutionis.

Nr. 118.

Cum essemus Venetiae, et ibi diutinam moram fecissemus, proposuisti nobis constanter atque sollicite, quod saepe contingeret, quod cum inter clericum et laicum tuae jurisdictionis de pecuniaria causa controversia agitaretur et clericus appellaret ad audientiam nostram: tunc[1]) personis extra terram

[1]) em. et.

Nr. 116.
Cantabr. 21; App. XLIV, 3; L, 66; Lips. XXXII, 1; Bamb. XXXII, 1; Cass. XLI, 1; Brug. XXXIII, un.; Brev. I, 22, c. un.; Jaffé ed. II. n. 11.665.

Nr. 117.
Cantabr. XXII; App. X, 24; Lips. XLVII, 23; Bamb. XLII, 21; Cass. LI, 22; Brev. II, 20, 24; Jaffé ed. II. n. 12.378.

Nr. 118.
App. XLIV, 4; Jaffé ed. II. n. 14.334.

tuae jurisdictionis existentibus committi quandoque causam, quae super hujusmodi causis noluerint aut nesciverint judicare secundum legem et consuetudinem Venetiorum. Unde quia occasione ista, sicut asseris, laici frequenter a clericis indebite fatigantur et damna gravia sibi provenire proclamant: nos favore tuae dilectionis inducti et tuis precibus inclinati auctoritate apostolica tibi duximus indulgendum, ut quando clericus tuae jurisdictionis super pecuniaria causa contra laicum ad audientiam nostram appellaverit, tempore nostro causam ipsam nonnisi personis, quae de terra tuae jurisdictionis sunt et secundum legem et consuetudinem Venetiorum judicare debeant, committamus, ita quod indulgentia nostra[1]) non debeat nisi nostro tempore durare.

[1]) indulgentiam nostram.

Nr. 119.

Consuluit nos tua fraternitas, quid tibi faciendum sit de G. presbytero aliisque clericis, qui interdicti vel excommunicati in ecclesia S. Jacobi, quae infra muros civitatis tuae sita est, licet interdicti sententia teneantur, divina praesumpserint celebrare. Super quo utique taliter respondemus, quod si praefati presbyter[1]) et clerici tuae jurisdictionis sunt et a te excommunicati et interdicti divina officia celebrant, et praesertim in ecclesia interdicta, et ad commonitionem[2]) tuam a tanta praesumptione non destiterint nec congrue satisfecerint: de commisso in eos[3]) possitis sententiam depositionis promulgare.

[1]) em. presbyteri. [2]) communicionem. [3]) eis.

Nr. 120.

Praesentium lator J. presbyter in quodam conflictu — ad sui executionem officii admittatis.

De Clerico percussore V, 25, 3.

Nr. 121.

Continebatur in literis, quas nobis tua devotio destinavit, quod cum diaconus — in subdiaconatus officio ministrare patiaris.

De Homicidio V, 12, 8.

Nr. 119.
Brug. XII, 7.

Bamb. XI, 11; Cass. XXI, 16; Brug. XII, 11; Brev. V, 21, 3; Jaffé ed. II. n. 14.006.

Nr. 120.
Pa. I, 143; App. XXVI, 11; Lips. XI, 11;

Nr. 121.
Cantabr. 5; App. XXVI, 12; Lips. XI, 13;

Nr. 122.

Suggestum est auribus nostris, quod clericus quidam R. nomine in sacerdotio genitus fuerat[1]) ex incestu et personatum ecclesiae de Burch, in qua pater ejus ministravit, obtinuit [ac] matrimonium, quod non licuit, contrahere praesumpsit. Ceterum quia causam super crimine non consuevimus alii committere, nisi personae in praesentia vestra apparerent, causam ipsam vobis judiciario[2]) ordine non committimus terminandam[3]), sed discretioni tuae mandamus, quatenus inquiras rei veritatem et si tibi constiterit, publicum et notorium esse, quod de jam dicto R. nobis propositum est, maxime de matrimonio contracto (quod si verum est, te latere non poterit), a praescripta ecclesia[4]) eum sublato appellationis remedio auctoritate nostra non differas perpetuo amovere.

[1]) em. fuerit.   [2]) in clitario (!).   [3]) vox corrupta in codice.   [4]) verborum series in codice turbata est.

Nr. 123.

Ex frequentibus querelis plurium personarum satis manifeste didicimus — omnino destiterint, absolvere praesumatis.

De Institutionibus III, 7, 3.

Nr. 124.

Ad exstirpandas successiones a sacris ecclesiis — reliquae pendere noscantur.

De Filiis presbyterorum I, 17, 11.

Nr. 125.

I. Ad aures nostras noveris pervenisse, quod quidam archidiaconi tui te inconsulto ecclesiae tibi commissae personas constituunt et sic in eisdem

---

Bamb. XI, 12; Cass. XXI, 17; Brug. XII, 2; Brev. V, 10, 9; Jaffé ed. II. n. 13.856.

Nr. 122.
App. XLVI, 3; Jaffé ed. II. n. 13.913

Nr. 123.
Pa. I, 4; App. XXVIII, 11; Lips VI, 4; Bamb. VI, 4; Cass. XVIII, 4; Brug. XIV, 13; Brev. III, 7, 1; Jaffé ed. II. n. 13.817.

Nr. 124.
Cantabr. 27; App. L, 60; Luc. ap. Baluz. III, 374; Alan. I, 7, 1; Hal. XLI; Comp. secund. I, 9, 1; Jaffé ed. II. n. 13.802.

Nr. 125.
I. App. XXIV, 1; Lips. XII, 1; Bamb. XII, 1; Cass. XXII, 1; Brug. XIV, 10; Brev III, 7, 2; Jaffé ed. II. n. 13.992.

ecclesiis vel earum portionibus tum filios sacerdotum tum personas alias et vicarios instituunt. Quod quia contra juris ordinem attentatur, auctoritate apostolica tibi duximus injungendum, ut si iidem archidiaconi post inhibitionem tuam ipsis exinde factam instituerint sine mandato et auctoritate tua aliquos[1]) in ecclesiis, quibus patres eorum ministrasse pro certo[2]) noscuntur, aut personas alias aut vicarios alios, cum idem sit canonicae sanctioni contrarium, liberum sit tibi nulla contradictione et appellatione obstante, institutiones ejusmodi[3]) penitus irritare et taliter institutos ab ecclesiis removere.

[1]) em. alios.   [2]) proxime (?).   [3]) ejus.

II. Si autem clerici jurisdictionis tuae — officia divina interdicere.
De Cohabitatione clericorum III, 2, 6.
III. De cetero, quia dignum est et conveniens — absentibus exhiberi.
De clericis non residentibus III, 4, 7.

Nr. 126.

Si vero aliquando ordinatio alicujus ecclesiae — qui jus patronatus evicerit.
De Jure patronatus III, 38, 12.

Nr. 127.

Pono si pro fidelitate tua a gravi necessitate — sine praesentia tua possint terminari.
De Officio et potestate judicis delegati I, 29, 3.

Nr. 128.

Non sine gravibus sumptibus et laboribus munus consecrationis percepturus a nobis[1]) ad nostram praesentiam accessisti. Sed quia venerabilis frater noster Moguntinus episcopus consecrationem tuam asserit [ad se] pertinere:

[1]) vox „et" redundat in codice.

II. App. XVIII, 8; Lips. LXIV, 7; Bamb. LIV, 12; Cass. LXIII, 7; Brev. III, 2, 7; Jaffé ed. II. n. 13.992.

III. Lips. XXI, 7; Brug. XIII, 13; Brev. III, 5, 4; Jaffé ed. II. n. 14.181.

Nr. 126.
App. XV, 12; Lips. LII, 17; Bamb. XLIV, 10; Cass. LIII, 10; Brev. III, 33, 15; Jaffé ed. II. n. 13.996.

Nr. 127.
App. VII, 5; Lips. XXXV, 4; Bamb. XXXIII, 4; Cass. XLII, 4; Brev. I, 21, 4; Jaffé ed. II n. 13.990.

Nr. 128.
Capitulum nullibi repertum.

quantumcumque te diligamus, nequivimus munus consecrationis tibi impendere, quod quaerebas. Unde pensatis laboribus tuis et sinceritate devotionis, quam exhibes erga nos et ecclesiam Romanam, auctoritate apostolica tibi mandamus et indulgemus, ut usque ad decisionem causae¹) liceat tibi in celebratione missarum uti mitra et pontificalibus indumentis, nec fas sit praefato archiepiscopo usque ad definitionem causae tuae de consecratione tua interim [te] molestare. Cum autem causa decisa fuerit, in susceptione pontificalis officii insignibus pontificalibus utendi auctore Deo recipies facultatem.

¹) em. esse.

Nr. 129.

Suggestum est nobis, quod quidam clericorum tuorum personatus ecclesiarum tenentes publice matrimonium contraxerunt, alii vero in sacerdotio et in minoribus ordinibus constituti [manifeste focarias tenere praesumunt. Super quo consultationi tuae taliter respondemus, quod illi, qui in minoribus ordinibus constituti matrimonium contraxerunt¹)], cogendi sunt ecclesias, quas tenent, relinquere et uxoribus adhaerere, quoniam placere uxoribus et ecclesiis deservire non possunt. Si vero in diaconatu et supra²) aliquas sibi conjunxerunt in matrimonio, cum potius sit contubernium quam matrimonium, ipsas debent relinquere et in ordine suo et officio dignum Domino impendere famulatum. Sane si his monitis et mandatis aliqui obedire contempserint, eos ab ecclesiis suis poteris amovere, et in loco ipsorum personas idoneas [sub] rogare. In quibus omnibus cum cautela et providentia et maturitate procedere te convenit, quod circumspectio tuae sollicitudinis valeat commendabilis apparere.

¹) lacuna codicis ex Collectione Parisiensi I. expleta est.   ²) em. sic.

Nr. 130.

Praeterea de clericis, qui ad Sedem Apostolicam appellant — quominus canonica censura puniantur.

De Appellationibus II, 28, 22.

Nr. 129.
Parisiensis I. 52.

Lips. XLVII, 32; Bamb. XLII, 29; Cass. LI, 30; Brug. XLVII, 19; Brev. II, 20, 31; Jaffé ed. II. n. 14.152.

Nr. 130.
Cantabr. 65, *B*, *a*; Pa. I, 46; App. L, 53;

Nr. 131.

Significatum est nobis, quod subdiaconi in tua dioecesi commorantes matrimonia contrahere praesumpserint et sicut laici quilibet cum uxoribus commorantur. Unde quoniam, sicut tua non ignorat discretio, id sacrorum obviat institutis canonum, fraternitati tuae per apostolica scripta mandamus, quatenus cujusmodi vitae subdiaconi illi ante matrimonium contractum fuerint et quales futuri credantur, si uxores dimiserint, diligenter ac studiose inquiras. Et si eos honestae vitae ante matrimonium contractum fuisse aut dimissis illis, quae uxores eorum dicuntur, caste victuros credideritis: tu ipsos mulieris dimittere diligenter moneas et appellatione cessante districte compellas; si autem antea dissolutae vitae fuerint aut illis, quas tenent, [dimissis] in deteriora lapsuri[1]) credantur et plures pro una frequentare: tu id dissimulare poteris et pro graviori lapsu vitando, quod insimul maneant, sustinere. Ita tamen, quod ad altaris ministeria non accedant nec ecclesiastica beneficia percipiant. Verumtamen si tales aliqui ecclesiae personatum gerunt: aut ecclesias aut uxores dimittere sunt cogendi.

[1]) lapsi.

Nr. 132.

I. Ex tenore literarum tuarum et quarundam relatione accepimus, quod multi subditorum tuorum non suam justitiam attendentes, sed protervitati suae potius insistentes, litibus et verbis contentiosis ac taediosis te afficiunt et sacerdotum maxime filii et ecclesiarum vicarii, qui defunctis patribus et dominis suis in ecclesiis et possessionibus earum spreta sacramentorum aut fidei religione frustratoriis appellationibus se tuentur et sic locis, quibus alterius nomine serviebant, auctoritate [propria] incumbere praesumunt, antequam in vacantibus ecclesiis personae possint idoneae subrogari. Deinde cum[1]) in causam trahantur, in facinus consimile lapsos et cum eis aut cum aliis talibus conjuratos in testimonium suae pravitatis adducunt et sic factum quod intendunt, insimul demonstrare conantur[2]). Quidam autem nostris apicibus impetratis[3]) eos falsare non metuunt et sic scriptis ad suam voluntatem conversis dele-

[1]) nec tum.   [2]) locus mutilus.   [3]) in patratis.

Nr. 131.
App. XVIII, 13; Lips. LXIV, 12; Bamb. LIV, 12; Cass. LXIII, 12; Brev. IV, 6, 3; Pa. I. 81; Brug. XII, 10. Jaffé ed II. n. 13904.

Nr. 132.
I. Hanc partem epistolae, quae seriem facti continet, in collectionibus invenire non potui.
II. Pa. I, 93; Pa. II, 14, 1; App. X, 5; Lips. XLVII, 4; Bamb. XLII, 3; Cass. LI, 4;

gatos a nobis judices frequenter circumvenire attentant. Unde quoniam decet nos hujusmodi morbis medelam congruam adhibere et supradictos cavillatores ex tam praesumptuosis litigiis convenit severius coercere: tuae[1]) sollicitudini significatione praesentium respondemus:

[1]) vox „supra" abundat.

II. Personas ecclesiarum in tua dioecesi commorantium — appellatione remota parere constringas.
De Appellationibus II, 28, 4.
III. Verum si coram te vel alio quolibet hujusmodi negotia — ducantur in testimonium.
De Testibus II, 20, 20.
IV. Ad haec de sacerdote illo, qui literas nostras falsavit, quas nobis misisti: discretioni tuae praesentium auctoritate praecipimus, ut si inde evinci poterit, eum officio sacerdotali et beneficio ecclesiastico perpetuo privatum in aliquod monasterium districti ordinis detrudas, ut ibi tanti facinoris poenas luens se talia defleat commisisse, et alii per hoc de similibus valeant deterreri. Quod si aliquos de similibus reperire poteris: ipsos arctissimae custodiae sublato remedio appellationis tradas, donec apostolicum mandatum inde suscipias.

Nr. 133.

Ex insinuatione prioris et fratrum Marcelliae auribus nostris innotuit, quod R. presbyter tacita veritate, quod esset filius sacerdotis, per fraudem a nobis impetravit, ut in ecclesia Beleburch, in qua pater ejus ministraverat, capellanus existeret. Quia vero fraudis suae dolus nemini debet patrocinium praestare: discretioni tuae per apostolica scripta mandamus, praecipientes, quatenus intra XL dies post harum susceptionem literarum rei veritatem diligenter inquiras, et si constiterit, quod memoratus R. sit in sacerdotio genitus et quod pater ejus in eadem ecclesia ministraverat, non obstantibus literis praedictis nostris ipsum exinde occasione et appellatione cessante amoveas et praenominatam ecclesiam praenominatis fratribus pacifice dimittat.

Brug. XLV, 6; Brev. II, 20, 4; Jaffé ed. II. n. 12.253; Gilbert Foliot epp. ed. Giles II, 94.
III. Gilbert Foliot epp. II, 95; App. X, 5; Lips. XLVII, 5; Cass. LI, 4; Bamb. XLII, 3; Brev. II, 20, 4; Jaffé ed. II. n. 12.253.
IV. Pa. I, 184; Pa. II, 14, 1 b; App. XXVI, 3; Lips. XI, 3; Bamb. XI, 3; Cass. XXI, 5;

Brug. XXXVI, 10; Brev. V, 16, 3; Gilbert Foliot epp. II, 94; Jaffé ed. II. n. 12.253.

Numeri 132--140 de filiis presbyterorum praecipue tractant.

Nr. 133.

Capitulum nullibi repertum.

Nr. 134.

Officialis pro injectione manuum in clericum — non erit a sententia excommunicationis immunis.

De Sententia Excommunicationis V, 39, 3. (Can. Si vero aliquis, circa medium.)

Nr. 135.

Ad aures nostras saepius pervenisse cognoscas, quod defuncto Bultekel sacerdote, qui in ecclesia de Dische multis diebus personatum habebat, Wilhelmus filius in sacerdotio genitus ecclesiae administrationem quasi hereditaria successione suscepit et eam contra dominum fundi violenter habere contendit. Quoniam igitur successiones sanctorum Patrum institutionibus penitus obviare noscuntur, et ideo ab Ecclesiae Dei limine penitus exstirpandae: fraternitati tuae p. a. s. mandamus, quatenus si praefatum Wilhelmum in sacerdotio genitum fuisse et patri suo in ecclesia praescripta successisse constiterit: tu eum ab eadem omni occasione et appellatione remota rursus amoveas[1]), nec illum ad illam permittas redire aut ipsi diutius incumbere.

[1]) ammoneas.

Nr. 136.

Cum non solum viris ecclesiasticis, verum etiam quibuslibet aliis — ecclesiastica districtione compellas.

De Usuris V, 19, 2.

Nr. 137.

Cum Hugo Hinnet in nostra esset praesentia constitutus, coram nobis et coram fratribus nostris instanter proposuit, quod Jocelinus episcopus vester[1]) ei praebendam de Baphors jam pridem contulisset et vos eum in canonicum et fratrem recepissetis. Super quo utique literas concessionis ejusdem episcopi vestri ac quarundam aliarum personarum etiam in testi-

[1]) em. noster.

Nr. 134.
App. XIV, 9. 10; Pa. I, 79; Pa. II. 46, 3 *k*; Lips. VII, 11; Bamb. VII, 9; Cass. XIX, 11; Brev. V, 34, 4.

Nr. 135.
Capitulum nullibi repertum.

Nr. 136.
App. XVI, 3; Pa. I, 173; Lips. IX, 2; Bamb. IX, 2; Cass. XX, 5; Brug. V, 5; Brev. V, 15, 4; Jaffé ed. II. n. 13.819.

Nr. 137.
App. XXV, 3; Jaffé ed. II. n. 14.098.

monium praetendebat. Episcopus vero[1]) dilectus noster proponebat, quod pater[2]) ejus praebendam usque ad mortem possedit nec ei aliquo tempore renuntiavit. Adjecit etiam, etsi ei concessa[3]) fuisset, illius aetatis tunc temporis non erat, quod curam animarum tunc recipere potuit, cum certum sit, illam praebendam[4]) curam animarum habere, etsi ille, quando pater suus obiit, ad plus exstitisse septennis dicatur. Cumque in nostra audientia haec et multa alia proposuissent: nos diligentius attendentes, quod pater suus, sicut uterque recognovit, praedictam praebendam prius habuit, quia periculosum est exemplo[5]), in eadem ecclesia quasi jure hereditario succederet; considerantes, quod cum eidem praebenda concedi debuit, illius aetatis erat, quod curam non potuit habere animarum: memoratum episcopum, vos et ecclesiam vestram super hac impetitione absolvimus et eidem perpetuum imponimus silentium, auctoritate nostra statuentes, ut vel ille vel alii nomine suo jam dictum episcopum vel vos vel ecclesiam vestram super hoc de cetero non valeat molestare vel in causam ducere.

[1]) Textus hoc loco vitiosus est. [2]) em. presbyter. [3]) em. confessa. [4]) em. praedictam. [5]) vox legi non potest.

Nr. 138.

Significavit nobis O. presbyter, quod cum ecclesiam de Marperthehales per XXX annos possideret, monachi de Lentena super eadem ecclesia ipsum occasione literarum, quas ad venerabilem fratrem nostrum Herefordensem episcopum et dilectum filium magistrum Vacarium impetrasse dicuntur, sine cessatione fatigant, proponentes, quod filius ejus fuit, qui ante eum in praescripta ecclesia proxime ministraverat, cum pater ejus sacerdos non fuerit et decretum nostrum sit dumtaxat contra presbyterorum filios promulgatum. Quoniam igitur constitutiones futuris tantum dant formam negotiis: fraternitati tuae per apostolica scripta mandamus, quatenus si praefatum presbyterum diutius ante concilium Turonense praescriptam contigerit tenuisse ecclesiam, si alias idoneus erit, eum ab impetitione praedictorum monachorum sublato appellationis remedio absolvatis; non obstantibus literis contra ipsum eo quod filius sit ministrantis proxime in eadem ecclesia impetratis.

Nr. 139.

Suggestum est nobis, quod J. cum dicatur filius sacerdotis et in sacer-

---

Nr. 138.
App. XLI, 2; Brug. XIV, 7. Jaffé ed. II. n. 14.224.

Nr. 139.
App. XIX, 7; Jaffé ed. II. n. 14.097.

dotio genitus, ecclesiam, in qua pater suus dicitur personatum habuisse, paterna successione usurpare praesumit. Unde quia sacris ordinationibus¹) prohibitum est, ne quis hereditario jure ecclesiastica beneficia possidere praesumat; nec hi, qui in sacerdotio geniti sunt, nisi probate vixerint in claustro monachorum vel canonicorum regularium, ad sacros ordines promoveri debent: fraternitati tuae per apostolica scripta mandamus, quatenus rem ipsam cum omni diligentia inquiras, et si manifestum et publicum sit, praedicti sacerdotis patrem personatum²) habuisse, ipsum ab eadem ecclesia, quam adeptus est, excludatis, nec ad ejus gubernationem assumatur³). Nolumus tamen, ut id propterea in judicium deducatur, vel testes super hoc deducantur, dummodo factum ipsum manifestum sit.

¹) em. ordinibus.   ²) em. patronatum.   ³) em. asservatur.

Nr. 140.

Proposuit nobis R. clericus, lator praesentium, quod cum ad ecclesiam de B. a domino fundi — sine ministri suffragio celebrare.

De Filiis presbyterorum I, 17, 6.

Nr. 141.

Fraternitati tuae duximus insinuandum, si clerici, qui in ecclesiis tuae jurisdictionis — preces aut mandatum Sedis Apostolicae, nec teneris nec debes etiam recipere.

De Clericis non residentibus III, 4, 5.

Nr. 142.

Ea, quae honestatis decorem deformant, et canonum sanctionibus probantur obviare, penitus sunt evellenda et falce apostolici moderaminis resecanda. Unde quia viventibus personis ecclesiae aliis conferri¹) non debent:

¹) em. offerri.

Nr. 140.
App. XIX, 6; Bamb. XXIII, 6; Cass. XXXIII, 6; Brug. XIII, 9; Brev. I, 9, 7; Jaffé ed. II. n. 14.217.

Nr. 141.
Alan. III, 3, 1; Compil. II. c. 1 (III, 3); Jaffé n. 8944.

Nr. 142.
Cantabr. 63 a; Pa. I, 16; App. XV, 11; Lips. LII, 16; Bamb. XLIV, 9; Cass. LIII, 9; Brug. XV, 2; Brev. III, 8, 3. Jaffé ed. II. n. 15.172.

consultationi tuae taliter respondemus, ut si quas ecclesiarum concessiones tui episcopatus viventibus personis factas esse constiterit, et super hoc ventum fuerit ad judicium, eas auctoritate nostra ad irritum revoces et vanas esse decernas.

Nr. 143.

Cum pastorali sollicitudine constringimur et auctoritate nobis injuncti officii provocamur — irritas esse penitus sancimus.

De Jure patronatus III, 38, 11.

Nr. 144.

I. Ad aures nostras noveris pervenisse, quod quidam archidiaconi — debita animadversione punire curetis.

De Excessibus praelatorum et subditorum V, 31, 3.

II. Ceterum, quia clerici quidam vestrae jurisdictionis advocationes ecclesiarum — apostolica auctoritate spolietis.

De Jure patronatus III, 38, 6.

Nr. 145.

Cum homines de Borrona secundum institutionem generalem Anglicanae ecclesiae — dignam satisfactionem exhibeant.

De Decimis III, 30, 7.

Nr. 146.

Ex parte abbatis et canonicorum de Welleburch auribus nostris intonuit[1]), quod R. Mustel parochianus tuus eis quaedam castella in coemeterio praedictae ecclesiae abstulit et eas asportare praesumpsit. Quoniam igitur compescenda est laicorum improbitas, si quando ad ecclesiastica bona manus

---

[1]) verborum series in cod. turbata est.

Nr. 143.
App. XV, 9; Lips. LII, 14; Bamb. XLIV, 7; Cass. LIII, 7; Brug. XIV, 9; Brev. III, 33, 13; Jaffé ed. II. n. 13.893.

Nr. 144.
I. App. XXIV, 3; Lips. XII, 3; Bamb. XII, 3; Cass. XXII, 3; Brev. V, 27, 3; Pa. I, 125; Jaffé ed. II. n. 13.909.

II. App. XV, 4; Lips. LII, 3; Bamb. XLIV, 2; Cass. LIII, 2; Brev. III, 33, 8; Pa. I, 126; Jaffé ed. II. n. 13.954.

Nr. 145.
App. IV, 4; Lips. XXII, 6; Bamb. XXIV, 3; Cass. XXXIV, 3; Brev. III, 26, 4; Brug. XVIII, 6; Jaffé ed. II. n. 13.928.

Nr. 146.
Capitulum nullibi repertum.

extendunt violentas: fraternitati tuae per apostolica scripta mandamus, quatenus rei veritate diligenter inquisita, si ita esse inveneris, memoratum R. moneas, ut praedictis fratribus castella ipsa conditione et appellatione cessante restituat et in pace dimittat. Si vero idem vir commonitioni tuae parere contempserit, tu eum sublato appellationis remedio excommunicationi subjicias et ipsum sic excommunicatum usque ad condignam satisfactionem facias evitari.

Nr. 147.

Praesentium latoris insinuatione accepimus, quod Alexander quondam sacerdos de O. quendam calicem argenteum — vinculo anathematis coercere non differas.

De Pignoribus et aliis cautionibus III, 21, 3.

Nr. 148.

Veniens ad Apostolicae Sedis clementiam M. W. de F. villa sua nobis insinuatione monstravit — auctoritate apostolica decimas praestare compellatis.

De Transactionibus I, 36, 8.

Nr. 149.

Ad audientiam nostram noveris pervenisse, quod quidam de canonicis Exoniensis ecclesiae — eidem ecclesiae incommoditas provenire.

De rebus Ecclesiae alienandis III, 13, 9.

Nr. 150.

Proposuit nobis dilectus filius noster W. clericus praesentium lator, quod cum ipse ad ecclesiam de Walda a Reinero[1]) Flandrensi venerabili fratri nostro Eboracensi archiepiscopo Apostolicae Sedis legato praesentatus fuisset, idem archiepiscopus eum nondum ad ecclesiam recepit. Inde est, quod fraternitati tuae per apostolica scripta mandamus, quatenus [si] idem archiepiscopus ad commonitionem vestram juxta mandatum nostrum in ecclesia ipsa prae-

---

[1]) em. rei vere.

Nr. 147.
App. XXIX, 1; Cass. XXVII, 1; Bamb. XVII, 1; Brev. III, 17, 3; Brug. XVII, 8; Jaffé ed. II. n. 13.911.

Nr. 148.
App. XLVIII, 1; Comp. II. c. 3 (I, 16); Jaffé ed. II. n. 14.137.

Nr. 149.
Alan. III, 9, 1; Comp. II. c. 2 (III, 10).

Nr. 150.
App. XLIX, 11.

fatum W. quantocius non instituat, vos rei veritatem diligenter inquiratis et si vobis constiterit legitime ex parte W., dummodo idoneus sit, si ad ipsam vacantem fuerit a praedicto R. archiepiscopo praesentatus ad eandem ecclesiam auctoritate nostra, amoto inde alio, admittatis. Sed si quis post praesentationem ejus vel post appellationem, quam se super hoc ad nos fecisse proponit, ibi intrusus est, appellatione remota cum fructibus post primam praesentationem[1]) perceptis eum[2]) restituere non differatis.

[1]) em. perceptionem. [2]) em. ei.

Nr. 151.

Dilecti filii nostri decanus Eboracensis et prior de Novoburgo, quibus causam, quae inter canonicos de Giseburne et R. clericum super ecclesia de T. vertitur[1]), commisimus[2]) terminandam: transmissa nobis relatione monstraverunt, quod canonici concessionem domini fundi probaverunt, R. vero donationem venerabilis fratris nostri Eboracensis archiepiscopi Apostolicae Sedis legati et non domini fundi se habuisse probavit. Unde quoniam donatio ecclesiarum ad episcopos pertinet, et ad laicos assensum praebere spectat: eisdem significamus, quod si res ita se haberet, videatur nobis donationem archiepiscopi concessioni laicali debere praejudicare, quia sicut diximus episcoporum est, ecclesiastica beneficia conferre, laicorum vero, qui habent in ecclesia jus patronatus, assensum praebere. Quibus in concessionibus ecclesiarum illud est observandum, quod sancti patres servare[3]) cognoscuntur.

[1]) initur. [2]) em. committimus. [3]) reservare.

Nr. 152.

Veniens ad nos P. rector de Gestun. sua nobis insinuatione proposuit, quod ipse Johanni de Weretham, qui[1]) multos habet[2]) reditus ecclesiasticos et vicarias in ecclesiis pluribus vicariam ecclesiae suae de Gest. sub annua trium marcarum pensione concessit, cum[3]) reditus ipsius vicariae VIII marcas valeant annuatim. Licet autem in ipsius vicariae concessione quaedam decima

[1]) em. que. [2]) habent. [3]) tamen.

Nr. 151.
App. XV, 22; Lips. LII, 26; Bamb. XLIV, 19; Cass. LIII, 19; Brug. XIV, 16; Brev. III, 33, 24; Jaffé ed. II. n. 14.085.

Nr. 152.
App. XXXIX, 5 et 6; Comp. II. c. 2 h. tit. (III, 4); Alan. III, 4, 1; Jaffé ed. II. n. 13.896.

fuisset excepta, nihilominus tamen¹) memoratus clericus praefatum P. contra religionem fidei²) suae, qua se contra³) concessionem ipsam promiserat aliquando non venturum, super praedicta decima coram venerabili fratre nostro Norvicensi episcopo per literas nostras traxit in causam, et cum in causa praefata P. vincere nequivisset, ab alio judice fecit eum pro sua voluntate citari. Quoniam igitur sustinere nolumus nec debemus, ut idem P. indebita vexatione gravetur: fraternitati tuae per apostolica scripta mandamus, quatenus partibus convocatis inquiras diligentius veritatem, et si tibi constiterit, quod praedicta decima fuisset excepta, memoratum clericum absolvas. Si vero quidquam [in] detrimentum inveneris ipsius P. factum esse, postquam iter arripuit ad nostram praesentiam veniendi: id contradictione et appellatione cessante corrigas et ad statum illum reducas, in quo tempore aggressi itineris noscitur exstitisse. Ceterum si memoratus clericus in ecclesiis aliis vicarias habet vel etiam ecclesiasticos reditus, de quibus possit commode sustentari, a vicaria praescriptae ecclesiae de Gest. confirmationis nostrae literis non obstantibus, appellatione remota removeas, et eandem ecclesiam eidem P. restituere non postponas⁴), dummodo velit et debeat in presbyterum ordinari et per semetipsum in eadem ecclesia Domino deservire.

Provideas autem attentius, ne [in] episcopatu tuo patiaris quemlibet plures vicarias habere, quia cum vicarii teneantur propriis ecclesiis deservire, alienum est ab ordine juris, ut vicariam quis habeat praeter unam.

¹) cum. ²) fidi. ³) qui contra se. ⁴) postponat.

Nr. 153.

Veniens ad nos W. clericus proposuit, quod cum ab R. ecclesiae de Waldene, quae per triennium¹) jam vacavit, tibi ad eandem ecclesiam fuisset praesentatus: ipsum licet idoneum in possessionem ecclesiae mittere distulisti; pro eo, quod quidam miles H. nomine de patronatu ejusdem ecclesiae praedicto R. moveat quaestionem: qui cum in eadem septimana ad supradictam ecclesiam accederet, praefato W. coram multis assensum praebuit et si quid juris habet, in illum contulit. Tandem vero mutato proposito in alias divitem clericum praebendas et ecclesias habentem concessit, ut ejus patrocinio praedictae ecclesiae posset consequi patronatum. Quo audito praefatus

¹) terminum.

Nr. 153.
Caput nullibi repertum.

Die Collectio Claustroneoburgensis. 73

W. propter hoc coram te ad nos appellavit et se et ecclesiam ipsam sub Beati Petri et nostra posuit protectione. Unde quoniam rei veritas nobis non constat¹) et nostra interest corrigere, quae promotionem²) impediunt clericorum: tibi praesentibus³) mandamus, quatenus si memoratus W. est idoneus et praefatus H, qui de patronatu querelam moverat, in ipsum consensit: postea ei vel suo procuratori praedictam ecclesiam, sive alii concessa sit sive non, appellatione cessante conferas et assignes.

¹) em. obstat. ²) em. promovere. ³) abbreviatura dubia.

Nr. 154.

Intimatum est auribus nostris, quod plerique in episcopatu tuo abbates clericorum et clerici et laici fundatores ecclesiarum tibi frequenter clericos adolescentes et minus idoneos et longe a sacris ordinibus existentes parvulos in vicariis et presbyteratibus instituendos repraesentant, qui vel non debent vel dedignantur¹) ad sacros ordines promoveri, et quorum quidam fuerunt ad ecclesias alias praestitulati. Ceterum quia circa ordinationes ecclesiarum multa debet providentia et discretio adhiberi, et juxta sacrorum canonum sanctiones tales eis debent personae institui, quae honestae sint et literatae et quae populum subditum possint et sciant in lege divina instituere et salubribus disciplinis informare; et illius aetatis sint et temporis, qui ad deputandum sibi officium sunt optimi: fraternitati tuae per apostolica scripta mandamus et districtius inhibemus, ne in ecclesiis ordinandis ad instantiam vel favorem aliorum personas minus idoneas vel ad ecclesias alias intitulatas aliqua ratione instituas. Ceterum si aliquo tempore post susceptionem literarum praesentium tales feceris institutiones, noveris penitus irritandas, et tu exinde poteris divinum judicium non immerito formidare.

¹) em. designantur.

Nr. 155.

I. Cum sancta Romana Ecclesia mater omnium ecclesiarum vel magistra sit, cui licet indigni praesidemus: cogimur ex debito — ab eadem ecclesia exigere potes.

De Simonia V, 3, 10.

Nr. 154.   Nr. 155.
Caput nullibi repertum.   I. Cantabr. 51; Pa. I, 41; App. II, 4;

74   Dr. Ferdinand Schönsteiner.

II. Vir autem aut mulier ad bigamiam transiens — ad complendum matrimonium ab his, qui juraverint, admonendi.

De secundis nuptiis IV, 21, 3.

Nr. 156.

Sponsam autem alterius — copulare matrimonio potest.

De Sponsalibus et matrimonio IV, 1, 8.

Nr. 157.

Debitores autem ad solvendas usuras, in quibus se obligaverint, cogi non debent — si necesse fuerit, severitate sunt cogendi.

De Jurejurando II, 24, 6.

Nr. 158.

Dilectus filius noster nobilis vir comes Symon transmissa nobis insinuatione monstravit, quod dum illustris rex Scotiae patrimonium suum occupatum detinuisset, quibus voluit et prout voluit, ecclesias, quarum gerebat patronatum, eo¹) inconsulto concessit. Quoniam igitur ex injuncti nobis officii debito tenemur unicuique jura sua integra servare: nolentes etiam, quod praefatus comes ex occasione tali jus patronatus amittat: fraternitati tuae per apostolica scripta mandamus, quatenus rei veritatem diligenter inquiras, et si constiterit, intrusos amoveas; et s i i d o n e a e²) personae ab eo, qui jus habet praesentandi personas ad ecclesias praescriptas, fuerint praesentatae: tu personas ipsas de consilio praelatorum, quorum interest de praescriptis ecclesiis, nullius contradictione vel appellatione obstante, i n s t i t u a s³) nec ipsas⁴) sine juris forma exinde a quoquam gravari permittas.

¹) em. ex. ²) si illae idoneae. ³) vox dubia. ⁴) ipsam.

Nr. 156.

App. VI, 4; Lips. LIX, 33; Bamb. L, 20; Cass. LVIII, 22; Brev. IV, 1, 8. Jaffé ed. II. n. 14.126.

Nr. 157.

Lips. I, 1; Bamb. I, 1; Cass. XIII, 1; Brug. X, 3; Brev. V, 2, 9; Jaffé ed. II. n. 14.126. II. App. IX, 1; Lips. LXIV, 1; Bamb. LV, 1; Cass. LXIV, 2; Brev. IV, 22, 1; Cantabr. 97, *a*) Brug. LII, 3; Jaffé ed. II. n. 14.126. Cantabr. 59; App. XVI, 4; Lips. XVII, 1; Bamb. XVIII, 1; Cass. XXVIII, 1; Brev. II, 17, 2; Brug. V, 9; Jaffé ed. II. n. 14.127.

Nr. 158.

App. XLVII, 2; Comp. II. c. 1 de jur. patr. (III, 24); Gilb. auct. III, 24, 1; Jaffé ed. II. n. 13.764.

Die Collectio Claustroneoburgensis.

Nr. 159.

I. Ea, quae de cupiditatis et avaritiae aestu procedunt — non immerito formidare.

De Simonia V, 3, 16.

II. Nihilominus etiam vobis praesentium auctoritate — videamini visitare.

De Censibus III, 39, 12.

Nr. 160.

Cum autem collectam denariorum beati Petri — auferetur a vobis.

De Censibus III, 39, 12 (pars altera).

Nr. 161.

Ad aures nostras perlatum esse cognoscas, quod quidam clerici in tua dioecesi commorantes hujusmodi inter se collusionem facere consueverunt, quod de ecclesiis, quas tenent, aliis annuam pensionem sine pontificali auctoritate concedunt, ut illis, quibus concessio facta fuerit, decedentibus tales ecclesias¹) occasione hujusmodi valeant obtinere. Unde [quia] ea, quae taliter contra episcopalem auctoritatem facta fuerint, nullam habere debent firmitatem: fraternitati tuae per apostolica scripta mandamus, quatenus, ne collusiones hujusmodi de cetero in tua parochia fiant, universis ecclesiis per tuam dioecesim constitutis sub interminatione anathematis et in poenam officii et beneficii studeas publice prohibere. Quod si quis religuo²) tempore attentare assumpserit, personam ejus omni contradictione³) et appellatione cessante, excommunicationi subjicias, et quod minus canonice factum fuit, auctoritate nostra in irritum revoces.

¹) locus mutilus. ²) aliquo ³) occasione.

Nr. 162.

I. Consuluit nos fraternitas tua, quid tibi sit faciendum de clericis, qui

Nr. 159.
I. Lips. I, 9; Bamb. I, 7; Cass. XIII, 8; Brev. V, 2, 15; Brug. IV, 12; Pa. I, 94. 95; Jaffé ed. II. n. 14.172; App. II, 5.
II. App. II, 5; Lips. I, 7; Bamb. I, 6; Cass. XIII, 8; Brev. V, 2, 15; Pa. I, 95; Jaffé ed. II. n. 14.172; Brug. IV, 12.

Nr. 160.
Continuatio numeri praecedentis.

Nr. 161.
Caput nullibi inventum.

Nr. 162.
I. Cantabr. 3 a; Pa. I, 146 a; App. XV.

75

ecclesias a suis parentibus constructas hereditario jure — filiis aut aliquibus aliis ecclesias ipsas concedant.

De Jure Patronatus III, 38, 15.

II. Super hoc vero, quod nobis de illo significasti, qui licet velit procreare filios, uxori suae numquam carnis debitum reddidit aut reddere potuit: inquisitioni tuae taliter respondemus, quod diversa sunt decreta et diversae sententiae. Consuetudo autem est Romani Pontificis in similibus tenere taliter, ut si non potest eam sicut uxorem habere, ipsam habeat ut sororem.

Nr. 163.

Diacono vero, qui in Sancto Sabbato die quendam alium diaconum vulneravit et mulierem nomine uxoris accepit — si perfectae vitae et conversationis fuerit, in presbyterum ordinare.

Qui clerici vel voventes IV, 6, 1.

Nr. 164.

Subdiaconum, sive hominem interfecerit sive non, matrimonium non posse contrahere, sacrorum canonum censura demonstrat.

Qui clerici vel voventes matrimonium contrahere possunt IV, 6, 1 (circa medium).

Nr. 165.

Parochianos vero tuos ad solvendas decimas — quia debito exigi possunt.

De Decimis III, 30, 14.

Nr. 166.

Pervenit ad nos, quod cum parochiani vestri et decimas bonorum suorum — integritate persolvant.

De Decimis III, 30, 5.

Nr. 163.

Cantabr. 53; App. XXVI, 21; Lips. XI, 17; Bamb. XI, 17; Cass. XXI, 25; Brug. XI, 23; Brev. IV, 6, 2; Jaffé ed. II, n. 14.075.

Nr. 164.

15; Lips. LII, 20; Bamb. XLIV, 13; Cass. LIII, 13; Brev. III, 33, 18; Jaffé ed. II, n. 13.740.

II. Cantabr. 3b; Pa. I, 146, b; App. VI, 24; Lips. LIX, 34; Bamb. L, 21; Cass. LVIII, 17; Brev. IV, 6, 1; Jaffé ed. II. n. 14.076.

Nr. 165.

App. XXVI, 21; Lips. XI, 17; Cass. XXI, 25; Brev. III, 26, 26; Cantabr. 53; Pa. I, 147; Brug. XI, 4; Bamb. XI, 17; Jaffé ed. II, n. 14.076.

Nr. 166.

Gilbert Foliot epp. ed. Giles II, 65; App. IV, 2; Lips. XXII, 1; Bamb. XXIV, 1; Cass.

Nr. 167.

I. Plene nobis innotuit ex tuarum literarum continentia, quod cum hostia quaedam sacrata in arca quadam mulieris parochianae tuae inclusa fuisset, virtute Domini faciente, pars fere media in corpus Christi conversa est manifeste. Cum autem hostia ipsa a parochiali ecclesia, quam S. ecclesiae tuae canonicus possidet, a te et a canonicis ecclesiae [tuae] ad ecclesiam ipsam translata sit, idem clericus oblationes, quae obtentu illius corporis Christi provenerunt, instanter requirit[1]), quas in reparatione ecclesiae, sicut asseris, erogasti. Licet eidem canonico petas silentium imponi et nos libenter in eo, quod secundum Dominum possumus, petitiones tuas velimus admittere: petitioni tamen tuae super hoc non possumus exhibere favorem, sed venerabilibus fratribus nostris Abacensi et Silvacensi episcopis, quibus causam ipsam olim commiseramus, dedimus in mandatis, ut praefatum canonicum a petitione ipsarum desistere et eas in reparatione praescriptae ecclesiae erogari permittat. Si vero eum ad hoc inducere non poterunt, eidem causae debitum finem ponant. Credimus enim et firmiter speramus, quod sub examine ipsorum eadem causa sit debitum effectum sortitura.

[1]) inquirit.

II. Super eo nunc, quod asseris, A. presbyterum fornicariam detinere — continent, volumus, ipsas literas sibi non prodesse.

De cohabitatione clericorum III, 2, 5.

Nr. 168.

Non sine multa admiratione auditur et creditur, quod Judaei parochias ecclesiarum per provinciam vestram nomine emptionis[1]) seu conductionis[2]) seu etiam pignoris in contemptum Dei et fidei christianae contumeliam detinent occupatas; et [cum] debiti reditus eisdem ecclesiis non solvantur, eaedem[3]) ecclesiae penitus deperiisse modo dicuntur. Quoniam igitur ad ea corrigenda, quae sunt divinae majestati contraria et fidei christianae

[1]) em. epationis. [2]) em. condicionis. [3]) em. herede.

XXXIV, 6; Brev. III, 26, 2; Brug. XVIII, 8; Jaffé ed. II. n. 13.821.

II. App. XVIII, 9; Lips. XLV, 8; Cass. LXIII, 8; Bamb. LV, 8; Brev. III, 2, 8; Jaffé ed. II. n. 13.886.

Nr. 167.

I. Brev. III, 26, 30; Lips. XXI, 3; Brug. XVIII, 10; Jaffé ed. II. n. 13.748.

Nr. 168.

App. XX, 3; Lips. LV, 3; Bamb. XLVI, 3; Cass. LIV, 3; Jaffé ed. II. n. 13.976.

constitutionibus[1]) aliena, promptos nos decet et diligentes existere: fraternitati tuae p. a. s. mandamus, quatenus si qui Judaei sunt in patria vestra, qui tali modo parochias detineant ecclesiarum, ipsos ad dimittendas, requisito prius et habito favore charissimi in Christo filii nostri Henrici[2]) illustris Anglorum regis, arctius compellatis; et si receptas detinuerint vel amodo receperint parochias, ipsos cum omni districtione cogatis, ut in ecclesiis, quarum eaedem parochiae sunt, parochiae debitos et consuetos reditus cum omni integritate persolvant, prohibentes omnibus Dei fidelibus sub interminatione anathematis, ne quis Judaeis hominia facere fidelitatis audeat: quoniam sacris est contrarium canonibus, ut Christiani debeant Judaeis adstringi[3]). Si quis contra inhibitionem nostram venire praesumpserit, in eum contradictione et appellatione cessante, excommunicationis sententiam proferatis.

[1]) em. constitutionis.   [2]) em. karissimi.   [3]) assignari.

Nr. 169.

Cum vos plerumque oporteat ordinationem differre ecclesiarum — futuris personis fideliter reservare.

De Officio Judicis ordinarii I, 31, 4.

Nr. 170.

Indecorum valde et absurdum admodum, ut hi debeant ecclesias regere — inobedientiam vestram graviter puniemus.

De Aetate et qualitate praeficiendorum I, 14, 3.

Nr. 171.

Postulasti a nobis, ut ecclesiam de Walibutis, quam a monasterio Castensi possidere dinosceris, tibi scripto nostro confirmaremus. Licet autem sit non canonicum aut consonum honestati, ut episcopus sit alicujus monasterii et maxime quod debeant tam remota confirmari: tua tamen devotione ac pietate pensata et inspecta necessitate ecclesiae tuae praescriptam ecclesiam, sicut a

---

Nr. 169.
App. XV, 21; Lips. XXXII, 5; Cass. XLI, 5; Bamb. XXXII, 5; Brev. I, 23, 4; Cantabr. 26; Pa. I, 6; Brug. XVII, 16; Jaffé ed. II. n. 13.822.

Nr. 170.
App. XXV, 2; Lips. XIX, 2; Cass. XXX, 2; Bamb. XX, 2; Brev. I, 8, 4; Cantabr. XXIV; Pa. I, 20; Brug. XIV, 6; Jaffé ed. II. n. 13.820.

Nr. 171.
Caput nullibi repertum.

praescripto monasterio juste possides, tibi usque ad triennium de dignitate Apostolicae Sedis confirmavimus, ita equidem, ut eadem ecclesia post praedictum triennium ad monasterium debeat pertinere libere sine contradictione.

Nr. 172.

Cum Simon clericus procurator prioris et monachorum de Acra et P. clericus — pravam speciem pactionis illicitae in se continere.

De Pactis I, 35, 4.

Nr. 173.

De jure patronatus in capella de Stacona — non differas auctoritate apostolica revocare.

De jure patronatus III, 38, 16.

Nr. 174.

Suggestum est auribus nostris, quod cum compressi et gravati ad praesidium Apostolicae Sedis — gravamen nos fecisse cognoscas.

De Appellationibus II, 28, 15.

Nr. 175.

Querelam a panth. (?) accepimus, quod eo defenso O. de Ride ... clericus missus est causa rei servandae in capellam de Hamestal, quae pendet ex ecclesia de Bonileia (?) sibi canonice concessa. Quod si vobis ita esse constiterit, vos intra XXX dies post susceptionem harum literarum cum fructibus inde perceptis appellatione cessante et omni contradictione remota eam sibi restituatis appellatione cum festina itineris arreptione ante citationem factam nullum impedimentum faciente vel literis infra annum impetratis. Deinde antedictum G. impensas ipsi A. restituere eidemque data damna resarcire ecclesiastica districtione appellatione cessante compellatis. Porro si his exequendis casu ambo non poteritis interesse, alteruter adhibitis sibi viris discretis et honestis ea nihilominus exerceat.

Nr. 172.
App. XXVIII, 2; Lips. V, 1; Cass. XVII, 1; Bamb. V, 1; Brev. I, 26, 4; Brug. XXXVI, 8; Jaffé ed. II. n. 13.924.

Nr. 173.
App. XLVII, 1; Lips. LII, 22; Bamb. XLIV, 15; Cass. LIII, 15; Brev. III, 33, 20; Jaffé ed. II. n. 13.798.

Nr. 174.
App. X, 19; Lips. XLVII, 19; Cass. LI, 18; Bamb. XLII, 17; Brev. II, 20, 20; Cantabr. 54; Pa. I, 183; Brug. XLVII, 15; Jaffé ed. II. n. 13.870.

Nr. 175.
Caput nullibi repertum.

Nr. 176.

Ex querimonia clericorum, qui de partibus vestris ad nostram accedunt praesentiam, satis nobis evidenter innotuit, quoniam decedentibus ecclesiarum personis quandoque filii quandoque consanguinei quandoque alii absque conscientia et consensu dioecesani episcopi se in praedictas ecclesias intrudere non verentur et earundem ecclesiarum claves accipiunt, et ut ecclesias et earundem bona teneant occupata, in vocem appellationis prorumpunt. Quoniam igitur id iniquum[1]) et absurdum est penitus, nos tantae iniquitati et enormitati pastorali[2]) volentes consideratione occurrere et radicem hujus cupiditatis penitus exstirpare: fraternitati tuae p. a. s. mandamus, quatenus, si qui sint vel fuerint in partibus vestris, qui tali modo ad detinendas ecclesias[3]) inhiare praesumunt, ipsos ad easdem ecclesias quantocius relinquendas studiose monere curetis et ecclesiastica districtione compellere; ita quod si manifestum est, ipsos ita temere et praesumptuose ecclesias detinere, et obtentu appellationis, si quam interposuerint, non omittatis, quin ipsos ad easdem ecclesias quantocius dimittendas appellatione cessante ecclesiastica censura compellatis.

[1]) umquam. [2]) pastoralis. [3]) detinere et obtentu, verba expuncta.

Nr. 177.

Pervenit ad nos, cum presbyteri et alii clerici se ab aliquibus vulneratos — se conspectui apostolico repraesentent.

De Appellationibus II, 28, 13.

Nr. 178.

Nuntios et literas tuae fraternitatis ea, qua decuit, benignitate recepimus — ecclesiastica districtione omni appellatione cessante compellatis.

De Decimis III, 30, 6.

Nr. 176.
App. XXVIII, 14; Lips. XLVII, 33; VI, 7; Bamb. XLII, 30; Cass. XVIII, 7; Brev. II. 20, 33; Brug. XLVII, 3; Jaffé ed. II. n. 13.814.

Nr. 177.
App. X, 13; Lips. XLVII, 14; Cass. LI, 13; Bamb. XLII, 12; Brev. II, 20, 15; Cantabr. 20 B; Pa. I, 44; Brug. XLV, 3; Jaffé ed. II. n. 14.313.

Nr. 178.
App. IV, 3; Lips. XXII, 3; Bamb. XXIV, 2; Cass. XXXIV, 4; Brev. III, 26, 3; Pa. II, 56, 12; Brug. XVIII, 7; Jaffé ed. II. n. 14.157.

Nr. 179.

I. Prohibeas autem attentius, ne de cetero in parochia tua pro licentia docendi — viros providos et discretos aliorum instructioni praeficere.

De Magistris V, 5, 2.

II. Ad haec nihilominus tibi praesentium auctoritate praecipimus, ut si qui sunt in parochia tua, qui suam sortem de fructibus pignorum vel aliunde deductis [expensis perceperint], eos commoneas et per excommunicationis sententiam compellas appellatione cessante, ut debitoribus suis pignora ipsa sine dilatione et difficultate restituant.

Nr. 180.

Excepta quorundam relatione didicimus, quod cum aliqui viri ecclesiastici de provincia vestra — juris aequitati parere et satisfacere.

De alienatione judicii mutandi causa facta I, 42, 1.

Nr. 181.

I. Consuluit nos fraternitas tua, utrum deferendum sit appellationibus manifestis — parere non omittant.

De Appellationibus II, 28, 14.

II. Haec autem, quod rex et principes Angliae — sine dilatione restituant, cum ea sine salutis periculo detinere non possint.

De Simonia V, 3, 11 (Can. De hoc autem, quod episcopus Exoniensis).

Nr. 182.

I. Cum sacrosancta Romana ecclesia caput et magistra omnium ecclesiarum sit — apostolus excommunicavit.

De Appellationibus II, 28, 5.

Nr. 179.

I. App. II, 17; Lips. III, 1; Bamb. III, 1; Cass. XV, 1; Brev. V, 4, 2; Jaffé ed. II. n. 14.157.

II. App. XVI, 8; Lips. IX, 4; Bamb. IX, 4; Cass. XX, 7; Brev. V, 15, 6; Jaffé ed. II. n. 14.155.

Nr. 180.

App. XLIX, 5; Lips. VI, 6; Cass. XVIII, 6; Brev. I, 32, cap. un.; II, 19, 14; Bamb. XLII, 15; Pa. I, 148; Brug. XLVII, 16; Jaffé ed. II. n. 14.087.

Nr. 181.

I. App. X, 14; Lips. XLVII, 15; Cass. LI, 15; Bamb. XLII, 14; Brev. II, 20, 16; Cantabr. 55; Pa. I, 152; Brug. XLVII, 1; Jaffé ed. II. n. 14.112.

II. App. II, 13; Lips. I, 2; Bamb. I, 2; Cass. XIII, 2; Brev. V, 2, 10; Jaffé ed. II. n. 14.111.

Nr. 182.

I. Mansi XXI, 1079; App. X, 6; Lips.

II. Ad haec, si in una causa quis appellavit — si judex illius ordinarius exstiterit.

De Appellationibus II, 28, 6.

III. Item si duobus coram judice non suo litigantibus — de juris rigore tenere non credimus.

De Appellationibus II, 28, 7.

Nr. 183.

Qua fronte super articulis juris nos consulere valeas — ad Sedem Apostolicam duxerint appellandum.

De Appellationibus II, 28, 25.

Nr. 184.

Super eo, quod defuncto aliquo interdum religiosae personae, interdum ecclesiasticae[1]) interdum etiam saeculares postulant sibi debita solvi, quae defunctus ipsis debeat, et nisi solvantur, ne corpus sepulturae tradatur, vocem appellationis emittunt[2]): hoc tuae fraternitati duximus respondendum, quod si defunctus de rebus suis disposuerit et debitis disponere praetermiserit, nisi de solutione debitorum — dummodo solvendo sit — ab herede vel consanguineis defuncti sufficiens cautio detur, corpus ejus post appellationem non est tradendum ecclesiasticae sepulturae.

[1]) em. ecclesiae.   [2]) em. admittunt.

Nr. 185.

I. In eminenti Ecclesiae specula[1]) licet immeriti disponente Domino constituti fratrum et coepiscoporum nostrorum consultationibus tenemur

[1]) em. spectacula (!).

XLVII, 5; Cass. LI, 5; Bamb. XLII, 4; Brev. II, 20, 5; Cantabr. 11 a, 33; Pa. I, 115, 116; Pa. II, 32, 2 a; Brug. XLV, 2; Jaffé ed. II. n. 12.020.

II. App. X, 15; Lips. XLVII, 7; Cass. LI, 8; Bamb. XLII, 7; Brev. II, 20, 6; Cantabr. 11 b; Pa. I, 117; Pa. II, 33, 2 b; Brug. XLVII, 23; Jaffé ed. II. n. 14.966.

III. App. X, 7; Lips. XLVII, 6; Cass. LI, 6; Bamb. XLII, 5; Brev. II, 20, 7; Cantabr. 11 c; P. II, 33, 2 c.

Nr. 183.

App. XXXI, 2. 3, XLIII, 3; Lips. XLVII, 43; Cass. LI, 38; Bamb. XLII, 38; Brev. II, 20, 41; Brug. XXVIII, 3; Jaffé ed. II. n. 14.312.

Nr. 184.

App. XLIII, 3; XXXI, 2. 3; Lips. XLVII, 42; Cass. LI, 38; Bamb. XLII, 38; Brug. XXVIII, 3; XLVII, 18; Brev. II, 20, 41; Jaffé ed. II. n. 14.312.

Nr. 185.

I. Caput nullibi repertum.

respondere et quod nobis inquisitione proposita visum fuerit melius, aperire. Inde est, quod prudentiae tuae sollicitudinem commendantes literis praesentibus respondemus, quod cum causa sit aliquibus sublato appellationis remedio delegata, cum alter judicum conjudici sive alii vices suas commiserit, a delegato secundo judice poterit appellari, quia delegatus non potest appellatione remota causam delegare; causa vero post[1]) appellationem aut ad personas delegatos aut ad eum, qui delegavit, secundum appellantis arbitrium referatur[2]).

II. Quod autem consuluisti, utrum remissiones, quae fiunt in dedicationibus ecclesiarum — debeant gratiam implorare.

De Poenitentiis et remissionibus, V, 38, 4.

[1]) per. [2]) locus corruptus.

Nr. 186.

De cetero noveris, quod, cum aliquis ad judicem extraordinarium — vitam ejus, qui solverit, non excedit.

De Transactionibus I, 36, 5.

Nr. 187.

I. Quamvis simus multiplicitate negotiorum impliciti et gravibus et diversis sollicitudinibus occupati — vices suas committere potest.

De Officio judicis delegati I, 29, 6.

II. Porro si aliquis crimen objicit testibus, qui contra eum producuntur, ut eos in civilibus causis possit eo modo repellere a proferendo testimonio, erit audiendus et si civiliter probare poterit, quod eis objicit, ad testimonium contra ipsum ferendum non sunt eatenus audiendi, sed propter hoc puniri non debent.

Nr. 188.

I. Super eo, quod a nobis quaerendum tua discretio duxit, utrum propter incidentem quaestionem, super qua fuerit appellatum, tota principalis causa,

---

II. App. XXXV, 4; Brev. V, 33, 3; Cantabr. 14 b; Bamb. XLII, 33 (pars); Jaffé ed. II. n. 12.411.

Nr. 186.

App. XXVIII, 10; Lips. VI, 3; Cass. XVIII, 3; Bamb. VI, 3; Brev. I, 27, 5; Cantabr. 14 c; Pa. I, 150; Brug. XXV, 5; Jaffé ed. II. n. 13.832.

Nr. 187.

I. App. VII, 8; Lips. XXXV, 8; Cass. XLII, 8; Bamb. XXXIII, 8; Brev. I, 21, 7; Cantabr. 30 a; Pa. I, 45; Pa. II, 29, 1 a b; Brug. XXXIV, 12; Jaffé ed. II. n. 14.156.

II. App. VIII, 6; Cantabr. 30 b; Pa. II, 29, 1 c; Lips. XLIII, 8; Bamb. XXXIX, 5; Cass. XLVIII, 5; Jaffé ed. II. n. 14. 156.

Nr. 188.

I. Cantabr. 30 c; Pa. I, 48; Pa. II, 29, 1 d; Lips. XLVII, 34; Bamb. XLII, 31; Cass.

6*

quae commissa est judici, appellatione remota terminanda, debeat indecisa relinqui: inquisitioni tuae taliter duximus respondendum, quod si quaestio incidens talis fuerit, quod sine ea causa principalis terminari non possit, propter interpositum appellationis obstaculum totius causae cognitio de jure differri [debet], donec superior judex, ad quem super jam dicta quaestione appellatum est, aliter de tota causa discutiat.

II. Ceterum si aliquis ad judices super aliqua causa ab Apostolica Sede literas — in expensis condemnari debet.

De Rescriptis I, 3, 3.

III. Quemlibet autem ad perhibendum testimonium veritati minime consuevit compellere Romana Ecclesia.

IV. Sententiam vero a delegato judice latam, si ad mandatum ipsius dioecesanus episcopus executioni mandare neglexerit, is, qui ex delegatione Romani Pontificis sententiam tulit, executioni mandandi plenam et liberam habeat facultatem.

V. Illud autem non praetermittendum — ejus institutio secundum rigorem juris est irritanda.

De Jure patronatus III, 38, 8.

Nr. 189.

Ad haec si persona alicujus ecclesiae vicario — esset in vicaria vel beneficio condemnandus.

De Officio vicarii I, 28, 3.

Nr. 190.

Cum tibi sit de benignitate Apostolicae Sedis indultum, ut causas[1]), quas de mandato nostro suscipis terminandas, liceat personis aliis, uni vel

---

[1]) em. ecclesias. Textus hujus capituli valde corruptus est.

LI, 31; Brev. II, 20, 34; Jaffé ed. II. n. 14.152 (erronee).

II. App. VII, 9; Lips. XXXV, 9; Cass. XLII, 9; Bamb. XXXIII, 9; Brev. I, 2, 3; Cantabr. 39, *d*; Pa. I, 49; Pa. II, 29, 1 *e*.

III. Lips. XLV, 3; App. VIII, 6 (continuatio).

IV. App. VII, 10; Cantabr. 30 *e*; Pa. I, 50; Pa. II, 29, 1 *f*; Lips. XXXV, 10; Bamb. XXXIII, 10; Cass. XLII, 10.

V. App. XV, 6; Lips. LII, 5; Bamb. XLIV, 4; Cass. LIII, 4; Brev. III, 33, 10; Cantabr. 30 *f*; Pa. I, 47; Pa. II, 29, 19. Jaffé ed. II. n. 14.154 (falso).

Nr. 189.

App. XXXIX, 2; Bamb. XXII, 1; Brev. I, 20, 4; Cantabr. 20 *g*; Pa. II, 29, 1 *h*; Brug. XIII, 15; Jaffé ed. II. n. 14.156.

Nr. 190.

App. VII, 1; Lips. XXXV, 1; Bamb.

pluribus delegare, sed ab his, quibus fuerit causa a te delegata, fas sit litigatoribus appellare, et si eadem causa fuerit tibi appellatione remota commissa, accidit interdum, sicut tu asseris, quod causam, quam tibi commisimus appellatione postposita terminandam, aliorum experientiae committis et appellationem alter ad tuam, alter ad nostram audientiam interponat. Unde quia nos consulere voluisti, cujus appellationi sit in hujusmodi deferendum: nos tuae sollicitudini taliter respondemus, quod ei, quae ad nos interponitur a delegatis per delegatum judicibus, appellationi est potius deferendum, nec is, cum ipsa fuerit appellatio interposita, contentus obtentu appellationis ad ipsum interpositae, causam debet suscipere terminandam.

Nr. 191.

Cum Hugo de N. diu vinculo excommunicationis fuisset adstrictus, tandem praestito sacramento, quod exinde judicio Ecclesiae stare debet, beneficium absolutionis obtinuit, sed continuo post absolutionem ad Sedem Apostolicam **appellavit**[1]) et anno transacto et ultra appellationem per se vel per alium omnino prosequi contemnit. Quoniam igitur derisorie appellare videtur, qui appellationem interpositam non prosequitur: fraternitati tuae per apostolica scripta mandamus, quatenus utraque [parte] coram te convocata, si tibi constiterit, quod tanto tempore prosequi appellationem contempserit, **ipsum**[2]) judicio tuo stare sub excommunicationis districtione compellas.

[1]) em. appellaverit. [2]) ipso.

Nr. 192.

Proposuit nobis G. clericus tuus, quod saepe contingit — reus haberetur et merito foret condemnandus.

De Appellationibus II, 28, 24.

Nr. 193.

Ex transmissa nobis conquestione prioris et canonicorum de Gisburch auribus nostris est intimatum, quod cum lata esset sententia nostra super

---

XXXIII, 1; Cass. XLII, 1; Brev. I, 21, 1; Brug. XLVII, 14; Jaffé ed. II. n. 13.991.

XLII, 36; Brev. II, 20, 38; Brug. XLVII, 11; Jaffé ed. II. n. 14.350.

Nr. 191.
App. XLIX, 16.

Nr. 192.
Lips. XLVII, 38; Cass. LI, 35; Bamb.

Nr. 193.
Decretalis ejusdem argumenti, sed diversi textus invenitur in Collectione Gregorii IX, II, 28, 1.

ecclesia vestra de Lent., quam eis adjudicavimus, Eboracensis episcopus post appellationem ad nos factam clericum quendam Willehelmum nomine in capella eorum ipsis nescientibus posuit et duos de canonicis non vocatos nec convictos nec confessos excommunicavit et tandem priorem deponens excommunicatum denunciavit. Igitur quoniam non debemus nec possumus hoc sub silentio pertransire: fraternitati tuae p. a. s. mandamus, quatenus veritatem rei gratia Dei et favore praestito diligenter et celeriter inquiras et si testimonio canonicorum de Giseburne vel alias vobis legitime constiterit, archiepiscopum, quae praedicta sunt, post appellationem egisse, ea providentia [et] maturitate corrigentes sententiam tam depositionis quam excommunicationis quam interdicti, appellatione remota, denuncietis non tenere. Illos autem, quos canonici vobis nominaverint, districte jubeatis, ne timore vel amore omittant coram vobis proponere veritatem, quam inde noverint.

Nr. 194.

Relatum est auribus nostris, quod quidam in episcopatu tuo constituti, ut jurisdictionem [tuam] evadant, nullo gravamine interveniente, in vocem appellationis prarumpunt. Unde quia appellationis remedium ad oppressorum levamen est inventum: fraternitati tuae per apostolica scripta mandamus, praecipientes, quatenus si qui de subditis tuis super aliquo duxerint appellandum, hos intra annum vel per se vel per alium responsalem idoneum appellationem factam prosequi vel coram te justitiae stare nostra fretus auctoritate appellatione remota districte compellas, nisi manifestam et rationabilem causam ostendere poterunt, quare appellationem prosequi non possint.

Nr. 195.

Significavit nobis Hugo de Morter., quod cum venerabilis frater noster Herefordensis episcopus coram te, frater archiepiscope, super jure patronatus ecclesiarum de Mortun. et Waldonun. cum literis nostris traxisset in causam, idem Hugo sciens se gravari ad nostram appellavit audientiam. Verum quia in literis ipsis inhibitum erat appellationis remedium, eidem appellationi nullo modo detulisti, sed in eundem quasi contumacem excommunicationem protulisti et ecclesias ipsas interdicto supposuisti. Quia vero ad nostrum spectat officium universorum saluti consulere: fraternitati tuae per apostolica scripta mandamus, praecipientes, quatenus recepta ab Hugone praefato sufficiente

---

Nr. 194.
Caput nullibi repertum.

Nr. 195.
Lips. LII, 11; Brug. XXVIII, 2. Jaffé II. n. 13.812.

cautione, quod nostro stare judicio debet, sententiam excommunicationis [et] interdicti nullius contradictione et appellatione obstante relaxetis et deinde causam audiatis.

Nr. 196.

Querelam prioris et fratrum de Harevalt nobis accepimus, quod ecclesia sua in quatuor jugatis terrae et decimis molendinorum piscationum et aliarum rerum contra justitiam spoliatur et Johannes b i d u m (?) p r e c u m (?)[1]) in parochia sua construxit, unde decimas quatuor subtractas esse . . . Verum quoniam universis et praesertim viris religiosis in sua justitia cognovimus esse debitores: discretioni tuae per apostolica scripta mandamus, quatenus praescriptae terrae et decimarum detentores studiosius moneas et ecclesiastica districtione, si fuerit necesse, compellas, ut eas praefato priori et fratribus omni contradictione et dilatione sublata persolvant et in pace dimittant; atque ipsis sub examine tuo plenam exinde justitiam appellatione remota non differant exhibere.

[1]) verba non sunt intelligibilia.

Nr. 197.

I. Causam, quae inter fratres dilectos s c i l. a b b a t e m[1]) Sancti Ethemundi a t q u e[2]) fratres de Arosia et R. sacerdotem super ecclesia de Harwalde diutius noscitur agitata, tibi fili abbas et venerabili fratri nostro Wigorniensi episcopo jam pridem nos meminimus commisisse; deinde literis tuis receptis, quibus, quoniam episcopus absens erat, nostrum de causa illa consilium quaesivisti, vobis exinde scripta nostra transmisimus et experientiae vestrae certam formam de causae definitione praescripsimus. Verum quoniam praefatus abbas et fratres de Arosia nobis postea super hoc nuncium et literas transmiserunt, in quibus instantius rogaverunt, quod praescriptam causam aliis judicibus committeremus, dilectum filium nostrum abbatem S. Albani vobis in hujus negotii cognitione duximus adjungendum [et] discretioni tuae p. a. s. mandamus, quatenus eundem abbatem exinde per literas nostras sollicitetis et cum ab alterutra partium fueritis requisiti, utramque illarum una cum jam dicto abbate ante praesentiam convocetis et rationibus diligenter hinc inde

[1]) S. abbas. [2]) ante.

Nr. 196.
Caput nullibi inventum.

Nr. 197.
I. et II. Capitula nullibi reperta.

auditis et cognitis causam illam secundum tenorem literarum, quas vobis ultimo inde direximus, terminetis, in quibus utique, si bene recolimus, continebatur, quod si praelibatus sacerdos ecclesiam, de qua lis agitur, judicio vestro possit evincere, abbatem et fratres de Arosia vobis commissa auctoritate compellere deberetis, quod ei in alia ecclesia providerent, unde honestam et sufficientem vitae haberet [sustentationem], ac si suam restituerent.

II. De cetero ad aures nostras pervenit, quod supradictus R. cimiterium ecclesiae de Harwalt cum suis ingrediens ante ostium ecclesiae ensem evaginaverit, et eundem cuidam laico tradens praeceperit, ut quendam presbyterum canonicum inde percuteret, qui[1]) laicus praeceptum illius complevit et eundem canonicum, sicut adhuc apparet, graviter vulneravit. Praeterea quendam conversum durius verberavit et nunc praetaxatam ecclesiam contra suum sacramentum vendicare praesumpsit, cum juramentum praestasse dicatur, se nunquam fratribus ibidem Domino servientibus super aliqua possessione, quam tunc temporis habebant, de cetero quaestionem moturum, nisi ecclesiam de Bratesfelde niterentur ei auferre, quam concesserant. Quoniam igitur ea si vera sunt, sicut non debemus, nec volumus sub silentio praeterire: praesentium auctoritate vobis injungimus, ut rei veritate diligenter inquisita, si ita esse constiterit, prout superius narratum est, praedictam ecclesiam praelibato R. appellatione cessante penitus abjudicetis et ei super ejusdem repetitione perpetuum nostra auctoritate imponatis silentium. Si autem ea, quae praediximus, aliter se habuerint, et de jam dicta ecclesia necessaria vitae competenter possit habere, vos illi ecclesiam de Harwalt nulla appellatione obstante, sicut diximus, in perpetuum abjudicetis et ab ejus repetitione faciatis omnino cessare; ita tamen, quod ecclesiam de Bradfelde secundum conventionem[2]) factam exinde debeat in pace tenere. Ceterum si sustentationem non potest convenienter exinde habere, a supradicto abbate et fratribus de Arosia aliquod beneficium addatur, a quo cum ipsa ecclesia de Bratfelde necessaria competenter percipere poterit. Ecclesia vero de Bratfelde in jam dicti abbatis et fratrum illius his, quae diximus adimpletis, potestate permaneat, sicut hactenus noscitur exstitisse. Et quoniam saepe fatus sacerdos conversum quendam dicitur verberasse, volumus et mandamus, ut si ita cognosceritis[3]) esse, cum non per Apostolicam Sedem postea fuit absolutus, dilatione et appellatione cessante, eum excommunicatum denuncies et ab aliis facias sicut excommunicatum vitari, donec injuriam passo congrue satisfaciat et ad nos juri (?) satisfacturus veniat, ita quod super hac causa a nobis audientia ei non praestetur interim.

[1]) locus corruptus. [2]) conjunctionem. [3]) non nescitis.

Nr. 198.

Significatum est nobis, quod cum inter Wilhelmum sarracenum et G. clericum jurgia mota fuissent, praefatus G. comminando sub testimonio praesumpsit asserere, quod operam daret, quod ad vitam ipsius W. ponerentur insidiae. Cum autem idem W. in eundem annum atrocius vulneratus diem clausisset extremum, nonnulli arbitrati sunt, memoratum G. vulneris causam ipsius fuisse. Unde quoniam idem G. super hoc publica laborasset infamia, nos proinde nolentes, ne vel innocens condemnetur vel nocens impunitus maneat: fraternitati tuae per apostolica scripta mandamus, quatenus si praedictus G. per idoneas coram vobis legitime personas convinci non poterit et super [hoc] publica laborat infamia, ei contradictione et appellatione cessante purgationem canonicam imponatis; in qua si defecerit aut si exinde coram vobis ordine judiciario convinci potuerit, sublato appellationis remedio ipsum a ministerio altaris perpetuo suspendatis et beneficio ecclesiae nostra auctoritate spolietis.

Nr. 199.

Ex transmissa nobis quaestione R. T. W. P. N. clericorum accepimus querimoniam, quod cum super quibusdam decimis piscationum maris, quas ipsorum ecclesiae non solum a XL retro annis verum etiam a fundatione[1]) earum usque ad haec tempora continue tenuissent, contra Walnel. archidiaconum literas apostolicas impetrassent idem archidiaconus ab eisdem citatus cum quibusdam [literis] a nobis postea obtentis ad venerabilem fratrem nostrum Cantuariensem archiepiscopum accessit, qui eos ad arctiorem diem, quam a praedictis (?) judicibus ipsis et praenominato archidiacono praefixus fuerat, ad suam evocavil praesentiam. Cumque utraque pars sub ejus examine posita disceptasset, praenominati clerici exceptionem prioris commissionis ponentes ad nostram praesentiam appellaverunt. Quoniam igitur de rei veritate non constitit, cum altera partium nec per se nec per alium nobis occurrens appellationem sit prosecuta, tuae causam experientiae duximus committendam, discretioni tuae per apostolica scripta mandantes: quatenus cum hoc fueritis requisiti, veritatem super his diligentius inquiratis et si vobis ita esse constiterit, ablatas decimas ecclesiis praedictorum clericorum occasione et appellatione cessante restitui faciatis, praedicto archidiacono arctius inhibentes, ne illos super prae-

[1]) em. fundatore. Textus hujus decretalis aliquantulum obscurus videtur.

Nr. 198.	Nr. 199.
Capitulum nullibi repertum.	Capitulum nullibi repertum.

libatis decimis fretus auctoritate ecclesiastica censura compellat: nullis literis justitiae ac veritati resistentibus istarum tacito tenore impetratis.

Nr. 200.

Causam, quae inter R. et F. super eo, quod mater — ea vivente, ut dicitur, non fuit impetitum.

Qui filii sint legitimi IV, 17, 7.

Nr. 201.

Ex parte fraternitatis tuae a nobis fuit inquisitum, utrum, cum aliquam causam — nec nos nec aliquem nostrorum praedecessorum credimus expressisse.

De Officio judicis delegati I, 29, 13.

Nr. 202.

Veniens ad Apostolicae Sedis clementiam in multo discrimine corporis sui et labore W. lator praesentium simpliciter nobis proposuit, quod tempore hostilitatis et guerrae miles quidam E. nomine fundum R. militis occupavit: quem diu detinens illicite magistro hospitalis et fratribus Ebor. ecclesiam in eo sitam concessit. Magister et fratres hospitalis praedicti clericum quendam R. nomine ibidem constituerunt, qui eis inde singulis annis solvebat pensionem. Longo vero tempore post, praedictus R. fundum suum recuperans per justitiam, omnia quae alienaverat violentus possessor ad jus pristinum revocavit et cum in ecclesia ibidem fundata se sciret jus fundatoris habere, concessioni, quae memorato R. facta fuerat, consentire nullatenus voluit, sed Will. venerabili fratri nostro Eboracensi episcopo A. S. legato ad eandem praesentavit, qui praesente magistro praescripti hospitalis, cui prius fuerat concessa, et non reclamante, eundem W. recepit et in praelibata ecclesia ordinavit. Interim R. clericus, qui eam alieno nomine possidebat, furto irretitus, et exinde, quia crimen ejus notorium fuit rebus furtivis in arca sua repertis, graviter puniri metuens, eo quod ad aures regias scelus ejus pervenerat, habitum religionis assumpsit, quem intra annum abjiciens Sedem Apostolicam adiit et

---

Nr. 200.
App. XXXIII, 4; Brev. IV, 18, 7; Brug. XXXII, 1; Jaffé ed. II. n. 14.002.

Nr. 201.
App. XLII, 1; Lips. XXXV, 22; Cass. XLII, 23; Bamb. XXXIII, 22; Brev. I, 21, 18; Brug. XXXIV, 2; Jaffé ed. II. n. 13.877.

Nr. 202.
App. XLVII, 8; Brug. XXXVI, 9; Comp. II. c. 5 (III, 6); Jaffé ed. II. n. 14.084.

scriptum Apostolici culminis¹), in quo continebatur, ut si monstrare posset, quod timore mortis claustrum intrasset, a religionis voto absolveretur, a nobis obtinuit: tacito²), quod timor ille ex prava conscientia perpetrati sceleris processit. Alias autem literas ad abbatem de Fontibus et priorem de Giseburne reportavit, in quibus continebatur, quod si constasset, praedictum W. post appellationem factam ad nos fuisse intrusum et ipsum prius fuisse violenter ejectum, illi amoto alio ecclesia redderetur. Cumque idem W. a judicibus delegatis citatus sibi canonicas inducias postulasset, et ipsi ei dilationem dare penitus renuissent existimantes, quod literae illae per falsam suggestionem essent impetratae et quod nos de facto plenius non essemus instructi, a falsa suggestione ad nos appellavit et sic a judicum praesentia recessit. Judices vero, quoniam in causa principali appellationis remedium fuerat sublatum, audito testimonio quorundam, qui eundem R. aliquando in possessione illius ecclesiae viderunt et interdum synodalia solvere, ei possessionem illius ecclesiae adjudicaverunt et ipsum per nuntium de eadem ecclesia investiri fecerunt. Verum quoniam dubium et incertum existit, an praedictus R. suggestionibus falsis nos circumvenire praesumpsit et nemini fraus propria et dolus prodesse debent: discretioni tuae p. a. s. mandamus, praecipientes, quatenus cum exinde fueritis requisiti, in unum pariter convenientes utramque partem ante praesentiam vestram convocetis et inquisita horum veritate, quae dicta sunt, et plenius cognita causa, ipsam remoto appellationis obstaculo fine canonico terminetis: ita ut si vobis constiterit, quod crimen notorium fuerit et timore illo saepe dictus R. religionem suscepit et idem W. per archiepiscopum fuerit canonice institutus, ei ecclesiam ipsam appellatione et occasione cessante, faciatis restitui et libere et pacifice dimitti, literis nostris non obstantibus, si taliter ut diximus fuerint impetratae. Sane si praedictus R. legitime citatus ad nostram praesentiam accedere vel judicio nostro parere contempserit, nihilominus in causae cognitione secundum quod dictum est, procedatis et si uterque vestrum his exequendis interesse, et cetera.

¹) em. cl. nominis.   ²) Appendix erronee: cognito.

Nr. 203.

Ad audientiam nostram pervenit, quod R. presbyter de Curchet Waltero

---

Nr. 203.
App. X, 26; Brug. XLVII, 7; Jaffé ed.
II. n. 13.931.

clerico de Cheshfelt decimas¹) de Liberna, quas idem Walterus multorum virorum honestorum testimonio probasse dicitur ad se et ad capellam suam rationabiliter pertinere, violenter auferre conatur. Unde cum idem Walterus propter hoc ad nostram appellasset audientiam [praedictus R. auctoritate Sedis Apostolicae contempta ad audientiam domini Regis appellavit²)]. Verum cum nemini liceat super rebus spiritualibus ad saecularem judicem appellare et si hoc verum est, praedictus R. enormiter et immoderate deliquit neque hujusmodi delictum debet inultum aut impunitum relinqui: discretioni tuae per apostolica scripta mandamus, quatenus utramque partem ad vestram praesentiam convocantes, rei veritatem diligenter et sollicite inquiratis, et si ita esse inveneritis, praefatum R. a beneficio ecclesiastico et officio, sublato appellationis remedio, suspendatis et ad praesentiam nostram cum literis tuis rei veritatem continentibus suspensum mittatis et interim praedicto Waltero praedictas decimas praecipiatis sine molestia et contradictione persolvi. Postmodum autem, ex quo idem R. a praesentia nostra ad propria redierit, causam inter eos audiatis et appellatione remota fine canonico terminetis.

¹) em. christianas.   ²) lacuna ex App. expleta.

Nr. 204.

Accepta quaestione P. clerici, quod violenter de ecclesia Sporteburch fuisset spoliatus — super hoc perpetuum silentium imponatis.

De Restitutione spoliatorum II, 13, 3.

Nr. 205.

Cum jam pridem canonicus de Bridelt. adversus priorem suum incontinentiae vitium objiceret et quod electio ejus canonica non fuisset, in audientia vestra proponeret: nos causam venerabili fratri nostro Dunolmensi episcopo et dilecto filio nostro abbati de Fontibus cognoscendam commisimus et terminandam. Cumque a nobis judices delegati per sua scripta, si bene meminimus, significassent, quod super his eundem priorem juxta dispositionem fratrum suorum, qui veritatem exinde juraverint dicere, prorsus immunem [invenissent]: postmodum dilectus filius noster Walterus ejusdem ecclesiae

---

Nr. 204.
App. XXII, 2; Lips. XXXIX, 2; Cass. XLV, 2; Bamb. XXXVI, 2; Brev. II, 9, 2; Brug. XLI, 6; Jaffé ed. II. n. 13.984.

Nr. 205.
Capitulum nullibi repertum.

canonicus ad praesentiam nostram accedens constanti nobis assertione proposuit, quod cum juramentum a fratribus suis reciperent, ut super his veritatem puram et simplicem faterentur, antequam eosdem fratres inde requirerent, jam dictum priorem potius voluntatem quam juris ordinem sequentes[1]) ab his absolverint. Adjecit insuper idem Walterus, quod ejusdem prioris electio, sicut nobis prius suggestum fuerat, canonica non fuisset et quod bona ecclesiae in pravos et proprios usus converteret et in rebus ipsius ecclesiae disponendis inconsulto capitulo decimas et alias praestationes ecclesiae pro sua voluntate concedit, per sigillum capituli concessionem suam roborat, fratres suos non vocis magisterio, sed severitate tyranni graviter opprimit. Ita quidem, quod si quos ex ipsis interdum voluntati suae reperit contraire, eos aut verberibus afficiat aut ecclesiastica censura condemnet, eis coram fratribus convicia ingerit et universis durum se exhibet et austerum, ita quod nimia ejus austeritate nonnulli infirmitates corporis sui formident detegere et suas culpas timeant confiteri. Inter alia siquidem ipsius prava studia invitis fratribus necessitate coactus emendi vilius et vendendi carius studium exercere imprudenter dicitur; cameram suam plus justo frequentat, conventum declamat et talium personarum familiaritatem, sicut fertur, admittit, unde sinistra suspicio mentibus multorum adhaeret. Quia igitur non sunt haec silentio relinquenda aut judicio terminanda nos de vestra prudentia et honestate confisi horum experientiae vestrae convinctionem committimus vobis [que] per apostolica [scripta] praecipimus, quatenus post susceptionem harum utramque partem ante praesentiam vestram convocetis aut ad locum ipsum praedictum accedentes qualiter praedicti judices in eadem causa processerint, veritatem inquiratis, et si vobis constiterit, eos juramentum quod praediximus a praedictis fratribus recepisse et antequam eos audirent, supradictum priorem absolvisse: vos supradicto Waltero expensas, quas ad nos veniendo et a nobis redeundo fecisse dinoscitur, integre de praedicta ecclesia restitui faciatis et nihilominus causam super his omnibus, quae praediximus, audientes per fratres juratos plenius veritate cognita, quod justum fuerit, exinde contradictione et excusatione postposita judicetis. Verum si praedictos judices inveneritis juramentum praescriptum a praefatis fratribus recepisse et post eorundem juratorum depositiones praefatum priorem absolvisse, nolumus hoc interim suscitari, sed absolutionem ejus ratam et firmam habentes praedictum W. vel aliquem eorum, qui tunc contra priorem stabant, super his vel aliis capitulis nullatenus audiatis. Si vero contra aliquem eorundem fratrum postquam eos praedictus W. protectioni Romanae Ecclesiae ac nostrae supposuit et ad nostram audientiam appellavit,

---

[1]) em. sequendum.

aliquam sententiam eundem priorem constiterit protulisse, eam decernatis auctoritate nostra non tenere, nisi idem prior, sicut praefati judices signaverunt, ab eis absolutus quemquam illorum alicui sententiae pro correctione subjecerit. Ceterum si jam dictus prior in causa obtinuerit, ei ex parte nostra sub interminatione anathematis prohibere curetis, ne alicui fratrum suorum occasione ista quidquam molestiae vel gravaminis inferre praesumat; sed tam memoratum W. quam suos socios in praetaxata ecclesia auctoritate nostra faciatis in pace et quiete manere, nisi priorem praefatum, postquam fuit legitime absolutus, praesumpserit inde molestare. Verum si idem prior nobis exinde respondere aut nostro judicio apparere contempserit, ipsum ab omni ministratione auctoritate apostolica suspendatis et, ne illi obediant, fratribus suis prohibere curetis. Porro si idem prior duxerit appellandum, vos nihilominus appellatione remota allegationes hinc inde studiosius audiatis et testes recipiatis et eorundem juratorum depositiones conscriptas sub sigillis vestris clausas[1]) nobis committatis utrique parti terminum praefigentes, quo se debeat cum attestationibus et allegationibus nostro conspectui praesentare, ita quidem, quod canonicis, qui contra priorem venerint, de bonis ecclesiae sufficientes et necessarias expensas faciatis exhiberi.

[1]) em. causas.

Nr. 206.

Cum essent in praesentia nostra constituti dilectus filius noster O. archidiaconus Eboracensis ecclesiae et nuntii venerabilis fratris nostri Eboracensis archiepiscopi Apostolicae Sedis legati, praefatus O. coram nobis et fratribus nostris sollicita et constanti relatione proposuit, quod cum olim in praesentia piae recordationis praedecessoris nostri Adriani papae de beneficio praedecessoris jam dicti archiepiscopi, de quo impetitus fuerat, purgationem canonicam praestitisset, ab eodem praedecessore nostro literas super purgatione praestita ad archiepiscopum praedictum obtinuit, scriptum etiam immunitatis[1]) ab ipso nihilominus impetravit, ut ea de cetero praerogativa libertatis gauderet[2]), quod super nulla quaestione ante ipsum archiepiscopum vel quemlibet alium judicio stare cogeretur, nisi in praesentia Romani Pontificis, aut legati a suo latere destinati. Eodem vero archidiacono ad propria, sicut asserit, redeunte quidam diaconus suus, quem super XX marcarum

[1]) verba dubia in codice. [2]) em. suaderi.

Nr. 206.
Capitulum nullibi repertum.

argenti convenerat debito, se a praefato archiepiscopo a solutione ipsius debiti asseruit esse absolutum et absolutum se a fide, qua tenebatur adstrictus, habens tunc ejusdem archiepiscopi literas ad clericos sui archidiaconatus, ut ipsum de cetero pro archidiacono non haberent. Adjecit insuper praedictus archidiaconus, quod cum ipse tunc a Romana rediens Ecclesia literas praedecessoris nostri jam dicto archiepiscopo existenti extra suam [provinciam] praesentasset, idem archiepiscopus has recipere noluit vel audire, promittens, se in provincia sua eas velle recipere; sed ad ecclesiam suam rediens ipsum non citatum, non convictum aut in aliquo confessum excommunicationi subjecit. Licet autem idem archiepiscopus jam dictum archidiaconum ad instantiam charissimi in Christo filii nostri H. illustris Anglorum regis ab excommunicationis sententia absolvisset, promittens[1]) plenariam restitutionem ablatorum, suae tamen promissionis oblitus non solum ea ablata restituere noluit sed ipsum denuo vinculo excommunicationis adstrinxit. Post aliquantum vero temporis archidiaconus literas praestitae purgationis et immunitatis suae ad saepedictum archiepiscopum in plena synodo recitavit; tunc[2]), archiepiscopo asserente, quod non tale crederet esse literarum nisi eas ipse inspiceret, nuntius praefati archiepiscopi ad clamorem synodi literas ipsas eidem archiepiscopo promittenti, continuo se eas redditurum, ad inspiciendum tradidit, quas nec tunc nec secunda nec tertia die synodi nec etiam postea potuit recipere. Unde jam dictus archidiaconus excommunicatus archidiaconatu extraordinarie et injuste privatus, majus etiam periculum metuens, archidiaconatui etiam invitus renuntiavit, quoniam aliter non potuit a vinculo excommunicationis absolvi, quamvis incaute excommunicatus fuisset nec ab eodem archiepiscopo, si ita est, potuerit excommunicari. Nuntii vero jam dicti archiepiscopi econtra in audientia nostra proposuerunt, quod ipse archidiaconatui spontanea et libera voluntate, quod incredibile videtur, renuntiavit et fidem de archidiaconatu ipso non retento [faciunt]. Jam autem antedictus O. archidiaconus sicut ante, ita etiam nunc constanter asseruit, quod non sponte sed ea, qua diximus, violentia et oppressione coactus archidiaconatui cesserit. Et licet idem archiepiscopus XXX marcas filio praedicti archidiaconi se promisisset singulis annis soluturum, donec sibi praebendam tantorum reddituum assignaret, a solutione tamen pecuniae et a concessione[3]) praebendae postmodum omnino cessavit. Quoniam igitur si vera sunt, quae jam dictus archidiaconus nobis proposuit, non immerito se conqueritur admodum esse gravatum, cum non licuit saepedicto archiepiscopo eundem archidiaconum, si tantum libertatis obtinuit, videlicet, quod non teneretur judicio ejus stare,

---

[1]) em. sibi. [2]) recitatae fuissent. [3]) solutione.

ita manifeste gravare, et cum hoc in gravem Romanae Ecclesiae redundaret injuriam et contemptum, cum quilibet, et nedum archiepiscopus, qui adeo Romanae tenetur Ecclesiae, id non debuerit eatenus attentare: nos de honestate et providentia vestra confisi causam ipsam experientiae vestrae committimus praesentium auctoritate vobis mandantes, quatenus utraque parte convocata ante vos praefatum archiepiscopum intra viginti dies post harum susceptionem ex parte nostra monere et inducere curetis, ut praefato archidiacono cum fructibus inde perceptis et scriptum praelibatae libertatis, si exstat, restituat et pacifice et quiete dimittat. Si autem monitis et exhortationibus vestris forte noluerit [consentire], vos intra LX dies postea rei veritatem diligenter inquiratis; et si vobis constiterit legitima probatione, quod in praesentia nostri praedecessoris praedictus O. se purgavit et ejusmodi libertatis scriptum obtinuit, quod nulli nisi Romano Pontifici vel ejus legato a latere suo destinato liceret eum excommunicare vel eum suspendere aut judicare et tamen praedictus archiepiscopus eum excommunicavit, postea et archidiaconatu privavit et scriptum ipsum eo invito praesumpsit retinere: auctoritate freti Apostolica, omni dilatione et occasione postposita, eundem archidiaconatum condicto archidiacono restituere minime differatis, appellatione remota, compellentes praefatum archiepiscopum auctoritate nostra ad restitutionem scripti, quod diximus, si exstat, et perceptorum fructuum compositionem secum exinde faciendam. Deinde vero si archiepiscopus adversus eum de archidiaconatu ipso agere voluerit asserendo, quod ei libere et sponte renuntiaverit vel quod non debet eum de jure tenere, apud nos vel apud successorem nostrum cum eo exinde ordine judiciario poterit experiri, quia nolumus eum, si ita probaverit se ab antecessore nostro literas tales impetrasse, libertatis praerogativa privari, quam sibi praedecessor noster dicitur indulsisse. Si vero his exequendis non poteritis interesse, duo vestrum nihilominus etc. Porro testes, quos idem O. nobis nominavit, ad veritatem proferendam monere et inducere studeatis, et si videritis, quod illi n o s c e n t e s [1]) hujus rei veritatem amore vel timore saepefati archiepiscopi se retrahunt a testimonio jam dicto archidiacono perhibendo: vobis in virtute obedientiae praecipimus, ut ipsos appellatione remota censura ecclesiastica compellatis veritati testimonium perhibere, et si eidem O. recepta probatione illius archidiaconatum judicaveritis restituendum: clericis ejusdem archidiaconatus firmiter et districte praecipiatis, ut illi tamquam archidiacono suo appellatione cessante et timore et amore postposito respondeant et debitam reverentiam et obedientiam exhibeant; quod si non fecerint, eos auctoritate nostra nulla appellatione obstante ab officio suo sus-

---

[1]) nominaverunt.

pendatis et nobis sub ea districtione, qua Deo tenemini et Ecclesiae, quidquid super his inveneritis, vestris literis intimetis. Si quae autem literae impetratae sunt, nolumus, quod istis debeant quomodolibet obviare. Verum si saepedictus O. in probatione defecerit, archiepiscopum ab ipsius impetitione absolventes penitus illi appellatione postposita perpetuum silentium imponatis. Ceterum si archiepiscopus citatus legitime per se vel per alium responsalem suum ad praesentiam accedere vel judicio vestro parere contempserit, eundem O. in possessionem ejusdem archidiaconatus appellatione remota inducatis.

Nr. 207.

Ex parte venerabilis fratris nostri Conventrensis episcopi nostris auribus est intimatum — venire ad praesentiam nostram compellas.

De Rescriptis I, 3, 2.

Nr. 208.

Constitutis in praesentia nostra R. canonico vestro et responsalibus G. praepositi de Beverlei — indignationem omnipotentis Dei et Apostolorum Petri et Pauli se sciat incursurum.

De eo, qui mittitur in possessionem II, 15, 1.

Nr. 209.

Non sine multa necessitate et discrimine sui corporis A. presbyter, praesentium lator — utramque partem appellatione remota stare arbitrio compellant.

De Arbitris I, 43, 2.

Nr. 210.

Sicut Romana ecclesia omnium ecclesiarum disponente Domino mater

---

Nr. 207.
App. VII, 18; Lips. XXXV, 18; Bamb. XXXIII, 18; Cass. XLII, 19; Brug. XXXVII, 3; Jaffé ed. II. n. 14.317.

Nr. 208.
App. III, 4; Lips. XLI, 1; Cass. XLVII, 1; Bamb. XXXVIII, 1; Brev. II, 11, 1; Jaffé ed. II. n. 13.941; Brug. XLIV, 1.

Nr. 209.
Additur in fine: Hominem vero praedicti M., si tibi constiterit, ipsum in jam dictum presbyterum manus violentas injecisse: appellatione cessante publice candelis accensis excommunicari facias [atque] evitari, donec passo injuriam satisfaciat et cum literis tuis ad nos satisfacturus accedat.

Alan. I, 17, 1; Comp. II. c. 1 h. tit. (I, 20); Jaffé n. 8953.

Nr. 210.
App. X, 11; Lips. XLVII, 12; Bamb. XLII, 10; Cass. LI, 11; Brev. I, 2, 1 et II, 20, 12; Cantabr. 52 a; Pa. I, 101; Pa. II, 32, 1 a; Brug. XLVII, 5; Jaffé ed. II. n. 12.293.

est et magistra, ita et nos, licet indigni — quia speciale mandatum derogat generalibus.
De Rescriptis I, 3, 1.

Nr. 211.

Super eo, quod interdum delegati judices ab alterutra parte — non est aliquatenus deferendum.
De Appellationibus II, 28, 12.

Nr. 212.

Si autem intra certum terminum causa personis aliquibus decidenda committitur — easdem contigerit literas suscepisse.
De Appellationibus II, 28, 12 (continuatio).

Nr. 213.

Praeterea super hoc, quod nos consulere voluisti, utrum liceat judici delegato — ad causam spectare noscuntur, plenariam recepit potestatem.
De Officio judicis delegati I, 29, 5.

Nr. 214.

Si vero aliquis quemquam gravissimo metu sub religione juramenti jus suum refutare coëgerit — permissi sunt in eadem ecclesia ministrare.
De Jurejurando II, 24, 8.

Nr. 215.

Porro si quis vir et mulier pari consensu contraxerint matrimonium, et vir ea [in]cognita aliam duxerit in uxorem et eam cognoverit: cogendus est, secundam relinquere et ad primam redire. Quia quamvis diversa sit exinde quorundam sententia et non eadem consuetudo ecclesiarum, tutius tamen videtur, ut primam habere debeat quam secundam, cum a prima sine judicio

---

Nr. 211, 212.

Cantabr. 52, *b*; Pa. I., 102; Pa. II. 32, 1 *bc*; App. X, 12; Lips. XLVII, 13; Bamb. XLII, 11; Cass. LI, 12; Brug. XLVII, 25; Jaffé ed. II. n. 12.293.

Nr. 213.

App. VII, 7; Lips. XXXV, 6; Cass. XLII, 6; Bamb. XXXIII, 6; Brev. I, 21, 6; Cantabr. 80 *a*; Pa. I, 103; Pa. II, 32, 1 *d*; Brug. XXXIV, 7; Jaffé ed. II. n. 12.293.

Nr. 214.

App. XVII, 1; Lips. XVII, 3; Cass. XXVIII, 3; Bamb. XVIII, 3; Brev. II, 17, 4; Cantabr. 80 *b*; Pa. I, 104; Pa. II, 33, 1 *a*; Jaffé ed. 12.293; Brug. XLI, 5.

Nr. 215, 216.

Cantabr. 80 *c*; Pa. I. 105; Pa. II. 33, 1 *b*; App. VI, 17; Lips. LIX, 31; Bamb. L, 18; Cass. LVIII, 20; Brev. IV, 4, 7; Jaffé n. 9155, 9158 (ed. II. n. 12.293).

Ecclesiae separari non debeat[1]), postquam cum ipsa matrimonium pari voto et consensu contraxerit.

[1]) em. debuerit.

Nr. 216.

Sane quamquam mulieri desponsatae et nondum a viro cognitae licet ad religionem transire, aliam tamen in uxorem non potest ducere.

Nr. 217.

Continebatur in literis tuis nobis a te transmissis, quod super decima de W. inter magistrum Hubertum — secunda concessio praejudicare debet priori.

De his, quae fiunt a praelato sine consensu capituli III, 10, 2.

Nr. 218.

Causa, quae vertebatur inter R. clericum et R. presbyterum super ecclesia sanctae Nilburgae (?) de Mileslaune abbati de Hevesam et tibi fili prior de Chineswalde commisimus[1]) audiendam et debito fine terminandam, eo tenore, sicut meminimus, ut si vobis constet, praedictum clericum a praescripta ecclesia per manus laicas fuisse violenter ejectum et praenominatum presbyterum in eandem ecclesiam fuisse intrusum, amoto intruso eidem clerico ecclesia ipsa cum fructibus inde perceptis restitueretur: cum jam utraque partium ante praesentiam nostram constituta fuisset, praedictus clericus sicut ex literis vestris accipimus, institutionem et violentam per manus laicas ejectionem et partis adversae intrusionem multorum tam clericorum quam laicorum juramento praestito probavit. Econtra praefatus presbyter dicebat, se in eadem ecclesia canonice institutum, adjiciens, quod jam dictus clericus filius esset sacerdotis ejus, qui prius in jam dicta ecclesia ministravit. Unde eam sibi adjudicavimus, existimantes ipsum proxime patri successisse, cum indignum sit et sacris canonibus obvium, ut filius patri succedat in ecclesiastico beneficio. Post latam sententiam eodem nobis instantius supplicante ex ipsius constanti assertione accepimus, quendam clericum inter illum, qui dicebatur

[1]) em. committimus.

Nr. 217.
Cantabr. 57; Pa. I. 72; App. XLVII, 5; Brug. XXV, 3; Brev. III, 9, 2; Jaffé ed. II. n. 14.033.

Nr. 218.
Capitulum nullibi repertum.

fuisse pater ejus, et ipsum praefatam ecclesiam tenuisse: quod licet ex simplicitate sua, dum causa in praesentia nostra tractaretur, minime proposuisset. Nos tamen aequitatis intuitu et solita Apostolicae Sedis clementia misericorditer agentes discretioni vestrae p. a. s. mandamus: quatenus rei veritatem diligentius inquiratis, et si vobis constiterit, aliquam personam medio tempore memoratam ecclesiam, ut praelibatum est, tenuisse, et eundem clericum possessionem ac violentam per manus laicas ejectionem et partis adversae intrusionem probasse, sibi occasione omni et appellatione cessante ecclesiam ipsam restituatis cum fructibus inde perceptis et ipsum faciatis eam pacifice possidere.

Nr. 219.

Cum R. presbyter et R. clericus in nostra praesentia constituti fuissent, ex assertione ipsius R. et confessione ipsius Roberti comperimus, eundem R. esse filium sacerdotis, qui in ecclesia S. Mulburgae [Walburgis?] et Muselwede, de qua inter eosdem presbyterum et clericum controversia vertebatur, noscitur ministrasse. Unde quia indignum est et a censura sacrorum canonum alienum, ut filii debeant patribus in ecclesia succedere, ecclesiam ipsam praefato R. abjudicavimus et ei exinde perpetuum silentium imponi mandavimus.

Nr. 220.

Ceterum quia ex literis vestris nobis innotuit [quod] cum causa inter praedictos presbyterum et clericum super jam dicta ecclesia de mandato in praesentia vestra tractaretur, idem Rudertus plures testes produxit, qui jurati dixerint, memoratum Roger. in ipsam ecclesiam violenter fuisse intrusum, licet idem Roger archidiaconum, per quem in eadem ecclesia fuerat institutus, et quendam clericum ejus et alios quosdam, sicut asserunt, testes produxerit, qui canonicae ipsius institutioni testimonium simplici voce perhibebant: discretioni tuae per apostolica scripta mandamus, praecipientes quatenus si per eundem Rogerum et per testes, quos produxit non stetit, quod prius juraverint, tunc occasione literarum nostrarum eorum juramentum recipiatis et facta collatione inter testes, quos utraque pars produxerit, secundum aliorum testimonium appellatione remota judicetis, quibus judicaveritis fidem adhibendam. Si vero presbyter quos testes produxerit, tunc se dixerint nolle jurare, et testes alterius partis testati sunt juramento praestito, eundem Rogerum in eandem ecclesiam

---

Nr. 219.
Capitulum nullibi repertum et connexum cum praecedenti numero.

Nr. 220.
Caput nullibi repertum, connexum cum numeris praecedentibus 218 et 219.

fuisse violenter intrusum: testes ipsius Rogeri nullatenus recipiatis, sed super ecclesia illa perpetuum silentium[1]) ei imponentes ecclesiam ipsam faciatis de alia persona idonea ordinari.

[1]) vox „supra" redundat in textu.

Nr. 221.

Cum jam pridem, sicut bene meminimus, dilecto filio nostro S. abbati in mandato dedissemus, ut intra duos menses post susceptionem literarum vestrarum [causam], quae vertitur inter priorem de Walesherne et Walt. unum clericum de Mort. super quibusdam decimis, quas idem Walt. in tantum (?) petebat, appellatione remota secundum juris terminaret formam: ipse, sicut ex parte prioris et canonicorum audivimus, secundum statum justitiae in hac parte propter justitiarios regis procedere postposuerat.[1]) Dein vero devoluto anni spatio evigilans canonicos per IV dierum spatium ante se citavit et ipsis absentibus edictum peremptorium contra quosdam, qui pro eisdem canonicis, non jussu nec mandato eorum procuratores fecerunt, contra juris formam pronuntiavit. Cum vero ipsi allegassent, quod terminus praefixus a nobis lapsus fuisset et novus IV dierum statui adversus eos non debuit peremptorius: deinde eum quasi suspectum recusaverunt. Verum cum hoc eis non posset suffragari, salvis tamen his exceptionibus, quae se a causa tueri possent, suos testes produxerunt probatae opinionis et numero abundantes, probantes, XXX annorum possessionem inconcussam ipsos ab omni inquietudine debere tueri; adversarius autem econtra testes ignotos produxit, ut probaret septimo anno retro se possedisse: quos judex aliis testibus refutatis ad hoc probandum admisit. Procuratores vero dicti dilatione aliquorum dierum ad inquirendum de opinione testium a judice concedi postulaverunt, quod eis penitus denegavit; cujus iniquitatem diutius sustinere nolentes recesserunt et contra illum litem suam facientem ad nostram appellaverunt praesentiam. Ipse vero nihilominus illis absentibus sententiam tulit. Adversarium vero non solum in possessionem misit, verum etiam praedecessorem (?) constituit, cum in literis nostris contineretur, quod [si] canonici ipsius abbatis judicio stare contemnerent, adversarius in possessionem mitteretur, ut sic taedio affecti judicio stare compellerentur. Quoniam [igitur] nec sustinere volumus nec debemus,

[1]) verba dubia in codice. Totum capitulum obscuritates continet et a me corrigi debuit.

Nr. 221.
Caput nullibi repertum.

ut praedicti canonici quolibet modo debita justitia defraudentur nec, sicut vestra novit discretio, licet alicui judici postquam praeteriit tempus sive terminus, infra quem debuit causam definire, nisi de utriusque partis consensu causam tractare: fraternitati tuae per apostolica scripta mandamus, praecipientes, quatenus hujus rei veritatem diligenter inquiratis et si vobis constiterit ita esse: in omnibus in eum statum, in quo ante commissionem causae fuerit, appellatione remota, causam revocetis et eam audiatis et ita omni dilatione et appellatione remota, justitia mediante, ipsam decidatis, quod neutra partium juris defectu aliquam ad nos cogatur deferre querelam. Si vero pars adversa duxerit contumaciter resistendum, quominus ad praesentiam vestram vel accederet aut judicio vestro pareret: vos praedictos canonicos in possessionem ipsarum decimarum dilatione et appellatione remota reducatis.

Nr. 222.

Dum dubia semper in meliorem partem sint convertenda, et nos credamus R. archidiaconum de necessitate non de malitia tantam moram post recessum episcopi de Sancto Asaph apud nos habuisse: volumus et mandamus, ut si quid adversus archidiaconum in praejudicium sui juris obtentu literarum nostrarum interim factum [est], contradictione et appellatione cessante in irritum revocetur.

Nr. 223.

Transmissae nobis literae tuae, quod N. Sager civis tuus usque ad juventutem — tibi constiterit, praedictum juvenem eorum esse filium.

Qui filii sint legitimi IV, 17, 3.

Nr. 224.

Lator praesentium Herbertus nomine coram nobis constanter asseruit, quod cum olim de morte patris Fantasma Jordanem clericum bonae memoriae c o r a m H.[1]) quondam Wintonensi episcopo convenisset, idem Jordanus ad nostram praesentiam appellavit. Praedicto vero Herberto veniente, sicut asserit, cum literis ejusdem episcopi totius rei seriem continentibus et apud nos XL

---

[1]) em. haeretico (!).

Nr. 222.
Brugensis XLVIII, 2.

Nr. 223.
App. VIII, 11; Lips. LXIII, 3; Bamb. LIII, 5; Cass. LXII, 3; Brev. IV, 18, 3; Brug. LIII, 9; Jaffé ed. II. n. 14.086.

Nr. 224.
Brug. XL, 13. Textus Claustroneoburgensis abundat prae Brugensi.

dierum spatio exspectante, cum praedictus clericus per se vel per alium non venisset, causam ipsam tibi frater[1]) Exonensis et dilecto filio Jordano Cistrensi decano committimus vobis mandantes, ut si praefatus clericus legitime citatus vobis suam praesentiam exhibere et judicio vestro stare contempserit, in eum suspensionis sententiam proferatis. Verum praefatus clericus potentia laicali confisus judicio parere neglexit, et quod gravius, sicut dicitur, quasdam literas impetravit, quibus testibus praedicti Herberti fuit arctius interdictum, ne pro ipso testimonium [ferrent], et sic testes metu percussi se a ferendo testimonio retraxerunt, et vos in causa nequivistis procedere. Ne igitur memoratus clericus de praesumptione sua evadat ultionem: fraternitati tuae per apostolica scripta mandamus et districte praecipimus, quatenus inquisita diligentius veritate, si vobis constiterit hujusmodi literas impetrasse, praedictum clericum pro tantae praesumptionis[2]) excessu contradictione et appellatione cessante auctoritate nostra usque ad condignam satisfactionem a beneficio suspendatis. Causam autem principalem, quae inter ipsum clericum et memoratum Herbertum de morte patris sui noscitur agitari, audiatis attentius et sublato appellationis obstaculo mediante justitia terminetis, aliorum mandato vel literis non obstantibus aut etiam literis nostris, si quae sint vel in posterum commissione ista tacita fuerint impetratae. Testes autem, quos idem Herbertus in suae assertionis testimonium invocaverit, studiosius moneatis, et si videritis, quod timore ferre testimonium prohibeantur veritati, et si memoratum clericum nocentem noveritis, ipsum ab officio et beneficio deponatis. Verum si super hoc legitime convinci non poterit, ei purgationem canonicam indicatis: in qua si defecerit, ipsum eadem mandamus et volumus poena mulctari. Porro si legitime citatus ad praesentiam vestram accedere vel judicio vestro stare [et] parere contempserit, ipsum nihilominus appellatione remota ab officio et beneficio suspendatis, hactenus provisuri in executione mandati praecepti nostri, ne vos tepidos audiamus, quod molestum nobis existeret, si propter hoc memoratus Herbertus ad nos tertio laboraret.

[1]) em. super Exoniensi. [2]) em. suspicionis.

Nr. 225.

Lator praesentium R. non sine multo discrimine sui corporis ad nos accedens — causam super hereditate audiat et decidat.

Qui filii sint legitimi IV, 17, 5.

Nr. 225. Lips. LXIII, 5; Bamb. LIII, 7; Cass. LXII, 4; Brev. IV, 18, 5; Brug. XXXII, 4; Jaffé ed. II. n. 14.218.

Nr. 226.

Cum sancta Romana ecclesia caput et magistra sit omnium ecclesiarum disponente Domino constituta et ad eam de partibus mundi quaestiones merito referantur — specialiter pertinere, interdicto supponat.

De Officio judicis delegati I, 29, 11 (Canon: Sane quia nos).

Nr. 227.

De testibus autem non habemus in sacris canonibus, quod cogendi sint, sed admonendi et multis persuasionibus inducendi ut amore justitiae testimonium perhibeant veritati, cum celare veritatem sicut dicere falsum mortale reputetur saepe delictum[1]).

---

[1]) em. peccatum sit saepe dictum esse.

Nr. 228.

Quaestioni, quam facis, utrum sit appellationi illius deferendum — fuerit executus, debet firmiter observari.

De Appellationibus II, 28, 21.

Nr. 229.

Super eo autem, quod consilium postulasti, utrum monachi vel canonici regulares — dioecesanus episcopus manus imponat.

De Sententia excommunicationis V, 39, 2.

Nr. 230.

Scholares vel alii clerici saeculares non sunt cogendi — se ad invicem percutere contigerit.

De Sententia Excommunicationis V, 39, 1.

Nr. 226.
App. VII, 20; Lips. XXXV, 20; Cass. XLII, 21; Bamb. XXXIII, 20; Brev. I, 21, 16; Brug. XXXIV, 5; Jaffé ed. II. n. 13.835; Cantabr. 15 a.

Nr. 227.
Cantabr. 15 b; App. VII, 20; Lips. XLV, 6; Bamb. XL, 30; Cass. XLIX, 3; Brev. II, 14, 5; Jaffé ed. II. n. 13.835.

Nr. 228.
Cantabr. 15 c; App. VII, 20; Lips. XLVII, 30; Bamb. XLII, 27; Cass. LI, 28; Brev. II, 20, 31; Jaffé ed. II. n. 13.835.

Nr. 229.
Pa. I, 78; Pa. II, 46, 3 i; App. XIV, 8; Lips. VII, 10; Bamb. VII, 8; Cass. XIX, 10; Brev. V, 34, 3; Jaffé ed. II. n. 12.180.

Nr. 230.
App. XIV, 7; Lips, VII, 9; Bamb. VII, 7; Cass. XIX, 9; Brev. V, 34, 2; Cantabr. 15 d; Pa. I, 77; Pa. II, 46, 3 g h; Jaffé ed. II. n. 12.180.

Nr. 231.

Nec magister scholarem suum vel praelatus subdiaconum suum intuitu disciplinae — pro absolutione venire tenentur.

De Sententia Excommunicationis V, 39, 1.

Nr. 232.

Mulieres et aliae personae, quae sui juris non sunt — in clericum injecerint.

De Sententia Excommunicationis V, 39, 6.

Nr. 233.

De his autem, qui magnae sunt potentiae et ita delicati — de commisso scelere sunt corrigendi.

De Sententia Excommunicationis V, 39, 6 (continuatio).

Nr. 234.

Illi, qui non injiciunt, sed eorum mandato et auctoritate — cujus auctoritate delictum committitur.

De Sententia Excommunicationis V, 39, § 1.

Nr. 235.

Item quia quaesitum est a nobis, quid faciendum sit de partibus, quae cum praecipimus alicui — censura ecclasiastica poteris coërcere.

De Officio et potestate judicis del. I, 29, 1.

Nr. 236.

Terminum vero causae, quam intra certum tempus ex jussione nostra suscipis terminandam, si necessarium videris, ex assensu partium prolongare poteris vel arctare.

Nr. 231.
Continuatio numeri praecedentis.

Nr. 232.
App. XIV, 12; Lips. VII, 2; Bamb. VII, 2; Cass. XIX, 2; Brev. V, 34, 7; Cantabr. 15 *e*; Jaffé ed. II. n. 13.768.

Nr. 233.
Continuatio numeri praecedentis.

Nr. 234.
Continuatio numeri praecedentis.

Nr. 235.
App. VII, 2; Lips. XXXV, 2; Cass. XLII, 2; Bamb. XXXIII, 2; Brev. I, 21, 2; Cantabr. 15 *f*; Jaffé ed. II. n. 13.770.

Nr. 236.
Cantabrig. 15 *g*.

Nr. 237.

Subdiaconos vero nulli nisi Summo Pontifici in dominicis diebus — his diebus licentiam habeat celebrandi.

De Temporibus ordinationis I, 11, 1.

Nr. 238.

Sabbato vero Pentecostes, sicut postulas edoceri — recepta Spiritus Sancti gratia celebrentur.

De Temporibus ordinationis I, 11, 1 (continuatio).

Nr. 239.

Sicut dignum est et omni rationi consentaneum, graves et difficiles quaestiones ad examen Apostolicae Sedis deferri — idem excessus magis in uno quam in alio est puniendus.

De Homicidio V, 12, 6 (prœmium).

Nr. 240.

Illi autem, qui animo occidendi illum virum sanctum et reverendum Cantuariensem quondam archiepiscopum — restituere, debuerunt pauperibus erogare.

De Homicidio V, 12, 5, §§ 1—5.

Nr. 241.

Illi vero, qui sola excommunicatorum participatione se reos esse agnoscunt — secundum hoc est poenitentia indicenda.

De Homicidio V, 12, 6, § 6.

Nr. 242.

Clericos autem, quos constat armatos interfuisse tanto facinori — debeant ab ecclesiarum introitu coërcere.

De Homicidio V, 12, 6, § 7.

Nr. 237.

App. XXVI, 23; Lips. XVIII, 1; Cass. XXIX, 1; Bamb. XIX, 1; Brev. I, 6, 1; Cantabr. 15 *h*; Brug. XI, 1; Jaffé ed. II. n. 13.769.

Nr. 238.

Continuatio numeri praecedentis.

Nr. 239, 240, 241, 242.

Gilbert Foliot epp. ed. Giles II, 80; App. XXXV, 1; Lips. X, 1; Bamb. X, un.; Brev. V, 10, 7; Pa. I, 73—76; Pa. II. 46, 3 *a—f*; Cass. LXIV, 5; Brug. VII, 1; Jaffé ed. II. n. 12.180.

Nr. 243.

Super eo autem, quod a nobis consilium postulasti, utrum si sese scholares invicem percusserint — pro sua absolutione debent ad Sedem Apostolicam venire.

De Sententia Excommunicationis V, 39, 1.

Nr. 244.

Monachi vero et canonici saeculares vel regulares — dioecesani episcopi providentia est adhibenda.

De Sententia Excommunicationis V, 39, 2.

Nr. 245.

Si vero aliquis potestatis ostiarius — nisi forte eundem clericum graviter vulneravit.

De Sententia Excommunicationis V, 39, 3 (initium).

Nr. 246.

In literis, quas nobis tua destinavit fraternitas, quaestiones quasdam inseruisti — jurisdictio cessat, quia semel est officio functus.

De Officio judicis delegati I, 29, 9.

Nr. 247.

Super alia quaestione, scilicet cum quis dicit se de possessione violenter dejectum — cum eum constet ei inimicum existere.

De Restitutione spoliatorum II, 13, 5 et 6.

Nr. 243.

Hoc capitulum est repetitio numeri 230 (Doublette).

Nr. 244.

Repetitio numeri 229 (Doublette).

Nr. 245.

App. XIV, 9; Lips. VII, 11; Bamb. VII, 9; Cass. XIX, 11; Brev. V, 34, 4; Pa. I, 79; Pa. II, 46, 3 k; Jaffé ed. II. n. 12.180.

Nr. 246.

App. VII, 16; Lips. XXXV, 16; Cass. XLII, 17; Bamb. XXXIII, 16; Cantabr. 49 a; Pa. I, 118 a; Pa. II, 10, 5 a; Brug. XXXIV, 1; Brev. I, 21, 14; Jaffé ed. II. n. 14.219.

Nr. 247.

Cantabr. 49, Bab; Pa. I. 118 bc; Pa. II., 10, 5 bc; App. XXII, 5, 6; Lips. XXXIX, 10, 11; Bamb. XXXVI, 5 et 6; Cass. XLV, 6 et 7; Brev. II, 9, 5 et 6; Jaffé et II. n. 14 219.

Nr. 248.

Ad hoc, cum aliquis nimis prolixum terminum appellationi suae praefixit, judex potestatem habet, terminum modo competenti abbreviandi[1]); et si in termino competenter statuto appellationem non fuerit prosecutus, nec canonicam excusationem praetenderit, sententia si lata est tenet. Quodsi lata non est, judicis est, appellantem appellatione cessante compellere, intra terminum statutum appellationem prosequi vel coram se tamquam[2]) judice stare.

[1]) abrenuntiandi.   [2]) coram.

Nr. 249.

Praeterea, licet ad personatum parochialis ecclesiae non debeat aliquis nisi subdiaconus — presbyteratum recipere potest.

De Aetate et qualitate praeficiendorum I, 14, 5.

Nr. 250.

De his, qui parochiales tenent ecclesias — ut eorum exemplo ceteri invitentur.

De Ecclesiis aedificandis vel reparandis III, 48, 4.

Nr. 251.

Super illa vero quaestione, qua quaesitum est, an mulier infra tempus luctus possit nubere — per licentiam et auctoritatem Apostoli ejus infamia aboletur.

De Secundis Nuptiis IV, 21, 4.

Nr. 248.
App. VII, 19; Cantabr. 49 *b c*; Pa. I, 119; Par. II. 10, 5 *d*; Lips. XXXV, 19; Bamb. XXXIII, 19; Cass. XLII, 10; Brug. XLVII, 8. Jaffé ed. II. n. 14.219.

Nr. 249.
App. XXV, 5; Lips. XIX, 5; Cass. XXX, 5; Bamb. XX, 2; Brev. I, 8, 6; Cantabr. 49 *b*, *d*; Pa. I, 120; Pa. II, 10, 5 *e*; Jaffé ed. II. n. 14.219.

Nr. 250.
App. XXIX, 2; Lips. XIX, 9; Cass. XXX. 8; Brev. III, 35, 3; Cantabr. 93, *b*, *a*; Pa. I, 92, 121; Pa. II, 10, 5 *f*; Bamb. XX, 8; Jaffé ed. II. n. 14.219.

Nr. 251.
App. IX, 2; Lips LXV, 2; Bamb. LV, 2; Cass. LXIV, 2; Brev. IV, 22, 2; Cantabr. 98, *Bb*; Pa. I, 122; Pa. II, 10, 5 *g*; Brug. LII, 2; Jaffé ed. II. n. 14.219.

Hoc capitulum secundum Appendicem, Compilationem primam et Claustroneoburgensem Alexandro III. adscribi debet. Item Bambergensis. Textus Romanus erronee; Urbanus III. (1185—1187).

Nr. 252.

Item si quis rei litigiosae confirmationem impetravit — sine mandato Romani Pontificis decernere aut eam definire.

De Confirmatione utili vel inutili II, 30, 1.

Nr. 253.

Cum teneamur consultationibus singulorum, quantum Dominus ministravit, commode respondere — id ordine judiciario tibi facere liceat.

De Appellationibus II, 28, 17.

Nr. 254.

Sane si a nobis super aliqua causa literae prius impetrentur — ne pro varietate literarum causarum fines valeant impediri.

De Officio judicis delegati I, 29, 2.

Nr. 255.

Abbas Sancti Etmundi, a quo R. praesentium lator patrimonium suum tenere dignoscitur — cum integritate restituas.

De his, quae vi metusve causa fiunt I, 40, 2.

Nr. 256.

Cum tu, fili praeposite, cum quibusdam canonicis et venerabilis frater noster archiepiscopus — de communi fratrum nostrorum assensu et consilio eandem sententiam determinavimus et decrevimus non tenere. Ut autem haec nostrae diffinitionis sententia etc.

De Testibus II, 20, 16.

Nr. 252.
App. XLIV, 10; Lips. LI, 1; Cass. LII, 2; Bamb. XLIII, 2; Cantabr. 10 *E*; Pa. I, 129; Pa. II, 10, 5 *h*; Brug. XXXVI, 7; Brev. II, 21, 1; Jaffé ed. II. n. 13.921 (pars num. 14.219).

Nr. 253.
App. X, 23; Lips. XLVII, 22; Cass. LI, 21; Bamb. XLII, 20; Pa. I, 5; Brev. II, 20, 23; Jaffé ed. II. n. 13.809.

Nr. 254.
App. VII, 3. 4; XLI, 7; Lips. XXXV, 3; Cass. XLII, 3; Bamb. XXXIII, 3; Cantabr. 63 *b d*; Pa. I, 17. 32. 98; Brev. I, 21, 3 et II, 20, 17; Jaffé ed. II. n. 13.878.

Nr. 255.
App. XXII, 7; Brev. I, 30, 2; Brug. XXXI, 7; Jaffé ed. II. n. 14.131.

Nr. 256.
App. VIII, 10; Lips. XLIII, 11; Cass. XLVIII, 8; Bamb. XXXIX, 8; Brug. XLVI, 1; Brev. II, 13, 16; Jaffé ed. II. n. 13.894.

Nr. 257.

Illud etiam de vicariis, qui personis fide et sacramento obligati sunt, duximus statuendum — ad officii sui executionem non admittantur.

De excessibus Praelatorum et subditorum V, 31, 6.

Nr. 258.

Cum te postulas consulente edoceri, utrum ad te pertineat, sententiam — causam ipsam indefinitam relinquere non teneris.

De Officio judicis delegati I, 29, 18.

Nr. 259.

Fratres Arremarensis ecclesiae gravem ad nos contra abbatem suum transmiserunt querelam, dicentes eum res monasterii illius dilapidasse ipsumque sortilegum esse. Nuntius vero abbatis in nostra praesentia constitutus haec omnia instantius denegabat, adjiciens, praescriptum abbatem ab administratione irrationabili causa esse destitutum. Ideo discretioni tuae per apostolica scripta mandamus, praecipientes, quatenus ad locum, in quo facilius poteritis partes praesentes habere et de causa cognoscere convenientes et quae hinc inde proposita fuerint, diligentius audientes, negotium ipsum omni gratia et amicitia postposita terminare curetis; ita quod si vobis legitime constiterit, praedictum abbatem irrationabiliter esse destitutum, ipsum restituatis. Si vero destitutus non est, et ipsum inveneritis destituendum, auctoritate nostra destituatis, indemnitati ecclesiae, sicut melius expedire noveritis, consulentes. Verum si praedicti fratres ipsum canonice convicerint[1]) de objectis, depositionis sententiam in eum feratis. Ceterum si praefati fratres accusationis libello porrecto in probatione defecerint, abbati canonica purgatione injuncta illos animadversione debita puniatis.

[1]) vox corrupta in codice.

Nr. 257.

App. XXXIX, 4; Alan. II, 12, 1; Comp. II. c. 1 de jurejur. (II, 16); Jaffé ed. II. n. 12.252.

Nr. 258.

Luc. ap. Baluz. III, 374; Gilbert auct. I, 13, 1; Comp. II. c. 1 h. tit. (I, 12) et c. 1 de off. jud. ord. (I, 14); App XLVI, 1; Brug. XXXV, 3; Jaffé ed. II. n. 13.796.

Nr. 259.

App. XXII, 3; Lips. XXXIX, 3; Bamb. XXXVI, 3; Cass. XLV, 4; Brug. XXXI, 5; Brev. II, 9, 3; Jaffé ed. II. n. 14.050.

Nr. 260.

I. Dilecti filii nostri, prior et canonici de Giseburch, ad nos gravem admodum et difficilem querelam transmiserunt — nisi a priore fuerit inique extortum etc.

De Appellationibus II, 28, 1.

II. Provisuri attentius, ne ita subtiliter, sicut a multis fieri solet — secundum formam canonum et sanctorum instituta investigetis. Si autem legitime monitus etc.

De Judiciis II, 1, 6.

Nr. 261.

Licet nuntius H. literas impetraverit, quod revocari debet, si quid immutatum [sit] in causa, postquam idem nuntius iter arripuit ad nos, quia tamen non[1]) intelleximus nec intelligi debuit, ut revocaretur in irritum, si quid per judices delegatos factum esset auctoritate literarum nostrarum, sed si quiddam praesumptuose vel violentia esset immutatum: discretioni vestrae per apostolica scripta mandamus, quatenus sententiam, quam protuleratis[2]) auctoritate nostri prioris praescripti, contradictione[3]) et appellatione remota ratam habeatis et firmam nec eam posteriorum literarum obtentu revocetis.

[1]) em. nos. [2]) em. protuleras. [3]) contradicit.

Nr. 262.

Inter ceteras consultationes tuas id fuit propositum, quid tenere debeas — et idem in similibus decernendum.

De Rescriptis I, 3, 4.

Nr. 263.

Ad nostram audientiam noveris pervenisse, quod, cum Petrus de T. tempore guerrae — utriusque testamenti pagina detestandum.

De Jurejurando II, 24, 7.

Nr. 260.

I. App. X, 1; Lips. XLVII, 1; Cass. LI, 1; Bamb. XLII, 1; Brev. II, 20, 1; Brug. XLVI, 2; Jaffé ed. II. n. 13.934.

II. Continuatio capituli praecedentis.

Nr. 261.

Brug. XLIV, 2. Textus Claustroneoburgensis nimis succinctus est.

Nr. 262.

App. XLI, 1; Lips. LI, 3; Cass. LII, 3; Bamb. XLIII, 3; Brev. I, 2, 4; Cantabr. 63 c; Pa. I, 15; Brug. XXXVII, 5; Jaffé ed. II. n. 13.878.

Nr. 263.

App. XVI, 7; Lips. XVII, 2; Cass. XXVIII, 2; Bamb. XVIII, 2; Brev. II, 17, 3; Cantabr. 2; Brug. XXVIII, 1; Jaffé ed. II. n. 13.804.

Nr. 264.

Ex literis tuae dubitationis intelleximus, te et archidiaconum affines habere praebendas — quam nemo recte objicit, nisi qui possidet.

De Probationibus II, 19, 3.

Nr. 265.

Seripsimus vobis ad suggestionem H. clerici, ut causam inter ipsum et R. super capella[1]) diligentius audire debuissetis et sub certa forma terminare[2]) immemores existentes, quod eam prius aliis[3]) judicibus commisimus. Dilecti filii nostri S. et R. suis nobis literis intimarunt, quod ipsi praedictam causam sibi a nobis appellatione remota commissam ordine judiciario terminaverunt. Inde est, quod vobis per apostolica scripta mandamus, quatenus a praenominatis judicibus veritatem studiosius inquiratis et si noveritis eos super memorata causa diffinitivam sententiam protulisse, nullatenus in causa ipsa procedatis, et si forte processistis, nec mandatum nostrum nec factum vestrum volumus illorum sententiae derogare, sed vobis firmiter injungimus, ut H. praenominato perpetuum super eadem causa auctoritate apostolica imponatis silentium.

[1]) em. capitula. [2]) vox „termino" superabundat in codice. [3]) em. super eam. liis.

Nr. 266.

Cum inter alios praeemineamus suprema licet immeriti dignitate, debemus, quae dubia sunt, declarare — ad ejus examen causam voluerit per appellationem transferre.

De Purgatione canonica V, 34, 6.

Nr. 267.

Super eo vero, quod certificari desideras, an si aliquis de aliquo facto manifesto ante judicem conventus [est], hi, qui facto interfuerint, cogendi

---

Nr. 264.
App. XXXVIII, 2; Brev. III, 12, 2; Brug. XL, 1; Jaffé ed II. n. 13.845.

Textus Romanus erronee habet: Lucius III. Cistrensi episcopo. In veritate Alexander III. papa est, qui hanc epistulam emisit, testibus App., Brugensi et Claustroneoburgensi Collectionibus.

Nr. 265.
App. XXXVI, 1; Jaffé ed. II. n. 14.035.

Nr. 266.
Brev. V, 29, 7 et iterum I, 23, 4; App. X, 27; Pa. II, 29, 7 d; Pa. I, 161; Bamb. XLII, 24; Jaffé ed II. n. 13.970.

Nr. 267.
Caput nullibi repertum.

sint ad perhibendum testimonium veritati: fraternitati tuae **volumus**[1]) innotescere, quod si factum est manifestum, non **cogitur depositionibus testium**[2]) declarari, cum manifesta facta, ut tua non ignorat discretio, probationem vel ordinem judiciarium non requirunt. Verum si manifestum non est, et is conventus factum negaverit, testes, qui interfuerint facto, de consuetudine Romanae Ecclesiae monendi sunt, **non**[3]) cogendi ad testimonium ferendum veritati, nisi forte timore adversae partis constaret judici a [4]) ferendo testimonio eos revocari; licet forte de rigore juris humani ad hoc possunt compelli.

[1]) em. nihilominus.   [2]) locus mendosus in codice.   [3]) em. vel.   [4]) em. quae.

Nr. 268.

Si vero presbyter vel alius clericus aliquem laicum de rebus suis vel ecclesiae impetierit — in plerisque partibus aliter de consuetudine fiat.

De Foro competenti II, 2, 5.

Nr. 269.

Qua vero inimicitia[1]) vel contrarietate aliquis parochianus a judicio dioecesani episcopi eximitur, quia nos consulere voluisti: discretioni tuae respondemus, quod non solum pro inimicitia, sed etiam pro manifesta causa suspicionis potest judicium sui episcopi evitare et ad judicem superiorem recurrere, cum nullus a suspecto judice debeat judicari.

[1]) em. quia vero homicidia.

Nr. 270.

Dilecti filii nostri abbas et fratres monasterii Sancti Edulphi transmissa nobis insinuatione monstraverunt, quod cum A. clericus super ecclesia de Contelm. (?), quae ad praedictum monasterium debet pertinere, eis quaestionem movisset, tacita veritate non contra eos, sed contra quendam vicarium suum,

---

Nr. 268.
App. VIII, 7; Lips XLV, 2; Cass. XLV, 8; Brev. II, 2, 7; Cantabr. 65 A; Pa. I, 160, b; Pa. II, 29, 7 c; Jaffé ed. II. n. 13.970.

Nr. 269.
Pa. I, 161; Pa. II. 29, 7 d. Lips. XLVII,

27; Bamb. XLII, 24; Cass. LI, 26; Brev. II, 1, 3; Jaffé ed. II. n. 13.970.

Nr. 270.
App. XLII, 2; Comp. II.; Jaffé ed. II. n. 13.729.

quem in eadem ecclesia constituerunt, ad venerabilem fratrem nostrum Vigorniensem episcopum impetravit literas. Cumque[1]) idem episcopus praedictum vicarium una cum eodem A. ante praesentiam suam vocasset, vicarius ipse ac prior praescripti monasterii, qui ad partes illas accesserat, memorato episcopo dixerunt, quod idem vicarius super ecclesia praescripta conveniendus non erat, cum eam non suo nomine, sed abbatis possideret, quare sibi exinde absente abbate et ignorante respondere nullatenus tenebatur. Unde ad praesentiam nostram appellavit. Sed praedictus episcopus, quod vix credere possumus, appellationi non deferens, abbate absente et non citato ipsam ecclesiam praedicto clerico adjudicavit. In quo quidem facto saepe dictus abbas et fratres se asserunt esse gravatos. Quia nostrae vero sollicitudini incumbit, viris ecclesiasticis et praecipue [religioni] et honestati deditis jura sua integra conservare, et id, quod inter alios fit, aliis praejudicare vel nocere non debet: discretioni vestrae per apostolica scripta mandamus, praecipientes, quatenus partibus ante praesentiam vestram convocatis, si vobis constiterit ita esse, praedicto abbati et fratribus praescriptam ecclesiam cum fructibus inde perceptis amoto eo, qui in eadem intrusus est, nostra freti auctoritate, occasione et appellatione cessante restitui faciatis. Restitutione autem facta, si de proprietate forte agere voluerit, causam audiatis et ipsam sublato appellationis remedio mediante concordia vel judicio terminetis.

[1]) em. quae.

Nr. 271.

Miramur plurimum et movemur, quod cum causam, quae inter vos et dilectos filios nostros abbatem et fratres Maturiensis monasterii — concordia vel judicio terminetis.

Haec decretalis in Codice Claustroneoburgensi bis descripta est, una vice in forma mutilata, meliorem textum exhibet numerus sequens 272.

Nr. 272.

Miramur plurimum et movemur, [quod cum causam, quae inter vos et dilectos] filios [nostros] abbatem et fratres Maturiensis monasterii vertitur, dilectis filiis nostris archipresbytero Voltmaro et abbati de Spongia commisissemus fine debito terminandam, et abbas et fratres parati fuissent judicium eorum subire, si vos eis super quaestionibus, quas adversus vos

---

Nr. 271, 272.   2; Bamb. XXXIV, 2; Cass. XLIII, 2; Brug.
App. XI, 2; Cantabr. 47; Lips. XXXVI,   XXIX, 2; Brev. II, 4, 3; Jaffé ed. II. n. 12.666.

proponunt, deberetis in continenti respondere, vos sicut iidem judices nobis intimarunt, id efficere noluistis. Unde quoniam rationis ordo id exigit, ut qui sibi vult ab alio justitiam exhiberi, ei non debeat quod justum est denegare: discretioni vestrae per apostolica scripta mandamus, praecipientes, quatenus accusatione, quam adversus praedictum abbatem et fratres intenditis, proposita[1]) et responsione facta, eidem abbati coram praedictis judicibus in continenti respondeatis, ut causa vestra et ipsorum vicissim postmodum audiri debeat et terminari. Nos itaque eisdem judicibus dedimus in mandatis, ut vos ad id faciendum instanter moneant et auctoritate nostra districte compellant.

[1]) em. postposita.

Nr. 273.

Literae tuae, quas J. lator praesentium, exhibuit, continebant, quod cum pater ejus multis criminibus — condigne satisfaciant, ut sic a praeterito valeat liberari.

De Raptoribus V, 17, 5.

Nr. 274.

Sane si a nobis super aliqua causa literae impetrentur — ex varietate literarum causarum fines valeant impediri.

De Officio et potestate judicis del. I, 29, 2.

Nr. 275.

Ad hoc cum laici nescientibus episcopis aut non consentientibus clericis ecclesias concedant — praesumptione propria ordinare.

De Jure patronatus III, 38, 10.

Nr. 276.

Ex literis vestris ad nos directis accepimus, quod, cum vobis causam, quae inter dilectos filios nostros — quae praejudicari prioribus viderantur.

De Dolo et contumacia II, 14, 2.

Nr. 273.
App. XXXIV, 2; Cantabr. 41; Pa I, 44; Lips. VIII, 2; Bamb. VIII, 2; Cass. XX, 2; Brug. XLIII, 3; Brev. V, 14, 6; Jaffé ed. II. n. 13.855.

Nr. 274.
Repetitio numeri 254 (Doublette).

Nr. 275.
Cantabr. 65, B, b; Pa I, 31; App. XV, 3; Lips. XLII, 13; Cass. LIII, 6; Bamb. XLIV, 6; Brev. III, 33, 12; Jaffé ed. II. n. 14.346.

Nr. 276.
Cantabr. 61; Pa. I, 134; Pa. II, 67, 1; App. XLI, 6; Lips. XL, 2; Bamb. XXXVII,

Nr. 277.

Verum quoniam in posterioribus literis non fuit facta mentio priorum — appellationis remoto obstaculo reddere compellatis.

De dolo et contumacia, II, 14, 2 (continuatio).

Nr. 278.

Ex parte tua constanti est nobis assertione propositum, quod interdum quidam pro certis causis excommunicati — quod veritatem fuerint confessi, purgationem praestare.

De Officio Judicis ordinarii I, 31, 5.

Nr. 279.

Significasti nobis per literas tuas, quod interdum a judice delegato frustra — canonica sententia coërcere.

De Officio judicis del. I, 29, 7.

Nr. 280.

Si qui vero clerici coram judice delegato praelatos ecclesiarum super ecclesiis — donec rei veritas innotescat.

De Officio jud. del. I, 29, 8.

Nr. 281.

Clericos autem in presbyteratu et in aliis inferioribus ordinibus constitutos — absurdum et contrarium rationi.

De Officio vicarii I, 28, 4.

2; Cass. XLVI, 2; Brug. XXXVI, 4; Brev. II. 10, 2; Jaffé ed. II. n. 14.069.

Nr. 277.
Continuatio numeri praecedentis.

Nr. 278.
Cantabr. 20 *A*; App. XXXI. 1; Lips. XXXII, 10; Bamb. XXXII, 8; Cass. XLI, 8; Brev. I, 23, 7; Brug. VIII, 4; Jaffé ed. II. n. 13.919.

Nr. 279.
Cantabr. 32 *a*; App. VII, 11; Lips. XXXV, 11; Cass. XLII, 12; Bamb. XXXIII, 11; Brug. XXXIV, 11; Brev. I, 21, 9; Jaffé ed. II. n. 14.027.

Nr. 280.
Cantabr. 32, *b*; App. VII, 12; Lips. XXXV, 12; Cass. XLII, 13; Bamb. XXXIII, 12; Brug. XXXV, 2; Brev. I, 21, 10; Jaffé ed. II. n. 14.027.

Nr. 281.
App. XXXIX, 3; Cass. XXXII, 2; Bamb. XXII, 2; Brev. I, 20, 5; Jaffé ed. II. n. 14.027; Cantabr. 30, *g*.

Nr. 282.

Nulli autem monachi Templarii — sicut excommunicati vitari.
De Sententia Excommunicationis V, 39, 8.

Nr. 283.

Supra vero quod ex literis tuis intelleximus virum quendam et mulierem de mandato domini utriusque sese ad invicem recepisse nullo sacerdote praesente nec adhibita solemnitate, quam solet anglica adhibere ecclesia, et alium praedictam mulierem ante carnalem commixtionem solemniter duxisse et cognovisse: tuae prudentiae duximus taliter respondendum, quod si primus vir et mulier ipsa pari consensu de praesenti sese receperant, ita quod uterque suum assensum expresserit, dicens unus alteri: „Ego accipio te in meam" et „Ego te in meum", et si non intercesserit illa solemnitas nec vir mulierem carnaliter cognoverit: mulier viro primo debet restitui, cum nec placuerit nec debuerit post talem consensum alii nubere. Si vero inter eos talis consensus non intercesserit sub verbis illis, quae diximus, non carnali copula sed assensu de futuro praeeunte: secundo viro, qui eam postea traduxit atque cognovit, debet ipsa mulier relinqui et ab impetitione prioris absolvi, sibi injuncta poenitentia de fidei laesione [et] de violatione juramenti, si dederint exinde fidem sibi praedito juramento.

Nr. 284.

Appellationi autem, si qua super isto casu ab altera partium interposita fuerit, nisi appelletur ab illo, cui causa sit appellatione remota commissa: devotione debita est deferendum.

Nr. 285.

Ceterum, si episcopi post promotionem suam praesentationes — praesentaverint, sunt admittendae.
De Jure patronatus, III, 38, 18.

Nr. 282.
Cantabr. 32, *d*; App. XIV, 4; Lips. VII, 5; Cass. XIX, 5; Bamb. VII, 4; Brev. V, 34, 10; Jaffé ed. II. n. 13.908.

Nr. 283.
Caput nullibi repertum.

Nr. 284.
App. X, 17; Lips. XLVII, 18; Bamb. XLII, 16; Cass. LI, 17; Brev. II, 20, 19; Jaffé ed. II. n. 14.027 (Decretalis: Significavit).

Nr. 285.
Cantabr. 32*f*; App. XV, 19; Lips. LII, 24; Bamb. XLIV, 17; Cass. LIII, 17; Brev. III, 33, 22; Jaffé ed. II. n. 14.027.

Nr. 286.

Retulit nobis A. presbyter, quod cum nimia paupertate laboraret et quidam ex his, qui pro eo testimonium ferre deberent super causa, quae [vertitur], inter ipsum et adversarios de ecclesia de Burch. senio et aetate [fuerint] confecti et a vestris partibus valde remoti, eos vestro conspectui praesentare non potest. Quia igitur sollicitudini nostrae incumbit, litibus et contentionibus finem imponere et unicuique jura sua integra et illibata servare: fraternitati tuae per apostolica scripta mandamus, quatenus, si ita est, aliquos prudentes et honestos viros, de quibus plenius confidatis[1]), ad partes illas, ubi est ecclesia, super qua controversia vertitur, mittatis, qui testes ab utraque parte productos appellatione remota accipiant et eorum juratorum depositiones diligenter conscriptas sub tuis sigillis clausas nobis reportent, ut secundum tenorem earundem attestationum fine debito causam terminare possimus.

[1]) em. consideratis.

Nr. 287.

Quaesitum est a nobis ex parte tua, utrum liceat tibi eos, qui ab episcopis suffraganeis sint excommunicatione notati et ad audientiam nostram appellant, absolvere, antequam tuo steterint[1]) judicio. Inquisitioni igitur tuae taliter praesentibus literis duximus respondendum, quod si appellatum [est], sententia lata neminem ligare potest. Si vero ante appellationem excommunicati ante ingressum causae recepto ab eis juramento, secundum Ecclesiae consuetudinem debes ipsos absolvere, nisi episcopo, a quo excommunicati sunt, in hac parte deferre[2]) volueris et eos ad ipsum absolvendos[3]) remittere. Cum autem a te vel ab ipso fuerint absoluti, causam audire debes et fine debito terminare: quia nec excommunicati ante absolutionem suam in causa sunt audiendi nec ea ad eos, a quibus appellatum [est], debet remitti.

[1]) em. sistere. [2]) em. differre. [3]) et si ad eos ipsos absolvendos.

Nr. 288.

Gobertus de Hai nobis intimavit, quod nonnullos clericos[1]) capitularium ejus et alios quam plures de testibus suis juramento constrinxit,

[1]) em. nullus clericus.

Nr. 286.
App. VIII, 20; Brug. XL, 3; Jaffé ed II. n. 13.824.

Nr. 287.
Cantabr. 4, 8 A; Pa. I. 179; App. XXXI, 4; Lips. XXXII, 2; Bamb. XXXII, 2; Cass. XLI, 2; Brug. XLVI, 5; Brev. I, 23, 2; Jaffé ed. II. n. 13.583.

Nr. 288.
Caput nullibi repertum.

ne testimonium vel consilium vel auxilium eidem R. contra ipsum praeberent. Ideo praesentium auctoritate vobis mandamus, ut si testimonium praestitum non est et non est renuntiatum testibus producendis: illos de testibus producendis, qui non sunt jurejurando adstricti [et] alios si necesse fuerit idoneos, quos ipse R. in testimonium produxerit[1]), in testimonium recipiatis.

²) em. produxit.

Nr. 289.

Jam pridem, si bene meminimus, recepta querela vestra, quod monachi a Lacestia capellam de Redelei — confirmamus et praesentis scripti patrocinio munimus.

De Officio Judicis delegati I, 29, 14 (Quoniam abbas).

Nr. 290.

Significaverunt nobis dilecti filii nostri prior et canonici Sanctae Friderendae (?), quod cum super causa, quae inter eos et canonicos de Oseneja de ecclesia Sanctae Mariae Magdalenae[1]) vertitur, de mandato nostro coram venerabilibus fratribus nostris Exoniensi et Cistrensi episcopis tractaretur, ad audientiam nostram appellasset, iidem episcopi canonicos de Oseneja in possessionem ipsius ecclesiae causa rei servandae judicaverunt induci. Postmodum iidem episcopi literas commissionis nostrae, quas super causa ipsa receperant, diligentius intuentes, videntes appellationem alterutri partium eisdem literis inhibitam non fuisse, Exoniensi archidiacono demandaverunt, ut[2]) omnia in eodem statu servaret, in quo tempore appellationis factae fuisse dinoscitur. Interim vero canonici de Oseneja praescriptam ecclesiam irruunt et ibi manere volentes a ministris Sanctae Freneside (!) ejecti fuerunt. Dein autem canonici de Oseneja ad Lundensem et Wigorniensem episcopos literas nostras impetrarunt continentes, quod si a possessione ipsius ecclesiae violenter fuissent ejecti, eis possessio redderetur; et cum utraque pars eorum conspectui se praesentasset, praefatus prior Sanctae Fredewide (!), quoniam literae ante terminum appellationi praefixum, sicut ajebat, per surreptionem fuerint impetratae,

¹) em. Mager. ²) vox „contra" abundat.

Nr. 289.
Cantabr. 42; Pa. I. 164; App. XLVI, 4; Lips. XXXV, 23; Bamb. XXXIII, 23; Cass. XLII, 24; Brug. XLIV, 6; Brev. I, 21, 19; Jaffé ed. II. n. 14.175.

Nr. 290.
App. X, 32; Lips. XLVII, 35; Bamb. XLII, 32; Cass. LI, 32; Brug. XXXI, 6; Brev. II, 20, 35; Jaffé ed. II. n. 13.799.

ad nostram iterum appellavit audientiam. Sed Lundensis episcopus non deferens appellationi canonicos de Oseneja in possessionem ejusdem ecclesiae fecit induci. Inde est, quod fraternitati tuae per apostolica scripta mandamus, praecipientes, quatenus sive ex literis nostrae commissionis praedictis Exoniensi et Cistrensi episcopis factae sive ex assertione ipsorum episcoporum aut alias legitime constiterit, in praedictis literis appellationem inhibitam non fuisse, quidquid post appellationem ab eisdem episcopis ad nos interpositam in causa ipsa innovatum est vel mutatum: in eum statum facias appellatione remota reduci, in quo tempore factae appellationis cognoscitur fuisse, non obstantibus literis nostris ad Lundensem et Wigorniensem episcopos posterius directis, si ante terminum appellationi praefixum aut in termino fuerint tacita veritate impetratae. Non enim a possessione fuerunt violenter ejecti, sed volentes possessionem intrare sunt in continenti ejecti; eum liceat omnibus vim vi repellere in continenti et ab aliorum violentia jura sua tueri. Deinde vero utraque parte ante te vocata causam ipsam diligenter audias et eam sublato appellationis remedio terminare studeas.

Nr. 291.

Accepimus literas, quas dilecti filii nostri R. abbas et fratres Sancti L. contra venerabilem fratrem nostrum R. Cantuariensem archiepiscopum — denuntietis publice non tenere. Archiepiscopus praeterea etc.

De Fide instrumentorum II, 22, 4.

Nr. 292.

Fraternitatis tuae literis nos consuluisti, utrum novi testes super quaestione — secundum formam suscipiendorum testium juramentis.

De Testibus et Attestationibus II, 20, 17.

Nr. 293.

Jam tertio B. praesentium lator sicut asserit ad dilectum filium nostrum

---

Nr. 291.
Chron. W. Thorn ap. Twysden, Hist. Angl. SS. II, 1832; Alan. II, 11, 1; Comp. II. C. 2. h. tit. (II, 14); Jaffé n. 9350.

Textus Claustroneob. abundat prae recensione Romana.

Nr. 292.
Cantabr. 18; Pa. I, 128; Pa. II. 29, 3; App. VIII, 2; Lips. XLIII, 12; Cass. XLVIII, 9; Bamb. XXXIX, 9; Brug. XL, 5; Brev. II, 13, 17; Jaffé ed. II. n. 14.066.

Nr. 293.
Caput nullibi repertum.

O. quondam abbatem vestrum dioecesanum[1]) mandatum nostrum dedit et praeceptum, ut pecuniam, quam ab ipso mutuam acceperat, ei solvere non differret vel juste. . . B. manifeste declarat, neutrum horum executioni esse mandatum. Nos igitur nolentes tamdiu eundem B. suo jure fraudari: discretioni vestrae per apostolica scripta mandamus, quatenus memoratum O. moneatis et auctoritate nostra et districtione cogatis, ut praescriptam pecuniam eidem B. cum restitutione damnorum in XXX dies post harum susceptionem cum integritate persolvat aut eidem sibi sublato appellationis remedio coram vobis justitiae faciat supplementum.

[1]) Haec decretalis in Codice valde corrupta a me aliquantum correcta est.

Nr. 294.

Hac secunda vero quaestione: hoc tuam volumus tenere discretionem, quod propinqui ejus, quem pro manifestis excessibus, scilicet homicidio, violenta manuum injectione in clericos, violatione multarum ecclesiarum et incestu vinculo excommunicationis astringis, monendi sunt, ut pro eo satisfactionem exhibeant: quod si fecerint, quia laborans in extremis praestito juramento per presbyterum meruerit ab excommunicationis sententia relaxari in coemeterio poterit sepeliri. Si autem propinqui ejus acquiescere monitis contradixerint, quoniam non est purgatum peccatum, defuncto deneganda erit ecclesiastica sepultura.

Nr. 295.

Cum super causa, quae vertitur inter venerabilem nostrum fratrem episcopum Praenestinum — excommunicationis et depositionis sententiam formidare poteritis.

De Testibus cogendis II, 21, 2.

Nr. 296.

Dilecti filii nostri prior et fratres de M . . . bure transmissa nobis insinuatione monstraverunt, quod cum causam — nihilominus, quantum ratio patitur, in eadem causa procedatis.

De Dilationibus II, 8, 1.

Nr. 294.
App. XXXIV, 3; Lips. VIII, 3; Bamb. VIII, 3; Cass. XX, 3; Brug. LVII, un.; Brev. V, 14, 7; Jaffé ed. II. n. 14.005.

Nr. 295.
App. VIII, 1; Lips. XLV, 1; Cass. XLIX, 1; Bamb. XL, 1; Brev. II, 14, 3; Jaffé ed. II. n. 14.067.

Nr. 296.
Cantabr. 28; App. III, 5; Lips. XL, 4; Bamb. XXXVII, 3; Cass. XLVI, 3; Brug. XXVII, 1; Brev. II, 10, 3; Jaffé ed. II. n. 13.826.

Nr. 297.

Literis tuae fraternitatis acceptis ex tenore illarum nobis innotuit, quod, cum P. parochianus — mulier vero sine spe conjugii perseveret.
De Praesumptionibus II, 23, 12.

Nr. 298.

I. Cum sint homines in parochia unius ecclesiae — confundi non immerito judicantur.
De Decimis III, 30, 18.

II. Illud autem te scire volumus — praescriptio non tenebit.
De Praescriptionibus II, 26, 8.

Nr. 299.

Consuluit nos fraternitas tua, quid faciendum sit de eis, qui cum ex aliqua justa causa in episcopatu tuo non possunt benedictionem habere, ad alios episcopatus furtive se transferunt conjugii vincula destinata contrahentes. Ad hoc tibi taliter respondemus, quod si talis fuerit culpa, quae non permittat eos in simul manere, hujusmodi sunt, cum notum sit, dividendi; si vero culpa fuerit, quae contractum matrimonium non dissolvat, pro transgressione poena potest eis indici, conjugium vero non debet ex tali causa dissolvi. Presbyteri, qui tales benedicere praesumpserint, benedicendi potestate priventur.

Ad hoc, quod nos consulere voluisti de clericis tui episcopatus, qui a vobis promoveri non merentur, quia filii sunt sacerdotum, vel quia certum non habent titulum, ad quem ordinari debeant, sed ab aliis fuerint episcopis furtive promoti, utrum debeant pro ordinatis habere: disponimus, quod hujusmodi poteris in tuo episcopatu ab exercitione sui officii prohibere.

De hoc, quod postea quaesivisti, utrum excommunicationis sententia suspendatur, si statim post decem dies quis vocem appellationis emittit: taliter tibi respondemus, quod appellatio post decem dies irrita est, cum sententia sit ex ipso temporis spatio confirmata, si non statim fiat [appellatio]; nec

---

Nr. 297.
Luc. ap. Baluz. III, 380; Gilb. auct. 3. (II,15); Comp. secunda II, 15, 2; Jaffé n. 9236.

Nr. 298.
I. Alan. 1. (III, 14); Comp. secund. III, 17, 3; Jaffé n. 9077.

II. Alan. 1. (II, 13); Comp. sec. II, 17, 1; Jaffé n. 9253.

Nr. 299.
Caput nullibi repertum.

propter hoc excommunicationis sententia suspendetur, cum ipsa executore non egeat, sed ex quo prolata fuerit, debeat observari.

Nr. 300.

I. Utrum mulier, quae, postquam nubiles annos — omnino suum negaverit praestare consensum.

De Desponsatione impuberum IV, 2, 7 (circa medium).

II. Si vero aliquis in clericum nutrientem comam — convenit abstineri.

De Sententia Excommunicationis V, 39, 4.

Nr. 301.

Casum quem nobis literis tuis descripsisti, de illo videlicet, qui quandam desponsaverat, quae postea quorundam consanguineorum consilio depravata propositum adeo mutavit et mentem, quod calore iracundiae succensa votum in manu sua (?) promisit castitatis, diligenter audivimus et disceptionem, quae hinc in tuo fuerit examine facta et quomodo mulier mutato voto praedicto sponso publice nupsit, Ecclesia ignorante, et propinqua sit par[ui: plenius ex tuarum literarum tenore percepimus. Nos igitur singularitatem sexus attendentes, sicut convenit, consultationi [tuae] taliter respondemus, quod nisi mulier praedicta vinculo promissionis adstricta re religioni jam reddidit nec alia causa rationabilis obstiterit, eos insimul permittas et praecipias sine aliqua quaestione manere, mulieri tamen de voto ex iracundia (?) facto poenitentiam competentem imponas.

Nr. 302.

Ex transmissa quaestione R. clerici de Samesburch ad audientiam nostram [pervenit], quod cum Symoni et Willehelmo Foliot fide jussisset in quandam summam pecuniae et ipsi, sicut publica testimonia testantur, juramento praestito jurassent [ut eum] servarent indemnem, ipsis terminis statutis debitum non solventibus, quibus ipsi se obligaverunt, ut pecunia solveretur[1]), ad solutionem ejus debiti, quod jam usuris accrescentibus

---

[1]) locus obscurus in codice.

Nr. 300.

I. App. VI, 29; Lips. LIX, 39; Bamb. L, 26; Cass. LVIII, 27; Brug. XLIX, 15; Brev. IV, 2, 9; Jaffé II. n. 13,767.

II. App. XIV, 1; Lips. VII, 1; Bamb. VII, 1; Cass. XIX, 1; Brug. VII, 2; Brev. V, 34, 5; Jaffé ed. II. n. 12.180.

Nr. 301.

Caput nullibi repertum.

Nr. 302.

Caput nullibi repertum.

est plurimum augmentatum, importuna creditorum instantia perurgetur. Quoniam igitur praefato R. in sua justitia paterna volumus sollicitudine providere, ne de sua liberalitate molestiam dispendiumve patiatur: discretioni vestrae per apostolica scripta mandamus, quatenus, si praedicta veritate nitantur, praedictos clericos ad restituendam pecuniam, in quam est obligatus, diligenter inducatis. Si vero ad commonitionem vestram eum liberare noluerint, vos auctoritate nostra, remoto appellationis remedio, eo maxime, quod contra juramenti sui religionem veniunt, ab officio et beneficio suspendatis et redditus ipsorum faciatis in debiti solutionem converti, donec creditoribus ad plenum fuerit satisfactum. Ceterum quia novis morbis nova oportet antidota praeparare, nihilominus auctoritate praesentium injungimus, ut ad detegendam veritatem celerius juramentum faciatis ex utraque parte praestari.

Nr. 303.

Tua fraternitas nos consuluit, quid de his agere debeas — contractum poteris irritare.

De Sponsa duorum IV, 4, 4.

Nr. 304.

De illis autem, qui in minori aetate desponsantur — nisi post violentiam consensus accedat.

De Desponsatione impuberum IV, 2, 9.

Nr. 305.

Illud quoque nihilominus ex tua inquisitione nobis innotuit — qui officium suum fideliter adimplevit.

De Praesumptionibus II, 23, 11.

Nr. 306.

In archiepiscopatu tuo dicitur contingere quandoque — reserves regiae potestati exercendam.

De Raptoribus V, 17, 4.

Nr. 303.
App. L, 41; Lips. LIX, 52; Bamb. L, 35; Cass. LVIII, 37; Brug. LIII, 6 (partim); Brev. IV, 4, 9; Jaffé ed. II. n. 13.969.

Nr. 304.
App. L, 41; Lips. LIX, 53; Cass. LVIII, 37; Bamb. L, 35; Brev. IV, 2, 12; Jaffé ed. II. n. 13.969.

Nr. 305.
App. L, 42; Lips. LIX, 54; Cass. LVIII, 27; Brev. IV, 1, 14; Jaffé ed. II. n. 13.969.

Nr. 306.
App. L, 48; Lips. LX, 10; Cass. LIX, 9; Brev. V, 14, 3; Jaffé ed. II. n. 14.044.

Nr. 307.

I. De illo autem, qui uxorem fratris sui — gravi sunt animadversione plectendi.
De eo, qui cognovit IV, 13, 3.

II. Mulieres vero, cum separatae fuerint — similiter et vir uxorem.
De Donationibus inter virum et uxorem, IV, 20, 1.

Nr. 308.

Ex literis tuis, quas ad nos tua destinavit fraternitas, evidenter accipimus, quod cum causam — super eadem ecclesia faceremus silentium imponi.
De Fide instrumentorum II, 22, 3.

Nr. 309.

Sollicitudini Sedis Apostolicae incumbit, ut si quae dubia vel difficilia ad nostram audientiam proferantur, ea solvere debeamus et in lucidum revocare. Super eo vero, unde tua nos consuluit dilectio, quid faciendum et tenendum et servandum sit de muliere et . . . [1]) de muliere, quae est invita tradita viro et detenta, cum inter vim et vim sit differentia, et utrum postea consensus intervenerit, cum nihil inde nobis expressum sit: inquisitioni tuae nihil certi possumus respondere. Illos autem, qui pro consanguinitate prohibentur conjungi, et postea contra [inter] dictum Ecclesiae sese receperint, excommunicationi debes subjicere, donec separentur tamdiu, quousque legitime [2]) cognoscatur, utrum matrimonium eorum de jure possit et debeat constare.

[1]) Videtur hic pars epistolae omissa fuisse ab amanuensi. [2]) em. superentur.

Nr. 310.

Accessit ad praesentiam nostram Will. filius Godrici nobilis viri cum literis tuis — puella fuit alteri viro desponsata.
De Desponsatione impuberum IV, 2, 5.

Nr. 307.
I. Gilb. auct. 4. (IV, 7); Comp. tert. IV, 7, 2.
II. App. L, 46; Lips. LXV, 3; Bamb. LV. 3; Cass. LXIV, 3; Brev. IV, 21, 1. Caput incertum juxta Friedberg. Superscriptio: Ex concilio habito apud Wormaciam (In Germania); Pa. II, 78, 1.

Nr. 308.
App. XLIX, 3; Luc. ap. Bal. III, 373; Gilb. auct. II, 15, 1; Comp. II, c. 1 (II, 14); Jaffé ed. II. n. 14.142.

Nr. 309.
App. VI, 18, 19; Brev. IV, 4, 4; Lips. LIX, 29; Bamb. L, 16; Cass. LVIII, 18; Brug. XLIX, 4; Jaffé ed. II. n. 14.235.

Nr. 310.
Cantabr. 86; App. VI, 7; Lips. LIX, 4; Bamb. L, 4; Cass. LVIII, 4; Brug. XLIX, 6; Brev. IV, 6, 2; Jaffé ed. II. n. 13.887.

Nr. 311.

Ex quaestione E. mulieris nobis innotuit, quod R. quondam vir suus, a quo, sicut dicitur, fuit judicio Ecclesiae separata, dotem **suam sibi reddere**[1] contradicit. Quia vero indecens est et a juris ordine alienum, ut praedicta mulier dotem suam amittat; fraternitati tuae per apostolica scripta mandamus. quatenus si eadem mulier a praedicto viro judicio Ecclesiae fuit separata, ipsum moneas et, si necesse fuerit, ecclesiastica districtione appellatione remota compellas, ut praedictae mulieri dotem suam restituat aut secundum consuetudinem terrae in praesentia tua justitiae plenitudinem exhibeat.

[1]) abrasio in codice.

Nr. 312.

Literae, quas nobis tua fraternitas destinavit, expresse declarant, quod cum quidam parochianus tuus — ad virum redire permittas et ei legitime copulari.

De Matrimonio contracto contra interdictum Eccl. IV, 16, 1.

Nr. 313.

Ad aures nostras noveris pervenisse, quod cum quidam parochianus tuus quandam publice duxisset in uxorem, coram dilectis filiis nostris ecclesiae [tuae] canonicis est probatum, quod praedictam mulierem consobrinus ejusdem viri ante et post contractum matrimonium cognovisset. Unde quia praefatus vir ad alia postulat vota transire: fraternitati tuae per apostolica scripta mandamus, quatenus si [res] ita [se] habet, memorato viro, cum illud matrimonium nullum fuerit, accipiendi aliam uxorem liberam tribuas facultatem, nisi cum praedicta muliere, postquam eam cum suo consobrino peccasse [cognovit], eum commisisse incestum constiterit.

Nr. 314.

I. Causa, quae vertitur inter nobiles viros F. et R. de Ardene, quondam filium Agathe — rei veritatem subtiliter inquiratis.

De Officio judicis del. I, 29, 17.

Textus Claustroneob. mutilatus est et continet solummodo seriem facti, non vero partem dispositivam.

Nr. 311.
Cantabr. 85 *B*; App. XXXIII, 2; Lips. LXIII, 7; Bamb. LIII, 9; Cass. LXII, 6; Brug. LIV, un.; Brev. IV, 21, 2; Jaffé ed. II. n. 13.766.

Nr. 312.
Pa. II, 88, 2; Lips. LIX, 49; Bamb. L, 32; Cass. LVIII, 32; Brug. XLIX, 20; Brev. IV, 17, 2; Jaffé ed. II. n. 14.055.

Nr. 313.
Brugensis XLIX, 28.

Nr. 314.
I. Bamb. LIII, 6; Lips. LXIII, 4; Brug.

II. Si partibus ante praesentiam — cohabitare praesumpsit.
Qui filii sint legitimi IV, 17, 4.
III. Ceterum si adversarius ejus legit. citatus — propter hoc exspirare debeat.
De Dolo et contumacia II, 14, 3.

Nr. 315.

Lator praesentium Willehelmus parochianus tuus sua nobis insinuatione monstravit — faciatis sicut virum et uxorem insimul permanere.
De Sententia et re judicata II, 27, 7.

Nr. 316.

Continebatur in literis tuis, quas tua nobis destinavit devotio, quod quidam parochianus tuus cum multis lacrymis et suspiriis confessus est, quandam mulierem pollutione illicita cognovisse et sororem ejus sibi postmodum copulasse. Cum instanter et sollicite poenitentiam cum lacrymis sibi imponi peteret de commisso, nec tu ejus assertioni fidem duceres adhibendam, exinde corporaliter praestitit juramentum, sed nunc se mentitum fuisse et sponte perjurium commisisse proponit[1]), poenitentiam de perjurio postulans[2]) et requirens. Uxor vero ejus tamquam sui affinis consortium aspernatur et requirit divortii sententiam fieri[3]) et alii legitime copulari. Sane cum sis providus et discretus, mirabile[4]) gerimus [quod] juramentum super hoc accepisti, et maxime [quia] pro pollutione extraordinaria ab uxore sua dividi non deb et nemini de se confesso contra alium [in] quolibet negotio, nedum in tanto sacramento, est credendum. Inde est, quod fraternitati tuae per apostolica scripta mandamus, quatenus tam virum quam mulierem sese compellas[5]) dilatione et appellatione cessante recipere et conjugali affectione tractare, et praedicto viro poenitentiam imponere non postponas.

[1]) em. proponitur. [2]) em. postulas. [3]) Casselana: fratri (!). [4]) mirabilem. [5]) copulatis.

Nr. 317.

Protoplastus ille et origo nostra detractam sibi costam videns et in

---

XXVII, 5; Brev. IV, 18, 4; Jaffé ed. II, n. 13.932.

II. Continuatio numeri praecedentis.

III. Continuatio.

Nr. 315.
App. VI, 11; Lips. LIX, 21; Cass. LVIII, 11; Bamb. L, 10; Brev. II, 19, 9; Jaffé ed. II. n. 14.036.

Nr. 316.
Jaffé ed. II. n. 14.101; Lips. LX, 9; Bamb. LI, 8; Cass. LIX, 8; Brug. XLIII, 1.

Nr. 317.
Caput nullibi repertum.

mulierem formatam prophetico spiritu inter alia retulit: Propter hoc dimittet homo patrem et matrem et cet., quibus verbis innuit non aliter virum et mulierem posse fieri unam carnem, nisi carnali copula sibi cohaereant. Qui igitur mulieri nequaquam permixtus probatur foedere nuptiali, quo pacto possint propter nuda sponsionis verba una caro fieri, nullatenus valemus hoc intueri. Sed nec osculum parit propinquitatem, quia nullam facit sanguinis commixtionem. Quoniam vero prorsus ita habet se res: cum Johannes velit secundam filiam nuptiis copulare, cui primam decreverat desponsare: censura magisterii Apostolici mandamus, hoc absque ullius criminis vitio posse fieri si utriusque partis assideat voluntati.

Nr. 318.

Quotiens aliqui separantur propter conjunctionem propinquitatis — accepisse a majoribus suis et ita esse.

De Testibus II, 20, 5.

Nr. 319.

Quaesivit a nobis fraternitas tua, qua censura compelli debeat mulier, quae jurisjurandi religione [1]) neglecta nubere renuit, cui se nupturam interposito juramento firmavit. Quaesivisti etiam utrum illa, cujus vir matris polluit thorum, ad alia vota, cum hoc fieri desideret, viro vivente possit transire. Ad quae duximus respondendum, quod mulier, quae se nupturam juravit, cum liberum [2]) debeat esse matrimonium, monenda est potius quam cogenda, maxime cum cohabitationes [3]) hujusmodi difficiles exitus soleant habere. Illa sane, cujus vir cum matre adulteravit et incestum commisit, nec viro suo conjungi carnaliter nec eo vivente cum alio matrimonium inire debet.

[1]) em. jurisjurandi debeat religionem. [2]) libera. [3]) coactiones?

Nr. 320.

Querelam R. nobilis mulieris recepimus, quod cum quidam miles M. nomine eam in uxorem duxisset et quatuor pueros procreasset et cum ea cohabitasset per sex annos et amplius, decanus illius provinciae tam virum quam mulierem instinctu aemulorum suorum, sicut dicitur, graviter infestare

---

Nr. 318.
App. VIII, 17; Lips. XLIII, 17; Cass. XLVIII, 13; Bamb. XXXIX, 13; Brev. II, 13, 20; Jaffé ed. II. n. 9657.

Nr. 319.
Caput nullibi repertum.

Nr. 320.
Caput nullibi repertum.

coepit, hanc occasionem praetendens, quod monachalem habitum suscepisset, ex qua re praedictum virum mulieris consortium, ut idem vir asserit, abjurare coëgit et sic eam absentem et ignorantem a marito divisit. Unde quia eadem mulier constanter et firmiter asserit, quod numquam religionem professa fuerit, sed tantum[1]) causa custodiae inter moniales fuit aliquanto tempore educata: nos attendentes, quod tutius est, contra statuta hominum conjunctos dimittere quam legitime conjunctos separare: discretioni vestrae per apostolica scripta mandamus, quatenus utramque partem [cum] decano ante vos convocetis et rei veritatem subtiliter et diligenter investigetis, et si inveneritis, quod praedictus decanus praefatum virum mulierem praefatam absentem abjurare coëgerit, nec est manifestum et publicum, eam religionem fuisse professam, ei praenotatum virum omni occasione et appellatione remota restituatis et saepe dictum decanum pro tanta insolentia et praesumptione[2]) ad nos cum literis vestris rei veritatem continentibus ab officio suspensum transmittatis. Restitutione facta, si aliquis apparuerit, qui matrimonium ipsum legitime velit et possit impetere, causam audietis et fine canonico terminabitis.

[1]) em. tamen. [2]) praesumptuoso.

Nr. 321.

Latrix praesentium A. nomine lacrymabili nobis insinuatione monstravit, quod cum F. parochiano tuo in uxorem conjuncta fuisset, tandem ab eo derelicta turpiter postea [et] inhoneste vixit. Nunc antem suum recognoscens excessum ad virum suum redire desiderat et poenitentiam agere de commisso. Verum quoniam interest consulere ejus saluti et, ne labatur in deterius, providere: mandamus, quatenus si taliter derelicta fuerit, prout superius diximus, si adhuc vir inveniri poterit, studeas [eos] reconciliare et ipsum ad eam recipiendam moneas et districte compellas. Ex eo [enim], quod eam reliquit, visus est ei dedisse meritum et occasionem peccandi. Si autem praefatus vir non poterit inveniri, eam cum illo, qui vult ipsam in suam recipere, sustineas maritali affectu conjungi; ita quod ad priorem virum debeat, si fuerit inventus, redire.

Nr. 322.

Sicut ex parte tua significatum est nobis, quidam parochiani tui interdum accepta pecunia — hactenus admittendum.

De Testibus et attestationibus II, 20, 9.

Nr. 321.
Caput nullibi repertum.

Nr. 322.
Brug. LIII, 11; Brev. II, 13, 7; Jaffé ed. II. n. 13.775.

Nr. 323.

Videtur nobis, quod secunda, quam contra prohibitionem Ecclesiae quis duxit — quia favorabilis res est, congrue recipiuntur. Si qua mulier etc.

Qui matrimonium accusare possunt IV, 18, 3.

Nr. 324.

Nemo presbyterorum xenium vel quodcumque emolumentum — removeat, quia est simoniacum.

De Simonia V, 3, 14.

Nr. 325.

Lator praesentium nomine N. proposuit, quod, cum quadam die casu — ad sacros ordines promoveri.

De Homicidio V, 12, 19.

Nr. 326.

Ex parte prioris et fratrum de Vall. nobis innotuit, quod C. presbyter, qui habet vicariam in ecclesia eorum de Estup., publice concubinam tenet ac sicut laicus quilibet tabernas frequentare non erubescit. Sed quia indecens est et rationi contrarium, ut hi, qui in altari deserviunt, feminarum amplexibus maculentur aut per tabernas decurrant, cum eos sobrios et castos esse oporteat: fraternitati tuae per apostolica scripta mandamus, praecipientes, quatenus rei veritate diligenter inquisita et cognita, si eum talem inveneris, qualis esse describitur, ipsum ab ecclesia, contradictione et appellatione cessante, amoveas.

Nr. 327.

Cum Christus perfectus Deus sit et perfectus homo — humana carne subsistens.

De Haerelicis V, 7, 7.

Nr. 323.
Pa. II, 88, 1; Palea in Decreto Gratiani c. 2. Causa XXXV, qu. 6; Brev. IV, 17, 1; Jaffé ed. II. n. 384.

Nr. 324.
Capit. Hincmari Rem. c. 13; Regino I, 215; Burch. XIX, 100; Ivo Decr. XV, 112; Lips. I, 6; Bamb. I, 5; Cass. XIII, 6; Brug. IV, 5; Brev. V, 2, 13.

Nr. 325.
App. XXVI, 14; Lips. XI, 12; Cass. XXI, 18; Brev. V, 10, 10; Bamb. XI, 12; Jaffé ed. II. n. 14.216.

Nr. 326.
App. XVIII, 15; Lips. LXIV, 14; Bamb. LIV, 14; Cass. LXIII, 14; Brev. III, 2, 11; Jaffé ed. II. n. 14.135.

Nr. 327.
Duchesne, Hist. des card. Francais, II, 133; Cantabr. 37; Pa. I, 129; App. XLIX, 20; Lips. XXVI, un.; Bamb. XXX, un.; Cass. XXXIX, 1; Brug. I, 2; Brev. V, 6, 5; Jaffé ed. II. n. 12.785.

Nr. 328.

I. Ex ratione tibi commissae dignitatis et cetera. Accepimus autem, quod Conventrensis episcopus, non attendens, quid sacrorum canonum — viribus carere decernas.

De aetate et qualitate Praeficiendorum I, 14, 2.

II. Ad hoc, cum praedictus episcopus, ut accepimus, plures ecclesias — illibatam reverentiam exhibeant de cetero et honorem.

De Excessibus Praelatorum et Subditorum V, 31, 2.

III. Quia Stephanus clericus et Walter in archidiaconatu praedicti archidiaconi adulteram et commatrem in domo sua dicuntur retinere: si hoc publicum et notorium est et manifestum, tantum et tam gravem excessum animadversione debita nullius contradictione et appellatione obstante corrigas.

Nr. 329.

Ad aures nostras pervenit, quod R. et Will. de Corrimata [jus] patronatus ecclesiae ejusdem loci ab eo, ad quem praesentatio spectabat, emerunt, quibus decedentibus R. filius Will. praedicti exemplo patris jus patronatus ecclesiae non dubitavit emere; et ecclesiis de Toleja tot molestias intulit, persecutiones et gravamina, quod metu et dolo illius prior juri suo penitus renuntiavit. Unde quoniam patronatus, cum connexum sit spirituali, nemini licitum est, vendere illud: discretioni vestrae per apostolica scripta mandamus, quatenus utraque parte ante vos convocata rei veritatem diligenter inquiras et si ita esse inveneris, praedicto R.[1] super praedicto patronatu ecclesiae, occasione et appellatione cessante, perpetuum silentium imponas et praedictis canonicis jus, quod ibi habuerant, si prior eorum metu captus, quod idem R. se occisurum parochianos, ut fertur, firmaverit [ex] integro facias restitui, non obstantibus literis, si quae tacita veritate fuerint impetratae.

[1]) verba: se occisurum, abundant in codice.

Nr. 330.

Graviter oculos divinae majestatis offendunt, qui religiosos viros indebitis

---

Nr. 328.
I. App. XXV, 1; Lips. XIX, 1; Bamb. XX, 1; Cass. XXX, 1; Brev. I, 8, 3; Brug. XIV, 4; Jaffé ed. II. n. 13.808.

II. App. XXIV, 4; Lips. XII, 4; Cass. XXII, 4; Brev. V, 27, 2; Brug. X, 5; Jaffé ed. II. n. 13.806.

III. Caput nullibi repertum.

Nr. 329.
Caput nullibi repertum.

Nr. 330.
App. XIV, 6; Lips. VII, 8; Bamb. VII,

fatigant molestiis et otium¹) perturbant suae quietis. Sane a praedecessore nostro sanctae memoriae Eugenio²) papa in Lateranensi Concilio constitutum est, ut qui violentas manus in clericos vel hospitalares vel monachos seu templarios vel viros alterius religionis injecerint, excommunicationi subjaceant. Nos autem statutum praedecessoris nostri ratum firmumque tenere volentes fraternitati tuae per apostolica scripta mandamus, quatenus si quis parochianorum tuorum in fratres hospitalis Ierusalem manus violentas injecerit, eos publice et appellatione remota excommunicatos denuntietis et ab omnibus faciatis evitari, donec praedictis fratribus de illata injuria congrue satisfaciant et cum literis episcoporum suorum rei veritatem continentibus se apostolico conspectui repraesentent.

¹) Appendix legit: locum. ²) rectius: Innocentio II., qui sic dictum privilegium canonis sanxit in Conc. Lateran. II.

Nr. 331.

Ex literis vestrae fraternitatis accepimus, quod cum olim inter N. et A. clericos — auctoritate apostolica silentium imponimus.

De Transactionibus I, 36, 6.

Nr. 332.

Insinuatum est auribus nostris, quod cum episcopatus tibi commissus — alicujus rei obtentu debeant dejerare.

De Simonia V, 3, 13.

Nr. 333.

Relatum est auribus nostris, quod quidam clerici in ecclesiasticis beneficiis — de personis idoneis ordinentur.

De Concessione Praebendae et ecclesiae non vacantis III, 8, 3.

6; Cass. XIX, 7; Brug. VII, 6; Brev. V, 34, 13; Jaffé ed. II. n. 13.749.

Nr. 331.
Lips. XIX, 6; Cass. XXX, 6; Bamb. XX, 6; Brug. XXV, 7; Brev. I, 27, 6; Jaffé ed. II. n. 13.159.

Nomina propria etiam in Codice Claustroneob. corrupta apparent.

Nr. 332.
App. II, 15; Lips. I, 4; Cass. XIII, 4; Bamb. I, 4; Brug. XLII, 4; Brev. V, 2, 12; Jaffé ed. II. n. 13.843.

Nr. 333.
App. XLVII, 7; Lips. XLVII, 39; Cass. LI, 36; Bamb. XLII, 37; Brug. XLVII, 13; Brev. II, 20, 39; Jaffé ed. II. n. 14.350.

Nr. 334.

I. Cum aliqua causa appellatione remota committitur, et fertur iniqua sententia, revocari¹) oportet, nec ei debet stari, si continet manifestam iniquitatem.

II. Nec canones nec consuetudo Romanae Ecclesiae habet, ut quis delegatos judices a Romana Ecclesia recusare valeat, nisi remedium appellationis ei fuerit reservatum.

¹) App.: eam evacuari oportet.

Nr. 335.

Literas tuae dilectionis benigne suscepimus, in quibus utrum in causa — contentione dimissa ad ulteriora procedat.

De Juramento calumniae II, 7, 2.

Nr. 336.

In pertractandis causis sacramentum calumniae non passim praecipimus — qui causam omnino non nesciant, per animam jurantis fieri mandamus.

De Juramento calumniae II, 7, 3.

Nr. 337.

Querelam magistri R. recepimus, quod Wilhelmus clericus per impressionem decreti sui quandam ecclesiam invasit et eam minus licite detinet, cum III vel IV habere dicatur. Unde dilectioni vestrae praecipimus et decernimus, quatenus praefatum W. a praefata ecclesia, si eam per impressionem detinet, contradictione et appellatione remota removeatis et eam magistro R. restitui et quiete pacificeque dimitti [faciatis]. Ceterum si

---

Nr. 334.

I. App. XXXVI, 5; Brug. XXXIV, 9; Jaffé ed. II. n. 14.350.

II. Pa. I, 51; Cantabr. 18; Pa. II. 42, 2; App. XL, 2; Lips. XXXI, 1; Bamb. XXXI, 1; Cass. XL, 1; Brug. IV, 2; Brev. I, 4, 14; Jaffé ed. II. n. 12.632.

Nr. 335.

Pa. I, 106; Pa. II, 53, 3; App. XXIII, 2; Lips. XXXVII, 2; Cass. XLIV, 2; Bamb. XXXV, 2; Brug. XXX, 2; Brev. I, 34, 3; Jaffé ed. II. n. 9654.

Nr. 336.

Jaffé ed. II. n. 9506; Pa. II, 53, 4; App. XXIII, 3; Lips. XXXVII, 3 (Alex.); Cass. XLIV, 3; Bamb. XXXV, 3; Brug. XXX, 3; Brev. I, 34, 4.

Textus Claustroneob. aliquatenus corruptus est.

Nr. 337.

Caput nullibi repertum.

de assensu advocati et auctoritate dioecesani episcopi illam ecclesiam, dum vacaret, obtinuit et plures alias habet ecclesias, eum illa, si mavult, relictis pluribus aut aliis, relicta illa, occasione et appellatione cessante, compellatis esse contentum.

Nr. 338.

Ex parte R. pauperis clerici de Ludewell ad nostram noveris audientiam pervenisse, quod cum ecclesiam ejusdem villae fere XXX annis possederit, G. ruffus graviter super eadem ecclesia [eum] inquietat et eam sibi auferre conatur, asserens, eundem R. filium fuisse illius, qui in scripta ecclesia ministravit, quamquam praedictus G., prout dicitur, satis abundet reditibus et idem nullum aliud beneficium ecclesiasticum habeat et ita graviter infirmetur, quod unius oculorum visum et unius aurium auditum amiserit. Quoniam igitur decet nos cum viris ecclesiasticis misericorditer agere, et cum his praecipue, qui continua infirmitate laborant: fraternitati tuae per apostolica scripta mandamus, quatenus rei veritatem diligenter inquiras et ea cognita, si vobis constiterit, quod memoratus R. praescriptam ecclesiam tamdiu possederit, ipsum eandem, ex quo aliam non habet et ita graviter infirmatur, omni contradictione et appellatione cessante facias possidere.

Nr. 339.

Literas ab Exoniensi episcopo accepimus, quod W. clericus ad praesentiam R. nobilis viri accessit rogans — facile inducuntur ad testimonium falsum proferendum.

De Praesumptionibus II, 23, 10.

Nr. 340.

Constitutus in nostra praesentia magister T. diaconus, lator praesentium literarum, sua nobis relatione proposuit, quod cum ipse ad ecclesiam de Ripalia a nobili viro R. Trans. domino fundi tibi praesentatus fuisset, et inde ad preces in Christo filiae charissimae nostrae reginae Anglorum in imaginariam possessionem inductus postmodum de concessione tua fructus in aliquo tempore percepisset, apparuit quidam Benedictus (?) nepos R., qui etiam

---

Nr. 338.
Caput nullibi repertum.

Nr. 339.
App. VIII, 14; Lips. XLIII, 14 et XXXIX,

5; Bamb. XL, 11; Cass. XLVIII, 11; Brev. II, 16, 11; Jaffé ed. II. n. 13.844.

Nr. 340.
Brugensis XLV, 4.

proxime eandem ecclesiam ab eodem patrono, qui eam possederat, fuisset praesentatus[1]), et super hoc audientiam nostram appellavit, nullum terminum suae appellationi praefigens. Tu vero nacta exinde occasione fructus ipsius ecclesiae ab eodem T. sequestrari jussisti. Ipse sentiens se gravari, quia post appellationem ab adversa parte factam spoliatus fuerat, et quia nimis vaga videbatur sibi appellatio sine termino, in praesentia tua ad Sedem Apostolicam appellavit, terminum suae appellationi constituens „Laetare Jerusalem". Quia igitur praedictus R., sicut accepimus, plures possidet ecclesias et jam dominicam sibi nititur quasi jure vendicare successionis: nos volentes praenotati T. paupertati et laboribus consulere tum quia nullum aliud beneficium habet tum quia idoneus est et dignus, in ecclesia Dei congruum beneficium ac locum obtinere: fraternitati tuae per apostolica scripta mandamus, quatenus si nulla alia rationabilis causa et manifesta obstiterit, nisi quod praedictus B. praelibatam ecclesiam de praesentatione patrui requisivit vel si unam vel plures habeat ecclesias XX marcarum, tu ei[2]) perpetuum silentium exinde appellatione remota imponas et ecclesiam praedicto T. cum fructibus a tempore sequestrationis inde perceptis integre et sine diminutione restitui facias et in pace dimitti.

[1]) Hic passus, juxta Brug. sic sonare debet: qui etiam proxime eandem ecclesiam possederat, constanter asseverans, quod ipse prius ad memoratam ecclesiam ab eodem patrono suo (patruo ?) fuerat praesentatus et super hoc etc.   [2]) em. per annum.

Nr. 341.

Relatum est ad audientiam nostram, quod frater noster R. Cistrensis episcopus Johannem de Bl. pro eo, quod filium presbyteri [qui] in praescripta ecclesia sua ministrabat, in eadem ecclesia non consentiebat institui, anathematis vinculo innodabat et eundem filium presbyteri in praescripta ecclesia contra voluntatem Johannis, in cujus fundo constitit, instituere non formidavit. Unde quoniam in ordinationibus ecclesiarum servandus est patronorum assensus et eis invitis et non malitiose contradicentibus nulli, sed etiam praecipue filii sacerdotum [non sunt] instituendi: fraternitati tuae per apostolica scripta mandamus, quatenus rei veritatem diligenter inquiras, et si ita inveneris, episcopum ex parte nostra moneas et firmiter ei injungas, ut praefatum Johannem ab excommunicatione absolvat et filium sacerdotis ab eadem ecclesia non differat amovere. Quod si episcopus noluerit, tu nostra fretus

Nr. 341.
Caput nullibi repertum.

auctoritate id, quod diximus, infra duos menses post harum susceptionem literarum appellatione remota studiose exequaris.

Nr. 342.

Ex transmissa conquestione R. clerici nobis innotuit, quod cum ecclesia de Re. a monachis de D., ad quos fundus illius ecclesiae spectare dinoscitur, ei concessa fuisset tunc temporis, cum W. clericus, qui lepra tactus fuisse perhibetur, eam possideret[1]): timens, ne super[2]) eadem concessione aliqua fieret innovatio, ad Sedem Apostolicam appellavit et ad nos nuntium destinavit. Quoniam igitur universis Dei fidelibus, et his maxime, qui clericali dediti sunt officio, in suis justitiis tenemur [adesse]: discretioni vestrae per apostolica scripta mandamus, quatenus, si vobis ita esse constiterit, praescriptam ecclesiam praefato R. taliter fuisse concessam et post appellationem ad nos factam super ipsa ecclesia in ea inveneritis [alium] institutum, eo inde amoto ecclesiam ipsam, nullius contradictione vel appellatione obstante jam dicto R. faciatis dilatione postposita assignari; non obstante, quod eadem concessio tempore praedicti W. facta fuerit, si ipsum praenominato manifestum fuerit morbo laborasse. Testes vero [quos] idem R. vobis nominavit, moneatis attentius et inducere laboretis, ut amore justitiae testimonium perhibeant veritati.

[1]) em. possidet. [2]) Appendix: similiter.

Nr. 343.

Mandamus vobis, ut ex parte vestra prohibeatur archidiacono Cestrensi, ne clericos sive laicos — exinde non debeant merito querelari.

De Officio archidiaconi I, 23, 6.

Nr. 344.

Ex parte tua, frater, ad nostram audientiam noveris pervenisse, quod albi monachi et nigri — de hortis suis decimas non persolvant, concessit.

De Decimis, primitiis et oblationibus III, 30, 10.

Nr. 342.
App. XXXVII, 1; Comp. II. c. 1 (III, 7); Jaffé ed. II. n. 14.134.

Nr. 343.
App. II, 11; Lips. IV, 4; Cass. XVI, 4; Bamb. IV, 3; Brev. V, 32, 4; Jaffé ed. II. n. 13.857.

Nr. 344.
App. XIII, 5; Lips. XXIII, 10; Cass. XXXV, 6; Brug. XVII, 11; Brev. III, 26, 10; Bamb. XXV, 6; Jaffé ed. II. n. 14.117.

In Collectionibus additur: Quem super his imitati sumus, quatenus hi, quibus indultae sunt decimae de novalibus suis et de nutrimentis animalium suorum et de hortis suis, hac occasione decimas de aliis ecclesiae suae rebus non debent nec possunt subtrahere, vel sibi ulterius aliquid vendicare.

Index Capitulorum Alphabeticus.

A

Abbas Sancti Edmundi 255
Accedens ad nos lator praesentium 27
Accepimus literas, quas dilecti filii 291
Accepta quaestione P. clerici 204
Accessit ad praesentiam nostram Will. 310
Ad audientiam apostolatus nostri 33
Ad audientiam nostram pervenit, quod R. presbyter 203
Ad audientiam nostram noveris pervenisse 149
Ad aures nostras perlatum esse 161
Ad aures nostras noveris pervenisse, quod cum quidam parochianus 313
Ad aures nostras pervenit, quod R. et Will de Corrimata 329
Ad aures nostras perlatum esse cognoscas 40
Ad aures nostras noveris pervenisse, quod quidam archidiaconi 125, I
Ad aures nostras saepius pervenire cognoscas 135
Ad aures nostras noveris pervenisse, quod quidam archidiaconi 144, I
Ad exstirpandas successiones 124
Ad haec, cum cautum sit 114, III
Ad haec de sacerdote illo 132, IV
Ad haec nihilominus tibi 179, II
Ad haec si in una causa 182, II
Ad haec, si persona alicujus 189
Ad hoc, cum aliquis nimis prolixum 248
Ad hoc, cum contingat 85, III
Ad hoc, cum laici nescientibus 275
Ad hoc, cum praedictus episcopus 328, II
Ad hoc in beatorum apostolorum 97
Ad nostram audientiam noveris pervenisse-quod cum Petrus 263
Ad nostram noveris audientiam pervenisse 53
Ad nostram noveris audientiam 81
Ad vestram petitionem regulam 78, I
Appellationi autem 284
Archiepiscopis, episcopis 100
Audivimus et audientes admirati sumus 110
Avaritiae, quae est idolorum servitus 103

C

Casum, quem nobis 301
Causam, quae inter fratres dilectos 197, I
Causam, quae inter R. et F. 200
Causa, quae vertebatur inter R. clericum 218
Causam, quae vertitur inter fratres 99
Causa, quae vertitur inter moniales Sanctae Margaretae 112
Causa, quae vertitur inter nobiles viros 314, I
Ceterum, cum aliquam causam 89, II
Ceterum, quia clerici quidam 144, II
Ceterum, quia ex literis vestris 220
Ceterum, si abbatem 92, II
Ceterum, si adversarius ejus 314, III
Ceterum, si aliquis ad judices 188, II
Ceterum, si episcopi post promotionem 285
Clericos autem in presbyteratu 281
Clericos autem, quos constat 242
Clerici in sacris 17
Clerici in subdiaconatu 18
Commissae nobis a Domino dispensationis 113

Communi vita viventibus 101, IV
Conjugatus in monasterium 36
Conquestus est nobis Herbertus 68
Constitutis in praesentia nostra R. 208
Constitutus in nostra praesentia magister T. 340
Consuluit nos dilectio vestra de duabus 38
Consuluit nos fraternitas tua, quid faciendum 299
Consuluit nos fraternitas tua 162, II
Consuluit nos fraternitas tua, utrum 181, I
Consuluit nos fraternitas tua 35
Consuluit nos tua discretio 74
Consuluit nos tuae devotionis 79, I
Consuluit nos tua fraternitas 54
Consuluit nos tua fraternitas, utrum liceat 115
Consuluit nos tua fraternitas, quid tibi sit faciendum 119
Consuluit nos vestra devotio 82
Continebatur in literis tuis 28
Continebatur in literis, quas nobis tua devotio 121
Continebatur in literis tuis nobis 217
Continebatur in literis tuis, quas tua 316
Cum aliqua causa appellatione remota 334, I
Cum apostolus 13
Cum autem collectam 160
Cum Christus perfectus Deus sit 327
Cum deceat nos commodis 102
Cum dicat apostolus 22
Cum Ecclesia Dei 12
Cum essemus Venetiae 118
Cum essent in praesentia nostra constituti 206
Cum et plantare 21
Cum ex defectu pastoris 108
Cum homines de Borrona 145
Cum Hugo de N. diu vinculo 191
Cum Hugo Hinnet in nostra 137
Cum in Cantuariensi provincia 114, II
Cum in cunctis 3
Cum in cunctis 16
Cum in Ecclesiae 10, I
Cum in officiis charitatis 20
Cum institisset apud nos Hugo 32
Cum inter alios praemineamus 266
Cum inter I. concivem 46
Cum jam pridem canonicus de Bridelt. 205
Cum jam pridem, sicut bene meminimus 221
Cum non ignoretis, venerabilem fratrem 116
Cum non solum viris ecclesiasticis 136
Cum Ordinis Cisterciensium 109
Cum pastorali sollicitudine constringimur 143
Cum R. presbyter et R. clericus 219
Cum sacrosancta Romana Ecclesia 182, I
Cum Sancta Romana Ecclesia 155, I
Cum Sancta Romana Ecclesia caput 226
Cum Simon clericus 172
Cum sicut ex multis 47, I
Cum sint homines in parochia 298, I
Cum sis praeditus 34
Cum super causa, quae vertitur 295
Cum teneamur consultationibus singulorum 235
Cum te postulas consulente edoceri 258
Cum tibi sit de benignitate 190
Cum tu, fili praeposite 256
Cum vos plerumque oporteat 169

D

De adulteriis et aliis criminibus 60
De appellationibus, quae pro minimis 91, I
Debitores autem ad solvendas 157
Decimas a populo 101, III
Decrevit idem sacer conventus 101, V
De cetero ad aures nostras pervenit 197, II
De cetero laicos 59, II
De cetero, quia dignum est 125, III
De cetero, quod diaconus 75
De cetero noveris, quod cum aliquis 186
De eo vero, quod quaesivisti 85, II
De his autem, qui magnae sunt potentiae 233
De his, qui infra annos 72
De his, qui parochiales tenent 250
De hoc, quod consulere nos voluisti 71
De illis autem, qui in minori aetate 304
De illo autem, qui uxorem fratris 307, I
De jure patronatus in capella 173
De monachis autem, qui vicarios 88
De peregrinationis quoque 45, I
De presbytero autem Campaniae 63
De priore, qui non deferens 96
De quarta vero decimae 62, II
De quaestione G. viduae 77
De sacerdotibus publice fornicantibus 95, II
De testibus autem 227

Diacono vero, qui in Sancto Sabbato 163
Dilecti filii nostri Abbas et fratres Sanctae Crucis 106
Dilecti filii nostri decanus Eboracensis 151
Dilecti filii nostri prior et canonici de Giseburch 260, I
Dilecti filii nostri abbas et fratres monasterii Sancti Edulphi 270
Dilecte filii nostri prior et fratres de M. 296
Dilectus filius noster nobilis vir comes Symon 158
Dum dubia semper in meliorem 222

E

Ea, quae de cupiditatis 159, I
Ea, quae honestatis decorem 142
Eum vero, quem noveritis 78, II
Excepta quorundam relatione 180
Ex frequentibus querelis plurium 123
Ex insinuatione prioris et fratrum 133
Ex literis tuis ad nos directis 73
Ex literis tuae dubitationis 264
Ex literis vestris ad nos directis 276
Ex literis tuis, quas ad nos tua destinavit fraternitas 308
Ex literis vestrae fraternitatis accepimus, quod cum olim 331
Ex parte abbatis et canonicorum 146
Ex parte fraternitatis tuae a nobis 201
Ex parte venerabilis fratris nostri Conventrensis 207
Ex parte tua constanti est nobis 278
Ex parte prioris et fratrum de Vall. 326
Ex parte R. pauperis clerici 338
Ex parte tua, frater, ad nostram audientiam 344
Ex praesentium latoris confessione 67
Ex publico instrumento 51
Ex quaestione E. mulieris nobis innotuit 311
Ex querimonia clericorum 176
Ex ratione tibi commissae dignitatis 328, I
Ex tenore literarum tuarum 132, I
Ex transmissa nobis couquestione prioris 193
Ex transmissa nobis quaestione 199
Ex transmissa quaestione R. clerici 302
Ex transmissa conquestione R. clerici 342

F

Felicis memoriae papae Innocentii 9
Fraternitatem tuam scire volumus 101, I
Fraternitati tuae duximus insinuandum 141
Fraternitatis tuae literis nos consuluisti 292
Fratres Arremarensis ecclesiae 259

G

Gobertus de Hai nobis intimavit 288
Graviter oculos divinae majestatis 330

H

Hac secunda vero quaestione 294
Haec autem, quod rex et principes 181, II

I

Ilias vero terras 41
Illi autem, qui animo occidendi 240
Illi, qui non injiciunt 234
Illi vero, qui sola excommunicatorum 241
Illud autem non praetermittendum 188, V
Illud autem te scire volumus 298, II
Illud etiam de vicariis 257
Illud quoque nihilominus ex tua 305
In archiepiscopatu tuo dicitur 306
In causis vero ecclesiasticis 62, I
Indecorum valde et absurdum 170
In eminenti Ecclesiae specula 185, I
In literis, quas nobis tua destinavit 246
Innovamus autem 7, I
In pertractandis causis 336
Insinuatum et auribus nostris 332
Intelleximus ex literis tuis, quod R. 76
Intimatum est auribus nostris, quod plerique 154
Inter ceteras consultationes tuas 262
Inter cetera sollicitudinis tuae 93
Ita quorundam animos 6
Item, quia quaesitum est 235
Item, si duobus coram judice 182, III
Item, si quis rei litigiosae 252

J

Jam pridem, si bene meminimus 289
Jam tertio B. praesentium lator 293
Judaei sive Saraceni 24

L

Lator praesentium cum literis 50
Lator praesentium Herbertus nomine 224
Lator praesentium R. non sine multo 225
Lator praesentium Wilhelmus parochianus 315
Lator praesentium nomine N. 325
Latrix praesentium A. nomine 321
Leprosi, si continere noluerint 48
Licet contineatur in literis tuis 70
Licet nuntius 261
Licet praeter solitum 57, I
Licet pro vitanda 1
Literae, quas nobis tua fraternitas destinavit 312
Literae tuae, quas I. lator 273
Literas ab Exoniensi episcopo 339
Literas tuae dilectionis benigne 335
Literas tuae fraternitatis 39
Literis tuae fraternitatis acceptis 297
Literaturam tuam et prudentiam 83

M

Mandamus vobis, ut ex parte vestra 343
Meminimus nos ex parte tua 87
Miramur plurimum et movemur 271
Miramur plurimum 272
Monachi non pro pretio 11
Monachi vero et canonici 244
Mulieres et aliae personae 232
Mulieres vero, cum separatae 307, II

N

Nec canones nec consuetudo 334, II
Nec magister scholarem suum 231
Nec quisquam alicui 7, II
Nemo presbyterorum xenium 324
Nemo vestrum alicui coronam 78, IV
Nihilominus etiam 159, II
Non sine gravibus sumptibus 128
Non sine multa admiratione auditur 168
Non sine multa necessitate 209
Novum exactionis genus 101, VII
Nulla ecclesiastica ministeria 15, I
Nulli autem monachi 282
Nuntios et literas 178

O

Officialis pro injectione 134

P

Parochianos vero tuos ad solvendas 165
Personas ecclesiarum in tua dioecesi 132, II
Pervenit ad nos, quod cum hi 26
Pervenit ad nos, quod quidam miles 30
Pervenit ad nos, quod cum parochiani 166
Pervenit ad nos, cum presbyteri 177
Pervenit ad nostram audientiam, quod Hugo 66
Pervenit ad nostram audientiam, quod quidam in dioecesi 94
Plene nobis innotuit ex tuarum 167, I
Porro si clericus alicui 61
Porro si qui violentas 79, II
Porro si pro fidelitate 127
Porro si aliquis crimen 187, II
Porro si quis vir et mulier pari 215
Postulasti a nobis, ut ecclesiam 171
Praesentium quoque auctoritate 95, I
Praesentium auctoritate mandamus 111
Praesentium lator J. presbyter 120
Praesentium latoris insinuatione accepimus 147
Praeterea si episcopus 15, II
Praeterea hi, qui de matrimonio 45, II
Praeterea illi, qui episcopo 89, I
Praeterea de his, qui juramentum 98
Praeterea de clericis, qui ad Sedem 130
Praeterea super hoc, quod nos consulere 213
Praeterea, licet ad personatum 249
Presbyterum autem alium 64
Prohibeas autem attentius 179, I
Prohibemus insuper 10, II
Proposuit nobis R. clericus 140
Proposuit nobis dilectus filius noster W. clericus 150
Proposuit nobis G. clericus tuus 192
Protoplastus ille et origo 317
Provisuri attentius, ne ita subtiliter 260, II

Q

Qua fronte super articulis 183
Qua vero inimicitia 269
Quamvis simus multiplicitate 187, I

Quaesitum est a nobis ex parte tua 287
Quaesivit a nobis fraternitas tua 319
Quaestioni, quam facis 228
Quemlibet autem ad perhibendum 188, III
Querelam a panth. 175
Querelam prioris et fratrum de Harewalt 196
Querelam R. nobilis mulieris 320
Querelam magistri R. recepimus 337
Quia in omnibus fere locis 23
Quia nonnulli modum 19
Quia Stephanus clericus et Walter 328, III
Quod a praedecessore 2
Quod autem consuluisti, utrum remissiones 185, II
Quoniam in quibusdam 5
Quotiens aliqui separantur 318

R

Relatum est ad audientiam nostram 341
Relatum est auribus nostris esse quosdam 25
Relatum est auribus nostris, quod monachi de N. 114, I
Relatum est auribus nostris, quod quidam 194
Relatum est auribus nostris, quod quidam clerici 333
Reprehensibilis valde 14
Retulit nobis A. presbyter 286

S

Sabbato vero Pentecostes 238
Sane de clericis inferiorum 86
Sane laborum vestrorum 101, II
Sane quamquam mulieri desponsatae 216
Sane si a nobis super aliqua causa 254
Sane si a nobis super aliqua causa 274
Sane super hoc, quod moris 85, I
Scholares vel alii clerici 230
Scripsimus vobis ad suggestionem H. clerici 265
Scripta vero authentica 92, IV
Sententiam vero a delegato 188, IV
Sicut ait Beatus Leo 4
Sicut dignum est et omni rationi consentaneum 239
Sicut ex parte tua significatum 322
Sicut Romana Ecclesia omnium 210

Sicut tu asseris, ita fatemur et nos 80
Sicut vobis jura vestra 104
Significasti nobis per literas tuas 279
Significasti nobis, quod quidam 69
Significatum est nobis, quod subdiaconi 131
Significatum est nobis, quod cum inter Wilhelmum 198
Significaverunt nobis dilecti filii nostri 290
Significavit nobis Andegavensis 31
Significavit nobis Hugo de Horter. 195
Significavit nobis O. presbyter 138
Significavit nobis venerabilis frater noster Cantuariensis 117
Singulorum consultationibus 42
Si aliquis parochianorum 92, I
Si autem aliqua causa 91, II
Si autem clerici 125, II
Si autem intra certum terminum 212
Si clerici coram judice 59, III
Si de terra, quam habetis 105
Si partibus ante praesentiam 314, II
Si qui vero clerici coram judice 280
Si vero aliquando ordinatio 126
Si vero aliquis quemquam gravissimo 214
Si vero aliquis potestatis ostiarius 245
Si vero presbyter vel alius 268
Si vero aliquis in clericum nutrientem 300, II
Si vir et mulier 59, I
Sollicitudini Sedis Apostolicae incumbit 309
Sponsam autem alterius 156
Statuimus, ut monasteria 101, VI
Statuimus, ut si super decimis 101, VIII
Subdiaconos vero nulli nisi 237
Subdiaconum, sive hominem 164
Suggestum est auribus nostris, quod cum 174
Suggestum est auribus nostris, quod clericus quidam R. 122
Suggestum est ex parte vestra 107
Suggestum est nobis, quod quidam clericorum 129
Suggestum est nobis, quod I. 139
Super alia quaestione, scilicet cum quis dicit 247
Super eo vero, quod nos consulere 29
Super eo vero, quod quendam 55
Super eo, quod quaesitum 84
Super eo, quod a nobis sollicitudo 90

Super eo nunc, quod asseris 167, II
Super eo, quod defuncto aliquo 184
Super eo, quod a nobis quaerendum 188, I
Super eo, quod interdum delegati 211
Super eo autem, quod consilium 229
Super eo autem, quod a nobis consilium 243
Super eo vero, quod certificari desideras 267
Super hoc, quod tua sollicitudo 44
Super hoc vero 47, II
Super hoc vero, quod nobis de illo 162, II
Super illa vero quaestione 251
Supra vero, quod ex literis tuis 283

T

Tanta est vis matrimonii 43
Terminum vero causae 236
Transmissae nobis literae tuae 223
Treugas 8
Tua fraternitas de servorum 56
Tua fraternitas nos consuluit 303

U

Utrum filli et filiae 58
Utrum mulier, quae postquam nubiles 300, I
Uxoratus autem nisi licentia 78, III
Uxoratus, qui praesentibus 65

V

Veniens ad Apostolicae Sedis clementiam 148
Veniens ad Apostolicae Sedis clementiam in multo 202
Veniens ad nos lator praesentium R. 37
Veniens ad nos lator praesentium P. 49
Veniens ad nos P. rector de Gestun. 152
Veniens ad nos W. clericus proposuit 153
Veniens ad nostram praesentiam Marcus 52
Verumtamen si alicui ecclesiae 92, III
Verum post consensum 57, II
Verum quoniam in posterioribus 277
Verum si coram te vel alio 132, III
Videtur nobis, quod secunda 323
Vir autem et mulier 155, II

Vergleichende Tabelle

zur

Collectio Claustroneoburgensis, Appendix Concilii Lateranensis, Compilatio Bambergensis, Lipsiensis und Casselana.

Vergleichende Tabelle.

Claustroneoburgensis	Appendix	Bambergensis	Lipsiensis	Casselana
Nr. 1	I, 1	LVI, 1	Prooem. 1	I, 1
„ 2	I, 2	LVI, 20	Pr. 27	XII, 5
„ 3	I, 3	LVI, 2	Pr. 3	I, 2
„ 4	I, 27	—	Pr. 3	X, 3; XII, 3
„ 5	I, 17	LVI, 23	Pr. 18	XII, 12
„ 6	I, 24	LVI, 13	Pr. 14	XII, 14
„ 7	I, 22	LVI, 19	Pr. 26	XII, 4
„ 8	I, 21	LVI, 8	Pr. 21	V, 1
„ 9	I, 20	LVI, 15	Pr. 28	IV, 1
„ 10	I, 7	LVI, 4	Pr. 10	XII, 9. 10
„ 11	I, 10	LVI, 11	Pr. 13	XII. 1. 2
„ 12	I, 18	LVI, 18	Pr. 11	X, 1. 2
„ 13	I, 4	LVI, 25	Pr. 5	I, 5
„ 14	I, 6	LVI, 5	Pr. 15	VIII, 1
„ 15	I. 8. 5	LVI, 3	Pr. 4	I, 4; XII, 8
„ 16	I, 16	LVI, 17	Pr. 25	XII, 20
„ 17	I, 11	LVI, 7	Pr. 20	XI, 1. 2
„ 18	I, 12	LVI, 24	Pr. 12	VII, 1. 2
„ 19	I, 13	—	Pr. 19	XII, 11
„ 20	I, 15	LVI, 9	Pr. 17	VI, 1
„ 21	I, 9	LVI, 10	Pr. 22	XII, 13
„ 22	I, 23	LVI, 21	Pr. 24	XII, 15
„ 23	I, 25	LVI, 12	Pr. 16	IX, 1
„ 24	I, 26	LVI, 22	Pr. 23	II, 1
„ 25	—	XXVII, 5	XXIII, 28	XXXVI, 5
„ 26	XXXVII, 2	LII, 1	LXI, 1	LX, 1
„ 27	—	—	—	—
„ 28	VI, 10	L, 9	LIX, 20	LVIII, 10
„ 29	XVI, 6	—	—	—
„ 30	XLV, 3	—	—	—
„ 31	VI, 13	L, 12	LIX, 24	LVIII, 13
„ 32	XVIII, 14	LIV, 13	LXIV, 13	LXIII, 13
„ 33	VI, 28	L, 25	LIX, 39	LVIII, 26
„ 34	V, 5	XLIX, 5	LVIII, 5	LVII, 6
„ 35	VI, 2	L, 2	LIX, 2	LVIII, 3
„ 36	V, 6. 7	XLIX, 6. 7	LVIII, 6. 7	LVII, 7. 8
„ 37	XII, 5	—	—	—
„ 38	—	—	—	—
„ 39	XII, 2	LI, 2	LX, 2	LIX, 2
„ 40	VI, 15	L, 14	LIX, 27	LVIII, 16
„ 41	XXIX, 4	XVII, 3	—	XXVII, 3

Claustroneo-burgensis	Appendix	Bambergensis	Lipsiensis	Casselana
Nr. 42	VI, 1	L, 1	LIX, 1	LVIII, 1
„ 43	XXXIII, 1	LIII, 8	LXIII, 6	LXII, 5
„ 44	XII, 7	LI, 6	LX, 7	LIX, 6
„ 45, I	XXXV, 3; XLIX, 19	XXVI, un.	XXIII, 23	XXXIX, 2
II	VI, 33	L, 30	LIX, 47	LVIII, 31
„ 46	XXXIII, 5	LIII, 4	LXIII, 2	LXII, 2
„ 47, I	XXXVII, 3	LII, 2	LXI, 1	LX, 2
II	VI, 16	L, 15	LIX, 28	LVIII, 17
„ 48	XXXVII, 3	LII, 2	LXI, 1	LX, 2
„ 49	XII, 4	LI, 4	LX, 5	LIX, 4
„ 50	XII, 3	LI, 3	XL, 3	LIX, 3
„ 51	V, 8	XLIX, 8	LVIII, 8	LVII, 9
„ 52	V, 10	XLIX, 10	LVIII, 13	LVII, 11
„ 53	XXI, 1	XVI, 1	XVI, 1	XXVI, 1
„ 54	VI, 30	L, 27	LIX, 40	LVIII, 28
„ 55	XII, 6	LI, 5	LX, 6	LIX, 5
„ 56	XLV, 7	—	—	LXV, un.
„ 57, I	VI, 8	L, 5	LIX, 5	LVIII, 6
II	V, 1	XLIX, 1	LVIII, 1	LVII, 1
„ 58	XXXII, 1	LIII, 1	LXII, 1	LXI, I
„ 59, I . . .	XXXII, 2	LIII, 2	LXII, 2	LXI, 2
II	VIII, 8	XXXIX, 6	XLIII, 9	XLVIII, 6
III ⎱ . . . „ 60 ⎰	XXVI, 4	XI, 4	XI, 1	XXI, 8
„ 61	XXVI, 5	XI, 5	XI, 5	XXI, 9
„ 62, I	VIII, 9	XXXIX, 7	XLIII, 10	XLVIII, 7
II	XXXVIII, 1	XLI, 1	XLVI, 1	L, 1
„ 63	XXVI, 6	XI, 6	XI, 6	XXI, 10
„ 64	XXVI, 7	XI, 7	XI, 7	XXI, 11
„ 65	V, 4	XLIX, 4	LVIII, 4	LVII, 5
„ 66	VIII, 23	L, 37	LIX, 57	LVIII, 39
„ 67	XLV, 2	—	—	—
„ 68	XXXIII, 3	LIII, 3	LXIII, 1	LXII, 1
„ 69	XLIX, 14	L, 13	LIX, 26	LVIII, 14
„ 70	VI, 7	L, 4	LIX, 4	LVIII, 5
„ 71	VI, 20	L, 17	LIX, 3	LVIII, 19
„ 72	VI, 29	L, 26	LIX, 39	LVIII, 27
„ 73	VI, 32	L, 29	LIX, 46	LVIII, 30
„ 74 ⎱ . . . . „ 75 ⎰	XLV, 4	L, 33	LIX, 50	LVIII, 34
„ 76	IV, 1	XXIV, 4	XXII, 7	XXXIV, 4

Vergleichende Tabelle.

Claustroneo-burgensis	Appendix	Bambergensis	Lipsiensis	Casselana
Nr. 77	—	—	—	—
„ 78, I	XXVII, 5	XV, 1	XV, 1	XXV, 1
II	—	—	—	—
III	V, 9	XLIX, 9	LVIII, 9	LVII, 10
IV	XXVII, 5	—	—	—
„ 79, I	XIV, 2	VII, 3	VII, 3	XIX, 3
II	XIV, 3	VII, 3	VII, 4	XIX, 3
„ 80	—	—	—	—
„ 81	X, 4	XLII, 2	XLVII, 3	LI, 3
„ 82	XXVI, 2	XI, 2	XI, 2	XXI, 4
„ 83	—	—	—	—
„ 84	XXI, 2	XVI, 2	XVI, 2	XXVI, 3
„ 85, I	XXVI, 24	XIX, 2	XVIII, 2	XXIX, 2
II . . .	XXVI, 25	XIX, 3	XVIII, 3	XXIX, 3
III	III, 1	XXXVII, 1	XL, 1	XLVI, 1
„ 86	XVIII, 5	LIV, 4	LXIV, 4	LXIII, 4
„ 87	VI, 9	L, 8	LIX, 19	LVIII, 9
„ 88	XXXIX, 1	XXV, 17	XXIII, 21	XXXV, 17
„ 89, I	XXVIII, 9	VI, 1	VI, 1	XVIII, 1
II	X, 8	XLII, 6	XLVII, 9	LI, 1
„ 90	X, 9	XLII, 8	XLVII, 10	LI, 9
„ 91, I	X, 10	XLII, 9	XLVII, 11	LI, 10
II	VII, 14	XXXIII, 14	XXXV, 14	XLII, 15
„ 92, I	XII, 1	LI, 1	LX, 1	LIX, 1
II, III	XXIX, 3	XVII, 2	—	XXVII, 2
IV	VIII, 5	XXXIX, 4	XLIII, 7	XLVIII, 4
„ 93	XVIII, 6	LIV, 5	LXIV, 5	LXIII, 5
„ 94	XVIII, 6	—	—	—
„ 95, I	XIX, 4	XXXIII, 4		XXXIII, 4
II	XVIII, 7	LIV, 6	LXIV, 6	LXIII, 6
„ 96	X, 25	—	—	—
„ 97	XXXI, 5	XIII, 3	XIII, 3	XXIII, 3
„ 98	X, 29	XLII, 26	XLVII, 29	XXVIII, 6
„ 99	—	—	—	—
„ 100	XLIV, 5	—	—	—
„ 101, I . . .	XIII, 3	XXV, 4	XXIII, 8	XXXV, 4
II . .	XIII, 7	XXV, 8	XXIII, 12	XXXV, 8
III . .	—	—	—	—
IV . .	—	—	—	—
V . . .	—	—	—	—

10*

Claustroneo-burgensis		Appendix	Bambergensis	Lipsiensis	Casselana
Nr. 101	VI	XIII, 9	XXV, 10	XXIII, 14	XXXV, 10
	VII	XIII, 16	XXV, 3	XXIII, 7	XXXV, 3
	VIII	XXVIII, 3	V, 2	V, 2	XVII, 2
„ 102		XV, 24	XLIV, 21	LII, 28	LIII, 21
„ 103		XIII, 1	XXV, 1	XXIII, 1	XXXV, 1
„ 104		XIII, 13	XXV, 14	XXIII, 18	XXXV, 14
„ 105		XXXVIII, 4	—	—	—
„ 106		XIII, 2	XXV, 2	XXIII, 2	XXXV, 2
„ 107		XIII, 4	XXV, 5	XXIII, 9	XXXV, 5
„ 108		—	—	—	—
„ 109		XLI, 4	—	—	—
„ 110		—	—	—	—
„ 111		—	—	—	—
„ 112		XL, 5	XXXI, 4	XXXI, 6	XL, 4
„ 113		XIII, 12	XXV, 13	XXIII, 17	XXXV, 13
„ 114,	I	XXVII, 7	—	—	—
	II	XVIII, 10	LIV, 8	LXIV, 9	LXIII, 9
	III	—	—	—	—
„ 115		XXVI, 19	XIX, 4	—	XXXIII, 7
„ 116		XLIV, 3	XXXII, 1	XXXII, 1	XLI, 1
„ 117		X, 24	XLII, 21	XLVII, 23	LI, 22
„ 118		XLIV, 4	—	—	—
„ 119		—	—	—	—
„ 120		XXVI, 11	XI, 11	XI, 11	XXI, 16
„ 121		XXVI, 12	XI, 12	XI, 13	XXI, 17
„ 122		XLVI, 3	—	—	—
„ 123		XXVIII, 11	VI, 4	VI, 4	XVIII, 4
„ 124		L, 60	—	—	—
„ 125,	I	XXIV, 1	XII, 1	XII, 1	XXII, 1
	II	XVIII, 8	LIV, 12	LXIV, 7	LXIII, 7
	III	—	—	XXI, 7	—
„ 126		XV, 12	XLIV, 10	LII, 17	LIII, 10
„ 127		VII, 5	XXXIII, 4	XXXV, 4	XLII, 4
„ 128		—	—	—	—
„ 129		—	—	—	—
„ 130		L, 53	XLII, 29	XLVII, 32	LI, 30
„ 131		XVIII, 13	LIV, 12	LXIV, 12	LXIII, 12
„ 132,	I	—	—	—	—
	II	X, 5	XLII, 3	XLVII, 4	LI, 4
	III	X, 5	XLII, 3	XLVII, 5	LI, 4
	IV	XXVI, 3	XI, 3	XI, 3	XXI, 5

Vergleichende Tabelle.

Claustroneoburgensis	Appendix	Bambergensis	Lipsiensis	Casselana
Nr. 133	—	—	—	—
„ 134	XIV, 9. 10	VII, 9	VII, 11	XIX, 11
„ 135	—	—	—	—
„ 136	XVI, 3	IX, 2	IX, 2	XX, 5
„ 137	XXV, 3	—	—	—
„ 138	XLI, 2	—	—	—
„ 139	XIX, 7	—	—	—
„ 140	XIX, 6	XXIII, 6	—	XXXIII, 6
„ 141	—	—	—	—
„ 142	XV, 11	XLIV, 9	LII, 16	LIII, 9
„ 143	XV, 9	XLIV, 7	LII, 14	LIII, 7
„ 144, I	XXIV, 3	XII, 3	XII, 3	XXII, 3
II	XV, 4	XLIV, 2	LII, 3	LIII, 2
„ 145	IV, 4	XXIV, 3	XXII, 6	XXXIV, 3
„ 146	—	—	—	—
„ 147	XXIX, 1	XVII, 1	—	XXVII, 1
„ 148	XLVIII, 1	—	—	—
„ 149	—	—	—	—
„ 150	XLIX, 11	—	—	—
„ 151	XV, 22	XLIV, 19	LII, 26	LIII, 19
„ 152	XXXIX, 5, 6	—	—	—
„ 153	—	—	—	—
„ 154	—	—	—	—
„ 155, I	II, 4	I, 1	I, 1	XIII, 1
II	IX, 1	LV, 1	LXIV, 1	LXIV, 2
„ 156	VI, 4	L, 20	LIX, 33	LVIII, 22
„ 157	XVI, 4	XVIII, 1	XVII, 1	XXVIII, 1
„ 158	XLVII, 2	—	—	—
„ 159, I	—	I, 7	I, 9	XIII, 8
II } . . .	II, 5	I, 6	I, 7	XIII, 8
„ 160 }				
„ 161	—	—	—	—
„ 162, I	XV, 15	XLIV 13	LII, 20	LIII, 13
II	VI, 24	L, 21	LIX, 34	LVIII, 23
„ 163 }	XXVI, 21	XI, 17	XI, 17	XXI, 25
„ 164 }				
„ 165	XXVI, 21	XI, 17	XI, 17	XXI, 25
„ 166	IV, 2	XXIV, 1	XXII, 1	XXXIV, 6
„ 167, I	—	—	XXI, 3	—
II	XVIII, 9	LV, 8	XLV, 8	LXIII, 8
„ 168	XX, 3	XLVI, 3	LV, 3	LIV, 3

Claustroneo-burgensis	Appendix	Bambergensis	Lipsiensis	Casselana
Nr. 169	XV, 21	XXXII, 5	XXXII, 5	XLI, 5
„ 170	XXV, 2	XX, 2	XIX, 2	XXX, 2
„ 171	—	—	—	—
„ 172	XXVIII, 2	V, 1	V, 1	XVII, 1
„ 173	XLVII, 1	XLII, 15	LII, 22	LIII, 15
„ 174	X, 19	XLII, 17	XLVII, 19	LI, 18
„ 175	—			
„ 176	XXVIII, 14	XLII, 30	XLVII, 33	XVIII, 7
„ 177	X, 13	XLII, 12	XLVII, 14	LI, 13
„ 178	IV, 3	XXIV, 2	XXII, 2	XXXIV, 4
„ 179, I	II, 17	III, 1	III, 1	XV, 1
II	XVI, 18	IX, 4	IX, 4	XX, 7
„ 180	XLIX, 5	XLII, 15	VI, 6	XVIII, 6
„ 181, I	X, 14	XLII, 14	XLVII, 15	LI, 15
II	II, 13	I, 2	I, 2	XIII, 2
„ 182, I	X, 6	XLII, 4	XLVII, 5	LI, 5
II	X, 15	XLII, 7	XLVII, 7	LI, 8
III	X, 7	XLII, 5	XLVII, 6	LI, 6
„ 183	XXXI, 2, 3	XLII, 38	XLVII, 43	LI, 38
„ 184	XLIII, 3	XLII, 38	XLVII, 42	LI, 38
„ 185, I	—	—	—	—
II	XXXV, 4	XLII, 33	—	—
„ 186	XXVIII, 10	VI, 3	VI, 3	XVIII, 3
„ 187, I	VII, 8	XXXIII, 8	XXXV, 8	XLII, 8
II	VIII, 6	XXXIX, 5	XLIII, 8	XLVIII, 5
„ 188, I	—	XLII, 31	XLVII, 34	LI, 31
II	VII, 9	XXXIII, 9	XXXV, 9	XLII, 9
III	VIII, 6	—	XLV, 3	—
IV	VII, 10	XXXIII, 10	XXXV, 10	XLII, 10
V	XV, 6	XLIV, 4	LII, 5	LIII, 4
„ 189	XXXIX, 2	XXII, 1	—	—
„ 190	VII, 1	XXXIII, 1	XXXV, 1	XLII, 1
„ 191	XLIX, 16	—	—	—
„ 192	—	XLII, 36	XLVII, 38	LI, 35
„ 193	—	—	—	—
„ 194	—	—	—	—
„ 195	—	—	LII, 11	—
„ 196	—	—	—	—
„ 197, I	—	—	—	—
II	—	—	—	—
„ 198	—	—	—	—

Vergleichende Tabelle.

Claustroneoburgensis	Appendix	Bambergensis	Lipsiensis	Casselana
Nr. 199	—	—	—	—
„ 200	XXXIII, 4	—	—	—
„ 201	XLII, 1	XXXIII, 22	XXXV, 22	XLII, 23
„ 202	XLVII, 8	—	—	—
„ 203	X, 26	—	—	—
„ 204	XXII, 2	XXXVI, 2	XXXIX, 2	XLV, 2
„ 205	—	—	—	—
„ 206	—	—	—	—
„ 207	VII, 18	XXXIII, 18	XXXV, 18	XLII, 19
„ 208	III, 4	XXXVIII, 1	XLI, 1	XLVII, 1
„ 209	—	—	—	—
„ 210	X, 11	XLII, 10	XLVII, 12	LI, 11
„ 211 / „ 212	X, 12	XLII, 11	XLVII, 13	LI, 12
„ 213	VII, 7	XXXIII, 6	XXXV, 6	XLII, 6
„ 214	XVII, 1	XVIII, 3	XVII, 3	XXVIII, 3
„ 215 / „ 216	VI, 17	L, 18	LIX, 31	LVIII, 20
„ 217	XLVII, 5	—	—	—
„ 218	—	—	—	—
„ 219	—	—	—	—
„ 220	—	—	—	—
„ 221	—	—	—	—
„ 222	—	—	—	—
„ 223	VIII, 11	LIII, 5	LXIII, 3	LXII, 3
„ 224	—	—	—	—
„ 225	—	LIII, 7	LXIII, 5	LXII, 4
„ 226	VII, 20	XXXIII, 20	XXXV, 20	XLII, 21
„ 227	VII, 20	XL, 30	XLV, 6	XLIX, 3
„ 228	VII, 20	XLII, 27	XLVII, 30	LI, 28
„ 229	XIV, 8	VII, 8	VII, 10	XIX, 10
„ 230 / „ 231	XIV, 7	VII, 7	VII, 9	XIX, 9
„ 232 / „ 233 / „ 234	XIV, 12	VII, 2	VII, 2	XIX, 2
„ 235	VII, 2	XXXIII, 2	XXXV, 2	XLII, 2
„ 236	—	—	—	—
„ 237 / „ 238	XXVI, 23	XIX, 1	XVIII, 1	XXIX, 1

Claustroneo-burgensis	Appendix	Bambergensis	Lipsiensis	Casselana
Nr. 239 }				
„ 240 }	XXXV, 1	X, 1	X, 1	LXIV, 5
„ 241 }				
„ 242 }				
„ 243	XIV, 7	VII, 7	VII, 9	XIX, 9
„ 244	XIV, 8	VII, 8	VII, 10	XIX, 10
„ 245	XIV, 9	VII, 9	VII, 11	XIX, 11
„ 246	VII, 16	XXXIII, 16	XXXV, 16	XLII, 17
„ 247	XXII, 5, 6	XXXVI, 5. 6	XXXIX, 10. 11	XLV, 6. 7
„ 248	VII, 19	XXXIII, 19	XXXV, 19	XLII, 10
„ 249	XXV, 5	XX, 2	XIX, 5	XXX, 5
„ 250	XXIX, 2	XX, 8	XIX, 9	XXX, 8
„ 251	IX, 2	LV, 2	LXV, 2	LXIV, 2
„ 252	XLIV, 10	XLIII, 2	LI, 1	LII, 2
„ 253	X, 23	XLII, 20	XLVII, 22	LI, 21
„ 254	VII, 3, 4	XXXIII, 3	XXXV, 3	XLII, 3
„ 255	XXII, 7	—	—	—
„ 256	VIII, 10	XXXIX, 8	XLIII, 11	XLVIII, 8
„ 257	XXXIX, 4	—	—	—
„ 258	XLVI, 1	—	—	—
„ 259	XXII, 3	XXXVI, 3	XXXIX, 3	XLV, 4
„ 260, I } II }	X, 1	XLII, 1	XLVII, 1	LI, 1
„ 261	—	—	—	—
„ 262	XLI, 1	XLIII, 3	LI, 3	LII, 3
„ 263	XVI, 7	XVIII, 2	XVII, 2	XXVIII, 2
„ 264	XXXVIII, 2	—	—	—
„ 265	XXXVI, 1	—	—	—
„ 266	X, 27	XLII, 24	—	—
„ 267	—	—	—	—
„ 268	VIII, 7	—	XLV, 2	XLV, 8
„ 269	—	XLII, 24	XLVII, 27	LI, 26
„ 270	XLII, 2	—	—	—
„ 271 } 272 }	XI, 2	XXXIV, 2	XXXVI, 2	XLIII, 2
„ 273	XXXIV, 2	VIII, 2	VIII, 2	XX, 2
„ 274	VII, 3. 4	XXXIII, 3	XXXV, 3	XLII, 3
„ 275	XV, 3	XLIV, 6	XLII, 13	LIII, 6
„ 276 } 277 }	XLI, 6	XXXVII, 2	XL, 2	XLVI, 2
„ 278	XXXI, 1	XXXII, 8	XXXII, 10	XLI, 8

Vergleichende Tabelle.

Claustroneo-burgensis	Appendix	Bambergensis	Lipsiensis	Casselana
Nr. 279	VII, 11	XXXIII, 11	XXXV, 11	XLII, 12
„ 280	VII, 12	XXXIII, 12	XXXV, 12	XLII, 13
„ 281	XXXIX, 3	XXII, 2	—	XXXII, 2
„ 282	XIV, 4	VII, 4	VII, 5	XIX, 5
„ 283	—	—	—	—
„ 284	X, 17	XLII, 16	XLVII, 18	LI, 17
„ 285	XV, 19	XLIV, 17	LII, 24	LIII, 17
„ 286	VIII, 20	—	—	—
„ 287	XXXI, 4	XXXII, 2	XXXII, 2	XLI, 2
„ 288	—	—	—	—
„ 289	XLVI, 4	XXXIII, 23	XXXV, 23	XLII, 24
„ 290	X, 32	XLII, 32	XLVII, 35	LI, 32
„ 291	—	—	—	—
„ 292	VIII, 2	XXXIX, 9	XLIII, 12	XLVIII, 9
„ 293	—	—	—	—
„ 294	XXXIV, 3	VIII, 3	VIII, 3	XX, 3
„ 295	VIII, 1	XL, 1	XLV, 1	XLIX, 1
„ 296	III, 5	XXXVII, 3	XL, 4	XLVI, 3
„ 297	—	—	—	—
„ 298, I	—	—	—	—
II	—	—	—	—
„ 299	—	—	—	—
„ 300, I	VI, 29	L, 26	LIX, 39	LVIII, 27
II	XIV, 1	VII, 1	VII, 1	XIX, 1
„ 301	—	—	—	—
„ 302	—	—	—	—
„ 303	L, 41	L, 35	LIX, 52	LVIII, 37
„ 304	L, 41	L, 35	LIX, 53	LVIII, 37
„ 305	L, 42	—	LIX, 54	LVIII, 27
„ 306	L, 48	—	LX, 10	LIX, 9
„ 307, I	—	—	—	—
II	L, 46	LV, 3	LXV, 3	LXIV, 3
„ 308	XLIX, 3	—	—	—
„ 309	VI, 18. 19	L, 16	LIX, 29	LVIII, 18
„ 310	VI, 7	L, 4	LIX, 4	LVIII, 4
„ 311	XXXIII, 2	LIII, 9	LXIII, 7	LXII, 6
„ 312	—	L, 32	LIX, 49	LVIII, 32
„ 313	—	—	—	—
„ 314	—	LIII, 6	LXIII, 4	—
„ 315	VI, 11	L, 10	LIX, 21	LVIII, 11
„ 316	—	LI, 8	LX, 9	LIX, 8

Claustroneo-burgensis	Appendix	Bambergensis	Lipsiensis	Casselana
Nr. 317	—	—	—	—
„ 318	VIII, 17	XXXIX, 13	XLIII, 17	XLVIII, 13
„ 319	—	—	—	—
„ 320	—	—	—	—
„ 321	—	—	—	—
„ 322	—	—	—	—
„ 323	—	—	—	—
„ 324	—	I, 5	I, 6	XIII, 6
„ 325	XXVI, 14	XI, 12	XI, 12	XXI, 18
„ 326	XVIII, 15	LIV, 14	LXIV, 14	LXIII, 14
„ 327	XLIX, 20	XXX, un.	XXVI, 1	XXXIX, 1
„ 328, I	XXV, 1	XX, 1	XIX, 1	XXX, 1
II	XXIV, 4	—	XII, 4	XXII, 4
III	—	—	—	—
„ 329	—	—	—	—
„ 330	XIV, 6	VII, 6	VII, 8	XIX, 7
„ 331	—	XX, 6	XIX, 6	XXX, 6
„ 332	II, 15	I, 4	I, 4	XIII, 4
„ 333	XLVII, 7	XLII, 37	XLVII, 39	LI, 36
„ 334, I	XXXVI, 5	—	—	—
II	XL, 2	XXXI, 1	XXXI, 1	XL, 1
„ 335	XXIII, 2	XXXV, 2	XXXVII, 2	XLIV, 2
„ 336	XXIII, 3	XXXV, 3	XXXVII, 3	XLIV, 3
„ 337	—	—	—	—
„ 338	—	—	—	—
„ 339	VIII, 14	XL, 11	XLIII, 14	XLVIII, 11
„ 340	—	—	—	—
„ 341	—	—	—	—
„ 342	XXXVII, 1	—	—	—
„ 343	II, 11	IV, 3	VI, 4	XVI, 4
„ 344	XIII, 5	XXV, 6	XXIII, 10	XXXV, 6

Tagebücher des Stiftes Klosterneuburg über die Invasionen der Franzosen in Österreich in den Jahren 1805 und 1809.

Mitgeteilt

von

Berthold Černík.

Österreichs Ringen mit Napoleon zu Beginn des 19. Jahrhunderts war so mutig und schließlich durch den Sieg der Österreicher bei Aspern, der das »Gespenst der Napoleonschen Unbesiegbarkeit«[1]) auf immer verscheuchte, für den genialen Feldherrn so verhängnisvoll, daß der Wunsch, über jene für Österreich ruhmvollen, aber auch an Mißgeschick und Unglück reichen Tage immer noch mehr zu erfahren [2]), begründet ist. Den Dank eines jeden Österreichers verdienen deshalb die in den letzten Jahren zahlreich erschienenen Werke über jene Kriegszeiten, besonders über das Jahr 1809. Es sei bloß verwiesen auf das unter Leitung des Direktors des k. u. k. Kriegsarchivs Feldmarschalleutnant Woinovich von einem Kreise von Offizieren des k. u. k. Heeres herausgegebene Werk: »Das Kriegsjahr 1809 in Einzeldarstellungen«[3]), das auf gründlicher Forschung beruht, ferner auf Professor Hirns monumentales Werk über Tirols Erhebung im Jahre 1809, zu dem das k. u. k. Haus-, Hof- und Staatsarchiv, das k. u. k. Kriegsarchiv, das Innsbrucker Statthaltereiarchiv, das Münchener Staats- und Kreisarchiv, die Archive des Zisterzienserstiftes Stams, der Familien Dipauli in Kaltern, Giovanelli in Bozen-Hörtenberg u. a. m. wertvolles Material boten, und schließlich auf Dr. Boguths interessante, vor allem auf Akten des Archivs des k. k. Ministeriums des Innern, des k. k. Statthaltereiarchivs, des städtischen Archivs und des Landesarchivs in Wien fußende Darstellung der »Okkupation Wiens und Niederösterreichs durch die Franzosen im Jahre 1809 und ihrer Folgen für das Land« im »Jahrbuch für Landeskunde von Niederösterreich« 1908, 7. Jahrgang.

Nichtsdestoweniger ruhen noch manche Aufzeichnungen und manche Akten, die unsere Kenntnis über jene Kriegszeiten erweitern oder doch min-

---

[1]) Traditionen zur Charakteristik Österreichs, seines Staats- und Volkslebens unter Franz dem Ersten. Leipzig 1844, Karl Knoch. 1. B., S. 217.
[2]) Josef Hirn, Tirols Erhebung im Jahre 1809. Innsbruck 1909, Schwick, S. VI.
[3]) Wien, C. W. Stern (Buchhandlung L. Rosner).

destens befestigen könnten, unbeachtet in stillen Archiven. Das Archiv des Stiftes Klosterneuburg birgt eine Fülle von bisher nur teilweise bekannten Aufzeichnungen über die französischen Einfälle in den Jahren 1805 und 1809 und von Akten aus dieser Zeit[1]). Stadt und Stift Klosterneuburg, an einer Hauptheeresstraße gelegen, waren ständig Quartiere der verschiedenartigsten Truppen Napoleons. Der Soldatenkaiser selbst besuchte das Stift Klosterneuburg (20. Dezember 1805) und fand an dem Neugebäude Gefallen. Inmitten feindlicher Ereignisse aller Art machte der damalige Stiftsdechant Augustin Herrmann[2]), der in jenen schweren Tagen das Stift leitete — der Propst Gaudenz Dunkler mußte als Mitglied des Prälatenstandes in Wien Wohnung nehmen — tagebuchartige Aufzeichnungen, die er nach Abmarsch der Feinde zu zwei »Tagebüchern der Begebenheiten im Stifte und in der Stadt Klosterneuburg während der feindlichen Invasionen« in den Jahren 1805 und 1809 erweiterte. Diese Tagebücher schildern wohl vor allem die Leiden des Stiftes und der Stadt Klosterneuburg sowie der stiftlichen Untertanen der Umgebung in den genannten Kriegsjahren, doch hat der Verfasser auch die wichtigsten Ereignisse jener Kriegszeiten überhaupt in seine Tagebücher einbezogen, er läßt Streiflichter fallen auf Napoleon und seine Offiziere, auf Zustände im französischen Heere und in unserem eigenen Lande, so daß den Tagebüchern Herrmanns nicht bloß lokalhistorisches Interesse zukommt. Fern von jeder Überschwenglichkeit will Herrmann, der ein Freund historischer Studien war, die Wahrheit schlicht und einfach berichten. Obwohl er zur Zeit der feindlichen Invasionen die Seele des Stiftes Klosterneuburg war und durch seine feine Bildung und durch sein ruhiges Wesen selbst den Feinden imponierte, so hebt er doch in den Tagebüchern seine unschätzbaren Verdienste um das Stift nirgends hervor. Wir können es uns nicht versagen, die Worte hier wiederzugeben mit denen der Chorherr Gregor Hummel[3]),

---

[1]) Archiv des Stiftes Klosterneuburg, Neue Rapulatur (Historische Denkmäler) Fol. 266, Nr. 37 und Fol. 272, Nr. 117.

[2]) Geboren 26. März 1757 zu Barzdorf in Schlesien, wurde Herrmann den 9. April 1787 Weltpriester. Am 14. November 1788 fand er im Stifte Klosterneuburg Aufnahme und am 14. November 1789 legte er die feierlichen Gelübde ab. Von 1791—1798 war er Kooperator und Katechet in Korneuburg, von 1798—1800 Lokalkaplan auf dem Kahlenberge, 1800 wurde er Novizenmeister, 1804 Professor der Dogmatik an der theologischen Lehranstalt des Stiftes. Am 23. Oktober 1805 fiel auf ihn die Wahl zum Stiftsdechanten. Als Stiftsdechant war er bis 1806 zugleich Novizenmeister und von 1813—1816 Dogmatikprofessor. 1825 war Herrmann Koadministrator des Stiftes Klosterneuburg. Er starb den 15. September 1828. Der Hauptkatalog der Chorherren des Stiftes rühmt ihn als einen sprachenkundigen, gelehrten, frommen und von allen geliebten Mann.

[3]) Hummel wurde zu Wien den 28. Februar 1783 geboren. Am 13. Oktober 1805

Erzieher im Hause des Vizekönigs des Lombardovenezianischen Königreiches Erzherzogs Rainer und später Titularabt von Heöviz in Ungarn, in seinen Ergänzungen zum Tagebuch 1809 des Augustin Herrmann[1]) diesen charakterisierte. Hummel schreibt: »Keine Worte sind hinreichend, den Kummer und die stete Angst zu schildern, in welcher unser würdiger Herr Dechant Augustin Herrmann Tag und Nacht schwebte. Die ganze Last lag auf ihm und seine Standhaftigkeit und wahrhaft christliche Resignation verdient um so mehr Bewunderung und dankbare Achtung, da er keineswegs zu jenen Menschen gehört, quibus triplex aes circa pectus, sondern von Natur und vielleicht auch durch manche äußere Umstände etwas schüchtern ist und dabei ein feinfühlendes Herz im Busen trägt, das jederzeit leicht verwundbar ist. Oft stand er da verlassen von allen, nur nicht von der festen Zuversicht auf Gott, den Herrn der Heerescharen und mächtigen Retter in der Not. Mir war immer am besten zu Mute, wenn ich mich an seiner Seite befand, wiewohl ich dadurch öfters Anlaß fand, über seinen Kummer mit Wehmut und banger Besorgnis erfüllt zu werden. Gott hat ihm Kraft und Stärke verliehen, alle diese Drangsale zu überstehen, indes haben sie doch seine Gesundheit bedeutend geschwächt.«

    Wir geben nun im folgenden Herrmanns Tagebücher wesentlich unverändert wieder. Hie und da war es notwendig, stilistische Änderungen vorzunehmen. Hummels Ergänzungen zu Herrmanns Tagebuch über die französische Invasion im Jahre 1809 wurden größtenteils verwertet und sind als Fußnoten mit dem Schlagwort Hummel versehen. A. d. V. bedeutet Anmerkung des Verfassers, die übrigen Anmerkungen stammen vom Herausgeber.

---

trat er in das Stift Klosterneuburg ein. Am 1. März 1807 legte er die Profeß ab und am 17. September 1809 wurde er zum Priester geweiht. In den Jahren 1811—1827 war Hummel im Stifte Professor der Moral- und der Pastoraltheologie, Novizenmeister (1817—1819; 1822 bis 1827) und Bibliothekar 1822—1827. Von 1827—1828 supplierte er an der Universität in Wien die Pastoraltheologie. Vom 1. September 1828 bis zum Jahre 1846 war er Erzieher der Kinder des Vizekönigs von Mailand, des Erzherzogs Rainer. 1839 wurde er für seine Verdienste zum Titularabt von Heöviz in Ungarn ernannt und am 17. August desselben Jahres zu Wien infuliert. Im Jahre 1848 kehrte Hummel von Italien zurück und nahm im Hofe des Stiftes Klosterneuburg zu Wien Wohnung. Er starb zu Wien am 20. Jänner 1869.

    [1]) Manuskript in der Prälaturbibliothek des Stiftes Klosterneuburg. Der hochwürdigste Herr Prälat Friedrich Piffl hatte die Güte, mir diese Handschrift zur Verfügung zu stellen, wofür ich an dieser Stelle nochmals den besten Dank abstatte.

I.

Tagebuch der Begebenheiten im Stifte und in der Stadt Klosterneuburg während der Anwesenheit der Franzosen vom 11. November 1805 bis 14. Jänner 1806.

Die Nachrichten von der schnellen Annäherung des Feindes wurden täglich lauter. Hochwürden Herr Propst Gaudentius befahl daher den 5. November (Dienstag) ohne erhaltenen allerhöchsten Hofbefehl, den Erzherzoghut bei der offenbaren Feindesgefahr in Sicherheit zu bringen.

Ich wurde demnach mit dem Herrn Stiftsarchivar Wilibald Leyrer am genannten Tage beordert, das österreichische Kleinod nach Wien in die k. k. Hofburg zu führen. Dort trafen wir bereits große Verwirrung an. Man sah nichts, als einpacken und sich zur Flucht anschicken. Lange war es ungewiß, wer unsere Krone annehmen würde; endlich begab ich mich mit derselben in das Hofkontrolloramt, wo ich gegen zwei Stunden ganz allein mit einem Kanzleidiener wartete, bis Herr Leopold Ritter von Wolfskron, kais., auch kais.-kön. Rat, Hofkontrollor und Schatzmeister, ankam und, obschon der Hofschatz bereits eingepackt und zum Teil abgeführt war, den Erzherzoghut gegen Übergabschein von unserer und Rezipisse von seiner Seite übernahm und versprach, denselben zu den k. k. Schätzen zu bringen. Diese kamen nach Olmütz und bei annähernder Gefahr nach Teschen, dann nach dem Friedensschlusse nach Wien zurück, von wo aus Herr Prälat den 12. Februar 1806 das kostbare Depositum incognito zum heil. Leopold zurückbrachte.

Bei Gelegenheit der gedachten Übergabe meinte ich, es sei nur kluge Vorsichtsmaßregel, die Gefahr könne sich wieder vermindern. »Nein!« antwortete Herr v. Wolfskron, »ich versichere Sie, die Gefahr nimmt stündlich zu!« Niederschlagende Nachricht!

Niemand zweifelte mehr an dem baldigen Anmarsche der feindlichen Armee.

In dem abgehaltenen Kapitel kam man überein, das meiste Silber hier zu belassen. Nur das große Ostensorium und die zwei goldenen Kelche nahm der Herr Prälat mit nach Wien hinab. Es war freilich durch eine erzbischöfliche Kurrende befohlen worden, alle Kirchenpretiosen, die unentbehrlichsten ausgenommen, nach Ungarn in Sicherheit zu bringen, allein der Kapitelbote war mit dieser Verordnung aus Furcht vor dem Feinde in unser Stift nicht gekommen. Überhaupt war jedermann in der größten Verlegenheit. Man konnte unmöglich vorausbestimmen, was zuträglicher sein dürfte. Wer konnte in die Zukunft sehen, wer die Stimmung und die Instruktionen des nahen Feindes wissen?

Für diesmal hatten wir uns gut beraten, denn von Kirchensachen berührte der Feind, wenigstens in der hiesigen Gegend, nichts und das Salvieren war ebenfalls mit Gefahr und namhaften Kosten verbunden.

Den 9., 10. und 11. November wurden schon immer für feindliche Gäste Anstalten getroffen.

Endlich am 11. November nachmittags brachte ein ausgeschickter Bote vom Leopoldsberge die Nachricht, daß aus der Gegend um Wien feindliche Reiterei herauf im Anmarsch wäre. Gegen halb 6 Uhr abends kam die Post vom Rathause ins Stift, die ersten Franzosen seien hier.

Ich eilte mit Herrn F o u r e r i u s, Professor der biblischen Literatur, und Herrn A l d o b r a n d, Kooperator der oberen Stadt, hinaus, dieselben zu empfangen. Es war der Sergeantmajor (Regimentsfeldwebel) namens C r a c h é von einem Jägerregiment zu Pferd (chasseurs à cheval) mit einigen Gemeinen. Dieser kam etwas früher als Quartiermacher. Wir führten denselben ins Stift herein, wo er Quartiere in der Prälatur, in den Kaiserzimmern, in den Gastzimmern im Neugebäude und in der alten Prälatur anordnete. Dieser Mann, obschon er fürchterlich aussah, sprach doch manierlich mit uns, was den ersten Schrecken etwas milderte. Er redete auch ziemlich Latein und etwas Deutsch. Vor 6 Uhr kam die Nachricht, der General sei da. Es war der Brigadegeneral S e b a s t i a n i, von Geburt ein Korse und Verwandter des Kaisers Napoleon. Er kam mit zwei Kavallerieregimentern, mit einem Regiment Dragoner (mit Roßschweifen) und einem chasseurs à cheval. Diese Brigade stand unter dem Divisionsgeneral W a l t h e r, welcher in Nußdorf war, und die ganze Division unter dem Prinzen M u r a t (Schwager Napoleons), welcher die ganze Avant-Garde, meistens Kavallerie, kommandierte.

So viele unerwartete Reiterei setzte das Stift und die Stadt in außerordentliche Verlegenheit. Woher so viele Stallungen und eine solche Menge

Habers? In der Stadt mußten die meisten Pferde in Kuhställen, hin und wieder auch in den Vorhäusern untergebracht werden.

Um 6 Uhr abends führten wir den General Sebastiani vom Rathause in das für ihn bestimmte Quartier, nämlich in das Schlafzimmer des Herrn Prälaten. Kaum war er da eingetreten, so sagte er mir: »Ich habe 6000 fl. in Gold vonnöten.« Ich hielt ihm die Unmöglichkeit vor, seine Forderung zu befriedigen, da er selbst wissen würde, daß wir bei uns seit mehreren Jahren fast nichts als Papiergeld und Kupfermünze sehen. Anfänglich wollte er von keiner Vorstellung was hören, endlich nach vielen Bitten sprach er: »Nun, wenigstens 2000 fl. in Gold und diese muß ich heute noch haben und die 4000 fl. in Bankozetteln morgen früh und kein Wort mehr.« Ich stellte ihm vor, bis zum Speisen sei die Zeit zu kurz, denn die Feinde seien diesen Tag von Kottingbrunn hergeritten und sehr hungrig; und nach dem Essen, bis wir die Summe zusammenbrächten, würde der Herr General bereits zu Bette gegangen sein. »Das macht nichts, Ihr bringet das Geld heute abends noch zu mir.« Dies war der Anfang. O Gott! dachten und sagten wir in der Stille, wie wird es uns weiter ergehen. Unsere Lage war schrecklich, diese Nacht eine der fürchterlichsten, denn am jenseitigen Ufer standen noch die Unsrigen, wie stark, wußten wir nicht, denn die Kommunikation war schon seit ein paar Tagen abgeschnitten, da man alle Fahrzeuge hinübergeführt, versenkt oder zerstört hatte. Hätten die Österreicher einen Überfall herüber gewagt, was wäre mit uns geschehen? Doch blieben sie, wenigstens zu unserem Glücke, ruhig, denn sie wußten nicht oder wollten nicht wissen, daß der Feind bereits in Klosterneuburg war, bis sie zwei Tage danach gefangen wurden.

Die Tafel wurde sobald als möglich für beiläufig 24 Personen in dem gewöhnlichen Speisezimmer der Prälatur gerichtet. Nebst dem General speisten die Obersten, Majore und andere Offiziere, welche nicht im Stifte, einquartiert waren, und einige Stiftsherren mit. Ich mußte zur Linken des Generals Platz nehmen. Unter der Tafel war Musik zu einiger Milderung der Feinde, welche größtenteils ein martialisches, abschreckendes Aussehen hatten. Unter dem Tische fragte mich Sebastiani: »Wo ist euer Kaiser?« »Wir wissen das nicht«, antwortete ich. »Er ist zu Brünn«, sagte er darauf. An der Musik, welche nicht gerade die beste war, schienen die Franzosen Wohlgefallen zu haben, doch sah man ihnen im allgemeinen noch eine gewisse Unruhe an, denn sie konnten noch nicht wissen, wie die ganze Sache ausgehen werde und vielleicht mochte in der Nacht auch der Rapport von der für sie verdrießlichen Affäre bei Dürnstein[1] eingelaufen sein. Man

---

[1] Bei Dürnstein an der Donau wurde von den Russen, die von Kutusow,

sagte auch, die ersten Tage, besonders in der Nacht, sei sowohl hinauf gegen Tulln als auch herab stark marschiert worden. Überhaupt ist es System der Franzosen, beim Einmarsch in fremde Länder durch alle erdenklichen Mittel Furcht, Ungewißheit usw. bei den Bewohnern zu erwecken und unter denselben zu verbreiten.

Nach dem Essen erforderte es nicht wenig Behutsamkeit, sich in das Archiv zur Kasse zu schleichen, denn das Vorzimmer oder Bedientenzimmer war voll feindlicher Domestiques, Attachés. Die Fürsicht hatte gesorgt, daß vom seligen Herrn Senior Hartmann Mödelhammer und vom seligen Herrn Engelbert von Augusti, ehemals Chorherrn von St. Dorothea in Wien, dann unserem Stiftsprofeß, einiger Rücklaß in Gold da war. Wir hätten sonst die verlangte Summe diesen Abend unmöglich auftreiben können und wären vermutlich Mißhandlungen ausgesetzt gewesen. Herr Ambros Conrad, Stiftskämmerer, und Herr Professor Fourerius Ackermann halfen in der Dechantei das Geld zusammenzuzählen. Wir zweifelten, ob wir den Dukaten nach dem Konventionsfuß zu 4 fl. 30 kr., oder nach dem damals gangbaren Werte gegen das Papiergeld zu 7 bis 8 fl. rechnen sollten.[1]) Allein fragen konnten wir nicht und auf die Anfrage wäre sicher das erstere zur Antwort erfolgt. Daß der Brandschatzer die Stücke nicht zählen werde, darauf war gar keine Rechnung zu machen. Wir zogen also das Sichere vor und ich füllte die 445 Stück Dukaten in einen seidenen Beutel, welchen wir miteinander nach 10 Uhr abends dem General im Bette übergaben. Dieser legte die Beute unter seinem Kopfpolster und wünschte uns gute Nacht.

Der Oberst Montbrun, der nach dem Frieden General der Brigade wurde, logiert in dem zweiten Kaiserzimmer. Dieser requirierte von der hiesigen Stadt ebenfalls 6000 fl. in Konventionsmünze. Er war der schreckbarste Mann von allen Feinden, die wir bei uns sahen. Herr Kooperator Ivo Sailler interzedierte bei demselben für die Stadt, er wies ihn aber mit der brutalen Antwort ab: »Bekümmern Sie sich um Ihre Sachen!«

Die gemeldete Summe in gutem Gelde konnte die Stadt nicht herschaffen. Zur Not brachte sie etwas über 5000 fl. (und die meistens von Privaten) zusammen. Deshalb wurde auch der damalige Bürgermeister von Klosterneuburg Ferdinand Reisenhobel, der die Brandschatzung herein-

---

Miloradowitsch und vom österreichischen Feldmarschalleutenant Schmidt befehligt wurden, die französische Division Gazan zum größten Teile aufgerieben.

[1]) Bei der auf die Häuser in Wien später ausgeschriebenen Steuer nahm der Feind selbst den Dukaten zu 7 fl. 45 kr., den Kronentaler zu 3 fl. 7 kr., den Konventionstaler zu 2 fl. 50 kr., den Zwanziger zu 28½ kr. an. A. d. V.

brachte, von Montbrun brutalisiert; es hieß, er hätte denselben gar mit einem Fuße gestoßen und sich von ihm niedrige Dienste tun lassen.

In das Refektorium waren mehrere Unteroffiziere und Gemeine gekommen, von denen sich einige ungestüm betrugen, aber Mr. Craché wußte dieselben zur Ruhe zu bringen. Dieser Craché verlangte durch Herrn Ivo auch eine Remuneration, weil wir, wie er vorgab, es ihm vorzüglich zu verdanken hätten, daß es für uns so leidentlich abgelaufen sei. Ich gab ihm daher 8 Dukaten.

Gegen Mitternacht wurde es im Hause ruhig und wir dankten Gott, daß der erste Anfall ohne Mißhandlung überstanden war. Die Gedanken an eventuelle Folgen mußte man sich so viel als möglich ausschlagen, um die Fassungskraft nicht zu verlieren.

Den 12. November wartete ich mit einigen Herren dem General zum Frühstücke auf und brachte ihm die 4000 fl. in Bankozetteln. Wir baten Sebastiani aufs neue, er möchte uns wenigstens von dieser Summe zum täglichen Bedarf etwas nachlassen, allein alles umsonst. Er ritt dann nach Nußdorf zum Divisionsgeneral Walther, als ob er demselben das erpreßte Geld überbringen müßte — vielleicht teilten sie die Beute miteinander — kam aber zum Speisen zurück. Ich verlangte auch dringend eine Quittung über die ihm ausgezahlte Summe, allein er gab keine, nur wenige offene Zeilen als Rekommandationsschreiben an den kommenden General, seinen guten Bruder, wie er sich ausdrückte, hinterließ er mir.

Sebastiani avancierte gleich nach geschlossenem Frieden zum Divisionsgeneral, kam danach als französischer Gesandter nach Konstantinopel, wo er den Briten empfindliche Streiche spielte, aber auch in kritische Lagen geriet. Dann ging er über Wien nach Frankreich zurück und kommandierte 1808 bis 1809 wider die spanischen Insurgenten eine Division. Vor dem gegenwärtigen Kriege hatte er als Colonel, von Napoleon gesendet, über Ägypten, durch die Levante, nach Konstantinopel und durch Ungarn zurück eine Reise gemacht.

Nachmittags gegen 5 Uhr zog Sebastiani mit seinen zwei Regimentern aufwärts gegen Tulln fort, nur einige wenige von seinem Korps blieben in der Stadt zurück.

Den nämlichen Tag (12. November) gegen Abend kam der Generaladjutant des Prinzen Murat, namens Girard, mit dem Obersten vom Geniekorps Flayel von Hütteldorf her im Stifte an. Sie speisten und übernachteten in der Prälatur und in den Kaiserzimmern.

Sie hielten sich sehr darüber auf, ob zum Schein oder im Ernste (?), als sie hörten, General Sebastiani hätte uns gebrandschatzt. Als wir dieselben zur Ruhe begleiteten, schienen sie schüchtern und furchtsam zu sein, denn am jenseitigen Ufer standen noch immer die Unsrigen ruhig und unbekümmert. Abends nach 10 Uhr kam aus der unteren Stadt die Nachricht, einige zurückgebliebene Kavalleristen störten die Ruhe. Herr Generaladjutant zog sich den Augenblick an, ging, von Herrn I v o begleitet, hinab und brachte die Unruhigen zur Raison.

Eben am 12. November ging die zweite Abteilung der österreichischen Deputierten von Wien ab, unter welchen unser Herr Propst G a u d e n t i u s war, um den Kaiser N a p o l e o n zu Sieghartskirchen zu bewillkommnen.[1]

Am 13. November kam der französische Monarch am genannten Orte, von seinen Garden begleitet, an. Er ließ halten und den Wagenschlag aufmachen, die Deputierten baten um Sicherheit der Personen und des Privateigentums und N a p o l e o n sagte dieselbe zu. Gleich fragte er, ob seine Truppen die Wiener Brücken schon passiert hätten, worauf man keine andere Antwort geben konnte, als, die Brücken wären noch gestanden, als man von Wien abgegangen sei. In Purkersdorf erwartete der ehrwürdige Greis Siegmund Anton Graf von H o h e n w a r t h, Fürst-Erzbischof von Wien, den französischen Imperator. Der würdige Oberhirt bat vorzüglich um Schonung der gottgeheiligten Örter und der Religionsdiener. Auch hier wurde die Gewährung der Bitte zugesagt.

N a p o l e o n fuhr gerade nach Schönbrunn.

Den 13. November vormittags nahmen die zwei am vorigen Tag im Stift angekommenen Gäste die hiesigen kaiserlichen Depots[2] in Beschlag und ließen dieselben von nun an von den Ihrigen bewachen. Im Fuhrwesendepot bei St. Martin war der Verlust für das Ärar ungleich größer als auf der Werfte oder dem Bauplatze, wo nebst dem Holze etc. nur wenige durchgeschlagene Pontons zurückgeblieben waren.

An demselben Tage kamen gegen 30 französische Sappeurs, welche unverweilt an einem Brückenkopfe (tête de pont) auf dem Bauplatz zu arbeiten anfangen mußten, denn der Oberst wollte mit Gewalt, wie er vorgab, dort eine Brücke über den Fluß hinüberschlagen lassen. Er ließ die vorgefundenen Pontons eiligst ausbessern, requirierte Professionisten und Arbeiter, welche alle zitterten, weil man die österreichischen Wachen jenseits noch immer auf und ab gehen sah. F l a y e l verlangte auch auf die importunste Art ein Fahrzeug, um über die Donau zu setzen. Allein man sagte ihm, was geschehen sei und daß er sich der äußersten Gefahr aussetzen würde, denn er könne mit

---

[1] Die erste Abteilung der österreichischen Deputierten war am 10. November abgegangen.

[2] Trainzeugsdepot und Magazine der Schiffswerfte für die Pontoniere.

eigenen Augen die Unsrigen auf dem gegenseitigen Ufer sehen. Doch fing er immer wieder an, um eine Zille nachzufragen. Es kam aber keine zum Vorschein, obschon einige verborgen gewesen sein sollen, wie man später vernahm. Die Feinde entdeckten aber nichts davon. Vielleicht wollte der Colonel, wenn es wirklich sein Ernst war hinüberzufahren, nur die verborgenen und jenseits stationierten Fahrzeuge ausspähen.

Nachmittags um 4 Uhr kam hier der Brigadegeneral Milhaud[1]) mit zwei Regimentern Kavallerie, Chasseurs à cheval und Dragonern, an. Milhaud logierte in ebendemselben Zimmer wie Sebastiani. Ich übergab dem neuen General das offene Empfehlungsschreiben seines Vorgängers, in welchem kurz stand, daß wir denselben gut bewirtet hätten und er hoffe, sein nachkommender guter Bruder (den er duzte), würde mit uns auch zufrieden sein.

Abends erschien unvermutet wieder der Oberst Montbrun mit einem Oberstleutnant von Tulln zurück. Er verlangte Quartier im Stifte, weil aber sein Zimmer, das er vorgestern bewohnt hatte, bereits besetzt war, so glaubte er irrigerweise, ich wolle ihm kein Nachtlager geben. Er fuhr mich daher mit schrecklichen Drohungen an und legte schon die Hand an seinen Säbelgriff. Ich beklagte mich darüber beim General, bei dem fast alle Stabs- und anderen Offiziere kurz vor dem Souper versammelt waren. Alle waren über meine Klage stutzig und schienen sich vor Montbrun selbst zu fürchten. Endlich sagte Milhaud, Montbrun werde sich schon ruhig betragen und sich von weiterer befürchteter Mißhandlung enthalten.

Später vernahm ich, daß einer von unseren Herren, vielleicht seinem Bedienten, gesagt hätte, für die Neuangekommenen sei kein Platz übrig, weil auch Milhaud wirklich befohlen hatte, nur die Stabsoffiziere von seiner Brigade im Stifte einzulogieren. Übrigens betrug sich Montbrun bei Tisch ruhig, gab mir die Hand und sagte, er wisse, daß ich an der Sache keine Schuld hätte.

Diesen Abend war Tafelmusik wie vorgestern. General Milhaud hörte dieselbe gern, vorzüglich Stücke von Mozart. Er äußerte sich, es sei ihm leid, daß er nicht länger bleiben könne, denn unter der Tafel erhielt er den Befehl zum Abmarsch und während des Essens sagte er mir leise: »Ich muß fort, um die Russen zu schlagen.«

Nach 9 Uhr abends ritt der General weg über Wien und um 10 Uhr folgten ihm seine zwei Regimenter. Sie flogen auf Nikolsburg zu.

---

[1]) Dieser stimmte 1793 als Deputierter des Departement (des Berges) Cantal für den Tod Ludwigs XVI. und war während der Revolutionsstürme Direktor einer ambulierenden Guillotine. A. d. V.

An demselben Tage (13. November), schon vormittags um 11¼ Uhr, war die erste französische Kolonne, 15.000 Mann stark, zu Wien einmarschiert und hatte unter Anführung des Prinzen Murat den nächsten Weg von Mariahilf herein durch das Burgtor, die Stadt, über die Donaubrücke[1]) hinaus genommen. Jenseits der großen Brücke war die österreichische Reserveartillerie postiert wie auch einige Truppen, besonders an der böhmischen Straße herauf. Der dortige kommandierende Feldmarschalleutnant Fürst Karl von Auersperg hatte den Befehl, bei Annäherung des Feindes die Brücke zu zerstören. Warum dieser Befehl nicht befolgt wurde, ist bisher unbekannt. Man sagte, der Fürst hätte dem Feinde, welcher strategmatisch vorgab, mit Österreich sei Waffenstillstand, Glauben beigemessen. Fürst Auersperg wurde aber bald überzeugt, daß man unter solchen Umständen dem Feinde nie trauen dürfe. Kurz unser Artilleriepark ging verloren, die aufgestellten Truppen wurden größtenteils gefangen und den retirierenden Russen kam der Feind unvermutet über den Hals. Nach dem Frieden wurde Auersperg zur Rechenschaft gezogen und zur Strafe aller seiner militärischen Würden — er war zugleich Capitaine der deutschen adeligen k. k. Leibgarde — entsetzt, um den beleidigten Russen Genugtuung zu verschaffen.[2])

Die feindliche Kolonne marschierte eiligst gegen Korneuburg, wo sich dieselbe diese Nacht um die Stadt herum lagerte. Wir sahen aus dem Stifte die ganze Gegend durch die vielen und starken Wachtfeuer beleuchtet. Die ganze Gegend an der Znaimer Straße litt sehr viel, denn die feindliche Hauptarmee nahm diese Route. Auch die folgenden Nächte nahmen wir die Wachtfeuer wahr, doch immer schwächer.

Beim Abmarsche der Milhaudschen Brigade blieb der Oberst Montbrun wie auch der Oberst Flayel nebst einigen anderen im Stifte über Nacht. Wir hatten Ursache zu fürchten, Montbrun werde aus Rache, weil man sein Betragen dem Generaladjutanten Girard entdeckt hatte, etwas Neues unternehmen.

Allein, wiewohl Montbrun den folgenden Tag, den 14. November, mit seinem Abmarsch ziemlich lang zauderte, so verweilte doch Flayel zu unserem Glücke noch etwas länger hier und hielt jenen im Zaume.

Nach 11 Uhr vormittags waren alle abgezogen, bis auf einige Sappeurs, welche auf unser Begehren als Sauvegarde unterdessen hier blieben. Übrigens

---

[1]) Taborbrücke.

[2]) Anno 1812, als Österreich mit Napoleon wider Rußland war, wurde Fürst Auersperg in seine frühere Ehrenstelle bei der Armee wieder eingesetzt.   A. d. V.

war das Stift und die Stadt von diesem Tage an, nämlich vom 14. bis 21. November, frei.

Dessenungeachtet konnte das Fest unseres heiligen Stifters nicht mit der gewöhnlichen Feierlichkeit begangen werden; weder der eingeladene Pontifikant noch der Prediger kam. Beide Vespern und das Hochamt hielt ich daher, und weil man keine Stunde sicher war, so wurde das Matutinum nur im Noviziate gebetet. Am Festtage selbst war aber der gewöhnliche Chor in der Kirche. Sonst ist die gottesdienstliche Ordnung während des Hierseins der Franzosen nicht im mindesten unterbrochen oder gestört worden. Es wurde auch immer, wie gewöhnlich, ohne Widerrede geläutet. Ich sehe dieses Respektieren der Gotteshäuser vorzüglich als eine Frucht des in Frankreich wiederhergestellten öffentlichen Gottesdienstes an, denn die einige Jahre vorher im Reiche, in Italien, in Tirol vom französischen Militär ausgeübten gräulichen Sakrilegien sind weltbekannt. Nur an Weihnachten wurde der mitternächtliche Gottesdienst für diesmal, wie es hieß, auf 4 Uhr früh verlegt.

Den 16. November nachmittags kam es zu Ober-Hollabrunn oder vielmehr bei Schöngrabern zwischen den Franzosen und den Russen zu einem mörderischen Treffen.[1]) Hier im Stifte hörte man jeden Kanonenschuß. Die Affäre dauerte bis in die Nacht hinein. Die Russen hatten sich dort aufgestellt, um ihre Retirade im Rücken zu decken. Sie fochten tapfer und die Franzosen verloren viel Mannschaft, doch mußten die Russen endlich weichen, um nicht von den immer mehr sich anhäufenden Franzosen ganz umgeben zu werden; sie hatten ihre Absicht erreicht, den Feind einige Zeit aufzuhalten. In Mähren kam es danach noch vor der Schlacht bei Austerlitz, bei Pohrlitz und Wischau zu Aktionen, deren erstere zum Nachteil der Russen, letztere aber zu ihrem Vorteil ausfiel.

Den 17. November (Sonntag) hatten wir einen traurigen Anblick; wir sahen aus dem Stifte jenseits den größten Teil des Dorfes Leobendorf in Flammen aufgehen. Der Feind hatte dasselbe geplündert und angezündet, weil sich die Bauern an einigen Franzosen vergriffen hatten. Solche Ereignisse, welche wir sahen und hörten, konnten uns nur mit Bangigkeit erfüllen.

Am 18. November kam der Dorfrichter von Langenzersdorf mit einem feindlichen Chasseur ins Stift, um für einen französischen Capitaine und seine Mannschaft (Jäger zu Pferd) Verschiedenes, wie Brot, Wein, Fleisch, Haber etc. zu requirieren. Diese Jäger waren, wie sie sagten, in Enzersdorf

---

[1]) Vergl. Ernst von Kwiatkowski, Die Kämpfe bei Schöngrabern und Ober-Hollabrunn 1805, 1809. »Mitteilungen des k. k. Archivs für Niederösterreich«, I. Jahrg., Heft 4, Seite 299 ff.

2. Stock. Herr Doktor von Tassara behandelte ihn glücklich. Am 6. Dezember wurde demselben ein Spitalmann als Krankenwärter gegeben und am 29. Dezember speiste der Genesene wieder das erstemal in der Prälatur.

Den 1. Dezember, Sonntag nachmittags, begaben sich alle unsere Gäste nach Nußdorf und blieben größtenteils durch vier Tage aus. Es wurde nämlich zu Nußdorf eine Schiffbrücke über die ganze Donau in zwei Tagen mit zusammengerafften Pontons, Kehlheimern etc. geschlagen, beim Rosenwirtshause angefangen durch den Schwibbogen hinein. Jenseits wurde gleich an einem Brückenkopfe (tête de pont) gearbeitet.

Man bemerkte bei dieser Gelegenheit die Gewandtheit der französischen Pontoniers, welche eine Branche der Artillerie sind und deswegen eine Bombe und zwei Kanonenläufe auf ihren Knöpfen haben, und besonders ihre Geschwindigkeit im geschickten Brückenbau.

Man hielt diese Schiffbrücke für eine Vorsichtsmaßregel, um bei dem möglichen Verluste der Bataille in Mähren eine geschwindere Retirade über die Donau zu haben, obgleich jedermann glaubte, daß sich Napoleon, wenn er die Austerlitzer Schlacht verloren hätte, über Krems und Linz zurückgezogen hätte. Allein als Napoleon in unserer Gegend seine Retirade sicherte, siegte er in Mähren.

Am 2. Dezember gewann er die Schlacht nahe bei Austerlitz gegen die Russen und uns. Die Franzosen nannten dieselbe la bataille des trois empereurs, weil unser Monarch, Franz, und der russische, Alexander, zugegen waren. Wer an dem Unglücke dieses Tages die Hauptschuld hatte, darüber werden die Meinungen wohl immer geteilt sein.[1]

Bald darauf wurde wegen des Waffenstillstandes unterhandelt, welcher den 6. Dezember zustande kam. Dann fingen die Friedensunterhandlungen zu Nikolsburg an, wurden zu Preßburg fortgesetzt und vollendet.[2]

Den 5. Dezember wurde die Kanzlei für das französische Pontonierkorps im Vorzimmer des Herrn Prälaten aufgeschlagen. Um 11 Uhr vormittags kam von Nußdorf herauf der Leutnant Goute noire als Kommandant einer Gendarmerieabteilung und blieb einige Tage im alten Neugebäude. Die Gen-

---

[1] Die Hauptschuld war das verfrühte Vorgehen gegen Napoleon. Hätte man mit der entscheidenden Schlacht bis zur Ankunft des Erzherzogs Karl von Wien und bis nach dem 15. Dezember, wo die Preußen mit 150.000 Mann der Koalition beitreten mußten, zugewartet, so hätte die Entscheidungsschlacht voraussichtlich eine andere Wendung genommen. Kaiser Franz II. war auch für die Vertagung der Schlacht, doch der junge Zar Alexander I. wollte trotz der dringenden Vorstellungen Kutusows von einem Aufschub nichts wissen.

[2] 27. Dezember 1805.

auch nicht recht, daß seine zur Not fertig gewordene Kaserne durch das hineinverlegte Feldspital Schaden leiden solle. Endlich wurde, und zwar vorzüglich von unseren österreichischen Landeskommissären, angetragen, das Spital in das Stift zu verlegen, obschon die Franzosen selbst die Unschicklichkeit immer einsahen. Wenigstens wollte man uns, wenn es bei der Kaserne bliebe, ein zweites Spital in die alte Prälatur geben. Ich stellte dem Regierungsrate vor, daß die Erhaltung des Spitals auf jeden Fall größtenteils dem Stift zukommen werde, und da es mit einem einzigen schon hart halte, wir nicht in der Lage seien, auch das zweite oder gar noch ein drittes zu verpflegen. Darauf wurde bloß mit Achselzucken geantwortet.

In der Folge blieb es auch bei einem Spital, und zwar in der neuen Kaserne, dem passendsten Orte, besonders weil der hiesige Landschaftsphysikus und zugleich Stiftsarzt Sebastian von Tassara mit den französischen Feldchirurgen auf die Konzentrierung der blessierten und kranken Soldaten drang.

Am 24. November (Sonntag) ging der Oberst Bouchu nach dem Hochamte und nach eingenommenem Dejeuner à la fourchette mit seinem Sekretär nach Wien.

Am 25. November nach Tische ging Herr Regierungsrat von Schemerl samt seinem Aktuar, Herrn Wolf, Stiefbruder des emeritierten Stiftsdechants Dunstan, Pfarrers zu Höflein a. d. Donau, nach Wien zurück. Sie waren bei Herrn von Tassara einlogiert gewesen. Oberstleutnant Dessales war drei Tage in Wien abwesend.

Am 30. November, nachmittags um 4 Uhr, kam der Generalintendant de l'armée Pethier, ehemals Kriegsminister, mit mehreren Begleitern im Stift an, und zwar wegen des herzustellenden Spitals. Das Schlafhaus[1] und das Neugebäude wurde in genauen Augenschein genommen. Allein die Feinde waren so billig zu bekennen, es wäre unverantwortlich, die Kaiserzimmer, so lange es noch andere taugliche Plätze gebe, zu einem solchen Gebrauch zu verwenden und das Schlafhaus sei für ein französisches Militärspital ganz untauglich, denn der französische Soldat müsse in Zimmern und Bettstätten, nicht in Gängen auf der Erde, liegen. Und endlich, wenn dasselbe wirklich dazu geeignet wäre und man müßte uns deswegen delogieren, so würde es nie geschehen. Übrigens waren auch die Pontoniers so viel als möglich dagegen, denn ihnen war daran gelegen, für sich in der Kanonie Platz zu haben.

Von diesem Tage an war der Capitaine La Rüe an einem rheumatischen Gallfieber krank. Er lag im ersten Gastzimmer im Neugebäude,

---

[1]) Jener Teil des alten Stiftsgebäudes, wo sich im Mittelalter das Dormitorium befand.

bloß für ihn bestimmt. Deswegen ließ er auch auf dem Gange an der Eingangstür einen Quartierzettel mit seinem Namen ankleben. Er sagte, am folgenden Tag werde das erste Bataillon der Pontoniers, das in Friedenszeiten zu Straßburg liegt, von Krems auf der Donau hier ankommen und der Chef desselben, Oberstleutnant Dessales, von nun an hiesiger Platzkommandant (Commandant de la place) sein.[1]

Den 23. November traf das angekündigte Pontoniersbataillon hier ein und wurde in der Stadt einquartiert. Im Stifte logierten sich ein: der Oberstleutnant Dessales als Chef und Platzkommandant in dem zweiten Kaiserzimmer; nebstdem vier Capitaines oder Hauptleute, nämlich zwei (Chapuis und La Rüe) in den oberen Gastzimmern im Neugebäude und zwei (Zabern und Galant) in der alten Prälatur. Die zwei im Neugebäude blieben beständig da, die in der alten Prälatur abwechselnd. Die übrigen Hauptleute etc., die in der Stadt wohnten, kamen meistens zum Speisen ins Stift herein, so daß gewöhnlich, besonders zu Mittag, gegen 13, 14, auch mehr französische Offiziere bei der Tafel in der Prälatur waren.

Aber tausend Dank dem Himmel! daß er uns dieses Korps bei den betrübenden Umständen ins Standquartier schickte, denn diese Pontoniers waren gegen die Chasseurs und Dragoner als Engel und Lämmer zu betrachten. Sie waren fast durchgehends honette, mäßige, mit allem zufriedene Menschen. Dessales hielt streng auf Ordnung und bemühte sich auch nach Kräften, den Ausschweifungen der Nachzügler (traîneurs, traînards) Einhalt zu tun.

An demselben Tage (23. November) kam auch Herr Regierungsrat von Schemerl wegen Errichtung des Feldspitals. Anfänglich war der Antrag, die bereits eingegangene Zuckerraffinerie, das ehemalige im Jahre 1784 aufgehobene Franziskanerkloster bei St. Jakob, dazu zu verwenden, allein der Eigentümer des Raffineriegebäudes, Herr Wintersteiner, Kaufmann zu Wien, hatte mit einigen Spenden, wie man sagte, bündig bewiesen, daß der Platz zu diesem Vorhaben gar nicht tauge. Nun kam die Reihe an die in der oberen Stadt vom Kaserneverwalter Schweighofer aus Wien neuerbaute Kaserne, welche für unser Pontonierbataillon bestimmt war, das eben zur Zeit des feindlichen Einfalles hätte einziehen sollen. Schweighofer war es

---

[1]) Der Oberst Bouchu machte den Feldzug in Ägypten mit. Als er noch Artilleriehauptmann war, stand Bonaparte, jetzt Kaiser Napoleon, unter ihm. Die Franzosen sagten, der Grund, warum Bouchu noch nicht auf einer höheren Stufe stehe, sei darin zu sehen, daß er die Generaladjutantenstelle bei seinem ehemaligen Untergeordneten, da dieser bereits als Chef kommandierte, ausgeschlagen habe. A. d. V.

postiert, um die französischen Depeschen zu befördern. Weil das Dorf beim ersten feindlichen Durchmarsche größtenteils ausgeplündert worden war, so brachte man diese Gäste dem Stifte, als der Herrschaft, über den Hals. Sie kamen richtig alle Tage herüber, requirierten aber täglich mehr und neue Portionen, zuletzt sogar Reitpferde (zum Dienst des Kaisers, wie sie vorschützten), die wir nicht hatten, wenn wir sie auch hätten geben wollen. Schließlich erfuhren wir durch den Stiftsherrn Ivo, der deswegen nach Wien ging, daß sie die Pferde nur eigenmächtig verlangt hätten. Die folgenden Tage begnügten sie sich wieder mit dem erhaltenen Proviant. Um die gedachte Pferderequisition nachdrücklicher zu betreiben, kamen an demselben Tage drei Jäger, welche trotzig und drohend sagten, Napoleon sei gar nicht gewohnt, einen Refus anzunehmen, wir sollten zusehen, wenn die verlangten Reitpferde zum Dienste des Kaisers nicht gestellt würden. Man führte den Importunen zuletzt einige Wagenpferde vor, die sie aber verschmähten mit der Forderung, wir sollten ihnen unsere Verweigerung schriftlich geben. Herr Stiftshofrichter JUDr. Mayer gab denselben endlich schriftlich, daß wir keine Reitpferde hätten, mithin auch keine liefern könnten.

Am 22. November speiste zu Mittag im Refektorium der erste französische Pontoniersoffizier namens, Moyau, welcher im Schlierbacher Hause[1]) in der unteren Stadt einquartiert war. Dieser Offizier war inspecteur des ouvriers bei dem Bataillon, hatte Oberleutnantsrang und schien noch das Christentum beibehalten zu haben, ein Lothringer, ein guter, schon ziemlich bejahrter Mann.

Es ist bemerkenswert, daß die französischen Soldaten im Durchschnitte, Gemeine und Offiziere, noch in diesem Feldzuge in betreff der Religion sich so betrugen, als wenn sie nie etwas vom Christentum gehört hätten. Und doch erschien Kaiser Napoleon an Sonntagen zu Schönbrunn bei der heil. Messe. Auch war schon vorher zu Paris der öffentliche Gottesdienst wieder hergestellt worden. Aber die vorhergegangene beispiellose Revolution!

Am Nachmittag desselben Tages kam der Oberst Bouchu (vom 3. Artillerieregiment zu Fuß in Toulouse) mit einem Hauptmann und zwei Leutnants in der Kanonie an. Bouchu, ein höflicher, kenntnisvoller, sehr tätiger Mann, quartierte sich in der Prälatur ein, und obgleich er sich in der Folge meistens zu Wien aufhielt, wo er mit der Ausleerung des k. k. Zeughauses beschäftigt war, so blieb das Schlafzimmer des Herrn Prälaten

---

[1]) Im Hofe des Zisterzienserstiftes Schlierbach (Oberösterreich), Haus Nr. 343 (Albrechtstraße 33). Starzer, Geschichte der landesfürstlichen Stadt Klosterneuburg. Klosterneuburg 1900, S. 540.

darmerie (Heerwache) war bestimmt, die Landstraßen zu sichern und den Exzessen der Traineurs etc. Einhalt zu tun.

Den 6. Dezember kamen von seiten des Landeskommissariates Baron von Lederer, Regierungsrat und Hofmarschallamtskanzleidirektor, später Stadthauptmann von Wien und Hofrat, und Herr Winkler von Streitfort, Rechnungsoffizial bei der Kriegsbuchhalterei, wegen des Spitales hierher.[1]

Am nämlichen Tage kam der französische Chirurgien-Major Bourdet an, der mit Herrn von Tassara, bei dem er einlogierte, die Spitalsdirektion hatte. Zum Verwalter wurde der Stiftsunterbeamte Stadler bestimmt.

Am 7. Dezember kamen die ersten verwundeten Soldaten hier an und mit diesem Tage nahm also das Feldspital in der Kaserne der oberen Stadt seinen Anfang. Die Spitalrequisiten mußte teils das Stift herbeischaffen, teils wurden dieselben von der hiesigen Stadt und von den umliegenden Ortschaften requiriert. Die folgenden Tage nahm die Anzahl der Kranken stark zu. Einige Tage stieg dieselbe über 500 auch 600 Mann. Zum täglichen Unterhalt mußte das Stift Vorschuß leisten. Nur einige Artikel lieferte die Stadt. Man hatte auch einen eigenen Traiteur aufgenommen. Für einen blessierten französischen Oberst mit fünf Offizieren wurden in der stiftlichen Küche die Speisen bereitet.

Früh von 4 Uhr bis $^1/_2$7 Uhr der Oberst Bouchu da. Oberstleutnant Dessales um $^1/_2$10 Uhr nach Wien und abends mit Capitaine Galant zurück.

Am 8. Dezember, Sonntag, kam hier ein französischer Oberst mit 800 gefangenen Russen an, welche über Mittag in die leeren kalten Magazine auf dem Bauplatze [2] eingesperrt, dann weiter geführt wurden. Das nötige Fleisch etc. für dieselben requirierte man bei uns.

Nach dem Mittagessen kamen zwei französische Infanterieoffiziere an, die im alten Neugebäude übernachteten.

Am 9. Dezember kam Freiherr von Lederer mit dem General Gastrel von der Colonne mobile und mit einem Capitaine der Gendarmerie zu Mittag von Nußdorf herauf ins Stift.

Am 10. Dezember erschien abermals Herr Regierungsrat von Schemerl mit Herrn Wolf. Es blieb aber doch bei einem Spital. Ein französischer

---

[1] Zu solchen Landeskommissären waren Männer, die französisch sprachen, aus verschiedenen Kanzleien gewählt worden. Zum Unterscheidungszeichen trugen dieselben weiß- und rotgestreifte Schärpen um den Leib. Sie bewiesen Tätigkeit, manche zu viel und zur Unzeit. Man hielt sie im Durchschnitt nicht für viros de semine illorum, per quos salus fieret in Israel! A. d. V.

[2] Schiffsbauplatz.

Kriegskommissär übernachtete bei uns. Mit diesem ging unser Platzkommandant den folgenden Tag nach Wien. Vermutlich suchte Dessales neue Einquartierungen, womit man uns öfters anfocht, hintanzuhalten.

Am 13. Dezember übernachtete hier wieder ein Kriegskommissär.

Am 14. Dezember kam der Oberst Flayel mit zwei Hauptleuten vom Geniekorps zurück. Sein hochgeschätztes Reitpferd, welches er bei seiner ersten Ankunft hier in der Kur gelassen hatte, war unterdessen krepiert. Er machte freilich kein freundliches Gesicht dazu, forderte aber keine Entschädigung, nur Tulpenzwiebeln mußte ich ihm vom Schönbrunner Hofgärtner besorgen. Abends Dessales von Wien zurück.

Am 15. Dezember, Sonntag, speisten unsere Gäste ihrem Wunsche gemäß alle mit uns im Refektorium.

Am 17. Dezember nebst dem gewöhnlichen Standquartier ein Oberst, der von Wien herauf kam, um die hiesigen Depots zu untersuchen, ein Adjutant des Prinzen Murat und ein Dragonerrittmeister.

Am 18. Dezember Dessales abermals nach Wien.

Am 20. Dezember, Freitag, ein Kriegskommissär mit einem Inspecteur de fourages von Wien angekommen. Nebst diesen speisten zu Mittag in der Prälatur: drei Capitaines, drei Leutnants, der Chirurgien-Major mit einem Oberchirurg, item Herr von Tassara; von uns: Herr Kanzleidirektor Venerabilis Ignatius, Herr Archivar Wilibald und die Herren Prosper, Kooperator zu Hiezing, Aldobrand und Ivo. Wir waren eben beim Kaffee, als die unvermutete Nachricht ins Tafelzimmer kam, der Kaiserhof sei voll Kavallerie. Wir staunten über diese Erscheinung. Der älteste Hauptmann, Interimskommandant, meinte, es müßte doch jemand von ihnen kommen und melden, was sie wollten, und schon erschallte der Ruf: »Der Kaiser ist da!« Ich eilte augenblicklich hinaus und Napoleon kam bereits auf dem Gange gegen die Prälatur zu, begleitet von Prinz Murat, von seinem Major-général Berthier, dem General Junot, den der Kaiser dann ins Spital in der Kaserne hinausschickte, und seinem Mamelucken aus Ägypten Rustan, der nun kaiserlicher Kammerherr war. Die Begleiter gingen alle mit entblößtem Haupte. Napoleon aber blieb allzeit bedeckt, nahm nie den Hut ab, auch nicht vor seinen Offizieren, da er ins Tafelzimmer eintrat. Er ging durch die Prälatur in die Kaiserzimmer und verweilte ein wenig in dem zweiten, der Wohnung des Platzkommandanten, wo er die Landkarte von Unterösterreich ansah und um den Weg nach Tulln fragte. Im Saale gefielen ihm die niederländischen Tapeten oder Gobelins, dann sah er noch den großen unvollendeten Saal an, kehrte aber wegen der Kälte bald auf demselben Wege ins Tafelzimmer zurück, wo er stehen blieb und den ihm präsentierten alten Österreicherwein kostete und lobte. Hier fragte er um unsere Einkünfte und ob wir die augustinianische oder thomistische Theologie lehrten? Ich sagte ihm, daß wir die eklektische lehrten. Vorher schon fragte er in den Kaiserzimmern, ob wir reich seien und warum nicht. Ich gab die beständigen Kriege, die gewöhnlichen und außerordentlichen Auflagen als Ursache an.

Napoleon erkundigte sich ferner, wessen Ordens wir seien und ob der Obervorsteher des Stiftes ein gefürsteter Abt sei.

Der französische Imperator Napoleon, einer der denkwürdigsten Männer, dessen Riesensprünge seit acht Jahren die Welt anstaunte, hielt sich bei uns eine kleine halbe Stunde auf. Vor dem Einsteigen in seinen achtspännigen Wagen fragte er noch, ob wir von seinen Truppen mißhandelt worden seien? Auf so eine Frage war man den Augenblick nicht gefaßt. Über eigentliche Mißhandlungen konnten wir uns nicht beklagen und wäre von der abgeforderten Brandschätzung eine Meldung geschehen, so hätte er sagen können, dies sei raison de guerre. Es war also ohne Zweifel klüger zu schweigen, als seinen Verwandten Sebastiani anzuklagen.

Da wir von dem Gange der Friedensunterhandlungen noch nichts wußten und uns in der Gewalt der Franzosen befanden, so benützte ich noch die wenigen Augenblicke und bat Napoleon um Schutz für unser Stift. Er sagte darauf freundlich: »Wollte man Sie mißhandeln, so wenden Sie sich unmittelbar an mich.« (»Si vous serés maltraités, adressés-vous immediatement à moi.«) Napoleon äußerte auch besonderes Wohlgefallen darüber, daß wir ihm die Pontoniers als Truppen lobten, welche nicht nur für sich strenge Zucht hielten, sondern auch die Exzesse anderer zu beseitigen trachteten. Murat und Berthier fuhren mit dem Kaiser wieder nach Schönbrunn zurück, woher sie gekommen waren, begleitet von der Garde zu Pferd.

Die eigentliche Absicht dieses sonderbaren Besuches konnte man weder erraten noch erfahren. Vielleicht unternahm Napoleon diese Spazierfahrt bloß aus vorwitziger Laune (Girard, Generaladjutant Murats, kann vom Stifte etwas Rühmliches gesagt haben) oder hatte er, wenn die Unterhandlungen zu Preßburg unterbrochen werden sollten, mit unserem Stiftsgebäude etwas vor.

Den 21. Dezember nachmittags Dessales von Wien zurück. Es ärgerte ihn nicht wenig, daß er den vorigen Tag bei der außerordentlichen Visite nicht da war. Ich machte ihm aber gleich zu wissen, daß ich seinem Imperator gesagt, er sei geschäftshalber in Wien und daß man sein Korps vorm Kaiser gerühmt habe.

Ein Verpflegsoffizier, ehemals Parlamentsadvokat, namens Corbeau, mit einem Fourageinspektor, einem Elsässer, kam, um 60 Fuhren Heu für die kaiserlichen Garden zu requirieren.¹) Wie bekannt, fordern die Franzosen allzeit mehr als sie vonnöten haben. Die requirierte Menge Heues hätten wir auch nicht gehabt. Zuletzt mußten die Franzosen herabstimmen und nur mit vieler Mühe erhielten wir über das Gelieferte die Quittung.

Am 23. Dezember der Oberst Bouchu mit einem Major und zwei Offizieren vom französischen Fuhrwesen da.

Den 24. Dezember, am heiligen Abend, wurden bloß Fastenspeisen gegeben. An anderen Fast- und Abstinenztagen speisten die Franzosen zwar auch mit uns, doch verlangten sie noch besonders für sich Rindfleisch und einen Braten, am liebsten Geflügel.

An diesem Tage (24. Dezember) erhielt eine Deputation der niederösterreichischen Landstände mit vieler Mühe einen Reisepaß nach Holitsch (Holics), zu Sr. Majestät unserem Monarchen Kaiser Franz. Diese Deputation bestand aus unserem Herrn Prälaten, aus Herrn Grafen von Zinzendorf, Herrn Edlen von Kees und Herrn Bürgermeister von Wien Stephan Edlen von Wohlleben. Diese Deputierten wurden abgesandt, um von Sr. Majestät einige hunderttausend Gulden bare Münze für den Feind zu erhalten. Ihre Bitte wurde ihnen mit 200.000 fl. gewährt.²)

Am 26. Dezember erschien unter Tisch ein Major vom Geniewesen. Dergleichen Durchpassierungen waren nicht selten.

Am 27. Dezember Dessales mit dem Hauptmann Chapuis um 3 Uhr nachmittags nach Wien. Diesen Nachmittag kam auch der Kriegskommissär Boileau, ein gelehrter Mann, mit zwei Spitalverwaltern an. Boileau verlangte unsere Bibliothek zu sehen. Er zeigte in den theologischen Disziplinen viele Kenntnisse, im Kunstfach war er vorzüglich bewandert.

An eben diesem Tage wurde zu Preßburg der Friede abgeschlossen.

Am 30. Dezember wurden zu Preßburg zwischen Österreich und Frankreich die abgeschlossenen Friedensartikel ratifiziert und darauf am 1. Jänner 1806 die Friedensinstrumente ausgewechselt.

Die Bevollmächtigten von seiten unsers Kaisers waren: Johann Fürst von Lichtenstein und Graf Gyulai, von seiten Napoleons: Karl

---

¹) Corbeau war ein ziemlich bejahrter Mann, ging in den Chor und betete Psalmen mit uns.   A. d. V.

²) Die für Wien vom Feind ausgeschriebene Kontribution wurde auf die Häuser geschlagen, nämlich auf die Hauseigentümer eine Jahressteuer, auf die Parteien ein Jahreszins. Auf die drei stiftlichen Häuser in Wien kamen allein gegen 16.000 fl. in barem Gelde. Um diese Summe aufzubringen, wurden die Denkmünzen (Medaillensammlung) aus unserem Kabinett verkauft, wie auch einiges entbehrliche Silber.   A. d. V.

Moritz Tailleyrand-Perigord, französischer Staatsminister der auswärtigen Angelegenheiten, oberster Kämmerer, Großkreuz der Ehrenlegion, Ex-Bischof von Autun. Am 5. Februar 1806 wurden die 24 Friedensartikel in der »Wiener-Zeitung« kundgemacht, welche, wie vorauszusehen war, meistens zum Vorteil Napoleons und seiner Alliierten ausfielen. Wir verloren, wie bekannt, Italien, Tirol und Vorderösterreich.

Schon am 28. Dezember wurde die Friedensnachricht zu Wien publiziert und an demselben Tage, abends um 7 Uhr, reiste Napoleon von Schönbrunn nach München ab, wo hernach die Vermählung seines Stiefsohnes, des adoptierten Eugenius Beauharnais, Vizekönigs von Italien, mit der bayrischen Prinzessin Augusta gefeiert wurde.

1806.

Am Neujahrstage, Mittwoch, kam Herr Prälat von Wien herauf und hielt das Hochamt, speiste auch zu Mittag hier so wie schon am 30. v. M., konnte aber noch nicht übernachten, weil seine Wohnung noch besetzt war.

Der Chirurgus von St. Andrä kam, um eine Klage über Plünderung (im Frieden!) anzubringen, allein die Pontonniers konnten mit ihrem guten Willen da nicht helfen.

Diesen Tag wurde auch ein Chirurgien-aide-major im alten Neugebäude einlogiert, nachdem ein Sous-aide (Untergehilfe), der sich infolge eines Irrtums des hiesigen Magistrats bei uns einquartiert hatte, auf das Murren des bizarren Chirurgien-major Bourdet delogiert worden war.

Der Anfang dieses Jahres ist besonders auch deswegen merkwürdig, weil die Franzosen vom 1. Jänner 1806 an wieder — nach 14 Jahren — anfingen, nach dem christlichen Kalender zu datieren.

Am 3. Jänner kam der Kriegskommissär Boileau wieder mit zwei Verpflegsoffizieren wegen der Ausleerung des Spitals.

Am 4. Jänner wurden die ersten Rekonvaleszenten auf fünf Wagen nach Judenau fortgeführt. Dort, hieß es, sollte man sie aufnehmen; allein im dortigen Schlosse war nichts vorbereitet und die Wagen mußten weiter. Es war bei den damaligen Umständen äußerst schwer, die für die angeschafften Transportwagen nötigen Pferde zusammenzubringen, denn jedermann trachtete die seinigen nach Möglichkeit zu verbergen und in Sicherheit zu bringen. Beim Einfalle des Feindes waren bereits viele Pferde geraubt worden, viele gingen durch Vorspann zugrunde und je weiter die Wagen mit mußten, desto unsicherer waren die Pferde. Bei der Transportierung des hiesigen Spitals kamen einige durch Spendieren davon, einige Knechte gingen den Franzosen durch und kamen auf Umwegen gegen Steiermark mit ihren Rossen zurück, denn auf der Landstraße wären sie von den nachmarschierenden Truppen wieder fortgeschleppt worden. Das Stift verlor bei der traurigen Geschichte hier und auf dem Tuttenhofe[1]) in allem 16 Pferde.

Eben am 4. Jänner abends liefen neue Klagen aus Gugging ein.

Dort war seit einiger Zeit ein französischer Rittmeister mit seiner Mannschaft einquartiert, der das Dörfchen bis auf das Blut aussaugte und quälte. Die geplagten Leute waren vorher schon einigemal zu unserem Platzkommandanten gekommen, um sich über die unaufhörlichen Requisitionen zu beschweren. Dieser fuhr selbst einmal mit zwei Hauptleuten und Herrn Aldobrand hinaus. Der Rittmeister versprach Schonung, aber es blieb beim alten und Dessales konnte weiter nichts tun, weil sein Kommando sich nur über die Pontonniers erstreckte.

Schon am 26. Dezember verflossenen Jahres, als die Gugginger bereits Klage führten, gab Herr Oberstleutnant Dessales den Rat, ich solle einen Brief an den Staatsrat Daru, Generalintendanten von Österreich, schreiben, ihm die Sache vorstellen und um Abhilfe bitten. Ich solle auch beifügen, daß ich dies auf Anraten unseres Kommandanten getan hätte. Ich entschloß mich dazu, weil auch unsere Kierlinger zum Teil mitgenommen wurden und schickte den Brief durch unseren Beamten Leopold Mayer nach Wien. Daru, ein bekannter Gelehrter in Frankreich[2]), zeigte sich über das Schreiben aufgebracht, er schaffte den Beamten fort und wollte ihm keine Antwort geben. Endlich ließ er sich doch bewegen und antwortete mir eigenhändig, behielt aber einige Empfangscheine über geleistete Lieferungen (Bons) zurück, die ich ihm zur Einsicht mitgeschickt hatte, um zu erfahren, ob dieselben authentisch seien und ob der Aussteller autorisiert sei, so zu requirieren.

---

[1]) Wirtschaftshof des Stiftes Klosterneuburg bei Korneuburg.

[2]) Graf Pierre Antoine Noël Bruno Daru (geboren 12. Januar 1767 in Montpellier, gestorben 5. September 1829 zu Becheville bei Meulan), einer der größten Staatsmänner Frankreichs, war ein bedeutender Gelehrter. Seinen literarischen Ruf begründete eine treffliche metrische Übersetzung des Horaz. 1798 gab Daru heraus: »Odes d'Horace, traduites en vers«, 1801: »Satires d'Horace, traduites en vers« und im Jahre 1804: »Oeuvres complètes d'Horace, traduits en vers«. 1807 wurde Daru Mitglied des Institut de France. Später machte sich Daru auch als Historiker einen Namen durch seine vorzügliche, nach Urkunden gearbeitete »Histoire de la république de Venise« (1819), die in mehreren Auflagen erschien und wiederholt ins Deutsche übersetzt wurde.

Maison de l'Empereur.

Vienne, le 4 Nivôse 14 / 26. Dec. 1805.

Le Conseiller d'État, Commandant de la Légion d'honneur, Intendant général de la Maison de l'Empereur, & de l'autriche

À M. Aug. Herrmann, Doyen des chanoines de Klosterneuburg.

J'ai reçu, monsieur, la lettre que vous m'avés fait l'honneur de m'écrire aujourd'hui au sujet de deux bons de Réquisition pour des fournitures de fourrages, l'un de 258 Ratious, l'autre d'une charrette de foin. Ces bons ne sont pas tout à fait réguliers, mais vous devés sentir q' il n'est pas toujours possible qu'une troupe qui passe fort à même de faire viser les bons par les Commiss.res de Guerre.

Pour que les fournitures se fassent à l'avenir plus régulièrement je fais que chaque être forme un magazin, l'approvisionne & que le Bourguemestre en fasse faire la distribution aux détachements qui passeront dans cette ville.

J'ai l'honneur de vous saluer

Daru

Schreiben Daru's an den Stiftsdechanten von Klosterneuburg Herrmann, ddo. 26. Dezember 1805.
(Original im Stiftsarchiv Klosterneuburg.)

Die Antwort ist in originali aufbewahrt[1]) und lautet wie folgt:

A M. Aug. Herrmann Doyen des chanoines

à Klosterneuburg.

Je reçois, monsieur, la lettre que vous m'avés fait l'honneur de m'ecrire aujourdhui au sujet de deux bons de réquisition pour des fournitures de fourages l'un de 258 rations l'autre d'une charrettée de foin. Ces bons ne sont pas tout à fait réguliers, mais vous devés sentir qu'il n'est pas toujours possible qu'une troupe qui passe soit à même de faire viser ses bons par les commissaires de guerre.

Pour que les fournitures se fassent à l'avenir plus réguliérement il faut que le chapitre forme un magasin l'approvisionne et que le bourguemestre en fasse faire la distribution aux detachements qui passeront dans cette ville.

J'ai l'honneur de vous saluer

Daru.

Diese Antwort ist zwar insoweit höflich, aber zugleich etwas höhnisch. Z. B. Das Stift solle ein großes Magazin anfüllen lassen, woraus alle durchpassierenden Truppen nach Belieben fassen könnten.

Der nahe Friede und der erfolgte Abmarsch machte der verdrießlichen Geschichte ein Ende. Später erfuhr ich, die unbesonnenen Gugginger hätten den gemeldeten Rittmeister gleich beim Ankommen beleidigt. So war diese ganze Zeit nulla dies sine linea und nebst den Plagen von Auswärtigen ließen es auch die inimici domestici an täglichem Verdrusse nicht ermangeln. Der Krieg bleibt, in jeder Hinsicht, immer eine fürchterliche Geißel!

Am 5. Jänner beurlaubte sich der Hauptmann Adam, welcher der erste mit seiner Kompagnie am folgenden Tag abzog.

Am 6. Jänner kam der Herr Prälat abermals von Wien herauf, um das Hochamt zu halten.

Der Oberst Bouchu schickte seinen Sekretär mit einem Sergeanten ins Stift, um sich für die ihm erwiesenen Höflichkeiten bedanken zu lassen, denn er glaubte, keine Zeit mehr zu finden, es persönlich tun zu können. Zugleich stellte er das ihm geliehene Pirutsch zurück.

Den 7. Jänner reiste der alte, ehrliche Moyau ab[2]).

---

[1]) Archiv des Stiftes Klosterneuburg. Neue Rapulatur (Historische Denkmäler), fol. 272, Nr. 117.

[2]) Anno 1809 war er als Capitaine hier en visite. Als ich ihn gleich bei seinem Namen begrüßte, rollten dem Alten Tränen über die Wangen.   A. d. V.

Den 8. Jänner führte man fast das ganze französische Militärspital größtenteils gegen Judenau weg, zum Teil nach Wien, nur noch 24 Schwächere blieben zurück, unter denen 8 Gefangene, teils Österreicher, teils Russen waren. Ein rekonvaleszenter Oberst mit seiner Frau und zwei Offizieren wurde mit einem Stiftswagen nach Wien gebracht.

Ein neuer französischer Kommissär war angekommen, der sehr auf gänzliche Ausleerung des hiesigen Spitals drang, aber die französischen Chirurgen wollten Anstände machen und sträubten sich dawider. Der Chirurgienmajor Bourdet ging gleichfalls diesen Tag aus Verdruß nach Wien.

Um die Transportwagen gleich von Judenau desto sicherer zurückzubringen, fuhr Herr Gastmeister Ivo, vom Stiftsbeamten Leopold Mayer begleitet, mit. Allein die Wagen mußten weiter, wie oben schon bemerkt wurde. Mit harter Mühe kam Herr Ivo von St. Pölten zurück.

Am 9. Jänner marschierte Capitaine Chapuis, nachdem er sich im Stifte innig bedankt hatte, mit seiner Kompagnie ab.

Um 10 Uhr vormittags erschien noch einmal der Oberst Bouchu, um persönlich Dank abzustatten. Diesmal begleitete ihn ein Major und ein Leutnant von der österreichischen Artillerie, um die hiesigen Depots zu versiegeln. Die Franzosen ließen einen Sergeanten als Wächter zurück, welchem sie auch die Schlüssel übergaben. Mit diesem französischen Pontoniersergeanten setzte es in der Folge noch eine verdrießliche Geschichte ab. Als am 13. Jänner alle Franzosen abgezogen waren, nahm der hiesige Bürgermeister dem Sergeanten die Schlüssel ab und ließ denselben arretieren. Am 20. Jänner kamen der französische Capitaine Michaud mit einem Leutnant und von österreichischer Seite ein Major, ein Capitaine und ein Leutnant von der Artillerie, und zwar, um das noch Vorrätige in den Depots zu inventieren und den Unsrigen zu übergeben. Die Franzosen schienen über die dem Wächter angetane Beschimpfung äußerst entrüstet zu sein. Endlich nach vielem Zureden von unserer Seite und nach Entschuldigen des voreiligen Bürgermeisters, der sich bei dieser Gelegenheit (am klügsten) nicht sehen ließ, wurde die Sache mit etlichen Talern an den Sergeanten abgetan. Übrigens betrug sich der französische Hauptmann bei der Übergabe ganz billig, wie man hörte.[1)]

Eben am 9. Jänner nachmittags beurlaubte sich mit vielen Danksagungen der französische Hauptmann La Rue. Er ging mit dem Obersten Bouchu nach Wien, um von dort aus den Obersten auf dem Rückmarsch zu begleiten.

[1)] Alles zurückgelassene Ärarialgut mußte abgelöst werden.   A. d. V.

Am 10. Jänner, Freitag um 3 Uhr nachmittags, nahm der Oberstleutnant Dessales[1]) zum Abschied ein dejeuner à la fourchette. Nach demselben erfolgte der Abmarsch über die Donau. Mit Dessales gingen Hauptmann Galant, Capitaine Leclere (der auch in Ägypten gewesen), Leutnant Adam (zugleich Bataillonskassier), sein Sekretär Mertville (ein ehemaliger Adeliger und royalistischer Offizier) und zugleich die Kassa. Ich und Herr Kooperator Aldobrand begleiteten die Suite bis Korneuburg, wo wir mit unseren abziehenden Gästen beim Herrn Stadtpfarrer zu Mittag speisten. Die Überfahrt war unangenehm. Es blies ein so heftiger Wind, daß sich die Straßburger Pontoniers selbst fürchteten und mit einer Plätte in einer Au landen und warten mußten, bis sich der Sturm gelegt hatte. Der Fourierschütz des Oberstleutnants Georg Wild, ein Elsässer, blieb als Kranker am Fieber im Stifte zurück. Er wurde im alten Neugebäude im ersten Zimmer, rechts vom Stifte aus, gehörig verpflegt und am 6. Februar ging er nach erlangter Genesung seinem Herrn nach.

Die nun abmarschierten Pontoniere konnten sich als ein feindliches Korps nicht besser betragen, als sie sich hier aufführten. Ich sagte auch dem Kommandanten, daß ihr Andenken bei uns immer in Ehren bleiben würde.

Am 11. Jänner gingen auch die Überbleibsel des Spitals mit fünf Chirurgen nach Wien ab. Bourdet aber mit dem Leutnant Lieufroid und vier Chirurgen nahm seine Route über die Donau nach Langenzersdorf, dann weiter nach Krems.

Am 12. Jänner, vormittags gegen 10 Uhr, entfernte sich auch ein Ordonnateur, ein Amerikaner aus St. Domingo, der beim Spital beschäftigt gewesen war. Dieser hatte schon am 3. d. M. mit dem Kriegskommissär Boileau ein Verzeichnis aller hiesigen Spitalgerätschaften aufgenommen. Sie gaben vor, bei der gänzlichen Evakuation müßten sie die ganze Spitaleinrichtung veräußern. Sie befanden sich eben alle beide bei Dessales, als ich hinging und vorstellte, die ganze Einrichtung sei kein Ärarialgut, sondern alles sei von Privaten zusammengetragen worden. Herr von Tassara machte zu Wien bei Herrn von Percy, Generaldirecteur der Spitäler, Vorstellungen dawider. Die beabsichtigte Veräußerung unterblieb. Was nicht verwüstet, nicht gestohlen war, wurde den Eigentümern zurückgestellt. Die von unserem Stifte gelieferte und übrig gebliebene Einrichtung schenkten wir dem k. k. Ärar für die Militärspitäler. Dafür erhielt Herr Prälat den 19. Fe-

---

[1]) Im Jahre 1809 kam derselbe als Oberst und Reichsbaron zum Besuch ins Stift und bedauerte herzlich, daß er nicht imstande sei, zu unserer Erleichterung etwas zu tun.

A. d. V.

bruar 1806 von Seiner Durchlaucht Ferdinand, Herzog von Württemberg, Stadtkommandanten von Wien, ein Dankschreiben. Allein der Herzog machte in demselben zugleich den unerwarteten Antrag, unser Dormitorium möchte so bald als möglich geleert und abermals wie 1800 zu einem Militärspital zugerichtet werden. Wider dieses machte man unverweilt Vorstellungen. Auch die abgeschickten Kommissäre fanden den Ort für ungeeignet.[1]). Endlich, am 26. Februar, kam an den hiesigen Magistrat ein Reskript, weder im Stifte, noch in der Stadt würde das neubeantragte Spital errichtet werden. Ja wir wurden nicht nur von der neuen Spitallast befreit, sondern unser gnädiger Monarch bewilligte (auf die tätige Verwendung des Hofrates Baron von Mayern hin) auch die Vergütung der bei dem hiesigen französischen Militärspital geleisteten Vorschüsse aus dem Ärarium. Dem Stifte wurden demnach über 16.000 fl. (Bankozettel) und der hiesigen Stadt auch einige tausend vergütet.

Am 12. Jänner, vormittags, kam Herr Prälat von Wien, um seine Wohnung wieder in Besitz zu nehmen, denn wir glaubten, nun ganz befreit zu sein. Doch um 11 Uhr kamen wider alle Erwartung neue Quartiermacher von der Brigade des Generals Milhaud an.

Um 3 Uhr nachmittags kam der General mit seinen zwei sehr zusammengeschmolzenen Regimentern, Chasseurs à cheval, an und nahm sein Quartier wieder im Schlafzimmer des Herrn Prälaten, der sich nach Heiligenstadt und Wien entfernte. Um $^{1}/_{2}5$ Uhr wurde gespeist. Nebst Milhaud waren 22 französische Stabs- und andere Offiziere bei der Tafel. Dreißig Wachen bekamen auf unserer sogenannten Offizier zu essen und diese waren mit dem ihnen Aufgetischten nicht zufrieden und hätten beinahe Unfug getrieben. Überhaupt bemerkte man bei dieser Arrieregarde wie bei der ganzen zurückmarschierenden französischen Armee mehr Anmaßung, ungestüme Prätensionen als bei ihrer ersten Ankunft. Der baldige Abmarsch aus Österreich, besonders aus unserer Gegend, ärgerte sie sehr.

Dem Himmel tausend Dank, daß wir die neuen, ungebetenen Gäste bald los wurden, denn gleich am folgenden Tage, 13. Jänner, ritten sie nach eingenommenem Frühstücke gegen Tulln zu. Im Stifte übernachteten diesmal nebst General Milhaud, zwei Obersten, ein Major, drei Capitaines, ein Adjutant und acht Gemeine. Das erstemal kam der General ohne Bagage, jetzt hatte derselbe einen schwer beladenen Rüstwagen (fourgon), an welchem sechs Pferde vorgespannt werden mußten.

Nun hofften wir keinen feindlichen Mann mehr zu sehen. Doch kam

---

[1]) Ich teilte den Kommissären offen das feindliche Urteil über das Spital im Schlafhause (s. oben S. 171) mit.

am 14. Jänner, nachmittags um ¼4 Uhr, ein französischer Husar, ein Elsässer, von Milhaud geschickt, zurück. Wir erschraken, weil man von solchen Boten nie etwas Gutes erwartete. Allein er brachte bloß ein höfliches Schreiben vom General Milhaud an mich, welchem zwei französische Militärordres beigelegt waren, worin befohlen war, daß jede französische Truppe, die noch in unserer Gegend ankommen würde, sich unverweilt ins französische Hauptquartier verfügen solle. Zugleich brachte die Ordonnanz ein Schreiben, welchem auch solche Ordres beilagen, an den Oberamtmann zu Gaunersdorf mit, das gleich den anderen Tag früh auf der Post an Ort und Stelle befördert wurde.

Schreiben des Generals Milhaud an den Dechanten des Stiftes Klosterneuburg Herrmann, dd. 13. Jänner 1806.
(Original im Archiv des Stiftes Klosterneuburg.)

Dem hiesigen Magistrat machte ich das Erhaltene bekannt und sagte ihm, daß man bei vorkommender Gelegenheit sich augenblicklich eine Ordre bei mir abholen solle. Es war aber gottlob nicht nötig, Gebrauch davon zu machen. Der Brief und die Ordres sind in originali aufbewahrt.[1]) Abschriften davon werden hier am rechten Orte stehen.

Auf der Außenseite des Schreibens:

Service Militaire pressé.

A S. I. Monsieur le prieur de l'abbaye de Closteneybourg

A Closteneyburg

reçu motivé à rapporter

Une ordonnance du 16me chasseur portera la présente jusqu'à St. André et sera relevée de suite par un hussard du premier: le chasseur attendra le retour de l'hussard pour rapporter le reçu.

Milhaud.

Inhalt:

Armée Française
au Quartier Général de tuln le 13 janvier an 1806.

Milhaud General de Brigade l'un des Commandants de la Legion d'honneur, et Commandant l'arriere garde de la grand armée.

A l'honneur de saluer Monsieur le prieur de Closteneybourg et le prie de faire pervenir par des mains sures les ordres ci-joints aux commandants de place, et aux militaires français qui pourvaient encore se trouver dans les environs de Closteneybourg où l'on vient de dire qu'il en existe.

Monsieur le prieur sera bien aimable, s'il veut aussi avoir la bonté de faire mettre à la poste de Vienne une lettre ci-jointe à l'adresse de Mr. le bailli de Gaunersdorff qui renferme aussi des ordres semblables.

Le Général a l'honneur de renouveller à Monsieur le prieur et à messieurs tous ses confreres l'assurance de sa consideration la plus distinguée et ses adieux

Milhaud.

---

[1]) Archiv des Stiftes Klosterneuburg, Neue Rapulatur (Historische Denkmäler), f. 266, Nr. 37.

Zwei gleichlautende Ordres:

> Grande Armée 4ᵉ Corps
> au Quartier Général à ...... le ......
>
> Le Général de Division, chef de l'Etat major général à M. l. Commandant de la place à ...
>
> Vous voudréz bien, Monsieur, conformement aux ordres du Ministre de la guerre, cesser vos fonctions de Commandant de place aussitôt que les dernieres troupes françaises auront evacué la ville que vous commandez. Vous rejoindrez l'Etat major général du Ministre qui vous donnera de nouveaux ordres.
>
> J'ai l'honneur de vous saluer
>
> Salliquef.
>
> P. S. tous les detachements, tous les militaires isolés, tout employé doivent aussitôt la présente reçue évacuer et rejoindre leurs corps respectifs d'armée par la route la plus courte.
>
> S.
>
> (Ordre et circulaire pour tous les commandants de place et autres militaires).

Der Husar mußte auf eine Antwort warten. Ich schrieb an General Milhaud zurück, in unserer Gegend befinde sich kein französisches Militär mehr; im nötigen Falle würde das Anbefohlene befolgt werden. So waren wir nun gottlob befreit!

Die Ursache der obigen pressanten Ordre war diese: der Erzherzog Karl rückte mit seiner Armee aus Ungarn herauf und ließ den Franzosen bedeuten, wenn sie nicht am bestimmten Tage die zwei unteren Viertel evakuiert hätten, so würde er sie mit Gewalt hinaustreiben. In den oberen Vierteln und im Lande ober der Enns nahmen sich die Franzosen schon mehr Zeit bei ihrem Abmarsche. Die Stadt und Festung Braunau im Innviertel behielten sie noch gegen ein Jahr im Besitze, weil die Russen beim Abzuge der Österreicher Cattaro besetzt hatten, welches den Franzosen eingeräumt werden sollte.

Von den ausgesetzten Stiftsherren haben durch den Feind am meisten gelitten: Herr Christoph Obermayer, Pfarrer in Hiezing, durch die Garden des Kaisers Napoleon, der im Schönbrunner Schlosse residierte; Herr Bernhard Tuma, Administrator zu Atzenbrugg, welcher beim ersten Anfalle ganz ausgeplündert wurde und sich dann über die Donau nach Kirchberg am Wagram entfernte, Herr Roman Köpf, Pfarrer zu Leopoldau, Herr Sebastian Koppreiter, Pfarrer zu Langenzersdorf, Herr Ernest Breßler, Stadtpfarrer zu Korneuburg, und Herr Alip Dierzer, Pfarrer zu Tattendorf. Zu Stoizendorf sah man gar keinen Franzosen, in Reinprechtspölla forderten einige eine geringe Brandschatzung. Die übrigen Herren Pfarrer um Wien und Klosterneuburg litten unbedeutend.

II.

Tagebuch der Begebenheiten zu Klosterneuburg während der feindlichen Invasion vom 10. Mai bis zum 29. November 1809.

Den 9. Mai, als man den Feind schon stündlich zu sehen befürchtete, wurde der silberne Sarg des heiligen Leopold nach Wien zu St. Stephan geführt und dort in Verwahrung gebracht. Die Gebeine des heiligen Stifters wurden am nämlichen Tage durch mich und den Herrn Vizesenior Lambert C e s c h et ebendorthin gebracht und in der Schatzkammer beim Hochaltar verwahrt.

Den 10. Mai, früh nach 6 Uhr, kamen die ersten drei Franzosen von Kierling ins Stift herein. Der Anführer derselben, welcher sich für einen Major ausgab, forderte in der Prälatur eine starke Brandschatzung im Namen eines erdichteten Generals d e l'I l e [1]).

Derselbe erhielt 1500 fl. in Bankozetteln und 30 Dukaten, womit er aber nicht zufrieden war. Ich stellte ihm unser Unvermögen vor und einer von den gegenwärtigen Stiftsherren fing etwas dreister mit ihm zu sprechen an. Dies verdroß den feindlichen Offizier und er gab diesem Stiftsherrn mit der Faust einen Stoß auf die Brust. Darüber wurden einige der hiesigen Bürger, welche sich als ungebetene Gäste und Verteidiger in die Prälatur gedrängt hatten, entrüstet und stießen wider den Franzosen heftige Drohungen aus. In dem Augenblicke, da es nahe daran war, zu Tätlichkeiten zu kommen,

---

[1]) In seinen »Notationes diversae tum Domesticorum tum Externorum ab anno Domini 1781—1811« macht H e r r m a n n über diesen Brandschatzer die Bemerkung: »Narratum postea, hominem illum fuisse V i e n n e n s e m A u s t r i a c u m ad Gallos transfugam vocarique S c h u l z.«

welche für das Stift die traurigsten Folgen gehabt hätten, kamen einige österreichische Husaren vom Regiment Stipsics unter schrecklichem Geschrei in das grüne Zimmer der Prälatur, machten beim Eintritte einen blinden Pistolenschuß, nahmen dem Franzosen die von uns erhaltene Brandschatzung weg und schleppten denselben aus meinen Armen, denn er hatte sich fest an mich angeklammert, als Gefangenen samt seinen zwei Begleitern fort. Auf dem Platze in der Stadt fingen hiesige Leute an, denselben zu mißhandeln, zum Glücke aber kam Herr Andreas Mock, Professor des Alten Testaments und der orientalischen Sprachen, dazu, welcher den Unbesonnenen ihr Betragen ordentlich verwies und sie erinnerte, wie man Gefangene behandeln solle.

Überhaupt verdient hier angemerkt zu werden, daß sich die hiesigen Leute in diesem traurigen Jahre vieler auffallender Torheiten schuldig gemacht und bei mancher Gelegenheit ihre feindseligen Gesinnungen gegen das Stift an Tag gelegt haben, während doch die Stadt ihre Befreiung von der groben Plünderung und vom Abbrennen nach dem Schutze Gottes dem Stifte zu verdanken hatte.

Kurzsichtige hielten diese ersten Gäste für bloß versprengte Feinde, allein bald fiel die Binde von den Augen. Gegen 10 Uhr früh rückte das 7. Regiment reitender Jäger (chasseurs à cheval) hier ein, nur gegen 90 Mann stark, unter Kommando eines Oberstleutnants. Als diese aus der unteren in die obere Stadt einritten [1]), fiel ein Schuß aus einem Fenster, welcher einen Mann von ihnen [2]) tötete. Diese unsinnige Handlung hätte für ganz Klosterneuburg von den traurigsten Folgen sein können, wäre das feindliche Korps den Augenblick stärker, der Anführer desselben ein Brausekopf und nicht hin und wieder einige zerstreute Soldaten von der österreichischen Arrieregarde noch da gewesen, auf welche man das Faktum schieben konnte. Zu unserem weiteren Unglücke war hier auf dem Rathause eine Niederlage von Flinten für den zu spät angeordneten Landsturm. Ich wurde zum feindlichen Kommandierenden auf den Platz hinausberufen: derselbe machte gleich drohende Vorwürfe wegen des Erschossenen (des Sohnes eines Generals) und über den Landsturm. Ich antwortete ihm, wir könnten über das in der Stadt Geschehene keine Rechenschaft geben und der so hochgenommene Landsturm sei keineswegs unsere Sache, auch von keiner Bedeutung, wie er sich selbst mit eigenen Augen davon überzeugt habe [3]).

---

[1]) Durch die sogenannte Hundskehle.
[2]) Einen Sergeanten an Seite des Oberstleutnants.   Hummel.
[3]) An der Spitze des Landsturmes in Klosterneuburg stand ein siebzigjähriger Greis.

Die Feuergewehre wurden alle herausgetragen und bei der Säule[1]) die Schäfte abgeschlagen, alle Zugänge in die obere Stadt teils versperrt, teils gut bewacht. Darauf ritten alle in den Kaiserhof[2]) herein. Der Chef speiste mit den Offizieren in der Prälatur, die Gemeinen im Hofe ohne abzusatteln.

Nachmittag war es ziemlich ruhig, aber in desto bangerer Erwartung befanden wir uns.

Spät in der Nacht erschien unvermutet der Divisionsgeneral Montmorency. Dieser redete so verwirrt und hatte ein so übles Sprachorgan, daß man ihn unmöglich verstehen konnte. Ich vermutete, er wolle über den Landsturm benachrichtigt sein. Ich gab ihm daher die nämliche Auskunft wie dem Oberstleutnant. Er blieb aber immerfort unwillig und aus seinem ganzen Gerede verstand ich nur dies: »Ihr verstehet mich, wollt mir aber nicht antworten!« Zum Glück verlor sich dieser sonderbare Mann bald wieder.

Bald nach Mitternacht (11. Mai) überfiel uns ein größerer Sturm; gegen 1 Uhr kam die ganze Division (4 Regimenter Infanterie) Démont hier an.

Der Divisionsgeneral Démont[3]), der Brigadier Girard[4]), der General-

---

Als ihn die Franzosen am 11. Mai antrafen, setzten sie ihn auf ein Pferd und brachten ihn unversehrt seiner Gattin zurück. Der von Wien aus bestellte Anführer jenes Teiles des Landsturmes, der die Gegend von St. Andrä bis Herzogenburg besetzen sollte, kam einige Tage nach dem Einrücken der Franzosen als Geistlicher verkleidet in das Stift Klosterneuburg, suchte und fand hier ein Asyl, wo er durch 14 Tage in tiefer Verborgenheit lebte und von wo er endlich mittelst eines auf einen Stiftsherrn ausgestellten französischen Passeport zu den Seinigen nach Wien zurückkehrte.   Hummel.

[1]) Mariensäule auf dem Rathausplatz in Klosterneuburg.

[2]) Hof des neuen Stifts- und Kaisergebäudes in Klosterneuburg.

[3]) Am 11. Mai, dem Feste Himmelfahrt Christi, waren alle Kirchenfeierlichkeiten eingestellt. General Démont fragte den Chorherrn Gregor Hummel, ob an Festtagen die Leute aus der Umgebung zum Gottesdienste in die Stiftskirche nach Klosterneuburg zu kommen pflegten. Als ihm Hummel antwortete, daß dies nicht der Fall sei, weil die nahen Ortschaften mit ihren eigenen Seelsorgen versehen seien, schien er beruhigt. Die Franzosen scheuten nämlich seit dem Kriege in Spanien die Volksmassen. Von diesem Tage an (11. Mai) wurde auch das Geläute auf dem Turm und im Schlafhause (s. S. 171 n. 1) eingestellt.   Hummel.

[4]) Girard sagte im Verlaufe des Gespräches zum Stiftsdechanten: »Connaissès-vous Jean Jacques (Rousseau)? C'est mon patriote, de la même rue!« Girard war ein sehr schwieriger Mann und schaffte gleich den 12. oder 13. Mai den Capitaine la Rue mit Ungestüm fort. La Rue kam, um die hiesige Werfte (s. o. S. 165 n. 2) zu übernehmen. Vergebens berief er sich auf seine höhere Ordre, er sei au nome de l'Empereur hier. Girard warf ihm ein paar Dutzend foudres (sein Sprichwort: foudre!) auf den Kopf und jener ging und bedauerte uns, daß er bei diesen Umständen nichts für uns tun könne.   A. d. V.

stab samt den Domestiken und eine Kompagnie Garden (Compagnie d'elites) quartierten sich im Stift ein. Eine schreckenvolle Nacht!

Man requirierte für viele tausend Mann Fleisch, Brot etc. und drohte mit Erschießen, Bajonetten, Brand und Plünderung. Die hiesigen Bäckermeister waren nicht imstande, uns mit dem nötigen Brote, weder mit weißem noch mit schwarzem Brote zu versehen. Es mußten demnach die schleunigsten Anstalten zur Herstellung der Stiftsbäckerei (Pfisterei) getroffen werden. Zur Vorsicht war der ganze Weizenvorrat von Tuttendorf herübergeschafft worden, welcher uns für die meiste Zeit aushalf. Aber der wenige Roggen war bald am Ende. Herr Prälat besorgte zu Wien mit vieler Mühe einige Fuhren und schickte dieselben, von bürgerlichen Sauvegarden begleitet, herauf, denn unterwegs war alles in Gefahr vom Feinde weggeraubt zu werden. Auch in den Tullner Boden wurde um Getreide ausgeschickt und Herr Severin Wasserhauser, junger Stiftspriester, brachte, mit französischem Passeport versehen, einige Fuhren glücklich nach Hause. Aber auch von den umliegenden Dörfern wurde Brot und Schlachtvieh requiriert, wodurch bald allgemeiner Brotmangel entstand, denn mit dem jenseitigen Ufer war keine Kommunikation, zu Wien selbst herrschte Mangel[1]) und hinauf war alles vom Feinde besetzt. Hätte diese Lage ein paar Wochen gedauert, so hätten wir unausbleiblich Hungersnot gelitten.

In derselben Nacht, vom 10. auf den 11. Mai, besetzte der Feind die Wiener Vorstädte Mariahilf, Leimgrube etc., die Stadt wurde gesperrt und die Bastionen wurden besetzt.

Am 11. Mai, Christi Himmelfahrt, um 9 Uhr abends, fing der Feind an, aus seinen Batterien hinter den kaiserlichen Ställen Haubitzen in die Hauptstadt zu werfen. Von den Basteien wurde hinauskanoniert. Niemand in Wien war auf das feindliche Bombardement vorbereitet; man vermißte die gehörigen Anstalten, bald brannten mehrere Häuser.[2]) Alles suchte in Kellern

---

[1]) Über den Mangel an Lebensmittel und die Teuerung derselben in Wien siehe: Wertheimer, Zur Geschichte Wiens im Jahre 1809. Archiv für österreichische Geschichte. 74. Band, Wien 1889. S. 191 f. — Boguth, Die Okkupation Wiens und Niederösterreichs durch die Franzosen im Jahre 1809 und ihre Folgen für das Land. Jahrbuch für Landeskunde von Niederösterreich. 7. Jahrg. 1908, Wien 1909. S. 289 ff.

[2]) Etwa 12 Häuser wurden in Brand geschossen und viele Gebäude beschädigt, so auch das Dach und der Turm der Stephanskirche. Boguth a. a. O., S. 280. Siehe auch Graf Eugen von Černins anschauliche Schilderung des Bombardements auf Wien. »Das Kriegsjahr 1809«. Nach den Erinnerungen des Grafen Eugen von Černin und Chudenic auszugsweise mitgeteilt von Freiherrn von Helfert. »Die Kultur«, 9. Jahrg. 1908, 4. Heft, Wien, Leogesellschaft, S. 451 ff.

und Gewölben Sicherheit, Verwirrung und Schrecken herrschte in der Stadt. Schon um 2 Uhr früh, den 12. Mai, fing man zu kapitulieren an und das Feuer wurde eingestellt. Den folgenden Tag, den 13. Mai, übergab man die Stadt den Franzosen. Der größte Teil der Wiener Besatzung zog sich noch zur Not unter Erzherzog Maximilian über den Tabor[1]) hinaus; die Zurückgebliebenen wurden Kriegsgefangene. Die Donaubrücke hatten die Österreicher hinter sich zerstört und dem französischen Kaiser lag alles daran, seine Armee sobald als möglich auf das jenseitige Ufer zu bringen, um dem Erzherzog Karl entgegenzugehen und denselben von Ungarn abzuschneiden, was ihm aber nicht gelang.

Am 13. Mai, vormittags, hatten die Feinde Mittel gefunden, zu Nußdorf ein Bataillon vom Armeekorps des Marschalls Lannes, wozu auch die Division Démont gehörte, auf die sogenannte Schwarze Lacke hinüberzusetzen, um nach besetztem jenseitigem Ufer an demselben Platze wie 1805 eine Brücke hinüberzuschlagen. Der stiftliche Auübergeher von Langenzersdorf mit Namen Kniebeiß war eben in der Gegend und bemerkte der erste die übersetzten Franzosen, welchen er auch in die Hände fiel; doch entwischte er ihnen glücklich und zeigte die Sache augenblicklich den österreichischen Vorposten an. Beinahe wäre der Übergeher als ein falscher Lärmmacher gestraft worden. Endlich glaubte man ihm, ein Bataillon der österreichischen Landwehr unter Major von Obergfell, welcher dann zum Oberstleutnant und Kommandeur des neuen Leopoldsordens befördert wurde, rückte auf den Feind los. Das Infanterieregiment Kerpen kam noch zur rechten Zeit zur Hilfe. Nach der hartnäckigsten Gegenwehr, besonders beim Jägerhause, unterlagen die Franzosen gänzlich[2]), bis auf einen Capitaine und ein paar Mann, welche auf einem Fahrzeuge nach Nußdorf entkamen.

Die folgenden Tage beorderte man ein neues Bataillon, und zwar von der bei uns stehenden Division, auf die Schwarze Lacke hinüber, da aber der Posto von den Unsrigen nun gut besetzt war, so weigerten sich die Franzosen, offenbar verlorene Leute zu spielen. Nach gemachten Vorstellungen wurde der Befehl zum weiteren Übersetzen bei Nußdorf zurückgenommen, besonders, weil Napoleon einen bequemeren Platz unter Wien gefunden hatte[3]),

---

[1]) Über die Taborbrücke.

[2]) Durch das mutvolle Eingreifen des Majors O'Brien, der den Feinden in den Rücken fiel.

[3]) Bei Kaiser-Ebersdorf. — Über den Brückenschlag und Donauübergang Napoleons siehe Hoens treffliche Schrift »Aspern«: Das Kriegsjahr 1809 in Einzeldarstellungen, Band 3. Wien 1906. S. 12 ff.

seine Armee über den stark angeschwollenen Fluß ohne bedeutende Hindernisse zu setzen.

Während der Zeit, in der das feindliche Armeekorps bei Nußdorf, Döbling und Heiligenstadt lagerte, wurden die umliegenden Ortschaften nach und nach von herumziehenden Haufen geplündert. Dieses traurige Los traf schon am 11. Mai Nußdorf, am 18. und 19. Mai Josefsdorf und Weidling, am 20. Kierling etc. Vorzüglich wütete der Feind diesmal gegen die Kirchen und Pfarrhöfe. Viele Pfarrer wurden mißhandelt. Vom Inn angefangen bis Wien war alles voll Kriegsfrüchte, voll von Brand, Raub, Verheerung, Entheiligung!

Die erhabenen Feste unserer heiligen Religion waren in Trauertage verwandelt! Auf dem Lande, besonders auf der Donau hinauf, wurde keine Glocke gehört, der Gottesdienst wurde unter Furcht und Zittern gehalten. (In der Stiftskirche zu Klosterneuburg fing man den 3. Juli, am 9. Sonntag nach Pfingsten, wieder zu läuten an.)

Dienstag den 16. Mai sahen wir die österreichische Armee von Korneuburg herab in das Marchfeld marschieren. Die Franzosen wollten uns weiß machen, es sei Marschall Bernadotte mit den Sachsen[1]).

Am 17. Mai erschien ein französischer Kommissär mit dem Befehl, alle Stiftskeller in Beschlag zu nehmen. Ich meldete dies dem Divisionsgeneral. Démont protestierte wider diesen Befehl, welcher von einem Minderen als er unterzeichnet war.

Allein schon am 19. Mai erschien der Kommissär wieder mit einer höheren Ordre. Jetzt war unser größter Verlust unvermeidlich, **alle unsere Keller wurden von der französischen Administration übernommen, versiegelt** und für den Stiftsbedarf wurde der Wein ausgemessen. Den 27. darauf fing man an, unsere Weine für die feindliche Armee, vorzüglich für die kaiserlichen Garden, wegzuführen.

Herr Prälat wandte sich bittlich an den feindlichen Generalgouverneur von Unterösterreich, Divisionsgeneral Reichsgrafen Andreossy (vor der Invasion französischer Gesandter zu Wien), um unseren Kellerschatz wenigstens zum Teile zu retten. Allein nachstehende abschlägige Antwort erfolgte:

> Le Gouverneur Général a reçu la réclamation de Monsieur l'abbé de Kloster-Neubourg au sujet des scellés mis sur ses caves; cette affaire étant absolument dans les attributions de Monsieur l'Intendant Général[2]) qui luimême a reçu des ordres superieurs à cet égard, le Gouverneur Général ne peut donner à Monsieur l'abbé de Kloster-Neubourg la satisfaction qu'il desire.

---

[1]) Ein Stiftsgeistlicher wollte an ihnen die Russen erkannt haben.   Hummel.
[2]) Daru.

Le Gouverneur Général prie Monsieur l'abbé de Kloster-Neubourg d'agréer l'assurance de ses sentimens les plus distingués.

F. Andreossy.

Vienne le 31. Mai 1809 [1]).

Am Pfingstsonnabend um 3 Uhr früh marschierte die Division Démont von hier über den Kahlenberg nach Kaiser-Ebersdorf, denn auf der gewöhnlichen Straße war es nicht sicher, weil die Unsrigen auf dem entgegengesetzten Ufer gegenüber vom Kahlenberg und von Nußdorf Batterien angelegt hatten.

Divisionsgeneral Démont, französischer Reichsgraf und Senator, von Geburt aus ein edler Graubündner, wird in unserem Stifte immer im rühmlichsten Andenken bleiben. Er stand mit seinen 4 Regimentern Infanterie durch 10 Tage hier. Der Unterhalt einer solchen Menge brachte das Stift und die Stadt in die größte Verlegenheit, allein mit Wissen und Willen Démonts geschah keine Mißhandlung, keine Plünderung. Er suchte vielmehr nach Möglichkeit, die Kriegsübel zu vermindern, die Mißhandlungen zu beseitigen. Der mißhandelte, halbtod hereingeführte Pfarrer von Weidling, Herr Norbert Steiner, mußte ihm in der traurigen Lage dargestellt werden.

Er bedauerte, daß es nicht in seiner Macht stand, die Unmenschen zu bestrafen, weil dieselben nicht von seiner Division waren. Zwei durchmarschierende württembergische Kavallerieregimenter unter dem General Baron Röder ließ er hier über Mittag nicht einquartieren, wie dieselben es verlangten, sie mußten außerhalb der Stadt kampieren und bekamen nur Brot und Wein. Mit der Bewirtung war er vollkommen zufrieden und er äußerte einmal beim Souper, man hätte weniger auftischen können [2]). Auch seine Dienstleute waren gute, ordentliche Menschen, von den Domestiken anderer Generäle und Offiziere himmelweit verschieden [3]). Am Himmelfahrtstage wohnte Démont der letzten heiligen Messe in unserer Kirche bei; auch eine seltene Erscheinung, da man fast durchgehends bei den französischen Offizieren und den meisten Gemeinen kein Merkmal von einer Religionshandlung wahrnimmt. Die Armee hatte auch

---

[1]) Dem 1816 von seiten des Stiftes ohne Erfolg eingereichten Entschädigungsgesuche ist auch dieser Bescheid beigelegt worden. A. d. V.

[2]) Wie grell sticht dieses ab gegen den Obersten, der ihn ablöste und welcher sehr brutal erklärte, daß das für ihn bereitete Souper — es war nicht verschieden vom Diner des Démont — kein für einen Obersten!! konvenables Gericht sei. Hummel.

[3]) »Nie werde ich die vertraulichen, freundschaftlichen Gespräche vergessen, die ich mitten unter den Bedrängnissen einer feindlichen Invasion mit dem Kammerdiener und dem Stallmeister Démonts gepflogen hatte«, schreibt der Chorherr Gregor Hummel.

konnten gegen 3 Uhr bedient werden, allein die Verwirrung war groß, denn es mangelte uns an Sesseln, Schüsseln, Tellern und Gedecken. Man stellte ihnen die Notwendigkeit vor, sich abzuteilen und sie waren damit anfänglich einverstanden, aber kaum hatte die erste Abteilung die Suppe, so strömten alle herbei und wollten augenblicklich befriedigt werden. Die Verwirrung war vollendet!

Die Württemberger, über das Herüberfeuern in der vergangenen Nacht aufgebracht, führten gegen 6 Uhr abends zwei Kanonen in des Herrn Klose Garten in der Wienergasse und machten einige Schüsse mit Kartätschen in die nahe Au (auf den Uferhaufen), um die österreichischen Jäger daraus zu vertreiben, allein sie führten ihre Kanonen bald wieder weg, da ihnen unsere Jäger einen Kanonier erschossen hatten [1]).

Abends marschierten die zwei Regimenter Wilhelm und Ludwig wieder weg, wahrscheinlich nach Döbling, denn dort hatten die Württemberger ein Lager aufgeschlagen, wo sie am Tage der Schlacht als Reservekorps standen, auch späterhin bis zum Abmarsche gelagert blieben.

Den 4.—5. Juli war eine stockfinstere Nacht. Unter einem brausenden Sturmwinde fiel ein Platzregen. Diese Nacht hatte der französische Kaiser zum zweiten Übergange auf das linke Donauufer bestimmt.

Am 4. Juli abends um 10 Uhr schiffte General Oudinot 1500 Voltigeurs von der Lobau hinüber auf das linke Donauufer, welche unter dem Schutze von zehn Kanonierschaluppen (unter dem Obersten Baste) unterhalb Stadt Großenzersdorf landeten. General Conroux besetzte Mühlleiten.

Um 11 Uhr nachts ließ Kaiser Napoleon aus 48 schweren Kanonen und 28 Mörsern Großenzersdorf beschießen, bombardieren und anzünden. Einige österreichische Bataillons vom 6. Armeekorps unter Feldmarschalleutnant Graf von Klenau waren darin. In der Nähe der Mühleninsel wurden vier Brücken über den schmalen Arm aus der Lobau geschlagen. Über diese ging die französische Armee 1500 Klafter unter Enzersdorf um Mitternacht unter dem Schutze der Batterien, zog sich gegen Wittau und wurde daselbst in mehreren Linien en masse aufgestellt. Das Korps des Marschalls Massena bildete den linken, des Marschalls Davoust den rechten Flügel, des Generals Oudinot das Zentrum. Die Armee des Vizekönigs von Italien Eugen (Beauharnais, Stiefsohns Napoleons), die Korps der Marschälle Bernadotte und Marmont formierten die zweite Linie, die Garden und Kürassiere die Reserve.

---

[1]) Vorher geschah es öfters, daß die österreichischen und württembergischen Uferposten unter unseren Fenstern bald freundschaftlich, bald sich gegenseitig beschimpfend, über den schmalen Donauarm sich mit einander unterhielten.   Hummel.

worden, sie waren auch durchaus avanciert. So war z. B. Graf Truchseß bei uns Sekondrittmeister, schon Oberst.

Am 2. Juli gegen 1 Uhr nachmittags kam der Divisionsgeneral Vandamme abermals im Stifte an, speiste gegen 6 Uhr abends mit dem württembergischen General Stettner und 14 Offizieren, verschwand aber bald wieder. Zu Mittag hatten wir fünfundvierzig Offiziere bei Tisch. Abends kamen 13 französische Gendarmen (die gefürchtete Militärpolizei) mit einem Offizier an. Sie wurden im sogenannten alten Neugebäude einlogiert, marschierten aber nach Mitternacht wieder ab. Überhaupt merkte man aus den häufigen Hin- und Hermärschen und vorzüglich aus dem, was zu Wien geschah [1]), deutlich, daß ein neuer großer Schlag vorbereitet wurde.

Am 3. Juli, nach 8 Uhr früh, kam der Württemberger Generalleutnant Graf Wölwart im Stifte an. Dieser Mann, ein Deutscher Ordensritter, trat als Oberst bei Macks Kürassieren aus den österreichischen Diensten und gab es nun sehr hoch, denn er kommandierte die Württemberger, doch unter Vandamme.

In der Nacht vom 3. auf den 4. Juli fingen die österreichischen Jäger in der nächsten Au von 11 Uhr an auf unsere Fenster stark zu schießen. Mehrere Kugeln flogen in die Prälatur, im Schlafhause kamen zwei beim Gangfenster herein und eine in das mittlere Zimmer der Dechantei. Wir suchten uns gleich sicherzustellen und gottlob niemand litt Schaden. Während des hiesigen Feuerns machten die Unsrigen bei Greifenstein mit etlichen 100 Mann einen Überfall, doch ohne Erfolg. Weil man nun in keinem Zimmer gegen die Donau sicher war, so speisten die Herren in der alten Prälatur, ja selbst die Franzosen und Württemberger gingen in den Rittersaal [2]).

Den 4. Juli zu Mittag erschienen abermals zwei Adjutanten des Generals Vandamme. Um 11 Uhr speisten 12 Offiziere und bald danach wurden 80 neue angesagt von drei Württemberger Regimentern, von welchen zwei, Prinz Wilhelm und Ludwig, von Döbling zurückgekommen waren. Sie

---

[1]) In einer vom Generalgouverneur Andreossy unterzeichneten Proklamation dd. 27. Juni 1809 befahl Napoleon den Wienern unter den schwersten Strafen, innerhalb dreier Tage alle verborgen gehaltenen österreichischen Kriegsgefangenen anzuzeigen und Waffen, Munition, welche von den österreichischen Zeughäusern herrührten, abzuliefern. (Siehe Sammlung aller Tagesbefehle 1809 in Wien. Stiftsbibliothek Klosterneuburg, Hist. Austr. III 134.) Am 2. Juli abends schlossen die Franzosen die Tore der inneren Stadt und stellten eine Anzahl von Kanonen auf den Wall gegen die Vorstädte. Vergl. Černín-Helfert a. a. O. S. 474 f.

[2]) In der ehemaligen Thomasprälatur im Brunnen- oder Kuchelhof des Stiftes Klosterneuburg.

zu begleiten. Während des ganzen Krieges waren dieses die schwierigsten Truppen, deren unersättliche Offiziere man mit nichts befriedigen konnte. Kurz, ihr Betragen war unerträglich.

Am 26. Juni zu Mittag ein neues württembergisches Infanterieregiment. Gegen 2 Uhr nachmittags Jägerregiment zu Pferd Prinz Ludwig von Württemberg eingerückt. Nach dem Souper ritten diese Württemberger wieder aufwärts zurück. An diesem Tage wurde für neue 100 Mann Württemberger Unterhalt im Stifte angeschafft, aber nur einmal des Tages Fleisch zu geben, item einige Eimer Wein für das ganze Kavallerieregiment. Beim Abendessen gegen 30 Offiziere.

Den 27. Juni nachmittags gegen 4 Uhr war der Württemberger General Franquemont da, welcher bald wieder nach Königstetten zurückging.

Den 29. Juni zu Mittag erschien der französische Divisionsgeneral Vandamme mit vier Adjutanten im Stifte, begleitet vom General Franquemont. Voraus kamen sein Stallmeister und ein Adjutant, welche einige Metzen Haber forderten, widrigenfalls drohten sie kurz mit der Umkehrung des Stiftes. Ich sagte ihnen, daß seit einigen Wochen kein Körnlein davon im Stifte zu finden sei. Brot und Wein dienten dann als Hafersurrogat.

Vandamme, jetzt französischer Reichsgraf, Großkreuz der französischen Ehrenlegion und des württembergischen Militärordens, ein schon aus den Zeiten der Revolution berüchtigter General, kommandierte in diesem Jahre (1809) so wie in den Jahren 1806 und 1807 wider Preußen das Württemberger Hilfskorps en Chef oder wie ein Vizemarschall. Er hatte das rechte Donauufer, vorher in Oberösterreich, gegenwärtig unter der Enns zu verteidigen und sein Standquartier seither in Judenau. Er ist ein allgemein gefürchteter Soldat und die Württemberger, als sie hörten, er komme ins Stift, schreckten uns mit diesen Worten: »Nun machen Sie das Testament!« Dessenungeachtet betrug er sich bei uns human und viel leidentlicher, als man vermutete. Nach eingenommenem Diner ging er wieder weg und verbot, von unserem alten Weine von nun an etwas fortzuführen, wovon er auch eine Ladung für sich anschaffte. Allein die Commissaires kehrten sich wenig an das Verbot, weil sie ihren Rücken mit höheren Ordres gesichert hatten.

Den 29. Juni abends das Württemberger reitende Jägerregiment Prinz Ludwig wieder da. Dasselbe wurde nach Weidling einquartiert; die Stabs- und anderen Offiziere ritten mittags und abends ins Stift herein zum Speisen, für sechs von ihnen mußte hinausgeschickt werden. Sie betrugen sich manierlich, sprachen mit uns frei über den Krieg. Viele derselben waren aus österreichischen Diensten von ihrem gegenwärtigen König zurückberufen

das jenseitige Ufer von der großen Kuppel aus, nahmen um 9 Uhr ein dejeuner à la fourchette ein, bedankten sich höflich und gingen wieder nach Nußdorf zurück.

Gewöhnlich hatten wir diese Tage gegen 30 Offiziere in der Prälatur bei Tisch. Da der Mangel schon merkbar war, gab der französische Oberst den Befehl, den zwei Kompagnien Garden statt dreimal nur zweimal des Tages Fleisch zu geben.

Den 13. Juni kamen nach geendigtem Mittagessen 13 neue Offiziere an. Aufs neue mußte für dieselben aufgetischt werden. Gegen Abend marschierten die meisten hiesigen Truppen nach Kritzendorf. Aber am 14. zeitlich früh kamen dieselben von dort wieder zurück. Beim Frühstück hatten wir in der Prälatur gegen 30, zu Mittag 32 Offiziere und abends wurden 40 angesagt.

Den 15. Juni nachmittags zwischen 2—3 Uhr kamen vom jenseitigen Ufer ein österreichischer Parlamentär mit einer Trompete und drei Mann am Bauplatz an. Der Parlamentär, mit welchem die Franzosen allerhand Komödien spielten, wurde zum Gros-major geführt, die vier Begleiter verwahrte man auf dem Bauplatze. Alle fünf mußte das Stift unterhalten.

Den 18. Juni früh um $^1/_2 1$ Uhr wurde der Parlamentär von hier entlassen und tags darauf wurde ein neuer von jenseits nach Nußdorf herübergeschickt. Die Franzosen machten aus dieser Sendung ein großes Geheimnis. Man vermutete aber, daß er bloß in Angelegenheit des bei Nußdorf von der österreichischen Landwehr gefangenen Generals Röder und der ihn begleitenden Wiener Damen gesendet worden sei[1]).

Vom 19. Juni an mußten einige Tage wegen der Menge doppelte Tafeln gerichtet werden. So speisten zu Mittag um $^1/_2 1$ Uhr gegen 20 Leutnants und um 12 Uhr gegen 20 Oberste und Hauptleute, ebenso abends.

Am 24. Juni rückte das württembergische Infanterieregiment Prinz Wilhelm gegen Mittag hier ein. Zwei Stabs- und elf andere Offiziere speisten abends bei uns, abgesondert von den Franzosen.

Am 25. Juni zogen die zwei zusammengesetzten (vom 64., 85., 100. und 103. französischen Infanterieregiment, Division Claparéde,) Bataillons weg, welche uns seit dem Anfange dieses Monats gequält hatten. Die zwei Bataillonschefs waren widrige Leute wie auch die meisten Capitaines und Offiziere, besonders der Platzkommandant Capitain Noël, welcher vor dem Abmarsche um Mitternacht noch Brot requirierte, früh Wein, Käse und Fleisch. Zwei Offiziere mit 30 Mann blieben zurück, um den mitzuführenden Wein

---

[1]) Siehe oben S. 197.

französische und württembergische Domestiken, die ebensowenig wie ihre Herren zusammensahen [1]).

Am 2. Juni kamen gegen 40 Mann von verschiedenen Regimentern aus der Gegend von Nußdorf nach Weidling, plünderten dort, mißhandelten selbst die französischen Sauves-gardes, welche deswegen verstärkt wurden. Herr Brusselles, dem der französische Hochmut gar nicht behagte, stellte sich unpäßlich, um im grünen Prälatenzimmer abgesondert speisen zu können. Den 5. Juni ging er nach Tulln und kam nicht zurück und ließ den Tag darauf seine Dienerschaft nachkommen.

Den 4. Juni abends gegen halb 8 Uhr fingen die Unsrigen [2]) die zweite fürchterliche Kanonade auf den hiesigen Bauplatz an, welche bis 11 Uhr in der Nacht dauerte. Auf die Wagnerei warfen sie Granaten und zündeten dieselbe gleich gegen 8 Uhr an. Es war ein stiller Abend, das Feuer blieb glücklicherweise bei dem genannten Gebäude.

Den 6. Juli gegen halb 7 Uhr abends zogen die Württemberger wieder an der Donau hinauf. Von diesem Tage an gingen die hier zurückgebliebenen Truppen abends jederzeit in das Lager außerhalb der oberen Stadt, links am Fußsteige nach Weidling.

Am 8 bis 9 Juni gegen Mittag schickte uns der Himmel nach einem heißen Monate einen heilsamen Regen.

Vom 8. Juni angefangen mußte aus der Stiftsküche auch für die blessierten französischen Offiziere in der Kaserne der oberen Stadt das Essen geschickt werden, anfänglich für sieben, bald aber für mehr.

Nebenbei mußten wir auch anderen Offizieren, welche während der Tischzeit in der Prälatur auf verschiedenen Posten standen, mittags und abends Speise und Trank schicken, nämlich auf den Leopoldsberg, auf die Werfte oder den Bauplatz, ins Lager außerhalb des Wiener Tores und auf das Rathaus. Das Couvert und Geschirr blieben meistens zurück, so daß man bald nicht mehr wußte, womit man sie bedienen solle, besonders wenn viele zusammentrafen.

Vom 9. auf den 10. Juni um Mitternacht kam ein sogenannter französischer Gros-major mit zwei Bedienten an, welcher einen Großen spielte und sich in der Stadt bei dem Kreisphysikus Herrn von Tassara einquartierte.

Den 10. Juni nach 8 Uhr früh kam der französische Divisionsgeneral Frere mit dem Brigadegeneral Figattier im Stifte an. Diese beobachteten

---

[1]) Am 1. Juni in festo SS. Corporis Christi unterblieb zwar die Prozession, doch war Hochamt exposito Sanctissimo.   Hummel.

[2]) Sie waren auf dem Ufer von Langenzersdorf postiert.

Am 27. Mai wurde der Anfang zum Ausleeren der Stiftskeller für die feindliche Armee gemacht. Beim Tage wurde der Wein geladen und nachts gingen die Wagen, von Wiener berittenen Bürgern begleitet, fort, um den österreichischen Kanonen leichter zu entwischen.

Nachmittag kam der Oberst Vincente, Adjutant des Major-général Berthier, Fürsten von Neuchâtel, ins Stift. Verschiedene andere Ofiziere erschienen nach dem Souper.

Am 29. Mai zu Mittag erhielten wir von Wien durch Fürsorge des Herrn Prälaten vier Wagen mit Weizen und Roggen, welche, von Wiener Bürgerwachen begleitet, über den Kahlenberg gegangen waren, denn beim Dörfel [1] spielte die jenseitige (österreichische) Batterie herüber [2]).

In der Nacht vom 29. auf den 30. Mai machten die Unsrigen eine heftige Kanonade auf den hiesigen Bauplatz der Werfte. Man wollte den Feind hier beschäftigen, um einen effektlosen Überfall bei Greifenstein zu begünstigen. Eben in dieser Schreckensmitternacht schickte der Rittmeister Bridel einige Mann ins Schlafhaus herein und ließ Pferde und Wagen begehren. Ich erklärte den Leuten, daß wir gleich die ersten Tage alle Pferde und Wagen verloren hätten und so brachte ich sie wieder vom Halse.

Am 30. Mai Vormittag gegen 10 Uhr kamen die ersten Württemberger an, nämlich ein Infanterieregiment mit dem General Brusselles, einem gutgesinnten katholischen Manne. Bei Tisch saßen 32 Offiziere, Franzosen und eine Württemberger.

Den 31. Mai abends gegen 7 Uhr marschierte das 25. Linienregiment abermals ab nach Fischamend. Zwei Stunden danach kam ein Bataillon vom 13. Regiment chasseurs à pied an; davon kamen der Chef, 9 Offiziere und eine Kompagnie ins Stift.

Der französische General Bouchat passierte und besprach sich mit General Brusselles.

Den 1. Juni früh faßte die Kompagnie der Garden im Stift Brot und nahm Fleisch aus unserer Zuschrott mit. Um 8 Uhr wurde aufs neue für 600 Mann Brot requiriert, während doch keines mehr im Magazin war.

Vor 9 Uhr kamen zwei neue Kompagnien im Stifte an. Gewöhnlich mußten diese Tage gegen 150 Mann im Stifte gespeist werden, die Offiziere nicht gerechnet. In der Prälatur waren zwischen 30 und 40 Offiziere. Überdies hatten wir

---

[1]) Kahlenbergerdorf.
[2]) An diesem Tage wurden in der Stadt die Häuser wegen Auffindung von Lebensmitteln visitiert. Einige französische Grenadiere wollten ein Spital plündern. Hummel.

Tage hergestellt und die französische Armee ging ungehindert wieder auf das rechte Donauufer. 21. und 22. Mai.

Zu Klosterneuburg waren die Franzosen in den zwei Tagen der Schlacht äußerst schwierig und argwöhnisch. Man durfte von keiner Anhöhe auf das Schlachtfeld hinblicken; auf der Gasse beisammenstehen und miteinander reden, hielten sie für Aufruhrstiften [1]).

Der dem Trunke ergebene Oberst quälte den hiesigen Bürgermeister damit, daß dieser ihm jene herstellen solle, welche am Pfingstsonnabende im Spital geraubt hatten und obwohl dies nicht möglich war, so drohte derselbe doch mit dem höheren Befehle, die Vornehmsten in der Stadt dezimieren zu lassen, wenn die Diebe nicht würden herbeigeschafft werden, obschon er wisse, daß der Magistrat keinen Anteil an der Plünderung und an der Mißhandlung des französischen Krankenwärters habe.

Wir interzedierten. Man versprach, sich alle mögliche Mühe zu geben, die Schuldigen ausfindig zu machen. Zum Glück marschierte das 25. Regiment in der Nacht vom 22. auf den 23. Mai weg und es blieben bloß einige Sicherheitswachen zurück, welche am 21. von Wien heraufgekommen waren, und wir hatten einige Stunden Ruhe.

Am 23. Mai hatten wir eine ganz besondere Erscheinung: ein Korps von der portugiesischen Legion in französischen Diensten traf hier ein. Bei uns zeigten sie sich als gute Leute.

Am 24. Mai kam das 25. französische Regiment wieder zurück und die Portugiesen wurden weiter geschafft. Diese portugiesische Legion, welche fast wie die österreichische Landwehr uniformiert ist, scheint aus Gefangenen, Überlaufenen, Freiwilligen zu Ende des Jahres 1807 entstanden zu sein, als der französische General J u n o t, hernach Herzog von Abrantes, Portugal eroberte [2]).

---

welche nur für das gewöhnliche niedrige Wasser berechnet waren, mochten die Hauptursache gewesen sein. Durch eine möglichst rasche Verfolgung wäre N a p o l e o n samt seiner ganzen Armee gefangen worden.« Vergleiche die vom Generalquartiermeister Max Freiherrn v o n W i m p f f e n verfaßte und 1811 in Pest anonym erschienene Schrift: »Warum benützten die Österreicher den Sieg von Aspern nicht zu einer offensiven Operation auf das rechte Donauufer?« Neu herausgegeben im »Historischen Krieger-Kalender auf das Jahr 1907« von P f a l z. Wien 1907, Fromme, S. 84 ff.

[1]) Ja es war sogar verboten, wie H u m m e l berichtet, in den Zimmern des Neugebäudes im Stifte Klosterneuburg abends Licht anzuzünden, weil dies ein Signal für die Österreicher hätte sein können. — In Wien besetzten die Franzosen alle Türme, sie jagten den Turmwächter von St. Stephan herunter und ließen nicht einmal den Uhrmacher, der die Uhr aufziehen wollte, hinauf. B o g u t h a. a. O., S. 297 f.

[2]) Den 26. Mai erhielt das Stift Klosterneuburg den Auftrag, ein Militärspital in Ottakring einzurichten. Der Stiftsbeamte G s c h l a d t wurde dahin geschickt. H u m m e l.

Wie schreckenvoll diese beiden Tage gewesen sind, erhellt aus dem folgenden Verzeichnisse, welches aus einer gedruckten Militärschrift entlehnt ist.

Österreichischer Verlust:

Tote: 87 Oberoffiziere, 4199 Unteroffiziere und Gemeine, Summe 4286.

Blessierte: 12 Generale, 663 Oberoffiziere, 15.651 Unteroffiziere und Gemeine, Summe 16.326.

Gefangene: Feldmarschalleutnant Weber, 8 Oberoffiziere, 829 Mann [1]).

Französischer Verlust:

Tote, auf dem Schlachtfelde begraben: 7000 Mann, item Marschall Lannes, Herzog von Montbello, welcher beide Füße verlor und bald darauf starb [2]).

Blessierte in Spitälern: 34.773 Mann.

Gefangene: 2300 Mann [3]).

Auch eroberten die Österreicher 3 Kanonen, 7 Munitionswagen, 17.000 Gewehre und 300 Kürasse. Stärke der österreichischen Armee gegen 75.000 Mann. Des Feindes Stärke gegen 100.000 Mann.

Warum aber die österreichische Armee ihren Sieg nicht verfolgte, dem Feinde auf die Lobau nicht nachsetzte — darüber hat man bisher keine befriedigenden Aufschlüsse. Wahrscheinlich war unsere Armee auch schon zu sehr abgemattet und geschwächt, der Abgang an nötiger Munition mochte auch eine Ursache sein [4]). Genug! der Kaiser Napoleon fuhr noch in der Nacht auf einen Kahn auf Ebersdorf zurück, die Brücken wurden die folgenden

---

in seinen »Notata vom Jahre 1809« schreibt, in der größten Bestürzung. Schon hörte man in ihren vertraulichen Diskursen: »Sauve qui peut!« Sie baten um Kleidungsstücke von Zivilpersonen, weil sie an nichts gewisser als an einen allgemeinen Rückzug dachten.

[1]) Die Angaben über die beiderseitigen Verluste in der Schlacht von Aspern variieren, wie leicht begreiflich. Nach R. v. Hoen a. a. O., S. 113, betrug der österreichische Gesamtverlust fast 23.000 Mann. 88 Offiziere, 3886 Mann waren tot, 13 Generale, 663 Offiziere, 15.615 Mann verwundet, 1 General, 22 Offiziere, 2709 Mann gefangen und vermißt.

[2]) Über Jean Lannes, den ehemaligen Färbergesellen und späteren Marschall und Liebling Napoleons siehe Criste, Napoleon und seine Marschälle. Wien 1906, Stern. S. 47 f.

[3]) Den fürchterlichsten Verlust erlitten die Franzosen durch unsere Artillerie, besonders durch eine Batterie, nach Angabe des Obersten Smola angelegt, von welcher die feindlichen Kürassiere eskadronenweise niedergeschmettert wurden. Hummel. — Smolas Verdienste um das Artilleriewesen siehe »Allgemeine deutsche Biographie«, Band 34. Leipzig 1892. S. 495.

[4]) In einem zweiten Manuskript seines Tagebuches macht der Verfasser an dieser Stelle die Bemerkung: »Der Abgang an nötiger Munition und die zu wenigen Pontons,

für uns, daß fünf mit Brot beladene Wagen, welche der Division nachgeführt wurden, vom Kahlenberg wieder zurückkehrten. Dieser Vorrat wurde gleich in Verwahrung gebracht und leistete gute Dienste teils für die Truppen, teils für die Armen von hier und von den umliegenden Dörfern, welche Brot haben liefern müssen und nun selbst keines mehr hatten.

Die üble Folge des gemeldeten Überfalles war, daß wir noch am nämlichen Tag mit neuen Truppen überhäuft wurden, denn gegen Abend rückte das 25. französische Infanterie-Linienregiment ein, wovon nebst den Obersten und anderen Offizieren noch zwei Kompagnien Garden ins Stift (in dem unteren Gang des Neugebäudes) zu liegen kamen, während doch unter Démont nur eine Kompagnie bei uns war. Um diese Zeit hatte das Stift einmal über 1500 Mann an einem Tage abzuspeisen.

Dieses Regiment war gleich anfänglich ungestüm. Abends bei Tisch verlangten der Oberst und andere roten Wein. Als sie hörten, es lägen noch einige Eimer davon in dem versiegelten Keller, ging ein Capitaine hinab, riß das französische Siegel ab und der rote Rebensaft wurde nun fleißig ausgeleert. Zu unserem Glück war das 25. Regiment noch da, als die Weinkommissäre kamen, sie konnten also die Sache unter sich ausgleichen, da wir gar keine Schuld daran hatten.

Am Pfingstsonntag, den 21. Mai nachmittags um 3 Uhr, fing die mörderische Schlacht bei Aspern an der Donau und bei Eßling an. Von jeder Seite donnerten gegen 200 Kanonen; um das Dorf Aspern wurde am heftigsten gestritten. Neunmal zusammen verlor und eroberte man dasselbe wieder, zuletzt behaupteten es die Unsrigen. Aber die wiederholten Stürme auf Eßling mißlangen den Österreichern. Die Nacht über blieben beide Armeen unter den Waffen. Kaiser Napoleon ließ sein Kriegsheer versärken.

Am Pfingstmontag um 4 Uhr früh fingen die Feuerschlünde wieder zu donnern an. Aspern ging wieder verloren, doch mit der größten Anstrengung nahmen die Unsrigen das brennende Dorf wieder und blieben im Besitz desselben. Um 7 Uhr früh erhielt Napoleon die äußerst unerwartete Nachricht, die Schiffsbrücke über den Hauptdonauarm sei zerrissen. Die französische Armee geriet dadurch in eine bedenkliche Lage. Allein auch an diesem Tage konnten die Österreicher Eßling, besonders den dortigen festen Schüttkasten, trotz aller Anstrengung nicht nehmen. Der französische Kaiser zog abends seine Armee auf die Lobau zurück, welche zum Teil durch die hohe Donau überschwemmt war[1]).

---

[1]) Der Ausgang der Schlacht bei Aspern machte auf die in Wien und in Klosterneuburg befindlichen Franzosen einen deprimierenden Eindruck. Sie waren, wie Hummel

In der Schlacht bei Aspern zu Pfingsten verlor Démont den größten Teil seiner Division. In der Folge war derselbe eine kurze Zeit Generalgouverneur im Lande ob der Enns.

Nachdem am 20. Mai die Division von hier und auch das Korps aus der Nußdorfer Gegend nach der Lobau abmarschiert waren, wagte sich die österreichische Landwehr auf Nußdorf herüber, wo dieselbe einen Haufen Schlachtvieh, welches der feindlichen Armee nachgetrieben werden sollte, Beute machte und den württembergischen Kavalleriegeneral Baron v. Röder gefangen nahm, der sorglos von Wien nach Nußdorf in einen Lohnwagen fuhr¹), um einer bekannten Familie Sachen in Sicherheit zu bringen²). Röder wurde nach der Auswechslung abgesetzt, überdies von seinem König auf mehrere Jahre zum Arrest verurteilt.

Einige Landwehrmänner streiften bis Klosterneuburg herauf und alarmierten die wenigen zurückgebliebenen Franzosen. Die im Stift zurückgelassenen Sauvegarden ergriffen die Flucht in das Weingebirge. Der hiesige Pöbel in der Stadt benützte den Augenblick und plünderte das im Fuhrwesendepot zur Not eingerichtete französische Militärspital. Ein schuldloser Krankenwärter kam dabei in Lebensgefahr, doch zum Glück rettete er sich mit seinem Weib ins Stift. Das unsinnige Betragen mehrerer hiesiger Leute verursachte dem Bürgermeister Herrn Leopold Mark oft die größten Verdrießlichkeiten.

Um 4 Uhr nachmittags ließ der französische Kaiser bei Ebersdorf³) einen großen Teil seiner Armee über die Lobau auf das jenseitige Ufer marschieren.

Diese Donauinsel, die größte in der Gegend Wiens, ist der schicklichste Ort zum Übergang ins Marchfeld für eine große Armee, denn der Hauptarm ist durch die genannte Au gedeckt und da diese von den Unserigen nicht gehörig besetzt war, so hatte Napoleon schon den ungehinderten Übergang gewonnen.

Eben am Pfingstsamstage nachmittags wurden den von Wien zurückkommenden mit französischem Passe versehenen Stiftsboten von feindlichen Truppen zehn Pfund Kaffee und drei Hüte Zucker geraubt: kein geringer Verlust, denn beide Artikel standen schon hoch im Preise und beim Abgange derselben war man in Gefahr mißhandelt zu werden. Viele tausend Gulden gingen allein auf diese beiden Waren auf.

Die einzige gute Folge von dem gemeldeten Landwehrüberfall war die

---

¹) Mit einigen Damen.
²) Röder war Kommandant der den Garnisonsdienst in Wien versehenden Leibchevaulegers. S. Hoen a. a. O. S. 22.
³) Kaiser-Ebersdorf.

geringe Diskretion. Ich blieb bei der Unmöglichkeit stehen. Endlich, da derselbe unausgesetzt fortquälte und jede Vorstellung, alles Flehen vergeblich war, suchte ich ihm 50 Dukaten in Gold zusammen, nebstdem 2100 fl. in Bankozetteln.

»Was glauben Sie«, sagte er, »das ist kaum für einen Korporal!« Doch steckte er beide Summen ein.

Da er endlich nichts mehr erhielt, mußte ich ihm noch ein Schreiben an unseren Herrn Prälaten nach Wien mitgeben, um dort noch 10.000 Gulden im Konventionsgelde zu erhalten. Er kam wirklich nach Wien in unseren Hof, wo er aber, wie vorauszusehen war, nichts erhielt. Ich setzte auch in den Brief hinein, daß mir der Oberstleutnant befohlen habe, so zu schreiben, und dies mußte ich noch dazu zweimal tun, weil er vorgab, das erste Schreiben verloren zu haben[1]). Ich dankte Gott, als ich von diesem Plaggeist befreit war, welcher sich am ersten Tage bei Tische rühmte, sein einziges Streben gehe dahin, seinem Vaterlande zu dienen und allen Menschen Gutes zu tun.

Ich wagte es nicht, mich beim General Démont zu beschweren, weil ich diesen am ersten Tag noch gar nicht kannte und weil dergleichen Klagen, wie bekannt, gewöhnlich vergeblich sind und man sich dadurch Mißhandlungen aussetzen kann, wenn die Verklagten noch länger dableiben oder wiederkommen oder gar die letzten da sind und dann im Frieden Rache ausüben.

Vom General Démont verdient noch angemerkt zu werden, daß er beim Abzuge einige Louisdors als Trinkgeld teils für die Dienerschaft in der Prälatur, teils für den Stiftssattler und Stiftswagner herschenkte — das einzige Beispiel während beider Invasionen.

Bei der Beurlaubung sagte ich ihm, wenn alle Chefs der französischen Armee sich so beträgen, so würden wir die Kriegsübel leichter erdulden. »Der Kaiser will,« sagte er, »daß wir so handeln sollen«.

---

[1]) Herrmann schrieb an Propst Gaudenz Dunkler, der im Hofe des Stiftes Klosterneuburg in Wien wohnte:

Hochwürdigst-gnädiger Herr!

Der Herr Oberstleutnant, der Überbringer dieses hat mir befohlen, Euer Gnaden zu berichten, daß derselbe die Ordre gehabt habe, das Stift zugrunde zu richten, welches er aber verhindert hat, und er hat bei seiner Truppe gute Disziplin erhalten.

Mich zu Gnaden empfehlend

Augustin, Stiftsdechant.

Stift Klosterneuburg, den 11. Mai 1809.

diesmal keine Feldkapläne. Nach dem Waffenstillstand hielten die Franzosen doch hin und wieder Kirchenparade, hier niemals, weil später (nach dem Waffenstillstande) hier kein Regiment mehr einquartiert wurde.

So gut auch General Démont war, so gab es doch bei seiner Division Offiziere, die schwierig waren und sich auf feine Plünderung verstanden.

So plagte der Capitaine Bizarre ein Präsent von 20 Dukaten heraus, weil er vorgab, sehr viel zum Wohle des Stiftes zu vermögen, auch schon getan zu haben. Ebendemselben mußte ich für 50 fl. Bankozettel 6 Dukaten geben. Dies geschah die ersten Tage, ehe wir den Divisionsgeneral kennen lernten. Zwei Tage darauf kam er wieder, um 25 fl. Bankozettel auszuborgen, welche er aber, wie vorauszusehen, nicht zurückstellte. Noch am Tage des Abmarsches in aller Frühe mußte ich dem nämlichen zwei geraubte, elende Pferde[1]) um 150 fl. Bankozettel (damals beiläufig 50 fl. in gutem Gelde) abkaufen. Auch der Chef vom Generalstabe nötigte mich, ihm 120 preußische Reichstaler mit 40 Dukaten auszuwechseln. Nebstdem gab ein Stiftsherr, Herr Kaspar Fink, Kastenamtsverwalter, seine Zwanziger für weit geringeres preußisches Geld her.

Bekanntlich war sowohl die preußische Goldmünze als auch die Silbermünze nie nach dem Konventionsfuße, folglich bloße Landmünze. Der preußische Reichstaler hat 30 Böhmen oder Groschen (zu 3 kr.) und im inneren Werte beiläufig 24 gute oder Silbergroschen (1 fl. 12 oder 15 kr. Konventionsgeld), obschon die Preußen ihre Münze immer über den Wert anzuschlagen wissen. Der französische Schatzmeister behauptete, er hätte das preußische Geld nach vollem Werte als echte Konventionsmünze erhalten und so müßten wir es auch annehmen. La raison du plus fort est toujours la meilleure. (La Fontaine, Moral zur Fabel vom Wolf und dem Lamme.)

Hätte man gleich anfangs Démonts Charakter gekannt, so wäre die zweite Brandsteuer wahrscheinlich verhindert worden. Am 11. Mai, früh, ehe der Tags vorher angekommene Oberstleutnant mit seinen Chasseurs vom 7. Regiment wegritt, kam derselbe zu mir ins Zimmer und begehrte auf höherem Befehl, wie er vorgab, eine Brandsteuer von sechzigtausend Gulden, und zwar in Gold. Erschrocken stellte ich ihm die Unmöglichkeit — welches Wort die Franzosen nicht hören wollen — vor, auch wenn er alles noch vorrätige Silber aus der Kirche nehmen wollte. »Ich bin kein Kirchenräuber«, war die Antwort. Er stimmte bis 30.000 fl. herab und setzte hinzu, er habe Befehl gehabt, Klosterneuburg zu plündern und anzuzünden, da er dies aber aus Menschlichkeit nicht getan habe, so sei die geforderte Summe eine

---

[1]) Die er ohnehin hätte zurücklassen müssen.   Hummel.

Am 5. Juli, um 6 Uhr früh, waren schon alle kleinen österreichischen Posten genommen oder getötet. Durch das überlegene Artilleriefeuer bemächtigten sich die Franzosen des Städtchens Enzersdorf und nahmen die Besatzung gefangen. Oudinot umzingelte das Schloß Sachsengang, zwang 900 Mann, meistens Jäger, zur Übergabe und eroberte 12 Kanonen[1]). Nun konnte sich die französische Armee in der Ebene entfalten, das ganze Schlachtfeld war umgangen und unsere Verschanzungen von Aspern und Eßling waren dadurch unnütz gemacht und in dem Rücken bedroht. Kenner der Taktik konnten hieraus den wahrscheinlichen Erfolg bestimmen. Die Unsrigen zogen daher Mannschaft und Geschütz aus den genannten Verschanzungen und verließen einen Posten, welchen man für unüberwindlich gehalten hatte, dem aber der kluge Napoleon diesmal auswich. Der linke französiche Flügel kam zwischen Enzersdorf und Eßling hervor auf Breitenlee zu. Die Österreicher zogen sich zurück, Klenau gegen Stammersdorf, Nordmann nach Markgraf-Neusiedl. Nachmittags um 4 Uhr war die französische Armee zu Raasdorf und wollte das österreichische Zentrum durchbrechen, Oudinot stand gegen Baumersdorf. Napoleon ließ die ganze österreichische Armee auf den Anhöhen hinter dem Rußbache beschießen. Baumersdorf wurde angezündet, doch wurde Baumersdorf und Markgraf-Neusiedl von den Österreichern behauptet. Gegen Abend strengten die Franzosen alles an rechts und links von Baumersdorf, um die österreichische Armee von den Anhöhen zu vertreiben, es gelang ihnen aber nicht. Der Erzherzog Karl bekam einen Streifschuß, als er den linken Flügel des Bellegardischen Korps wieder in Ordnung brachte und das Regiment Erbach die Lücke links bei Wagram ausfüllen ließ. Nach dem mißlungenen Angriffe auf das österreichische Zentrum griff Bernadotte (Fürst von Ponte corvo, nachmals Kronprinz von Schweden) mit den Sachsen Deutsch-Wagram an. Aderklaa geriet in Brand, wo der Feind schon den Haupteingang hatte. Unsere Bataillons Mitrowsky und Reuß-Plauen warfen die Feinde nach Aderklaa zurück. Nachts um 11 Uhr nahm das unentschiedene mörderische Treffen ein Ende. Schon gegen Abend hatte die österreichische Armee eine neue Stellung genommen und die französische das Schlachtfeld von Groß-Enzersdorf behauptet.

Der linke französische Flügel befand sich in Aspern, der Mittelpunkt zu Raasdorf und der rechte Flügel zu Glinzendorf.

Position der österreichischen Armee: Das 6. Armeekorps auf den Höhen bei Stammersdorf stieß mit dem linken Flügel an Gerasdorf; die Kavallerie

---

[1]) Nach österreichischem Bericht waren es eine Kompagnie Jäger und eine Kanone.
A. d. V.

unter Fürst Johann Liechtenstein zwischen Gerasdorf und Deutsch-Wagram; das 1., 2. und 4. Armeekorps von Wagram bis Markgraf-Neusiedl auf den Anhöhen hinter dem Rußbach; das 4. Armeekorps unter Fürst Rosenberg zu Markgraf-Neusiedl bei dem breiten Turme, dies war der linke Flügel. Bei Obersiebenbrunn 4 Kavallerieregimenter unter General Fröhlich zur Unterstützung des linken Flügels, wo man auch den Erzherzog Johann erwartete, welcher von Preßburg da eintreffen sollte. Das Korps der Grenadiere stand bei Seyring, das 3. Armeekorps unter General Graf Kolowrat bei Hagenbrunn.

Diese beiden Korps hatten am 5. Juli keinen Anteil. Das 5. Korps unter Fürst Reuß besetzte von Spitz bis Krems die Donau und kam den 6. Juli nicht zur Schlacht.

Die österreichische Armee hatte 410 Kanonen, die französische 584 Kanonen oder Geschütze verschiedenen Kalibers.

Nun mache man sich einen Begriff von diesen zwei schaudervollen Tagen für Österreich, besonders von dem zweiten. Gegen tausend fürchterlich gegeneinander donnernde Feuerschlünde, alle Dörfer des weiten Schlachtfeldes im Feuer, die häufig auffliegenden Pulverkarren, das bange Schwanken zwischen Furcht und Hoffnung.

In der Nacht vom 5. bis 6. Juli ließ Erzherzog Karl in einem Hause zu Deutsch-Wagram die Disposition zur Schlacht am folgenden Tage entwerfen. Kaiser Napoleon hatte seine Macht bei Raasdorf zusammengezogen.

Am 6. Juli, Donnerstag, mit Sonnenaufgang fingen beide Armeen auf der ganzen Front eine schreckbare Kanonade an, welche bis zum Ende der Schlacht unausgesetzt anhielt. Aus Aderklaa wurden die Franzosen mit Sturm vertrieben. Erzherzog Karl selbst dirigierte den Angriff, welchen General Stutterheim unternahm. Liechtenstein und Kolowrat bedrohten durch ihre geschickten Manöver Napoleon, mußten sich aber wieder gegen Breitenlee zurückziehen. Die Feinde wurden neuerdings mörderisch empfangen.

Bis 10 Uhr vormittags war das österreichische Zentrum nicht von der Stelle gerückt. Der rechte Flügel erstreckte sich von Eßling über Aspern, Breitenlee, Aderklaa bis an Wagram, von wo der Fürst Hohenzollern mit dem Zentrum die Höhen bis Baumersdorf besetzt hielt. Die französische Armee war von dieser Seite umfaßt und alle Anstrengung Napoleons, unsere Massen sich vom Halse zu schaffen, war mehrere Stunden vergebens. Bei den Fortschritten unseres rechten Flügels verstärkte zwar Napoleon seinen linken, führte aber seinen Coup aus gegen den österreichischen linken Flügel, welcher schwächer war als der rechte.

Markgraf-Neusiedl wurde gestürmt, wieder gestürmt — endlich mußte Rosenberg weichen. General Vecsey wurde getötet. Davoust ließ seine französische Kavallerie rechts weiter manövrieren und überflügelte dadurch immer mehr und mehr unseren linken Flügel. Rosenberg wollte endlich noch einmal den Neusiedler Turm erobern, die Truppen wurden aber niedergeschmettert und dieser Augenblick entschied. Rosenberg griff noch einmal mit Kavallerie an und warf die erste feindliche Linie, aber er wurde wieder zurückgetrieben. Er mußte, vom Zentrum abgeschnitten, nach Bockflüß retirieren, kam dort um 7 Uhr abends an, übernachtete auf der Hochleiten und setzte dann seinen Rückzug gegen Olmütz fort.

Während dieses auf dem linken Flügel vorging, ließ Napoleon das österreichische Zentrum mit einer großen Übermacht an Infanterie und Kavallerie, unterstützt von 100 Kanonen, angreifen. Diesen Stoß konnte das Zentrum nicht aushalten, es wich zurück und überließ dem Feinde eine Stunde Boden. Der schon siegende rechte Flügel war gezwungen sich ebenfalls zurückzuziehen und an die Hauptarmee anzuschließen. Nun erfolgte der allgemeine Rückzug; das Zentrum retirierte gegen Hagenbrunn und Enzersfeld, der rechte Flügel nach Stammersdorf, Langenzersdorf.

Um 11 Uhr vormittags hatte die Sache angefangen zu wanken, um 5 Uhr nachmittags bemerkten wir im Stifte schon deutlich den üblen Ausgang für uns.

Österreichischer Verlust: Gegen 24.000 Mann, 9 Kanonen, eine Fahne.

Französischer Verlust: Wahrscheinlich höher an Mannschaft, item 11 Kanonen, 12 Adler und 7000 Gefangene. Mit Anfang August hatten die Franzosen noch 100.000 Blessierte in den Spitälern in und um Wien.

Österreichische Generale blieben 4 tot [1]), blessiert wurden 12.

Französische Generale 2 tot, verwundet 16.

Die österreichische Armee war höchstens 90.000 Mann stark, die französische samt den Alliierten gegen 120 bis 130.000 Mann. Napoleon hatte demnach die Übermacht sowohl an Mannschaft als auch an Geschütz.

Während der Schlacht befand sich der österreichische Kaiser zu Wolkersdorf im Pfarrhofe, bald danach Napoleon ebendort im Schlosse.

Diese Riesenschlacht erhielt die Benennung von Wagram (Deutsch-Wagram), von dem Orte des österreichischen Hauptquartieres.

---

[1]) Die Feldmarschalleutnants Amand Nordmann, Konstantin d'Aspre, Philipp Vukassovich und Generalmajor Peter Vecsey.

Nach dem allgemeinen Zeugnisse der Feinde hat die österreichische Armee aufs tapferste gefochten, nur im zweckmäßigen Manövrieren hatte Napoleon den Vorzug, wozu noch seine bedeutende Übermacht kam.

Freilich fragte man und immer wird man fragen, warum die Österreicher nach den am 22. Mai errungenen Vorteilen dem französischen Kaiser ganze sechs Wochen Zeit ließen, sich durch die italienische Armee, durch Verbündete aus Deutschland und Frankreich zu verstärken und die Menge der Hilfsquellen in der Hauptstadt zum erneuerten Kampfe zu benützen. Die bewunderungswürdige Tätigkeit der Franzosen war ja niemandem unbekannt. Warum griff man nicht bei der doch bekannt sein sollenden überwiegenden Macht des Feindes denselben am 5. Juli gleich in aller Frühe mit ganzer Kraft an, um ihn auf die Donauinseln zurückzuwerfen? Wahrscheinlich hätte die feindliche Armee die Lust verloren, in dieser Gegend einen dritten Übergang zu wagen. Allein **man wollte mit einem großen Schlage dem Kriege nun ein Ende machen** und deswegen mußte man dem Feinde zur Ausbreitung zu einem Treffen Raum lassen. Aber das Sichere ist dem Ungewissen vorzuziehen; denn war wohl zu erwarten, daß die aus Ungarn erwartete Verstärkung die weite Ebene von Markgraf-Neusiedl bis Sachsengang hätte verteidigen können? Es hieß, die Schlacht sei verloren gegangen, weil der Erzherzog **Johann** mit seinen Truppen von Preßburg zur Unterstützung unseres linken Flügels zu spät eintraf und sich nach schon entschiedener Sache über die March zurückziehen mußte. Allein, ohne zu untersuchen, ob der genannte Erzherzog zur rechten Zeit am 6. Juli eintreffen konnte, muß man bedenken, daß derselbe den größten Teil seines Heres auf dem Rückzug aus Italien und dann im Treffen bei Raab verloren hatte. Schon am 3. Juni nahmen die Franzosen unter **Davoust** das Dorf Engerau gegenüber von Preßburg weg, konnten aber den Brückenkopf am rechten Donauufer, der von unserem General **Bianchi** verteidigt wurde, nicht erstürmen. Die folgenden Tage ließ **Davoust** die Stadt Preßburg mit Haubitzgranaten bewerfen und zündete gegen 100 Häuser an. Der Feind drang weiter in Ungarn und am 14. Juni kam es einem zu Gefechte bei Raab, welches für den Erzherzog **Johann** und für den Erzherzog **Josef**, Palatinus, der die ungarische Insurrektion anführte, unglücklich ausfiel.

Der französische Divisionsgeneral **Montbrun** warf den österreichischen linken Flügel, welcher aus ungeübten Insurgenten bestand. Die Österreicher waren bei dieser Affäre gegen 27.000 Mann, die Franzosen gegen 40.000 Mann stark. Wir verloren an Toten und Blessierten 6000, die Franzosen 3000 Mann. Am 21. Juni wurde Raab beschossen, am 24. kapitulierte es. Die Garnison legte auf dem Glacis die Waffen nieder und ward kriegsgefangen.

Nun wieder zum Tagebuch!

Am 6. Juli, jenem traurigen Tage, hörten wir gegen 9 Uhr abends die letzten Kanonenschüsse in der Gegend von Stammersdorf, welches auch in Brand geriet.

Den 7. Juli früh im Stifte der württembergische General H ü g e l, zu Mittag der württembergische General F r a n q u e m o n t mit 35 Offizieren, nachmittags kam ein württembergischer Kriegsrat an, um wegen Verpflegung einer einzuquartierenden Brigade Anstalten zu treffen. Nachmittags kam die französische Avantgarde mit der österreichischen Arrièregarde in der Gegend des Tuttenhofes zusammen. General Graf K l e n a u hatte den Befehl, den Feind so lange als möglich bei Korneuburg aufzuhalten. Es wurde von beiden Seiten kanoniert. Gegen Abend zündeten die geworfenen Haubitzgranaten von der ehemaligen Augustinerkirche gegenüber in das Gäßchen hinein und das Feuer ergriff die hintere Gasse. Die Unsrigen wichen, die Feinde umgaben die Stadt, forcierten den Eingang, machten einige Kompagnien Grenzer zu Kriegsgefangenen und fingen in den meisten Häusern zu plündern an. Das Kreisamt (ehemals Augustinerkloster) und das Rathaus wie auch mehrere Häuser, welche Offiziere bekamen, blieben verschont. Der Pfarrhof wurde nach und nach ganz geplündert, da er über 10 Tage leer stand und die Herren vom Stift die Flucht ergriffen hatten. In der Nacht entstand in Korneuburg ein neues Feuer, entweder durch Anlegung oder durch Nachlässigkeit der Feinde, und zwar in der Salzgasse beiderseits. Nebstdem sahen wir gegen Mitternacht das ganze Jedlersdorf in hellen Flammen, auch andere Feuer in dortiger Gegend. Hinter dem Bisamberg stieg die Röte von dem brennenden Hagenbrunn und von anderen Ortschaften himmelan.

Wie schrecklich in diesem Kriege das Viertel unter dem Mannhartsberg mitgenommen worden ist, erhellt daraus, daß in den Monaten Mai und Juli 87 Ortschaften[1]), mehrere ganz, die meisten zum Teil, niedergebrannt wurden und der in diesen zwei Monaten erlittene Schaden an Plünderung, verwüsteten Ernten und an Brand, ohne Einquartierungen und Lieferungen, die ungeheuere Summe von 36,146.901 fl. in damaligen Bankozetteln ausmachte, und zwar nach k. k. kreisämtlicher Erhebung, die man mir mitteilte[2]). Dazu kamen die

---

[1]) Darunter 9 zum Stift Klosterneuburg gehörige.

[2]) Als H e r r m a n n dies schrieb, war von mehreren Herrschaften des Viertels unter dem Mannhartsberg der Bericht über den erlittenen Schaden an das k. k. Kreisamt in Korneuburg noch nicht eingelaufen. Im ganzen betrug der Kriegsschaden im V. U. M. B. nach dem Berichte des Kreisamtes Korneuburg an die niederösterreichische Regierung 57,195.631 fl. 33³/₄ kr. Bankozettel. B o g u t h a. a. O. S. 339.

folgenden Monate die Lieferungen und Einquartierungen, so daß dieses Viertel allein einen Schaden von hundert Millionen Gulden in Bankozetteln hatte. Den Schaden von ganz Unterösterreich (von den 4 Vierteln) rechnete man auf dreihundert Millionen. Der härteste Schlag, den Österreich je empfunden!

Am 8. Juli vormittags sahen wir Leobendorf im Rauche aufgehen, wahrscheinlich durch dieselben Mordbrenner von 1805, denn sie zündeten die damals verschont gebliebene Seite nach und nach wider den Wind samt Pfarrhof und Kirche an. Rechts hinüber rauchte ein anderes Dorf.

Um halb 1 Uhr nachmittags erschien General V a n d a m m e hier das letztemal, nahm einige Raffraichissements, ruhte aus und ging dann nach seiner Äußerung auf Nikolsburg zum Kaiser N a p o l e o n und wollte dann über Krems wieder zurück ins Stift kommen: er kam aber nicht mehr [1]). Ich redete denselben um die freie Hin- und Herüberfahrt auf der Donau an. Er sagte, die freie Passage sei nun jedem Unverdächtigen erlaubt, doch ohne Sauve-garde oder Paß wurde einige Wochen niemand aufs Schiff gelassen. In der Nacht um 2 Uhr früh entstand durch die feindlichen Truppen zu Langenzersdorf Feuer, welches im Oberorte mehrere Häuser traf. Gegen 9 Uhr abends kam der Oberst V i n c e n t, V a n d a m m e s Adjutant, wieder an; es schien, als ob ihm was Widriges begegnet wäre. Er schlief hier und ging am folgenden Morgen nach genommenem Tee fort. Beim Abendessen hatten wir nur fünf Offiziere.

Den 9. Juli zum Frühstück abermals Generalleutenant Baron W ö l w a r t, welcher schon einige Tage abwesend war, aber seine Dienstleute hier gelassen hatte, mit dem General T h e o b a l d, Chef des württembergischen Generalstabes. Gegen 10 Uhr vormittags alle weg bis auf ein Bataillon Jäger zu Fuß.

Der französische Rittmeister B r i d e l kam zurück unter dem Vorwande, zwei Pferde aufzusuchen, welche ihm ein hiesiger Knecht sollte entführt haben. Dieser Offizier war ein äußerst lästiger Geselle. Spät abends sah man wieder Feuer bis nach Mitternacht links vom Bisamberge.

Den 10. Juli wurde ein Stiftsbeamter auf den Tuttenhof hinübergeschickt. Gegen Mittag kam ein Regiment württembergischer Infanterie von Tulln herab, welches nach dem Essen wieder hinaufging, bald aber wieder zurückkehrte. Zu Mittag ein Oberst, zwölf Offiziere, abends zehn Offiziere. General H ü g e l erschien mit sechs Offizieren, noch andere sechzehn waren angesagt, kamen aber nicht. Abends kam ein französischer Spitaldirektor mit einem Adjutanten wegen eines im Stift zu errichtenden Militärspitals. Dieser Direktor, ein

---

[1]) Bei seiner vorletzten Anwesenheit im Stifte nannte mir V a n d a m m e das Korps, das hinter dem Bisamberg als Reserve stand, er bestimmte die Stärke der österreichischen Armee und fügte zuversichtlich bei, N a p o l e o n werde in der nahen Schlacht siegen. A. d. V.

schwieriges Männchen, hätte gern das ganze Stift eingenommen. Wir sträubten uns so viel als möglich. Zum Glück kam ein Bescheid von der Regierung, daß das Neugebäude, die Bibliothek und unsere Wohnungen vom Spital frei sein sollten. Selbst die französischen Generäle sahen das Spital ungern im Hause. Endlich, da man nicht mehr ausweichen konnte — draußen in der Stadt schienen einige unter der Hand darauf zu dringen — mußten wir abermals die alte Prälatur, das Refektorium und das alte Neugebäude samt der Konventküche hergeben und unverweilt alles zu einem Spitale zubereiten lassen. Das zweite Spital war in der Kaserne, das dritte im Depot. Wir schlugen dann das Refektorium im Neugebäude neben der Bibliothek auf.

Am 11. Juli um 3 Uhr früh General Hügel weg. An diesem Tage kam die österreichische Armee mit der französischen bei Znaim zusammen. Den Österreichern lag alles an der Behauptung der Straße und der Stadt Znaim, um das Fuhrwesen und die Artillerie zu retten. Es wurde mörderisch gefochten. Die Franzosen konnten die Unsrigen aus ihrer Stellung nicht werfen, nicht in die Stadt eindringen. Während der Aktion, gegen Abend, kam ein französischer Parlamentär vom Major-général Berthier, dem neuernannten Fürsten von Wagram, mit Waffenstillstandsvorschlägen. Man unterhandelte, das Feuer wurde von beiden Seiten eingestellt und der Waffenstillstand, datiert vom 12. Juli, erfolgte. Man sagte, ein angekommener russischer Kurier hätte denselben veranlaßt. Daß es den Franzosen bei Znaim nicht nach Wunsch gelungen sei, schließt man daraus, weil sie von dieser Affäre entweder nichts meldeten oder wenig daraus machten. Dessenungeachtet fiel der Waffenstillstand für uns betrübend aus. Nebst den okkupierten Provinzen besetzten die Feinde noch den Brünner und Znaimer Kreis in Mähren und von Ungarn nebst der Strecke bis Raab Preßburg und den Spitz herauf bis zum Einfluß der Thaya in die March. Die Zitadellen von Brünn und Graz wurden ihnen übergeben, das österreichische Militär mußte Tirol und Vorarlberg verlassen. Die unterzeichneten Unterhändler waren von unserer Seite Alexander Baron von Wimpfen, Generalmajor und Chef des Generalstabes, von französischer der Major-général Alexander Berthier.

Am 12. Juli gegen Mittag kam General Brüsselles von Göttweih mit einem Bataillon leichter Jäger an, um 4 Uhr ging dieser General nach Wien, bald darauf ging auch das Bataillon weg. Nachmittags kam Herr Prälat mit dem Herrn Hofmeister und mit Professor Fourerius wieder das erstemal von Wien auf eine Stunde ins Stift. Man sprach bereits in Wien von Friedenspräliminarpunkten: ein schwerer Stein fiel uns vom Herzen. Abends gegen 10 Uhr kam ein neues württembergisches Bataillon, 1 Oberst mit 15 Offizieren, unangesagt im Stifte an. Diese waren sehr schwierig und gingen sehr früh wieder weg. Nach ihrem Abmarsche bemerkte man in den Kaiserzimmern, wo mehrere von ihnen übernachteten, daß Stücke Goldborten von den Spalieren abgetrennt waren und ein großer Teil von der rotsammetenen Tischdecke abgeschnitten war.

Am 13. Juli abends erhielten wir die offizielle Ankündigung des Waffenstillstandes auf einen Monat gegen vierzehntägige Aufkündigung. Nebst den genannten Provinzen mußten die Österreicher nach der Znaimer Konvention auch Sachsen und Bayreuth räumen. Schon am 11. Juni rückte unser General Amende mit 5000 Mann in Dresden ein. Auch ging der Herzog Braunschweig-Öls mit seinem schwarzen Freikorps, das aus 1500 Mann entlassener in Schlesien gesammelter Preußen bestand, nach Sachsen. Dieser Herzog schlug sich darauf mit seinem Korps durch ganz Deutschland und ließ sich nach England einschiffen. Sächsische Patrouillen hatten vorher noch Böhmen gestreift und geplündert, weswegen Amende in Sachsen sehr unsanft hauste. Zu gleicher Zeit marschierte unser General Radivojevich nach Bayreuth. Der König von Westfalen Hieronymus, Napoleons Bruder, und General Junot rückten an und Amende mußte am 25. Juni Leipzig, am 29. Juni Dresden verlassen und sich nach Böhmen zurückziehen. Doch König Hieronymus zog sich schnell zurück und Junot wurde am 8. Juli bei Gefrees von Kienmayer und Radivojevich zurückgeschlagen und über Amberg an die Donau zurückgedrückt. Bayreuth wurde dann wieder von den Unsrigen besetzt und am 14. Juli war Amende wieder in Dresden.

Am 14. Juli kam um 10 Uhr früh von Wien der Oberst Baste von der französischen Marine mit 11 Offizieren, welche vom hiesigen Platzkommandanten Daniel, Capitaine der Artillerie, zu einer Tafel im Stift angesagt waren. Diese saßen noch bei Tisch, als General Bron mit Depots von mehreren Kavallerieregimentern ankam. Der General, zwei Adjutanten, ein Kriegskommissär nahmen im Stift Quartier. General Bron, ein noch ganz altmodischer Franzose, warf gleich beim Eintritt auf die angetroffenen Gäste finstere Blicke und sprach nichts mit ihnen. Baste entfernte sich auch mit den Seinigen bald nach Tische. Bron sagte, von nun sei er Herr im Hause, alles, was nicht von Amts wegen im Stifte wohne, müsse ausquartiert werden und niemand dürfe mehr da speisen, den er nicht einlade. Wäre Bron bis zum Abmarsch hier Kommandierender geblieben, hätte das Stift einige tausend Gulden weniger Auslagen gehabt. Die Kavalleriedepots wurden von hier aus nach St. Andrä, dann weiter über Tulln hinaufverlegt. Der Straßburger Jude Levi lieferte Pferde, welche im Kaiserhof vorgeritten, untersucht, gekauft und nach und nach an die 50 Depots abgegeben wurden, um die erlittenen Verluste zu ersetzen [1]). Nachmittags wagte es der Stiftsherr Maximilian Fischer mit Paß über die Donau hinüberzugehen, teils um unsere Ernte nach Möglichkeit zu retten, teils um die Seelsorge in Korneuburg und Langenzersdorf zu versehen, denn der Korneuburger Pfarrhof stand verlassen und der Herr Pfarrer zu Enzersdorf lag nach den ausgestandenen Schrecknissen am 7. Juni und nach erlittener zerstörender Plünderung des Pfarrhofes elend im Dorfe verborgen. Abends befahl Bron, die zwei Zimmer links neben der Bibliothek, welche wir erst Tags vorher als Refektorium bezogen hatten, wieder zur Wachstube zu räumen. Da nun die Franzosen einsahen, daß uns kein weiteres Speisezimmer übrig war, behaupteten wir doch endlich diesen Platz.

Am 15. Juli mußte Felix Müller, garde de liquides, hinauf ins Naturalienkabinett, in den Zimmern rechts neben der Bibliothek, wo bisher Müller wohnte, schlug der General seine Kanzlei auf. Der General selbst wohnte mit zwei Adjutanten in der Prälatur.

Von den Kreisämtern wurde verlangt, den durch den Feind erlittenen Schaden (ohne Einquartierung) schriftlich anzugeben.

Den 18. Juli wurde der französische Kriegskommissär Poilblanc zugleich zum Kommissär für die hiesigen Spitäler bestimmt, der zweite überflüssige Kommissär wurde nach Graz beordert. Poilblanc, ein rechtschaffener, menschenfreundlicher Mann, wohnte in den oberen Gastzimmern im Neugebäude. An diesem Tage kam der Ehrwürden Jubelpriester, emeritierter Pfarrer und Stiftstitulant Herr Johann B. Uhl von Enzersdorf, wo er als Meßleser im Pfarrhof auch ausgeplündert und vertrieben worden war, herüber, um bei uns einen sicheren Unterstand zu finden. Man brachte ihn beim Kammerdiener Schachner unter und sorgte für ihn. Ende Oktober ging er wieder nach Enzersdorf zurück und als er die Jahre darauf immer gebrechlicher wurde, kam er den 19. Juni 1812 ins Stift, wo er bis an sein Ende blieb. Diesen Nachmittag kam auch Baron Stiebar als Regierungskommissär mit Herrn Wolf von Wien herauf und brachte Schlachtvieh und Brot für Korneuburg. Sie wollten beides hier überschiffen, es war aber kein Fahrzeug mehr aufzutreiben, denn Capitaine Daniel hatte unsere zwei Plätten weggenommen, welche aber später wieder zurückkamen.

Am Spitz, außer der großen Wiener Brücke, arbeiteten die Franzosen über Hals und Kopf an einem Brückenkopf und machten ungeheure Verschanzungen, wobei mehrere Häuser von Floridusdorf niedergerissen wurden. Rechts hinaus und hinunter bezog die französische Hauptarmee ein großes

---

[1]) Nach Hummel lieferte Levi 6000 Remontpferde.

Lager aus Baracken, wozu sie aus den umliegenden übriggebliebenen Ortschaften alles mögliche zusammentrugen, i. e. raubten, schließlich beim Abmarsch verkauften. Außerdem verschanzten sie die Lobau noch mehr und schlugen dann auch eine Brücke zu Nußdorf über die Donau. So handeln klugtätige Krieger! So vorsichtig arbeiteten unsere Feinde, obschon den 17. Juli zu Ungarisch-Altenburg die Friedensunterhandlungen bereits angefangen hatten.

Den 19. Juli fing das französische Militär an, in unserer Pfisterei mit von Wien erhaltenem Mehl zu backen an, da das Stift vor zwei Tagen wegen Abgang des Mehles zu backen aufgehört hatte. Vormittag kam Herr Maximilian vom Tuttenhofe und von Korneuburg zurück, weil es jenseits zur Ernte noch nicht ruhig war. Er ging aber die folgenden Tage wieder hinüber. Wir retteten den ganzen Weizen und den größten Teil der Gerste. Den Haber, welchen man hier das erstemal gesät hatte, verloren wir bei aller Tätigkeit und dem guten Willen der Sauvegarden ganz. Derselbe wurde abgemäht und in das Lager für die französische Kavallerie weggeführt[1]).

Am 23. Juli, 9. Sonntag nach Pfingsten, fing man in der Stiftskirche wieder das erstemal zu läuten an und zur Segenmesse die Orgel zu schlagen, überhaupt den Gottesdienst zu den gewöhnlichen Stunden zu halten. Schon acht Tage vorher wurde im Schlafhause geläutet. Seit zwei Monaten hielt man das Hochamt in der Woche um 8 Uhr, am Sonntag um 9 Uhr ohne Predigt.

Den 24. Juli kam ein Magazineur und ein Kondukteur, vom Baron Fellner von Wien hierher geschickt, um für die Verpflegung der französischen Kavalleriedepots zu sorgen. Die zwei Menschen begehrten nicht zum höflichsten, besonders der Kondukteur, Wohnung und Unterhalt im Stift.

Am 29. Juli kam General Raynaud im Stifte an, um als Kommandant der Kavalleriedepots den General Bron abzulösen.

Am 30. Juli wurden alle, die nicht zu des Generals Gefolge gehörten, delogiert, der Kriegskommissär und der französische Doctor medicinae ausgenommen. Der General Raynaud war an und für sich selbst ein guter Mann, aber sein Anhang war uns äußerst lästig. Sein Adjutant Béjont, sein

---

[1]) Die Sauves-gardes hatten nebst Kost täglich einen Gulden in gutem Gelde oder drei Gulden in Bankozetteln, welche damals noch einen so hohen Wert hatten. Diese Sicherheitswachen kosteten uns wohl mehrere hundert Gulden, aber sie taten im Durchschnitt ihre Schuldigkeit und ohne dieselben wäre, besonders auf dem Tuttenhofe, nichts sicher gewesen. Vor dem ersten Anfalle ließ unser dortiger Förster Klaus die Pferde wegbringen, das Vieh forttreiben, im Rohrwald verbergen und so vom Raube retten. Nur die Füllen, die man in der Eile in den Auen nicht zusammenfangen konnte, wurden feindliche Beute. Dank dem Himmel, daß auch die Gebäude vom Feuer verschont blieben, da doch in der Gegend und selbst im Meierhofe scharmutziert wurde.   A. d. V.

Sekretär und sein Koch, diese drei feinen Gesellen, spielten unter einer Decke mitsammen. Sie waren im Begehren unersättlich und verkauften fleißig in die Stadt hinaus. Der Koch schaffte unsere Leute aus der Prälaturküche, um diese für sich allein — nicht ohne Ursache — zu haben. Es mußte demnach noch bei der Nacht mit der Herstellung eines Herdes für uns neben der Zeugkammer (in der ehemaligen Zuckerbäckerei für den Hof) angefangen werden. Die Wachstube wurde in die Stadt hinausgeschafft.

Den 1. August gegen 10 Uhr vormittags reiste General Bron über das Wasser nach Znaim und Brünn. Man bemerkte deutlich, daß er ungern wegging. Zu Mittag kam Herr Prälat von Wien mit Gästen in fünf Wagen und speiste mit ihnen in dem Kelleramte. Darunter war Baron von Pöllnitz, Oberst des Nassauer Infanterieregiments, dem zu Gefallen diese Fahrt geschah, nebst einigen Stabs- und anderen Offizieren vom nämlichen Regiment. Dieses Regiment lag zu Wien in Garnison und wurde wegen des gutdeutschen Betragens geschätzt. Der Oberst war in unserem Hause in der Renngasse [1]) einquartiert, ein guter Gast, der selbst durch seine Leute dem Herrn Pfarrer von Leopoldau, Lorenz Ziegler, seine verborgenen Sachen nach Wien in Sicherheit bringen ließ. Das Nassauische Rheinbunds-Truppenkontingent mußte darauf nach Spanien spazieren. Dort fiel Pöllnitz auf dem Schlachtfeld.

Am 2. August hielt der Divisionsgeneral und Adjutant Napoleons Durôsnel in hiesiger Gegend Revue über die Depots der schweren Kavallerie. Um 7 Uhr speiste er im Stifte. Dieser General, ein freundlicher Mann, wurde in der Schlacht bei Aspern gefangen und von den Franzosen für tot gehalten. Er rühmte es an, daß er von unserem Monarchen vor der Auswechslung sehr human behandelt worden sei [2]). Anno 1805 war er noch als Colonél hier.

Den 3. August trat der Friedenskongreß zu Ungarisch-Altenburg zusammen. Unser Kaiser befand sich längere Zeit zu Totis. Die hiesigen Generäle Durôsnel und Raynaud gingen nach Tulln, um dort über die Depots der leichteren Kavallerie Revue zu halten. Abends erhielt ich einen deutschen Brief vom Sekretär des französischen Divisionsgenerals und Reichsgrafen Dupas, welcher im Eupoltauer (Leopoldauer) ausgeplünderten Pfarrhof einquartiert war. Der Herr Pfarrer war noch auf der Flucht. Man begehrte sehr höflich allerhand Artikel zum Unterhalt des genannten Generals. Ich schickte ihm für den Augenblick etwas Weniges und antwortete, daß wir nicht imstande seien, selbst die im Stifte Einquartierten zu befriedigen und daß wir alle Bedürfnisse von Wien herauf bezögen.

---

[1]) Hof des Stiftes Klosterneuburg in Wien.

[2]) Durôsnel wurde dagegen ranzioniert, daß der von Napoleon vogelfrei erklärte österreichische General Chatelles salvum conductum erhielt.   Hummel.

Am 6. August beim Diner um 4 Uhr General Dutruis von Wien mit einem Major da, Summa 10 Offiziere bei Tisch; gegenwärtig gewöhnlich 6 bis 10 mit Raynaud.

Den 12. August speiste der Divisionsgeneral Treillard mit einem Adjutanten hier. Abends beide wieder weg.

Am 13. nahmen wir die letzten zwei Sauves-gardes vom 2. Chasseursregiment à cheval für den Tuttenhof auf. Abends gegen 9 Uhr wurden die ersten 15 Kranken in das Spital gebracht. Nach und nach vermehrte sich die Anzahl derselben bis auf 200 [1]).

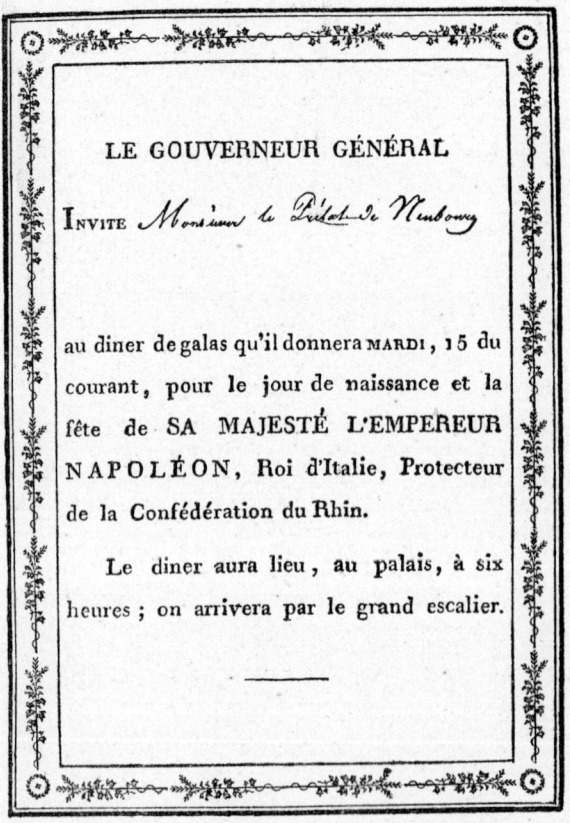

Einladung an den Propst von Klosterneuburg zum Galadiner beim Generalgouverneur von Niederösterreich anläßlich des Geburtstages Napoleons am 15. August 1809. (Archiv des Stiftes Klosterneuburg.)

[1]) Am 15. August mußten die Einwohner von Wien den Geburtstag Napoleons festlich begehen. Der Regierungspräsident Graf von Bissingen-Nippenburg gab in einer

Am 21. August hielt man im Kaiserhof über mehrere Kavalleriedepots Revue.

Am 22. August sahen wir ebendort[1]), wie ein französisches Husarenregiment mit Widerwillen die Pferde an Chasseurs abgeben mußte. Dieses Kundmachung vom 14. August 1809 über Befehl des Generalgouverneurs Andreossy den Auftrag, am 15. August abends von $7^1/_2$ Uhr an sämtliche Häuser der Stadt und der Vorstädte zu illuminieren. Den 15. August erließ der Platzkommandant von Wien Meriage folgende »Bekanntmachung« in französischer und deutscher Sprache:

Heute den 15. August, dem Geburtstage und dem Feste Sr. Majestät des Kaisers Napoleon, Königs von Italien, und Beschützer des Rheinbundes, wird um 9 Uhr des Morgens große Parade in Schönbrunn seyn.

Zu der nähmlichen Stunde werden sechzig Kanonen von den Wällen Wiens gefeuert, und mit allen Glocken geläutet.

Se. Durchlaucht Hoheit der Prinz von Neuchatel, Vice-Connetable, Major-General, mit dem Hofstaate des Kaisers und dem Ober-General-Stabe der Armee werden um halb 4 Uhr beym Burgthor ankommen; hier werden Se. Hoheit von dem General-Gouvernement und dem Platz-Commando empfangen, und sich sodann im feyerlichen Zuge zu Sr. kaiserl. Hoheit dem Vice-König von Italien begeben, um ihn nach der Metropolitan-Kirche zu begleiten.

Der Zug wird durch den Schloß-Hof (der K. Burg) über den Kohlmarkt, dem Graben gehen und so nach der St. Stephans-Kirche gelangen.

Detaschements von Linien-Truppen und der bürgerlichen Militz werden von dem Burgthore und von dem Pallast des Herzogs Albert, der Residenz Sr. Kaiserlichen Hoheit des Prinzen Vice-Königs, bis zur Metropolitan-Kirche eine doppelte Hecke bilden.

Um 4 Uhr wird ein feyerliches Te Deum mit Instrumental-Begleitung gesungen, welchem alle Civil-Autoritäten, der Herr Erzbischof und die Geistlichen der Metropolitan-Kirche in ihrem feyerlichsten Costum beywohnen werden.

Der Zug begleitet hierauf Se. kaiserliche Hoheit den Vice-König in der nähmlichen Ordnung wieder zurück.

Um 6 Uhr gibt der General-Gouverneur ein Diner in Galla.

Nach aufgehobener Tafel wird auf der Esplanade vor der großen Bastey ein Feuerwerk abgebrannt.

Am Abend werden die Stadt und die Vorstädte erleuchtet.

Patroullen werden in der Stadt und in den Vorstädten umherziehen, um alles zu verhindern, was die Ordnung stören könnte, die an einem Tage von so hoher Weihe herrschen muß.

Wien den 15. August 1809

Auf Befehl Sr. Excellenz des General-Gouverneurs

Der Platz-Commandant
Meriage.

Zum Galadiner beim Generalgouverneur wurde auch der Propst des Stiftes Klosterneuburg als Mitglied des Prälatenstandes eingeladen.

[1]) Im Kaiserhofe des Stiftes.

sonderbare Schauspiel ereignete sich hier zweimal. Die Abgesessenen mußten zu Fuß nach Frankreich. Einige weinten vor Zorn.

Vom 25. August ist das Urteil datiert, welches von einem französischen Militärgericht in der Wohnung des Divisionsgenerals Walther zu Meidling über Josef Varlet, Felix Müller und Rudolf Weil gefällt wurde. Die beiden ersteren wurden zum Tode [1]), der letztere auf 6 Jahre in Eisen verurteilt. Sie hatten unsere guten Weine an den Advokaten Pausinger und a. m. verkauft, den kaiserlichen Garden statt derselben schlechte Gattungen geliefert und, um das übernommene Quantum noch zu vermehren, die nahe Donau häufig benützt. Pausinger kostete es namhafte Summen, um seinen Kopf aus der Schlinge zu ziehen. Durch Prozeß erhielten wir später einen Teil der Weine gegen Bezahlung von demselben zurück. Uns wurde kein Heller Schaden ersetzt. Die Franzosen sandten mir ein Exemplar des französisch gedruckten Urteiles. Ein wahrhaft teurer Bogen!

Den 28. August, Montag um 9 Uhr, hielt der Herr Prälat das Hochamt in der Stiftskirche [2]).

Den 1. September erlitten die Bayern und Franzosen in der Gegend des Brenner in Tirol eine große Niederlage, obgleich die österreichischen Truppen das Land schon verlassen hatten. Allein nach dem Friedensschlusse blieb Tirol doch unter Bayern. Der Hauptanführer der Insurgenten, Andre Hofer, unter dem Namen Sandwirt bekannt, wurde den 20. Jänner 1810 in der Alpenhütte Kellerlahn, 4 Stunden ober seinem Wirtshause, von dem Judaspriester Donay verraten [3]) und den 20. Februar 1810 zu Mantua erschossen. Der Mantuaner Erzpriester, der Hofer zum Tode begleitete, hatte den Mut, öffentlich zu bekennen, Hofer sei als christlicher Held gestorben. Die übrigen Anführer entkamen durch die Flucht. So ein trauriges Ende nahmen die bewunderungswürdigen Anstrengungen der österreichisch gesinnten Tiroler! Der südliche oder italienische Anteil dieses Landes wurde zum Königreich Italien geschlagen.

---

[1]) Varlet und Müller wurden in Obermeidling erschossen.

[2]) Ende Juli und im August hatten wir starke trockene Hitze, keinen Regen und kein Gewitter. A. d. V.

[3]) Die Behauptung Herrmanns, daß Hofer von dem Priester Danei (auch Daney, Donej oder Donay) verraten wurde, ist nicht richtig. Der Verräter Hofers war Franz Raffl. Danei wurde zwar wegen seiner franzosenfreundlichen Gesinnung und besonders wegen seiner unermüdlichen Friedenspredigt selbst von den Seinigen und von Hofer für einen Landesverräter gehalten, doch verfolgte er mit seiner Friedensaktion die besten und ehrlichsten Absichten. Hirn, a. a. O. S. 331, 753, 767 f., 784, 795 ff. Vgl. auch: Der Tiroler Volksaufstand von 1809. Erinnerungen des Priesters Josef Daney. Bearbeitet von Josef Steiner. Bibliothek wertvoller Memoiren, 11. Bd., S. 23 f, 388 ff. (Hamburg 1909, Gutenbergverlag.)

Am 2. September ging der französische Dr. medicinae nach Wien weg. Er bedankte sich sehr höflich für die bei uns genossene gute Bewirtung.

Am 7. September um 4 Uhr nachmittags brach in Langenzersdorf beim Fleischhauer Feuer aus, welches leider gegen 30 Häuser in Asche legte.

Den 9. September kam der schwer blessierte Adjutant des Generals R a y n a u d im Stifte an und wurde im Rittersaal einlogiert. Die Blessur war so stark, daß man ihm den Fuß abnehmen mußte.

Den 15. September fingen die Franzosen an, auf dem Bisamberge Schanzen aufzuwerfen und vom Gipfel des Berges bis zur Donau einen Graben zu führen, welcher noch viele Jahre sichtbar sein wird. In der Ebene war der Graben doppelt und nahe am Wasser standen zwei Batterien. Die arbeitende Mannschaft machte in den Weingärten außerordentlichen Schaden. Das gehörte noch zum Übermaß des Elends! An eben diesem Tage geschah es, daß eine Scheiterfuhr zu Nußdorf die französische Pontonsbrücke zerriß. Der Kranzelmeister geriet in große Ungelegenheit, weil ihn die Franzosen beschuldigten, er sei mit Absicht in die Brücke gefahren. Diese Brücke kommandierte der Pontonierscapitaine L a R u e, welcher 1805 im Stifte krank lag und kuriert wurde.

Im Monat Oktober kam die Nachricht, daß sich die Nußdorfer etc. der Gelegenheit bedienten, um unsere jenseitigen Auen noch mehr zu verwüsten. Ich schrieb L a R u e mit dem Ersuchen, den Auverwüstungen Einhalt zu tun. Er antwortete mit der Zusicherung, unverweilt Anstalten zu treffen, um keinen Holzdieb mehr passieren zu lassen, wie aus der hier folgenden Abschrift zu sehen ist.

A Monsieur Monsieur le Doyen de l'abbaye
de Klosterneuburg.

Nusdorff le 20 8bre 1809.

Monsieur le Doyen!

Je viens de recevoir votre lettre par laquelle vous me temoignez le desir de voir cesser les ravages dans votre forêt; comme je suis toujours ami du bon ordre et toujours ennemi des dilapidations, je vous promets, que demain aucune personne n'enlevera du bois de dans l'île, sans qu'elle ne soit munie d'une autorisation signée de votre intendant. Veuillez, je vous prie Monsieur faire donner aux acurreurs de vos bois un passeport pour qu'ils puissent passer librement, ou sans quoi ils seront arrêtés.

Agreez, s'il vous plait, Monsieur le Doyen, mes civilites respectueuses

L a r u e, Capitaine.

Am 20. September erhielt ich vom General R a y n a u d den Auftrag, vom hiesigen Magistrat und von den umliegenden Dörfern genaue Kunde einzuheben, ob, was und von wem bisher auf seinen Namen requiriert worden sei. Ich mußte auch deswegen an den Herrn Dechanten in Tulln schreiben. Der General befahl, alle gemachten Requisitionen zu melden, auch jene mit der Unterzeichnung seines Namens vorher seiner Einsicht vorzulegen. Er hatte besonders einen Offizier im Verdachte, der ihm zu großen Aufwand machte. Allein teils hatte man wenig oder keine Ursache, sich gegenwärtig in diesem Punkte zu beschweren, teils hielt man es für klüger, wie man mir später eingestand, zu schweigen.

Am 21. September untersuchte der hiesige Kriegskommissär Poilblanc nach erhaltenem Auftrag den übriggebliebenen Weinvorrat in unseren Kellern, denn der unglückliche Felix Müller hatte beim Verhör ein paar hundert Eimer 97er angesagt, welche er zum Verkauf bestimmt, von dem zur Armee abzuführenden Wein abgesondert und an einem gewissen Platze verborgen hätte.

Ich sagte dem Kommissär, daß die im Bernardikeller befindlichen angegebenen Weine zu jenen gehörten, welche man dem Stifte zum eigenen Bedarfe überlassen habe, und wenn auch unser gegenwärtiger Vorrat das bewilligte Quantum übersteige, so könne das Kelleramt ausweisen, daß seit der Versiegelung des großen Kellers um namhafte Summen der Wein anderswoher gekauft worden sei. Poilblanc war damit zufrieden, untersuchte nicht einmal den uns freigelassenen Keller und erstattete einen für das Stift vorteilhaften Bericht. Der redliche Mann sah es als die größte Billigkeit an, dem Stifte nach dem erlittenen ungeheuren Schaden das Wenige zu erhalten. Und so wurde noch ein Vorrat von beiläufig 320 Eimern eines der besten Jahrgänge aus den Klauen der Franzosen gerettet.

Am 6. Oktober, Freitag um 5 Uhr nachmittags, wurde zu Schönbrunn der gewünschte Friede unterzeichnet [1]).

Am 14. Oktober nach einigen kalten Tagen in der Frühe Schnee. In Wäldern und auf höheren Bergen lag derselbe hin und wieder einen halben Schuh tief. Nachmittags zwischen 3 und 4 Uhr wird zu Wien durch eine starke Kanonade der geschlossene Friede angekündigt.

Am 15. Oktober, den 21. Sonntag nach Pfingsten, am Kirchweihfeste früh vor 7 Uhr fingen die Friedenssalven auf dem Lande und in den Lagern an. Nachmittag von 4 bis $^1/_2$6 Uhr wurde am Spitz fürchterlich kanoniert. Herr Prälat war von Wien ins Stift gekommen, um das Hochamt und die zweite Vesper zu halten.

Den 16. Oktober fingen die Franzosen an, die Festungswerke der Stadt Wien vom Kärntnertor an bis zum Schottentor zu demolieren. Die zur Zerstörung bestimmten Werke wurden unterminiert, dann gesprengt [2]). Man gab

---

[1]) Der Schönbrunner Friede wurde, wie nun feststeht, am 14. Oktober unterzeichnet.

[2]) Vergleiche, Das Kriegsjahr 1809, nach den Erinnerungen des Grafen Eugen von Černín und Chudenic auszugsweise mitgeteilt von Frh. v. Helfert in der »Kultur« X. Jahrg. 1. H., Wien, Leogesellschaft, S. 68.

sich vergebliche Mühe, dieses im Frieden verübte schandhafte Spektakel zu verhüten. Ebendiese Werke, an denen sich die Osmanen zweimal den Kopf zerstoßen hatten, mußten durch niedrige Rache der Franzosen fallen, weil man von denselben aus in der Nacht vom 11. auf den 12. Mai d. J. einige Kugeln auf die Feinde hinausgeworfen hatte. Viele Häuser nahe an den Basteien wurden beschädigt. Nachmittags um 2 Uhr verließ der französische Kaiser Schönbrunn und ging über München nach Paris.

Am 19. Oktober veranstaltete der Adjutant Béjont ganz geheim ein großes Souper und einen Ball in der Prälatur, um das Stift ganz auszusaugen [1]. Der General Raynaud erschien nicht dabei. Als ich hörte, daß Bejont den Ball im Hause wiederholen wolle, ersuchte ich den General Raynaud, dies zu verbieten, was auch geschah.

Den 20. Oktober erfolgte zu Wien die Auswechslung der Friedensinstrumente zwischen den Bevollmächtigten beider Mächte, von seiten Österreichs dem Fürsten Johann von Liechtenstein, von seiten Frankreichs dem Grafen Jean B. Nompièrre, Grafen von Champagny, Herzog von Cadore, Minister der auswärtigen Angelegenheiten.

Durch diesen Friedenstraktat verlor Österreich außer Tirol, Salzburg, Bertholdsgaden, das Innviertel, einen Teil des Traun- und Hausruckviertels, Görz, Triest samt dem Littorali, Krain, den Villacherkreis von Kärnten, Kroatien bis an die Sau; Westgalizien ganz und von Ostgalizien einen Strich Landes von 400.000 Seelen an Rußland, das Großmeistertum des deutschen Ordens in den Ländern des Rheinbundes. Dies war nebst den verwüsteten Provinzen, den verlorenen Menschen, nebst den ungeheuren Zahlungen das traurige Resultat der großen Anstrengungen!

Am 28. Oktober werden sechs Kompagnien Bayern von den Tirolern unter Speckbachers und Wolfgang Natterers Anführung im Zimmertal gefangen.

Am 29. Oktober, Sonntag, wird zu Innsbruck der Frieden feierlich kundgemacht. Der Kronprinz von Bayern kam dahin. Das französische Spital im Stifte wird bis auf acht Mann nach Wien evakuiert. Vorher hatte man die Württemberger alle in die Kaserne hinaus und die Franzosen alle herein gegeben. Einige Tage früher leerte man das Depot in der unteren Stadt, so daß von diesem Tage an nur noch ein Spital in der Kaserne der oberen Stadt existierte.

Den 31. Oktober wurde das Spital im Stifte von Kranken gänzlich geleert.
Den 1. November zog der französiche Oberst aus dem Korneuburger

---

[1] Bejont engagierte zu dem Ball paré in der Stiftsprälatur die gesamte galante Welt von Klosterneuburg und war so gefällig, sämtliche Stiftsherren zu diesem auf Stiftskosten gegebenen Ball einzuladen.   Hummel.

Pfarrhof nach Wien weg. Er hatte seit dem 5. Oktober dem Pfarradministrator Professor Theobald Fritz viel zu schaffen gemacht.

Am 3. November war der von Poilblanc bestimmte Tag für die Rückgabe der Stiftskeller an uns, und zwar gegen Revers, das Militärspital, solange es hier bleiben werde, mit dem nötigen Wein zu versehen. Der Gardemagazin Cartier ließ sich diesen Tag verleugnen, obschon er hier war. Die wirkliche Übergabe geschah am folgenden Tage (4. November) um 4 Uhr nachmittags. Cartier mochte seine Ursachen haben, die Kellerverwaltung wenigstens einen Tag länger in seinen Händen zu haben. Wir erfuhren es, welchen Leuten es hier aus unseren Fässern hatte zufließen lassen.

Schon als die Weinlese herannahte, mußten wir wegen der Fässer und des Ortes besorgt sein. Man zog uns mit der vergeblichen Hoffnung auf Zurückstellung der Keller auf. Endlich, da es höchste Zeit war, verfaßte ich eine Bittschrift an die kaiserlich-französische Ober-Intendanz zu Wien um die Wiedererhaltung der von der feindlichen Administration in Beschlag genommenen Stiftskeller. Diese Bittschrift wurde durch den im Stifte einlogierten französischen Kriegskommissär Poilblanc[1] beim Generalintendanten Reichsgrafen Daru eingereicht und lautete:

Requête de l'Abbaye de Klosterneubourg pour la réstitution de l'administration de sa cave.

Les soussignés supplient instamment au nom de l'Abbaye de Klosterneubourg, que l'Intendance Générale Imperiale Française dans la basse Autriche, ait la bonté, de lui rendre les clêfs et l'administration de la cave, qui a été mise sous les seaux par les autorités françaises, il y a cinq mois.

Cette demande est fondée sur les motifs suivans:

1. La vendange est déja avancée et on a besoin de tonneaux et de local, pour y mettre le moût.

2. C'est le temps le plus haut, à nettoyer les foudres pour les sauver de la perte entiere.

3. Aussi la petite quantité du vin, qui y reste encore, est aut point d'être corrumpue à cause de la manipulation inconnue aux étrangers, et par cela négligée par plusieurs mois.

On éspère, que l'Intendance Impériale Française daignera trouver cette demande autant plus raisonnable, que l'Abbaye de Klosterneubourg a souffert, aux mois passés, des pertes irréparables, et que l'Hospital Français en sera fourni aussi-bien qu'auparavant.

Klosterneuburg le 16. d'Octobre 1809

Augustin Herrmann,
Doyen du chapître de Klosterneuburg.

Jean Baptiste Dögl,
maitre de cave.

---

[1] Poilblanc war vom 14. Juli bis 16. November 1809 im Stifte Klosterneuburg.

Der genannte Kriegskommissär hatte die Gefälligkeit, diese Supplik mit seinem auf die linke Spalte geschriebenen Gutachten zu begleiten. Er bezeugte die Wahrheit der angeführten Gründe, und daß es billig sei, uns die Verwaltung der Keller und den geringen Weinrest gegen die angebotenen Bedingungen zurückzustellen. Beim Verzuge der Sache glaubte man, unser Anbringen sei verloren gegangen. Ich schrieb demnach den 24. Oktober ein Duplikat, allein Poilblanc sagte, dies sei unnütz, die erste Bittschrift sei am gehörigen Orte und er wisse, daß nächster Tage eine günstige Entscheidung erfolgen werde. Dies wußte also der Kriegskommissär, bevor noch der österreichische Hoflandeskommissär Graf von Wrbna sich bei Daru deswegen verwendete.

Der oben erwähnte vom Stift ausgestellte, vom französischen Kriegskommissär selbst verfaßte Revers lautet:

»Je soussigné Jean Baptiste Dögel, chanoine de l'abbaye de Closterneubourg, chargé du service des caves de cette abbaye et fondé de pourvoir pour la déstination adonnée aux vins qu'elles renferment, m'engage envers Monsieur Poilblanc Commissaire des guerres agissant pour l'armée française et celles alliées en Allemagne et moyennant la remise de ce qui reste dans les dites caves des vins provenant de la requisition de dix mille eimer, confié à la surveillance du Sieur Cartier, garde-magazin, comptable à entretenir de vin l'hospital de Closterneubourg jusqu'à sa fermeture.

Cit engagement sera soumis à l'acceptation de Monsieur le Doyen de la dite abbaye.

A Closterneubourg le 3. Novembre 1809.

Augustin Herrmann,
Doyen du Chapître de Klosterneuburg.

Jean Baptiste Dögl,
Maitre de cave.

Bei der Übergabe der Stiftskeller am 4. November befanden sich in dem großen Keller noch gegen 350 Eimer, ungerechnet die im Bernardikeller befindlichen 327 Eimer 97er [1]).

---

[1]) Von den 10.963 Eimern edler Gebirgsweine, die das Stift Klosterneuburg vor der Ankunft der Franzosen (Anfang Mai 1809) besaß, verblieben dem Stifte beim Friedensschlusse bloß etwa 700 Eimer. Im ganzen wurden für die französischen Garden aus den Kellern des Stiftes Klosterneuburg $8241^2/_4$ Eimer des besten Weines requiriert und abgeführt, wodurch das Stift einen Schaden von 383.318 fl. 23 kr. W. W. erlitt. Das Stift Klosterneuburg reichte im Jahre 1816, sich berufend auf Artikel 18 des Pariser Friedens vom 30. Mai 1814 und auf Artikel 9 des zweiten Pariser Friedens vom 20. November 1815, ein Entschädigungsgesuch wegen der von der französischen Generaladministration auf höhere

Den 7. November reiste General **Raynaud** (seit 29. Juli hier einquartiert) mit seinem Gefolge gegen Tulln ab. Seinem Vetter, einem Apotheker, mußte das Stift eine Kalesche über die Donau hinüber geben, die aber samt Pferden zurückkam. Die zwei Vorspannpferde für den General wurden nur durch des Kutschers List gerettet. Überhaupt war beim Abmarsch kein Pferd, kein Wagen sicher. Unter dem Mittagessen läßt sich ein neuer Platzkommandant, Hauptmann von **Lienhardt**, und ein Stabsarzt, beide Württemberger, ins Quartier im Stifte ansagen. Abends quartierten sich zwei Offiziere von der französischen Marine im zweiten Kaiserzimmer ein. Sie gingen dann am 9. d. vormittags mit ihren Schiffen aufwärts.

Den 13. November ein Württemberger Major mit gebrochenem Fuß und ein württembergischer rekonvaleszenter Kavallerieoffizier im ersten Kaiserzimmer einquartiert.

Den 15. November speiste Herr Prälat wieder das erstemal in der Prälatur mit Hauptmann **Lienhardt** und einem Badener Militärchirurgus.

Den 16. November reiste der Kriegskommissär **Poilblanc** über Wien weg. Herr Prälat verschaffte demselben bis nach Purkersdorf eine Gelegenheit, denn dieser edle Mann verdiente es wegen seines rechtschaffenen Betragens.

Den 17. November machte der französische Leutnant **Mertville**, im Jahre 1805 Fourier bei Oberstleutnant **Dessales**, seinen Besuch im Stifte. Der Capitaine **Galant**, 1805 auch hier, ein wunderlicher Kopf, requirierte Menschen und Pferde zum Schiffzuge. Im Stifte betrug er sich etwas unartig, weil er keine Pferde erhielt, denn die wenigen noch übrigen hatte man in den Wald geschickt. Um den Plaggeist vom Halse zu bringen, mußten von

---

Befehle im Jahre 1809 aus seinen Kellern requirierten Weine an die »k. k. niederösterreichische Liquidierungskommission der an Frankreich zu stellenden Forderungen« ein. Dieses Gesuch wurde jedoch von der Kommission als »an die höhere Behörde zur Vergütungseinleitung nicht einbegleitbar«, abgewiesen da »keine Urkunde vorhanden sei, in welcher sich eine französische Autorität zu einer Entschädigung aus einer französischen Kasse erklärt hätte, somit jener Schade sich als ein reiner Kriegsschade darstelle, dessen Vergütung die gegenwärtige französische Regierung in den abgeschlossenen Traktaten nicht auf sich genommen habe.« Schließlich wurde das Gesuch doch an die französische Liquidationskommission in Paris geleitet, deren Präsident Freiherr von **Barbier** gleichfalls erklärte, die Reklamation des Stiftes Klosterneuburg könne nicht zur Liquidation gebracht werden, da Frankreich im Friedensvertrage bloß die Liquidierung und Bezahlung jener Forderungen auf sich genommen habe, welchen Kontrakte oder förmliche Zahlungsversicherungen französischer Behörden zugrunde lägen. So teilte das Stift das Los der meisten, die um Ersatz des ihnen durch Requisition zugefügten Schadens ansuchten. Vergl. Boguth a. a. O. S. 318 und 343.

unseren nächsten Dörfern 30 Mann eilends herbeigeschafft werden. Galant geriet auch mit dem Platzkommandanten von Lienhardt in einen starken Streit. Die Franzosen nahmen sich zu viel gegen die Württemberger heraus und Hauptmann Lienhardt hatte den Mut, den Franzosen zu imponieren. Schließlich verglichen sie sich wieder, denn Galant gab zuletzt gute Worte.

Den 18. November gegen 11 Uhr vormittags der Hauptmann von Lienhardt, bisher Platz- und Spitalkommandant, samt dem württembergischen Stabsmedicus und dem größten Teile des Spitals weg. Zur nämlichen Zeit brachte man einen württembergischen kranken Chirurgus ins Stift herein, ohne jemandem etwas zu melden. Nebstdem blieb der kranke Major noch zurück.

Den 20. November wieder 4 Wagen mit Kranken weg. Vom Wagen, der Brennholz ins Stift hereinführte, wurden die Pferde ausgespannt. Gegen 18 Kranke blieben noch zurück. Abends gegen 5 Uhr wurde das 11. Regiment Chasseurs à cheval zum Übernachten angesagt. Die Quartiermacher waren impertinent. Das Regiment gehörte zur Division Montbrun. Man sagte 40 Personen zum Souper an, aber nur 25 speisten da. Über Nacht blieben hier der Oberst und 2 Oberstleutnants im grünen Prälaturzimmer, 10 Offiziere im Baldachinsaale, wo der vergoldeten Figur am Ofen eine Hand abgeschlagen wurde, und 2 in den oberen Gastzimmern. Der einzige Oberst zeigte sich als feiner Mann. Merkwürdig sind die Worte, die er mir ins Ohr sagte: »Notre Empereur est un brave Soldat; mais il nous tue.« [1])

Am 21. November um 8 Uhr, nach dem Frühstück, marschierte, gottlob! dieses Regiment ab. Die Offiziere begehrten am Abende vorher mehrere Sachen, die gar nicht vorhanden waren. Ihr Abschied war: »Nach 3 Jahren sehen wir uns wieder.« [2])

Am 27. November, Montag nachmittags vor 5 Uhr, kam der französische Gardeoberst Baste mit einem Gros-major, 1 Leutnant, 1 Chirurgien oder Docteur und einem österreichischen Regierungskommissär, Herrn von Fölsch, im Stifte an. Diese wurden mit 5 Domestiken bei uns einquartiert, und zwar

---

[1]) Die Franzosen waren des beständigen Kriegführens bereits überdrüssig. Sie klagten oft, es sei ein Unglück, unter einem Fürsten zu leben, der an die Stelle des Wohlstandes einen grenzenlosen Militärdespotismus habe treten lassen. Überzeugt davon, daß sie nur berufen seien, dem unersättlichen Ehrgeiz Napoleons zu dienen, sagten sie es ganz offen, daß die Armee wie ein Mastvieh nur deswegen so gut gefüttert werde, um sich nach Willkür abschlachten zu lassen. Wertheimer a. a. O., S. 201.

[2]) Allein anno 1812 um eben diese Zeit erfroren und verhungerten sie in Rußland und Polen.   Nachträgliche Anmerkung des Verfassers.

der Oberst im grünen Prälaturzimmer, der Major im kleinen roten, die übrigen drei im Tafelzimmer. An diesem Tage gegen Abend kam Se. Majestät Kaiser Franz, unser Monarch, nach Wien zurück.[1])

Die freudige Nachricht wurde in der Hauptstadt schnell verbreitet und die Wiener fingen von $^1/_2$8 Uhr abends an, Freudenschüsse abzufeuern[2]). Da das unausgesetzte Schießen bis 1 Uhr nach Mitternacht anhielt, einem Bataillefeuer gleichschien und außerhalb von Wien die Ursache davon nicht bekannt war, so wurde man ringsherum durch allerhand Vermutungen in Furcht und Schrecken versetzt. Daß doch niemandem in der Residenzstadt einfiel, unverweilt Eilboten mit der fröhlichen Nachricht bei allen Linien hinauszuschicken! In der bangen Ungewißheit weckte ich die schon schlafenden Gäste auf. Die französischen Offiziere horchten, konnten aber aus dem Gehörten nicht klug werden und machten die für uns niederschlagende Bemerkung, das in Wien eingerückte österreichische Militär müsse mit den dortigen Bürgern in Streit geraten sein, worauf sie sich wieder niederlegten.

Den 28. November blieben die genannten Gäste da, lachten über unsere ausgestandene Furcht, machten aber doch über den von seiten der Wiener begangenen Fehler ihre Bemerkungen. Bei diesem Vorfalle zeigte es sich wieder, daß man in der Verwirrung und im Taumel auf das Notwendigste und Beste vergißt.

Den 29. ging der Oberst Baste mit seinem Gefolge und mit seinen Schiffen um halb 10 Uhr vormittags den Strom aufwärts. Gegen Mittag der kranke Württemberger Major und der Chirurgus samt dem Rest des Spitals weg. Es blieben nur zwei kranke Württemberger, von welchen einer starb, und drei Krankenwärter, die sich in einigen Tagen darauf auch entfernten.

So waren wir, gottlob! wieder ganz befreit.

---

[1]) Der Chorherr des Stiftes Klosterneuburg Gregor Hummel schreibt a. a. O. über die Ankunft des Kaisers in Wien, deren Augenzeuge er war: »Noch um 3 Uhr nachmittags wußte man nichts von dem Ereignis. Als sich daher die Nachricht von der nahen Ankunft des Kaisers gegen 5 Uhr im Publikum verbreitete, wurde alsogleich freiwillig eine allgemeine Beleuchtung der Stadt veranstaltet. Nur langsam konnte sich der Wagen, in dem der Kaiser fuhr, durch die wogende Volksmenge fortbewegen. Ein Teil der Menschen drängte sich so nahe an den Wagen, daß sie den Kaiser bei der Hand faßten, um ihm ja recht handgreiflich und herzlich ihren Willkomm zu erkennen zu geben. Der Kaiser war bis zu Tränen gerührt. Die noch in der Hauptstadt anwesenden Franzosen staunten über dieses rührende Schauspiel.«

[2]) Aus den bisher verborgenen Schießgewehren, die nun hervorgeholt wurden.

Hummel.

Am 30. November wurden die Reliquien unseres heiligen Stifters von Wien aus der Metropolitankirche zurückgebracht und zugleich der silberne Sarg heraufgeführt [1]).

Am 1. Dezember kam der Herr Prälat von Wien zurück und schlief nach 7 Monaten wieder das erstemal in seinem Zimmer.

Die Folgen dieses unglücklichen Krieges werden lange Zeit auf dem Lande und auf unserem Stifte schwer liegen. Verhältnismäßig haben wir (das Stift Klosterneuburg) in Österreich am meisten gelitten und sind überdies noch in große Schulden geraten. Unsere Untertanen haben alle ohne Ausnahme mehr oder weniger gelitten. Vor allem wüteten die Feinde diesmal in Kirchen und Pfarrhöfen, überhaupt in geistlichen Häusern.

In Atzenbrugg wurde das Schlößchen ganz ausgeplündert und die Einrichtung zum größten Teil zerstört. Der Administrator Herr **Bernhard** hatte sich vor der Ankunft des Feindes ins Stift begeben. Zu Höflein (an der Donau) wurden Kirche und Pfarrhof zum Teil geplündert, zu Kritzendorf die Kirche, das Tabernakel und die Kasten in der Sakristei wurden zerschlagen, der kranke Pfarrer Herr **Hieronymus** blieb verschont. In Kierling Herr Pfarrer **Thomas** zum Teil geplündert, in Weidling Herr Pfarrer **Norbert** grausam mißhandelt, Kirche und Pfarrhof geplündert, zu Josefsdorf auf dem Kahlenberg in der Kirche alles geraubt und zertrümmert, selbst der Gruftstein, Herr Pfarrer **Frigdian** zum Teil beraubt. Im Dorfe Kahlenberg wurden Kirche und Herr Pfarrer **Benno** rein ausgeplündert, in Nußdorf Kirche und Pfarrhof (Herr **Peter**), ebenso wurden in Heiligenstadt Pfarrhof und Kirche geplündert, die schöne Orgel bei St. Michael wurde zerstört und Herrn Pfarrer **Dunstan**, emer. Stiftsdechanten, wurden auch die verborgenen Effekten geraubt. Die Herren Pfarrer zu Grinzing und Sievering wurden zum Teil beraubt. Jenseits der Donau erlitten Herr Pfarrer **Lorenz** zu Eupoltau (Leopoldau) Plünderung des Pfarrhofes und der Kirche, wo die Unholde auch die Orgel verwüsteten, desgleichen Herr Pfarrer **Sebastian** zu Langenzersdorf Plünderung der Kirche und des Pfarrhofes, wo alles zertrümmert wurde. Zu Korneuburg litt die Pfarrkirche einen ziemlichen Schaden, aber am ärgsten wurde der dortige Pfarrhof mitgenommen.

---

[1]) Allein bereits am 10. Jänner 1810 wurde der silberne Sarg des heiligen Leopold mit anderen Silbergeräten aus der Schatzkammer und der Kirche des Stiftes Klosterneuburg als Beitrag zur Bestreitung der Kriegskontribution an das k. k. Münzamt in Wien abgeliefert. Das am 10. Jänner 1810 abgegebene Silber wog 419 Mark, 3 Lot. Am 27. Jänner 1810 lieferte das Stift Klosterneuburg abermals Silber ab, und zwar im Gewichte von 52 Mark, 3 Lot.

Man berechnete den Schaden auf über dreißigtausend Gulden in damaligen Bankozetteln.

Möchte doch durch den unglücklichen Ausgang dieses Jahres für Österreich wenigstens der allgemeine Frieden in Europa herbeigeführt werden. Allein in Spanien wird der Kampf mit wechselndem Glück weitergeführt und der große Streit zwischen Frankreich und England bleibt unentschieden.

Franz Kurz im Spiegel seiner Briefe an Max Fischer.

Von

Dr. Vinzenz Oskar Ludwig.

Die durch Erfahrung gewonnene Überzeugung, daß sich oft in manchen infolge einer glücklichen Fügung erhalten gebliebenen Briefen eine reiche Fundgrube interessanter biographischer und zeitgeschichtlicher Daten uns erschließt, hat eine köstliche Frucht gezeitigt: Die pietätvolle Sorgfalt, solche Korrespondenzen zu hüten und eine damit Hand in Hand gehende weise Ausnützung derselben als einer Quelle, die oft mehr zu bieten imstande ist, als bloß Geist und Herz erfrischende Labe.

Briefe können auch Urkunden, können geschichtliche Dokumente sein, sie führen häufig in den Geist ihrer Zeit und in die Gedankenwelt ihrer Verfasser besser ein, als es dickleibige Kulturgeschichten und mühsam aus allen möglichen Notizen und Aufzeichnungen ausgearbeitete Biographien imstande sind; in Briefen kommt ja auch die Individualität ihres Autors viel klarer und bestimmter zum Ausdruck, als in seinen ansonst hinterlassenen literarischen Denkmälern. In letzteren spricht sein nüchtern erwägender Verstand das erste und letzte Wort; nur was dieser ihm diktiert, erfährt das lesende Publikum. Was aber in seinem Herzen spricht, wie seine tiefinnerste Überzeugung und seine Urteile sich gebildet haben, verrät der vertraulichere Brief. Dort liegt der tote Autor in seinen Werken vergraben, hier steht er förmlich greifbar vor uns — wie er leibte und lebte. Unsere Zeit schätzt deshalb auch den Wert solcher Überlieferungen richtig ein; die sich täglich steigernde Publikation der Briefe berühmter Männer und Frauen sind ein Beweis dafür, mag wohl manchenorts die Spekulation auch in diesem Artikel sonderbare Früchte auf den Büchermarkt bringen, die besser ungepflückt geblieben wären.

Es will uns nun wie eine Zurücksetzung und schmählicher Undank, gepaart mit Verständnislosigkeit, erscheinen, wenn wir nach den Briefsammlungen oft herzlich unbedeutender Persönlichkeiten greifen, dabei aber einer Ehrenpflicht vergessen, die wir gegenüber unseren um vaterländische Kunst und Wissenschaft hochverdienten und in der Geschichte deutscher Geisteskultur bedeutenden Vorfahren haben — nämlich ihr arbeitsreiches, gemeinnütziges und doch so oft verkanntes Wirken nach Kräften zu würdigen. Nemo propheta in patria — hat für unsere vaterländischen Historiker ganz besondere Geltung! Auch heute noch scheint die vormärzliche Periode in dieser Hinsicht nicht so ganz abgeschlossen zu sein — wie sie seinerzeit in den Franklschen Sonntagsblättern nicht schlecht gegeißelt wurde: »Daß wir bis jetzt außer einer flüchtigen Notiz in der Wiener Zeitung keine Zeile über den Tod **Kurzs** in den Wiener Blättern gelesen haben, wird keinen wundern, da der Hingeschiedene kein Klaviervirtuose, kein Kunstreiter, kein Komödiant und **nur** ein berühmter Geschichtsschreiber des Vaterlandes war!«[1]

Im Einvernehmen mit dem gegenwärtigen St. Florianer Stiftspropste Generalpräses Josef **Sailer** hat erst in jüngster Zeit in verdientester Weise Professor Dr. Oswald **Redlich** durch Herausgabe des **Mühlbacher**schen Manuskriptes über die literarischen Leistungen des Stiftes St. Florian dem Geschichtsforscher Franz **Kurz** eine besondere Würdigung zuteil werden lassen; durch seine im Archive des Stiftes Klosterneuburg aufbewahrten Briefe an den Klosterneuburger Chorherrn Maximilian **Fischer**, mit welchem ihn ein enges Freundschaftsverhältnis verband, möge uns nun die Persönlichkeit des oberösterreichischen Historikers nähergerückt werden; wir können ihn da so recht unmittelbar in der Werkstätte seines Schaffens und Arbeitens beobachten.

Man gestatte mir vorerst einige einleitende Bemerkungen, wobei ich rücksichtlich aller näheren und bezughabenden Details auf die **Mühlbacher-Redlich**sche Publikation und auf meines Kollegen Prof. Berthold **Černik**s Buch »Die Schriftsteller der noch bestehenden Augustinerchorherrnstifte Österreichs von 1600 bis auf den heutigen Tag«, S. 40 ff. und 240 ff. verweise.

Wenn der ehemalige österreichische Unterrichtsminister Dr. v. **Hartel** gelegentlich der 16. Zentenarfeier des Märtyrertodes St. Florians (Mai 1904) betonen konnte, daß sich das Stift St. Florian allzeit als eine Pflegerin der Künste und Wissenschaften bewährt habe, so ist vor allem das Feld der Geschichtsforschung von begabten und tüchtig geschulten Historikern eifrigst bebaut worden — und zwar schon zu einer Zeit, da dieser Wissenschaftszweig in Österreich noch blutwenig gepflegt wurde, ja wo man mit Urkunden und Akten in einer geradezu barbarischen Weise zu verfahren gewohnt war. Hatte man anderwärts (z. B. in Frankreich die Mauriner mit Johannes **Mabillon** und **Dom Bouquêt**) die unumgängliche Notwendigkeit urkundlicher Arbeit

---

[1] v. **Wurzbach**, biogr. Lexikon, Bd. 13, pag. 422. Dort auch näheres über unseren »Nestor und Vater der österreichischen Geschichte«, wie ihn **Mailath** 1836 nannte, von Seite 421—423.

als einer conditio sina qua non jeder Geschichtsforschung erkannt und waren auch in Deutschland (Leibniz!) kritische Quellenausgaben geplant, ja sogar ein Reichskollegium für deutsche Geschichte und eine Akademie der Wissenschaften zu Wien projektiert worden, so waren es in unserer engeren Heimat vor allem die österreichischen Stifte, welche den historischen Studien ein besonderes Augenmerk angedeihen ließen. Als solche hervorragende Pflegestätten der Geschichtswissenschaft kennen wir vor allem Melk (Schramb, Hueber und die Brüder Bernhard und Hieronymus Pez), Göttweih (Gottfried Bessel), Vorau (Cäsar) und St. Florian.

An letztgenannter Stätte können wir von einer »historischen Schule« sprechen, denn eine stattliche Reihe namhafter Historiker gingen aus diesem berühmten Hause hervor, so z. B. Franz Kurz, Karl Eduard Klein, Chmel, Pscharr, Pritz, Gaisberger, Stültz, Ritter und Czerny und in letzter Zeit der Karolinger-Forscher Mühlbacher. Diese »Pioniere österreichischer Geschichtsschreibung« — wie sie mit Recht genannt wurden — verkörpern eine ruhmwürdige historische Tradition, ebenso wie wir von einer naturhistorischen Tradition in Kremsmünster, einer theologischen [1]) in Klosterneuburg (Tobenz, Fritz, Ruttenstock, Ackermann, Seback) und einer philologischen in Neustift (Mitterrutzner) sprechen können.

Als tüchtigster Monographist seiner Zeit in den deutschen Erblanden — Krones apostrophiert ihn so — hatte sich der Florianer Chorherr Franz Xaver Kurz das Ziel gesteckt, in zäher, gründlicher Arbeit zunächst die Geschichte seiner engeren Heimat in Angriff zu nehmen, wofür ihm das Stiftsarchiv reichliche Ausbeute in Aussicht stellte, zu dessen Archivar er 1799 bestellt worden war, nachdem er sich schon durch Ziegler in der Katalogisierung der Inkunabeln, Beschreibung der Handschriften und Ordnung und Katalogisierung des Münzkabinetts hatte verwenden lassen; seine Studien in Wien ergänzten dann noch die bereits in der Praxis gewonnenen Erfahrungen.

Zwei Momente treten in seinen Arbeiten vor allem in den Vordergrund, welche auch aus seinen Briefen in stärkster Betonung zu vernehmen sind.

Wie kein anderer Forscher und Berufskollege seiner Epoche gab er sich alle erdenkliche Mühe, auch andere für die Historie und ihre Wissenschaft

---

[1]) Allerdings finden wir auch hier einen der tüchtigsten und fleißigsten Historiker — Willibald Leyrer — der, ohne in die Öffentlichkeit zu treten, durch seine im Manuskript erhaltenen, wie auch durch seine archiv-technischen Arbeiten, die Basis für alle späteren Studien und Forschungen gegeben hat. Eine literarische Würdigung dieses seltenen Mannes, den die Ungunst der Zeitverhältnisse in unverdientes Dunkel gebracht hat, steht noch aus; vielleicht bietet das nächste »Jahrbuch« hierzu Gelegenheit.

zu gewinnen und für solche Arbeiten zu begeistern; er suchte förmlich seinen historischen Sinn anderen mit sanfter Gewalt einzuimpfen. Finden wir dafür Belege übergenug in seiner in Rede stehenden Korrespondenz, so drängt sich ein zweites Charakteristikon in seiner entschlossenen Wahrheitsliebe und seiner strengen Unparteilichkeit, womit er jeder Art Voreingenommenheit und Befangenheit auszuweichen trachtet.

Diese wertvollen Eigenschaften suchte er auch seinen Schülern und Freunden stets angelegentlichst ans Herz zu legen — gewissermaßen der Hauptinhalt seiner vorliegenden Briefe, ihr wesentlicher Zweck und ihre Veranlassung!

Von den 70 aus der Korrespondenz mit Fischer uns erhaltenen Briefen, die in den Zeitraum vom 9. August 1812 bis 13. Juli 1837 fallen, handeln die weitaus meisten von diesem Thema, das er mit nie rastender Sorgfalt und einem wahren Feuereifer für seine Sache immer wieder anschlägt.

Es ist eine unleugbare Tatsache, daß die intensive Beschäftigung mit der Geschichtswissenschaft vom kritischen Standpunkte aus nicht allein das Urteil über vergangene Ereignisse und historische Persönlichkeiten schärft, sondern auch nach dem bewährten Erfahrungsgrundsatze: Historia magistra vitae — für die Erklärung gegenwärtiger Verhältnisse und der in fortwährender Entwicklung unaufhaltsam vorwärts strebenden Flucht der Erscheinungen wie selten eine andere Wissenschaft das Auge befähigt. Den Schlüssel zur Lösung so mancher wirtschaftlichen, politischen und sozialen Probleme vermag ja überhaupt nur die Geschichte zu bieten. So kann es uns auch nicht in Erstaunen versetzen, wenn wir bei Kurz wie bei so manchem seiner Zunftgenossen Klarheit des Urteils und »edle Entschlossenheit im Heraussagen der Wahrheit ganz wie er sie gefunden, völlig unbekümmert um das sogenannte Zeitgemäße und auch das, was die Götzen des Augenblicks gerne oder ungerne hören«, wie Hormayr sich im »Taschenbuch« (1845, 13) ausdrückt, bemerken können.

Hat ihn dies auch — vor allem seine konfessionelle Unbefangenheit, welche den Zensoren schwere Mühe machte — in den Verdacht des »Josefinismus« gebracht[1]), so ist es doch herzerfrischend, wie in seinen Werken, so auch in seinen Briefen wahre Goldkörner echter Lebensweisheit zu finden, die von strenger Wahrheitsliebe und männlich-edler Überzeugungstreue Zeugnis geben. Allerdings werden diese Goldkörner zuweilen zu Pfefferkörnern beißender Ironie und ungeschminkter Satire — wie ja die folgenden Proben bestätigen werden.

---

[1]) So spricht Krones (Geschichte Österreichs I, Berlin 1876, p. 57) vom josefinisch gesinnten Chorherrn. Über das damalige Zensurwesen (besser Unwesen!) vgl. Wackernell im IX. Bd. der »Quellen und Forschungen zur Geschichte, Literatur und Sprache Österreichs« herausgeg. v. Hirn und Wackernell, Innsbruck 1903, Seite 29 ff.

Gleich im ersten Briefe¹) finden wir ein solches Wahrwort über die falsche Wertung und Überschätzung des »Alten«, würdig eines nüchternen Historikers: »Möchte doch niemand die alten Zeiten loben! Je mehr wir uns mit den so hoch angepriesenen Alten des Mittelalters bekanntmachen, desto widerlicher steht ihre wilde Roheit vor unseren Augen, desto mehr müssen wir uns Glück wünschen, daß wir in milderen, menschlicheren Zeiten unsere Tage verleben. Auch gab es vormals noch keine Diplomatik, und in unserem noch finsteren Österreich keine Geschichte, keinen Hormayr, wie könnten wir zwei unter so traurigen Umständen vergnügt und froh leben? Wir werden nicht ermüden, mein Lieber! und wollen unseren noch glücklicheren Nachfolgern wenigstens die Pfade ebnen, daß sie desto leichter und schneller zum Ziele gelangen, und sich einer klassischen Geschichte unseres Vaterlandes erfreuen mögen.«

In ähnlicher Weise hat er darüber am 23. Juli 1821 sich verbreitet: »Über meinen Rudolph werden und müssen ganz verschiedene Urtheile ergehen, denn ich trete nicht als Lobredner des bisher Vergötterten auf, sondern lasse die geschichtliche Wahrheit schalten und walten. Ich bin vollkommen zufrieden, wenn man mir nicht vorwerfen kann, etwas Unwahres gesagt zu haben.«

Gelegentlich der Stellungnahme Hormayrs zu seinem »Rudolph« bemerkte er:²) »Daß Hormayr sich meinem Rudolph widersetzen werde, sah ich ganz gewiß voraus, denn er mußte sich für beleidigt halten, daß ich in sein und Weisseggers und Schnellers Lob des hochgepriesenen Helden nicht einstimmte. Dazu kamen bey ihm noch andere Rücksichten, die ihn bewogen, als Gegner sich hervorzuthun. Aber mit welchen sonderbaren Waffen kämpfte er für seine Sache! Nicht Angst und Schrecken, aber wohl ein Lächeln hat mir das Lesen seines Archives abgenöthiget. Auf solche Weise kommt keine Apotheose Rudolphs zu Stande. Ohne Zweifel bekommen wir noch ein größeres Werk von Ihnen zu lesen. Für diesen Fall empfehle ich Ihnen den Grundsatz: ohne Rücksicht, jedoch ohne Verletzung der Bescheidenheit, der historischen Wahrheit treu zu bleiben und sich in die Verfassung zu setzen, daß Sie ungegründeter Recensententadel nicht betrüben, und so ein Lob nicht beglücken kann. Eine gründliche Zurechtweisung belehret, und muß mit Dank angenommen werden, denn sie berichtiget unsere historischen Kenntnisse.

Mit solchen Gesinnungen wandle ich ungeirrt auf der betretenen Bahn fort, und werde nach zwei Wochen das Manuscript des Werkes: ‚Oesterreichs

---

¹) 9. August 1812.
²) 15. März 1822. — Eine Kritik des Kurzschen »Rudolph IV« bietet insbesondere Huber, Geschichte Rudolf IV., Innsbruck 1865 in seiner dortigen Vorrede.

Handel in älteren Zeiten', in die Censur schicken. Manche Wahrheit darin wird den Verehrern des Mittelalters wieder nicht behagen; doch dies schadet nicht. Die Mode, unwissende und barbarische Zeiten als Muster aufzustellen, wird vergehen, aber die Wahrheit bleibt ewig.«

Bezüglich einer Anfrage F i s c h e r s wegen einer Dedikation an den Fürsten M e t t e r n i c h, äußert er unverhüllt seine Anschauung darüber:

»Daß Fürst Metternich ein wahrer Mäzen für die Wissenschaften sey, ist ohnehin allgemein bekannt. In Rücksicht der Ihnen vorgeschlagenen Dedikation weiß ich Ihnen gar nichts zu sagen. Vielleicht nähme Sie der Fürst mit Wohlgefallen auf; vielleicht fände er aber auch manche Bedenklichkeit: so große Herren wechseln nur gar zu leicht in den Ansichten der Dinge, die ihren Augen allerdings als sehr geringfügig erscheinen müssen. Für jeden Fall ist es noch immer Zeit, hierüber einen Entschluß zu fassen. Es muß erst Friede werden; es muß erst Fürst Metternich nach Wien zurückkommen; Sie müssen erst Ihr Werk vollenden, und dann ist erst Zeit, die Umstände zu erspähen, ob es räthlich sey, den Herrn Fürsten um die Erlaubnis zu ersuchen ihm das Buch dediciren zu dürfen. Ich für meine Person bin kein Freund von dedicationen an große Herren, weil man sich gar zu sehr der Gefahr aussetzet, Argwohn zu erregen, als hätte man Nebenabsichten dabey. Wäre ich nicht zu verschiedenen Mahlen geradezu aufgefordert worden, meine Landwehrgeschichte den Ständen zu dediciren, so wäre es gewiß nicht geschehen.«

Als F i s c h e r einstens über den langsamen Ankauf seines Werkes klagte, fand er folgenden Trost für seinen Max: »Klagen Sie ja nicht über den schlechten und langsamen Ankauf Ihres Werkes; das ließ sich bestimmt voraussehen, denn wie Viele gibt es denn, die an einer Urkundensammlung, sey Ihr Inhalt auch noch so merkwürdig, ein Behagen finden? Ihr Buch behält dessen ungeachtet seinen inneren großen Werth, und macht Ihnen, Ihrem verehrungswürdigen Herrn Prälaten, und dem ganzen Stifte desto mehr Ehre, weil man in einer ungünstigen Zeit ein Geldopfer nicht scheute, um den Vorwurf einer litterarischen Indolenz zu beseitigen, der schon ziemlich laut von Einigen ausgesprochen wurde.«

Als der Klosterneuburger Chorherr Franz Xaver S c h w o y die Ehre hatte, in einer Vertrauensstellung mit Prinzessin M a r i a K l e m e n t i n e, Gemahlin des Prinzen Leopold von S a l e r n o, als Beichtvater sowie Erzieher ihrer Tochter nach Neapel zu reisen, konnte K u r z nicht umhin, die bezeichnende Bemerkung zu machen: »Neapel möchte ich wohl sehen, aber so ein Amt wünsche ich mir nicht!« Das ist ihm wohl zu glauben, denn nichts lag seinem ganzen Charakter ferner, als eine derartige zwar ehrenvolle, aber überaus heikle Mission. »Stille Ruhe und Frieden im Innern ziehe ich allen Ehrengütern vor«, schreibt er am 26. Dezember 1822, als Fischer durch mißliche häusliche Verhältnisse sich genötigt sah, seine Wirksamkeit im Stifte mit der ruhigen Pfarrstelle in Höflein zu vertauschen. »Bücher und Urkunden«, so tröstet er seinen Freund, »kann man ohne Verdruß auch in Höflein benützen und dies noch ungestörter als in Klosterneuburg, wo Gäste und andere fade Dinge Zeit und Versammlung des Geistes rauben. Ich bin unwillig über die veranlassenden Ursachen der Veränderung Ihres Wohnsitzes, lobe sie aber, daß Sie auf eine so löbliche Weise weiterem Unwesen ausgewichen sind. Coelum, non animum mutasti, und Sie werden auch in Höflein der Fahne der Geschichte, zu der Sie geschworen haben, nicht untreu werden.« Im selben Briefe finden wir auch eine schöne Sentenz, welche das edle Freundschaftsverhältnis der beiden Historiker beleuchtet: »Unsere Freundschaft steht felsenfest . . . . haben sich gleichgeschaffene Seelen gefunden und vereinigt, so trennt sie kein Schicksal mehr.« Dieses innige Herzensband, welches gleiche Gesinnungen, Studien und Bestrebungen, die »süßesten Lebensfreuden«, wie Kurz sie einmal nennt, immer fester um die beiden knüpfte, konnte auch durch manche wochenlangen Pausen in der Korrespondenz nicht gelockert werden, wie anderseits männlich-offene Aussprache die Würze des Briefwechsels blieb: »Traute Freunde sind gegenseitig sparsam mit Komplimenten und machen nicht viel Worte, aber es gereicht ihnen doch zum höchsten Vergnügen, sich miteinander besprechen zu können.« Die Frucht davon können wir in den vielfachen Anregungen sehen, die Kurz seinem Freunde zu geben wußte; und wenn er ihn auch von zersplitternden kleinen Detailarbeiten, so zum Beispiel von der Mitarbeiterschaft bei der kirchlichen Topographie, abriet und stets auf wichtige historische Aufgaben hinwies, so gesteht er doch (2. Jänner 1827): »Auch bei kleineren Arbeiten behält man die Vorliebe zur Geschichte, die Lust sich mit ihr zu beschäftigen und den Takt, den sie fordert. Es werden sich doch einmal die häuslichen Umstände Ihres Stiftes ändern [1]) und dann geht für Sie und für die vaterländische Geschichte ein neuer Glückstern auf. Gut ist's denn auch, wenn mancherlei Vorarbeiten schon bereit liegen, die zu einem größeren Werke als Materialien vortreffliche Dienste leisten werden.«

Über die Vorbedingungen zu geschichtlichen Arbeiten äußert sich Kurz an seinen Freund, immer wieder auf eine Hauptpflicht des Forschers aufmerksam machend, nämlich die Urkunden zu sammeln und kritisch zu verwerten [2]): ». . . Es ist unumgänglich notwendig, häufig Archive zu durch-

---

[1]) Damit würden Bibliothek und Archiv, ohne welche sich keine größeren Arbeiten in Angriff nehmen lassen, seinem Freunde wieder zugänglich sein — will Kurz sagen.

[2]) Brief vom 9. August 1812 und vom 28. Dezember 1821.

suchen, da von Urkunden der österreichischen Städte, Märkte und Schlösser bisher nur weniges gedruckt erschienen ist. Für Oberösterreich habe ich diesem Mangel abgeholfen und einige hundert Urkunden abgeschrieben. Für Unterösterreich muß ein Einheimischer diese Arbeit übernehmen und fleißig herumreisen. Welche Schätze müssen in Wien noch vorhanden sein! In den Archiven der Hofkammer, der Stände und des Magistrates! Wieviel hat Dr. Pez in der Hofbibliothek aufgefunden! Was müßte sich noch vorfinden in den Archiven der ansehnlichen Schlösser, die dem alten Adel gehören! Sammeln sie doch bald solche kostbare Überreste und verarbeiten sie dieselben zu einem Ganzen! Zur kirchlichen Topographie taugt bald ein anderer, dem sie diese leichtere Arbeit übertragen sollen. Unserer vaterländischen Geschichte mangelt noch ungemein viel, vorzüglich in betreff der inneren Einrichtungen des Landes und der alten Sitten und Gebräuche. Freilich ist diese Arbeit schwerer als eine Geschichte der Regenten, ihrer ewigen Kriege und Fehden und verschwenderischen Hoffeste, weswegen sich auch so schwer jemand daran wagt; aber unternommen und vollendet muß sie doch werden. Wir wollen die Lastträger werden, weil es kein anderer sein will.« Er sieht in den historischen Arbeiten eine Pflicht besonders der österreichischen Stifte selbst: ». . . Daß die Göttweiher[1]) ihre Hausgeschichte durch einen Auswärtigen bearbeiten lassen, kommt mir sonderbar vor. Soll denn gar kein Einheimischer dies zu tun imstande sein, wenn Friedrich zu sehr mit anderen Geschäften belastet ist? Oder wollen sie ihre außerordentlichen zwei Prälaten, Gottfried und Magnus, nicht selbst mit wohlverdienten Lobsprüchen überhäufen? Für mein Florian würde ich diese Arbeit keinem als nur wieder einem Mitbruder überlassen, um dem schmählichen Vorwurf zu entgehen, man habe zwar die Daten sammeln, aber nicht ordnen können. Hätten sie nicht ebenfalls so gehandelt, wenn ein Göttweiher die Geschichte ihres Stiftes hätte herausgeben und von ihnen die Notizen dazu verlangen wollen?« — Kurz weiß deshalb auch sehr wohl jenen für die Geschichte überaus großen Wert der alten Urbarien, Salbücher, Traditions- und Landtaidingsbücher zu schätzen. ». . . Das ist ein köstliches Wasser für meine Mühle«, schreibt er und er ersucht immer wieder um Mitteilung von Spezialnotizen aus derlei Quellenmaterial. Die gewünschten Auszüge aus den Landtaidingsbüchern sind ihm wertvolle Dokumente. Die Verhältnisse kennen zu lernen, in welchen während des Mittelalters die Untertanen zu ihren Grundherrschaften gestanden haben, also ihre Frohn- Geld- und Naturaldienste, Vorspann, Gastung etc. und auch die Formen, Vorrechte und Strafarten der Gerichte, dazu sei keine

---

[1]) Brief vom 1. Jänner 1827.

lange Spezifikation nötig, sondern von jeder Rubrik nur ein oder zwei Beispiele, woraus sich schon ein gültiger Schluß auf die allgemeine Gewohnheit machen lasse.[1]) Die Kenntnis der geschichtlichen Hilfswissenschaften erscheint ihm eine conditio sine qua non jeder geschichtlichen Arbeit, vor allem die Paläographie: »... Ein Archivar muß alle Schriften lesen können.«[2]) Er bedauert sehr den Mangel einer exakten Münz- und Maßdarstellung. Als er sich mit seiner Handelsgeschichte beschäftigte, schrieb er seinem Freund (31. August 1821): »Das rein Historische ist leicht und schon ziemlich geordnet, aber die Maße und Gewichte verursachen mir vielen Verdruß. Wenn man den Rationarien bei Rauch nachrechnet, so geht beinahe niemals die dort angegebene Summe des Geldes und Getreides hervor. Sehen Sie zur Güte nach, ob in Ihren Urbarien 8 Schillinge ein Pfund, und 30 ϑ einen β im 14. Jahrhundert ausgemacht haben, und ob sich nichts Bestimmtes über Metzen, Metzel, Schaff, Fuder, Ampfer, Urne, Tafernitz etc. herausbringen lasse.« Ebenso beklagt er sich auch über den Mangel einer genauen Fixierung des Begriffes »Pfundgeld« — bei herrschaftlichen Besitzungen und Rechten. (4. August 1820.) — Die Geschichte der Landstände Österreichs erscheint ihm noch in tiefes Dunkel gehüllt; er hält es für eine dringende Aufgabe, darüber Nachforschungen zu pflegen, besonders das Kapitel »Prälatenstand«, das ja auch heute noch einer gründlichen Forschung bedürftig ist, beschäftigt seine Aufmerksamkeit. So schreibt er am 4. August 1820: »Daß die Prälaten schon im dreyzehnten und vierzehnten Jahrhundert zu wichtigen Berathschlagungen als Landesmitglieder beygezogen wurden, ist bekannt; aber eben so richtig ist es, daß sie auf mehreren Versammlungen, die doch wichtige Gegenstände verhandelten, nicht zugegen waren, und um ihre Meinung gar nicht befragt wurden. Die ständische Verfassung war lange schwankend; wann wurde sie zuerst geordnet? Wann traten die Prälaten, wann die Abgesandten der Städte als ordentliche Mitglieder der Stände auf? Ich schlage Ihnen den Herrn von Bergenstamm vor, den Sie hierüber befragen mögen; er ist über dergleichen Dinge ein lebendiges Lexicon. Melden Sie ihm meinen Respect, und ersuchen Sie ihn in meinen Nahmen, hierüber mündliche oder schriftliche Auskunft zu geben, höchst erfreut würde es mir seyn, über diese beyden Gegenstände ins Reine zu kommen. Unter Kaiser Friedrich IV. und seinem Bruder Albrecht erscheinen schon 4 Classen der Landstände.«

Eine praktische Anweisung für geschichtliche Arbeiten gibt Kurz in seinem Briefe vom 5. Februar 1816: »Als alter Praktiker und Ihr Fidus

---

[1]) Brief vom 21. Februar 1820.
[2]) Brief vom 8. Jänner 1814.

Achates setze ich gleich meinen wohlgemeinten Rath her, der Ihnen für den nächsten Sommer eine höchst nützliche und ganz unentbehrliche Beschäftigung anweiset, die darin besteht; sobald es nur immer seyn kann, machen Sie sich auf eine archivarische Reise in Klöster, Schlößer, Städte und Märkte; durchsuchen Sie fleißig die Archive und Registraturen und die Bibliotheken, und schreiben Sie sich auf der Stelle alles Merkwürdige aus den Originalen selbst ab. Je größer Ihr Vorrath an noch unbekannten Urkunden und Notizen seyn wird, desto bessere, vollendete Arbeiten werden Sie liefern. Unsere gedruckten Quellen sind für die vaterländische Geschichte noch viel zu mangelhaft. In dieser Hinsicht empfehle ich Ihnen vorzüglich das Archiv der Stadt Wien, von welchem Lambacher, Kollar und Rauch so kostbare Stücke bekannt gemacht haben; und dann das Archiv der Unterösterreichischen Stände, welchen noch vor vier Jahren ein gewisser Herr von Bergenstamm vorstand: ein sehr eruditer, und auch liberaler Mann, dessen Anerbiethungen ich nicht benützen konnte, weil mir durchaus keine Zeit übrig blieb.

Den Zutritt zu diesen verschlossenen Schätzen wird Ihnen Ihr nun schon bekannter Nahme, Ihr Herr Prälat, Ihr Stift, und einer Ihrer vielen Bekannten verschaffen. Nur müssen Sie sich in kein Archiv heimlich hineinstehlen, sondern immer mit Vorwissen des Hausherrn hineingehen: desto freyer und ungestörter können Sie dann arbeiten und aus den Fundgruben Schätze heraushohlen, und ihre Quelle laut nennen. Finden Sie dann auch etwas für mich, so theilen Sie es mir so mit, wie ich es in einem ähnlichen Falle gegen Sie thun werde. Alles Merkwürdige gehört nicht uns, sondern der vaterländischen Geschichte zu, deren Vollkommenheit das letzte Ziel unseres vereinigten Strebens ist. Freuen wird es mich, wenn Sie meinen Rath befolgen, der die herrlichsten Früchte hervorbringen wird. Ich müßte Ihren verehrungswürdigen Herrn Propst, den Beförderer alles Guten, und auch meinen vielgeliebten Max nicht kennen, wenn ich zweifeln könnte, daß mein sehnlichster Wunsch nicht werde erfüllet werden. Und die Erfüllung desselben wird Ihrem theuren Gönner, Ihnen, und Ihrem Stifte Ruhm und Ehre, und unserer vaterländischen Geschichte ungemeine Vorteile bringen.«

Von Zeit zu Zeit erkundigt er sich immer wieder bei seinem Freund, ob er die gegebenen Weisungen befolge und wie weit es mit seinen Arbeiten stünde; überhaupt beweist er stets das lebhafteste Interesse an den historischen Arbeiten anderer, freut sich über jeden Fortschritt, übt an den Veröffentlichungen gerechte, aber dabei stets aufmunternde Kritik! Im Briefe vom 1. Jänner 1818 lesen wir: »Daß sie das schöne und nützliche Unternehmen des Herrn Hofkapellans Darnaut unterstützen, lobe ich sehr.

Auch ich habe mich anheischig gemacht, einige mir wohl bekannte Dekanate des Mühlviertels zu revidieren und zu ergänzen, denn unmöglich läßt sich von vielen Landpfarrern erwarten, daß Sie Historiker seyn, und alte Daten liefern sollen, die sie nicht kennen. Da Bergenstamm einer der Triumviren ist, welche die kirchliche Topographie herausgeben, so kommen Sie dadurch in eine nähere Berührung mit ihm, die Ihnen vortheilhaft werden kann.

Leben Sie wohl. Und soll ich noch länger Ihr guter Freund bleiben, so fangen Sie bald ein neues Buch zu schreiben an.«

Als Fischer längere Zeit sich in Stillschweigen hüllte, erhebt er 18. Oktober 1818 strenge Klagen und Vorwürfe:

»Was soll Ihr entsetzlich langes Stillschweigen bedeuten? Ist Ihre Liebe zu mir erkaltet? Sind Sie vielleicht dem Studium der Geschichte untreu geworden, und prassen auf einer fetten Landpfarre, und sind froh, wenn Sie in Ihrer Ruhe und Behaglichkeit von einem alten Collegen, der mit Archivstaub bedeckt ist, nicht gestört werden? So etwas wäre abscheulich. Um ein so großes Unheil abzuwenden, verfolge ich Sie in alle Winkel solange mit Briefen, bis Sie sich bequemen, wieder etwas von sich hören zu lassen. Die Weinlese ist vorüber, und der Schwarm reisender Studenten und Gelehrten mindert sich jetzt allgemach wieder; Sie haben also Zeit genug, mich endlich wieder mit einem Briefe zu erfreuen.«

Der wohlgeschulte Historiker mußte auch klar erkennen, welche Zweige und Gebiete österreichischer Geschichtsschreibung zu bebauen und zu pflegen seien. Es wird uns deshalb nicht wundern, wenn er häufig sein Bedauern darüber ausspricht, daß Fischer nur an der kirchlichen Topographie und nicht an einem für sich bestehenden wichtigeren Geschichtswerke arbeiten kann. So schreibt er (25. Oktober 1827):

»So verdienstlich und auch mühevoll diese Arbeit ist, so finde ich sie doch für einen, der Größeres und Wichtigeres zu leisten im Stande ist, nicht angemessen, und lade Sie neuerdings ein, Ihr Versprechen zu halten und die Geschichte des Bauernkrieges in Unterösterreich zu Ende des sechzehnten Jahrhunderts, oder einen anderen Gegenstand zu wählen, der geeignet ist, eine Lücke der vaterländischen Geschichte auszufüllen.«

Daß er aber trotzdem den Wert einer kirchlichen Topographie durchaus nicht unterschätzte, beweist seine oben erwähnte Fürsorge und Teilnahme an derselben; so äußert er sich nach Bergenstamms Tode, als das Schicksal der Topographie in Frage stand, über ihre weitere Zukunft: »Sollte sie gar nicht fortgesetzt werden, so müßte ich die Indolenz des österreichischen Klerus sehr bedauern.« (29. Juni 1821.)

Zugleich mit seiner »Handelsgeschichte« sandte Kurz am 19. August 1822 seinem Freunde eine ermunternde Zuschrift, worin seine Anschauung bezüglich der mehr nebensächlichen Arbeiten im Gebiete österreichischer Geschichtsforschung zum Ausdrucke kommt:

»Um alle Zweifel zu beseitigen, welche Männer ich in der Vorrede meine, die im Lande unter der Enns die Handelsgeschichte noch vollständiger liefern könnten und sollten: so sage ich Ihnen, daß ich Sie und Herrn Friedrich Blumberger in Göttweih im Auge hatte, als ich die Stelle niederschrieb. Wer möchte sich einer so mühevollen Arbeit unterziehen, wenn sie kein Klostergeistlicher unternimmt, der in Unterösterreich lebt, und die Handschriften der kaiserlichen Bibliothek nebst vielen Archiven der Städte und Schlösser bebenützen kann? Ich gestehe es Ihnen offenherzig, daß ich wünsche, daß die leidige Topographie ganz bald zu Grabe gehen möchte, damit Sie Zeit gewinnen, etwas Nützlicheres zu bearbeiten.«

Auf der Suche nach Osterspielen (siehe 1. Jahrbuch des Stiftes Klosterneuburg, Seite 5 ff.) beweist er einen auffallenden Spürsinn; was er in seinem Brief vom 24. November 1828 als Vermutung aussprach: »Sehr erwünscht wäre mir der andere Ludus gewesen, den Pez gesehen hat, aber nicht abschreiben durfte. Vielleicht sind Sie so glücklich und finden ihn noch künftig einem Codex beygebunden« — hat sich auch tatsächlich, allerdings 80 Jahre später, bewahrheitet.

Seine Urteile über fremde geschichtliche und literarische Arbeiten, betreffs deren er stets neidlose Freude unverhohlen äußerte, enthalten manch wertvollen Wink, welche zu verzeichnen besonders für Historiker von Interesse sein dürfte.

Hatte er Fischer bereits vor der Abfassung der Klosterneuburger Geschichte (z. B. 25. Oktober 1813) weit ausholende nützliche Ratschläge erteilt, so ist die Besprechung der Fischerschen Arbeit, welcher er ein eigenes langes Schreiben widmete, überreich an nützlichen Weisungen.

In erster Linie begrüßte er mit Freuden das Erscheinen des Fischerschen Werkes.

»Ich freue mich innig«, schreibt er am 22. Oktober 1814, »den Erstgebornen meines vielgeliebten Freundes wie ein eigenes Kind liebkosen zu können. Auch das macht mir Vergnügen, daß man gleich aus dem Titelblatte abnehmen kann, daß noch mehrere Bände nachfolgen werden. Ihre Kenntnisse, Ihr Alter und Fleiß, und Ihre Lage, welcher die reichhaltigsten Quellen offen stehen, geben uns die sicherste Hoffnung, daß künftig Klosterneuburg für die vaterländische Geschichte das seyn wird, was einst Melk und Göttweih für dieselbe gewesen ist.«

Und am 25. Juni 1815 beteuert er ihm:

»Ueber Ihre Schüchternheit mußte ich lächeln. Die ganze Welt möge es wissen, und ich werde mich dessen freuen und rühmen, daß ich nebst dem Baron Hormayr Sie gleichsam genöthiget habe, die Geschichte Ihres Stiftes zu schreiben und bekannt zu machen. Was ich Ihnen oft schon zugerufen habe, wiederhohle ich: Sapere aude. Ihr Haus wird einstens in der Donau oder in Trümmern liegen, aber Ihr Nahme dauert in Ihren Werken fort, und Sie sterben nicht ganz. Ist das vielleicht ohne allen Werth?«

Als er dann Fischers Werk selbst vor sich sah, frohlockte er, daß die Historikerzunft ein neues Mitglied gewonnen habe, seinen »lieben treuen Freund, der scheu wie eine Gazelle das öffentliche Auftreten vor dem Publikum fürchtete und erst nach häufigen Versuchen zahm gemacht und zum Vortreten ermutigt werden konnte«. Kurz freute sich besonders darüber, daß Hormayr in seinem Archiv es bekannt machte, daß er und Hormayr es waren, die in einer glücklichen Stunde mit freundschaftlichem Zwange Fischer das Versprechen abgenötigt hatten, die Geschichte seines Stiftes zu schreiben. Mit seiner Kritik über das neuerschienene Buch hielt er als echter Freund und wahrheitsliebender Historiker nicht zurück und widmet derselben einen eigenen Brief, welchen wir hiermit vollinhaltlich wiedergeben wollen, weil er uns in die Denkweise und die Anschauungen unseres Historikers einzuführen vortrefflich geeignet ist:

»St. Florian, den 14. Nov. 1815.

Mein lieber Max!

Meinen letzten Brief, in welchem ich Ihnen meinen Dank für Ihre mir überschickte Geschichte Klosterneuburgs meldete, werden Sie erhalten haben. Der Buchbinder hatte mir dieselbe kaum gebracht, als ich mit einem wahren Heißhunger darüber herfiel, alle meine Arbeiten auf die Seite setzte, und eigentlich Tag und Nacht daran las, bis ich das Ganze durchgelesen hatte, um nur einmahl eine allgemeine Uibersicht von dem Werke zu bekommen, und Ihren Wunsch bald erfüllen zu können, der darin bestand, daß ich Ihnen meine Meinung streng und offenherzig darüber mittheilen wollte. Ich müßte Sie und unsere vaterländische Geschichte nicht lieben, wenn ich anstehen könnte, ein ganz rücksichtsloses Urtheil über Ihr Buch zu fällen. Nun keine Sylbe von dem vielen Guten, welches ich fand, und welches unsere Geschichte fördert; jetzt soll nur von dem die Rede seyn, was ich abgeändert wünschte.

Zuerst mißfiel mir der lateinische Druck. Der gemeine Bürgersmann, der doch auch alte Geschichten, besonders von seinen Gegenden gerne lieset, ist mit den lateinischen Lettern viel zu wenig bekannt, als daß er sie fertig herablesen könnte. Wie Sie die Landwehr-Geschichte von Unterösterreich oder etwas Anderes schreiben, was nicht nur für das gelehrte oder cultivirte Publikum gehört, so muß es mit deutschen Lettern gedruckt werden, sonst leidet der Absatz Ihres Werkes. Ich fände unter Bürgern und Bauern meine Bauernkriege und meine Landwehr gewiß nicht so oft, wenn dieselben mit lateinischen Lettern gedruckt wären.

Gar oft stehen Interpunctionen da, welche nicht dastehen sollten, und bald den Sinn verdunkeln, bald gänzlich stören, wodurch die Deutlichkeit leidet, und das leichte Lesen erschwert wird. Man sieht sehr oft einen Beistrich, wo ein ; oder : oder gar ein Schlußpunct stehen soll. So geringfügig diese Sache an sich ist, so darf sie doch keineswegs vernachlässigt werden.

Das im Hochdeutschen gänzlich veraltete relative Fürwort, Selber, Selbe, Selben etc. muß künftig gänzlich wegbleiben, und dafür derselbe, demselben etc. gesetzt werden. Die Vorwörter Wegen, Außerhalb etc. verlangen den Genitivus, und dürfen nie mit dem Dativus construiret werden. Uiberhaupt muß die deutsche Grammatik sorgfältig beachtet werden.

Da die Wahl- und Todestage der älteren Prälaten ohnehin größtentheils unbekannt, und ihre Thaten auch gewöhnlich von geringem Belange sind: so würde ich die Pröpste ihrer Reihe nach, der Geschichte vorgesetzt und sie in der Geschichte selbst nicht mehr einzeln aufgeführt haben, um das Monotonische zu vermeiden, sagen zu müssen N. N. wurde erwählet, starb im Jahre N. und hatte zum Nachfolger N.

Eine anziehende Klostergeschichte schreiben, ist eine der schwersten Aufgaben, denn ihr Inhalt hat für das ganze Land nur wenig Interesse, weil ein Prälat, der nicht zugleich ein mächtiger Reichsfürst ist, sich in dem großen, lärmenden Gewirr von Schlachten und Kriegen, so wie auch bey der Gesetzgebung und den Landesverhandlungen gewöhnlich als nicht existirend verliert. Um die Geschichte eines Klosters interessant zu machen, muß man also das Wenige, was sich von demselben oder von seinen Umgebungen als merkwürdig angeben läßt, herausheben, und lebendig darstellen. Rückblicke auf die Vergangenheit, Würdigung der damahls bestehenden Sitten und Gebräuche etc. machen das Gemählde lebendiger und interessanter. Ohne das schon Bekannte neuerdings zu wiederhohlen, gibt es denn doch manches Neue, manche Anecdote etc., welche die Erzählung wieder auffrischen oder vervollständigen soll, weil es zur Specialgeschichte unentbehrlich ist. Daher ist mir die Periode vom Regierungsantritte H. Friedrichs des Streitbaren bis zum Albrecht I.; die Hussiten-Anfälle; Wiens erste Belagerung; der Bauernkrieg in Unterösterreich 1597, und so manche andere Begebenheit, die sich in oder bey Klosterneuburg ereignet hat, zu kurz oder zu mager erzählet worden. Selbst alte Klostergebräuche und Mängel gewähren Unterhaltung, wenn die Einfalt und Rohheit des Mittelalters, sein Gutes und Schlechtes gewürdiget, wenn seine langsame Cultur Schritt vor Schritt verfolgt wird. Auch davon haben Sie zu wenig gesaget.

S. 4—9. Korneuburg auf einer Donauinsel erbauet. Die Urkunden hierüber sind sehr merkwürdig; Ihre Vermuthung scheinet beym ersten Anblick sehr glücklich gewaget, und doch kann man ihr bey einer kalten Uiberlegung nicht beypflichten. Der Markt Mitterkirchen unterhalb Mauthausen ist während der letzten 50 Jahre schon drey Mahle von der Donau fast ganz verschlungen, und immer wieder zurückgebauet worden, und doch ist er schon wieder in großer Gefahr. Er hat nie auf einer Insel gestanden.

S. 140. Aus welcher Quelle haben Sie das Salzschießen zu Klosterneuburg geschöpfet? Ist über Elisabethens Salzgeschenk von 1303 eine Urkunde vorhanden? Ist die Jahreszahl recht geschrieben? Die Beantwortung dieser Fragen ist für unsere Salinen-Geschichte von größter Wichtigkeit. Ist wirklich eine Urkunde über das Salzgeschenk an die Schützen-Gesellschaft von diesem Jahre vorhanden, so bitte ich, mir baldmöglichst eine genaue Abschrift davon einzuschicken, um zu wissen, ob der Salzberg zu Hallstatt wirklich schon so früh bearbeitet wurde.

S. 166. Von dem Bibliothek-Catalog von 1330 hätten Sie wenigstens einen Auszug in Rücksicht der Mehrzahl der Gegenstände machen sollen, um auf den damahligen Geschmack einen Schluß machen zu können.

Die türkische Belagerung von 1683 wird, vorzüglich in Ihrer Gegend, begierig gelesen, und von Mund zu Mund weiter erzählet werden.

Ich kann mich nicht in einem Briefe über zwey Theile Ihrer Geschichte weitläufig erklären; ich sage Ihnen nur im Allgemeinen mein Urtheil hierüber. Unsere vaterländische Geschichte hat durch Sie wieder viele Schritte vorwärts gemacht; der zweyte Theil enthält in den Urkunden häufige kostbare diplomatische Notizen. Ich danke Ihnen nochmahls dafür, und fordere Sie neuerdings auf, die betretene Bahn ja nie zu verlassen und dafür zu sorgen, daß wir nach zwey oder längstens drey Jahren wieder etwas Neues von Ihnen zu lesen bekommen. Vorzüglich wird sich darüber erfreuen

Ihr

alter Freund und Collega

Kurz.«

Am 19. März 1816 dankt er nochmals dem Klosterneuburger Prälaten dafür, daß er seinen Freund genötigt hätte, der Geschichtsschreiber des Stiftes zu werden, wodurch er zugleich mit demselben den Vorwurf der Indolenz von der ganzen Körperschaft beseitigt habe.

Einen eigenartigen Standpunkt nimmt Kurz gegenüber einer durch Fischer projektierten Geschichte des Stiftes St. Dorothea ein (5. Februar 1816). Er ist der Meinung, daß sich infolge des geringen Alters dieses Stiftes weder in Rücksicht seiner Besitzungen noch vorzüglicherer Verdienste um Staat und Wissenschaften nicht viel Merkwürdiges und für das allgemeine Interesse Nützliches erzählen lasse, denn die Schicksale St. Dorotheas seien so mit der Geschichte der Residenzstadt verknüpft, daß sie sich unmerklich in derselben verlieren. Kurz leistet sich gelegentlich dieser Erklärung eine kleine Bosheit:

»Das Beste, was dieses Stift hervorgebracht hat, ist unstreitig der große Numismatiker, Herr Direktor Neumann; aber seine Bescheidenheit verbiethet es, noch bey seinem Leben eine Lobrede auf ihn zu machen; und vielleicht hat sein Stift wenig oder gar nichts beygetragen, sein Genie zu wecken und zu cultiviren. Ich halte dafür, daß Ihnen nichts anderes zu thun übrig bleibe, als eine kleine Sammlung der vorzüglicheren Urkunden des Stiftes St. Dorothea zu veranstalten, und dieselbe einem Bande Ihrer Beyträge einzuverleiben, beyläufig so, wie ich es mit den Urkunden von Baumgartenberg, Waldhausen etc. gemacht habe.«

Auch bezüglich anderer Arbeiten und Projekte äußert Kurz in aufrichtiger und freundschaftlicher Weise seine Unzufriedenheit. Der Brief vom 30. Mai 1819 enthält eine derartige köstliche Historikergardinenpredigt.

»Mir ist nicht darum zu thun, die Zahl der Bücher, sondern die Kenntnisse zu vermehren, welches die Bekanntmachung neuer Daten nothwendig voraussetzt. Dieser Grundsatz, auf Sie angewendet, ist die Ursache, daß ich mit Ihnen nicht ganz zufrieden bin. Seit ein paar Jahren beschäftigen Sie sich beynahe ganz allein mit Arbeiten, die für die Geschichte Unterösterreichs fremdartig sind. Und als ich endlich einmahl wieder etwas Gedrucktes im Archive von Ihnen zu lesen bekam, waren es ungesalzene alte Verse, aus denen weder der Sprachforscher noch der Historiker, ja nicht einmahl der fromme Ascet einen Nutzen ziehen kann. Die neueste Mode, welche deutschthümlich thun will, haschet freylich nach solchen Dingen, und scheidet die größten Albernheiten nicht aus, sondern proclamiret alle diese faden Traümereyen triumphierend als einen glücklich entdeckten, sehr kostbaren Schatz; aber mein Max, der viel Besseres zu leisten vermag, soll sich mit dergleichen Erbärmlichkeiten nicht abgeben und ihre Anzahl nicht vermehren helfen. Wenn auf unnütz verschwendete Zeit eine Strafe folgt, so sei Ihnen Gott gnädig, daß Sie nicht auf zwanzig Jahre ins Fegefeuer kommen. Ich wünsche Ihnen eine baldige Bekehrung und eine bessere Beschäftigung, die nützlichere Früchte hevorbringt... Feuern Sie auch Ihren braven Mitbruder Herrn Schützenberger an, daß er sich nicht schon damit begnügen soll, ein topographischer Mitarbeiter zu seyn; er soll für sich allein ein gutes Werk ausarbeiten.«

Sein entschiedenes freimütiges Urteil hält Kurz auch dort nicht zurück, wo es sich um Autoren handelt, welche ihm sonst nahestanden, wie z. B. Janitsch, der Verfasser der Geschichte von Melk und Göttweig. Launig schreibt er 26. Mai 1820 über den genannten Chronisten: »Sie fragen mich, in wessen Gesellschaft Sie mich im nächsten Herbste mich besuchen sollen... Wenn Janitsch ungeachtet des derben Briefes, den ich ihm als Rezension seiner erbärmlichen Geschichten von Melk und Göttweih geschrieben habe, dennoch Lust hat, seinen Freund Kurz zu besuchen, so hat er ein noch dickeres als bos triplex pectus et caput.«

Auch sein scharfes Urteil über Pillweins Topographie Oberösterreichs [1]) sei hier verzeichnet:

»Sie fragen um mein Urtheil über Pillweins Topographie Oberösterreichs. Wenn ein ganz unkritischer Fleiß, der an den nöthigsten Kenntnissen Mangel leidet, einem Werke, das noch dazu große Mühe kostet, einen Werth geben kann, so hat Pillwein etwas Vortreffliches geliefert. Sein topographischer Vorgänger, Gielge, ist ein gar elender Author. Da wir nichts Gutes haben, so bleibt Pillwein bisher unser bester Topograph. Findet er irgendwo Einen, dem er Kenntnisse zutrauet, so plagt er ihn ungestüm um Hülfe. Das habe ich erfahren. Er sandte mir zuerst häufige Fragen, dann sein Manuskript. Da mir die Plage zu lästig wurde, befreyte ich mich von ihr dadurch, daß ich keine Antwort mehr gab. Uibrigens ist Pillwein ein guter, aber ein armer Mann, den die Noth zwingt etwas herauszugeben, um durch ein Honorar seine Familie besser ernähren zu können.« (23. Dezember 1830.)

---

[1]) Vgl. Wurzbach, biograph. Lexikon, Wien 1870, XXII. Teil, S. 304—307; über Gielge ebendort V. Teil, S. 180.

Aus der Fülle der Korrespondenz erfahren wir so manches wertvolle Detail über seine eigenen geschichtlichen Arbeiten, die ihn mit vielen bekannten und berühmten Persönlichkeiten in Verbindung brachten. Auch über die Art und Weise seiner Forschertätigkeit, über die Entstehung und Schicksale seiner Werke werden wir aufs genaueste unterrichtet. Wir hören von häufiger Erkrankung, die ihn oft längere Zeit hindurch ebenso auch wie seine Berufsgeschäfte von intensiver Beschäftigung mit der Geschichte abhielten. Sein fast jährlicher Besuch des Mühlviertels brachte ihm dann immer wieder infolge der Benützung der Bäder und der Erholung in erquickender Landluft die geschwächten Kräfte zurück. Doch auch äußere Ereignisse wirken häufig hemmend auf seine Arbeiten ein. Dies war besonders in der Zeit der französischen Invasion der Fall, worüber er sich selbst am 2. Oktober 1813 äußert: »Mit Anfang des Herbstes rüstete man sich zum Krieg, und ich mußte verschiedenes einpacken. Solange eine Armee in unserem Ländchen steht, bin ich zu literarischen Arbeiten untauglich, denn diese fordern eine sorgenlose Ruhe und eine heitere Stimmung des Gemütes.«

Mit Baron Hormayr blieb er durch die Baronin, welche die Korrespondenz zwischen beiden vermittelte, auch in jenen kritischen Zeiten im Verkehre. Ebenso stand er auch mit Fürst Metternich in Verbindung. Dieser hatte dem Kaiser auch davon Meldung getan, daß Kurz durch seine Sammlung bisher noch unbekannter Urkunden, welche er dem kaiserlichen Archive zur Geschichte der habsburgischen Regenten verschafft hatte, sich besondere Verdienste erworben habe, worauf der Kaiser durch den Staatskanzler Grafen Ugarte dem Forscher sein höchstes Wohlgefallen ausdrücken und ihn einer besonderen Belohnung versichern ließ, wenn er sich auch künftig um die Wissenschaft so verdient machen würde. (16. Februar 1814.) Auch von Erzherzog Johann hatte Kurz zugleich mit einigen erbetenen Urkunden ein sehr gnädiges Schreiben erhalten, das ihn »wie Balsam erquickte«. (4. September 1814.)

Von demselben Gönner war er verständigt worden, daß sich in Schweizer Archiven noch viele Urkunden vorfinden, die für die Geschichte Österreichs, besonders des 14. Jahrhunderts, von Bedeutung wären. Der Erzherzog hatte auch Anstalten getroffen, daß getreue Abschriften dieser Urkunden an Kurz gesendet werden. (15. Jänner 1819.) Allerdings sieht er sich später (30. Mai 1819) zu dem Geständnis gezwungen, daß er von diesem Material keinen Gebrauch machen konnte, weil es zwar an sich, aber nicht für die vaterländische Geschichte von Bedeutung sei.

Auf seiner Reise nach Böhmen (während des Sommers 1814), wo er die Archive von Gratzen, Rosenberg, Krumau, Budweis und Wittingau durchforschte, kam ihm Fürst Schwarzenberg in liberalster Weise entgegen. Das Archiv der alten Rosenberger in Wittingau übertraf mit seinem reichen Urkundenschatz aus dem 13. bis ins 16. Jahrhundert weit seine Erwartungen. (26. September 1814.)

Wie er gern bereit ist, von den gefundenen Materialien Brauchbares an andere Historiker zu vermitteln, um so den geschichtlichen Arbeiten allen nur möglichen Vorschub zu leisten, so sehr erfüllt ihn selbst innere Befriedigung und lebhafte Freude über seine Tätigkeit. (6. November 1818.) »Für hohe, wichtige Würden bin ich nicht geschaffen und würde zu einem Offizialen, Dechant oder Propst gar schlecht taugen. Desto spaßhafter wäre es ausgefallen, wenn Sie mir zur Nachfolge des verstorbenen Dechants Fraun gratuliret hätten. Diese Würde oder vielmehr drückende Last haben wir Herrn Arnet aufgeladen, und wills Gott, so soll er auch noch eine Infel zu tragen bekommen, um die ihn gewiß kein Archivar beneiden wird; wenigstens mir ist eine merkwürdige Urkunde lieber, als Stab und Ring und Infel, welche Dinge mich muthlos machen, zu Boden drücken, und gar sehr einengen würden.« Manch ehrenvolle Anträge versüßten ihm seine Forschermühen. Von Frankfurt aus wurde er durch die dortige Gesellschaft zur Herausgabe der Quellenschriftsteller zur Mitarbeiterschaft eingeladen; trotzdem er Zeitmangels halber ablehnte, schickte ihm die Gesellschaft ein Ehrendiplom. (23. Juli 1821.) Der bayrische Hofrat Hoheneicher teilte ihm viele Urkunden von Passau, welche Österreich betreffen, zur Einsicht und zum Gebrauche mit. (16. Oktober 1825.) Auch mehrere Freisingische Dokumente bot er Kurz aus seinem reichen Urkundenvorrate an. Wie denn auch derselbe teils mehrere Abschriften von noch ungedruckten Urkunden nebst den Zeichnungen ihrer Siegel, im Oktober 1823 auch einen dicken Faszikel von Originalakten übersandte. Auch aus Ulm erhielt Kurz von dem rühmlichst bekannten General-Superintendenten J. C. Schmid noch wertvolle Ergänzungen zur Handelsgeschichte aus dem dortigen Stadtarchive. Im August 1823 bekam er auch aus Pest ein Anerbieten von dem bekannten Literaten Jankovicz, welcher ihm aus seinen zahlreichen Sammlungen von Manuskripten alle Austriaca zur Verfügung stellte.

Das erhebende Bewußtsein, Förderer seiner wissenschaftlichen Arbeiten auch sogar im Auslande zu haben, mußte wohl leider durch die traurige Erfahrung etwas getrübt werden, welcher unser Historiker betreffs der kleinlichen Zensur, die damals in seinem Vaterlande herrschte, zu machen hatte.

Mit der Zensur steht Kurz in häufigem Konflikt; wir hören deshalb sehr oft seine Befürchtungen, es möge seinen »Kindern«, wie er seine Bücher gern nannte, ein Unglück begegnet sein, daß sie vielleicht verstümmelt worden oder wenigstens die Haare verloren hätten. »Die Autoren sind wahrhaftig geplagte Menschen« entringt es sich dann bei solchen Schikanen oft dem gequälten Gemüt. Über die Schicksale seines »Rudolf« berichtet er seinem Freunde (23. März 1821):

»Mein Sohn Rudolf ist nun schon im sechsten Monate in der Fremde, und schwärmt in der Hauptstadt, ich weiß nicht wo, herum. Man hat mir berichtet, daß ihn das hohe Sittengericht für ein unschuldiges und harmloses Geschöpf erklärt habe, und doch kommt er nicht zurück. Ich habe deswegen vor wenigen Tagen mehrere Briefe ausgeschickt, damit er ausgeforscht, festgehalten und zurückgeschickt werde. Der Bursche hat den Fehler an sich, die reine Wahrheit unumwunden und gerade herauszusagen, was man ihm nicht allzeit und überall verzeihen will.« Später (29. Juni 1821) berichtet er: »Mein Rudolf ist beynahe ein halbes Jahr hindurch strenge untersucht worden, und noch mit heiler Haut davongekommen.« Ähnlich erging es ihm mit der »Militärverfassung«, die außergewöhnlich lange bei der Zensur zurückgehalten wurde. »Ich hielt das Buch« — schreibt er 10. Oktober 1824 — »für ein harmloses, unschuldiges Wesen, und doch hat es beinahe den Anschein, daß man es für gefährlich halte, weil man gar so lange darüber Gericht hält.«

Mit seinem Albrecht IV. hatte er derartige Zensurschwierigkeiten, daß er sogar wegen der vielen Streichungen mit seinem Verleger Wallishauser in Mißhelligkeiten geriet. (29. November 1829.) Über einen Prälaten, der als Zensor fungierte, beklagt er sich (23. Dezember 1830), daß er mitunter Stellen von einer ganzen Bogenlänge gestrichen habe, wodurch Übersicht und Zusammenhang verloren gegangen, das Buch verdächtig gemacht und zu einer schlimmen Berühmtheit gelangt sei. Auch über das Darniederliegen des Buchhandels, Verlegerkalamitäten und schlechte Korrektur der Urkunden muß er sich sehr beklagen (Herbst 1834).

Die schwierigen Verhältnisse, unter welchen zur damaligen Zeit Geschichtsschreibung, wie überhaupt wissenschaftliches Arbeiten zu leiden hatte, spiegeln sich auch in manchen Stellen und Andeutungen seiner Briefe wider.

Sehr interessante Streiflichter bietet seine Korrespondenz bezüglich der Schicksale so mancher Stifter und Klöster Österreichs, die damals teils an inneren Wirren, teils durch äußere Bedrängnisse viel zu leiden hatten. Über die Ursachen dieser traurigen Ereignisse äußert er sich in seiner bekannten freimütigen Weise. Auf der einen Seite tadelt er den Eigensinn und Machtdünkel, auf der anderen Seite die knechtische Gesinnung der eingeschüchterten Untergebenen, welche auch da noch Folge leisten zu müssen glaubten, wo bereits infolge ihres lässigen Verhaltens der Zusammenbruch in drohender Nähe stand. (9. Mai 1823.) »Welch tiefe Wunden sind seit kurzer Zeit den Klöstern durch ihre eigenen Vorsteher geschlagen worden«, schreibt er am

10. Oktober 1824, »hätte man die vergeudeten Summen auf Pfarren, Kapläne, Bibliotheken verwendet, wie groß wären die Vorteile davon. Das Verderben geht nicht von unten aus, sondern kommt von oben herab.« So ähnlich, nur noch etwas prägnanter, faßt er seine Anschauung hierüber in dem Brief vom 13. Dezember 1824. Gegenüber gewissen Gerüchten und Legenden tat übrigens Kurz das, was seine edle Gesinnung nicht anders erwarten ließ. Die hunderterlei gehässigen Nebenumstände, womit die Fama solche Vorkommnisse auszuschmücken liebt, weiß er energisch zu entkräften. »Auf eine verläßlichere historische Quelle gestützt, habe ich schon manchem meiner Mitgenossen eines besseren belehrt, manchen Auswärtigen widersprochen, dem leeren Gewäsche Einhalt getan, das Gehässige aus wahren Gründen gemildert.« (7. März 1825.) Er findet für sich und andere bei solchen Ereignissen immer wahren Trost und Ausheiterung in dem Studium der Geschichte. (l. c.)

Ebenso entschieden bespricht er in seinem Schreiben vom 17. Juli 1825 jene unvernünftigen Bekehrungsversuche, die zu seiner Zeit in der Gegend von Gall-Neukirchen an der Sekte der Bosnianer versucht wurden, wobei man sich um die ansässigen Seelsorger und die Weisungen des Konsistoriums in keiner Weise hielt. — »Manche ihrer Predigten (nämlich der Missionäre) klangen gar sonderbar. Maria wäre als vierte Person zur Gottheit aufgenommen worden, wenn ihre Demut nicht auf diesen Vorzug verzichtet hätte. Nicht ein Bosnianer wurde bekehrt, aber es scheint eine neue Sekte von frommen Schwärmern entstanden zu sein; in manchem Kopfe spukte es gewaltig.«

In seinem Brief vom 29. November 1829 kommt er auf die mißlichen Verhältnisse mancher geistlicher Häuser abermals zu sprechen. Er warnt seinen Freund vor solchen Ämtern, welche die für das Studium nötige Ruhe zu rauben pflegen: »Hätte ich zu wählen, so hieße der neue Prälat Max. Möglich wäre es jedoch, daß er Urkunden und Geschichtbücher dem Stabe und der Inful vorzöge, und ich würde ihm ein Bravo zurufen, denn um seine Ruhe wäre es dann wahrscheinlich auf immer geschehen, vielleicht auch um das ganze geschichtliche Studium, was ich sehr bedauern würde.« Ähnlich in einem Briefe aus Feldkirchen: »Ihrem neuen Herrn Prälaten gebe ich post festum auch meine Stimme, und freue mich über seine Erhebung. Ihnen mein Lieber! gratulire ich, daß man Sie nicht erwählet hat, denn nach meiner Uiberzeugung ist das Prälatenthum ungeachtet der Inful und des Stabes eine erdrückende Last, ein glänzendes Elend. Qui bene latuit, bene vixit, hat schon der alte Naso behauptet.« (15. Juni 1830.)

Seine gedrückte Stimmung über die traurigen politischen Ereignisse gibt sich auch kund in seinem Briefe vom 7. August 1813, worin er zwar seiner Genugtuung über die gebesserte Lage Baron Hormayrs im Interesse der

Vollendung des österr. Plutarchs Ausdruck gibt, aber dennoch für die Zukunft fürchtete. »Das Schicksal meines Hormayrs hat mir den größten Theil meines vorigen Frohsinns geraubt; ohne ihn hat selbst die Geschichte ihre Reitze für mich verloren. Dazu kommen noch die trüben Aussichten für die Zukunft. Kommt der Friede nicht zu Stande, und ist uns das Kriegsglück nicht vollkommen günstig, so ist es um uns geschehen. Wir sind nicht volle drey Meilen von der Gränze entfernt! Denkt man dann an den schlimmsten möglichen Fall, daß wir von Oesterreich abgerissen werden und unter die saubere Regierung eines französischen Marschalls oder rheinischen Bundesgenossen kommen könnten: so vergeht einem billig alle Lebensfreude. In Niederwallsee, einem Schlosse an der Donau unterhalb Stremmberg, arbeiten mehre Tausende an Verschanzungen; eben so geht es zu Lambach, bey Gmunden, bis Ischl hinauf. Die Folge davon ist, daß in Linz und in der ganzen Gegend herum, so wie auch bey uns alles Nöthige zusammengepackt, versteckt, oder versendet wird sowohl von den Landesstellen, als auch von den Privaten. Von allen diesen höchst unangenehmen Dingen wißt ihr Herren um Wien herum fast gar nichts, und so könnt ihr ruhig leben, und nach herzenslust historische Arbeiten vornehmen, während wir näher am Kriegsschauplatze keine ruhige Stunde mehr haben.«

Über die allgemeine Stimmung nach Ablauf des Waffenstillstandes berichtet er Anno 2. Oktober 1813:

»Täglich erwarten wir, daß wir den Kanonendonner hören würden: doch es blieb alles stille. Unsere Vorposten streiften in verschiedenen Richtungen nach Neubayern hinaus fanden aber nirgends einen Feind. Bald stellten sich bayrische Curiere und Parlamentärs in Wiesbach bey Lambach ein, wo der General Fürst Reuß-Plauen sein Hauptquartier aufgeschlagen hat. Dieses dauerte bis zum 17ten September fort, an welchem Tage der Herr Fürst mit dem Legationsrath Rubi nach Ried im Innviertel abreisete, und mit dem bayrischen General Wreden eine Conferenz hielt. Seit dieser Zeit reisen Curiere nach Prag und München; unsere Vorposten sind eingezogen worden, und alles hat ein friedliches Ansehen bekommen. Man erwartet täglich den Abschluß eines Friedensbundes mit Bayern, welcher beyden Theilen erwünschet nur Napoleonen verhaßt seyn muß. Mein liebes Oberösterreich ist in diesem Falle geborgen, möchten sich alle deutsche Fürsten brüderlich die Hand reichen, und die ihnen angelegten französischen Fesseln zerbrechen, und sie dem Despoten ins Gesicht schmeißen.«

Erst wieder mit der Herstellung des Friedens mit den Bayern konnte man wieder aufatmen. Am 25. Oktober 1813 berichtet er: »Die Division unseres Generals Fresnel ist mit den Bayern in schnellen Märschen bereits schon vorige Woche durch Ingolstadt passiret; der größte Theil der Donauarmee scheinet übrigens für Italien bestimmt zu seyn. Der Fürst Reuß-Plauen ist durch Linz nach Böhmen gegangen.«

Dem in Haft befindlichen H o r m a y r gilt sein tiefstes Bedauern: »Wie schwer muß ihm seine Gefangenschaft fallen, da er von Urkunden, von einer brauchbaren Bibliothek, von seinem Landgute in Klosterneuburg, von seiner Familie und seinen Freunden entfernt leben muß!« (25. Oktober 1813.)

Er ließ sich von Fischer und seinen Bekannten stets auf das genaueste über das Schicksal des Gefangenen Bericht erstatten. (Siehe Beilage.)

Der ganze Franzosenrummel hat überhaupt große Störung in seine Arbeiten gebracht. Anstatt die Geschichte Österreichs von Albrecht I. bis Friedrich zu schreiben, war er gezwungen, in den umliegenden Dörfern herumzuwandern, um die Kranken zu besuchen, welche von den gefangenen Franzosen in Linz und Enns mit dem Nervenfieber angesteckt worden waren.

Endlich nach oftmaligen monatelangen Unterbrechungen konnte er seine Geschichte unter Ottokar und Albrecht I. vollenden, doch in den Druck wollte er sein Manuskript erst dann geben, »wenn die glückliche Beendigung des Wiener Congresses das ewige Schwanken des Curses würde beseitigt haben, weil es sonst schwer hielte, mit einem Verleger einen Contract einzugehen, der beiden Teilen annehmbar sein könnte.« (24. Februar 1815.)

Als das zunehmende Alter, die Schwäche der Augen und eine fortdauernde Kränklichkeit unseren Historiker nötigte, seine literarische Tätigkeit aufzugeben, konnte er mit Genugtuung von sich sagen: »Ich habe mein Versprechen erfüllt und die Regentengeschichte der Habsburger bis zum Ausgang des Mittelalters geliefert; ein anderer mag sie fortsetzen.« (24. November 1828.)

Es leuchtet wie ein Widerschein inneren Glückes und weiser Zufriedenheit aus seinen letzten Briefen an seinen Freund. Seine Gedanken wenden sich dann häufig zurück in jene Zeit, wo er mit seinen Zunftgenossen in anregendem Meinungsaustausche selbst Viel empfing, noch mehr aber zu geben wußte. Dann schwelgt wohl auch seine Phantasie gerne bei den Bildern trauter Freundschaftsbezeugungen in längst vergangenen Zeiten.

»Sie bieten mir, wenn ich sie besuche«, schreibt er F i s c h e r in einer seiner letzten Briefe, »ein köstliches Glas Wein an. Sie boshafter Mann! Sie wissen, daß ich zu einer so weiten Reise nicht mehr tauge, und scherzen über meine Unbehülflichkeit. Leichter ist's Ihnen mich zu besuchen, und ich lade Sie dazu schönstens ein. Dann nehmen Sie ein Paar steinerne Selterkrüge mit Falerner gefüllet mit; ich rufe unsere Historiker zusammen, und Ihnen und allen Freunden der Geschichte wird ein Lebe Hoch ausgebracht. Einen solchen Auftritt hatte ich in Ihrer und Baron Hormayrs Gesellschaft schon vor zwanzig Jahren in irgend einem kleinen Stiftsgarten zu Klosterneuburg beygewohnet, Sie wurden damahls in die Zunft der Historiker feyerlich aufgenommen und eingeweihet.«

Es klingt wie eine Todesahnung, wenn er seinem Freunde im letzten uns erhaltenen Briefe die Worte zuruft: »Wie sehne ich mich Sie noch einmal, vielleicht zum letztenmal zu sehen! .... Leben Sie wohl und bleiben Sie gut Ihrem alten treuen Kurz.«

Wenn es ihm auch nicht mehr vergönnt war, seine vielfachen Projekte, z. B. ein chronologisches Direktorium aller edierten Urkunden, ein Diplomatorium Austriae etc. zur Ausführung zu bringen, so hat er doch noch schöne Resultate seiner Schulung und Förderung bei so manchem seiner Jünger und Freunde erlebt. Reich an Hochachtung und Liebe, die ihm die ausgezeichnetsten Gelehrten seiner Zeit entgegenbrachten, reicher noch an Verdiensten und unvergänglichen Lorbeeren im Dienste der »Historia« schied er in den Armen seines Schülers Jodocus Stülz am 12. April 1843 aus diesem Leben.

Beilage.

Gelegentlich meiner Anwesenheit im Stifte St. Florian im Sommer 1907 war es mir durch das Entgegenkommen des hochw. Herrn Archivars Professor Asenstorfer vergönnt, die auf die Hormayrsche Affäre bezughabenden Briefe Fischers an Kurz durchsehen und kopieren zu können; ich veröffentliche hiermit die Hormayr betreffenden Stellen als eine Ergänzung meines vorhergehenden Aufsatzes.

Maximilian Fischer an Franz Kurz über Hormayrs Schicksale.

1813: »Gewiß haben Sie die traurige Geschichte des Herrn Hofrat Hormayer gehört und werden von mir nichts Neues erfahren. Allein die verschiedenartigen Gerüchte davon, veranlaßten in Wien häufige Entstellungen derselben. Obwohl Niemand sagen kann, er wisse mit Gewißheit die wahre Ursache seiner Einziehung, so scheint doch folgende Lage sich der Wahrheit am meisten zu nähern. Die Verbindung mit den Tirolern vom vorigen Feldzuge hatten Hormayer, Roschmann und Schneider nicht aufgegeben, sondern warteten nur immer auf einen günstigen Zeitpunkt, dieses Volk wieder österreichisch zu machen. Nun glaubten sie, sei dieser Augenblick gekommen und trafen manche Anstalten für diese Absicht. Ihre Schriften wurden von einem Kaufmann der bairischen Regierung in Tirol ausgeliefert, welche die Sache durch ihren und Frankreichs Gesandten bei unserem Hofe anhängig machte, und so geschah es, daß diese 3 Männer in der Nacht vom 9. auf den 10. d. M. mit Kavallerie und Infanterie öffentlich aus ihren Wohnungen abgeholt und sogleich, wie man sagt, auf Festungen gebracht seien. Die Baron. Hormayer erklärte Herrn von Tassara, daß sie weder die Ursache der Einziehung wisse, noch den Aufenthalt, der ihrem Manne angewiesen ist, sie vermute blos, daß er nach Brünn gebracht worden. Ich bedaure den Herrn Hofrat von Herzen und fürchte recht sehr, daß seine Gesundheitsumstände, die gerade nicht die besten sind, sich sehr verschlimmern könnten.«

4. Februar 1814: »Zum neuen Jahr forderte mich die Frau Baronin auf, an Ihren Herrn zu schreiben, was mich wirklich erfreute aber auch zugleich befremdete. Sie erklärte sich dann, daß er sich in seinen Briefen oft um Sie und mich erkundige und dringe jetzt sehr darauf, zu erfahren, was jeder arbeite. Ich erhielt dann die Anweisung ein offenes Blatt zu bringen, in welchem fragweise alle anverlangten Fragen beantwortet wären. Ich schrieb, daß Sie an der Geschichte der Habsburg. Albrechte arbeiten und daß Sie im vorigen Sommer durch üble Gesundheitsumstände etc. viel verhindert wurden. Gestern erhielt ich einen Brief in welchem (gleichfalls ohne Titulatur, Datum und Unterschrift) meine Fragen weitläufig beantwortet und eine ganze Instruktion für meine Arbeit enthalten ist. Zugleich soll ich tausend Grüße an Sie schreiben und Sie möchten auf eben dem Wege an ihn schreiben. Unter andern Bemerkungen meint er, es wäre gut, wenn ich meine Arbeit dem Fürsten Metternich dedicierte, der für Sie so viel getan habe, wie ich ohnehin wußte; aber lieber Kurz! ich habe über Ihr Verhältnis mit dem Minister nie etwas Näheres gehört. Ist es für mich nötig zu wissen, so bin ich versichert, daß Sie mir nichts vorenthalten. Hormayer ist gesund, aber über seine Freiheit und Prozeß ist ein tiefes Dunkel verbreitet. Nun in Eile habe ich nicht wenig vergessen; Hormayer fordert mich auf mein ganzes Geschreibsel an ihn zu schicken, in 3 Tagen will er's durchlesen, dann will er, wenn ich nicht dagegen bin, die Vorrede schreiben. Mein Bedenken besteht darin, sein und mein Styl sind zu heterogen, als daß es nicht sogleich kennbar wäre, denn ich habe mich über die 2 Hefte der Babenberger nicht wenig geärgert: da kann man nach meiner Ansicht fragen, ob alle die diese Hefte lesen und lesen sollen, selbe zu fassen im Stande sind? Ihr Rath wird mir aus diesem Zweifel helfen.«

11. April 1814: »Zuerst berichte ich Ihnen, daß er sich recht wohl befindet und daß zu diesem körperlichen Wohlbefinden eine Erleichterung seiner Lage gewiß das Meiste werde beigetragen haben, denn es ist ihm sogar erlaubt, mit Begleitung in der freien Luft zu gehen und auf Begehren einige Freunde zu sprechen. Er arbeitet fleißig und erhält hiezu die not-

wendigen Bücher und Correspondenz. Auch Sie bittet er vom Neuen Ihre Ansichten über folgende Stellen niederzuschreiben und so bald als möglich mitzuteilen. Diese Stellen sind aus den Monumentis boicis III. p. 463. 465. 491. wo Heinrich der Löwe zu Ens Gericht hält: ob der Bayernherzog als Herzog von Bayern oder als Schirmvogt des Stiftes Reichersberg handle, und ob er (Hormayer) recht urteile, wenn er der letzteren Meinung beipflichtet« ... » ... gedenke nun im Monat May das Ende meiner vorgesteckten Arbeit zu erreichen, die Hormayer dringend zu lesen verlangt.« ...

29. August 1814: »Gestern lud mein Herr Prälat die Baronesse Hormayer sammt Angehörigen zum Mittagmahle, wo sie sämmtlich guter Laune zu sein schienen. Sie giengen hernach in ihr Haus, um sich abends in das Theater zu verfügen. Kaum hatten sie den Weg nach demselben angetreten, als eilends ein Bote nachkam, sie möchten sich nach Hause zurückbegeben; und sieh, da stand Hormayer in seinem Hause da. Von seiner Ankunft wußte niemand etwas Bestimmtes, da es immer hieß, er habe das Ansuchen gemacht, die übrige Zeit, die noch bis zu seiner fernern Bestimmung verfließen würde, in St. Florian zubringen zu dürfen. Während ich beim Abendessen saß und mir so etwas nicht einfallen ließ, erhielt ich schon von ihm selbst diese Nachricht, mit dem Ersuchen, mich heute gleich morgens bei ihm einzufinden. Nach einem recht herzlichen Empfange bat er mich Ihnen seine Ankunft zu Klosterneuburg sogleich zu berichten und nebst vielmaliger Empfehlung an Sie anzufragen, ob Sie nicht vielleicht herabkommen könnten und wollten. Er sieht gesund aus obwohl er viel kränkelte, und hat die Aussicht, daß er nun bald eine Bestimmung erhalten werde. Jetzt muß er zu Klosterneuburg bleiben und darf noch nicht nach Wien gehen. Jetzt will er meine Arbeit durchsehen, die ich beendigt glaube und zu der er eine Vorrede schreiben will. Heute Nachmittag besuchte ihn mein Herr Prälat.«

Weissenbäck, Andreas: Johann Georg Albrechtsberger.

Eine Erinnerung zu seinem 100. Todestage.

Stift Klosterneuburg.   Kunstanstalt Max Jaffé, Wien.

Johann Georg Albrechtsberger.
Eine Erinnerung zu seinem 100. Todestage (7. März 1909).

Von

Andreas Weißenbäck.

Es war ein erfreulicher Wetteifer, mit welchem in der Winter- und Frühjahrsaison des Jahres 1909 alle, die für die unsterblichen Schöpfungen Josef Haydns Sinn und Begeisterung hatten, ihr Scherflein beitragen wollten, um die 100. Wiederkehr des Todestages dieses Meisters zu feiern. Und die Vereinigung von Musikgelehrten aus aller Herren Ländern im III. internationalen Musikkongreß mit den bei dieser Gelegenheit veranstalteten Festaufführungen gab diesem Unternehmen den würdigsten Abschluß. Doch nicht nur die Hauptstadt tat das Ihre; bis in die entlegenste Dorfschule des Landes hinaus drang der Widerhall dieser Begeisterung und vereinigte Lehrer und Schüler zu einer den Verhältnissen angepaßten Festversammlung, durch welche auch weiteren Generationen das Gedächtnis an diesen Großen im Reiche der Töne eingepflanzt werden sollte. Es entsprach dies der hervorragenden Stellung Haydns im österreichischen Musikleben.

Indem wir so mit Recht die größten Geister unseres Volkes ehren, sollten wir aber jener nicht ganz vergessen, denen es zwar versagt blieb, Marksteine zu werden in der fortschreitenden Entwicklung der Kunst, die aber auch ihren Teil zu diesem Fortschritte beitrugen. Einer von diesen war Johann Georg Albrechtsberger, ein »vetus amicus« Haydns, wie er sich selbst auf einer Widmung nannte, der als geborner Klosterneuburger ein Anrecht darauf hat, daß in diesen Blättern auch seiner zu seinem hundertsten Todestage gedacht werde. Daß ein Mitglied des Chorherrenstiftes es war, durch das Albrechtsbergers musikalisches Talent entdeckt und mit allen Mitteln gefördert wurde, ist ein Grund mehr hierfür. Nicht eine umfassende Wertung seines künstlerischen Wirkens, sondern nur eine bescheidene biographische Skizze wollen diese Zeilen bieten, um so vielleicht dazu beizutragen, den Schleier der Vergessenheit, den ein dahinrauschendes ereignisreiches Jahrhundert über diesen Sohn Klosterneuburgs auszubreiten drohte, wegzuziehen.

Leider sind die Nachrichten für eine ausführlichere Lebensbeschreibung unseres Künstlers sehr spärlich. Das kleine biographische Denkmal, das sein

Schüler Ignaz Ritter von Seyfried bei der Herausgabe der theoretischen Werke Albrechtsbergers[1]) dem geliebten Lehrer setzte, war bis in die neueste Zeit so ziemlich die einzige Quelle, aus der die verschiedenen Lexikographen schöpften. Und selbst diese erweist sich bei näherer kritischer Betrachtung als nicht ganz zuverlässig. Auf diesen Umstand weist auch Dr. Oskar Kapp in seiner biographischen Einleitung zu den von ihm im XVI. Jahrgang (II. Teil) der »Denkmäler der Tonkunst in Österreich«[2]) veröffentlichten Instrumentalwerken Albrechtsbergers hin.

Johann Georg Albrechtsberger ist geboren zu Klosterneuburg am 3. Februar 1736. Das Taufregister der Pfarre St. Martin in Klosterneuburg (untere Stadt) verzeichnet folgenden Taufakt vom 3. Februar 1736:

»Infans Joannes Georgius Parentes Jakobus Albrechtsperger Inwohner allhier; uxor Maria Patrinus Georgius Fraunbäuml ledigs Stands von Agstag gebürtig, dermahlen Einhatzer in fürstl. St. Leopoldi Stift.«

Wir wären dem Matrikenführer jener Zeit sehr dankbar, wenn er uns einige Worte weniger vom »Einhatzer« (Heizer) als Paten, dafür aber etwas mehr von den Eltern[3]) mitteilte, insbesondere, in welcher Straße und in welchem Hause das Kind geboren wurde. Dies ist uns bisher leider noch unbekannt.

Als Siebenjähriger war Albrechtsberger bereits Sängerknabe, nach Seyfried[4]) im Chorherrenstifte, nach Keiblinger[5]) bei St. Martin. Der Mangel eines weiteren Beweises schließt eine Entscheidung kurzerhand aus. Für Keiblingers Angabe spricht außer dem Umstande, daß an der genannten Pfarrkirche eine Stiftung für Sängerknaben[6]) besteht, noch die Tatsache, daß der damalige Pfarrer von St. Martin, Chorherr Leopold Pittner[7]) sich lebhaft für den Knaben interessierte. Obwohl Pittner schon im Jahre 1742 zum Stiftsdechant erwählt wurde, sprechen die Berichte nur vom Pfarrer von St. Martin. War Albrechtsberger jedoch als siebenjähriger Knabe

---

[1]) J. G. Albrechtsbergers sämtliche Schriften über Generalbaß, Harmonielehre und Tonsetzkunst. Wien, bei Tobias Haslinger, 2. Aufl. in 3 Bänden 1837.

[2]) Wien 1909 Artaria & Co., Leipzig Breitkopf u. Härtel.

[3]) Nach einer Notiz Keiblingers in seiner »Geschichte des Benediktinerstiftes Melk« (Wien 1868, 2. Aufl.) soll die Familie, aus der A. stammt, um diese Zeit auf einem Bauernhof nächst Weiteneck, pfarrl. Protokoll von Emmersdorf, einzelne auch in den Pfarrbüchern von Weiten genannt sein.

[4]) A. a. O.

[5]) A. a. O.

[6]) Die Langstögersche.

[7]) Leopold Pittner war Pfarrer bei St. Martin vom 9. Juli 1722 bis 13. Jänner 1742.

im Stifte Diskantist, so hat sich Pittner seiner wohl erst als Stiftsdechant angenommen und wird dann irrtümlich noch als der Pfarrer von St. Martin genannt. Da Leopold Pittner am 13. Jänner 1742 zum Stiftsdechant gewählt wurde, stand der Knabe tatsächlich noch im siebenten Lebensjahre. Dieser Chorherr nun war es, dem die große musikalische Begabung des kleinen Johann auffiel, so zwar, daß er selbst es unternahm, dem Knaben die Anfangsgründe der Musiklehre sowie des Klavier- und Orgelspieles beizubringen. Es ist zu bedauern, daß Pittner den nachmaligen Künstler, der für seinen Gönner und ersten Lehrer sein Leben lang die aufrichtigste Dankbarkeit im Herzen trug, nicht ans Stift fesseln konnte. Die Lernbegierde des jungen Albrechtsberger charakterisiert Seyfried durch die Erzählung von dem kleinen Klavichord, das der Knabe täglich mit sich ins Bett nahm, um so lange darauf zu üben, bis er einschlief.

Pittner ließ für seinen Schützling auch eine kleine Orgel anfertigen, die bis in die letzten Jahrzehnte sich noch im Pfarrhofe zu Kahlenbergerdorf befand, nun aber auch dem Zahn der Zeit zum Opfer gefallen ist. Im Alter von 13 Jahren kam Albrechtsberger an das Gymnasium des Benediktinerstiftes Melk, um dort die humanistischen Studien zu betreiben.

Seyfrieds Behauptung, Albrechtsberger habe nach Beendigung der Humaniora in Melk daselbst durch 12 Jahre die Organistenstelle bekleidet, ist eine chronologische Unmöglichkeit. Eher kann man der berichtigenden Bemerkung Molitors[1]) beistimmen, welcher von 9 Jahren spricht. Denn nach Beendigung der Gymnasialstudien ging der junge Mann nach Wien, um bei den PP. Jesuiten den philosophischen Kurs zu absolvieren[2]). Dann mußte er daran denken, sich eine Existenz zu schaffen. Da er sich im Orgelspiel genügend ausgebildet hatte, ergriff er bei seiner vorwiegenden Neigung zur Musik den Beruf eines Organisten. Es ist nun noch nicht bis zur Gewißheit erwiesen, daß Albrechtsberger vom Jesuitenkolleg sofort wieder nach Melk zurückkehrte, obwohl dies naheliegend ist. Keiblinger scheint die Ansicht zu vertreten, Albrechtsberger sei vorerst nach Raab in ein Frauenkloster als Organist gekommen. Ein altes Lamentationenbuch des Chorarchivs zu Maria-Taferl enthält eine Aufzeichnung aus der Hand eines späteren Organisten, welche besagt, daß unser Künstler zirka 3 Jahre, und zwar von 1757 bis 1760 am letztgenannten Orte gewirkt habe. Da für diese um die Mitte des 19. Jahrhunderts gemachte Angabe keine

---

[1]) Wiener Hofbibliothek, Tabulae 19.239, Fasz. I.

[2]) So berichtet Keiblinger. Und es ist wohl anzunehmen, daß Albrechtsberger den philosophischen Kurs gleich an das Gymnasium anschloß. Im Jesuitenkolleg zu Wien war er Mitschüler des um ein Jahr jüngeren Michael Haydn.

Quelle nachzuweisen ist, kann man mit Recht ihre Richtigkeit anzweifeln. Viel besser würde sich der Aufenthalt Albrechtsbergers in Maria-Taferl, das zu jener Zeit noch zu Passau gehörte, in die Jahre 1767 bis 1770 fügen, in die Zeit also, da er das Stift Melk sicher schon verlassen hatte und nun andernorts sein Brot suchen mußte.

Als Organist im Stifte Melk hatte Albrechtsberger das Glück, einen hervorragenden Musiker an der Spitze des Sänger- und Musikchores daselbst zu finden, den jungen Kapitularen P. Robert Kimmerling[1]), der zwar um ein Jahr jünger war als Albrechtsberger, jedoch während seiner theologischen Studien in Wien den Unterricht Josef Haydns genossen hatte.

Wenn auch Albrechtsbergers Können unstreitbar zum größten Teile aus dem, was Pittner ihm als Sängerknaben beigebracht hatte, und aus dem in eigenem, unermüdlichem Studium Erlernten resultierte, so war es für ihn doch von unschätzbarem Vorteile, daß Kimmerling ihm nun Gelegenheit gab, unter seiner Anleitung die Werke von Caldara, Fux, Graun, Händel, Monn, Pergolese sowie Bach u. a. zu studieren. Der Erfolg dieses Studiums war eine solche Sicherheit im Tonsatze und eine Geschicklichkeit in allen Gattungen des Kontrapunktes, daß er darin, wie seine Zeitgenossen von ihm behaupten, an die Spitze aller damaligen Theoretiker trat.

Am Ostersonntage des Jahres 1764 wohnte Erzherzog Josef (nachmals Kaiser Josef II.) in der Stiftskirche zu Melk einem Hochamte bei. Albrechtsbergers Spiel erregte derart die Bewunderung des hohen Gastes, daß dieser den Organisten nach dem Gottesdienste zu sich rufen ließ und ihn aufforderte, sich um die Hoforganistenstelle zu bewerben, sobald dieselbe frei werden sollte.

Als am 21. Jänner des folgenden Jahres Josefs Braut, die Prinzessin Maria Josefa von Bayern auf der Durchreise Melk mit ihrem Besuche beehrte, erntete der junge Organist reichen Beifall mit der Aufführung eines von ihm vertonten »Sinngedichts«[2].)

Wie lange nach diesem Ereignisse Albrechtsberger noch im Dienste des Stiftes Melk stand, läßt sich nicht genau ermitteln.

Als Grund seines Scheidens vom Stifte gibt ein Bericht eines Professors aus Melk[3]) an, Albrechtsberger habe sich mit den Stiftsherren entzweit,

---

[1]) P. Robert Kimmerling, geb. 1737, trat ins Stift Melk 1753 und wurde nach seiner Ordination zum Regenschori ernannt. Keiblinger (a. a. O.) spricht von einer großen vielstimmigen Messe, welche die Bewunderung der Zeitgenossen erregte. Kimmerling starb 1799.

[2]) Die Originalpartitur dieses Werkes befindet sich in der k. k. Hofbibliothek zu Wien.

[3]) Molitor a. a O.

da er bei einem Hochamte über eine damals gangbare Tanzweise präludierte. Sein Nachfolger im Amte wurde sein Schüler Franz Schneider[1]).

Das nächste sichere Datum aus seinem Leben ist seine am 31. August 1768 erfolgte Vermählung mit Rosalia Weiß, einer Tochter des Bildhauers Bernhard Weiß in Eggenburg. Dieselbe war geboren am 30. August 1740[2]). Die Trauung fand in der k. k. Hofkapelle in Wien statt. 15 Kinder, 9 Knaben und 6 Mädchen, entstammten der nach den Berichten sehr glücklichen Ehe. Albrechtsberger war nach seinem Scheiden aus Melk in die Dienste eines schlesischen Edelmannes getreten[3]). Dies dürfte wohl noch vor seiner Verehelichung gewesen sein. 1771 kam der Künstler zu den PP. Karmeliten nach Wien.

Daß der immer strebsame Musiker die Bildungsmittel, welche die Hauptstadt ihm bot, nicht unbenützt ließ und eifrig an seiner weiteren Vervollkommnung arbeitete, ist gewiß. Ebenso sicher ist aber auch, daß nicht der von Seyfried genannte »Hoforganist« Monn (auch Mann) es gewesen sein kann, nach dessen Unterricht sich Albrechtsberger gesehnt haben soll, da dieser Monn (geb. 1720 oder 1721) bereits im Jahre 1750 gestorben und überhaupt nicht Hoforganist, sondern an der Karlskirche angestellt war. Bald lernte er die tüchtigsten Musiker der Hauptstadt kennen, verkehrte mit Gaßmann[4]), wurde Freund der beiden Brüder Haydn und des Domkapellmeisters Georg Karl Reutter[5]).

Im Jahre 1772 wurde die Hoforganistenstelle frei und Albrechtsberger bewarb sich darum. Dem seinerzeit vom Erzherzog Josef gegebenen Versprechen gemäß erhielt er sie auch. In dieser Stellung verblieb er bis zum Jahre 1792. Bis zum Jahre 1791 war er zweiter Hoforganist. Als der erste, Ferdinand Arbesser, in diesem Jahre in den Ruhestand versetzt wurde, rückte Albrechtsberger an seinen Platz. Im selben Jahre wurde er auch an seines Freundes Mozart Stelle zum Kapellmeister-Adjunkten von St. Stephan ernannt (12. Dezember 1791[6]). Am 17. März 1793 starb der Domkapellmeister Leopold Hofmann und Albrechtsberger wurde an seine Stelle berufen.

---

[1]) Geb. 1736, gest. 1812. Er wurde als Organist seinem Lehrer gleichgestellt.
[2]) Nach Seyfried a. a. O.
[3]) Wenn Seyfrieds Bericht auf Wahrheit beruht.
[4]) Florian Leopold Gaßmann, geb. 1723 in Brüx, war in Italien Schüler des berühmten Padre Martini und kam 1762 nach Wien, wurde 1771 Hofkapellmeister und starb 1774. Er komponierte viele kirchliche und weltliche Werke.
[5]) Georg Karl Reutter, geb. 1708 zu Wien, 1737 Domkapellmeister, gest. 11. März 1772, fruchtbarer Komponist.
[6]) Nach Molitor a. a. O.

Dieses Amt versah er bis zu seinem Tode. Er entfaltete in diesen Jahren eine reiche Lehrtätigkeit. Sein hervorragendster Schüler war L. v. Beethoven, der, nachdem er vordem bei Josef Haydn Unterricht genossen, von diesem an unseren Meister zur vollkommenen Ausbildung gewiesen wurde (1794—95).

Von anderen Schülern wären als die bekanntesten noch zu nennen[1]: Josef Eybler, Johann Fuß, Johann Gänsbacher, Johann Nepomuk Hummel, M. J. Leidesdorf, Josef Preindl (des Lehrers Nachfolger im Amte als Domkapellmeister), Ignaz v. Seyfried, Michael Umlauf, Josef Weigl u. a. In Anerkennung seines künstlerischen Wirkens ernannte ihn die königlich schwedische Akademie im Jahre 1798 zu ihrem Ehrenmitgliede.

Den Donner der französischen Kanonen vor den Toren seiner Vaterstadt, unter denen Vater Haydn seine letzten Lebenstage verbrachte, hörte der greise Meister nicht mehr. Er starb als frommer, gottergebener Sohn der Kirche, der er auch im Leben stets gewesen, am 7. März 1809 um 3 Uhr nachmittags. Seine Todeskrankheit war ein langes hartnäckiges Steinleiden, das ihm sehr große Schmerzen verursachte. In seinem Testament[2] setzte er die Frau, die er seine treue »Ehekonsortin« nennt, zur Universalerbin ein, während er seine Kinder auf den Pflichtteil beschränkt. Seinen gottesfürchtigen Sinn offenbart der Beginn seines Testaments: »Im Namen der allerheiligsten Dreifaltigkeit, Gottes des Vaters, des Sohnes und des heiligen Geistes, Amen. Da nichts sicherer als der Tod, nichts unsicherer als dessen Stunde ist, also will ich noch bei gesundem Verstande und reifer Überlegung meinen letzten Willen eröffnen. Erstens: empfehle ich meine Seele in die unendliche Barmherzigkeit Gottes, Fürbitte der freundlichsten Jungfrau Maria und allen lieben Heiligen. Zweitens: soll mein Leichnam dem christlich-katholischen Gebrauch nach ohne alles Gepränge zur Erde bestattet werden. Drittens: vermache 6 fl. auf zwölf heilige Messen, welche gleich nach meinem Tode gelesen werden sollen.« Derselbe Gottesacker, der seinen Freund Mozart aufgenommen, wurde auch unseres Meisters letzte Ruhestätte. Leider sind uns aus Albrechtsbergers Leben viel zu wenig persönliche Momente, Anekdoten usw. bekannt, die uns ein vollständiges Bild seines Charakters geben könnten. Sein Schüler Johann Fuß (gest. 1819 in Pest) widmete dem verehrten Meister in der »Allgemeinen musikalischen Zeitung« XI. Bd., pag. 455 einen warmen Nachruf, in dem er ihn den »allgemein geschätzten, als Komponist, Theoretiker und Lehrer und als Mensch, Vater und Gatte achtungswürdigen Veteranen« nennt.

[1] Nach Seyfried a. a. O.
[2] Nach Dr. Oskar Kapp in dem angezogenen Bande der »Denkmäler der Tonkunst in Österreich«.

Den Menschen Albrechtsberger zeichnet er mit folgenden Worten: »Gewöhnlich war ein liebenswürdiger Ernst das Hervorstechende seines Charakters. Doch konnte er zuweilen auch sehr jovialisch sein.« Vom Komponisten sagt er: »Über den Wert seiner Werke hat die musikalische Welt hier und im Auslande längst entschieden. Sein Styl ist einfach, groß und nicht selten erhaben. Sein Verdienst wird von Hohen und Niedern so allgemein anerkannt, daß z. B. seine Majestät der Kaiser die feierliche Messe, die Albrechtsberger komponiert hatte, als Dieselben zum König von Ungarn gekrönt wurden, auch zur Krönung Ihrer Majestät als Königin von Ungarn auf dem letzten Landtaeg zu Preßburg ausdrücklich aufzuführen befahlen. Und selbst Vater Josef Haydn wünschte jedem angehenden Tonkünstler Glück, der seines Unterrichts genoß. Denn er hielt Albrechtsberger unter allen jetzigen Wiener Meistern für den vortrefflichsten Lehrer der Komposition, welcher in derselben den jungen Mann am sichersten auf den rechten Weg führen könnte.«

So urteilt der Zeitgenosse über unseren Meister. Wenn Albrechtsberger auch als Komponist sehr fruchtbar war, so steht in ihm doch der Lehrer über dem Erfinder, die technische Vollendung über dem melodischen Inhalt. Leider ist die Zahl der uns heute bekannten Werke nicht groß genug, um eine vollständige Beurteilung seines Schaffens zu ermöglichen. Fast sämtliche Partituren gingen in den Besitz des Fürsten Nikolaus v. Eszterhazy-Galantha über, ungefähr 253 an der Zahl.

In Druck erschien[1]) eine Anzahl von Fugen und Präludien für die Orgel und für Klavier, 6 Streichquartetten mit Fugen op. 2, 7 Sextetten für 2 Violinen, 2 Violen, Cello und Baß (in 2 Lieferungen, op. 13 und 14), abermals je 6 Streichquartette als opus 19 und op. 21; ferner Duos für Violine und Cello in 2 Heften, ein Quintett für 3 Violinen, Viola und Cello, endlich 3 Sonaten für Doppelquartett (à 2 choeurs).

In dem mehrmals genannten Bande der »Denkmäler« veröffentlicht Dr. Oskar Kapp Symphonien, Quartette und Präludien, aus denen ersichtlich ist, welche Stellung Albrechtsberger in der Entwicklung der Quartettform und des Sonatensatzes einnimmt.

Gedruckte kirchliche Werke verzeichnet Seyfried nicht. Man begegnet ihnen auch selten mehr in den Repertoires der Kirchenchöre, obwohl sie sehr verbreitet waren. Es dürfte überhaupt schwer sein, eine vollständige Zusammenstellung der für den liturgischen Gebrauch dienenden Tonwerke zu liefern, da dieselben in zu vielen Kirchen und Klöstern verstreut sind. Klosterneuburg

---

[1]) Nach Seyfried a. a. O. Dr. H. Riemann erwähnt in seinem »Musik-Lexikon« (7. Aufl. Leipzig, Max Hesses Verlag 1909) noch einen: Entr'acte zu »Heinrich IV«.

ist derzeit wohl einer der wenigen Orte, wo noch regelmäßige Aufführungen Albrechtsbergerschen Kompositioner stattfinden. (Hymnen und Magnificat bei den feierlichen Vespern.) Unter diesen finden sich wahre Perlen des Tonsatzes.

Nach Seyfried befinden sich im Archive des Fürsten Eszterhazy folgende Originalpartituren:

a) **Vokalmusik:**

26 Messen, 43 Gradualien, 34 Offertorien, 5 Vespern, 4 Litaneien, 4 Psalmen, 4 Te Deum laudamus, 2 Veni Sancte Spiritus, 6 Motette, 5 Salve regina, 6 Ave Regina, 5 Regina coeli, 5 Alma redemptoris, 2 Tantum ergo, 18 Hymnen, 1 Alleluja, 10 Chöre zum gottesdienstlichen Gebrauch, 9 Gesänge, darunter 5 zu Ehren des hl. Johann v. Nepomuk; 6 Oratorien und 1 Operette in deutscher Sprache.

b) **Instrumentalmusik:**

17 Hefte Quartette mit insgesamt 83 Nummern (darunter eines über den Choral »Christus ist erstanden«), 9 Hefte Streichquintette mit zusammen 42 Nummern, 7 Streichsextette in 2 Heften, op. 13 und 28; 6 Hefte Konzerte für verschiedene Soloinstrumente (Harfe, Orgel, Posaune, Klavier, Mandora [7 Stücke]) und 4 kleine Stücke für Harfe. Ferner 4 Sinfonien und »Un coro a tutt' istromenti«.

Ob die Manuskripte der im Druck erschienenen Werke zu seiner Zeit noch vorhanden waren, erwähnt Seyfried nicht. 17 von ihm nicht namentllich angeführte Messen sollen teils nach dem Tode des Tonsetzers vom Kaiser abverlangt, teils in den Besitz der Domkirche zu St. Stephan übergegangen sein.

Robert Eitner hat in seinem »Biographisch-Bibliographischen Quellenlexikon«[1]) eine Anzahl der in den österreichischen Stifts- und Kirchenarchiven vorhandenen Werke mitgeteilt. Dies zu ergänzen, sei hier mitgeteilt, daß sich auch im Chorarchiv zu Maria-Taferl eine Anzahl Albrechtsbergerscher Kompositionen befinden; ob dieselben Originalmanuskripte sind, konnte ich nicht erfahren. Es sind 2 Messen in C-dur, 3 Offertorien, ein Gesang: »O Traurigkeit, o Herzensleid« und 20 Gradualien. Man darf wohl mit Recht vermuten, daß sich darunter Stücke befinden, die der Künstler zur Zeit seiner Wirksamkeit an der genannten Kirche schuf. Unter den bei Seyfried genannten und den im Klosterneuburger Archiv befindlichen Gradualien sind nur einige mit jenen gleichbetitelte zu finden. Das Chorarchiv

---

[1]) Leipzig, Breitkopf & Härtel, 1900, B. I.

des Stiftes Klosterneuburg besitzt von Albrechtsberger: 17 Gradualien, 13 Messen, 3 Vespern, 11 Magnificat, 21 Hymnen und 27 Offertorien, respektive Motive.

Wir geben im Anhange 2 Hymnen unseres Meisters wieder. Selbstverständlich läßt sich daraus die Eigenart des Tonsetzers nur in bescheidenem Maße erkennen. Doch zeigt uns der erste (»Jesu redemptor omnium«), wie Albrechtsberger mit den einfachsten Mitteln eine ergreifende Wirkung erzielt, während wir am Hymnus für das Fest des hl. Leopold (»Austrides gentes«) ersehen, wie der Meister die antike Strofenform zu behandeln weiß; wobei freilich in einzelnen Fällen die Wortbetonung den Forderungen des Kontrapunkts nachstehen muß.

Mehr als durch seine Tonschöpfungen ist Albrechtsberger durch seine theoretischen Werke der Nachwelt in Erinnerung geblieben. Es sind dies folgende Schriften:

Generalbaß-Schule (Peters, Artaria, Cappi).

Ausweichungen von C-dur und C-moll in die übrigen Tonarten (Haslinger).

Inganni (Trugschlüsse), 2. Lieferung der Ausweichungen (Peters, Cappi).

Unterricht über den Gebrauch der verminderten und übermäßigen Intervalle; 3. Lieferung der Ausweichungen (Peters, Cappi).

Kurze Regeln des reinsten Satzes (Haslinger).

Anweisung zur Komposition (Breitkopf).

Klavierschule (Artaria).

Mehrere dieser Unterrichtswerke wurden auch in fremde Sprachen übersetzt.

Das Bild unseres Künstlers, das wir dieser Lebensbeschreibung beigeben, ist das in Seyfrieds Buch enthaltene. Die des öfteren zitierten »Denkmäler« reproduzieren das im Besitz der Gesellschaft der Musikfreunde in Wien befindliche Ölporträt. Auch die königliche Bibliothek in Berlin hat ein solches.

Die Stadt Klosterneuburg ehrt das Andenken Albrechtsbergers durch eine nach ihm benannte Gasse, die von der Johannesbrücke (über die Hundskehle) den Stiftskeller entlang führt. Auch Wien besitzt eine Albrechtsbergergasse im XII. Bezirk. Mag man auch lange Zeit sich dieses Meisters der Töne wenig oder gar nicht erinnert haben: Die heutige Musikforschung ist zu der Erkenntnis gelangt, daß Albrechtsberger nicht nur ein großer Theoretiker und tüchtiger Kirchenkomponist war, sondern daß auch er durch sein Schaffen zur Entwicklung der als klassisch bezeichneten musikalischen Kunstformen seinen Teil beigetragen hat.

Hymnus: Jesu redemptor omnium ...

J. G. Albrechtsberger.

Anmerkung. Dieser Hymnus findet sich im Klosterneuburger Chorarchiv auch noch mit drei anderen, im Metrum mit Vorliegendem übereinstimmenden Texten, und zwar zweimal in der Originaltonart E-dur, einmal nach Es transponiert. Die auffällige Führung der Septime im Tenor, 5-Takt, ist wohl nur dem Bestreben entsprungen, die Nachahmung möglichst genau zu gestalten. In den Stimmen ist gewöhnlich nur die erste und letzte Strophe des Textes eingetragen.

Hymnus: Austrides gentes...
Am Feste des heiligen Leopold.

Der Bildhauer und Ingenieur Matthias Steinl.

Eine kunsthistorische Studie

von

Dr. Wolfgang Pauker.

I. Einleitung.

Eine der interessantesten Kulturepochen Österreichs ist zweifellos die des 18. Jahrhunderts. Keine andere Epoche hat uns so viele schöne und hochinteressante Denkmale hinterlassen wie sie, keine andere uns aber zugleich auch vor die Lösung so vieler Geheimnisse und Rätsel gestellt wie gerade sie. Wir kennen allerdings jetzt bereits eine Menge von Künstlernamen und eine ganze Reihe von Werken, die mit mehr oder weniger Berechtigung dem einen oder dem anderen dieser Künstler zugeschrieben werden, allein eine positive und absolut sichere Kenntnis der damaligen Zeit- und Kunstverhältnisse besitzen wir noch nicht. In den meisten Fällen sind wir auch heute noch vielfach nur auf bloße Vermutungen, Legenden oder nicht immer genügend sichere Überlieferungen angewiesen. Es ist aber kein Zweifel, daß auch hierin Licht und Klarheit werden wird, sobald nur einmal mehr **urkundlich beglaubigtes** Material dem Forscher zu Gebote stehen wird.

Als daher im vorigen Jahre die Idee, ein eigenes Jahrbuch des Stiftes Klosterneuburg herauszugeben, Verwirklichung fand, habe ich es als eine der schönsten und dankenswertesten Aufgaben erachtet, derartige Dokumente im Archiv des Stiftes zu suchen und sie der kunsthistorischen Forschung dienstbar zu machen. Ich habe im vorigen Jahre, geleitet von diesem Gedanken, eine kleine bescheidene Arbeit über den berühmten Freskomaler Daniel Gran publiziert. Über seine künstlerische Tätigkeit konnte ich damals allerdings nicht viel schreiben, denn das Stift Klosterneuburg besitzt bekanntlich nur ein einziges großes Werk von seiner Hand. Daniel Gran hatte das Unglück, daß, als er hier zu arbeiten begann, der grandiose Stiftsbau bereits ins Stocken geraten war und unter den damaligen Verhältnissen an seine Weiterführung nicht mehr gedacht werden konnte. Es kam infolgedessen nur das große Deckengemälde im Marmorsaale des Stiftes zustande, während die mächtigen Deckenfelder des Stiegenhauses bis heute leer blieben. Wenn ich aber auch damals nicht viel über die künstlerischen Leistungen Daniel Grans zu berichten in der Lage war, so habe ich doch dafür etwas anderes erreicht: Das Klosterneuburger Deckengemälde hat jetzt seine urkundlich beglaubigte Geschichte, die es bis dahin nicht besaß. Wir waren ferner imstande, dem Künstler wenigstens bei einer seiner großen Arbeiten bis ins kleinste Detail folgen zu können, und was das schönste dabei war, wir haben den Künstler Daniel Gran endlich auch als Mensch kennen gelernt, denn er redete zu uns in seinen Briefen.

Mittlerweile hat auch der bekannte Kunsthistoriker des Stiftes Seitenstetten, P. Martin Riesenhuber, ebenfalls eine auf Grund des im Stifte Seitenstetten vorhandenen Quellenmaterials zusammengestellte Geschichte über Daniel Gran und seine Tätigkeit in der Kirche am Sonntagberg in Niederösterreich herausgegeben [1]) und im Stifte Herzogenburg ist das Porträt Daniel Grans wieder zum Vorschein gekommen. Es bleibt allerdings noch immerhin genug für den Daniel Gran-Forscher zu tun übrig, um endlich ein klares, vollständiges Bild von dem vielseitigen Können und den zweifellos überaus zahlreichen Beziehungen dieses Künstlers zu den Menschen und Verhältnissen seiner Zeit entwerfen zu können, aber wenigstens ist doch mit den bisher gefundenen Dokumenten ein kleines Stück fester Boden für die künftige Daniel Gran-Forschung gegeben.

Von demselben Gedanken wie im Vorjahre ausgehend, habe ich es auch diesmal wieder unternommen, über einen Künstler zu schreiben, der vielleicht einer der größten und bedeutendsten seiner Zeit gewesen ist, über den aber ebenfalls bis heute keine zusammenhängende, urkundlich beglaubigte Geschichte existiert. Es ist dies der seinerzeit so hochberühmte und vielbeschäftigte Bildhauer und Ingenieur Matthias Steinl.

II. Steinls Lebensgeschichte.

Der Name Matthias Steinl wird in den diversen Kontrakten, Briefen und Aufzeichnungen verschieden geschrieben. Die am häufigsten wiederkehrenden Schreibweisen sind: Matthias Steindel, Staindl, Steinel, Steinle, Steindl und Steinl.

---

[1]) Siehe: Neues über den Barockmaler Daniel Gran della Torre, mitgeteilt von P. Martin Riesenhuber O. S. B, in der Vierteljahrschrift für Wissenschaft, Literatur und Kunst, „Die Kultur", herausgegeben von der österreichischen Leogesellschaft, X. Jahrgang, 3. Heft, 1909, Seite 301—310.

In den Klosterneuburger Kammeramts-Raitbüchern und in den Briefen des Prälaten Ernest Perger wird er stets Matthias Staindl, Steindl oder Steinl geschrieben.

Von ihm selbst besitzen wir fünf Originalunterschriften. Eine auf dem Hietzinger Hochaltar-Kontrakt vom 30. Dezember 1698 (siehe das Faksimile nebenan) und vier auf den Originalplänen zu den Jubiläumsfeierlichkeiten des Stiftes Klosterneuburg aus dem Jahre 1714. (Siehe die Tafeln X—XIII). Er

schrieb sich zweifellos Matthias Steinl, und wenn wir seinen Namen auf den beiden Kupferstichblättern aus dem Stifte Zwettl und dem ehemaligen Dorotheerstifte in Wien (siehe die Tafeln I und VI) ansehen, so finden wir auch dort dieselbe Schreibweise vor. Er hieß also zweifellos Matthias Steinl und infolgedessen möchte ich auch fortan bei dieser Schreibweise seines Namens bleiben.

Der Erste, der die Bedeutung Steinls für die österreichische Kunstgeschichte des 18. Jahrhunderts erkannte und auch darauf aufmerksam machte, war der bekannte Kunsthistoriker Albert Ilg. Bereits im Jahre 1889 schrieb er über diesen Künstler: »Daß über Mathias Steinl bei Wurzbach nichts zu finden ist, dürfte keinen Fachmann überraschen. Der Künstler kommt aber im Laufe der Forschungen aus der Barockzeit immer mehr als ein **höchst bedeutender und vielseitiger Meister** zutage.«[1])

1895 spricht er sich aber noch viel begeisterter und ausführlicher über ihn aus, indem er sagt: »Mathias Steinl war **einer der besten Bildhauer Wiens. Seine Vielseitigkeit hat etwas Imponierendes,** wenn wir den nach seinem Entwurf ausgeführten kolossalen Marmoraltar in Klosterneuburg und dann wieder seine eigenhändigen Elfenbeinfiguren mit ihrer reizvollen Detaillistik in der kaiserlichen Sammlung bewundern. Er

---

[1]) Siehe die Beiträge Ilgs zu dem Aufsatze: »Die Stiftskirche und der Kirchturm in Zwettl«, ein Beitrag zur Baugeschichte des Stiftes von Abt Stephan Rößler, in den Berichten und Mitteilungen des Altertums-Vereines zu Wien, Band XXV, 1889, Seite 124.

war ein Virtuose in diesem Fache und ein kenntnisreicher Zeichner.«[1])

Ilg schreibt dann weiter: »Ich kenne zwar das Geburtsjahr und die Herkunft Steinls nicht, habe aber sonst Nachrichten von ihm. Er hatte schon unter Joseph I., ja schon unter Leopold dem Hofe gedient, denn im Dezember 1712 wird er als Beinstecher confirmiert, wobei es heißt, daß er unter der verstorbenen Majestät 500 fl. jährlich samt einem wöchentlichen Kostgeld von 3 fl. 40 kr. bezogen habe. In den Staats- und Standeskalendern kommt er von circa 1710 bis 1728 als Beinstecher unter den Kammerkünstlern vor. . . . Die II. Gruppe der kunsthistorischen Sammlungen des Allerhöchsten Kaiserhauses besitzt drei hohe, herrlich gearbeitete Reiterstatuetten der Kaiser Leopold, Joseph und Karl, jede mit einer allegorischen Figur unter dem Pferde, aus Elfenbein, Meisterwerke der vollendetsten Technik in diesem Materiale und von lebendigster Komposition. Die Figur Josephs trägt die Bezeichnung: M. Steinle 1693, jene Karls bloß: Steinl.« [2])

Zu diesem Berichte Ilgs erlaube ich mir nun, folgende Daten hinzuzufügen:

Es ist mir gelungen, den Todestag und das Todesjahr Steinls sowie auch sein Lebensalter und sein Domizil in Wien ausfindig zu machen.

Als nämlich der Salzburger Steinmetzmeister Sebastian Stumpfögger im Jahre 1727 mit den Marmorlieferungen zum Hochaltar der Klosterneuburger Stiftskirche begann, entwickelte sich zwischen ihm und dem Klosterneuburger Prälaten eine sehr rege Korrespondenz. (Siehe die Briefe Stumpföggers und des Prälaten Ernest Perger auf Seite 355 bis 366). Einem dieser Briefe (vom 16. April 1727) legte Stumpfögger ein Schreiben an den »Monsieur Matheo Steinl, ingenieur«, bei. Es ist der einzige, direkt an Steinl adressierte Brief, den ich aufzufinden in der Lage war. (Siehe Seite 358.) Er traf ihn aber nicht mehr am Leben, denn der Prälat berichtet im nächsten Brief an Stumpfögger folgendes: »Herrn Steindl seinen brief habe ich erbrochen, maßen er den 18. dieses (nämlich April 1727) in dem drei und achtzigsten jahr seines alters in Gott seelig verschieden. Gott sei seiner armen seele gnädig und barmherzig.«

Ich bin auf diese Notiz hin sofort nach Wien gefahren und habe im Totenprotokoll von St. Stephan die Bestätigung dieser Nachricht gefunden, denn dort steht geschrieben: »19. April 1727, des Herrn Mathias Steinl,

---

[1]) Siehe »Die Fischer von Erlach« von Albert Ilg, Wien, Carl Konegen, 1895, Seite 589, Note 39.

[2]) Ilg: Die Fischer von Erlach, Seite 590.

kaiserlichen Hofbeinstechers zu St. Dorothe begräbnus. Fürstengeläute ... 6 fl.«

Matthias Steinl starb also als kaiserlicher Hofbeinstecher am 18. April 1727 zu Wien in dem ehemaligen Augustiner-Chorherrenstifte von St. Dorothea und wurde am 19. April bei St. Stephan unter dem Klange des sogenannten Fürstengeläutes, also äußerst feierlich begraben[1]). Er starb im 83. Jahre seines Alters, muß daher 1644 oder 1645 geboren worden sein.

Ich habe mich vergeblich bemüht, das Geburtsdatum in den Wiener Pfarrbüchern zu finden und möchte infolgedessen daraus den Schluß ziehen, daß Steinl kein gebürtiger Wiener war, sondern erst in seinen späteren Jahren hierherkam. Was mich in dieser Vermutung noch mehr bestärkt, ist auch noch folgender Umstand: Steinl war zweimal verheiratet. Seine erste Frau hieß Anna Rosina. Merkwürdigerweise findet sich der Trauungsakt nirgends verzeichnet. Wir lesen nur, daß sie, 42 Jahre alt, am 30. November 1691 zu Wien, und zwar in Kaspar Wüttichs Haus am Kohlmarkt, wo Steinl damals domizilierte, verstarb[2]). Es ist nun jedenfalls auffallend, daß nur die Todesnachricht der Frau, nicht aber auch der Trauungsakt in den Pfarrbüchern zu finden ist. Ich möchte diesen Umstand damit erklären, daß Steinl wahrscheinlich erst als verheirateter Mann nach Wien kam, somit der Ort seiner Geburt und seiner Jugendzeit wo anders als in Wien zu suchen sind.

Diese Ehe scheint übrigens kinderlos gewesen zu sein, wenigstens findet sich nirgends eine Eintragung darüber vor.

Am 18. August 1692 heiratete Steinl zum zweitenmal und jetzt finden wir auch den Trauungsakt bei St. Stephan eingetragen. Es heißt dort: »18. August 1692, der edl und kunstreiche Herr Mathias Steinle, kaiserl. Camer-Beinstecher, Witiber, mit der ehr- und tugendsamen Jungfrau Maria Caecilia Winstin, weiland Herrn Johann Stephan Winst, gewesten curfürstlich Bayrischen Trompeters, und seiner nachlebenden Ehewirtin Anna Maria eheliche Tochter.«

Seine erste Frau wurde bei St. Michael begraben, die zweite heiratete er bei St. Stephan, er war somit in der Zwischenzeit schon in den Doro-

---

[1]) Die Nachricht vom Tode Steinls findet sich übrigens auch, wie ich später gesehen habe, im Totenregister der Stadt Wien. Dort heißt es: »1727, 18. April, Mathias Steindl, 83 Jahre, kaiserl. Kammerbeinstecher in Dorotheerhof.« Siehe die »Quellen zur Geschichte der Stadt Wien«, VI. Band, Seite 340, Nr. 12.738.

[2]) Totenregister der Stadt Wien im VI. Band der »Quellen zur Geschichte der Stadt Wien«, Seite 289, Nr. 11.273. Steinl wird hier kaiserl. Kammerbeinstecher genannt. Auch im Totenprotokoll der Pfarre St. Michael stehen diese Daten.

theerhof, der zum Pfarrsprengel von St. Stephan gehörte, übersiedelt, wo er von nun an bis zu seinem Lebensende wohnte.

Aus seiner zweiten Ehe lassen sich auch drei Kinder, ein Sohn und zwei Töchter urkundlich feststellen. Der Sohn, der in der Taufe den Namen seines Vaters, Matthias, erhalten hatte, starb leider schon sehr früh. Im Totenregister der Stadt Wien heißt es nämlich: »2. Februar 1705, Mathias, sohn des Mathias Steinl, ingenieurs in Dorotheerhof.«[1]) Die beiden Töchter fand ich im Handbuch des Prälaten Ferdinand Adler von St. Dorothea erwähnt[2]). Es heißt dort: »3. Dezember 1719. Eodem der Frauen Steinlin wegen Fassung zweier großer pyramiden zu dem aufputz des hohen altars bezahlt 16 fl. und ihren zweien töchtern zu einem regal 2 fl., zusammen 18 fl.« Dieselbe Eintragung findet sich auch unterm 24. Februar des folgenden Jahres. Es scheint also, daß auch die Mutter und ihre beiden Töchter künstlerisch tätig waren, indem sie für Kirchen Reliquien faßten. Matthias Steinl und seine Frau kommen noch zweimal in den Pfarrbüchern Wiens vor. Einmal als Taufpaten bei dem Kinde des bürgerlichen Malers Philipp Katzler[3]) und das zweitemal als Trauzeugen bei der Hochzeit des kaiserl. hofbefreiten Bildhauers Benedikt Stöber aus Landsberg in Bayern[4]). Dann haben wir keine Nachricht mehr bis zum 18. April 1727. An diesem Tage stirbt Matthias Steinl und vier Monate später, am 6. August 1727, stirbt auch seine Frau, 57 Jahre alt, im Dorotheerhof in Wien und wird ebenfalls bei St. Stephan unter dem Klange des Fürstengeläutes zu Grabe getragen[5]).

Fassen wir nun das bisher Gesagte kurz zusammen, so ergibt sich für uns daraus folgendes:

Matthias Steinl wurde im Jahre 1644 oder 1645 geboren. Der Ort seiner Geburt, wie auch der Ort, wo er seine Jugend- und Lehrzeit verbrachte, sind bisher noch unbekannt. Der Umstand jedoch, daß seine zweite Frau aus Bayern stammte und er bei der Hochzeit des Bildhauers Benedikt Stöber, aus Landsberg in Bayern, als Trauzeuge fungierte, lassen vielleicht die Vermutung nicht ganz unbegründet erscheinen, daß er mög-

---

[1]) Totenregister der Stadt Wien, in den »Quellen zur Geschichte der Stadt Wien«, VI. Band, Seite 300, Nr. 11.568.

[2]) Handbuch oder Stifts-Raittung des Propsten Ferdinand Adler zu St. Dorothea, im Stiftsarchiv zu Klosterneuburg. Pars II.

[3]) Siehe die »Quellen zur Geschichte der Stadt Wien«, VI. Band, Seite 253, Nr. 10.306.

[4]) Ebenda, Seite 89, Nr. 7179.

[5]) Ebenda, Seite 341, Nr. 12.755 und im Totenprotokoll von St. Stephan.

licherweise selbst aus Bayern stammte[1]). Er war seiner Kunst nach ursprünglich Bildhauer und in erster Linie Beinstecher oder Elfenbeinschnitzer. Als solcher kam er mit seiner ersten Frau nach Wien und erhielt bei Hof die Stelle eines kaiserlichen Kammer- oder Hofbeinstechers, die er bis an sein Lebensende inne hatte[2]). Er wohnte bis zum Tode seiner ersten Frau im Kaspar Wüttichschen Hause am Kohlmarkt in Wien und übersiedelte dann 1691 oder 1692, nachdem er sich zum zweitenmal verheiratet hatte, in den sogenannten Dorotheerhof, wo er bis an sein Lebensende verblieb.

Von dem Moment an aber, da Steinl in den Dorotheerhof übersiedelte, beginnt für ihn eine neue, und zwar die ruhmvollste Zeit seines Lebens. Er tritt in Beziehungen zu den kunstsinnigen und gelehrten Äbten des Stiftes St. Dorothea, Ferdinand II., Noltäus de Ottendorf, und Ferdinand III., Adler, wird dieses Stiftes Ingenieur und entfaltet von nun an eine Tätigkeit, die ihm für immer einen unvergänglichen Namen in der Geschichte der österreichischen Barockkunst zu sichern bestimmt ist.

Bevor ich jedoch hierüber zu schreiben beginne, wird es notwendig sein, einiges über das ehemalige Stift St. Dorothea und dessen Stellung zur Kunstbewegung des 18. Jahrhunderts vorauszuschicken.

III. Matthias Steinl im ehemaligen Stifte St. Dorothea in Wien.

Das ehemalige Stift der regulierten Chorherren von St. Dorothea befand sich an derselben Stelle, wo heute das k. k. Versatzamt steht. Kirche und Kloster wurden bekanntlich unter Kaiser Joseph II. aufgehoben und schon

---

[1]) Vielleicht war auch sein fremdländischer Dialekt daran schuld, daß der Name Steinl den Wiener Ohren einmal wie Steindl, das anderemal wie Steinle klang und daher diese beiden Schreibweisen seines Namens entstanden.

In Wien gab es damals gleichzeitig auch noch zwei andere Familien Staindl. Eine Familie Josue und Maria Salome Staindl (im Trauungsbuch von St. Stephan) und eine Familie Johann und Katharina Staindl. Johann und Katharina Staindl schlossen die Ehe am 27. Oktober 1647 bei St. Stephan. Johann Staindl war Beisitzer des Wiener kaiserl. Stadtgerichtes. Dieser Ehe entstammte 1648 ein Sohn Ferdinand, der dann später in das Stift Klosterneuburg eintrat und den Klosternamen Hieronymus erhielt. Er starb 1715. Auch einen Minoriten Adrian Steindl gab es 1724 in Wien. Er widmete dem Prälaten Ernest Perger eine Disputation und erhielt von diesem als Geschenk 200 fl. (Kammeramts-Raitbuch des Stiftes Klosterneuburg, 1724, Fol. 83.) Ob diese Familien und die zwei Geistlichen mit unserem Steinl verwandt waren, läßt sich jedoch nicht mit Bestimmtheit angeben.

[2]) Als solcher wurde er, wie wir bereits früher gesehen haben, eingehend von Ilg gewürdigt.

damals mittels Hofdekrets vom 11. April 1787 zur Unterbringung des Versatzamtes bestimmt[1]). Die Aufhebung vollzog sich unter den in jener Zeit üblichen Modalitäten. Das Stift wurde zuerst seiner Selbständigkeit entkleidet, dann wurde das Vermögen des Klosters zum Religionsfonds geschlagen, die Bibliothek auseinandergerissen und an verschiedene Institute aufgeteilt, das Archiv nach Klosterneuburg überführt, die Kirche gesperrt und alles, selbst das Kupfer vom Dach an den Meistbietenden verkauft. Nicht anders wurde auch mit den liegenden Gütern des Stiftes verfahren.

Ich habe die Geschichte der Aufhebung dieses so hochberühmten und in der Kunstgeschichte Österreichs geradezu einzig dastehenden Stiftes in den Originalaufzeichnungen aus jenen Tagen gelesen und ich muß sagen, daß mich noch selten eine Lektüre so tieftraurig stimmte, wie diese[2]). Nur einige Notizen will ich hier anführen. Da heißt es beispielsweise:

»1786, den 17. Martii. Heute haben mich unsere verwaisten dienstboten umb ihren abschied gebeten« . . .

»1786, den 18. April. Heute war in unserem lieben stift das letzte mittagmahl und mußten wir (die Priester) folgenden tag jeder in seine fremde kost gehen« . . .

»1786, den 23. Mai. Heute habe ich den beiden k. k. commissarien, von Wellenburg und von Münzburg, unsere effecten und mobilien, silber, wäsche, zinn, kupfer, messing und andere gerätschaften zur öffentlichen lizitation übergeben, wie auch die schlüssel zur praelatur und vom refectorium.«

»1786, den 9. Juni habe ich den herrn commissariis die pretiosa unseres seeligen herrn praelaten, als: seinen ring, kreuz, ketten, dose und andere jubellen zur lizitation übergeben.« Dann heißt es weiter:

»1787, den 22. April haben wir den k. k. commissarien des depositorii die silbernen leuchter und das crucifix, welche unter dem probst Ferdinand Adler gemacht worden und 4000 fl. gekostet, nebst kelchen, monstranzen, lampen und reichen, einschichtigen meßgewändern, so wir nach übergebung der ornaten mit erlaubnis der regierung zurückbehalten, auch überliefert.«

»1787, den 24. April, war der traurige tag, an welchem unsere schöne, prächtige kirche, welche eine zierde der stadt Wien gewesen, auf befehl Seiner Majestät des Kaisers entweiht worden.« . .

»1787, den 4. Mai war der betrübte tag, an welchem in unserer entweihten kirche alle altäre und gerätschaften licitando verkaufet worden und zwar umb ein spottgeld. die orgel, welche über 7000 fl. gekostet, ist sambt dem vergoldten chorgegätter umb 550 fl. verkaufet worden.«

»den 23. dito haben sie die kruften unserer kirche von den todtenbeinern (der verstorbenen Geistlichen) geraumet und selbe in einer einzigen nacht, da sie mit 12 wägen zweimal gefahren, in den freidhof außer der Matzleinstorfer linien geführet.« . .

---

[1]) Siehe die Regesten aus dem Archiv des 1786 aufgehobenen Chorherrenstiftes St. Dorothea in Wien, von Hermann Pfeiffer, in den »Quellen zur Geschichte der Stadt Wien«, III. Band, Seite 82, Nr. 2621.

[2]) Es sind dies die Notata des damaligen Hofmeisters von St. Dorothea, Engelbert Augusti, im Stiftsarchiv von Klosterneuburg.

Und jetzt kommt das Merkwürdigste und Interessanteste:

»den 13. Juli 1787 hat herr Holzmann, bürgerlicher tandler, welcher unsere zwei kirchentürme umb 1581 fl. gekaufet, bei abbrechung derselben in dem knopf folgende Inschrift mit 11 reliquien in einem kupfernen büchsel gefunden: die inschrift lautet: Anno Domini N. J. Chr. MDCC IV sub glorioso, victorioso et magno Romanorum imperatore Leopoldo I. has ambas turres una cum toto aedificio exteriori funditus errexit, totamque ecclesiam basilice renovavit reverendissimus, perillustris ac amplissimus dominus Ferdinandus Noltaeus de Ottendorff, collegiatae ecclesiae can. reg. s. Augustini ad divam Dorotheam praepositus, sac. caesar. Majestatis consiliarius, statuum provincialium inf. Austriae deputatus electus, inventore Mathia Staindl, viro in omni arte experto, sub directione r. d. Hieronymi Camiller, eiusdem canoniae professo.

Die reliquien waren: s. Dorotheae V. M., s. Jucundi M., s. Felicis M., s. Felicissimi M., s. Elisabethae Vid., s. Lucii M., s. Eleutherii M., s. Secundi M., s. Justi M., s. Alexandri Sauli Ep., und de cera benedicta ab Innocentio XI. summo Pontifice.« . .

Nachdem also im Jahre 1787 auch die beiden Kirchentürme um 1581 fl. glücklich an den Mann gebracht worden waren, war das Zerstörungswerk endgültig vollbracht und eines der schönsten und kulturgeschichtlich hochinteressantesten Stifte für immer vom Erdboden verschwunden. Kehren wir jedoch jetzt zur Geschichte dieses Stiftes am Ende des 17. und zu Beginn des 18. Jahrhunderts zurück, denn diese Zeit ist ja für uns die momentan wichtigste.

Die große Bauperiode des Stiftes St. Dorothea begann bereits unter dem Prälaten Hieronymus III. Hayden (1671—1698). In die Zeit seiner Amtstätigkeit fällt die Belagerung Wiens durch die Türken (1683). Das Stiftsgebäude selbst dürfte damals keinen besonders nennenswerten Schaden erlitten haben, dafür aber waren die Besitzungen des Stiftes zu Liesing, Rauchenwart, Neustift etc. etc. um so härter mitgenommen worden. Propst Hieronymus begann daher seine Bautätigkeit zunächst damit, daß er die zerstörten Wirtschaftsgebäude auf den verschiedenen stiftlichen Besitzungen wiederherstellen ließ. Als das Einkommen des Hauses aus diesen Besitzungen sich wieder gebessert hatte, wandte er seine Aufmerksamkeit dem Stifte selbst zu, restaurierte und erweiterte den Konvent und erbaute auch den an das Stift und die Kirche anstoßenden sogenannten Dorotheer-Freihof, wo, wie wir bereits wissen, Matthias Steinl vom Jahre 1692 bis zum Jahre 1727 domizilierte.

War die Bautätigkeit des Propstes Hieronymus mehr nach der praktischen Seite hin gerichtet, so begann dafür jetzt unter seinem Nachfolger Ferdinand II. Noltäus de Ottendorf (1698—1712) mehr das künstlerische Moment in den Vordergrund zu treten. Vor allem war es die Kirche, der er sein Hauptaugenmerk zuwandte und die er mit einem bis dahin nie gekannten Glanze auszustatten sich bemühte. Und jetzt setzt die Tätigkeit Steinls als Ingenieur des Stiftes St. Dorothea ein.

Die schriftlichen Aufzeichnungen aus der Zeit des Propstes Noltäus de Ottendorf fehlen leider im Archiv des Stiftes Klosterneuburg, nichtsdestoweniger ist aber die Stellung Steinls und sein Einfluß auf die künstlerischen Unternehmungen dieses Propstes vollständig sichergestellt. Das wichtigste Dokument ist zweifellos die früher angeführte Urkunde aus dem Turmknopf der Kirche, die uns eine glückliche Fügung erhalten hat. Sie besagt genau, was damals geschah: Die Kirche erhielt eine neue Fassade mit zwei hochaufragenden Türmen und wurde im Innern »basilice«, das heißt »auf das prächtigste und herrlichste« ausgestattet. Als »Inventor«, das heißt als derjenige, der dazu die Zeichnungen und Pläne entwarf, wird Matthias Steinl genannt, und welches Ansehen er im Stifte besaß und wie vielseitig seine Tätigkeit gewesen sein mußte, bezeugen am besten die Worte: »viro in omni arte experto«, er war ein Mann, der auf jedem Gebiete der Kunst zu Hause war.

Im Museum des Stiftes Klosterneuburg findet sich eine Kupferstichplatte vor, worauf die neue, von Steinl entworfene Kirchenfassade mit den beiden Türmen im Bilde wiedergegeben ist. (Siehe die Tafel I.) Der Kupferstich wurde jedenfalls im Auftrage des Stiftes St. Dorothee angefertigt, denn es scheint damals üblich gewesen zu sein, daß die einzelnen geistlichen Häuser ihre Bauten und sonstigen hervorragenden künstlerischen Leistungen in Kupfer stechen ließen und die Bilder einander zusandten, wie wir ja auch ein ähnliches Beispiel aus dem Stifte Zwettl haben. (Siehe die Tafel VI.) Merkwürdigerweise ist auf dieser Platte ein Teil der Zeichnung entfernt worden, ohne daß etwas anderes an dessen Stelle eingezeichnet worden wäre. Warum oder wozu das geschah, vermag ich nicht anzugeben.

Es ist mir aber auch gelungen, vier Zeichnungen zu finden, die uns ein vollständiges Bild des ehemaligen Dorotheerstiftes geben. Da sie seinerzeit bei der Aufhebung dieses Stiftes »in perpetuam rei memoriam« angefertigt wurden, will ich sie hier publizieren. (Siehe die Tafeln II bis V.) Darunter befindet sich auch ein Prospekt der Kirchenfassade, der uns mit dem früher erwähnten Kupferstich zusammen ein vollständig klares Bild von dem ehemaligen Aussehen der Kirche wiedergibt.

Wie das Innere der Kirche unter Propst Noltäus aussah, darüber sind wir leider vollständig im unklaren, da weder schriftliche Aufzeichnungen noch Pläne davon existieren. Es heißt nur, daß, als der Hof am Dorotheafeste des Jahres 1705 in der neuen Stiftskirche erschien, allgemein die Schönheit und Pracht des Gotteshauses bewundert wurde, und wenn wir uns daran erinnern, was alles anläßlich der Aufhebung dieses Stiftes zertrümmert, verkauft und verschleudert wurde, so können wir uns sicher zur Genüge selbst ein Bild von der Pracht und Herrlichkeit der Kirche entwerfen.

Hatte Propst Noltäus das Gotteshaus zu einem der schönsten und prächtigsten in ganz Wien umgestaltet und eingerichtet, so trachtete jetzt sein Nachfolger Ferdinand III. Adler (1712—1734) die Kirche mit kostbaren Paramenten und silbernen und goldenen Geräten zu versehen. Während wir aus der Zeit des Propstes Noltäus nur sehr dürftige Aufzeichnungen besitzen, sind wir über die Ereignisse während der Amtstätigkeit des Propstes Ferdinand Adler wesentlich besser unterrichtet. Er hat uns vier große Bücher hinterlassen, worin er mit eigener Hand alle Einnahmen und Ausgaben sowie auch alle Anschaffungen für die Kirche und das Stift verzeichnete [1]). Diese Bücher haben für uns einen großen kulturgeschichtlichen Wert, denn sie entrollen uns ein fast vollständiges Bild über das Leben und Treiben sowie auch über alle künstlerischen und wissenschaftlichen Bestrebungen dieses Hauses am Beginn des 18. Jahrhunderts. Wir sehen zunächst, auf welch hoher geistiger Stufe der Propst und die Mitglieder des Hauses damals standen. Jahr für Jahr finden wir die Posten eingetragen, die für die Studien und Bücher der einzelnen Kapitularen sowie auch für die Neuanschaffungen in die Bibliothek ausgegeben wurden. Der Verkehr, den das Stift mit der Außenwelt unterhielt, war ein äußerst reger und glänzender. Wiederholt war der Kaiser und der Hof im Stifte selbst oder auf den Besitzungen außerhalb des Stiftes zu Gaste. An den Festen st. Dorotheae und st. Augustini sowie an den Namens- und Infulationstagen des Prälaten finden wir stets entweder im Stifte selbst oder auf dem Gute zu Liesing die auserlesenste Gesellschaft versammelt. Da lesen wir zum Beispiel: »Den 2. September 1717 einige vornehme herrn als gäste zu Liesing gehabt, unter welchen ihro hochfürstliche gnaden der bischof in Wien, ihro excellenz Marchese Rofrano, ihro excellenz graf Kinsky, böhmischer Kanzler, ihro excellenz graf von Trauttmanstorff, herr graf von Althan, herr graf von Harrach nebst denen herrn praelaten von Mölckh, Schotten Montserrat und Perneck etc etc...« Ein anderes Mal heißt es wieder: »Den 13. September 1717 denen gesambten confratribus und vielen vornehmen herrn wegen erfochtenen herrlichen victori wider die Türken und darauf erfolgten eroberung der importanten festung Belgrad zur bezeugung öffentlicher freude neben einem stattlichen tractament ein freies scheibenschießen in Liesing gegeben...«

Den 19. Oktober 1717 lesen wir: »Meinen namenstag zu Liesing celebriert, woselbst einige herrn praelaten, cavaliers und regimentsräte zu gast

---

[1]) Diese Bücher sind überschrieben: »Handbuech oder Stiftsraitung über Empfang und Ausgab, geführt durch mich, Ferdinand Adler, Probsten zu St. Dorothea«, bestehen aus 4 Bänden und befinden sich im Stiftsarchiv zu Klosterneuburg.

gehabt..« Die Herren vergnügen sich mit Scheibenschießen und die anwesenden Damen, »deren ihrer fünf waren«, erhalten vom Prälaten jede »in neuen groschen zum al ombra spielen 3 fl, macht zusammen 15 fl« ... Ein anderes Mal heißt es wieder: »den 19. März 1718 einige vornehme herrn zu gast gehabt, als nämlich: Ihro hochfürstliche gnaden, unseren herrn bischof in Wien, ihro hochfürstliche gnaden von Brixen und ihro fürstliche gnaden zu Laibach nebst anderen ministern und cavalieren...«

Den 3. August 1714 sind die kaiserlichen Reitknechte mit 40 Pferden in Liesing, weil der Kaiser am nächsten Tag »hinter Rodaun bei dem roten Stadl eine hirschjagd gehabt und ihro excellenz, herr obrist-stallmeister, graf von Althan, die pferde und knechte über nacht zu behalten angesuchet« ... Ein anderes Mal heißt es wieder: »den 14. Juli 1718 ist der kaiser zur jagd hinter Kaltenleutgeben gewesen und nach derselben hat er sich nacher Liesing erhoben, umb 1 uhr mittags daselbst angelanget, im saal gespeist und sodann um halber acht uhr nacher Wien gefahren...« usw. usw.

Wir sehen also, daß das Stift außerordentlich gastfreundlich war und einen sehr regen Verkehr mit den geistlichen und weltlichen Herren der Außenwelt unterhielt, die Mitglieder des Stiftes stammten ja auch zumeist aus den ersten und besten Kreisen der damaligen Zeit.

Ich komme nun zu einem anderen Punkt. Interessant ist auch, woher der Prälat die Stoffe für die kirchlichen Paramente bezog. Zur Zeit der Aufhebung besaß das Stift nicht weniger als 14 vollständige Pontifikalornate, ganz abgesehen von den sogenannten »einschichtigen« Meßgewändern, gewiß ein staunenswerter Reichtum an kirchlichen Gewändern. Woher dieser Reichtum? Die Aufzeichnungen des Prälaten geben uns darüber Aufschluß. Da heißt es beispielsweise: »den 24. April 1717, zwei reiche kleider, id est zwei manteau und zwei unterröck, welche zusammen 61 ellen halten, deren jede elle von dem einem kleid zu Lion in Frankreich 40 fl, von dem anderen aber jede ellen 32 fl gekostet hat, von ihro hochfürstlichen gnaden, fürstin Antonie von Liechtenstein, welche wegen schwere des zeugs benenntes kleid nicht tragen wollen, zu einem zukünftigen ornat pro festo st. Dorotheae erkauft umb 180 speciesduggaten id est 750 fl.« ... Ein anderes Mal heißt es wieder: »18. März 1719. Ein reiches hof-frauenkleid von drap d'or, bestehend in einem unterrock und manteau zu einem künftigen ornat oder messgewändern erkauft, welches beiläufig in sich haltet 30 ellen und hat solches kleid von neuen bis 1200 fl gekostet und solle nur dreimal getragen worden sein. Darvor aber nur bezahlt 380 fl« ... Dann heißt es wieder: »27. Juli 1720. Eodem zwei reiche hof-frauenkleider, eines sehr reich gestickt auf pures silberstück und solle das sticken allein über 1200 fl gekostet haben, das anderte aber geblumbtes silberstück mit opern, darvon jede ellen 30 fl gekostet haben solle, zu einem zukünftigen kirchenornat erkaufet und vor solche beede kleider bezahlt 550 fl« ...

Solche hochinteressante Eintragungen finden wir in Menge, so daß wir uns ganz gut eine Vorstellung einerseits von dem Reichtum, anderseits von der Schönheit und Pracht der kirchlichen Paramente im Stifte St. Dorothea machen können.

Nun kommen wir aber auch wieder zu unserem Matthias Steindl. Ich habe seinen Namen wiederholt in den diversen Büchern des Stiftes St. Dorthea gefunden. Zum Beispiel in den sogenannten »Notata« des damaligen Hofmeisters Hieronymus Camiller[1]). Dort heißt es: »1710. Den 4. Jannuar nacher Liesing gefahren, alda mit herrn Mathia Steindl und dem steinmetzmeister in Lerchenfeld die maß zur verfertigung eines neuen springbrunnen genomben« ...[2])

»1711. Den 2. Jänner, ihro hochwürden, herr Praelat, herr Dr. Mayer, herr Staindl und ich auf dem Gersthof über das gebäu, so herr Abt im spannischen klösterl dero grundholden zu erheben erlaubet und auf seinem grund zu sein vermeinet, den augenschein eingenomben« ...

»1713, den 3. Februar. Herr Praelat mit herrn Steindl und ich zu Liesing gewesen, alwo die transferierung der neuen capellen in das turmzimmer und andere reparations nötige sachen angeordnet worden« ...

Ferner fand ich seinen Namen in den uns bereits bekannten »Handbüchern« des Prälaten Ferdinand Adler. Dort heißt es als Ergänzung zu den vorhergehenden Notizen:

»1717, den 6. Novembris dem herrn Staindl wegen zuesehung und anordnung des gebäues zu Liesing zu einem regal gegeben 10 speziesthaler, id est 20 fl« ...

<blockquote>
Liesing war der Lieblingsaufenthalt des Prälaten Ferdinand Adler. Er legte Weingärten und einen großen Keller an und schuf dort zugleich eine Art Sommersitz für sich und seinen Konvent. Den Bau führte der Hofmaurermeister Christian Öttl. 1717, den 24. April, lesen wir: »dem hofmaurermeister Christian Öttl wegen in grund gelegten vorderen gebäu zu Liesing als belohnung gegeben 1 species kremnitzer duggaten, id est 4 fl 15 kr.« ... 1719, den 28. Dezember, heißt es wieder: »Eodem dem maurermeister Christian wegen auszeichnung des neuen kellergebäues und darüber gemachten riss zu einer belohnung seiner gehabten mühe gegeben 4 speciesthaler, id est 8 fl.« ...
</blockquote>

[1]) Im Archiv des Stiftes Klosterneuburg.
[2]) Dieser Brunnen wurde im Jahre 1756 von Liesing in den Stiftsgarten nach St. Dorothea in Wien transferiert und da erfahren wir, daß der Springbrunnen »einen Neptunum mit einem Wallfisch« darstellte (Notata des Hofmeisteramtes von St. Dorothea, 1756).

Die Tätigkeit Steinls bei den Neuanschaffungen für die Kirche wird durch folgende Aufzeichnungen in den Handbüchern des Prälaten Ferdinand Adler illustriert:

»1716, den 4. Decembris, dem herrn Staindl wegen denen pyramiden zum altaraufputz und denen sakristei-bilderrahmen auf denen betstühlen verfertigten und dargegebenen rissen zu einer verehrung gegeben 2 doppelte duggaten, id est 16 fl«.

Zu diesen Betstühlen in der Sakristei malte Martin Altomonte die Bilder, denn in den Handbüchern des Prälaten findet sich am 8. März 1717 folgende Notiz eingetragen:

»den 8. Martii herrn Martino Altomonte, malern, wegen denen in die sakristei auf die betstühl gemachten 4 passionsbilder, jedes per 20 fl, über abzug von 16 fl schuld wegen genommenen weins, völlig bezahlt mit 64 fl.«

Martin Altomonte hatte für diese Sakristei schon drei Jahre früher ein großes »Vesperbild« gemalt, denn am 19. Februar 1714 lesen wir (ebenda): »den 19. Februar 1714 dem herrn Altomonte, malern, vor das große vesperbild, so ober der thür in der sakristei stehet, bezahlt 45 fl.«

1716 malte er im Auftrage des Prälaten zwei Bilder für die Chorfrauen zu Eisenstadt in Ungarn. Der Prälat schreibt nämlich: »Eodem (26. August 1716) denen chorfrauen zu Eisenstadt, nostri ordinis, weilen sie wegen großer armut kein einziges bild in ihrem refectorio gehabt, auf ihr vielfältiges bitten zwei bilder, als nemblichen den heiligen Augustinum und die heilige Monica malen lassen und vor solche dem maler bezahlt 40 fl.«

Martin Altomonte starb, 86 Jahre alt, im Jahre 1745 im Heiligenkreuzerhof zu Wien (Quellen zur Geschichte der Stadt Wien, VI. Band, Seite 383, N. 14021). Das Jahr vorher malte er noch in der Hauskapelle des Stiftes Herzogenburg eine »Verkündigung«, die mit »Mart. Altomonte p. 1744« signiert ist.

1717, den 18. Jänner lesen wir: »dem herrn Staindl wegen gemachten risseln zu denen hölzernen kirchenleuchtern und pyramiden zu einer Verehrung gegeben 2 speciesduggaten, id est 8 fl«.

Nach diesen Steinlischen Rissen arbeiteten dann folgende Bildhauer:

a) Adam Martin Abril, geboren zu Statt am Hoff bei Regensburg in Baiern (Quellen zur Geschichte der Stadt Wien, VI. Seite 127, N. 7874), wohnhaft beim roten Apfel in der Josefstadt. Über ihn lesen wir:

»21. August 1719. Dem bildhauer Adam Martin Abril, wegen angefrimbten 18 kirchenaltarleuchtern, die er nach vorgelegtem riss sauber schneiden solle, und vor 6 zu bezahlen contrahiert worden 17 fl, folglich vor alle 18 leuchter 51 fl. Per abschlag darauf gegeben 15 fl.

»Item den 29. Augusti dem bildhauer Adam Martin Abril wegen zwölf sauber geschnittenen kirchen-altarleuchtern, contrahiertermaßen per 34 fl., über die allbereits per abschlag erhaltenen 15 fl den überrest bezahlt mit 19 fl.« »Eodem (11. October 1719) dem Adam Martin Abril, bildhauern, sein auszügl wegen 6 verfertigten und sauber geschnittenen altarleuchtern bezahlt mit 17 fl.« »Eodem (17. December 1719) dem Adam Martin Abril, bürgerlichen bildhauern, wegen 4 vor die kirchen sauber geschnittenen leuchtern, vor jeden 3 fl, bezahlt 12 fl.«

b) Anton Hueber, geb. zu Brixen in Tirol, gestorben, 69 Jahre alt, im Jahre 1735 bei den sieben Sternen in Mariahilf. (Quellen zur Geschichte der Stadt Wien, Seite 165 und 360,

N- 8540 und 13310.) Seinen Namen fand ich nur ein einziges mal verzeichnet und zwar am 15. Jänner 1720. Es heißt dort: »dem bildhauer Antoni Hueber wegen 16 sauber geschnittenen kirchenleuchtern, jeden per 3 fl, sein Auszügl bezahlt mit 48 fl.«

c) Benedict Stöber, gebürtig aus Landsberg in Baiern, derselbe, bei dessen Verehelichung Matthias Steinl als Trauzeuge fungierte. Von ihm heißt es: »22. Februar 1717, dem bildhauer Benedikt Stöber wegen verfertigten zwei bischof-brustbildern zu dem aufputz des hochen altars, jedes per 7 fl, und vor zwei kleine statuen auf die pyramiden, jede per 2 fl 30 kr, zusammen aber ihme bezahlt 19 fl.«

»Item den 14. Martii (1718) dem Benedict Stöber, bildhauern, wegen zwei verfertigten großen jungfrauen-bruststücken bezahlt 12 fl, und vor die zwei kastln, worauf die bruststucker stehen, vor jedes bezahlt 2 fl 15 kr, macht 16 fl 30 kr.«

»Eodem (16. October 1719) dem Benedict Stöber, bildhauern, wegen zwei gemachten figuren auf die großen pyramiden, bezahlt jede per 2 fl 30 kr, macht 5 fl.«

»Eodem (23. August 1720) dem Benedict Stöber, bildhauern, zwei große, wohlgeschnittene brustbilder, als: einen bischof und eine jungfrau, zu dem aufputz des hochaltars, jedes bezahlt per 6 fl, und die 2 darzue gehörigen reliquienkastln, jedes per 3 fl, zusammen aber bezahlt 18 fl.«

Benedict Stöber starb, 49 Jahre alt, den 31. October 1720 in seinem Hause in Mariahilf (Quellen zur Geschichte der Stadt Wien, VI. Band, Seite 327, N- 12354). An seine Stelle kam jetzt der Bildhauer Johann Kayser.

d) Johann Kayser, geb. zu Türkheim in Schwaben (Quellen zur Geschichte der Stadt Wien, VI. Band, Seite 95, N- 7297), gestorben 1722, 9. August, beim goldenen Pelikan bei St. Ulrich in Wien (Ebenda Seite 331, N- 12462) im 46. Lebensjahre. Über ihn finden sich folgende Notizen:

»Erstlichen den 1. October 1721, dem bildhauer Johann Kayser wegen geschnittener zweier tumba oder reliquien-kästen zu dem leib der heil. märtyrin Justina, den anderen zu denen zweien leibern deren heil. märtyrern Jonisii und Josinii, seine darzue gemachte bildhauerarbeit bezahlt mit 25 fl.«

»Item den 6. Decembris 1721 wegen geschnittenen fueßgestell, worauf der kasten mit dem heil. leib der märtyrin Justina kommen soll, dem bildhauer Johann Kayser sein auszügl bezahlt mit 8 fl.«

Dieser leib der heil. Justina wurde dem stifte von »ihro excellenz, der frauen gräfin von Gallas, gewesten vicekönigin zu Neapolis verehrt, von denen closterfrauen zu St. Nicolao gefaßt und vor solche fassung über die allbereits dem tischler bezahlten 16 fl, dem bildhauer 25 fl, dem glaser 12 fl, dem vergolder 48 fl, am 4. Februar 1722, 313 fl. 48 kr. bezahlt.« — Keysers Nachfolger wurde.

e) Balthasar Jungwürth. Über ihn finden sich folgende Notizen:

»1725, den 12. November dem Bildhauer Balthasar Jungwürth wegen nach vorgelegten Riss sauber geschnittenen 6 Altarleuchtern, jeden per 4 fl 12 kr, bezahlt 25 fl 12 kr.«

»Item den 13. April 1728, dem bildhauer Balthasar Jungwürth wegen einer sauber geschnittenen ram sambt wolken und einem kindl mit einem kreuz in der hand, zu einem frauenbild in die capelln auf unserer mühl an der Wien, contrahiertermaßen 9 fl.«

»Item den 28. Mai 1728 dem bildhauer Balthasar Jungwürth wegen zweier sauber geschnittenen großen pyramiden, jedwede mit einer ganzen figur, bezahlt 12 fl.« —

Als Vergolder fungierte stets Balthasar Widtsack, aus Zwettl in Niederösterreich gebürtig.

1719 und 1720 werden auch Steinls Frau und seine beiden Töchter erwähnt, wie wir bereits früher gehört haben. 1720, den 25. Juli, findet sich folgende Notiz: »Eodem ist das solenne vierzigstündige gebet de adoratione venerabilis sacramenti ad intentionem Suae Majestatis Caroli Sexti in unsere kirchen komben. Zu diesem benannten gebet ein portal vor der kirchentür aufrichten lassen und davor zwei malern, die solches gemalen, bezahlt mit 40 fl. Vor solches portal zu zeichnen und angewendeter mühe dem herrn Staindl zu einer verehrung gegeben 3 speciesthaler, id est 6 fl.«

1720, den 29. Dezember, finden wir folgende Aufzeichnung: »Eodem dem maler, welcher das neue heilige grab gemalen, über die allbereits den 6. Novembris empfangenen 24 fl., völlig bezahlt mit 52 fl. Solchemnach den 30. Decembris dem herrn Staindl, ingenieur, wegen verfertigtem riss zu vorbenanntem heiligen Grab, auch aufgerissener zeichnung auf die bretter und anderer darbei vielfältig angewendeter mühe zu einer erkenntlichkeit gegeben 15 Speciesthaler, id est 30 fl.«

    1720, den 7. Juni kauft der Prälat hundert »ausgeklaubte« Tischlerläden zu diesem neuen heil. Grab, jeder zu 5 kr. 2 ₰., macht 9 fl 10 kr.

    1720, den 21. Oktober, erhält der kaiserl. hofbefreite Tischlermeister Johann Weyer wegen verfertigter Tischlerarbeit zu dem neuen hl. Grab 32 fl. Dieser Johann Weyer besorgt auch die Tischlerarbeiten zum neuen Kirchenportal für das vierzigstündige Gebet und erhält dafür 15 fl.

    Wer die Maler des Kirchenportals und des neuen heil. Grabes waren, ist nicht bekannt, da ihre Namen nicht genannt werden. Außer diesem Tischlermeister Johann Weyer findet sich auch noch wiederholt der Name des kaiserlichen Kammertischlers Paul Podner vor. Er macht beispielsweise 1713 einen großen Schneckenkasten für das Refektorium, 1714 zwei solche Kasten für die sogenannte obere Sakristei usw. usw., scheint aber dann später nicht mehr im Dorotheerstifte gearbeitet zu haben, da er, wie wir später noch sehen werden, bei den Arbeiten Steinls außerhalb Wiens einen weit größeren Schaffenskreis fand.

1726, den 3. Dezember, schreibt der Prälat: »Eodem dem herrn Staindl, ingenieur, wegen gemachten sauberen riss zu zuekünftigen silbernen kirchenleuchtern zu einer erkenntlichkeit gegeben 4 fl.«

    Diese Leuchter wurden das darauffolgende Jahr auch tatsächlich ausgeführt, denn am 10. Februar 1727 findet sich in den Handbüchern des Prälaten Ferdinand Adler folgende Eintragung: »Den 10. Februarii dem herrn Johann Augustin Stadler, bürgerl. goldschmied, auf die von mir bei ihm angefriembten 6 silbernen altarleuchter und ein crucifix, zu welchem ich ihme 100 Mark silber Wiener prob zu verbrauchen zuegestanden, per abschlag darauf gegeben 1000 fl.«

    Ferner heißt es den 14. September 1727: »Item dem Augustin Stadler, bürgerl. goldschmied, wegen in unserer kirchen von feinem silber gemachte 6 große silberne leuchter mit dem crucifix, welche in sich halten 141 mark, 10 loth, 1 quintl Wiener probsilber, jede mark contrahiertermaßen 23 fl, welches in geld betraget 3257 fl 58 kr, über die allbereits den

Der Bildhauer und Ingenieur Matthias Steinl. 293

10. Februarii dies jahr per abschlag empfangenen 1000 fl den rest darauf völlig bezahlt mit 2229 fl.«

Es sind das zweifellos dieselben Leuchter, von denen der Hofmeister Engebert Augusti in seinen Notizen über die Klosteraufhebung sub dato 23. April 1787 spricht.

Damit schließen die Aufzeichnungen über Matthias Steinl in den Handbüchern des Prälaten Ferdinand Adler. Bevor ich jedoch das bisher Gesagte zu einem in sich abgeschlossenen Ganzen vereinige, muß ich der Vollständigkeit halber noch einiges nachtragen.

Wir haben vorhin (auf Seite 290) von den Arbeiten Altomontes gesprochen. Außer Altomonte fand ich noch einen anderen Maler im Stifte St. Dorothea beschäftigt. Es ist dies der bürgerliche Maler Matthias Gedhon († 1734, 60 Jahre alt, in der Jakobergasse in Wien). Von ihm heißt es: »1722, den 3. Februarii, dem maler Mathiae Gedhon wegen copierung meiner zweien herrn vorfahren seelig, deren portrait in den saal des universitätshauses als geweste rectores magnifici verlanget worden, jedes 9 schuech hoch und 4 schuech breit, bezahlt mit 40 fl.«

Das Interessanteste sind aber zweifellos die Goldschmiede des Stiftes St. Dorothea, von denen bisher noch nicht die Rede war.

Der Bedeutendste und am meisten Beschäftigte unter ihnen ist der bürgerliche Goldarbeiter Johann Kaspar Holbein. (Siehe über ihn im VI. Band der Quellen zur Geschichte der Stadt Wien unter »Holbein«). Er stammte aus »Schwäbisch-Gemunden (wahrscheinlich Gmund am Tegernsee in Bayern) und starb 1742, 65 Jahre alt im Dorotheerhof zu Wien. Er vermählte sich im Jahre 1702 mit Anna Maria Entzespergerin, des Johann Andrae Entzesperger, des äußeren Rats, Tochter, und hatte einen Sohn, Franz Xaver Holbein, der sich wieder im Jahre 1740 als kaiserl. Ministerial-Bancodeputations-Raitoffizier verheiratete. Als Trauzeuge des Franz Xaver Holbein fungierten Johann Kaspar Holbein, der Vater, und der niederösterreichische Regimentsrat und Landschreiber in Unterösterreich, Johann Georg Keeß, ein Sohn des im Stifte Klosterneuburg vielbeschäftigten Goldschmiedes Johann Ernestus Keeß aus Münnerstadt in Bayern, woraus sich vielleicht der Schluß ableiten läßt, daß die beiden Väter eventuell schon von ihrer Jugend- und Lehrzeit her miteinander befreundet waren. Die Keeß waren ja eine uralte Goldschmiedfamilie und auch der Vater des Johannes Ernestus Keeß war bereits ein »Aurifaber« in Münnerstadt. Beide, sowohl Johann Kaspar Holbein als auch Johannes Ernestus Keeß standen zu Matthias Steinl in Beziehungen, der erstere im Stifte St. Dorothea, der letztere in Klosterneuburg. Von den Beziehungen des Johann Ernestus Keeß zu Matthias Steinl wird später noch ausführlicher die Rede sein. Für jetzt will ich nur von dem Goldarbeiter Johann Kaspar Holbein sprechen. Sein Name kommt in den Handbüchern des Prälaten Ferdinand Adler fast auf jeder zweiten Seite vor. Er verfertigte für den Prälaten und das Stift Ringe, Pectoralien, Infeln, Kelche, Opferkännchen, eine große kostbare Monstranze, einen herrlichen Pontifikalkelch und ein ebenso kostbares Pastorale, die leider alle bei der Aufhebung des Stiftes verloren gegangen sind. Nichtsdestoweniger möchte ich doch wenigstens die 3 zuletzt genannten Objekte herausgreifen, denn sie zeigen uns einerseits, wie damals die künstlerischen Bestrebungen des Dorotheerstiftes Nachahmung in den übrigen geistlichen Häusern fanden und anderseits wie gerade die Schöpfungen Steinls Tonangebend für die Neuanschaffungen in diesen Häusern wurden.

Bereits früher haben wir gehört, wie das Stift St. Dorothea im Jahre 1727 große silberne Leuchter und ein ebensolches Kruzifix für den Hochaltar der Kirche anfertigen ließ. Ganz dasselbe geschieht, wie wir dann später sehen werden, ein Jahr später in Klosterneuburg.

1714 entwirft Matthias Steinl die Zeichnung für die große Monstranze in Klosterneuburg (siehe die Tafel XV) und im Jahre 1725 lesen wir in den Handbüchern des Prälaten Ferdinand Adler:

»Item den 5. Decembris von Herrn Caspar Holbein, goldarbeitern in unserem freihof, eine große, extra fein gearbeitete, silberne und völlig vergoldte, mit lauter guten steinern besetzte monstranzen vor unsere Kirchen erkauft und darvor 1200 fl so wie auch vor seine gesellen 4 fl trinkgeld gegeben.« Wenn wir auch nicht urkundlich angeben können, daß Matthias Steinl für dieses Werk die Zeichnung entworfen hat, so ist es doch sicher mehr als wahrscheinlich, daß der Prälat, der sich bei allen möglichen Neuanschaffungen für die Kirche Skizzen und Zeichnungen von Steinl anfertigen ließ, auch in diesem Falle wieder den um das Stift so hochverdienten Meister zu Rate zog, um so mehr, als ja sein Entwurf für die Klosterneuburger Monstranze bereits in anderen Stiften Schule gemacht hatte.

Das Stift Herzogenburg besitzt nämlich ebenfalls eine sogenannte Pracht-Monstranze aus dem Jahre 1722. (Siehe die Tafel XVI.) Die Aufschrift lautet: »Incarnato Deo hunc in terris thronum Perillustris Dominus Joannes Mathias Altschmidt de Hienheimb, Sacr. Caes. Majest. Sopr. Colonellus pro Ecclesia Ducumburgensi obtulit anno 1722.« Und daneben steht der Name: Johann Caspar Holbein. Ich weiß zwar nicht, wer der perillustris Dominus Altschmidt de Hienheimb war und aus welchem Grunde er dem Stifte Herzogenburg dieses Prachtstück einer Monstranze verehrte, aber ich glaube sicher, daß er sich zuerst darüber informierte, womit er dem Stifte die größte Freude machen könnte und da erhielt er zweifellos von den Herren, die das Werk Steinls in Klosterneuburg kannten, die Auskunft, daß es eine der dankenswertesten Aufgaben wäre, ein ähnliches Werk für das Stift Herzogenburg zu stiften und er ging in das Stift St. Dorothea zu Matthias Steinl oder, was in diesem Falle dasselbe war, zu Johann Kaspar Holbein und bestellte die Monstranze.

Und merkwürdigerweise, wenn wir die Handbücher des Prälaten Hieronymus Übelbacher (1710—1740) von Dürnstein (die ich im nächsten Jahrbuch publizieren werde) aufschlagen, so finden wir auch hier wieder Verhandlungen wegen einer »großen« Monstranze. Es heißt dort: »1725, den 28. Decembris mit ihme, herrn Johann Caspar Holbein, auf die monstranzen nach vorgewiesenen, vom bildhauer geschnitzten modell, als welches modell ich habe abreissen lassen und bei meinen handen erlieget, gehandelt.« . . . Die ganze Monstranze wird beschrieben, alle Edelsteine und Kostbarkeiten, die der Prälat zu ihrer Anfertigung dem Künstler übergab, aufgezählt und schließlich am 29. September 1726 die »Abraitung« gehalten, wobei der Prälat die Notiz hinzufügt: »N. B. die Herzogenburgerische Monstranzen ist hoch 2 schuech, 9 zoll.« (Siehe die Abbildung der Dürnsteiner Monstranz auf Tafel XVI)

Der Zusammenhang ist also auch hier wieder ganz klar. Der Prälat von Dürnstein hat die Herzogenburger Monstranze gesehen, ist darauf hin zu Johann Kaspar Holbein gegangen und hat bei ihm zunächst das Modell zu einer ähnlichen Monstranze bestellt. Auf Grund dieses Modells wurde dann am 28. Dezember 1725 der Kontrakt perfekt. Wenn wir uns nun fragen, wer zu diesem Modell die Zeichnung entworfen hat, so können wir allerdings wieder nicht urkundlich feststellen, daß es Matthias Steinl gewesen ist, aber ich glaube sicher nicht fehlzugehen, wenn ich ihn als den »inventor« dieses Werkes bezeichne, es ist ja wahrlich, wie wir dann später noch sehen werden, nicht das erste- und nicht das letztemal, daß sein Name vorsichtig verschwiegen oder doch wenigstens nicht genannt wurde.

1725 ließ der Prälat Ferdinand Adler den alten Pontifikalkelch, der noch aus der Zeit des Propstes Christophorus Thut (1587—1610) stammte, neu vergolden und herrichten und »da der Kelch schon völlig veraltet war«, erhält Johann Kaspar Holbein den Auftrag, für die Stiftskirche »einen neuen, extra sauberen, silbernen und völlig vergoldten Pontifikalkelch« zu verfertigen. Derselbe, »so ein meisterstück ist«, hat 4 Mark 11 Loth im Gewicht und kostet 165 fl.

Auch dieser Kelch ist leider verloren gegangen, aber das Stift Herzogenburg besitzt von Johann Kaspar Holbein ebenfalls einen Pontifikalkelch, der fast gleichzeitig angefertigt worden sein dürfte und wir sind daher wieder in der Lage, uns ein ungefähres Bild des damaligen Dorotheer Pontifikalkelches zu machen. (Siehe die Tafel XVI.)

Noch eine andere Notiz in den Aufzeichnungen des Prälaten Ferdinand Adler hat mich sehr interessiert. Es heißt dort (16. Dezember 1716): »Eodem mit herrn Holbein, goldarbeitern auf ein neues pastoral, sauber abgeredter maßen, den oberen teil sambt dem knopf von filigran und mit guten steinern besetzt zu verfertigen, 75 ordinari duggaten contrahiert, bei überlieferung desselben sollen 50 duggaten erleget werden, anjetzo aber pro abschlag 25 duggaten, id est 100 fl gezahlt.«

Am 24. April 1717 ist das Pastorale fertig und wir finden folgende Notiz: »Eodem dem herrn Caspar Holbein, goldarbeiter, das neue verfertigte pastoral völlig bezahlt mit 200 fl.« Das Pastorale kostete also 300 fl. Auch damit scheint das Stift St. Dorothea Schule gemacht zu haben, denn das Stift Klosterneuburg besitzt ein Pastorale, auf das die obige Beschreibung genau paßt und wenn wir das Kammeramts-Raitbuch des Stiftes aus dem Jahre 1723, fol. 59, aufschlagen, lesen wir: »den 20. Februar vor ein zu Wien erkauftes silbernes pastoral 270 fl.« Leider fehlt die Rechnungsbeilage zu diesem Posten. Es wäre aber sicher sehr interessant, zu wissen, wo oder von wem der Prälat Ernest Perger dieses Pastorale damals gekauft hat?

Die übrigen Goldarbeiter, die in den Rechnungen des Prälaten Ferdinand Adler vorkommen, sind: a) der bürgerliche Goldschmied Johann August Stadler, den wir bereits kennen, b) der Goldschmied und Juwelier Zacharias Feill, der bei der im Jahre 1702 stattgefundenen Trauung des Johann Kaspar Holbein auch als Trauzeuge vorkommt, und endlich c) ein gewisser Lorenz Glockeysen. Sie alle aber verschwinden neben dem vielseitigen und vielbeschäftigten Johann Kaspar Holbein.

Kehren wir nur wieder zu unserem Matthias Steinl zurück. Wir haben eine ganze Reihe von Notizen kennen gelernt, die sich auf ihn und seine Tätigkeit im ehemaligen Stifte von St. Dorothea in Wien beziehen. Diese Notizen können selbstverständlich auch nicht im entferntesten irgendwelchen Anspruch auf Vollständigkeit erheben, immerhin aber geben sie uns doch ein ziemlich klares und deutliches Bild von der Stellung und Bedeutung Steinls in jener Zeit.

Bleiben wir zunächst bei seiner Stellung.

Der offizielle Titel, der ihm damals zukam, war nach wie vor der eines kaiserlichen Hofbeinstechers. Als er zum Stifte St. Dorothea in Beziehungen trat, erhielt er den Titel »Ingenieur«, doch war dieser Titel, wenn ich mich so ausdrücken darf, nur eine Art Stiftstitel, der sich lediglich auf die Stellung, die er dem Stifte St. Dorothea gegenüber einnahm, bezog. In dem Kontrakt, den das Stift Klosterneuburg am 30. Dezember 1698 bezüglich der Errichtung des Hochaltars in Hietzing mit ihm abschloß, wird er »der röm. kaiserl. Majestät ingenieur« genannt[1]). Das ist aber zweifellos

---

[1]) Siehe den Kontrakt auf Seite 371.

nicht richtig. Diese Bezeichnung Steinls wurde jedenfalls dadurch herbeigeführt, daß Steinl als Kammerbeinstecher das Attribut »kaiserlich« führte, welches Attribut man dann mißverstandenerweise auch vor seinen Ingenieurtitel setzte, so daß dann die Bezeichnung »kaiserlicher Ingenieur« oder sogar »der röm. kaiserl. Majestät ingenieur« daraus wurde. Steinl war zweifellos nur seiner Hofstellung nach »kaiserlich«, keineswegs aber in seiner Stellung als Ingenieur. Der Prälat des Stiftes von St. Dorothea nennt ihn stets nur Ingenieur, nie kaiserlichen Ingenieur. In der Turmknopf-Urkunde heißt er nur »inventor«, nicht aber »suae caesareae Majestatis inventor«, er selbst schreibt sich stets in seiner schlichten, bescheidenen Weise, ohne jeglichen Titel: Matthias Steinl und im Totenprotokoll der Stadt Wien finden wir wieder nur den Titel »kaiserlicher Hofbeinstecher«. Es ist also sonnenklar, daß ihm der Titel »Ingenieur« nur mit Rücksicht auf seine Stellung im Stifte St. Dorothea zukam.

Gehen wir nun zum zweiten Punkt über: Welche Besoldung bezog Steinl als Ingenieur des Stiftes St. Dorothea? Genaues wissen wir hierüber nicht. Als kaiserlicher Hofbeinstecher bezog er jährlich 500 fl. samt einem wöchentlichen Kostgelde von 3 fl. 40 kr.[1]). Vielleicht erhielt er, wie es ja heute noch in manchen Stiften üblich ist, für seine Dienstleistung vom Stifte St. Dorothea eine unentgeltliche Wohnung oder irgendeine Pauschalsumme und außerdem in dem einen oder dem anderen Falle ein sogenanntes »Regale« oder eine sogenannte »Verehrung«, wie wir es ja so oft in den Aufzeichnungen des Prälaten Ferdinand Adler zu sehen Gelegenheit hatten. Vielleicht besaß er aber auch von seiten des Stiftes überhaupt keine fixen Bezüge und das scheint mir auch hier das Wahrscheinlichste zu sein, denn nach allem, was ich über ihn in den diversen Akten gelesen habe, blieb Matthias Steinl, trotz seiner Stellung als Ingenieur des Stiftes St. Dorothea, doch in erster Linie der freie und nach jeder Richtung hin selbständige Künstler. Er arbeitete nicht nur für das Stift St. Dorothea, sondern zugleich auch für eine ganze Reihe von Klöstern, Stiften und, wenn ich mich so ausdrücken darf, auch für Privatpersonen, Künstler, Handwerker und Geschäftsleute. Es ist auch zweifellos sicher, daß er eine eigene Werkstatt besaß, in der er einen ganzen Stab von Künstlern und Handwerkern beschäftigte. Wir brauchen nur beispielsweise den Kontrakt zu lesen, den das Stift Klosterneuburg am 30. Dezember 1698 mit ihm wegen der Errichtung des Hietzinger Hochaltars abschloß, um uns davon zu überzeugen. (Siehe den Kontrakt auf Seite 371.) In diesem Kontrakt ist Matthias Steinl »verobligiert, einen solchen altar zu

---

[1]) Siehe Ilg: Die Fischer von Erlach, Seite 590.

machen, welcher sowohl mit aller nötigen saubern architekturarbeit als auch denen formblichen zieräden und mit guetem gold vergoldten statuen auf das zierlichste versehen und zwar in solcher formb, wie es der bereits von sich gegebene abriß mit mehreren ausführlich weiset«, herzustellen. Der Kontrakt wird mit ihm allein aufgerichtet, ebenso erhält auch er allein den für diese Arbeit stipulierten Betrag. Da nun sicher niemand behaupten wird, daß Matthias Steinl den Hochaltar vielleicht allein verfertigt hat, so ist es ohne Zweifel klar, daß er eine eigene Werkstatt gehabt haben muß, in der die diversen Handwerker für ihn arbeiteten und aus der er auch sein Einkommen bezog.

Noch ein anderes Beispiel:

Im Jahre 1702 lieferte er für die Kanzel der Klosterneuburger Stiftskirche eine Salvator-Statue. (Siehe die Tafeln XVIII und XIX.) Die Quittung, die er hierüber ausstellte, lautet:

»Daß ich endsunterschriebener von titl herrn Jacob[2]), cammerern von Closterneuburg, wegen des Salvator zur canzl auf den bildhauer 20 fl, vor den maler wegen des vergulden 16 fl, dem tischler den verschlag 3 fl, tut zusammen 39 fl, richtig empfangen, bezeuget dieses. Actum Wien, den 26. Decemb. 1702 [1]).

(L. S.) Matthias Steinl.«

Auch hier ist es wieder vollständig klar, daß Steinl eine eigene Werkstatt besaß. Ich stelle mir nun nach dem bisher Gesagten sein Verhältnis zum Stifte St. Dorothea folgendermaßen vor: Steinl war seines Zeichens Bildhauer, Zeichner, Ingenieur und besaß als solcher eine eigene Werkstatt, in der er eine Reihe von Künstlern und Handwerkern beschäftigte. Durch den Prälaten Noltäus de Ottendorf trat er zum Stifte St. Dorothea in Beziehung, wurde dieses Hauses Ingenieur und fungierte als solcher von nun an bei allen künstlerischen Unternehmungen des Stiftes als dessen Berater und Leiter. Er entwarf zunächst Zeichnungen und Risse und legte sie dem Prälaten zur Approbation vor. Wurde dann die Arbeit in seiner eigenen Werkstatt ausge-

---

[1]) Diese wunderschöne Statue stand bis zum Jahre 1832 über dem Kanzeldeckel der Stiftskirche, dann wurde sie, ohne ersichtlichen Grund, herabgenommen und durch ein Kreuz ersetzt, das zugleich mit einem aufgeschlagenen Evangelienbuch auf einer vergoldeten Kugel aufgeschraubt ist. Damals wurden auch vom Hochaltar die zwei etwas lebhafter bewegten Gruppen, das Opfer Abrahams und Jakobs Kampf mit dem Engel, entfernt. Diese beiden Gruppen kamen vor ungefähr 10 Jahren wieder an ihren ursprünglichen Aufstellungsort zurück. Der arme Steinlsche Salvator aber harret noch immer in der Rumpelkammer des Stiftes seiner Auferstehung.

[2]) Jakob Cini, damals Kämmerer und im Jahre 1706 Prälat des Stiftes Klosterneuburg.

führt, erhielt er vom Stifte für seine Entwürfe und Zeichnungen **kein separates Honorar**, sondern, gleichwie beim Hietzinger Hochaltar, **nur die im Kontrakt festgesetzte Summe**. Wurde sie aber von den Künstlern und Handwerksleuten des Klosters ausgeführt, dann erhielt er für seine Zeichnungen und für die Überwachung der Arbeiten ein »Regale« oder eine sogenannte »Verehrung«. Im übrigen aber war er in seinem künstlerischen Tun und Lassen vollständig frei und durch seine Beziehungen zum Stifte St. Dorothea nach keiner Richtung hin irgendwie gebunden.

Diesen soeben geschilderten Modus finden wir auch bei den Arbeiten **Steinls** in Klosterneuburg beibehalten und in derselben Art und Weise dürften sich auch seine künstlerischen Beziehungen zu den anderen Stiften und Klöstern abgespielt haben.

Ich komme nunmehr zum nächsten und letzten Punkt meiner Ausführungen, zu den Arbeiten **Steinls** für die diversen Klöster, Stifte und Kirchen Österreichs und damit auch zugleich zur Würdigung seiner Bedeutung und seines Einflusses auf die kirchliche Kunst am Beginn des XVIII. Jahrhunderts.

IV. Steinls Arbeiten für die diversen Klöster, Stifte und Kirchen Österreichs.

Matthias **Steinl** war einer der bedeutendsten und meistbeschäftigten Künstler seiner Zeit. Dazu trug in erster Linie seine enorme künstlerische Begabung und seine geradezu erstaunliche Vielseitigkeit auf allen Gebieten der Kunst bei. Seine Popularität verdankte er aber zweifellos auch ganz besonders dem Umstande, daß er durch eine glückliche Fügung auf der Höhe seiner künstlerischen Schaffenskraft zum ehemaligen Stifte St. Dorothea in Beziehungen trat. Dieses Stift, das heute spurlos vom Boden der Stadt Wien und damit zugleich auch fast vollständig aus der Erinnerung der Gegenwart geschwunden ist, war damals, zu Beginn des 18. Jahrhunderts, wie wir bereits gehört haben, ein Sammelpunkt aller geistlichen und weltlichen Würdenträger und zugleich auch eine der hervorragendsten Pflegestätten kirchlicher Kunst. Hier lebte und wirkte Matthias **Steinl**, hier lernten ihn die kunstsinnigen und kunstbegeisterten Bischöfe, Prälaten und weltlichen Herren kennen und von hier aus wurde er stets gerufen, wenn es galt, ähnliche Werke in ihren Häusern und Kirchen erstehen zu lassen, wie sie das Stift St. Dorothea bereits von ihm besaß.

Es ist heute noch nicht die Zeit gekommen, um auch nur annähernd ein Bild von der Vielseitigkeit und Größe des Steinlschen Einflusses auf die kirchliche Kunstbewegung jener Zeit zu entwerfen. Auch die vorliegende Publikation kann nur dazu dienen, auf die Größe und Bedeutung dieses Mannes aufmerksam zu machen und sie uns ungefähr ahnen zu lassen. Um ein wirkliches und vollständig klares Bild seiner Tätigkeit und seines Einflusses entwerfen zu können, muß vorerst noch ein anderes Stück harter Arbeit geleistet werden: Es müssen vor allem anderen die verschiedenen Klosterarchive gründlich erforscht und publiziert sein, wir brauchen festen Boden, Land, sicheres, verläßliches Urkundenmaterial, dann kann erst von einer eigentlichen Kunstgeschichte die Rede sein. Ich freue mich beispielsweise schon sehr auf den Tag, an dem ich im nächstfolgenden Jahrbuche des Stiftes Klosterneuburg die Handbücher des Prälaten Hieronymus Übelbacher (1710—1740) von Dürnstein werde publizieren können. Dieser Hieronymus Übelbacher war ein geradezu grandios kunstsinniger und kunstverständiger Mann. Es ist hochinteressant, zu lesen, wo und wie er für jedes Bau- und Kunstobjekt seines Stiftes die entsprechenden Vorstudien unternimmt. Er läßt ganze Kircheninterieurs und Kirchentürme aufnehmen, um ihre Maße und Verhältnisse zu studieren, bereist Stifte und Klöster, um Vorbilder für die Neuanschaffungen seiner Kirche zu finden und notiert immer genau, an welches Vorbild er sich bei dieser oder jener Neuanschaffung gehalten hat[1]). Wie schön wäre es, wenn diese hochinteressanten Dokumente schon heute bekannt wären und ich auf Grund derselben über die Tätigkeit Steinls in Dürnstein reden könnte! Wie schön wäre es beispielsweise auch, wenn wir bereits die kunsthistorischen Aufzeichnungen des Stiftes Melk oder vom Stifte Vorau besäßen! Denn auch dort hat Matthias Steinl gearbeitet. Da dies aber leider nicht der Fall ist, muß ich mich naturgemäß für diesmal nur auf das Material beschränken, das ich bisher selbst zusammentragen konnte. Ist es auch nicht alles, so ist es doch wenigstens etwas und ich hoffe es im nächsten Jahre noch um ein Wesentliches zu bereichern.

Beginnen wir also zunächst mit der Tätigkeit Steinls als Bauingenieur.

A. Matthias Steinl als Bauingenieur.

Der erste urkundlich sichergestellte Bau, für den Matthias Steinl die Zeichnungen und Pläne entwarf, war, wie wir bereits wissen, der Bau

---

[1]) 1725 bestellt er beispielsweise fünf Beichtstühle für die Kirche, »vier kleinere nach art und form, wie die in der st. Dorothea-Kirchen zu Wien, den mittern und großen aber wie die, so unlängst in der stiftskirchen zu St. Pölten gemacht wurden«. Über die

der Fassade und der beiden Kirchentürme des Stiftes St. Dorothea in Wien. Wer der Baumeister war, ist urkundlich nicht festgestellt, doch glaube ich kaum zu irren, wenn ich als solchen den im Stifte St. Dorothea vielbeschäftigten Hofmaurermeister Christian Alexander Öttl bezeichne [1]).

Der zweite urkundlich sichergestellte Bau, für den Matthias Steinl die Zeichnungen und Pläne entwarf, ist der Turm der Stiftskirche zu Zwettl. 1723 wurde dazu der Grundstein gelegt, 1728 war der Bau vollendet [2]). Das Stift Zwettl besitzt einen Riesenkupferstich, worauf der Turm im Bilde wiedergegeben ist. (Siehe die Tafel VI.) Die darunter befindliche Schrift lautet: »Josephus Mathias Götz delineavit [3]), Mathias Steinl invenit, Joseph Mungenast aedificavit et delineavit, Andreas et Joseph Schmuzer sc. Viennae Austriae.« Diese Inschrift ist für uns hochinteressant. Sie zeigt uns nämlich, daß Matthias Steinl den ersten Entwurf für diesen Turmbau konzipiert, Josef Mungenast diesen Entwurf für den Bau kunstgerecht gezeichnet und praktisch ausgeführt, Josef Matthias Götz aber den fertigen Turm für die Kupferstichreproduktion des Andreas und Josef Schmuzer nochmals gezeichnet hat. Die künstlerische Konzeption des Zwettler Stiftsturmes ist also zweifellos geistiges Eigentum Steinls und wurde jedenfalls im Auftrage des damaligen Zwettler Prälaten Melchior von Zaunack (1706—1747), der gleich dem Dürnsteiner Prälaten Hieronymus Übelbacher ein außerordentlich kunstsinniger und kunstverständiger Mann war und den Matthias Steinl vom Stifte St. Dorothea her kannte, entworfen.

Wir finden hier zum erstenmal den Ingenieur Matthias Steinl und den Baumeister Josef Mungenast urkundlich beglaubigt gemeinsam an einem und demselben Werke tätig. Wenn der Kupferstich nicht da wäre, würde der Name Steinl wahrscheinlich total vergessen sein, denn in den Rechnungen des Stiftes ist nie von dem Ingenieur Matthias Steinl, sondern nur stets von dem Baumeister Mungenast die Rede und bisher galt auch dieser Turm stets als eine Schöpfung Josef Mungenasts.

Art und Weise, wie er bei der Neuanschaffung der »großen« Monstranze für Dürnstein vorging, wurde bereits früher gesprochen. (Siehe Seite 294.)

[1]) Er baute auch, wie wir bereits wissen, für das Stift den Sommersitz zu Liesing. (Siehe Seite 289.)

[2]) Siehe den Aufsatz: »Die Stiftskirche und der Kirchturm in Zwettl, ein Beitrag zur Baugeschichte des Stiftes, von Abt Stephan Rößler«, in den Berichten und Mitteilungen des Altertumsvereines zu Wien, Band XXV, 1889, Seite 115—121.

[3]) Josef Matthias Götz, Bildhauer von St. Nikola, der im Stifte Zwettl viel beschäftigt war, sich auch zuweilen »Ingenieur« nennen ließ und Steinls Nachfolger im Stift Zwettl wurde. Ein sehr merkwürdiger Patron, wie wir später noch sehen werden.

Schlagen wir nun die Handbücher des Dürnsteiner Prälaten Hieronymus Übelbacher auf. Da lesen wir:

»1724. Riß zum Kirchturm.
Den 29. December solchen der Joseph, maurermeister von St. Pölten, überbracht. Darvor ihme 2 speciesducatten ex mea cassa geben, dann 2 stöck salz und 3 emer wein aus der capitelspeis angeschaft.«

Dieser Josef ist wieder niemand anderer als der Baumeister Josef Mungenast aus St. Pölten. Vergleichen wir nun zunächst die beiden Türme von Zwettl und Dürnstein (siehe die Tafeln VI und VII) und halten wir uns vor Augen, was wir früher beim Stiftsturm von Zwettl erfahren haben. Solche Türme, die förmlich vollständig in Skulptur aufgelöst erscheinen, erfindet kein Baumeister, das sind Konzeptionen eines Ingenieurs, der vor allem ein grandioses bildhauerisches Empfinden besitzt. Wir sind hier allerdings nicht so glücklich wie beim Turm des Stiftes Zwettl, einen Kupferstich zu besitzen, der die geistige Urheberschaft Steinls für das Werk außer allen Zweifel setzt, aber ich glaube nach dem, was wir früher gehört und gesehen haben, ruhig sagen zu können: Josef Mungenast hat zwar den Entwurf für den Dürnsteiner Turm kunstgerecht gezeichnet und auch tatsächlich als Baumeister ausgeführt, die erste Konzeption aber ist zweifellos wieder Steinls geistiges Eigentum.

Es ist überhaupt staunenswert, was alles in den Handbüchern des Prälaten Hieronymus Übelbacher enthalten ist. Ich fand nämlich auch über den Turm der Stiftskirche zu Herzogenburg eine Notiz, die gewiß nicht verfehlen wird, einiges Aufsehen zu erregen. Bekanntlich wird der Turm von Herzogenburg dem Jakob Prandauer oder auch dem Matthias Mungenast zugeschrieben[1]). In den Handbüchern des Prälaten Hieronymus Übelbacher aber lesen wir:

»1721. Thurm zu Herzogenburg. Ist in quadro, der grund 5 clafter 3½ schuech, ist hoch aniezo 17 clafter 2 schuech. Das neue darauf et secundum delineationem des hofingenieurs Fischers, 12 clafter, und die kuppl aparte, so 6 clafter hat, die figur darauf sambt postament 9 schuech, die anderen 4 figuren jede hoch (so kein postament haben) 7 schuech. Die mauerdickung, wo der glockenstuhl stehet, 4 schuech dick. Übrigens ist dieser riß nicht viel ungleich denen thürmen zu Salzburg in der

---

[1]) Alexander Hajdecki behauptet sogar, daß der Abt Frigdian »der berühmte Architekt oder geistige Urheber« des Turmes gewesen sei. Siehe »die Dynastenfamilien der ital. Bau- und Maurermeister der Barocke in Wien« im 39. Bande der Berichte und Mitteilungen des Wiener Altertumsvereines, 1906, Seite 58.

neuen universitäts-kirchen, wie solche im obigen ingenieurs jüngst herausgegebenen historischen architekturbuch, so a 30 fl. erkauffet, zu ersehen und die thürm von der in Wien erbauenden Caroli Borromaei-kirchen zeigen et plurima ex nova turri desumi possunt[1].«

Der Entwurf für den Turm von Herzogenburg stammt also, wie wir hier zum erstenmal erfahren, von Johann Bernhard Fischer von Erlach. Der Turm hat damals (1721) allerdings etwas anders ausgesehen wie heute, er wurde nämlich im Jahre 1767, »opus perficiente Mathia Mungenast«, teilweise abgeändert, aber die Grundidee ist zweifellos dieselbe geblieben, die Johann Bernhard Fischer von Erlach ursprünglich diesem Projekte unterlegte. (Siehe die Tafel VIII.)

Prälat des Stiftes Herzogenburg war damals Wilhelm von Schmerling (1709—1721), ein geborener Wiener. Und daß damals Johann Bernhard Fischer von Erlach mit dem Stifte Herzogenburg in Verbindung stand, beweist auch der Altarriss für die Stiftspfarre von Sallapulka aus dem Jahre 1720, den ich im Stifte Herzogenburg vorfand. (Siehe die Tafel IX.) Die Angaben des Prälaten Hieronymus Übelbacher sind also zweifellos richtig[2].

Diese Notizen haben mich übrigens noch auf eine andere Vermutung gebracht.

Im Stifte von St. Dorothea verkehrte auch viel der bekannte grandiose Bauherr des Stiftes Melk, Abt Berthold von Dietmayr (1700—1739). Seine Beziehungen zu Klosterneuburg und sein Einfluß auf den gewaltigen Stiftsbau daselbst sind bereits bekannt[3]. Nun lesen wir in der Geschichte des Benediktinerstiftes Melk von Ignaz Keiblinger (I. Band, Seite 947) folgendes:

[1]) Über dieses Buch berichtet der Prälat Hieronymus Übelbacher an einer anderen Stelle: »1720. Historische Baukunst. Laut diarii Viennensis Nr. 1796 wird avisiert, daß sub dicto titulo dom. Fischer v. Erlackhen, imperatoris architectus und bauwesens superintendant, dieses buch, in 90 Kupfern annexis declarationibus in teutsch und französischer sprach bestehend, bis ende Juni 1721 wolle herausgeben und wer einmal 10 fl. gibt, hat bei erfolgenden empfang eines exemplar nur noch 20 fl. zu bezahlen, wo er sonsten et per idipsum keines unter 40 fl. wird geben. Subscriptio Viennae fit apud ipsum authorem, reliqua loca annotantur in dicto diario.«

[2]) Es ist mir ein Herzensbedürfnis, an dieser Stelle sowohl Sr. Exzellenz dem hochw. Herrn Prälaten Frigdian Schmolk wie auch dem hochverdienten hochw. Herrn Archivar des Stiftes Herzogenburg, Hartmann Pröglhofer, den tiefgefühltesten Dank für die große Liebenswürdigkeit und weitgehende Unterstützung, die sie mir durch die Überlassung der Tagebücher des Prälaten Hieronymus Übelbacher angedeihen ließen, auszusprechen.

[3]) Siehe die »Beiträge zur Baugeschichte des Stiftes Klosterneuburg« von Dr. Wolfgang Pauker, I. Band, Wilhelm Braumüller, Wien 1907.

»Schon im zweiten Jahre der Amtstätigkeit des Prälaten Berthold von Dietmayr wurde der Neubau des Stiftes Melk, und zwar mit dem Gotteshause begonnen. Am 6. April 1702 wurde der Bauvertrag über die Abbrechung und Wiedererbauung der Klosterkirche mit dem Baumeister Jakob Prandauer von St. Pölten geschlossen, am 29. Juni des nämlichen Jahres der Grundstein zur neuen Kirche feierlich gelegt und dieselbe mit den zwei hohen Türmen und der majestätischen Kuppel nach dem Plane des Baukünstlers und nach Rissen und Zeichnungen des Prälaten selbst, bis zum Jahre 1717 so weit zustande gebracht, daß man die Ausschmückung des Inneren mit Marmor, Gold und Gemälden vornehmen konnte, um dem prachtvollen Tempel allmählich die seiner erhabenen Bestimmung würdige Gestalt zu geben.«

Aus diesen Worten ist zweifellos klar ersichtlich, daß für den Neubau des Melker Stiftes zwei Gattungen von Plänen existierten, solche von dem Baumeister Jakob Prandauer und solche, die nach dem Berichte Keiblingers der Prälat selbst entworfen hatte. Fragen wir uns nun zunächst: Welche Pläne entwarf Jakob Prandauer? Ich glaube dafür ein ganz analoges Beispiel in Klosterneuburg gefunden zu haben. Im Jahre 1706 trug sich nämlich auch der Prälat von Klosterneuburg, Jakob Cini, mit dem Gedanken, einen neuen Stiftsbau aufzuführen und ließ sich zu diesem Behufe ebenfalls von Jakob Prandauer Pläne vorlegen[1]). Wie sehen nun diese Pläne aus? Es ist darauf lediglich die Situation des Gebäudes, der Grundriß und die innere Einteilung des Gebäudes festgelegt, sonst nichts. Ich schließe also daraus, daß für den dekorativen Teil des Projekts, Fassadenschmuck, Portalanlagen, Innendekoration etc. etc. jemand anderer die Zeichnungen und Pläne entworfen hätte, wenn der Prälat länger gelebt und das Projekt Prandauers tatsächlich zur Ausführung gelangt wäre[2]), und ich glaube auch sicher nicht zu irren, wenn ich annehme, daß dieser Mann niemand anderer gewesen wäre, wie Matthias Steinl, der ja um diese Zeit längst mit dem Stifte Klosterneuburg und auch mit Jakob Cini in Verbindung stand[3]).

Kehren wir nun wieder zum Melker Stiftsbau zurück. Welche Pläne wird Jakob Prandauer hier ausgearbeitet haben? Zweifellos dieselben,

---

[1]) Siehe die Reproduktion dieser Pläne in den »Beiträgen zur Baugeschichte des Stiftes Klosterneuburg« von Dr. Wolfgang Pauker.

[2]) Jakob Cini starb nämlich noch im selben Jahre seiner Erwählung und sein Nachfolger, Ernest Perger, ließ das Projekt fast volle 24 Jahre ruhen, bis er es endlich in Angriff nahm.

[3]) Siehe den Kontrakt bezüglich des Hietzinger Hochaltars und der Salvatorstatue für die Kanzel der Stiftskirche in Klosterneuburg, Seite 296 und 297.

die er für Klosterneuburg ausgearbeitet hatte. Es heißt ja hier ausdrücklich, daß den anderen Teil der Pläne der Prälat selbst entworfen hat. Was also in Klosterneuburg, da der Bau damals überhaupt nicht in Angriff genommen wurde, fehlt, das wurde in Melk, wo der Bau auch wirklich ausgeführt wurde, entworfen. Worauf werden sich also die Pläne des Melker Prälaten bezogen haben? Zweifellos auf den dekorativen Teil des Projekts, Fassadenschmuck, Ausgestaltung der Türme, Portalanlagen, Kircheneinrichtung, Innendekoration etc. etc. Nun heißt es allerdings bei Keiblinger, daß der Prälat alle diese Entwürfe selbst gezeichnet hat. Ich will natürlich keineswegs in Abrede stellen, was ja auch die Geschichte beweist, daß der Prälat Berthold von Dietmayr ein außerordentlich kunstsinniger und kunstverständiger Mann war, es ist ja gewiß auch kein Zweifel, daß er vielleicht für das eine oder das andere Projekt bestimmte Vorschläge machte, aber ob er alles selbst entworfen und gezeichnet hat, das möchte ich wohl bezweifeln. Ich glaube vielmehr, daß auch er sich in diesem Falle entschieden an einen bewährten Fachmann gewendet haben wird, der ihm das alles besorgte. Wer war nun dieser Fachmann? — — Die Versuchung liegt nahe, den Namen Steinl zu nennen, der Prälat kannte ihn ja vom Stifte St. Dorothea her sehr gut — ich tue es aber lieber noch nicht, sondern will warten, bis das diesbezügliche Material aus dem Stifte Melk das Licht der Öffentlichkeit erblickt hat, dann wird diese Frage ja von selbst beantwortet werden. Ich will mich für diesmal nur damit begnügen, nach den Erörterungen über Zwettl, Herzogenburg und Dürnstein, auch diese Frage angeschnitten zu haben, denn sie ist, meines Erachtens nach, sicher eines eingehenden Studiums wert.

Fassen wir nun das bisher Gesagte kurz zusammen, so ergeben sich für uns daraus mehrere hochinteressante Resultate:

Bis heute gab sich immer ein gewisses Staunen kund, wenn von den Werken Prandauers oder Josef Mungenasts die Rede war. Man fragte sich stets, wie es denn möglich war, daß diese schlichten, einfachen Bau- und Maurermeister von St. Pölten derartige Monumentalwerke, wie sie uns in ihren diversen Kirchen- und Klosterbauten erhalten sind, aufzuführen in der Lage waren? Ich glaube nun auf Grund des bisher Gesagten für diese gewiß merkwürdige Erscheinung eine Erklärung gefunden zu haben.

Bei allen Klosterbauten — und ich spreche hier nur von solchen — hatte selbstverständlich in erster Linie der Prälat, als Bauherr, das Wort. Er handelte und entschied in allen diesbezüglichen Fragen als oberste Instanz entweder selbständig oder holte den Rat eines anderen erfahrenen Bauherrn ein, wie dies beispielsweise beim Bau des Stiftes Klosterneuburg geschah, wo der Prälat Ernest Perger sich in allem und jedem an den erfahrenen Prälaten Berthold Dietmayr von Melk wandte [1]).

Die erste Person, um die es sich dabei zunächst handelte, war der Ingenieur. Wir denken heutzutage naturgemäß sofort an einen Bautechniker oder Architekten, das heißt, an einen Menschen, der sich in erster Linie mit der Baukunst beschäftigt und auch imstande ist, seine künstlerische Invention bautechnisch zu bearbeiten. Damals aber war merkwürdigerweise der Ingenieur nicht immer zugleich auch ein Bautechniker, sondern konnte auch, wie wir es an Matthias Steinl gesehen haben, ein Bildhauer oder, wie wir es im nächsten Abschnitt noch an Antonio Tassi sehen werden, auch ein Theatralmaler sein. Die Hauptaufgabe des Ingenieurs bestand eben damals, wie schon sein lateinischer Name »Inventor« besagt, darin, ein Projekt zu erfinden, ohne daß er auch gleichzeitig genötigt gewesen wäre, dasselbe bautechnisch zu bearbeiten.

Es gab also zwei Kategorien von Ingenieuren, solche, die zugleich Architekten waren (wie beispielsweise Johann Bernhard Fischer von Erlach oder Donato Felice von Allio), und solche, die keine Architekten waren (wie Matthias Steinl oder Antonio Tassi).

War nun das Projekt »erfunden«, dann mußte es naturgemäß auch für die praktische Verwertung bearbeitet werden. Das konnte auf zweifache Weise geschehen. Beim Turmbau zu Herzogenburg arbeitete beispielsweise Johann Bernhard Fischer von Erlach zweifellos das Projekt für die praktische Durchführung selbst aus, denn der Prälat von Dürnstein besagt ausdrücklich, daß das Neue darauf »secundum delineationem des Hofingenieurs Fischers« herrühre. Fischer war eben Ingenieur und Architekt. Beim Turmbau von Zwettl verhält sich aber die Sache wesentlich anders. Dort heißt es: »Mathias Steinl invenit, Joseph Mungenast delineavit et aedificavit«, Matthias Steinl hat das Projekt erfunden, Joseph Mungenast aber hat es für die praktische Durchführung bearbeitet und auch tatsächlich als Baumeister ausgeführt. Matthias Steinl war eben Ingenieur und kein Architekt. Daher arbeitete auch im ersteren Falle der Ingenieur, weil er zugleich Architekt war, das Projekt für die praktische Verwertung selbst aus, im letzteren Falle dagegen besorgte diese Arbeit der Baumeister.

Was nun die praktische Durchführung selbst anbelangt, so konnte folgendes geschehen:

---

[1]) Siehe die »Beiträge zur Baugeschichte des Stiftes Klosterneuburg« von Dr. Wolfgang Pauker.

1. Daß der Ingenieur, der zugleich Architekt war, **auch mit der Durchführung des Projekts** betraut wurde, wie es beispielsweise bei Donato Allio in Klosterneuburg der Fall war[1]). Dann hatte er das ganze Projekt bis in seine letzten Details vollständig auszuarbeiten, erhielt die »Direktion« des Gebäudes **kontraktlich** zugesichert und der Bau war, wenn ich mich so ausdrücken darf, infolgedessen auch ausschließlich **sein** Werk oder **seine** Schöpfung. Wir sagen daher auch mit Recht, der neue Stiftsbau von Klosterneuburg ist ein Werk oder eine Schöpfung Donato Allios. Es konnte aber auch

2. geschehen, daß der Ingenieur, der zugleich Architekt war, das Projekt zwar bautechnisch ausarbeitete, die **Direktion** des Gebäudes aber **der Prälat** selbst übernahm und mit der praktischen Durchführung **der Baumeister** betraut wurde, wie dies anscheinend beim Turmbau in Herzogenburg der Fall war. Dann geschah eben das, was zu Herzogenburg geschah: der Prälat ist der **Bauherr**, Jakob **Prandauer** galt bisher als der Erbauer **und Schöpfer**, der Name Johann Bernhard **Fischer von Erlach** wäre aber **vollständig vergessen** gewesen, wenn nicht zufällig der Prälat von Dürnstein ihn in seinen Aufzeichnungen als den **geistigen Urheber** dieses herrlichen Werkes der Nachwelt überliefert hätte[2]). Es konnte endlich auch

3. geschehen, daß, wie es bei Matthias **Steinl** der Fall war, der Ingenieur überhaupt **kein Architekt** war, dann trat, wenn ich mich so ausdrücken darf, eine Art Arbeitsteilung ein. Der Ingenieur hatte das Projekt **zu erfinden**, der Prälat übernahm die **Direktion**[3]), der Baumeister legte die Idee des Ingenieurs »**in grund**«[4]) und bezüglich der Durchführung der einzelnen

---

[1]) Siehe die »Beiträge zur Baugeschichte des Stiftes Klosterneuburg« von Dr. Wolfgang Pauker.

[2]) Übrigens habe ich gehört, daß der bekannte Kunsthistoriker Regierungsrat Dr. Cyriak Bodenstein, demnächst eine erschöpfende Baugeschichte des Stiftes Herzogenburg zu publizieren gedenkt. Ich zweifle nicht, daß wir dann in dieser Angelegenheit eine viel eingehendere Darstellung erhalten werden, als ich sie heute zu geben in der Lage bin.

[3]) Wie es beispielsweise in Dürnstein und in Melk war.

[4]) Wie wir dies beispielsweise an den Rissen Prandauers für das Klosterneuburger Projekt unter dem Prälaten Jakob Cini im Jahre 1706 sehen können. Dieses »in Grund legen« einer Idee scheint überhaupt Prandauers Stärke gewesen zu sein, denn wenn ihn der Prälat von Dürnstein, wie berichtet wird, als »den fürnehmsten Baumeister zu St. Pölten und vielleicht fürnehmsten in ganz Österreich« bezeichnet, so dürfte sich dieses Urteil wahrscheinlich in erster Linie nur auf die Großartigkeit seiner Grundrißentwicklungen beziehen, womit er der Baulust und dem Prachtbedürfnis seiner geistlichen Bauherren in so meisterhafter Weise gerecht zu werden verstand. Der Prälat wollte wahrscheinlich damit auch sagen, daß Jakob Prandauer unter allen Baumeistern der damaligen Zeit derjenige war, der sich am besten in die jeweiligen Intentionen seiner Auftraggeber hineinzuleben ver-

Details schloß der Prälat mit den diversen Künstlern und Handwerkern, denen er die Entwürfe des Ingenieurs oder andere, ihm passender erscheinende Vorwürfe vorlegte, separate Kontrakte ab[1]). Da der Bau naturgemäß oft viele Jahre dauerte, geriet in der Regel der Name des Ingenieurs immer mehr in Vergessenheit, die Künstler und Handwerker wurden überhaupt übergangen und zum Schlusse blieben nur noch die Namen des Prälaten und des Baumeisters übrig, denen dann auch das ganze Werk als ihre ureigenste Schöpfung zugesprochen wurde. Als klassisches Beispiel dafür mögen wieder die Aufzeichnungen des Dürnsteiner Prälaten gelten. Als der Turmbau vollendet war, schrieb er in sein Tagebuch:

»Den 8. Juli (1733) ist das creutz, (welches vorhero solenniter iuxta pontificale romanum benediciert habe und in den auf dem creutz stehenden und in feuer vergoldten hahn capsulam cum reliquiis sanctorum ac numismatibus verschlossen und eingethan) auf den von mir neuerbauten thurm aufgesetzet worden.«

Und die Inschrift, die er bei dieser Gelegenheit für den Turm in sein Tagebuch eintrug, lautet:

»Inscriptiones pro turri ad annum 1733:

    Deo Vno trInoqVe aVspICe
    sVb patroCInIo beatae VIrgInIs MarIae

      * * *

    tVrrIs haeC ab HIeronYMo
    tIernsteInensI praeLato
    e fVnDo eXaLtata et ornata fVIt.«

Also wieder nur »turris haec ab Hieronymo, Tiernsteinensi praelato, e fundo exaltata et ornata fuit«.

Was folgt nun daraus? Daraus folgt, daß es ungeheuer notwendig sein wird, möglichst viel urkundliches Material zu sammeln. Kunst- und Kulturgeschichte sind eben in erster Linie Geschichte und eine Geschichte kann nur geschrieben werden auf Grund verläßlicher Quellen. Ich hätte beispielsweise nie und nimmermehr gedacht, was alles hinter einem einzigen solchen Namen, wie der des Matthias Steinl, verborgen liegt. Wie vieles stand. Denn bei aller Wertschätzung und Bewunderung Prandauers wird es wohl kaum mehr angehen, ihn auch weiterhin als den alleinigen Schöpfer und Urheber all der grandiosen Monumentalwerke, die ihm bisher fast rückhaltslos zugeschrieben wurden, zu bezeichnen.

[1]) Wie dies beispielsweise in Dürnstein geschah.

wird sich aber noch finden lassen, bis tatsächlich einmal das ganze urkundliche Material in den diversen Stiften und Klöstern der Öffentlichkeit übergeben sein wird! — Gehen wir jedoch wieder einen Schritt weiter.

B. Matthias Steinl und das Jubiläum des Stiftes Klosterneuburg im Jahre 1714.

Im Jahre 1714 feierte das Stift Klosterneuburg das Jubiläum seines 600jährigen Bestandes. Der bekannte Chorherr des Stiftes Maximilian **Fischer** schreibt darüber folgendes [1]:

»Im Jahre 1714 waren gerade 600 Jahre verflossen, seitdem der heilige Markgraf den ersten Stein zur Stiftskirche legen ließ und Propst Ernest (Perger) feierte das Andenken an diese Begebenheit mit gesuchter Pracht. Weil nach der Angabe der ältesten Chroniken der Tag der wirklichen Grundsteinlegung nicht ganz auszumitteln war, da eine den 12. Juni, die andere den 12. Juli nennt, so bestimmte Ernest das **Kirchweihfest** des Stiftes, das damals auf den 30. September fiel, zu dieser Feierlichkeit. In der Kirche wurde vor dem Hochaltare **ein neuer Altar von Holz** aufgerichtet und mit dem Bilde des Heiligen Leopold verziert [2]), zu beiden Seiten im Schiff der Kirche wurden in zwölf Blättern die Tugenden des frommen Markgrafen sinnreich vorgestellt, auf dem Platze außerhalb der Kirche wurden **drei Triumphpforten** errichtet, deren erste mit den Statuen der österreichischen Markgrafen, die zweite mit den Statuen der österreichischen Herzoge und die dritte mit den Statuen der Kaiser aus diesem erlauchten Hause verziert waren ... Am Vorabende des bestimmten Festtages erschienen die Chorherrn zur Vesper zum ersten Male in schwarzer Kleidung, die ihnen Ernestus bei dieser Gelegenheit gab, da sie vorher weiß gekleidet gingen. Am Festtage selbst wurde die Feierlichkeit mit einer Prozession eröffnet ... So wie Salomon die Einweihung des Tempels durch acht Tage feierte, so beging auch Propst Ernest dieses Fest durch acht Tage und täglich ward eine Ehrenrede gehalten und ein Hochamt durch einen Herrn Prälaten abgesungen ...«

Uns interessieren hier natürlich in erster Linie nur die **künstlerischen** Vorbereitungen, die zu diesem Feste getroffen wurden. Wer entwarf die

---

[1] Merkwürdigere Schicksale des Stiftes und der Stadt Klosterneuburg, aus Urkunden gezogen von Maximilian **Fischer**, reg. Chorherrn, Archivar und Bibliothekar des Stiftes Klosterneuburg, Wien, 1815, pag. 317.

[2] Wie der alte Hochaltar der Stiftskirche ausgesehen hat, siehe die »Beiträge zur Baugeschichte der Stiftskirche« von Dr. Wolfgang **Pauker**, im Monatsblatt des Wiener Altertumsvereines, 1906, Nr. 11.

Zeichnungen zum Hochaltar und zu den Triumphpforten? Es ist wieder Matthias S t e i n l, und zwar sind wir diesmal so glücklich, die Originalrisse selbst zu besitzen. Es sind die einzigen Originalzeichnungen S t e i n l s, die ich bisher aufzufinden in der Lage war. (Siehe die Tafeln X—XIII.)

Anläßlich des Jubiläums wurde aber auch von seiten des Stiftes eine Art F e s t s c h r i f t herausgegeben. Das Buch, das den damaligen Chorherrn Johannes K e e ß zum Verfasser hat[1]) und mit vielen Kupfern ausgestattet ist, hat folgenden Titel:

Trifaria domus austriacae gloria, marchionum, ducum ac imperatorum-archiducum ordinatissima successionis series, emblematicis in basilica picturis, nec non historico, morali ac symbolico poemate honoribus divi Leopoldi, pii austriae marchionis inclytae canoniae Claustroneoburgensis sancti fundatoris, sexto fundationis saeculo in jubilaeam festivitatem digesta ac illustrata. Viennae Austriae. Typis Andreae Hevinger, Universit. Typograph. 1714.

In dieser Festschrift finden wir die S t e i n l schen Risse und eine Reihe von Emblemen, die damals anläßlich des Jubiläums angefertigt wurden, als Illustrationen verwendet. Es ist sehr interessant, zu erfahren, wie damals ein solches Buch zustande kam. Zunächst lieferte der Kupferstecher Johann Andreas W e i c k h m a n die für die Stiche erforderlichen Platten. Hierauf wurde mit dem Kupferstecher Johann v a n d e r B r u g g e n[2]) folgender Kontrakt aufgesetzt:

»Heunt dato, den 25. Augusti 1714 ist zwischen ihro hochwürden und gnaden (titl:) herrn probsten zu Closterneuburg an einem, dann den edl und kunstreichen herrn Martin von der Brückh[3]) in beisein Johann Andre Weickhman und herrn Andre Hevinger, buchdruckern allhier, folgender contract geschlossen worden:

Erstlicher verspricht obgedachter herr Martin von der Brückh die von Joh. Andre Weickhman zubereitten kupferblatten zu übernehmen und auf selbe denen von herrn Mathia Staindl verfertigten rissen nach das altar und drei triumphporten darauf in feiner schwarzer arbeit mit allem fleiß zu stechen und in der zeit, ohne verhindernus, der den 30. Septembris vorhabenten solennität zu liefern.

Entgegen versprechen ihro hochwürden und gnaden, herr probst zu Closterneuburg dem schon vorhin mit Joh. Andre Weickhman gemachten contract gemäß vor das altar 75 fl und

---

[1]) Dieser Johannes K e e ß ist der Bruder des im Stifte Klosterneuburg vielbeschäftigten Goldschmiedes Joh. Ernestus K e e ß.

[2]) Johann v a n d e r B r u g g e n, geb. zu Brüssel, Universitätskupferstecher und Kunsthändler in Wien.

[3]) Martin v a n d e r B r u g g e n, kaiserl. Hofkupferdrucker, zu Antorff in den Niederlanden geboren, scheint mit Johann v a n d e r B r u g g e n, der sich »der jüngere« nennt, gemeinsam gearbeitet zu haben.

jede triumphporten sambt allen inschriften 25 fl, zusammen aber 148 fl in gueter gangbarer münz bezahlen zu lassen. Alles getreulich und ohne gefährdte.

Wien, den 25. August 1714.«

  Ernestus,   Johann von der Brugg
 Probst zu Closterneuburg   der jünger. [1]

Hierauf zeichnete Jakob Indau die Steinlschen Risse für den Kupferstecher, denn ein beiliegender Zettel (N. 296) besagt folgendes:

»Ich endsunterschriebener bekenne, daß ich von herrn Johann von der Bruggen wegen zweien zeichnungen zu verfertigen, als nemblichen einen altar und eine triumphporten, empfangen habe vierzehen gulten rheinisch, sage 14 fl. So geschehen den 2. Septemb. 1714.«

            (L. S.)   Jacobus Indau.
 Anmerkung:

Die obenstehenden 14 fl sein mir anwiederumb restituirt worden. Actum Wien, den 18. Septembris 1714.

                 Johann van der Brugg
                   der jünger.

item vor die 2 letzten porten zu deligniren habe auch 8 fl empfangen. actum ut supra.

                 Joh. van der Brugg [2]
                  der jünger.

Unterdessen verfertigte der Kupferstecher Johann Andre Weickhman die Platten mit den Emblemen für den Druck und erhielt »vor die pro anno saeculari zu stechenden emblementen« per Abschlag 75 fl.

Dann kam der Kupferdrucker an die Reihe. Er hieß Franz Ambrosius Dietel und war seines Zeichens akademischer Kupferstecher und Drucker. Er erhielt:

		fl.	kr.
1.	vor die schriften des hochaltars wie auch auf die 3 triumphporten zu stechen	10	—
	dann in 9 symbola die gehörige schriften gemacht	9	—
2.	vor 500 exemplaria vom hohen altar auf großimperial zu drucken, das 100 zu 4 fl.	20	—
	item vor 500 auf regal, das 100 zu 3 fl.	15	—
	dann 1000 von 2 Kupfern auf median, von denen kleineren zwei porten, das 100 zu 2 fl.	20	—
	item 9 Kupfer von denen symbolis, von jedem 500 gedruckt, das 100 zu 51 kr.	38	15
	also zusammen:	112 fl.	15 kr.

[1] Kammeramts-Raitbuch, 1714, fol. 67, Beilage 294.
[2] Diese Zeichnungen Indaus zahlte nämlich das Stift separat dem Johann van der

Das Papier mußte aber das Stift dazu selbst liefern. Die Kosten desselben beliefen sich laut Rechnung des Kammeramtes auf 72 fl.

Am 25. Oktober nahm Weickhman die Kupferplatten wieder zurück. Im ganzen wog das Kupfer 74 Pfund. Außer diesem Kupfer erhielt er noch für seine Arbeit »pro Pfund« 51 kr., also im ganzen 62 fl. 54 kr., und war somit, die obigen 75 fl. mit eingerechnet, im ganzen bezahlt worden mit 137 fl. 54 kr.

Der Buchschmuck belief sich also ungefähr auf 492 fl. 19 kr. für eine Auflage von 500 Exemplaren.

Für den Buchdruck wurden dem Andreas Hevinger laut Ausweis 282 fl. 52 kr. bezahlt, mithin kostete die ganze Auflage in summa summarum 775 fl. 11 kr.[1])

Gehen wir nun zum Hochaltar und zu den drei Portalen, die nach den Steinlschen Rissen verfertigt wurden, selbst über. Es scheint, daß die ganze Arbeit rein dekorativen Charakter gehabt hatte und im großen und ganzen nur aus einem mit Leinwand bespannten Gerüst bestand, worauf die Malerei aufgesetzt wurde, denn in den Kammeramts-Raitbüchern ist nur von den Zimmerleuten, die das Gerüst aufstellten, von den »vielen ungebleichten Rupfen und der vielen Leinwath, die zu dem neuen Hochaltar und den drei Triumphporten appliciret worden« und von zahllosen »Comoedi-Nägeln, um die Ramen beim Hochaltar und den Triumphporten damit anzuziehen«, die Rede. Auch finden wir merkwürdigerweise weder Tischler- noch Bildhauerarbeiten verrechnet, sondern nur einzig und allein Malereien ausgewiesen[2]). Als »Principal« der Maler fungierte der Hofkomödienmaler Johann Rößler. Er erhält dafür, daß er durch 65 Tage hindurch den neuen »auf marmelstein-art« aufgerichteten Hochaltar malen helfen, nebst seiner Kost pro Tag 1 fl. 30 kr., also zusammen 97 fl. 30 kr.[3]). Sein Sohn Johann Georg erhält eine gnädig verwilligte Diskretion von 6 fl. Neben diesen beiden arbeitet durch 40 Tage hindurch der Maler Franz Bruggen aus, denn im Raitbuch des Stiftes steht: »Eidem wegen delignirung des Hochaltars und der 3 porten zahlt 22 fl.«

[1]) Ein Ries Papier wurde mit 3 fl. berechnet. Einen Druckbogen zu setzen und 500 mal zu drucken, samt Papier, kostete 6 fl. 30 kr. Die sogenannten Schildkupfer und ähnliche Dekorationsstücke wurden separat berechnet.

[2]) Wahrscheinlich wurden diese Arbeiten von des Klosters Handwerksleuten ausgeführt und daher nicht separat gebucht.

[3]) Johann Rößler starb am 28. Oktober 1727 zu Wien, 64 Jahre alt, bei der goldenen Rose in St. Ulrich. (Siehe den VI. Band der »Quellen zur Geschichte der Stadt Wien«, Seite 342, Nr. 12774.)

Donnee oder, wie er sich selbst schreibt, Franziskus Danne, und erhält dafür pro Tag 1 fl. 15 kr., oder in summa 50 fl. Ferner arbeitet durch 41 Tage der Maler Johannes Kaiser. Er erhält pro Tag 1 fl. oder in summa 41 fl. Dann erhält der Maler Johann Georg Brunner (oder Prunner) »als Blicker« für 36 Tage, den Tag per 51 kr., 30 fl. 36 kr. Und endlich ein gewisser Herr Friedrich[1]), ebenfalls Maler, für 20 Tage zu 1 fl., 20 fl. Merkwürdigerweise findet sich aber nirgends eine Notiz, die besagen würde, welchen Betrag oder welche Entlohnung Matthias Steinl für seine Arbeiten erhalten hat.

Sehr interessant ist aber zweifellos folgendes:

Am vierten Tag der Jubiläumsfestlichkeiten zelebrierte in der Stiftskirche zu Klosterneuburg der Prälat von St. Dorothea, Ferdinand Adler, das Hochamt. Er war damals noch ein sehr junger Prälat. 17 Jahre später, also im Jahre 1731, beging unter ihm sein eigenes Stift eine ähnliche Feier. Es war das Fest der Seligsprechung des nunmehr auch heiliggesprochenen Petrus Fourerius, aus dem Orden der regulierten Chorherren des hl. Augustin. Matthias Steinl war damals schon tot, aber es ist interessant, zu sehen, wie sein Arrangement bei der Jubelfeier in Klosterneuburg auf einmal wieder im Stifte St. Dorothea auftaucht. Ich setze diesen Bericht, so wie ich ihn in den Notatis des Hofmeisteramtes von St. Dorothea gefunden habe, hier vollinhaltlich bei, denn erstens ist er an und für sich interessant zu lesen, zweitens ergänzt er wesentlich das Bild, das wir bei Maximilian Fischer von den Klosterneuburger Festlichkeiten kennen gelernt haben und drittens lernen wir auch zugleich den Nachfolger Steinls in St. Dorothea, den Theatralmaler Antonio Tassi, kennen[2]).

Der Bericht lautet:

»Es hat zwar ihro päbstliche heiligkeit, Benedictus XIII., schon im vorigen jahr den venerab. Petrum Fourerium in die zahl deren seligen gesetzet und zu Rom die solenne beatification gehalten, weilen aber nachmal das jahr sich verzogen, ohne daß in anderen ländern, besonders in Bayern und Österreich von denen stiften solche beatifications-solemnitäten wären gehalten worden, besonders weilen ihro päbstliche heiligkeit, Benedictus XIII., gestorben und die neue pabstwahl sich auf viele monate verschoben, also hat der nachfolgende pabst, Clemens XII., für dies jahr auf das neue indulgentias plenarias allen stiftskirchen erteilet, in welchen durch drei tage dieses beatificationsfest würde gehalten werden.

Den 7. Jänner (1731) beschloß hiemit titl herr praelat dieses beatificationsfest recht solemniter zu halten und hiezu wurde mit consens ihro hochfürstlichen eminenz, unseres herrn ordinarii,

---

[1]) Wahrscheinlich der Maler Andreas Friedrich, zu Zobach in Oberösterreich geboren.
[2]) Die »Notata« des Hofmeisteramtes von St. Dorothea befinden sich unter den Archivalien der Stiftsprälatur zu Klosterneuburg.

der 4. sonntag nach Ostern, als an unserem kirchweihfest erwählet, also, daß den 21. April, als am vorabend dieser solemnität, die erste vesper, den 22., 23. und 24. aber die dreitägige solemnität sollte gehalten werden. Das ganze werk und invention deren sinnbildern haben ihro hochwürden und gnaden unserm prediger Francisco Nicolao Dittel überlassen, welcher auch seine invention in dem altar, portal und sinnbildern dahin gerichtet, daß, gleichwie nach edler malerkunst das licht und der schatten beobachtet wird, also auch in Petro der heilige apostel als an dem licht, der selige Petrus Fourerius gleich einem schatten entworfen worden, indem der selige Petrus Fourerius in der empfangenen heiligen taufe den namen Petri, des heiligen apostels erlanget und auch selbigen in vollkommenen tugenden und apostolischen eifer ist nachgefolget, von welchen die exemplaria in der bibliothek sein.

Nachdem titl herr praelat solchen gedanken approbiert, wurden durch herrn Antoni Tassi zwei risse gemacht, einer für den hochaltar, der andere für das portal vor der kirchentür. Die malerei an dem hochaltar hatte in der höhe 40 schuech oder 6 clafter und 4 schuech, in der breite 30 schuech oder 5 clafter. Die malerei an den portal, welches neben dem mitteren teil auch die zwei türme mit einschließete, hatte in der weite 84 schuech oder 17 clafter 2 schuech und in der höhe 52 schuech oder 8 clafter 4 schuech. Nach verfertigten und approbierten rissen wurde mit herrn Sebald Widmann, kaiserl. theatralmalern und ansagern bei der hochlöbl. totenbruderschaft, wegen der malerei contrahiert und folgender cntract geschlossen:

Contract, der mit dem maler aufgerichtet worden,
de dato 26. Februar 1731:

An heunt zu end gesetzten dato ist zwischen seiner hochwürden und gnaden, herrn probst ad st. Dorotheam an einem, — dann dem wohledl und kunstreichen herrn Georg Sebald Widmann, kaiserl. theatralmalern anderen teils nachfolgender contract abgeredet und beschlossen worden, als:

Erstens verspricht besagter herr Widmann zu der auf den 4. sonntag nach ostern angeordneten feierlichen begängnus der seligsprechung beati Petri Fourerii das portal und den hochaltar nach dem bereits verfaßt und dargezeigten riss, wie es sich gebühret, zu liefern.

Ingleichen

Andertens bei dem altar, nach gemachtem riss, sowohl die vier symbola, als neben diesen die zwei symbola ober beeden türen des hochaltars, als auch die ausziehrung des altars selbst zu verfertigen.

Nicht weniger

Drittens sollen nach dem riss des portals neben den vier statuen deren vier heiligen Petren unseres ordens, zwischen denen symbolis und vasis, die zwei statuen sti Augustini et stae Dorotheae mit gehörigen ornamenten gemalen werden, wie denn auch bei jedem symbolo und wo es nötig sein wird, die gehörige schrift beigesetzt werden solle. Dahingegen versprechen

Viertens hochermeldt seine hochwürden und gnaden und das löbl. stift, vor solche in folgenden stand gelieferte arbeit bar vierhundert gulden auszuzahlen, anbei denen fünf malern vormittag allein die kost und portion wein, wie es die geistlichen herrn haben, zu geben. Ingleichen solle dem farbenreiber vormittag allein die kost und bei selbiger ein halb wein bei denen leuten im torsteherstübl nebst 21 kr. tagiohn gereichet, auch letztlich zu diesem ganzen werk neben versprochenen 400 fl die benötigten farben geliefert werden.

Alles getreulich. Dem zur urkund sein zwei gleiche exemplaria aufgerichtet, unterschrieben und gefertiget und jedem teil eines zu handen gestellet worden.

Actum Wienn, den 26. Februar 1731.

(L. S.)   Josephus Rosner,
Can. reg. s. Augustini ad s. Dorotheam professus, allda hofmeister.

(L. S.)   Georg Sebald Widtmann, maler.[1]

Nachdem nun contrahierter maßen mit denen malern es seine richtigkeit hatte, also wurde auch weiters zur malerei unser refectorium destinieret. Wir geistlichen aber mit denen malern speiseten in dem bigliard-zimmer, in welchem die bigliardtafel hinweggenommen und darüber von läden eine tafel gemacht wurde, auf welcher wir alle gespeiset. Solches geschahe dazumahl nach der mittfasten, als den 1. Martii, als an welchem sowohl der tischler zu arbeiten als auch der maler vorzurichten den anfang gemacht haben. Die maler waren: Herr Antoni Tassi, welcher die risse gemacht und auch an denen aufgespannten ramen alles hat vorgemerket; Herr Bucher, kaiserl. theatralmaler, herr Johann Schmid, so die figuren gemalen, herr Georg Sebald Widmann, mit welchem in namen aller contrahiert worden, und herr Froncesco Sigoni, wälsche und kaiserl. theatralmaler.

Nachdem es an die zeit gekommen, daß die malerei in der kirchen mußte aufgesetzet werden, hatte ihro hochwürden und gnaden daran besonders belieben und verlangte weiters, daß man auf allen lisenen in der ganzen kirchen herumb symbola aufsetzen sollte. Weilen nun schon zwei symbola, die bei dem hochaltar vermög aufgerichten contract mußten gemalen werden, aber wegen zu weit herauslaufenden gerüst ober denen zweien türen bei dem hochaltar nicht konnten aufgemacht werden, wurden selbige bei denen ersten lisenen bei dem hochaltar aufgehänget, anbei aber, um in der ganzen kirchen eine gleichheit zu halten, an allen lisenen, die kanzelseiten ausgenommen, neue symbola, in allem fünf, auf das neue gemalen. Auch wurde unter userm chor die ganze seiten mit rotem damast ausgezieret und in der mitte ein schild mit einer schrift aufgemacht. Beinebens verordnete ihro hochwürden und gnaden, daß von der höhe herab an seilen acht kristallene leuchter sollten aufgemacht werden. Für die neuen fünf symbola und schriftschild wurde auf ein neues extra mit denen malern contrahiert und dafür ihnen 50 fl bezahlt. Weilen aber nach aufgerichter malerei befunden worden, daß selbige bei dem altar zu gedruckt herausgekommen, so wurden, diesem fehler abzuhelfen, um die höchste oberschrift bei dem hochaltar einige große strahlen umb und umb angeheftet und hinter denselben, ober der malerei, ein baldachin von rotem damast bis drei clafter aufgericht, welches geschehen durch die leut und nach angebung des kaiserl. obertapezierers, herrn Weiskamb, pro tempore rector unserer Josephi-bruderschaft. Setze dieses darumb her, damit bei folgender canonisation, der selbige erlebet und das directorium führet, sich nicht binden lasset, sondern das gerüst und die malerei also hoch führe, damit der ganze hochaltar völlig bedecket werde.

Da dann alles zur solemnität in vollkommenen stand gesetzet worden, wurde auch durch gedruckte verkündzettel in und vor der stadt angedeutet, wie und auf was weis diese dreitägige andacht sollte begangen werden. Nämlich:

---

[1] Widtmann besorgte auch im Jahre 1734 die Malereien zum Castrum doloris für die Exequien des verstorbenen Prälaten Ferdinand Adler. (Siehe das dazugehörige Dokument im Anhange dieser Arbeit.)

Art und weis der begangenen andacht der dreitägigen
beatification des seeligen Petri Fourerii:

Den 21. April, als am vorabend dieser solemnität, wurde um 3 Uhr die vesper von ihro hochwürden und gnaden, herrn Leopold, probst zu Herzogenburg¹) unter solemner musik gehalten, darauf wurde das completorium und umb 5 uhr wegen des einfallenden festes der kirchweih die metten gesungen.

Den 22. April, als den 4. sonntag nach ostern und fest der kirchweih wurde früh um 8 uhr das erste ambt von eben besagtem titl herrn praelaten von Herzogenburg gehalten. Um 9 uhr darauf hatte die predigt a. r. p. Emilianus Danelli, ordinari sonntagprediger zu den Schotten. Umb 10 uhr darauf war das zweite hochambt de festo, welches ihro hochwürden und gnaden, herr Michael, probst zu St. Pölten, hielt.²) Nachmittag umb 3 uhr war die vesper, welche herr Antonius, Abt zu Montserrat hielt.³) Nach der vesper wurde das completorium gesungen. Umb 5 uhr war die mette. Umb 6 uhr die musikalische litanei mit dem segen.

Den 23. April, als Montag vormittag, umb 9 uhr hatte die predigt a. r. p. Ferdinandus Thurn, ordinari sonntagprediger bei denen p. p. Dominicanern. Umb 10 uhr das hochambt ihro hochwürden und gnaden, herr abt zu Heiligenkreuz.⁴) Nachmittag umb 3 uhr die vesper wiederumb erstbesagter herr abt, nach selbiger das completorium, umb 5 uhr die metten, umb 6 uhr die musikalische litanei.

Den 24. April, als am fest s. Georgii und letzten tag dieser dreitägigen beatifications-solemnität, hatte früh umb 9 uhr die predigt a. r. p. Josephus Eckart, S. J., ordinari sonntagprediger in dem professhaus, umb 10 uhr das hochambt ihro bischhöfl. gnaden, herr Joseph Heinrich von Breittenbücher, bischof zu Antigonien und vicarius generalis viennensis. Zum Beschluß dieser dreitägigen solemnität hielt umb 3 uhr die vesper herr Franz Georg Bayer von Binnen, erz- und domdechant und praelatus infulatus. Darauf folgte umb 4 uhr die schlußpredigt, welche unser ordinarius, Franciscus Dittel, hatte. Nach selbiger folgte die litanei und der Ambrosianische lobgesang, welches ihro hochwürden und gnaden, herr probst zu St. Pölten hielt. Da solche dreitägige solemnität begangen wurde, geschahe selbige allzeit unter ganzem chor deren trompeten und pauken und herrlicher musik, bei welcher sich besonders herr Ferdinand Schmid signalisierte, welcher nicht allein für den ersten tag ein ganz neues hochambt und für den letzten tag eine neue litanei componierte, sondern hatte auch allzeit so herrliche ämbter und litaneien producirt, daß selbige von jedermann gelobt wurden. Auch wurde diese beati-

¹) Leopoldus a Planta (1721—1740) führte den Bau des Stiftsgebäudes, der unter Propst Wilhelm von Schmerling begonnen worden war, zu Ende.

²) Johann Michael Führer, 1715—1745 Propst des Chorherrenstiftes St. Pölten, ebenfalls ein grandioser Bauherr. Über seine Schicksale siehe im vorjährigen Jahrbuche des Stiftes Klosterneuburg den Aufsatz: »Daniel Gran und seine Beziehungen zum Stifte Klosterneuburg« von Dr. Wolfgang Pauker.

³) Anton Vogel von Kralleren, zuerst Abt des Benediktinerstiftes Emaus in Prag, dann seit 1708—1751 Prälat der Schwarzspanier in Wien. Ebenfalls ein durch seine Bautätigkeit bekannter Mann. Siehe über ihn die Nachrichten in den »Beiträgen zur Baugeschichte des Stiftes Klosterneuburg« von Dr. Wolfgang Pauker.

⁴) Robert Leeb, 1728—1755 Abt des Stiftes Heiligenkreuz. Als Kaiser Karl VI. seine Wahl erfuhr, soll er gesagt haben: »Placet persona, placet pietas, placet prudentia.« Er war ein äußerst kunstliebender Mann und das Stift Heiligenkreuz verdankt ihm viele herrliche Kunstobjekte.

fications-solemnität mit solchem zulauf des volkes gehalten, daß niemals bei unserer zeit eine so große menge des volkes in unserer kirchen gesehen worden. Damit aber auch unserer nachkommenschaft bekannt seie, was solche solemnität gekostet und wisse, was sie bei villeicht erfolgender canonisazion desto mehr zu tun habe, werden folgends alle ausgaben specificiert:

Specification deren unkosten für das beatificationsfest:

	fl	kr	₰
Denen malern ist contrahierter maßen für den hochaltar und das portal bezahlt worden	400	—	—
Und weilen extra noch 5 symbola sambt einen großen schriftschild mitten unter das chor gemachet worden, wurden ihnen dafür extra bezahlt	50	—	—
Dem farbenreiber, welcher 8 wochen gearbeitet und 21 kr. taglohn erhalten	16	48	—
Dem materialisten für gelieferten tischlerleimb und farben	40	—	—
Für 147 instrumentläden, so nach und nach von denen Kienbauern erkauft worden, a 5 kr. 2 ₰.,	13	28	2
Dem holzversilberer für 800 ziegllatten, 80 Spitzer- und Welser-läden große und kleine rafen und anderes grüstholz	78	10	2
Für 13 stuck weiße grobe leinwath zum ramen aufspannen, a 2 fl 15 kr	29	15	—
Umb zwirn, diese leinwath zusamb zu nähen	—	40	—
Dem tagschneider, die leinwath zusamb zu nähen	1	46	—
Dem Johann Rimel, zimmermeister, welcher das große grüstholz, als 8 große landenen ausgehackt, aber selbige wiederumb nach der solemnität hat zurückgenommen, auch das grüst bei dem hochaltar und vor der kirchen hat aufgesetzet und abgetragen	60	—	—
Dem meister tischler, welcher mit seinen gesellen durch 8 wochen gearbeitet, neben der kost bezahlt worden	30	—	—
Für 200 exemplar, das leben des seel. Petri Fourerii weitläufig beschrieben in octav von München aus Bayern kommen lassen, für selbige, dann auch für botenlohn, mauth- und tragerlohn	37	3	—
Für 200 kleinere exemplar, das leben des seeligen Petri in compendio in sich haltend, sambt hymno und officio, welches a. r. p. Querk, S. J. componieret und a. r. d. Augustinus Ristl Claustroneoburgensis hat auflegen lassen	8	24	—
Für diese büchl einzubinden dem buchbinder bezahlt	20	—	—
Für ein restl sammet, rotcarmesin, für 8 größere büchl in sammet einzubinden	3	—	—

N. b. den taffet für 24 kleinere büchl wie auch den drap d'or für ihro Majestät den Kaiser und die Kaiserin größere büchl und drap d'argent für die prinzessinen hat der gnädige herr hergegeben.

	fl	kr	₰
Für 8 kristallene leuchter auf 3 tag, dafür bezahlt	22	—	—
Dem kirchendiener von St. Michael, welcher die leuchter hat aufgemacht und die strick dazu hat hergeliehen, zum regal gegeben	2	—	—
Dem buchdrucker für gedruckte verkündtzettl und predigten	9	25	—
Dem eisler für gelieferte unterschiedliche nägl, hacken und eisenwerk	36	—	—
Dem seiler für gelieferte strick und leindln	12	27	—

Der Bildhauer und Ingenieur Matthias Steinl. 317

  Dem kaiserl. obertapezierer, herrn Weiskamp, dermaligen rector unserer   fl   kr   ♃
Josephi-bruderschaft, welcher den damast vom hof zum baldachin am hochaltar
und verkleidung des chor hat hergeliehen, und seinen leuten, die alles bereitet
und aufgemacht 10   12   —
                   Summa: 790   39   —

  Wobei noch zu merken, daß zu dieser solemnität wegen reicher beleuchtung
viel wachs aufgegangen indem ohne denen 8 hängleuchtern, deren jeder mit 6
kerzen bestecket war, auch der hochaltar allein bis 70 halbpfündige wachskerzen
hatte und also durch diese drei tag zwei centen wachs verbraucht worden. So
man nun den centen feinen wachs per 80 fl rechnet, hat zu solchem fest das
wachs gekostet 160   —   —

  Beinebens, weilen in allen ländern von unseren stiften zur beatification
in Rom und alda erbauten herrlichen capellen, die dem seeligen Petro Fourerio
gewidmet worden, geld gesamblet worden, haben ihro hochwürden und gnaden,
herr praelat, im namen unseres stiftes hierzu gegeben 100   —   —
                               260   —   —

  N. b. Die musik- und die trompetenunkosten sind nicht gerechnet, welche herr praelat
extra bezahlt.

  So man nun die summa per 790 fl 39 kr mit der summa per 260 fl zusambzieht,
findet sich, daß solche solemnität ohne der dreitägigen tractation und kost deren malern gekostet
hat 1050 fl 39 kr.«

Damit schließen die Aufzeichnungen des Hofmeisteramtes von St. Dorothea.
Anläßlich der Seligsprechungsfeierlichkeiten hatte der Prälat Ferdinand Adler
auch ein Bild des seligen Petrus Fourerius auf dem Augustinialtar der Kirche
aufstellen lassen. In den Handbüchern des Prälaten findet sich nämlich am
17. Juli 1731 folgende Notiz:

  »Eodem dem kaiserl. hofbildhauer, herrn Sylvestro de Coradea vor die sauber und
extra fein geschnittene zier- oder einfassungsrahm zu dem bild unseres seligen Petri Fourerii,
welches auf dem Augustini-Altar stehet, bezahlt mit 66 fl.«

  »Item den 27. Augusti dem herrn Altomonte vor das extra guet gemalte bild unseres
seligen Petri Fourerii, welches in unserer kirchen auf dem Augustini-Altar stehet, bezahlt 100 fl.
Dem kaiserl. hofbildhauer, welcher die einfassungsrahm darzue verfertiget und extra fein sambt
denen kindln darzue geschnitten, bezahlt 66 fl. Dem maler, welcher benennte rahm fein vergoldt, bezahlt 54 fl. Dem schlosser wegen festmachung der rahm sambt dem bild bezahlt 3 fl
Zusammen also 223 fl. Weilen aber eine fromme person 100 fl darzue verehrt und der
bildhauer den 17. Juli bezahlt worden, als kommt alhier nicht mehr als der rest zu setzen,
id est 57 fl.«

Kehren wir jedoch wieder zu den Arbeiten Steinls für das Klosterneuburger Stiftsjubiläum zurück. Die Originalrisse, die wir von ihm besitzen,
zeigen ihn uns als einen Meister der Altar- und Portalkunst. Unserem
gegenwärtigen Empfinden wird es wohl kaum recht zusagen können, daß seine

Entwürfe und namentlich der Hochaltarentwurf in einer Art Theater- oder Kulissenmalerei ausgeführt wurden, immerhin müssen diese Arbeiten aber damals doch großen Beifall gefunden haben, denn einerseits sehen wir, daß das Stift St. Dorothea 17 Jahre später, bei der Jubelfeier zu Ehren des Seligen Petrus Fourerius, die Kirche ganz in derselben Weise wieder dekorieren ließ, anderseits steht es zweifellos fest, daß gerade diese Arbeiten wieder den Ausgangspunkt für zwei andere Schöpfungen Steinls bildeten, die vielleicht zu den schönsten »Inventionen« dieses Meisters überhaupt gehören. Die eine davon ist der grandiose marmorsteinerne Hochaltar der Stiftskirche, die andere das überaus stimmungsvolle Friedhofsportal zu Klosterneuburg. (Siehe die Tafeln XIV und XXIII.)

Als nämlich der Prälat Ernest Perger im Jahre 1714 das Steinlsche Hochaltarprojekt quasi in einer Schablone an Ort und Stelle vor sich stehen sah, wurde in ihm der Wunsch rege, dieses wunderschöne Projekt auch tatsächlich in echtem Material ausgeführt zu sehen und er betraute den Meister mit diesem Werke, das heute noch eine der Hauptzierden der Klosterneuburger Stiftskirche bildet.

Aber auch die Portalentwürfe Steinls verfehlten ihre Wirkung nicht, denn als der Prälat einige Jahre später in der Nähe der Kirche einen neuen Leichenhof errichten ließ, wurde das wunderschöne Portal aufgestellt, das heute noch am Friedhofe der oberen Stadt Klosterneuburg zu sehen ist[1]). Dieses Portal gilt heute allgemein als eine Schöpfung Rafael Donners. Woher diese Annahme stammt, vermag ich nicht anzugeben, denn merkwürdigerweise findet sich nirgends — und ich habe monatelang gesucht — ein authentischer Beleg, der uns klipp und klar darüber Aufschluß geben würde, wie, wann oder von wem dieses Portal ausgearbeitet wurde[2]). Es ist eine tiefernste, von echter Religiosität durchgeistigte Komposition, die sich über dem Torbogen aufbaut. In der Mitte die Mater dolorosa, mit dem Leichnam ihres

---

[1]) Der Friedhof am Stiftsplatz wurde nämlich im Jahre 1839 aufgelassen und an seiner statt ein neuer Friedhof außerhalb der Stadt angelegt. Bei dieser Gelegenheit machte der Prälat das Portal der Stadt zum Geschenke, die es dann auf den neueren Friedhof übertragen und neuerdings aufstellen ließ.

[2]) Ich habe nur eine einzige authentische Aufzeichnung gefunden, diese bezieht sich aber leider nur auf den Schlosser, der das Gittertor zu diesem Portal verfertigte. Im Kammeramts-Raitbuch des Jahres 1735 (Fol. 44, Nr. 264) heißt es nämlich von dem Klosterneuburger Schlossermeister Johann Lang: »den 30. Decembris ihme (Lang) vor das in freithof gemachte gätter, so gewogen 4 centen 18 ℔, item kögel und spreizstangen 36 ℔, zusamben in gewicht 456 ℔, vor jedes ℔ macherlohn contrahierter maßen 4 kr., 30 fl 16 kr. Dann vor das schloß und fueßgätter per 4 fl 44 kr. zahlt 35 fl.«

Sohnes im Schoße, links und rechts je ein Engel in anbetender Stellung und zu den Füßen der Mutter Gottes die armen Seelen mit flehender Gebärde. Das Tonmodell zu dieser Gruppe befindet sich im Museum des Stiftes und eine etwas freiere Wiederholung der Pietà, in gleicher Größe aus Sandstein gehauen, steht heute noch im Kreuzgang des Stiftes. Wer schuf das Tonmodell, wer die figurale Komposition über dem Portal, wer die Pietà im Kreuzgang der Kirche? — Nirgends eine Antwort.

Im Schatzinventar, das der bekannte Chorherr des Stiftes Augustin Hermann im Jahre 1790 anzulegen begann, lesen wir auf Seite 95: »Um das Jahr 1758 hat der Stifts-Rentmeister Gagg von Löwenberg den Altar der schmerzhaften Mutter Gottes im Kreuzgang auf seine Kösten errichten lassen. **Die gute Bildhauerarbeit ist von dem berühmten Mathielli. Von eben demselben soll auch die Mater dolorosa über dem Freithoftore sein**«. Maximilian Fischer hingegen schreibt im Jahre 1815 in seiner Geschichte des Stiftes und der Stadt Klosterneuburg (Seite 319), daß der Prälat um das Jahr 1722 in der Nähe der Kirche einen neuen Leichenhof errichten ließ, der »**mit einem schönen Portale** verziert ist und mit einer von **Donner** gehauenen Statue der **schmerzhaften Mutter Gottes** pranget« [1]). Wer hat also Recht? — —

Ich möchte nun die hier obwaltenden Schwierigkeiten folgendermaßen zu lösen versuchen:

Die erste Anregung zu diesem Portal geht zweifellos auf die Arbeiten Steinls für das Jubiläum des Jahres 1714 zurück. Fragen wir uns nun zunächst, wann das Portal eigentlich aufgestellt wurde? Ich glaube, daß dies nicht schon im Jahre 1722, sondern wahrscheinlich erst **nach dem Jahre 1727** der Fall war. Die Gründe, die dafür sprechen sind:

1. Die von mir bereits vorhin erwähnte Schlosserrechnung aus dem Jahre 1735. Es klingt doch sicher etwas unwahrscheinlich, daß man erst 13 Jahre später daran gegangen sein sollte, für das Portal ein Gittertor zu bestellen, das, nebenbei bemerkt, nur 35 fl kostete.

2. Das Motiv der figuralen Komposition selbst. Ich habe mich nämlich gefragt, ob nicht vielleicht irgendein **äußerer Umstand** die Anregung zu dieser Komposition gegeben haben könnte und habe dabei tatsächlich eine sehr merkwürdige Entdeckung gemacht. Die figurale Komposition steht zweifellos mit dem Grundgedanken eines Festes im Zusammenhange, das unter dem Namen »**Septem dolorum beatae Mariae virginis**« bekannt ist und

---

[1]) Als nämlich Maximilian Fischer diese Zeilen schrieb (1815), stand das Portal noch an seiner ursprünglichen Stelle.

von der Kirche am Freitag in der Passionswoche, acht Tage vor dem Karfreitag, liturgisch gefeiert wird. Ich habe nun nach der Entstehungsgeschichte dieses Festes geforscht und gefunden, daß merkwürdigerweise die Einführung dieses Festes in die Liturgie der Gesamtkirche gerade in das Jahr 1725, respektive in das Jahr 1727 hineinfällt. Papst Benedikt XIII. schrieb nämlich damals die Feier dieses Festes zunächst für den Kirchenstaat und zwei Jahre später für die ganze katholische Christenheit vor[1]). Es ist also sicher kein bloßer Zufall, daß die figurale Komposition das Motiv der Mater dolorosa aufweist, sondern mehr als wahrscheinlich, daß der Entwurf dazu unter dem Einflusse des von Papst Benedikt XIII. eingeführten Festes zustande kam. Mithin dürfte auch das Portal selbst nicht schon im Jahre 1722, sondern erst nach dem Jahre 1725, respektive 1727 aufgestellt worden sein.

Es ergibt sich nun von selbst die Frage, **wann** und **von wem** der Entwurf dazu konzipiert wurde? Ich glaube, daß der Entwurf dazu im Jahre 1726 zustande kam, und zwar durch Matthias S t e i n l. Er war damals mit dem Hochaltarprojekt für Klosterneuburg beschäftigt und es ist sicher mehr als wahrscheinlich, daß der Prälat ihn auch mit der Ausarbeitung des Projekts für das neue Friedhofsportal betraute. Übrigens fand ich im Kammeramts-Raitbuch des Jahres 1727 (Fol. 87) folgende merkwürdige Eintragung: »den 26. Martii herrn Mathias Staindl, ingenieur, geben 100 fl«. Ich habe zuerst gedacht, daß diese Notiz mit den Arbeiten S t e i n l s für den Klosterneuburger Hochaltar im Zusammenhange stehe, das ist aber keineswegs der Fall, denn den Betrag für seine Arbeiten beim Klosterneuburger Hochaltar erhielt seine Familie, da S t e i n l mittlerweile gestorben war, erst im Jahre 1728 ausbezahlt[2]). Worauf bezieht sich nun diese Notiz? Ich glaube, zweifellos auf den Riß und das beigestellte Modell zum Friedhofsportal. Matthias S t e i n l hatte also, wie wir das später noch öfter zu sehen bekommen werden, den Entwurf zum Portal zeichnerisch festgelegt, das Modell aber für den figuralen Schmuck

---

[1]) Siehe darüber im Kirchenlexikon von W e t z e r und W e l t e, 1893, VIII. Band, Marienfeste, Seite 819.

Im Kammeramts-Raitbuch des Jahres 1735 finden wir dann auch die Kosten für die Anschaffung des liturgischen Textes zu dem neuen Feste verrechnet. Es heißt nämlich dort: »den 14. Aug 1735 (Fol. 63, Nr. 404.) herrn Gregori Kurzböck, universitäts-buchdruckern in Wienn, vor das neue officium unserer lieben frauen deren sieben schmerzen, so in $1^{3/4}$ bogen bestehet, den bogen für 150 exemplarien à 3 fl, 5 fl 15 kr.«

[2]) Im Kammeramts-Raitbuch des Jahres 1728 findet sich nämlich folgende Aufzeichnung (Fol. 94): »Den 29. Novembris herrn Mathias Staindl seelig und seinen unterlassenen erben zu verschiedenen malen wegen des hochaltars sowohl verfertigten riss als beigestellten modell bezahlt laut quittung 600 fl.«

durch einen anderen Künstler herstellen lassen, der diesmal kein geringerer als der junge Raphael D o n n e r selbst war. Ihm möchte ich also zunächst unter allen Umständen das im Museum des Stiftes befindliche Tonmodell zuschreiben, er war es aber jedenfalls auch, der das Portal, nachdem Matthias S t e i n l inzwischen gestorben war, den getroffenen Verabredungen gemäß praktisch ausführte. Wir besitzen hierüber allerdings keine andere Nachricht, als die bei Maximilian F i s c h e r, nichtsdestoweniger möchte ich aber doch diesmal dieser Nachricht unbedingten Glauben schenken, denn ich kann — ganz abgesehen von den inneren Gründen, die für Raphael D o n n e r sprechen — nicht glauben, daß Maximilian F i s c h e r so ohne weiteres die noch von seinem Zeitgenossen Augustin H e r m a n n wenige Jahre vorher schriftlich fixierte Tradition, die figurale Komposition stamme von M a t h i e l l i, verlassen hätte, wenn er nicht vielleicht doch ein Schriftstück, einen Kontrakt oder sonst eine authentische Notiz, die leider seither in Verstoß geraten ist, eingesehen und daraus seine Nachricht geschöpft hätte. Ich glaube also sicher, daß das Portal in Klosterneuburg ein Werk Raphael D o n n e r s ist, zu dem allerdings Matthias S t e i n l den ersten Entwurf gezeichnet hat.

Was ist nun von den Angaben Augustin H e r m a n n s zu halten? Ich glaube, daß auch er in einem Punkte recht hat. Der von ihm erwähnte G a g g v o n L ö w e n b e r g stiftete allerdings den Altar der schmerzhaften Mutter Gottes, aber nicht im Jahre 1758, denn da war er schon längst tot[1]), sondern wahrscheinlich im Jahre 1738. Um diese Zeit war tatsächlich der Bildhauer M a t h i e l l i beim Stiftsbau beschäftigt und es wäre immerhin nicht unmöglich, daß die heute noch im Kreuzgang des Stiftes befindliche Pietà ein Werk M a t h i e l l i s oder eines seiner Gehilfen ist.

Matthias S t e i n l entwarf aber für das Jahr 1714 noch zu einem anderen großen Werke die Komposition, das ist die in der Schatzkammer des Stiftes befindliche sogenannte »große« Monstranze.

C. Matthias Steinl und die Monstranze des Stiftes Klosterneuburg.

Die Monstranze, von der hier die Rede ist (siehe die Tafel XV) stellt den Hollunderbaum aus der bekannten Schleiersage dar. Zu Füßen des Baumes sehen wir die Statuette des heiligen Leopold in kniender Stellung, an der linken Seite des Baumes zwei gegen den Stamm aufspringende Hunde. An der Vorderseite des Stammes ist ein Emailbild des heiligen Augustinus, mit

---

[1]) Er starb nämlich im Jahre 1742.

großen Smaragden und Amethysten besetzt, angebracht. An der Rückseite befindet sich das alliierte Wappen des Stiftes und das des Prälaten Ernest Perger in Email mit der Umschrift:

Anno a Fundatione saecul. sexto MDCCIV.

Die Blätter des Baumes sind aus vergoldetem Silberblech, die Hollunderblüten aus kleinen Perlen hergestellt. In den Zweigen hängt, von vergoldeten Engeln getragen, der Markgräfin Schleier aus Silber. Mitten im Baum befindet sich das Behältnis für das allerheiligste Sakrament. Links davon erblickt man die seligste Jungfrau Maria auf Wolken kniend, oberhalb des Gefäßes den Heiligen Geist als Taube, den Körper aus einer einzigen Perle gebildet. An der Spitze ist in Wolken Gott Vater angebracht, auf die Weltkugel sich stützend, mit segnender Gebärde, die Weltkugel aus einem einzigen Saphir bestehend, der Strahlennimbus dicht mit Rubinen besetzt.

Besonders kostbar ist die Lunula. Sie besteht aus einer dichten Reihe von Smaragden und Brillanten und ruht auf einem geschnittenen Granatstein, worauf die Anbetung der Hirten dargestellt ist.

Die Monstranze ist ein Werk des kaiserlichen Kammergoldschmiedes Johann Känischbauer in Wien[1]. Der Entwurf sowie das Modell dazu stammen von Matthias Steinl. Der Kontrakt, den der Prälat mit Johann Känischbauer bereits am 9. August 1710 abschloß, hat folgenden Wortlaut:

> Heundt dato, den 9. Augusti anno 1710 ist zwischen dem hochwürdigen, wohledlgebornen und hochgelehrten herrn herrn Ernesto, des würdigen unser lieben frauen gottshaus und fürstlichen sti Leopoldi stifts zu Closterneuburg probsten, der heil. schrift doctoren und der röm. kaiserl. Majestät rat, an einem, — dann herrn Johann Känischbauer, kaiserl. cammergoldschmied, anderen teils, folgender contract beschlossen worden:
>
> Erstlichen verspricht gedachter herr Johann Känischbauer jedes mark dreizehnlötiges silber per 18 fl, so vermög selbst eigen gegebenen anschlag höchst per 12 mark zur vorhabenden

---

[1] Johann Känischbauer (auch Canischbauer) von Hohenried erscheint in den Rechnungen des k. k. Hofes zuerst 1712, in welchem Jahre er kaiserlicher Kammergoldschmied und Adjunkt der Schatzkammer wird. Als solchen finden wir seinen Namen auch in Küchelbeckers »Allerneueste Nachrichten vom römischen Kaiserhofe« 1730, Kap. V, Seite 186. — 1714 fertigte er die Gabe Kaiser Karls VI. nach Mariazell, ein Kind in Gold von der natürlichen Schwere des eben geborenen Kronprinzen, modelliert von dem Bildhauer Mathielli. Im Jahre 1722 machte er die kolossale Dreifaltigkeitsgruppe von Silber für den neuen Hochaltar in Mariazell nach dem Entwurfe von Joh. B. Fischer von Erlach, ein Geschenk Kaiser Karls VI. 1731 gehörte er zum kaiserlichen Münzamte. Er soll 1739 gestorben sein. (Siehe »Die Schatzkammer und die Kunstsammlung im Stifte Klosterneuburg«, Wien 1889, Verlag des Stiftes Klosterneuburg.)

monstranzen nötig, dem ihme durch herrn Mathias Staindl vorgegebenen riss und modell nach höchstens zu ende Decembris dieses jahrs gemachter zu liefern.

Andertens auch das modell in ein und anderem nachzumachen, alle stein ohne ausnamb zu versetzen, im feuer zu vergolten, sambt denen 4 kleinen am fueß angezeichneten blättel mit schmelzwerk, worunter eines obgedacht seiner hochwürden und gnaden, zur linken, zur rechten aber des closters wappen zu machen.

Hingegen aber verspricht mehrermelt ihro hochwürden und gnaden (titl) ihme, herrn Johann Känischbauer, obgedachter maßen vor jedes mark dreizehnlötiges silber 18 fl, dann vor all und jede, was erforderliche arbeit, in barem geld siebenhundert und fünfzig gulden (sage 750 fl) zu geben, alles getreulich und ohne gefährde. Zu wahrer urkund dessen sind zwei gleichlautende originalcontracte aufgericht und zu beeden teilen unterschriebener und gefertigter angehändiget worden. Actum Wienn die et anno ut supra

(L. S.) Ernestus
Probst zu Closterneuburg.

(L. S.) Johann Känischbaur
kaiserl. cammergoldschmied.

Als Anhang zu diesem Kontrakt finden sich die Zahlungsquoten von Känischbauer bestätigt. Sie überschreiten aber weit die im Kontrakt festgesetzte Summe, weil viel mehr Gold, Silber, Steine und Perlen zur Verwendung kamen, als ursprünglich beabsichtigt war. Nach diesen Angaben erhielt Känischbauer im ganzen 1166 fl. 41 kr. 2 ₰. Die letzte Quote wurde ihm am 13. März 1716 ausbezahlt[1]).

Einen Teil der zur Herstellung der Monstranze erforderlichen Materialien, Gold, Silber, Edelsteine und Perlen, gab der Prälat her, den anderen Teil lieferte der kaiserliche Sigill-, Stein- und Münzeisenschneider Johann Michael Hoffmann aus Wien, der dafür den Betrag von 2448 fl. erhielt. Am 5. Dezember 1715 wurde zur Überprüfung der Monstranze eine eigene Revisionskommission zusammengesetzt, die aus dem damaligen Stiftskämmerer Ambrosius Schmid, dem Goldschmied Johannes Ernestus Keeß und mehreren Stiftsgeistlichen bestand. Das Material wurde geprüft, die Edelsteine und Perlen genau gezählt und alles richtig befunden[2]).

Im Jahre 1883 wurde die etwas schadhaft gewordene Monstranze im Auftrage des damaligen Herrn Prälaten Ubald Kostersitz der Wiener Firma

---

[1]) Siehe den Aufsatz: »Zur Geschichte der großen Monstranze im Stifte Klosterneuburg« von dem Chorherrn Ivo Sebald im Monatsblatt des Wiener Altertumvereines, 6. Jahrg., 1889, Nr. 7—9.

[2]) Das diesbezügliche Protokoll sowie auch das Verzeichnis der bei dieser Monstranze aufgewendeten Edelsteine und Perlen befindet sich im Archiv des Stiftes und wurde ebenfalls von dem Chorherrn Ivo Sebald in dem bereits früher erwähnten Aufsatze im Monatsblatt des Wiener Altertumvereines abgedruckt. Merkwürdigerweise findet sich aber nirgends eine Notiz, die besagen würde, welchen Betrag Matthias Steinl für die Zeichnung und das Modell zu dieser Monstranze erhalten hat.

Brix und Anders zur Renovierung übergeben. Bei dieser Gelegenheit erhielt die Monstranze auf der Unterseite des Fußes eine neue Inschrift:

> Ernestus Praepositus fabricari fecit anno 1714.
> Ubaldus Praepositus restaurari curavit 1883
> ab aurifabro Brix et Anders Viennae.

Ferner wurde der Name des k. k. Konservators Albert Camesina Ritter von Sanvittore beigefügt.

Gleichzeitig wurden auch die Edelsteine und Perlen gezählt. Es befinden sich:

- *a*) Auf der Monstranze: 523 Rubine (150 Karat), 15 große, 1380 kleine Perlen, 6 Amethyste, 32 Almandine, 19 Saphire (110 Karat), 168 Smaragde (83 Karat), 599 Diamanten (66 Karat), 1 Türkis und 1 Saphirkugel.
- *b*) In der Lunula: 7 Smaragde (24 Karat), 45 Brillanten (21 Karat) und gravierter Stein.

Der Gesamtwert der Juwelen wurde damals mit 19.122 fl. ö. W. beziffert [1]).

Zur Aufbewahrung dieser Monstranze wurde dann später, um das Jahr 1720, nach Steinls Angaben eine Art Tabernakel verfertigt, das heute noch in einem der Schaukästen der stiftlichen Schatzkammer zu sehen ist. Die Tischlerarbeit dazu wurde von den Handwerksleuten des Klosters, die Bildhauerarbeit von Johann Franz Brenner, Bildhauer in Liechtental, besorgt [2]). Neben dem Kasten mit dem Tabernakel für die Monstranze befindet sich auch ein solcher,

---

[1]) Der Wert des ganzen Objekts läßt sich natürlich heute sehr schwer angeben. Interessant ist die Schätzungssumme, die ich bei Küchelbecker, 1730, Kap. XII, pag. 826, vorfand. Er spricht von den Raritäten des Stiftes Klosterneuburg und erwähnt dabei folgendes: »Im Stifte befindet sich eine sehr kostbare und in Form eines Baums gearbeitete und mit vielen Edelgesteinen besetzte Monstranz, so über 30000 fl kostet. Es soll solche die Hollunder-Staude, woran der Schleier gehangen, bedeuten und kniet unten auf demselben Piedestal der Heilige Leopold nebst zwei Windhunden.«

[2]) Im Kammeramts-Raitbuch des Jahres 1720 (Fol. 50) finden wir nämlich folgende Quittung:

> »daß ich von ihro hochwürden wegen gemachten zieraten an einen kasten zur neuen monstranz in die schatzkammer, wie auch ein kindl zu einem Marienbild sambt scepter und kron gemacht, ist mir von ihro hochw. herrn cammerer mit 12 fl bezahlt worden richtig, welches ich mit meiner eigenen hand bekräftige. den 8. Februar 1720.
>
> Joh. Franz Brenner
> bildhauer in Liechtenthal.«

Die Vergolderarbeit besorgte der bekannte Maler und Vergolder Franz Pizenhoffer.

worin ein Tabernakel für die Aufbewahrung des österreichischen Erzherzoghutes angebracht ist. Dieses letztere Tabernakel stammt aus dem Jahre 1677 und wurde damals gleichzeitig mit den Schaukästen der Schatzkammer angefertigt. Es ist nun gewiß sehr interessant, zu beobachten, wie es dem Matthias Steinl nicht im entferntesten eingefallen ist, etwa im Interesse der von uns so sehr geliebten »Stileinheit« das alte Tabernakel einfach zu kopieren, sondern wie er ganz ruhig neben das alte Originalobjekt ein neues hinstellt, das einer ganz anderen Stilrichtung angehört und dennoch nicht im mindesten störend wirkt, sondern sich geradezu großartig in den bereits vorhandenen Rahmen einfügt. Wir können also auch hier wieder, allerdings nur im kleinen, die Beobachtung machen, daß das so oft zitierte Schlagwort von der »Stileinheit« oder »Stilreinheit« damals dem Künstler etwas ganz Unbekanntes war. Wie viele kostbare Objekte sind aber unterdessen diesem Streben nach »Stileinheit« bereits zum Opfer gefallen und durch völlig wertlose sogenannte Rekonstruktionen ersetzt worden! — Doch davon wird ja noch später die Rede sein.

Die Klosterneuburger Monstranze war also jetzt, wenn ich mich so ausdrücken darf, ein kirchliches Schauobjekt ersten Ranges geworden, das natürlich, dem Geiste jener Zeit entsprechend, nicht lange ohne Nachahmung bleiben konnte und wir haben auch bereits früher (Seite 294) davon gesprochen, in welcher Weise die Prunkmonstranzen von St. Dorothea, Herzogenburg und Dürnstein damit zusammenhängen. Es ist jedenfalls hochinteressant, zu erfahren, daß auch in der Goldschmiedkunst jener Zeit der Zeichner eine ganz hervorragende Rolle spielte und daß auch hier der Inventor und der ausführende Künstler nicht immer ein und dieselbe Person sein müssen. Ich hoffe übrigens auch noch, früher oder später den Beweis erbringen zu können, daß auch die Stukkotorer eigene Zeichner unterhielten und daß auch auf diesem Gebiete Matthias Steinl ein tonangebender Künstler gewesen ist, der namentlich für die Arbeiten der Familie Bussi die Vorlagen komponierte. Doch glaube ich hierüber erst dann sprechen zu sollen, bis ich das diesbezügliche Material vollständig beisammen haben werde, was vorderhand noch nicht der Fall ist.

D. Matthias Steinls Arbeiten für das Chorgestühl und das Hoforatorium in der Stiftskirche zu Klosterneuburg.

Eines der schönsten und hochinteressantesten Kunstobjekte der Klosterneuburger Stiftskirche ist zweifellos das herrliche Chorgestühl mit dem darüber befindlichen Hoforatorium. (Siehe die Tafeln XX—XXII.) Obgleich dieses Werk stets allgemeine Bewunderung fand, war doch bisher von seiner Entstehungsgeschichte so gut wie nichts bekannt. Es ist mir nun gelungen, auch dazu das fast vollständige Aktenmaterial zu finden und ich hoffe, daß es die kunsthistorischen Kreise sicher interessieren wird, zum erstenmal die Entstehungsgeschichte dieses überaus herrlichen Werkes kennen zu lernen.

Das Chorgestühl mit dem darüber befindlichen Hoforatorium ist eine Schöpfung Steinls, und zwar aus den Jahren 1723 und 1724. Der Raum, in dem das Chorgestühl aufgestellt ist, liegt in der Vierung, wo sich das Längsschiff und das Querschiff der Kirche durchschneiden. Sechs Stufen führen aus dem Kirchenschiff in den Chorraum und sechs weitere Stufen aus dem Chorraum in das Presbyterium. Gegen das Presbyterium zu ist der Chor durch eine marmorsteinerne Kanzelle, gegen das Kirchenschiff zu durch ein schmiedeeisernes Gitter abgegrenzt. Um das Chorgestühl aufstellen zu können, wurde links und rechts zwischen den Hauptmauern des Querschiffes ein Gewölbe eingespannt, das einerseits als Rückwand für das Chorgestühl, anderseits zur Unterbringung des Hoforatoriums und des gegenüber befindlichen sogenannten kleinen Musikchors dienen sollte. Zu beiden Seiten des Chorraumes ist auch je eine Tür angebracht, die die Kommunikation einerseits mit der links im Querschiffe befindlichen St. Peter und Paul-Kapelle, anderseits mit der rechts im Querschiff befindlichen St. Affra-Kapelle vermitteln. Das Chorgestühl selbst besteht zunächst aus den beiden einander gegenüber postierten Stallen für den Prälaten und den Kapiteldechant, dann aus 40 Stallen für die Geistlichen, die zu je zehn in vier Gruppen derart aufgestellt sind, daß fünf davon (für die Kleriker) immer etwas tiefer, die fünf anderen aber (für die Priester) etwas erhöht angebracht sind. Nach oben zu wird das Chorgestühl durch ein einheitliches Hauptgesims und eine darüber befindliche hölzerne Brüstung abgeschlossen, worauf dann linker Hand das Hoforatorium, rechter Hand die sogenannte kleine Orgel und der dazu gehörige Musikraum aufgebaut sind. Das Chorgestühl und das Hoforatorium sind aus dunklem Nußholz, die reichen Bildhauerarbeiten zum Teil vergoldet, die Wappen in den heraldischen Farben ausgeführt.

Die Maurerarbeiten besorgte der stiftliche Maurermeister Christian Matthäus Gerl, die Steinmetzarbeiten der Klosterneuburger Steinmetz Matthias Reinthaler und zum geringen Teil auch der Steinmetzmeister Peter Pichler aus Seebarn bei Korneuburg.

<small>Reinthaler verfertigte zunächst 1723 die Säulen und Postamente zu den Gewölben für das Oratorium und den Musikchor, dann verfertigt er den Stiegenaufgang, der aus der Kirche zum Hoforatorium führt, richtet die marmorsteinernen Staffeln, die aus dem Kirchenschiff in den Chor und von da in das Presbyterium führen, her und versetzt sie, dann verfertigt</small>

er die Türgerüste zu den beiden Seiteneingängen im Chor, versieht die Eingänge mit den erforderlichen Stufen, legt das Pflaster im Chor etc. etc.

1724 macht er den Stiegenaufgang für das Chor »wo man dato pfleget zu musicieren«, stellt das Türgerüste dahin auf und schlägt, um die Stiege zu beleuchten, eine Lucken. Dann arbeitet er bei »einmachung und vergießung des großen gätter beim St. Leopoldialtar gegen den herrn geistlichen chor hinauf« wie auch beim »einmachen und versetzen der türen«, etc. etc. (Siehe die Kammeramts-Raitbücher 1723, Fol. 62, Nr. 300—303 und 1724, Fol. 68, Nr. 264 und Nr. 266).

Die Tischlerarbeiten besorgen die zum Kloster gehörigen Gesellen. 1723 sind im Stift zuerst 7, dann 8 und schließlich sogar 11 Gesellen beschäftigt. Der Obergeselle erhält pro Woche 1 fl. 3 kr. bis 1 fl. 18 kr., die übrigen 1 fl. bis 1 fl. 15 kr. Einer davon, Balthasar Reißmayer, ist zugleich Bildhauer und erhält pro Woche 1 fl. 15 kr. bis 1 fl. 30 kr. Die gewöhnlichen Gesellen arbeiten für die häuslichen Bedürfnisse, die besseren werden zur Herstellung des Chorgestühles verwendet. Mit ihnen wird auch immer ein eigener Kontrakt geschlossen.

Den 21. Oktober 1723 erhalten die beiden Tischlergesellen Josef Pfaff und Benedikt Sinhueber für die Herstellung der »aichenen fueßtafeln im äußeren chor vom schlafhaus heraus«, dann »vor die nußbaumenen fueßtafeln in das oratorium hinein« und vor »zwei kleine wändt per 15 schueh an seiten des kaiserl. oratorio, sambt allen termissen und schnürkeln« zusammen »accordiertermaßen« 32 fl. 42 kr.[1]). Ferner erhalten sie »wegen gemachten vier großen hauptfenstern und allen nebenfenstern in das kaiserliche oratorium, außer denen thürfenstern, also vor 6 hauptfensterstöck, zum aufziehen gericht«, laut accord 25 fl.

Die 3 Wände »an der orgelseiten mitsambt dem pult und der kniebank«, dann »die 2 großen wändt zum oratorio, item die 2 kleinen seitenwändt gegen der sakristei, ferner die anstoßenden beederseits seitenwändt zu dem oratorio, sambt der thür, mit allen termissen und zieraten« arbeiten die Gesellen Bernhard Haßlinger, Stephan Wiedtschödl und Balthasar Reißmayer aus und erhalten dafür am 29. Oktober 1723 den Betrag von 112 fl.[2]). Der Kontrakt, der mit ihnen aufgesetzt wurde, lautet:

Anheundt, den 6. Septembris anno 1723 ist zwischen dem wohlehrwürdigen herrn Ambrosio Schmidt, derzeit wohlbestallten Cämmerern, an einem, dann denen zu endsbenannten dreien tischlergesellen anderten seits, folgender contract, die nachfolgende tischler- und bildhauerarbeit betreffend, aufgericht und beschlossen worden, als:

Erstlichen versprechen sie die zwei schon angefangenen großen wändt zu dem oratorio, wie auch die große wandt bei der orgel, jede a 15 schueh lang, dann die zwei kleineren

---

[1]) Kammeramts-Raitbuch, 1723, Fol. 56, Nr. 236.
[2]) Kammeramts-Raitbuch, 1723, Fol. 56, Nr. 237.

wändt an der orgelseiten, so beede eben ausmessen 15 schuech, sambt dem pult und kniebank und die kleinere seitenwandt gegen der sakristei und eben die anstoßenden seitenwändte zum oratorio, allwo die thür hineinkommet, sambt der thür, mit allen zugehörigen termissen, zieraten und bildhauerarbeit, was immer auf angebung des ingeniéurs und altgesellen verlanget wird, sambt säuberster pollierung auf das schleinigste mit fleißiger, sauberer arbeit zu verfertigen.

Darbei auch sein sie endsbenannte alle drei also obligiert, daß einer vor alle und alle vor einen stehen müssen, die darauf erforderten und nötigen zieraten und bildhauerarbeit nach riss des ingeniéurs nicht allein auf ihre angedingten obigen wändten, sondern auch auf die von dem Benedikt und seinen gespann verfertigten zwei kleine wändt in völligen stand, wie es erfordert, auszuschneiden. Anbei haben sie sich noch freiwillig erboten auf die von dem schlafhaus herausgehende lange wand bis zum oratorio die schon gemachten termissen völlig zu schneiden und auch die auf diese wand kommenden füllungen oder zieraten halbenteil zu schneiden.

Entgegen verspricht das cammerambt ihnen dreien zu endsbenannten nach völliger verfertigter und in seinen stand mit allen zugehörungen gesetzten obiger arbeit überhaupts und insgesambt richtig zu bezahlen, jedoch nichts in der kost oder weingeld abzuraiten, benanntlichen hundert gulden, und zu einem leykauf drei speciesduggaten oder zwölf gulden.

Zur mehreren bekräftigung dessen seind zwei gleichlautende exemplaria unter einer handschrift aufgericht und von beeden seiten eigenhändig unterschrieben und gefertiget worden. Actum Closterneuburg ut supra.

Ambrosius Schmid
C. R. Cl. derzeit cammerer.

(L. S.)
Bernhard Haßlinger,
Balthasar Reißmayer,
Stephan Wiedtschödl,
tischlergesellen.

Ferner erhalten den 11. Dezember 1723 die beiden Tischlergesellen Heinrich Schmücker und Matthias Langenauer wegen »der vom schlafhaus aus gemachten brustwand an dem oratorio sambt den termissen, ohne zieraten«, accordiertermaßen 16 fl.[1]).

Endlich empfangen die beiden Tischlergesellen Daniel Hörbst und Gregor Göttnickh, den 21. Oktober 1723 »wegen ein- und zusamben-auch aufrichtung der neu verfertigten oberen chorstühle, auch ausmachung aller übrigen noch abgehender arbeit, als sitzbank und anschlagung deren knieschammel und pulten, verkrüpfung der großen dockhen und pallierung aller hinteren und vorderen termisse und was sonsten noch abgängig zur ergänzung gelassen, jedoch ausgenommen die wiederaufsetzung im chor«, accordiertermaßen 40 fl.[2]).

---

[1]) Kammeramts-Raitbuch, 1723, Fol. 56, Nr. 238.
[2]) Kammeramts-Raitbuch, 1723, Fol. 56, Nr. 235.

Die **Bildhauerarbeiten** finden wir folgendermaßen verrechnet:

a) »Den 28. Juni und 9. Juli 1723 dem **Conrad Loßband, Andre Endi** und **Caspar Mordl** zahlt vor 18 paar inwendige à 5 fl. und zwei paar in- und auswendige dockhen à 6 fl, item acht große hauptdockhen, jede à 8 fl, und 3 paar kniedockhen à 3 fl, wiederumben ein paar à 2 fl 30 kr, und vor die allererste dockhen, so unbrauchbar gewesen à 1 fl 30 kr, zusammen alles zu dem neuen nußbaumenen chor 179 fl [1]).« Dann heißt es weiter:

»Mehr dem **Conrad Loßband** vor 4 stück innere und außwendige zu seiner gnaden, auch herrn dechant stuhl, und vor 4 kleinere dockhen dazue, zahlt mit 18 fl. [2]).«

b) Am 12. Dezember 1723 erhält **Edmund Brauneck**, hofbefreiter Bildhauer zu Wien, »auf 42 ständt die armblehnen sambt der rundung auszuschneiden, jede à 1 fl 12 kr, und 20 lauber in das hauptgesimbs zu schneiden à 30 kr, sambt anderer arbeit, 62 fl 24 kr [3]).«

c) Den 7. September und 12. Dezember empfangen die beiden Bildhauer **Balthasar Jungwirth** und **Johann Strasser**, »vor die accordierten 20 stalla in dem neuen chor sambt aller zugehörung zu verfertigen, jedes à 28 fl«, laut Kontrakt 560 fl. [4]). Der dazu gehörige Kontrakt lautet:

»Heundt dato, den 8. Mai anno 1723 ist im namen des hochwürdig in Gott und wohledlgebornen herrn **Ernesti**, des würdigen unser lieben frauen Gottshaus und fürstlichen St. Leopoldi stifts der regulierten chorherrn zu Closterneuburg probsten, der heil. schrift doctoris, röm. kaiserl. Majestät rats und einer hochlöbl. n. ö. landschaft wirklichen verordneten an einem, — dann herrn **Balthasar Jungwürth**, bürgerl. bildhauern in Wienn, und herrn **Johann Strasser** nachfolgender Contract, die ausschneidung der neuen chorstühl alhier betreffend, beschlossen und aufgerichtet worden, als:

Erstlichen verobligieren sich beede obbemelte herrn, die ruckseitenwändt, hinteren und vorderen termis mit dem völligen hauptgesimbs und was darzue gehört, wie es herr **Mathias**

---

[1]) Kammeramts-Raitbuch, 1723, Fol. 58, Nr. 262. Johann Konrad **Loßband**, aus Württemberg gebürtig, wohnhaft beim Guten Hirten in der Josefstadt. Andreas **Endi** (**Ende** oder **Ender**), zu Troppau in Schlesien gebürtig, wohnt zuerst am Spittelberg, dann in der Josefstadt, gestorben 50 Jahre alt am 28. Juli 1737 bei den Drei Königen in Mariahilf. Siehe die »Quellen zur Geschichte Wiens«, VI. Band, I. Abteilung, unter »Loßband« und »Endi«.

[2]) Kammeramts-Raitbuch, 1723, Fol. 58, Nr. 263.

[3]) Kammeramts-Raitbuch, 1723, Fol. 58, Nr. 264.

[4]) Kammeramts-Raitbuch, 1723, Fol. 59, Nr. 266. Den Bildhauer Balthasar **Jungwirth** kennen wir bereits aus dem Stifte St. Dorothea. Johann **Strasser**, gebürtig von Prag in der Altstadt, Bildhauer in Wien. (Siehe die »Quellen zur Geschichte der Stadt Wien«, VI. Band, I. Abteilung unter »Jungwirth« und »Strasser«.)

Staindl, kaiserl. ingenieur, auf jemahliges begehren ordiniert und angeben hat und sein hauptriss weiset, völlig, ohne der darein zu schneidenden wappen, auf das zierlichste und säuberste zu schneiden und auszuarbeiten. Andertens geloben sie erstbemelte arbeit nach immer möglichem fleiß auf das längste bis ad festum sti Jacobi (25. Juli) in völligen stand zu bringen und sofern sie sich nicht getraueten oder angelegen sein lassen wollten, angedingte arbeit zu angesetztem termin in stand zu bringen, so wird uns und herrn Staindl auch freistehen, einen halben oder viertel teil solcher arbeit weiter zu geben, umb befördert werden zu können.

Drittens versprechen seine hochwürden und gnaden, beeden erstbemelten herrn vor jegliches stallo, jedoch, daß die vier halbe seitenwänd an denen vier enden nicht zu raiten sondern darunter mitverstanden, in barem geld zu reichen acht und zwainzig gulden, mit expressen vorhalten, daß die letzten hundert gulden erst nach völliger vollendter angedingter arbeit sollen bezahlt werden.

Zu urkund dessen seind dieses contracts zwei gleichlautende exemplaria unter einer handschrift aufgericht und mit bederseits gewöhnlichem petschaft und namensunterschrift gefertiget und jedem teil eines behändiget worden. Actum Closterneuburg ut supra.«

(L. S.) Ambrosius Schmid   (L. S.) Balthasar Jungwirth
       C. R. Cl. derzeit Cammerer (L. S.) Johannes Strasser.

d) Balthasar Jungwirth und Johann Strasser verfertigen dann auch noch die beiden Chorstühle für den Prälaten und für den Kapiteldechant. Die dazugehörigen Rechnungen lauten:

»Den 4. Decembris 1723 ist mir durch herrn Cammerer seiner hochwürden und gnaden stuhl mit aller angehöriger arbeit völlig bezahlt worden mit 45 fl. Dann auf die arbeit auf beede thürverkleidungen, als 6 schilder und 6 zieraten in die holkehlen und 4 lauber, unter die wappen, zusammen alle beede per 25 fl, als in einer summa 70 fl. Urkund dessen meine eigene hand- und namensunterschrift. Actum Closterneuburg ut supra.«

Balthasar Jungwirth,
Bildhauer. [1]

»Ingleichen, heißt es dann weiter, herrn Strasser vor ihro hochwürden, herrn dechant seinen stuhl zahlt 45 fl. Item ihme wegen zusammenleimbung aller halbeten seitenwänd in die gänze, vor seine Mühe, leimb, hausenblatter und brandwein zahlt 10 fl.« [2]

e) Den figuralen Schmuck besorgte der Bildhauer Servatius Hoffmann. Mit ihm wurde folgender Kontrakt aufgesetzt:

»Zu end gesetzten dato ist von ihro hochwürden und gnaden, herrn herrn Ernesto, probsten des fürstlichen s. Leopoldi Stifts zu Closterneuburg an einem, — dann von herrn Servatio Hoffmann, bildhauern in Wienn, anderten teils folgender contract aufgerichtet und beschlossen worden. Nemblich:

---

[1] Kammeramts-Raitbuch, 1723, Fol. 59, Nr. 267.
[2] Kammeramts-Raitbuch, 1723. Fol. 59, Nr. 269.

Es verspricht obbemelter Herr Servatius Hoffmann, daß er **nach dem vorgegebenen riss und anordnung des herrn Mathiae Staindl, ingenieur**, die angefrimbten genios oder kindl aus unmangelbarem holz mit größtem fleiß längstens bis endts Octobris laufenden 723. jahrs gewiß und versichert verfertigen wolle. Hingegen

erbieten sich ihro hochwürden und gnaden hochgedachter herr probst zu Closterneuburg, ihme bildhauern, herrn Servatio Hoffmann, vor jedes solches vollkommen ausgemachtes stück oder kindl vier gulden getreulich und ohne gefährde zu bezahlen. Zu urkund dessen seind zwei gleichlautende exemplaria aufgerichtet und teils aus befelch ihro gnaden, herrn probstens, von einem seines stiftes canonico, teils von ihme bildhauern unterschrieben und gefertigt worden. So beschehen Wienn, den 18. Augusti 1723.«

(L. S.) **Augustinus Ristl** Can. reg. Cl. N. professus. (L. S.) **Servatius Hoffmann,** bürgerl. bildhauer [1])

Für die in diesem Kontrakt bestellten Genien oder Kindl erhielt Hoffmann am 28. November 1723 den Betrag von 64 fl. Außerdem machte er noch 8 Stück »Gewandt« und zwei »Schildt«, wofür er 6 fl. erhielt [2]).

f) Die Wappen für die Chorstühle verfertigte der Bildhauer Josef Bernhard **Högenauer** und erhielt dafür »laut accord vor jedes 2 fl 30 kr«, zusammen also 60 fl. [3]).

Die **Vergolderarbeiten** besorgten die bürgerlichen Vergolder und Maler Matthias **Braun** und Franz **Pizenhoffer** (auch **Bizenhoffer** geschrieben). Der Kontrakt, der mit ihnen abgeschlossen wurde, lautet [4]):

»Anheundt, den 30. Augusti anno 1723 ist zwischen dem hochwürdig in Gott, auch wohledlgebornen und hochgelehrten herrn **Ernestum**, des würdigen, unser lieben frauen Gotts- haus und fürstlicher sti Leopoldi stifts zu Closterneuburg würdigsten probsten, sacrosanctae theologiae doctor, der röm. kaiserl. Majestät rat, wie auch einer löbl. N. Ö. landschaft wirk- lichen verordneten etc. etc. an einem, — dann beeden herrn, als **Mathias Braun** und **Franz Pizenhoffer**, bürgerl. vergoldtern und malern, anderten teils, nachfolgender contract, die vergoldung der neu verfertigten chorstühl betreffend, geschlossen worden. Als:

Erstlichen versprechen sie alle vier teil oder zusamben zwanzig stalla mitsambt deren zieräten und termissen in den unteren stühlen, auch oberen, durch und durch mit allen seiten- und ruckwänden, mit denen in die holkölln und gesimbs darauf kommendem laubwerch, zieräten

---

[1]) Servatius **Hoffmann**, geb. von Aschaffenburg, gestorben in Wien, beim roten Apfel in der Josefstadt, 44 Jahre alt, am 3. März 1735. Siehe den VI. Band der »Quellen zur Geschichte der Stadt Wien«.

[2]) Kammeramts-Raitbuch, 1723, Fol. 58, Nr. 261.

[3]) Kammeramts-Raitbuch, 1723, Fol. 58, Nr. 265. Josef Bernhard **Högenauer**, ge- bürtig von Braunau in Bayern, heiratet 1722 die Witwe des Bildhauers Josef **Högenwald**, wobei Servatius **Hoffmann** als Trauzeuge fungiert. Siehe die »Quellen zur Geschichte der Stadt Wien«, VI. Band, I. Abteilung.

[4]) Kammeramts-Raitbuch, 1723, Fol. 60, Nr. 277.

und darein zu hängenden wappen, in summa alles, was von bildhauerarbeit **nach riss und angebung des herrn Mathias Staindl** nur erfordert wird, auf das säuberste mit bestem feingold nach möglichem fleiß zu vergoldten und zu verfertigen, wozue sie alles und jedes auf eigene unkosten selbster verschaffen müssen.

Andertens seind beede obgedachte herrn obligiert, alles und jedes, was von denen tischlern nicht hat können polliert werden, mit beständigem darzue tauglichem fürneiß anzustreichen, durch und durch, also, daß dero vergoldung und auch die pollierung dardurch kein mackel leide, auch umb saubere erhaltung der vergoldten zierätten, selbe selbsten anzumachen und wann etwas wider verhoffen in aufsetzung bemelter chorstühl sollte ruiniert oder abgestoßen werden, selbes zu reparieren. Entgegen versprechen seine hochwürden und gnaden ihnen vor solche verfertigte arbeit und zwar vor jedem viertl teil 130 fl, zusamben aber vor alle vier teil fünfhundert und zwanzig gulden sambt der officierskost und trunk, jedoch, daß sie zu erstbemelter arbeit nicht mehr dann mit sechs personen arbeiten sollen, wovor auch die kost passiert wird, so viel aber darüber sein würden, sich selbsten verkösten sollen.

Zur mehreren bekräftigung dessen seind zwei gleichlautende exemplaria unter eine handschrift aufgericht und von beeden seiten eigenhändig unterschrieben und gefertiget worden. Actum Closterneuburg ut supra.«

Ambrosius Schmid
Can. reg. Claustroneoburg.
p. t. Cammerer alda.

Mathias Braun
bürgerl. verguldter.

Franz Bizenhoffer
bürgerl. vergolder.

Die Zahlungsquoten erfolgten:

den 31. August 1723 . . . . 100 fl
den 9. Oktober 1723 . . . . 200 fl
den 28. Oktober 1723 . . . . 50 fl
den 9. November 1723 . . . . 170 fl
                                      520 fl

Außerdem wurde den beiden Vergoldern am 13. Dezember 1723 noch folgende spezifizierte Rechnung ausbezahlt (Fol. 60, Nr. 278):

Specification, was von ihro hochwürden und gnaden herrn Praelaten in vergolderarbeit über den gemachten accord ist gearbeit worden:

Vor das erstere ist das fürneisen in dero recompens euer hochwürden und gnaden anheimgestellet.

	fl	kr
Andertens vor ihro hochwürden und gnaden ihren stuhl sambt aller zugehör fein vergoldet, darvor	75	—
Gleichfalls vor ihro hochwürden herrn dechant	75	—
Vor eine thür sambt aller zugehör a 50 fl, macht vor zwei thüren	100	—
Vor die brustwänd das laubwerch sambt denen tragsteinern	75	—
Die zwei eisernen thürn, wie man in den chor gehet, zweimal silberfarb angestrichen und auf beede seiten jede thür fein vergoldt, darvor	16	—
Abermalen das stiegengätter auf diese art gemacht	10	—
Gleichfalls die thür, wo man in das oratorio gehet, darvor	10	—

	fl.	kr.
Die thür, wo man in das schlafhaus gehet auf beiden seiten vergoldt, darvor	12	—
Abermalen 24 lauber in die holkölln	18	—
Wiederumb 54 spitz, vor einen 4 kr,	3	36
Auf die extraarbeit, was noch nachher ist gemacht worden zu den stühlen	25	—
	429	36

Daß mir endsunterschriebenen laut unserem auszug von ihro hochwürden, herrn cammerer mit dreihundert gulden (sage 300 fl) und zu einer recompens acht gulden bis dahero völlig bezahlt worden, bezeichnet unsere hand- und petschaftfertigung. So beschehen Closterneuburg den 13. Decembris 1723

(L. S.)   Mathias Braun
bürgerl vergoldter.

Franz Carl Bizenhoffer
bürgerl. vergoldter.

Extra vor die 2 gesellen zu einem trinkgeld 2 fl 16 kr.

Damit waren vorderhand die Arbeiten für das Chorgestühl abgeschlossen [1]). Das Hoforatorium wurde dann das nächstfolgende Jahr aufgestellt. Am 20. Dezember 1723 wurde zunächst wieder mit dem Bildhauer Balthasar Jungwirth folgender Kontrakt aufgesetzt:

Heundt dato, den 20. Decembris anno 1723 ist im namen des hochwürdig in Gott und wohledlgebornen herrn Ernesti, des würdigen unser lieben frauen gottshaus und fürstlichen sti Leopoldi stifts der regulierten chorherren zu Closterneuburg probstens, der heiligen schrift doctoris, röm. kaiserl. Majestät raths und einer hochlöblichen N. Ö. landschaft wirklichen ausschuß an einen, — dann herrn Balthasar Jungwürth, bürgerlichen bildhauern in Wienn, nachfolgender contract, die ausschneidung des neuen kaiserlichen oratori alhier betreffend, beschlossen und aufgericht worden, als:

Erstlichen verobligiert sich obbemelter Herr Jungwürth die vier bögen sambt dem gehenck und aller erfordernten zugehör nach angebung des herrn ingenieur Mathias Staindl, nicht weniger die zehn tragstainer ingleichen mit dero zugehörung, dann auch die sechs schilder mitsambt denen gewändl- und fensterverkleidungen auf das eheste nach möglichen fleiß und sauberkeit zu verfertigen. Secundo ist er auch schuldig, diese seine verfertigte bildhauerarbeit miteinrichten, nicht weniger die schon eingerichte mitaufsetzen zu helfen, wie auch den noch abgehenden schild an die vier bögen zu verfertigen.

Entgegen versprechen seine hochwürden und gnaden ihme vor diese vier bögen vor jedem in barem geld zu geben vier und zwanzig gulden, dann vor die zehen tragstain wie oben

---

[1]) Es erübrigt vielleicht noch, in aller Kürze einiges über die Herbeischaffung der Materialien zu sagen. Das Nußholz zu den Docken lieferte der Holzhändler Matthias Röschak. Leider fehlt die Rechnungsbeilage und wir wissen daher nicht, woher das Holz kam. Nur die Preise sind bekannt. Ein stück 5 schuh langer und 2½ zoll dicker nußbaumener Pfosten kostete 1 fl 15 kr. Ein stück 3½ schuh langer und 2½ zoll dicker nußbaumener Pfosten 1 fl. Zu den Docken »für seiner gnaden und herrn dechant ihren stühlen« lieferte die Pfosten der Tischlermeister Leopold Morder in Wien. Das übrige Nußholz kam von Korneuburg, Steyr und Grein.

gemeldt mit dero zugehörung vor jeden acht gulden, und vor sechs schild auch mit der gwändl und fensterverkleidung vor jedem zehen gulden, zusamben aber in summa **zweihundert und sechs und dreißig gulden**.

Zu wahrer urkund dessen seind dieses contracts zwei gleichlautende exemplaria unter einer handschrift aufgericht und mit beederseits gewöhnlichem petschaft und namensunterschrift gefertiget und jedem teil eines behändiget worden. Actum Closterneuburg ut supra.

Ambrosius Schmidt
C. R. C. p. t. Cammerer alda. m. p.

Balthauser Jungwirth
bildhauer in Wienn. m. p.

Die zahlungsquoten verteilten sich folgendermaßen:

den 28. Dezember 1723	100 fl.
den 8. Jänner 1724	30 fl.
den 28. Jänner 1724	30 fl.
den 28 Februar 1714	30 fl.
den 14. März 1724	20 fl.
den 28. April 1724	26 fl.
	236 fl.

Außerdem erhielt Jungwirt »vor noch andere arbeit in das neugemachte kaiserliche oratorium, so in seinem schon verraiten contract 1724 nicht begriffen gewesen«, 32 fl.[1]

Den figuralen Schmuck besorgte der Bildhauer Johann Franz Caspar. Im Kammeramts-Raitbuch des Jahres 1725 (Fol. 60, Nr. 239) heißt es: »den 15. Decembris herrn Franz Caspar vor verfertigte 4 kindl, 4 adler und einen doppelten adler zu dem oratorio zahlt ut schein 53 fl[2].«

Außerdem finden wir noch als Bildhauer den uns bereits bekannten Balthasar Reißmeier und den Bildhauer Edmund Brauneckh beschäftigt[3]. Balthasar Reißmeier arbeitete acht Wochen lang »in unterschiedlicher bildhauerarbeit« für das neue Oratorium und Edmund Brauneckh erhält »vor 14 stück noch abgängige lauber in die ecken dahin« 1 fl 51 kr[4].

---

[1] Kammeramts-Raitbuch 1725, pag. 59, Nr. 236. Die Beilage fehlt.

[2] Johann Franz Caspar, zu Karlstatt in Franken geboren, heiratet am 19. August 1714 bei St. Stephan in Wien, wobei der uns bereits bekannte kaiserl. Kammergoldschmied und Schatzkammeradjunkt Johann Känischbauer als Trauzeuge fungiert. Er ist einer der tüchtigsten Bildhauer seiner Zeit, der von Steinl sehr geschätzt und außerordentlich viel beschäftigt wurde. Wir werden ihn im weiteren Verlaufe dieser Arbeit noch öfters kennen lernen. Er starb 1728, mitten in den Arbeiten für den Klosterneuburger Hochaltar.

[3] Edmund Brauneckh, Hofbefreiter Bildhauer, im Stifte viel beschäftigt, gestorben am 6. August 1729 in Lichtental, 67 Jahre alt.

[4] Kammeramts-Raitbuch, 1724, Fol. 54, Nr. 218 und 1725, Fol. 59, Nr. 237.

Die **Vergolderarbeiten** besorgten wieder die beiden Maler und bürgerlichen Vergolder Matthias B r a u n und Franz P i z e n h o f f e r. Der Kontrakt, der mit ihnen abgeschlossen wurde, hat folgenden Wortlaut:

Anheunt den 10. Juni 1724 ist zwischen dem hochwürdig in Gott, auch wohledlgeborn und hochgelehrten herrn E r n e s t u m, des würdigen unser lieben frauen gottshaus und fürstlichen sti Leopoldi stifts zu Klosterneuburg würdigsten probsten, sacrosanctae theologiae doctor der röm. kaiserl. Majestät rath, wie auch einer löbl. N. Ö. landschaft wirklichen ausschuß etc. etc. an einem, — dann beede herrn, als: M a t h i a s B r a u n und F r a n z P i z e n h o f f e r, bürgerlichen vergoldern und malern, anderten teils, nachfolgender contract, d i e v e r g o l d u n g d e s n e u e n k a i s e r l i c h e n o r a t o r i b e t r e f f e n d, geschlossen worden:

Erstlichen versprechen sie die vier großen bögen, zwölf kindl sambt denen zugehörungen, die acht klein und großen schilder, die fünf adler mit ihren zugehörungen, die zehn kragstein, die vier und zwanzig gwängl, acht große festonnen, zwölf schnürkel und das völlige frießlaub mit zehn kleineren festonnen, die bögen oder postamente, so noch bei dem bildhauer umb auszuarbeiten, auch die geschnittenen leisten, das blei in denen fenstertafeln sambt eisernen stängl und was nur immer zu diesem oratorio gehörig und vergoldt werden muß, auf das sauberste mit bestem feingold nach möglichen fleiß und bestandhaftigkeit zu vergolden und zu verfertigen, worzu sie alles und jedes auf eigene unkosten selbsten verschaffen müssen.

Andertens seind sie beede obgedachte herrn obligiert, alles und jedes, so etwann wider verhoffen in aufsetzung bemelten otatori sollte ruiniert oder abgestoßen werden, selbes zu reparieren und sofern noch etwas, was unumgänglich zur vollkommenheit dieses werks erfordert würde, auch ihrerseits selbes zu verfertigen verbunden sein sollten.

Entgegen versprechen seine hochwürden und gnaden, ihnen vor solche verfertigte oratoriarbeit zusamben in barem geld sechs hundert fünfzig gulden, id est 650 fl, sambt der offizierskost und trunk und zwar so es höchstens vonnöten auf sechs personen.

Zur mehreren bekräftigung dessen seind zwei gleichlautende exemplaria unter einer handschrift aufgericht und von beeden seiten eigenhändig unterschrieben und gefertigt worden. Actum Closterneuburg ut supra.

A m b r o s i u s S c h m i d t
C. R. Cl. derzeit Cammerer alda.

Franz Carl Pizzenhoffer,
M a t t h i a s P r a u n,
verguldter.

Die Abstattung erfolgte folgendermaßen:

den 10. Juni 1724 . . . . 100 fl.
den 16. Juli 1724 . . . . 200 fl.
den 29. August 1724 . . . . 350 fl.

Die **Schlosserarbeiten** verfertigte der bürgerliche Schlossermeister Johann L a n g aus Klosterneuburg.

Das Verzeichnis seiner Arbeiten, das im Kammeramts-Raitbuch des Jahres 1724, Fol. 67, Nr. 318 vorliegt, hat folgenden Wortlaut:

Verzeichnus,

was ich endsbenannter in das hochfürstliche unser lieben frauen stift und gottshaus Closterneuburg an gätterarbeit verfertiget anno 1723, als:

Erstlich das gätter auf der stiegen zum oratorio, hat sambt der handhab und messingenen knöpfen per accord jedes pfund per 24 kr, bringet vor 285 Pfund 114 fl.

Mehr das gätter im oratorio-eingang, hat gewogen 145 pfund und die sperrstange $2^1/_2$ Pfund, zusamben $147^1/_2$ pfund, a 24 kr, ... 59 fl.

item die zwei gätter im chor, wägt jedes 108 pfund, zusamben beede 216 pfund, a 24 kr, ... 86 fl. 24 kr.

Das zwerchgätter in der kirchen bei dem sti Leopoldi altar hat gewogen 585 pfund, a 24 kr . . . . 234 fl.

Summa: 493 fl. 24 kr.

Johann Lang,
bürgerl. schlosser alda. m. p.

Anmerkung: den 10. Martii 1724 seind mir obige $648^1/_2$ pfund, jedes a 21 kr, die letzten 585 aber jedes a 24 kr laut accord, also zusammen in einer summa mit 460 fl $58^1/_2$ kr richtig durch herrn cammerer und völlig bezahlt worden. Zeignus dessen meine petschaftsfertigung und handschrift. Actum Closterneuburg ut supra.

(L. S.)
Johann Lang
bürgerl. schlossermeister alda.

Für die Fassung und Vergoldung des Chorgitters beim Frühaltar erhielten Matthias Braun und Franz Pizenhofer 30 fl. samt einem Extratrinkgeld für die Gesellen von 2 fl.[1]).

Hochinteressant sind auch die Glaserrechnungen. Es war nämlich damals noch sehr schwer, größere Glastafeln für die Fenster des Oratoriums zu beschaffen und der Klosterneuburger Glasermeister Adam Willibald Schmalzer mußte eine eigene zehntägige Reise unternehmen, um endlich in der Glashütte Dietrichsbach (Dorf in N.-Ö., Bezirkshauptmannschaft Zwettl) das gewünschte Format zu finden. Das Glas wurde am 3. November 1723 geliefert. Der beifolgende Begleitbrief hatte folgenden Wortlaut:

Mit Gott. glashütten Dietrichsbach, den 3. November 1723.

Hochgeehrter herr Schmalzer!

Es hat derselbe hiermit die bestellten tafeln ordentlich zu empfangen, welche accordiertermaßen zwei hundert gulden ertragen, bitte also den überrest, so über die schon bezahlten siebenzig

---

[1]) Kammeramts-Raitbuch, 1725, pag. 60, Nr. 240.

gulden annoch bleibet, bei dem fuhrmann zu übersenden, und weillen der herr vor das löbliche stift sehr klug gehandelt, also kunnte derselbe bei ihro hochwürden und gnaden wohl ein gutes wort verleihen, daß dieselbe uns gleichwohl zu einer zubesserung mit einem trunk wein eingedenk wäre. So künftighin etwas von glas oder tafel gebraucheten, kann allzeit befohlen werden. Wormit nebst schönster begrüßung verbleibe

des herrn

dienstfertigster
Antoni Hauer
Glasmeister.

Die Verrechnung mit Schmalzer fand am 14. Juli 1725 statt und wurden ihm dabei folgende Beträge ausbezahlt:

Den 14. Juli 1725 zahlt die pro 1724 von der Glashütten Dietrichsbach bestellte und gelieferte 122 stück tafelglas, zahlt ut brief 200 fl.

Eodem zahlt dem Adam Schmalzer, glasern alhier wegen verfertigung dieser oratorifenster, mit abbruch 5 fl 40 kr, zahlt annoch 30 fl.

Mehr ihme glasern sein zehntägige getane reiß und unkosten nacher Dietrichsbach und anderen glashütten zahlt mit 10 fl.[1]

Am selben Tage erhielt auch der Schlosser Johann Lang »vor gemachte anno 1724 messingene beschlög auf die thürn und festern, auch vorhangstängel und anderer arbeit in dieses neu gemachte kaiserliche oratorium« 58 fl.[2]

Zum Schlusse sind noch die beiden Stukkotorer, Christian Strasser und Ferdinand Oxenbauer, sowie der Freskomaler Johann Gottlieb Starmayr zu erwähnen.

Christian Strasser, wohnhaft am »Traitmarkt, in der königlichen Stiftsbehausung«, erhält den 26. September 1723 wegen seiner Arbeit »unter dem gewölb des neuen oratorii, auch kleinen chorgewölb und beederseits herauswärts, ut accord, 18 fl 34 kr, wie auch ober der thür in das chor hinein 4 fl«, zusammen also 22 fl. 34 kr.[3]

Desgleichen erhält auch Ferdinand Oxenbauer am 28. September 1724 »wegen der in der st. Affrae-capelln gemachten stockhotorarbeit, auch ziehung des gesimbs und ausweissung der vor einem jahr (von Strasser) in st. Petri et Pauli capelln gemachten stockhotorarbeit«, 30 fl.[4]

Johann Gottlieb Starmayr malte die Felder in dem Gewölbe unter dem Chor in der Affrakapelle, wie auch unter dem neuen Oratorium und erhielt am 24. Oktober 1724 dafür den Betrag von 34 fl.[5]

---

[1] Kammeramts-Raitbuch, 1725, Fol. 66, Nr. 278 und 279.
[2] Kammeramts-Raitbuch, 1725, Fol. 63, Nr. 258.
[3] Kammeramts-Raitbuch, 1723, Fol. 65, Nr. 339.
[4] Kammeramts-Raitbuch, 1724, Fol. 65, Nr. 311.
[5] Kammeramts-Raitbuch, 1724, Fol. 57, Nr. 245.

Endlich wurde auch noch dem Kupferschmied Josef Obrist aus Wien vor einen großen Feuerkessel in das neue kaiserliche Oratorium, »so gewogen 26³/₄ pfund, vor das pfund à 42 kr«, der Betrag von 18 fl. 43 kr. ausbezahlt[1]).

Der damalige Sakristan, Dunstan Marold, schrieb nach vollendeter Aufstellung des Chorgestühls und des Hoforatoriums folgende Notiz in das Kirchen- und Schatzinventar des Stiftes:

»Es ist auch merkwürdig und nicht gering zu schätzen der Chor und das darauf stehende kaiserliche Oratorium. Alles ist von ganzem und schönstem Nußbaumholz und was nur immer den Namen einer Bildhauerarbeit daran führet, gut vergoldet. Kürzlich also prächtig ist jenes Werk, das seinesgleichen sowohl der Ingenieurkunst als Fleißigkeit der Arbeit noch in Deutschland, darf wohl schreiben in ganz Europa nicht zu finden ist. Dieses kunstreiche Werk aber ist gemacht und gesetzet worden unter der Regierung Ernesti Perger, des allerwürdigsten und frommen Probsten, welcher ein Spiegel der ganzen Geistlichkeit, sonderlich aber aller Obrigkeiten, seinem tugendtlichen Leben nach war, im Jahr nach der Geburt Christi 1723 und wurde dieser Chor das erstemal betreten zur Vesperzeit in Vigilia sti Leopoldi (14. Novemb. 1723). Weilen mir aber hiervon beste Wissenschaft bekannt ist, will ich auch einer Nachwelt zum größten Nutzen dessen Durchschnitt oder Eröffnung nicht verborgen halten. **So man künftiger Zeit sothanes Kunstwerk gedenket abzutragen, ist zu wissen, daß Alles und Jedes von dem Fueßboden des Chors an bis auf den Gipfel des Oratorii in Schraufen gerichtet ist**, mithin, wann solche Zerlegung ohne Verletzung geschehen sollte, ist es notwendig, daß man von Oben anfange, nämlich erstens das Oratorium, sodann das Gesimbs und nachgehends die Hohlkelle, welche in Zapfen stecket, abnehme. Nachher rucket man die Stühl von der Mauer, leset die Schraufen auf und sodann kann man sowohl die Rück- als Seitenwänd, wie auch die Docken und Knieschämmel ohne einzigen Schaden und Verletzung zerlegen«.

Damit schließen die Aufzeichnungen über das Chorgestühl und das Hoforatorium in der Klosterneuburger Stiftskirche. Wer dieses Werk Steinls kennt, wird auch gern dem Urteile des Chorherrn Dunstan Marold zustimmen. Es wird tatsächlich kaum wieder sobald ein Werk geben, das so reizend schön in der Komposition und so gediegen in der Ausführung ist, wie das in der Stiftskirche zu Klosterneuburg. In seiner Art ist es tatsächlich ein Unikum. Leider wissen wir aber wieder nicht, wie Steinl dafür honoriert wurde, denn es findet sich keine Notiz, die uns hierüber Aufschluß geben würde.

---

[1]) Kammeramts-Raitbuch, 1725, Fol. 67, Nr. 283.

E. Steinls Hochaltar für die St. Michaelskirche in Heiligenstadt (Wien).

Im Jahre 1723 erhielt Matthias Steinl den Auftrag, für die dem Stifte Klosterneuburg gehörige St. Michaelskirche in Heiligenstadt einen neuen Hochaltar zu verfertigen. Dieser Hochaltar ist heute nicht mehr vorhanden, denn als im Jahre 1892 die Kirche renoviert wurde, mußte er leider dem damals total mißverstandenen Bestreben nach Stileinheit oder Stilreinheit zum Opfer fallen. Er wurde zerschlagen und an seinerstatt ein moderner gotischer Altar aufgestellt. Ich war ein Jahr vorher als neugeweihter Priester bei dieser Kirche angestellt und erinnere mich noch jetzt ganz genau, trotzdem ich zu jener Zeit von Kunst nicht sehr viel verstanden habe, welch tiefen Eindruck dieser prächtige Hochaltar stets auf mich gemacht hat und wie gerne ich ihn mit Blumen schmückte, so oft ein kirchlicher Festtag dazu den Anlaß gab. — Tempi passati. — Der Hochaltar glich im Aufbau und in der äußeren Form dem Hochaltar der Stiftskirche zu Klosterneuburg fast vollständig, nur war er aus Holz, während jener aus Marmor gebaut ist. Er imponierte durch seine Größe und Schönheit. Als er auseinandergenommen wurde, rettete der liebe, gute Pfarrer Ivo Sebald von Leopoldau (bei Floridsdorf-Wien) das Tabernakel und die zu beiden Seiten knienden Engelfiguren sowie das wunderschöne Antipendium, indem er sie in seine Pfarrkirche transportieren und über dem Altar der Kirche aufstellen ließ. (Siehe die Tafel XXXIII.) Das Hochaltarbild, ein heiliger Michael, von Johann Georg Schmidt, und ein zweites Bild, der Heilige Augustinus, von demselben Künstler, kamen in das Stift Klosterneuburg und hängen jetzt im linken Querschiff der Kirche, in der unmittelbarsten Nähe des vorhin besprochenen Hoforatoriums. (Siehe die Tafel XXXIV.) Alles übrige ging verloren. Nichtsdestoweniger will ich aber doch das darüber erhaltene urkundliche Material veröffentlichen, weil es uns wieder einen hochinteressanten Einblick in den Kreis von Künstlern und Handwerkern, mit denen damals Matthias Steinl gemeinsam arbeitete, gewährt.

An Dokumenten haben sich erhalten:

a) Die »Hochaltar-Raitung von des fürstlichen sti. Leopoldi stifts Closterneuburg angehörigem cammerambt über den in das würdige sti Michaelis Gottshaus und pfarrkirchen zu Heiligenstadt neu verfertigt und aufgerichten hochaltar, alle empfangs- und ausgaben betreffend«, anno 1723 [1]).

---

[1]) Stiftsarchiv, nach der neuen Rapulatur Fol. 173, Nr. 23, Cista XXIX.

Sie lautet:

»Erstlich, vor stein, kolln, kalch und marmorstein, item vor verrichte maurer- zimmerleut- zureichertagwerke, mehr vor steinmetz- und schmied- auch tischlerarbeit, dann vor unterschiedliches holz- und eisenwerch, zusamben zahlt mit . . . . 278 fl 38 kr

Herrn Johann Georg Schmidt, malern in Wienn, wegen mit der bildnus des hl. Michaeli gemalenen altarblatt inhalt contract de dato 22. Juni 1723 befriediget mit . . . . 400 —

Herrn Mathias Joseph Katzler, eben bürgerlichen malern in Wienn, ist nach ausweisung des unterm 29. Jänner 1723 mit ihme gemachten contract vor marmelirung der architectur mit beständigen farben, item sowohl groß als kleine statuen und zieräden mit dem feinsten gold zu vergolden und selbe aufs beste zu verfertigen gutgemacht worden mit . . . . 760 —

Herrn Johann Paul Lessl, kaiserl. hofbefreiten tischlermeistern in Wienn, vor den mit all und jeder seiner tischlerarbeit gemachten altar laut contract, dessen datum stehet den 29. Jänner 1723, bezahlt mit . . . . . 225 —

Herrn Johann Franz Caspar, bürgerlichen bildhauern in Wienn, wegen verfertigten sowohl groß als kleinen statuen sambt denen zieräden, laut gemachten contract vom 29. Jänner 1723 contentiert mit . . . . 380 —

Herrn Franz Päminger, can. regul. und pfarrern zu Heiligenstadt, wegen bei aufrichtung des hochaltar zu besagtem Heiligenstadt vor dem tischlermeister und dessen gesellen, item dem vergolder, bildhauer und seinen gesellen verschafften kost ut schein de dato 3. Octobris 1719 zahlt . . . . 25 —

Herrn Johann Paul Lessl, kaiserl. hofbefreiten tischlermeistern in Wienn, vor unterschiedliche ausgaben laut quittung vom 7. September 1723 gutgemacht mit . . . . 7 —

Dem maister Johann Müller, bürgerlichen naglschmied in Wienn, vor unterschiedlichen hergegebenen nägl laut auszügl den 2. Octobris 1723 bezahlt mit 1 54

Letztlich ist aus handen ihro hochwürden und gnaden, herrn Ernesti, würdigsten probsten alhier zu Closterneuburg, dem herrn Mathias Staindl, ingenieur in Wienn, wegen gemachten altar-riss und bei denen handwerksleuten vielfältig gehabter bemühung, auch daß selber zu Heiligenstadt bei aufsetzung des altars ein und andern malen zugesehen, vor ein regale geben worden . 75 —

Summa aller ausgaben 2152 fl 32 kr.«

b) Das Konzept des Prälaten Ernest Perger für den Tischlerkontrakt:

»An heunt zu endgesetzten dato ist von ihro hochwürden und gnaden, herrn Ernesto, des würdigen unser lieben frauen gottshaus und fürstlichen sti. Leopoldi stift zu Closterneuburg würdigsten probsten, der heiligen schrift doctore, ihro röm. kaiserl. und königl. catholischen Majestät rat und einer hochlöbl. N. Ö. landschaft wirklichen verordneten an einem — dann von Johann Paul Caspar[1]. tischlermeister in Wienn, anderten teils, folgender contract

---

[1] Der Name ist irrtümlich verschrieben, der Tischler hieß nicht Johann Paul Caspar, sondern Johann Paul Lessl.

wegen des in der st. Michaelis Pfarrkirchen zu Heilingstatt neu zu machen habenden hochaltar aufgericht und beschlossen worden:

Erstlichen verspricht obbemelter tischlermeister vermög ihme vorgelegten und zu handen gegebenen altarriss alle und jede tischlerarbeit, wie es immer namen haben mag, sowohl nach ausweisung des riss als auch angebung des herrn Mathiae Steindl mit größtem fleiß und unmangelbarem, ausgetrückertem holz längstens bis ende Juli dieses laufenden 1723. jahrs zu verfertigen.

Nicht weniger andertens verbindet er sich, ermelten hochaltar zu Heilingstatt aufzusetzen und in vollkommenen stand zu bringen. Hingegen

Drittens erbittet er von ihro hochwürden und gnaden (titl) die benötige gelegenheiten, alles und jedes, was zu ermeltem altar gehörig, nach Heilingstatt von hier aus abführen zu lassen, bei aus- und abladung aber solle er, tischlermeister, allzeit zugegen sein.

Viertens versichern ihro hochwürden und gnaden, das benötigte gristholz beizuschaffen, wie auch das grist auf sein, meister tischler und herrn Staindels angeben verfertigen zu lassen.

Fünftens und schließlichen sollen ihme tischlermeister nach völlig aufgesetzten altar vor seine arbeit 225 gulden alsogleich bezahlt und zugezählt werden. Alles getreulich und ohne gefährde. Zu urkund dessen sein zwei gleichlautende exemplaria unter beeder contrahenten handschrift und petschaft aufgericht und jedem teil eines zu handen gegeben worden.

Actum Wienn, den 29. Jänner 1723.«

c) **Der Kontrakt mit dem Maler Johann Georg Schmidt wegen des zu malenden Hochaltarbildes:**

»Heundt zu und gesetzten dato ist von ihro hochwürden und gnaden, herrn Ernesto, des würdigen unser lieben frauen gottshaus und fürstlichen sti Leopoldi stift deren regulierten chorherrn sti Augustini zu Closterneuburg würdigsten probsten, der hl. schrift doctoren, ihro röm. kaiserl. und königl. cathol. Majestät rat und einer hochlöblichen N. Ö. landschaft wirklichen verordneten, an einen, — dann herrn Johann Georg Schmidt, malern in Wienn, anderen teils, nachfolgender contract wegen des in der s. Michaelis pfarrkirchen zu Heiligenstadt neu machenden hohen altarblatt aufgericht und beschlossen worden, als:

Erstlichen verspricht obbemelter maler nach angebung des herrn Mathiae Staindl ein bild oder sogenanntes altarblatt mit dem heiligen Michaele, in der höhe fünfzehn und einen halben schuech, in der breiten acht schuech, mit größtem fleiß und beständigsten farben längstens bis 15. Septembris zu verfertigen. Hingegen versichern hochgedacht ihro gnaden ihme vor solches 400 fl bar auszahlen zu lassen. Alles getreulich und ohne gefährde. Zu urkund dessen sein zwei gleichlautende exemplaria unter beeder contrahenten handschrift aufgericht und jedem teil eines zu handen geben worden. Actum Wienn, den 22. Juni anno 1723.«

(L. S.)   Ernestus
probst zu Closterneuburg.

(L. S.)   Johann Georg Schmidt
accad. maler.

d) **Ein Kontrakt mit dem Maler Johann Georg Schmidt wegen eines zu malenden Bildes Sti. Augustini für Heiligenstadt aus dem Jahre 1727, als Matthias Steinl schon gestorben war:**

»Heundt zu und gesetzten dato und jahr ist zwischen dem hochwürdig in Gott, wohledlgebornen und hochgelerten herrn herrn Ernesto, des fürstlichen Sti Leopoldi stift bei unser lieben frauen zu Closterneuburg würdigsten probsten, der heil. schrift doctorn, ihro röm. kaiserl. Majestät rat und einer hochlöblichen N. Ö. landschaft wirklichen ausschuß an einen, — dann dem edl und kunstreichen herrn Johann Georg Schmidt, accademischen malern anderten teils wegen malung und verfertigung eines seitenaltarblatt in die sti Michaelis pfarrkirchen zu Heiligenstadt folgender contract verabredet und beschlossen worden:

Erstlichen verspricht obgedachter herr Johann Georg Schmidt, maler, vermög von ihme producirten skizza, so den heiligen Augustinum vorstellet, dieses seitenaltarblatt mit gerechten, reinen und beständigen farben künstlich, fleißig und wie es sich zu recht gebühret, zu verfertigen und zwar in solcher zeit, daß es noch vor dem fest des heiligen Michaelis, als an welchem tag das altar in völligen stand sein mueß, herzustellen.

Dahingegen versprechen ihro hochwürden und gnaden ihme, herrn Johann Georg Schmidt, maler, davor 160 fl (sage hundert und sechzig gulden) in gangbarer münz ohne abgang bezahlen zu lassen. Alles getreulich und ohne gefährde. Zu solchen end seind zwei gleichlautende contractbrief aufgerichtet, verfertiget und unterschrieben, auch jedem teil einer behändiget worden. So beschehen Wienn, den 27. Juni 1727.«

(L. S.) Ernestus
Probst zu Closterneuburg.

F. Matthias Steinl und der Umbau des alten Refektoriums in Klosterneuburg.

Das Stift Klosterneuburg zeichnet sich bekanntlich dadurch aus, daß neben dem wundervollen Barockbau des 18. Jahrhunderts auch noch fast alle mittelalterlichen Gebäude der ehemaligen Klosteranlage erhalten sind. In dem sogenannten alten Trakt befindet sich auch das heute nicht mehr in Verwendung stehende ehemalige Refektorium der Chorherren. Der Raum selbst stammte aus dem Jahre 1319 und wurde dann im Jahre 1725 von Matthias Steinl den damaligen Bedürfnissen entsprechend umgebaut und neu eingerichtet. (Siehe die Tafel XXX.) Da auch hierüber bisher noch kein einziges Dokument publiziert wurde, will ich an Hand der von mir gefundenen Aufzeichnungen auch die Geschichte dieses Raumes erzählen.

Die Maurerarbeiten besorgte der stiftliche Maurermeister Christian Matthäus Gerl.

Das Ziegelmaterial wurde aus dem hochgräflich Rappachischen Ziegelofen (unbekannt woher) und aus dem stiftlichen Ziegelofen unterhalb Nußdorf bezogen. Außerdem lieferten Ziegel: Peter Pichler, bei St. Margareten neben der Spanischen Cron, Thomas Lindtner, Gastgeb und Ziegler bei dem Salzküeffi auf der Wieden, und das stadtkammeramt in Klosterneuburg [1]).

---

[1]) Kammeramts-Raitbuch, 1725, Fol. 97.

Die **Steinmetzarbeiten** verfertigte der Klosterneuburger Steinmetz Matthias **Reinthaler**. Er lieferte:

	fl	kr	₰
Erstlich, in das revent zu eilf fenster die 22 gwäng, jedes 7 sch. 9 z. stark, bringen 154 schuech, jeden ohne stein a 15 kr, ...	38	30	—
Eben dahin 11 sturz, jeder 5 sch. 9 z., bringen 63 sch. 3 z., jeden a 15 kr, ...	15	48	3
mehr 11 karnisbänk, jede 6 sch. 3 z., bringen 68 sch. 9 z, jeden a 19 kr, ...	21	46	1
dann zu der portenstiegen 18 ordinari staffel, jeden $10^{1}/_{2}$ sch., bringen 189 sch., jeden 8 kr, ...	25	12	—
mehr zu einer stiegen vom sommerrevent gegen das schlafhaus hinauf 7 ordinari staffel	3	56	—
dann in den reventofen 12 quader abgericht, so alle massen 34 sch., jeden 14 kr, bringen	7	56	—
mehr dahin zu einem ofenthürl	1	36	—
Zu der von dem neuen bis in das sommerrevent hinauf gemachten schneckenstiegen mit 26 staffel, jeden a 1 fl 6 kr, ...	28	36	—

Für die Pflasterarbeiten, Steinabrichten, Löcher einschlagen etc, etc, erhielt er pro Tag 42 kr.[1])

Das Steinmaterial lieferte Frau **Maria Susanna Langstögerin** aus Klosterneuburg, und zwar aus dem Steinbruch zu Altenhof. Sie erhielt dafür pro Schuh 4 kr.

Die Marmorsteine und Marmorplatten lieferte der Steinmetzmeister **Ruppert Deißl** aus Salzburg. Den 15. September 1725 werden seinen Schiffleuten, Thomas und Hans Georg Ott, »vor gelieferte 2230 stück weiße und graue 16 zöllige geschliffene marmorstein, auch vor 30 schuech 3 zoll dicke staffel zum vorsprung in das refectorium[2]) und von 26 schuech $3^{1}/_{2}$ zoll diecke marmorsteinerne staffel umb den ofen alda« zusammen 361 fl. 41 kr. bezahlt. Desgleichen erhält am 16. September der Schiffmann Georg Eder wegen »gelieferten marmorsteinernen staffeln zum antritt in das revent, samt der schiffmauth« 16 fl.[3]).

Die Fenster und Türen wurden in der Stiftstischlerei gemacht. Die dazugehörigen Beschläge verfertigte der Klosterneuburger Schlossermeister Johann **Lang**. Die Türbeschläge sind besonders schön, da sie eine sehr feine Gravierung aufweisen. **Lang** erhielt auch infolgedessen für eine solche Tür 40 fl.[4]). Er verfertigte auch die zu den Fenstern gehörigen Gitter und in der Mitte des Refektoriums über der Luftheizung ein geradezu prachtvolles Gitter (das leider momentan ausgehoben und durch einen Bretterverschlag im Fußboden ersetzt ist), wofür er »laut accord sambt dem von ihme darzue verschafften eisen« den Betrag von 200 fl. samt 2 fl. Trinkgeld für seine Gesellen erhielt[5]).

---

[1]) Kammeramts-Raitbuch, 1725, Fol. 67, Nr. 280—282.
[2]) Der erhöhte Teil, wo der Tisch des Prälaten und seiner Offizialen stand.
[3]) Kammeramts-Raitbuch, 1725, Fol. 95, Nr. 428 und Fol. 96, Nr. 431.
[4]) Kammeramts-Raitbuch, 1725, Fol. 80, Nr. 358—360.
[5]) Kammeramts-Raitbuch, 1725, Fol. 63, Nr. 259.

Die wundervolle Stuckdecke verfertigte der uns bereits bekannte Stukkotorer Ferdinand Oxenbauer[1]). Die dazu gehörige Quittung Oxenbauers lautet:

> Hiemit bekenne ich endsbenannter in kraft gegenwärtiger zeilen, daß mir von des löbl. stifts Klosterneuburg cammerambt durch herrn Ambrosium Schmidt, dermaligen cammerern, vor meine in bemelten stifts neu erbauten refectorio verfertigte nach dem gemachten und gezeigten riss stockhotorarbeit accordierter und abgeredter maßen nebenst der gehabten kost vor mich und meine gesellen in barem geld zwar dato bin bezahlt worden, nemblichen dreihundert acht und achtzig gulden. Weillen aber das dahin kommende lavor dato nicht verfertiget worden und darumben ich meine schuldige arbeit nicht verfertigen können, so obligiere mich, nicht allein in dieser quittung sondern auch mit einer extraobligation, daß ich auf allmaliges begehren solches schleunigst verfertigen werde und habe weder auf diese noch auf geschehene arbeit nichts zu begehren und zu suchen.
>
> Zu wahrer urkund dessen ist meiner eigenen hand namensunterschrift und gewöhnliche petschaftsfertigung. Actum stift Closterneuburg, den 28. Novembris 1725.
>
> (L. S.)   Ferdinandt Oxenbauer
>   Stockhotor. m. p.

Der beiliegende Revers lautet:

> Kraft gegenwärtiger zeilen bekenne und erbiete ich mich endsbenannter, daß ich vermög getroffenen accord über mein in dem neuen refectorio des hochlöblichen stifts zu Closterneuburg verfertigte und mir schon bezahlte stockhotorarbeit noch schuldig bin und verbleibe umb das dahin von marmorstein oder kupfer noch zu setzende lavor die nötigen zieraten und gsimbs auf meine eigenen unkosten und ohne entgelt des stifts und mit bezahlung der mir nötigen tagwerkern, jedoch, daß mir die kost gereicht werde, auf das beste nach begehren, laut des von mir gezeichneten riss zu verfertigen und auszuarbeiten.
>
> Zur bekräftigung dessen und wahrer urkund habe mein eigene hand namensunterschrift und petschaft hierunter gestellt. Actum stift Closterneuburg, den 28. Novembris 1725.
>
> (L. S.)   Ferdinandt Oxenbauer
>   stockhotorer. m. p.[2])

---

[1]) Von ihm rührt auch die herrliche Decke des großen Saales im Pfarrhofe zu Leopoldau her, wozu der Maler Sabino da Rosa das Mittelbild schuf. Wahrscheinlich besaß auch die Decke des Klosterneuburger Refektoriums ein solches Gemälde, das dann später zugeweißt wurde und infolgedessen heute nicht mehr zu sehen ist.

[2]) Kammeramts-Raitbuch, 1725, pag. 62, Nr. 250.

Für die Stukkotorer werden die Nägel und der Draht von dem Eisenhändler Thomas Schoiber aus Steyr geliefert. Das Stift kauft sie am Pfingstmarkt in Wien. (Fol. 81, Nr. 351.)

Jetzt kommt die Refektoriumseinrichtung.

Die längs der Wände laufenden Lambrien verfertigte der Tischlermeister Johann Georg Voigt aus Klosterneuburg. Die aus Nußholz bestehenden und mit eingelegten Arbeiten reich verzierten Tische und Bänke (die aber leider alle verschwunden sind) verfertigten die Tischler des Stiftes [1]).

<small>Das Holz (Bretter) lieferte die bürgerliche Holzhandlung in Steyr, die Polsterhölzer wurden in Wien gekauft, Nuß-, Birnbaum-, Lerchenholz und Fourniere lieferte Hans Stadler, Müller und Sägemeister von Sarnstein.</small>

Die auf die Bänke in das Revent »kommenden lauber oder aufsätz, von allen drei seiten, ohne verschaffung des holzes« verfertigte der uns bereits bekannte Bildhauer Bernhard Högenauer aus Wien und erhielt dafür den Betrag von 38 fl. [2]).

Die Drechslerarbeiten lieferte der Klosterneuburger Drechslermeister Erasmus Pichler [3]).

Um den Raum zu zieren, wurden ein Christusbild und ein Marienbild angebracht. Außerdem malte der Maler Johann Georg Schmidt 12 große Apostelbilder. Der Kontrakt, der mit ihm hierüber aufgesetzt wurde, lautet:

<small>Anheut den 6. Juli 1725 ist zwischen dem hochwürdig in Gott wohledlgeborn und hochgelehrten herrn herrn Ernesto, des würdigen unser lieben frauen gotshaus und fürstlichen sti Leopoldi stifts zu Klosterneuburg würdigsten probsten, ss. theologiae doctor, der röm. kaiserl. Majestät rath, wie auch einer löblichen N. Ö. landschaft wirklichen ausschuß etc. etc. an einem, — dann dem kunstreichen herrn Johann Georg Schmid, accademischen malern, anderen teils, nachfolgender contract wegen malung in dero neuerbauten refectorio deren 12 stucken, nemblich die heiligen Aposteln praesentierend zu verfertigen betreffend, beschlossen worden. [4]) Als:</small>

<small>Erstlichen verspricht herr Schmidt, maler, obbenannte 12 stuck, jeden apostel auf sein bestes mitsambt seinem signo [5]) lebensgroß nach proportion der gegebenen ramen zu exprimieren, wie auch jedem heiligen von weitem seitwärts das martyrium und eines von jeglichen seinen miraculn in kleinheit vorzustellen und zwar solches mit feinen, frischen, beständigen farben nach gutem gusto zu malen und alle diese 12 stuck zwar längstens 14 tag vor dem fest des heiligen Leopoldi dieses 1725. jahrs verfertigter zu haben, wie auch alle stuck durchaus die leinwaden ohne nath verschaffen muß. Wohingegen</small>

---

[1]) Kammeramts-Raitbuch, 1726, Fol. 80, Nr. 363.
[2]) Kammeramts-Raitbuch, 1726, Fol. 69, Nr. 260.
[3]) Kammeramts-Raitbuch, 1725, Fol. 62, Nr. 253.
[4]) Dieser Kontrakt ist in zwei Exemplaren vorhanden. Eines davon trägt das Siegel und die Namensfertigung des Prälaten Ernest Perger, das andere das Siegel und die Namensfertigung des Malers Johann Georg Schmidt.
[5]) Darunter sind die Attribute zu verstehen, die den Figuren der Apostel in der bildenden Kunst als Erkennungszeichen beigegeben werden.

versprechen seine hochwürden und gnaden ihme, herrn Schmid, vor solche verfertigte 12 stück, jedes per 30 fl. in allem 360 fl sambt einem nach wohlverhalten versprochenen regal per 4 emmer gueten wein, woran er an geld den 22. huius einhundert gulden anticipato zu handen empfangen, auch dessen vormerkung hierent stehend beschehen, bar und richtig auszahlen zu lassen hiemit zugesagt haben will.

Zu dessen urkund seind gegenwärtigen contracts zwei gleichlautende exemplaria aufgerichtet und jeglichen teil eines unter des anderen respective fertigung zu fest und ohnwidersprechlichen beobachtung zugestellet worden.

(L. S.)

Johann Georg Schmidt,
accad. mahler m. p.

Anmerkung:

den 16. octobris habe ich von ihro hochwürden herrn cammerer a conto dieses contracts überschickter empfangen 100 fl, sage hundert gulden.

Johann Georg Schmidt
accad. maller.

Den 4. Novembris ist mir der rest von ihro hochwürden herrn cammerer mit 160 fl bar und richtig bezahlt worden und an diesen contract kein einzige bredention zu machen ferners habe, das bezeiget mein eigene handunterschrift. Closterneuburg den 4. Novembris 1725.

Johann Georg Schmidt
accad. maller in Wien.

Zu diesen Bildern verfertigte der Bildhauer Bernhard Högenauer die Rahmen. Den 23. November erhielt er »vor die zwei ramen zu einem bild Salvator und einem Beatae Virginis ins refectorium« 12 fl., dann den 18. Dezember »vor die in das neue refectorio gemachten zieraten auf die 12 ramen deren Apostel, mitsambt verschaffung des holzes« 30 fl.[1]). Für die Rahmen »zu vergoldten und schwarz zu schleifen« erhielt dann Franz Pizenhoffer »neben der kost und beischaffung aller Materialien« 40 fl. und außerdem 4 fl. Trinkgeld für seine Jungen[2]).

Für die geistlichen Lesungen während der Mahlzeiten wurde eine neue Kanzel (die heute noch im gegenwärtigen Refektorium steht), aufgestellt. Sie ist aus Holz, mit eingelegten Arbeiten reich verziert und ruht auf einem Untergestell wozu »die vier schnürkel, das Kreuz und die Rose« der Bild-

---

[1]) Kammeramts-Raitbuch, 1725, Fol. 59, Nr. 237 und 1726, Fol. 70, Nr. 268. Auf der Quittung nennt sich Högenauer Bildhauer, wohnhaft zu Mariahilf beim Grünen Kleeblatt.

[2]) Kammeramts-Raitbuch, 1725, Fol. 60, Nr. 243. Das Feingold zur Vergoldung der Rahmen lieferte der kaiserliche Hofgoldschlager Joh. Anton Geißenhoffer.

hauer Bernhard **Högenauer** verfertigte, der dafür »vor die arbeit allein« 14 fl. erhielt [1]). (Siehe die Tafel XXXII.)

Die Teller und Schalen für das neue Refektorium verfertigte der Zinngießer Josef **Conte** [2]), die silbernen Becher, »so einwendig ganz, auswendig aber nur die Zier und Wappen ganz verguldt waren«, lieferte der Goldschmied Leopold **Marckh** von Korneuburg [3]).

1728 scheint endlich auch das »neue Lavoire« (der Brunnen) für das Refektorium fertiggestellt worden zu sein, denn am 6. Februar 1728 findet sich folgende Quittung des Prinz Eugenischen Brunnenmeisters Andreas **Reich** vor:

»Verzeichnus, was ich vor ihro hochwürden und gnaden, praelat von Closterneuburg in brunnmeisterarbeit gemacht habe. Als folgt:

	fl	kr.
Erstlich 1727, den 12. Augusti ins refectori zwei fratzengesichter gießen lassen und zwei biebl (Putti), darvor bezahlt	18	—
dem vergoldter bezahlt	30	—
44 pfund bleierne rohr hergeben, a 12 kr, ist	8	48
2½ pfund zinn zum löten hergeben, a 30 kr, ist	1	15
zwei paar schraufzwinger, ist darvor	1	30
vor die einrichtung	2	—
Summa	61 fl	33 kr

(L. S.)   Andreas Reich
Prinz Eugenischer Prunnmeister [4]).

1728, den 6 Februar ist mir dieses auszügl mit 61 fl richtig und bar bezahlt worden.«

Das Refektorium muß damals sehr schön gewesen sein, denn der bekannte Johann Basilius **Küchelbecker** schreibt in seinen »allerneuesten Nachrichten vom römisch-kaiserl. Hofe«, 1730, Cap. XII, pag. 826 darüber folgendes: »Das Convictorium, wo die Canonici zu speisen pflegen, ist ziemlich groß und hell, mit allerhand Schildereien versehen, welche die 12 Apostel vorstellen. Die Canonici sitzen auf beiden Seiten an langen schmalen Tafeln beisammen, ein jedweder aber hat seine besondere Schüssel. Die Tafel aber, an welcher der Probst speiset, so aber gar selten mit den Canonicis

---

[1]) Kammeramts-Raitbuch, 1726, Fol. 69, Nr. 261.
[2]) Kammeramts-Raitbuch, 1726, Fol. 73, Nr. 298.
[3]) Kammeramts-Raitbuch, 1728, Fol. 60, Nr. 139.
[4]) Kammeramts-Raitbuch, 1728, Fol. 89, Nr. 464. Diesen Brunnen verfertigte, wie wir dann später noch sehen werden, der Steinmetzmeister Sebastian **Stumpfögger** aus Salzburg. Er wurde 1842 in das Refektorium, das gegenwärtig zur Benützung dient, übertragen und ist heute noch dort zu sehen. (Siehe die Tafel XXXI.)

isset, stehet oben querüber und ist einen Staffel höher als die anderen. In der Mitten dieses Saals gehet ein Loch durch den Boden, so mit einem eisernen Gegitter beleget, unter welchem ein Ofen stehet, so das ganze Convictorium heizet.«

Welches Honorar aber Matthias Steinl für seine Arbeiten erhielt, wissen wir wieder nicht genau. Es heißt nur im Kammeramts-Raitbuch des Jahres 1725, Fol. 98: »den 18. Decembris aus gnädigen befelch herrn Mathias Steinl ingenieur, regal geben 100 fl«.

G. Matthias Steinl und der Hochaltar der Stiftskirche zu Klosterneuburg.

Eine der großartigsten Schöpfungen Steinls und zugleich auch die letzte seines Lebens ist der wundervolle marmorsteinerne Hochaltar der Stiftskirche zu Klosterneuburg. Wir haben bereits früher (Seite 318) davon gesprochen, in welcher Weise dieses Werk durch die Arbeiten Steinls für das Stiftsjubiläum im Jahre 1714 angeregt wurde. Die praktische Durchführung erfolgte aber erst im Jahre 1724, denn in den Aufzeichnungen des Prälaten Ernest Perger lesen wir: »den 9. Juni 1724 wegen des neuen Hochaltars durch Herrn Staindl die Abmessung beschehen«[1]). Am 29. Jänner 1726 erfahren wir dann, daß dem Friedrich Meickl, Tischler beim grünen Tor in Wien, für das Modell, »so er nach angebung des herrn Mathiae Steinl zu dem neuen hochaltar gemacht«, 28 fl. ausbezahlt wurden[2]). Desgleichen erhielt auch der Bildhauer Johann Franz Caspar, »weil er auf angebung des herrn Steinl, kaiserl. hofingenieur, zu dem modell des neuen hochaltars die dazugehörigen statuen, kindl und übrigen zieraten gemacht«, 25 fl.[3]). Und endlich empfängt auch Herr Matthias Braun in Wien den 29. Jänner 1726 »wegen Fassung des modells zum neuen hochaltar« 45 fl.[4]).

Das Modell war also zweifellos bereits im Jahre 1725 fertiggestellt. Auf Grund dieser Vorarbeiten wurden jetzt folgende Kontrakte abgeschlossen:

a) Der Kontrakt mit dem Steinmetzmeister Sebastian Stumpfögger aus Salzburg (20. Dezember 1725). Der Kontrakt lautet:

»An heundt zu end gesetzten dato ist zwischen dem hochwürdigen wohledlgebornen auch hochgelehrten herrn herrn Ernestum, des fürstl. St. Leopoldi stifts bei unser lieben

---

[1]) Stiftsarchiv, Neue Rapulatur, Fol. 245, Nr. 66, ein Zettel, der bei dem Kontrakt mit den kaiserlichen Kammerjuwelieren Rad und Hößlin liegt.
[2]) Kammeramts-Raitbuch, 1726, Fol. 80, Nr. 362.
[3]) Kammeramts-Raitbuch, 1726, Fol. 69, Nr. 259.
[4]) Kammeramts-Raitbuch, 1726, Fol. 71, Nr. 275.

frauen zu Closterneuburg probsten, der heiligen schrift doctorn, der röm. kais. auch königl. cathol. Majestät rath und einer löbl. n. ö. landschaft wirklichen ausschuß, an einem, — dann dem wohledl und kunstreichen herrn Sebastian Stumpfögger, hochfürstlich salzburgerischen steinmezen andern, teils folgender, contract, die verfertigung eines marmorsteinernen Hochaltars in obbenannter stiftskirchen, wie auch marmorsteinerne cancellen, reparierung und abgleichung der von dem chor hinaufgehenden stäffeln betreffend, aufgericht und beschlossen worden, und zwar:

Erstlich verspricht gleich benannter herr Stumpfögger sowohl solchen altar als die cancellen von lauter puren und schön geschliffenen marmor herzustellen. Was aber die farben zu dem hochaltar betrifft, so seind ihme die dazu erwählten muster eingehändigt, wie denn auch jene farben in dem allhier zu Wienn stehenden hauptmodell destwegen wirklich angedeutet worden.

Andertens gelobt er diesen hochaltar nach dem von herrn Mathia Staindl, kaiserl. hofingeneur, aufgerichten und ihme samt dem maßstab eingehändigten modell alles fleißes nachzumachen. Was aber

drittens die lieferung, und zwar auf seine gefahr, der nach und nach verfertigten marmorsteinernen arbeit betrifft, so solle selbe in dreien fristen beschehen: die erste anno 1726 im September; die anderte anno 1727 in obigem monat; und die letzte anno 1728 wenigst im monat Mai, damit man zur aufrichtung des altars bessere und bequemere zeit gewinne. Wie denn auch, sofern mit der völligen herstellung des hochaltars und der cancellen auf bestimmte zeit nicht zugehalten oder die schönheit der erwählten farben des marmors nicht befunden würden, dem stift 1000 fl. zurückzuhalten freistehen solle.

Dahingegen versprechen ihme, herrn Stumpfögger, seine hochwürden und gnaden vor alles und jedes, sowohl steinmezarbeit, vor die lieferung zum wasser bis an die hofgestetten zu Closterneuburg, mauthen, reiseunkosten, aufsetzung, sowohl vor ihme, herrn werkmeister, als dero hiezu benötigten steinmezen und schleifern etc. etc. eine summam in geld benanntlichen 17500 fl in folgenden terminen in gueter und gangbarer münze bezahlen zu lassen, als: gleich bei aufrichtung und fertigung dieses contracts 3000 fl; bei der ersten lieferung, anno 1726, 4000 fl; und bei der anderten, anno 1727, auch 4000 fl; und nach völlig in stand aufgerichtem hochaltar die noch übrigen 6500 fl, und also zusammen 17500 fl. richtig. Dabei aber auch mit aufgedungen worden, daß, sofern das fürstliche stift einen freipass wegen der mauthen, vor welchen es bei einer löbl. kaiserl. hofcammer anlangen wird, erhalten sollte, von obiger summa, und zwar bei dem letzten termin, wenigstens 1200 fl selbstangesetzter maßen abzuziehen [1]).

Anderten soll sowohl er, herr werkmeister, als auch seine zur aufrichtung des altars nötige steinmezen und schleifer mit quartier, kost und trunk vom stift aus versehen werden.

Drittens ist verwilliget worden, das ganze werk von dem wasser zu Closterneuburg ab und zur stiftskirchen mit des closters eigenen zügen führen zu lassen. Dann sollen auch die notwendigen maurer, zimmerleut, tagwerker, zug und sailler, eisen, blei, kütt, und allerhand werkzeug sambt denen materialien ohne seines, herrn werkmeisters, entgelt beigeschafft werden.

Vor einen leykauf seind ihme versprochen worden 30 emer klar, guet und gerechten Closterneuburger weins. Dahingegen hat sich herr Stumpfögger erkläret, das lavor in das

---

[1]) Dieser Freipaß wurde dem Stifte gewährt. Er liegt dem Kontrakt bei und somit reduzierte sich die ursprüngliche Summe von 17.500 fl. auf 16.300 fl.

neue refectorium, dem schon in händen habenden riss nach, gratis und zwar, wo nicht ehender, wenigstens bei erster lieferung herzustellen ¹).

Schließlich und letztlich, weillen wir doch alle sterblich, sofern er, herr Stumpfögger, als werkmeister, vor der gänzlichen herstellung dieses werks (welches aber Gott gnädiglich verhüten wolle) mit tod abgehen sollte, so sollen dero erben durch einen anderen erfahrenen werkmeister die endliche herstellung zu tun und alles andere ausgedungene zu erfüllen schuldig und verbunden sein. Wie denn auch zu solchem ende zwei gleichlautende exemplaria aufgerichtet und jedem teil eines gefertigter zugestellt worden.

Alles getreulich und ohne gefährde. Actum Wienn, den 20. Decembris 1725.«

(L. S.) Ernestus,
Probst zu Closterneuburg m. p.

(L. S.) Sebastian Stumpfögger
hochfürstl. Salzburgerischer
hof-Stainmetz. m. p.

Anmerkung:

Daß von einem löbl. stift Closterneuburg vorgeschriebener contract nach denen angesetzten terminen vermög eine unter heundtigen dato verfertigten quittung richtig und baar mit 16300 fl, sambt 30 emer wein bezahlt ist worden, bezeuget meine eigene Handschrift und petschaft. Closterneuburg den 14. Octobris 1728.

(L. S.) Sebastian Stumpfögger. m. p. ²).

¹) Dieses Becken wurde 1726 von dem Prinz Eugenschen Brunnmeister Andreas Reich im Refektorium aufgestellt (siehe Seite 347) und ist heute noch in dem Refektorium, das gegenwärtig benützt wird, zu sehen. (Siehe die Tafel XXXI.)

²) Die Originalquittung liegt dem Akte bei. (Stiftsarchiv, Neue Rapulatur, Fol. 245, Nr. 65.) Außerdem befindet sich dort noch ein Zettel mit folgender Notiz:

»Den 20. Decembris 1725 ist dieser Contract wegen des hochaltars in beisein des herrn dechant Gilberti Wallner, des Kämmerers Ambrosi Schmidt und herrn Mathiae Staindl, kaiserl. Hofingenieurs beschlossen und den 21. darauf von beeden contrahenten unterschrieben und gefertigt worden.

Die 3 hauptfarben der erwählten marmorstein seint ihme durch den hausmeister Johann Georg Seiderer den 22. Decembris auch behändigt worden.«

Ernestus, Propst m. p.

Diesem Kontrakt liegt endlich auch noch ein Kostenvoranschlag Stumpföggers bei. Darin werden die Gesamtkosten für die Steinmetzarbeiten mit 20.000 fl. berechnet. Bei der Errichtung des Kontrakts wurde aber diese Summe, wie wir gesehen haben, auf 17.500 fl. und 30 Eimer Wein herabgesetzt. Da aber dem Stifte auch noch ein Freipaß für die Herabbeförderung des Altarwerkes auf der Donau gewährt wurde, beliefen sich die Kosten schließlich auf 16.300 fl. und 30 Eimer Wein.

b) **Der Kontrakt mit dem Bildhauer Johann Franz C a s p a r aus Wien (28. November 1726). Er lautet:**

An heundt zu und gesetzten dato ist zwischen dem hochwürdigen, wohledlgebornen auch hochgelehrten herrn herrn E r n e s t u m, des fürstl. St. Leopoldi stifts bei unser lieben Frauen zu Closterneuburg probsten, der heil. schrift doctorn, der röm. kaiserl. auch königl. cathol. Majestät rath und einer löbl. n. ö. landschaft wirklichen ausschuß, an einem, — dann herrn J o h a n n C a s p a r bildhauern in Wienn, anderten teils, wegen der zu dem bevorstehenden hochaltar zu Closterneuburg nötigen bildhauerarbeit folgender contract aufgericht und beschlossen worden; und zwar:

E r s t l i c h e n verspricht obgedachter herr Johann Caspar benanntlich sechs hauptstatuen, zwei größere und zwei mittere engel, Gott Vater und Gott Sohn samt denen wolken und noch etwann hiezu nötigen engelsköpfen, wie auch sieben kindel oder engel, zwei vasa, den schein, den Heiligen Geist, samt allen festonen etc., wie solches alles in dem hauptmodell, so von herrn M a t h i a S t a i n d l angegeben, ausgewiesen, fleißig, künstlich und wohl, alles in dürrem und ausgetrücknetem holz geschnizter, und zwar in solcher zeit, (maßen der hochaltar anno 1728, am fest des heiligen Leopoldi vollkommen vorgestellt sein soll) dass die vergolder nicht gehemmt werden, herzustellen.

Dahingegen versprechen ihme seine hochwürden und gnaden vor alles und jedes in guter und gangbarer münz siebenhundert und achtzig gulden, sage 780 fl, bezahlen zu lassen. Wie dann zu solchem end zwei gleichlautende contractbrief aufgericht und jedem teil einer zu handen gestellt worden.

Alles getreulich und ohne gefährde. Beschehen Wienn, den 28. Novembris 1726.

(L. S.) E r n e s t u s
Probst zu Closterneuburg.

(L. S.) J o h a n n F r a n z C a s p a r
kayserlicher Bildthauer.[1])

c) **Der Kontrakt mit den bürgerlichen Vergoldern Karl Franz P i z e n h o f e r und Matthias B r a u n aus Wien (26. März 1727). Er lautet:**

»An heundt zu end gesetzten dato und jahr ist von dem hochwürdigen in Gott wohledlgeborenen und hochgelehrten herrn herrn E r n e s t o, des fürstl. St. Leopoldi stifts bei unser lieben frauen zu Closterneuburg würdigsten probsten, der heil. schrift doctorn, der röm. kaiserl. und königl. catholischen Majestät rath und einer löbl. n. ö. landschaft ausschuß etc, an einen, — dann dem C a r l F r a n z P i z e n h o f e r und M a t h i a B r a u n, beeden burgerlichen vergoldern, andern teils, wegen vergoldung der zum hohen altar zu Closterneuburg behörigen und gleich hernach stehenden stucken folgender contract accordiert, aufgericht und beschlossen worden:

E r s t l i c h versprechen beide contrahenten benanntlich die sechs hauptstatuen, sowohl einfache als doppelte, die zwei großen engel, die Heilige Dreifaltigkeit, wolken, schein, samt aller zugehör nach dem modell, dann die zwei mitteren engel, drei kindel und zwei vasa, alles

---

[1]) Siftsarchiv, Neue Rapulatur, Fol. 245, Nr. 65.

dieß mit gutem fünfgulden-gold, teils matt, teils glanz, wie es die art erfordert, fleißig, emsig, ohne aller befordlung und zwar völlig zu vergolden.

Andertens, weillen künftigen sti Leopoldi fest dieses 1728ten jahr der hochaltar in seinen völligen stand sein soll, versprechen sie auch ihres orts die ihnen zu vergolden anvertraute arbeit in völligen stand herzustellen und bei versetzung selber beide persönlich bei zu sein.

Entgegen versprechen seine hochwürden und gnaden drittens das obbemelte fünfgulden-gold ihnen selbsten beizuschaffen, jedoch mit dieser ausdrücklichen bedingnus, dass ihnen vor jedes buch gold von dem ihnen contrahirten goldquanto wiederumben fünf gulden abzuziehen seien.[1])

Viertens versp.echen auch ihro hochwürden und gnaden vor alle oben specificirte benante arbeit zu vergolden beeden sechs hundert gulden terminweis zu bezahlen.

Fünftens wird auch verwilligt, dass vorderist die größeren stuck auf des stifts unkösten so wohl ihnen zu als von ihnen abgeführt oder getragen werden sollen.

Zu beiderseits festhaltung dessen seind dieses contracts zwei gleichlautende exemplaria aufgericht und jedem teil eines unter des anderen respective unterschrift und fertigung zugestellt worden.

Alles getreulich und ohne gefährde. So beschehen Wienn, den 26. Martii 1727.«[2])

    (L. S.) Mathias Braun
           bürgerlicher Vergulter. m. p.

    (L. S.) Franz Carl Pizenhofer
           bürgerlicher Vergolter. m. p.

Anmerkung:

»Den 18. Aprilis 1728 seind beeden contrahenten auf ihr gehorsames anlangen und bitten, dass sie bei dem vorigen contract unmöglich bestehen kunten, über die tractierten 600 fl noch 200 fl, also zusammen 800 fl, jedoch unter allen vorigen bedingnussen gewilliget worden. Der schein solle von kupfer und in feuer vergoldt werden, sollen aber hingegen die ovalrahm sie beede contrahenten zu vergolden verbunden sein. Actum Closterneuburg, die et anno ut supra.«[3])

(L. S.) Mathias Braun m. p. (L. S.) Franz Carl Pizenhofer m. p.

---

[1]) Das zur Vergoldung der Statuen, Engel usw. erforderliche Gold lieferte der kaiserliche Hof-Goldschlager Johann Anton Geißenhofer in Wien.

[2]) Stiftsarchiv, Neue Rapulatur, Fol. 245, Nr. 65. Diesem Kontrakte liegt bei: 1. Der Kostenvoranschlag, 2. der Lieferungsschein Geißenhofers, 3. der Empfangsschein Bizenhofers.

[3]) Das Gesuch des Matthias Braun und Franz Karl Pizenhofer vom 14. April 1728 liegt dem Akte bei.

d) Der Kontrakt mit den kaiserlichen Kammer- und Hofwelieren Rad und Hößlin in Wien wegen der zum neuen Hochaltar erforderlichen Kapitelle und Schaftgesimse (3. September 1727). Er lautet:

An heunt zu end gesetzten dato ist zwischen dem hochwürdig, in Gott andächtig, wohlgebornen und hochgelehrten herrn herrn Ernestum, des fürstlichen stifts Closterneuburg probsten (titl) an einem — dann denen kaiserlichen cammer und hofjubiliers, herrn Radt und Hößlin anderen teils, folgender contract verabredet und beschlossen worden:

Erstens bestellen seine hochwürden und gnaden, ob wohlgedachter herr probst, bei herrn Radt und Hößlin zu einem hochaltar, zufolg mitkommenden modellen, unterschiedliche arbeit, als capitell, schaftgesimbser, sowohl zu denen säulen als lesennen, sambt hierzu nötigen laubwerk, dann eine bildramb, alles von gutem Tyroller kupfer, außer den großen, mittlern und kleinen schnirkeln, so allein von metall hohl zu gießen zugestanden wird, in Augspurg auf das sauberste getriebener zu verfertigen und extra schön zu vergolden. Hingegen

Andertens versprechen seine hochwürden und gnaden vor kupfer und metall, vor jeden centen Wienner gewicht 56 fl, dann vor macherlohn, sowohl in kupfer als metall, vor jede Wienner mark 6 fl, wie auch das eisenwerk, so etwann erforderlich wäre, a parte zu bezahlen.

Drittens die bezahlung anbelangend, sollen bei signierung dieses contracts und aushändigung deren modellen, sie herrn Radt und Hößlin mit 4000 fl Rheinl. als einer drangab, dann zu Mariae Lichtmessen folgendes 1728igsten jahrs wieder mit 4000 fl, und mit dem überrest bei völliger einlieferung der arbeit, welche bis an die hofstöck nach Closterneuburg beschehen mueß, sogleich begnüeget werden, das eingelieferte aber sie zu seinerzeit zu versetzen schuldig sein.

Viertens versprechen herr Radt und Hößlin, daß sie die ihnen anbestellte arbeit accurat, nach denen modellen, auf das sauberste, so leicht es von dem zugestandenen ungeschliffenen grob-kupfer tunlich, innerhalb 8 monat vom dato dieses contracts auf ihre gefahr und unkosten, alles verfertigter und vergoldter von Augspurg nach Closterneuburg, jedoch vermög eines habenden kaiserlichen freipasses zu überliefern, wie sie dann auch zur facilitierung dieses negotii die ihnen eingehändigten modelle allhier übernehmen und von da nacher Augspurg auf ihre spesen versenden wollen.

Alles treulich und ohne gefährde. Zu urkund dieses contracts seind zwei gleichlautende exemplaria verfertiget und jedem teil eines unter des anderen fertigung zugestellet worden. Beschehen Wienn, den 3. Septembris 1727«

(L. S.)   Rad und Hößlin
kaiserl. Cammer-Jubiliers.[1]

---

[1]) Stiftsarchiv, Neue Rapulatur, Fol. 245, Nr. 66. Diesem Kontrakt liegen die Kostenvoranschläge sowie auch eine Anzahl von Briefen bei, aus denen zu ersehen ist, daß der Prälat vor Abschluß des Kontraktes alle möglichen Informationen bezüglich der Arbeit, des Materials und der Preise einholte. Es handelte sich vor allem darum, ob zu dieser Arbeit Ungarisches oder Tiroler Kupfer verwendet werden sollte. Man entschied sich schließlich für das Tiroler Kupfer, »weil kein Schwefel darinnen« und dasselbe daher zum Vergolden besser geeignet sei als das Ungarische Kupfer.

e) **Der Kontrakt mit dem Maler Johann Georg Schmidt wegen des Hochaltarblattes (31. März 1727). Der Kontrakt lautet:**

> An heundt zu end gesetzten dato und jahr ist von dem hochwürdigen, wohledlgebornen auch hochgelehrten herrn herrn Ernesto, des fürstl. sancti Leopoldi stifts bei unser lieben frauen zu Closterneuburg würdigsten probsten, der heiligen schrift doctoren, Ihro röm. kaiserl. und königl. catholischen Majestät rath und einer hochlöbl. n. ö. landschaft wirklichen ausschuß, an einem, — dann herrn Johann Georg Schmidt, academischen malern, anderen teil, wegen malung des hochaltarblattes in der sti Leopoldi stiftskirchen zu Closterneuburg nachfolgender contract aufgericht, accordiert und beschlossen worden:
>
> Erstlichen verspricht erstgemelter herr Johann Georg Schmidt, maler, das hochaltarblatt, die geburt der allerseligsten jungfrau und mutter gottes Mariae repraesentirend, auf starken, ohne nath oder geringster anstuckung klar gegründten federritt, zwei und zwanzig schuech hoch und gegen zwölf schuech breit, mit den feinsten beständigsten ölfarben bester zeichnung nach angebung und schon wirklich producirten skizzen fleißig und eigenhändig zu malen und bis zu contento ihro hochwürden und gnaden herrn herrn praelaten wie auch herrn Mathias Steindl, bau- und hof-ingeneurs allzeit willfähriger satisfaction zu verfertigen und zwar innerhalb siebenzehn monatsfrist ohne aller angenommenen entschuldigung in völligen stand einzuhändigen.
>
> Hingegen versprechen andertens ihro hochwürden und gnaden, berr herr Praelat, nachdeme obgedachtes hochaltarblatt versprochener maßen voll ausgearbeitet und verfertiget sein wird, ihme, herrn Schmidt, ein tausend zwei hundert gulden, sage 1200 fl, und nach befund des zu geben versprochenen contento zwölf species duggaten zu einer recompens und zwar solchergestalten: gleich bei verfertigung dieses contracts zur herbeischaffung etwelcher notwendigkeiten 200 fl; bei über die hälfte gemalter, doch vorhero besehener fertigung, 300 fl; dann 200 fl nach zweimonatlichem darauf verflossenem termin. Letztlichen, nach völliger verfertigung und allgeleister contentirung nach dem fest des heiligen Leopoldi 1728igsten jahres, den rest per 500 fl samt den 12 species duggaten, unter oben vorbehaltener bedingnus, richtig und bar auszahlen zu lassen.
>
> Zu beiderseits festhaltung dessen seind dieses contracts zwei gleichlautende exemplaria aufgerichtet und jedem Teil einer unter des anderen respective unterschrift und fertigung zugestellt worden. Alles getreulich und ohne gefährde. So beschehen Wienn, den 31. Martii 1727.
>
> (L. S.)   Johann Georg Schmidt
>   accadem. Mahler. m. p.

Diesem Kontrakt liegt die Quittung über die empfangenen Beträge bei. Danach empfing Johann Georg Schmidt den ersten Betrag per 200 fl. am 31. März 1727, den letzten Betrag samt den 12 Speciesdukaten am 24. Novemb. 1728 [1]).

Nachdem der Kontrakt mit dem Steinmetzmeister Sebastian Stumpfögger am 20. Dezember 1725 abgeschlossen worden war, begann dieser alsbald in Salzburg mit seinen Arbeiten. Zwischen ihm und dem Prälaten

---

[1]) Stiftsarchiv, Neue Rapulatur, Fol. 245, Nr. 65.

Ernest Perger entspann sich jetzt ein reger brieflicher Verkehr, der uns so ziemlich über alle Phasen des Unternehmens Aufschluß gibt. Gleich der erste Brief ist hochinteressant. Wir sehen nämlich daraus — was übrigens auch aus dem Kontrakt selbst ersichtlich ist — daß der Prälat, als er mit Stumpfögger abschloß, bezüglich des Tabernakels keine definitive Abmachung getroffen hatte. Er deliberierte nämlich, ob er das Tabernakel in Marmor, Holz oder Silber ausführen lassen sollte und ließ daher diese Frage bei Abschluß des Kontraktes vorderhand offen. 1726 dachte er aber zweifellos daran, das Tabernakel in Marmor ausführen zu lassen, erhielt aber von Stumpfögger zur Antwort, daß dieses gleichzeitig mit dem Altar nicht mehr könnte fertiggestellt werden. Gleichzeitig sehen wir aber auch, daß Stumpfögger den Auftrag erhalten hatte, die Modelle für die Kapitelle und Schaftgesimse in Salzburg durch einen Tischler machen zu lassen. Der Brief Stumpföggers an den Prälaten lautet:

> Hochwürdiger in Gott, wohledlgeborner,
> gnädiger herr herr!
>
> Habe meiner schuldigkeit gemäß hiemit dero gnädiges handschreiben gehorsambst beantworten wollen mit deme, daß die 4 originalpäss richtig eingeloffen wie auch das bargeld. Wegen des richtigen erlags erstatte schuldig gehorsambsten dank. Es folgt auch hiebei ein mit eigener handschrift und petschaft gefertigter quittschein, umb den interims von denen schiffleuten gegebenen schein auszuwechseln.
>
> Wegen der schaftgesimbser und capitellen werde bei dem tischler alle anstalt machen, daß selbe von holz gemacht im fruhjahr können überschicket werden, damit auch der Kupferschmied und vergolder zu Wien kein hindernus zu machen haben könne.
>
> Den tabernacul betreffend diene zu gehorsamer nachricht, daß dieser von schönen marmor zu machen mit dem altar zugleich nit mehr kann verfertiget werden. Wenn ich aber die notwendige zeit darzu haben kann, will ich mit schönem italienischen marmor aufwarten, worzu mich euer hochwürden und gnaden untertänig gehorsambst empfehlen wollen.
>
> Salzburg, den 1. October anno 1726.
>
> Euer hochwürden und gnaden
> untertänig gehorsamer
>
> Sebastian Stumpfögger.

praes. 8. Octobris 1726.

Den 13. Oktober 1726 ging die erste Steinlieferung von Salzburg ab und langte in Klosterneuburg am 18. Oktober 1726 ein.

Das Begleitschreiben Stumpföggers lautete:

Hochwürdiger in Gott, wohledlgeborner,
hochgelehrter, gnädiger herr herr!

Dero an mich unter den 6. October erlassenes gnädiges antwortschreiben habe zurecht erhalten, dafür gehorsambst dank erstatte. Übersende hiemit im namen und geleit Gottes durch Andre und Georg Eder, beede schiffmänner von Lauffen, zwei schiff mit ausgemachten märmelsteinern zu dem hohen altar, auch das lavor, welche zusammen in 78 stücken bestehen. Habe in meinem vorigen schreiben mehrer annotiert, kann sie aber diesmal nit ausfolgen lassen wegen gewisser messereien, weilen noch etliche stück daranstoßen müssen, bin aber, geliebts gott, willens, nächst kommenden frühling bei gutem wasser wiederumben eine lieferung zu tun. Die auf den herbst aber wird früher und vor dem weinlesen geschehen.

Was die accordierten 4000 fl bei erster lieferung anbetrifft, habe ich gehorsame ansuchung tun wollen, ob euer hochwürden und gnaden mir gnädig erlauben möchten, einen wechselbrief einzuschicken, umb das geld in Wien zu erlegen. Weiters werde mich möglichst befleißen, dieses werk nit allein mit schönem marmor sondern auch mit wohlausgemachter arbeit allen contento zu geben. Überschicke hiemit zwei steinmetz und einen schleiffer, welche bei der ausladung und einlieferung alles in obacht nehmen, damit nichts ruiniert werde. Eines habe ich gehorsambst zu erwidern, wie daß ich unmaßgeblich vor gut befindete, daß die schaftgesimbser, sowohl ganze als halbe, welche ringsher bei der mauer zu stehen kommen, alhier in Salzburg von dem schreiner oder tischler gemacht sollen werden, damit alles in rechter form und maß verbleibet, weilen ich den grundriss in völliger größe aufgezeichnet, daraus alles leichtlich abzunehmen, zu Wien aber werden sie nit können darauskommen, bis die stück an seinen ort stehen, allwo es alsdann zu spat wäre und ich in aufsetzen nit fortfahren könnte, wollte die auszügl schon ordentlich einschicken, das vergolden aber solle zu Wien geschehen, doch soll ich wissen, ob das holz mit kupfer überzogen wird oder ob das holz vergoldet wird. Anbei mich in untertänigkeit euer hochwürden und gnaden zu ferneren hulden und gnaden gehorsamb empfehlen wollen.

Salzburg, den 13. October anno 1726.

Euer hochwürden und gnaden
untertänig gehorsamber

Sebastian Stumpfögger.

Diesem Briefe liegt folgendes Postscriptum bei:

P. S. wann aber das geld ingemelten schiffleuten solle gegen bescheinung erlegt werden, habe ich solches ihnen anvertrauen wollen.

Sebastian Stumpfögger.

praes. 18. Octobris 1726.

Daraufhin antwortete der Prälat mit folgendem Schreiben (im Konzept erhalten):

Wohledl, sonders geehrter herr!

Dero an mich erlassenes schreiben wie auch die erste lieferung zu dem hohen altar und das lavor ist richtig eingetroffen, wovon auch ein großer teil außer den zwei säulen schon wirklich in das stift von dem wasser abgeführt worden. Auf die mir durch das postscriptum erteilte gewalt, die accordierten 4000 fl beeden schiffleuten gegen bescheinigung anzuvertrauen, habe ich ihnen diesen betrag auch auszahlen lassen und zwar auf verlangen, damit sie das geld leichter fortbringen mögen, einen großen teil in gold, jeden duggaten zu 4 fl 10 kr, wie sie ohnedem zu Salzburg in gang sein, angerechnet, das andere aber in silbermünze, thalern und siebzehnern. Der herr wird aber nicht ermangeln, die von denen schiffleuten hereingegebene bescheinigung durch eine mit dero handunterschrift und petschaft selbst gefertigte quittung bei nächster gelegenheit auswechseln zu lassen. Übrigens setze an sie das ganze vertrauen, daß sie dieses werk mit schönem marmor und wohlausgemachter arbeit beschleunigen werden.

Wegen der schaftgesimbser, sowohl ganze als halbe, welche ringsherumb bei der mauer zu stehen kommen, daß sie zu Salzburg gemacht werden sollten, werde mich mit herrn Staindl beratschlagen und durch dero steinmetz und schleiffer, welche ohnedem noch ein und anderen tag mit der aus- und aufladung alhier werden zu tun haben, das veranlaßte schriftlich berichten.

Das lavor wird anjetzo nit können versetzt werden, sondern wird auf künftigen frühling, allwo sie ohnedem eine lieferung zu tun gedenken, müssen verschoben werden.

Kein Datum und keine Unterschrift.

Am 27. Oktober 1726 schrieb der Prälat abermals an Stumpfögger. Der Brief (Konzept) hatte folgenden Wortlaut:

Wohledl, sonders geehrter herr!

Die jüngst beschehene erste lieferung des lavor und bereits einigen anteil zum hochaltar ist, Gott sei es dank, glückselig zu dem vor selben zubereiten ort überführt worden und muß denen von ihme abgeordneten das lob geben, daß sie allen fleiß und obsorg bei aus- und abladen getragen.

Was die getane erwiderung betrifft, daß sie vor guet befunden, daß die schaftgesimbser, sowohl ganze als halbe, welche ringsher bei der mauer zu stehen kommen, zu Salzburg von dem tischler gemacht werden sollten, so habe herrn Staindl hierüber vernommen, welcher auch dessen gar kein bedenken getragen, damit dero zuschreiben nach alles in rechter form und maß verbleibet, auch sie bei aufsetzung nicht gehemmet werden sollten. Wegen dem accord mit dem tischler setze ich wie allezeit auf sie mein vertrauen und gibe ihme hiemit vollmacht hierzu, werde auch die von ihme eingeschickten auszügl richtig bezahlen lassen. Die vergoldung aber müste zu Wienn beschehen und damit ich ihme meinen endlichen gedanken entdecke, gedenke sowohl die capitell als schaftgesimbser mit kupfer überziehen und im feuer vergolden zu lassen. Damit aber auch der tabernacul in etwas mit deme übereinstimmte, wäre ich der meinung, auch selben von marmor zu machen und die capitell und schaftgesimbser und was etwann noch vor nötig befunden wird, mit kupfer zu überziehen und im feuer vergolden zu lassen. Ob sie aber solchen in dieser zeit gleich wie den hochaltar verfertigter liefern und zu deme mit extraordinari schönem marmor versehen kunnten, verhoffe ich mit nächsten eine gegenantwort, hierauf einen ordentlichen riss und was sie hiervor verlangen, erwarten würde.

Anbei überschicke wiederumb alle originalpäss zurück, den von meinem stift aus aber habe ich erneuern und auf künftiges jahr übersetzen lassen.

27. Octobris 1726. Keine Unterschrift.

Am 16. April 1727 übersandte Stumpfögger die verlangten Modelle. Das mitfolgende Begleitschreiben lautete:

Hochwürdiger in Gott, wohledlgeborner,
hochgelehrter, gnädiger herr herr!

Hiebei übersende im namen und geleit Gottes durch gegenwärtigen schiffmann Georg Eder die vom tischler verfertigten schaftgesimbs und capitell sambt der halben ram zu dem großen altarblatt, welches alles ordentlich zusammengezeichnet in 30 stucken und die halbe ram von 4 stucken bestehet, daß, wann diese zeichen in obacht genommen werden, kein fehler geschehen könne. Folget auch von dem tischler das auszügl. Weiters habe gehorsambst anfügen wollen, daß bei zuruckkommen dieses schiffmanns zwei schiff mit ausgemachten stucken zu dem großen altar gesinnt bin zu überschicken, anbei mich euer hochwürden und gnaden gehorsambst empfehlen wollen.

Salzburg, den 16. April anno 1727.

Euer hochwürden und gnaden
untertänig gehorsamer

Sebastian Stumpfögger.

Praes. 21. April 1727.

Das beiliegende auszügl lautet:

Anno 1727, den 9. April, habe ich endsunterschriebener zu dem hohen altar auf Closterneuburg von holz verfertiget 4 ganze schaftgesimbs und 4 ganze capitell, dann 12 anliegende flache schaftgesimbs und 12 desgleichen capitell. Ist vor alles zusammen 28 fl 45 kr.

M. Johann Zengerle
bürger und tischler zu Salzburg.

Diesem Brief schloß Stumpfögger ein Schreiben an den Ingenieur Matthias Steinl bei, das folgenden Wortlaut hatte:

A monsieur Matheo Steinl,
ingenieur.

Wohledl gestrenger herr!

Hoffe meine zeilen werden meinen hochgeehrten herrn patron in guter gesundheit und wohlstand antreffen, welches mir zu meiner größten consolation gedeihen würde. Berichte hiemit, daß alle schaftgesimbs und capitell vom tischler sambt der halben ram zu dem großen altarblatt folgen und sein alle ordentlich zusammengezeichnet.

Unter anderen hätte ich notwendig zu wissen, wie viel schuech der tabernacul in der breite haltet? Solches mit einer gegenantwort erwartend, verharre nebst höflichster empfehlung meines hochgeehrten herrn patron

dienstschuldiger

Sebastian Stumpfögger.

Dieser Brief, der der einzige direkt an Steinl gerichtete Brief ist, den ich aufzufinden in der Lage war, traf aber den Meister nicht mehr am Leben. Der Pälat schrieb nämlich wenige Tage später folgendes an Stumpfögger:

Wohledl, sonders geehrter herr!

Ich habe dero an mich erlassenes wie auch den beischluß an herrn Staindl und das tischler-auszügl den 21. dieses rechtens erhalten, auf welches berichte, daß die in dem zuschreiben angemerkten stuck von tischlerarbeit ohne abgang anhero gezeichnet überbracht worden, sollen auch diese zeichen wohl in obacht genommen werden, damit kein fehler geschehen könne.

Was das tischlerauszügl betrifft, wann mein geehrter herr mit ihme contrahiert, bitte ihme die bezahlung gegen quittung zu leisten, wo aber kein contract auf diese summa beschehen, ersuche ihme der billigkeit nach auf dero gutbefinden unterdessen zu contentieren, ich werde solches mit dank ihme wiederumb ersetzen.

Herrn Staindl seinen brief habe ich erbrochen, maßen er den 18. dieses in dem drei und achtzigsten jahr seines alters in Gott seelig verschieden. Gott sei seiner armen seele gnädig und barmherzig. Dahero auch dermalen, bis ich selbst nach Wien gehen und ein andere verordnung machen werde, wie viel schuech der tabernacul in der breite haltet, nicht berichtet werden kann, soll aber bei nächstigen ankommenden lieferung beschehen, wobei ich zugleich meine intention wegen des tabernacul meinem geehrten herrn eröffnen werde. Es ist auch, umb die ankommenden stuck in ein bequemeres ort zu bringen, alles veranstaltet worden. Sonderlich aber recommandiere ich ihme, die mit herrn Staindl seelig verabredeten maße wegen des hochaltars beizubehalten, damit kein verstoß geschehe. Von hier aus erbietet man sich, auf anverlangen aller verständnus zu pflegen, womit uns in den schutz des Allerhöchsten empfehlend, verbleibe

meines geehrten herrn
bereitwilliger

23. April 1727.   Ernestus
Probst zu Closterneuburg.

Damit übernahm nun Stumpfögger quasi die technische Leitung der ganzen Angelegenheit. Den 7. Mai 1727 ging wieder eine Schiffladung von Salzburg nach Klosterneuburg ab. Das Begleitschreiben Stumpföggers lautete:

Hochwürdig in Gott, wohledlgeborner,
hochgelehrter, gnädiger herr herr!

Hiebei sende im namen und geleit Gottes durch Andre und Georg Eder zwei schiff mit ausgemachten märmelsteinern zu dem großen altar gehörig und solle, geliebts Gott, in acht oder vierzehn tagen wiederumben ein schiff folgen.

Diene anbei zu gehorsamer nachricht, daß die lesennen, so hinter den runden säulen zu stehen kommen, nit von einem stuck haben kann, sondern müssen von zweien stucken gemacht werden, da ich doch vermeinte, es müsse sein, daß unglück aber hat mich getroffen, daß zwei schon völlig verfertigte zerbrochen und zwei in der arbeit zugrund gangen, welche wiederumben von neuem bestellet.

Daß der herr ingenieur Steinl gestorben, ist mir leid, Gott sei seiner seele gnädig, werde aber seiner maß und anordnung möglichst nachkommen.

Hiebei übersende des tischlers bescheinung, welchen ich auf dero gnädige bewilligung bezahlt, umb auch weilen er dieses wohl verdienet. Den schiffmann aber wegen derselben lieferung habe ich mit ihme nichts abgehandelt, noch weniger seine schiffmiethe auf den brief geschrieben, würdet wohl von seinen begehrten 14 fl etwas fallen lassen.

Anbei habe euer hochwürden und gnaden gehorsambist ersuchen wollen, auf diese lieferung unmaßgeblich 1000 fl in abschlag der 4000 fl, so künftigen herbst vermög termin fallen, ausfolgen zu lassen, dann ich täglich mit ausgaben überlegen, welches mir diese schiffleut überbringen wollen. Übrigens euer hochwürden und gnaden mich gehorsambst empfehlen wollen.

Salzburg, den 7. Mai anno 1727.

Euer hochwürden und gnaden
untertänig gehorsamber

Sebastian Stumpfögger.

praes. 11. Mai 1727.

Die beiliegende Tischlerquittung lautet:

Daß ich endsbenannter wegen verfertigter schaftgesimbs und capitelln zu dem großen altar in die fürstliche stiftskirchen zu Closter Neuburg per 28 fl empfangen habe, wird hiermit bescheint. Salzburg, den 28. April 1727.

M. Johann Zengerle, burger
und tischler zu Salzburg.

Darauf antwortete der Prälat folgendermaßen (Konzept):

Wohledl, sonders geehrter herr!

Dero an mich erlassenes sambt der lieferung zum hohen altar ist rechtens eingeloffen und ist man in abführung der anhero geschickten marmorarbeit wirklich begriffen. Daß die lesennen, so hinter den runden säulen zu stehen kommen, nicht in einem stuck zu haben, habe ungern vernommen, allein hoffe, die beeden stuck also zusammengesetzt werden können, daß von der fug wenig zu ersehen. Den tischlerauszug mit 28 fl habe beeden schiffleuten sambt der demnächst ihnen ausständigen schiffmauth bezahlen lassen, welche 28 fl meinem geehrten herrn einzuhändigen ihnen anbefohlen. Ingleichen ihme zu willfahren, habe ihnen die anbegehrten 1000 fl auf abschlag des anderten termin gegen hereingegebene gefertigte quittung anhändigen lassen, welche mit einer von meinem herrn selbst unterschriebenen und gefertigten quittung, wie vormalen beschehen, auszuwechseln sein wird.

Die maß wegen des tabernacul soll mit nächsten folgen. Mit deme uns in den schutz des Allerhöchsten empfehlend, verbleibe etc. etc.

Sub dato 13. Mai 1727.

Unterschrift fehlt.

Den 21. Mai 1727 ging abermals eine Schiffladung von Salzburg mit folgendem Begleitschreiben ab:

Hochwürdiger in Gott, wohledlgeborner,
hochgelehrter, gnädiger herr herr!

Hiebei übersende abermalen im namen und geleit Gottes durch gegenwärtigen schiffmann André Eder ein schiff mit ausgemachten märmelstucken, zu dem hohen altar gehörig, welche alhier glücklich und ohne schaden sein angeladen worden, hoffe auch, sie werden glücklich eingeloffen sein. Absonderlich erstatte ich schuldigsten dank vor das erlegte geld. Wie in beigeschlossener bescheinung zu ersehen, des tischlers auszügl per 28 fl ist zu dank richtig bezahlt worden und was die abgebrochenen lesennen betrifft, welche von neuem aus zwei stucken mußten gemacht werden, werde ich dergestalten zusammensetzen, daß es wenig oder gar nit solle wargenommen werden. Wann euer hochwürden und gnaden nit ungelegen wäre, wollte ich in etlichen wochen wiederumben eine lieferung tun, denn es werden der stein so viel, daß ich sie zu haus nit mehr legen kann. Anbei mich euer hochwürden und gnaden gehorsambist empfehlen wollen.

Salzburg, den 21. Mai 1727.

Euer hochwürden und gnaden
untertänig gehorsamber

Sebastian Stumpfögger.

Am 26. Mai 1727 übersandte der Prälat die Maße des Tabernakels, wobei er die Mitteilung machte, daß das Tabernakel dermalen von Holz gemacht werden solle. Der Brief (Konzept) lautet:

Wohledl, sonders geehrter herr!

Auf dero an herrn Staindl, nunmehr seelig, gestelltes verlangen wegen des tabernacul, wie viel selber schuech in der breiten haltet, überschicke ich hiebei von dem originalmodell einen richtig genommenen abriss sowohl des altarsteins als des darauf kommenden tabernacul sambt dem maßstab, damit er sich hiernach richten möge. Anbei habe ich sie auch ersuchen wollen, zu erwögen, ob nach diesem abriss der platz bis zu dem tabernacul, so nach meinem maß 2 schuech ist, alwo der priester zu stehen kommt, nicht zu schmal sein werde. Gar zu breit muß er aber auch nicht sein, damit der priester leicht den tabernacul erlangen und selben öffnen und zumachen könne. **Dermalen wegen kürze der zeit wird der tabernacul von holz gemacht werden**, kann aber wohl sein, daß selber, wie ich schon einmal in meinem zuschreiben geredet, künftig von marmor herzustellen befohlen werde, wohin auch zu reflectieren sein wird. Auf künftigen herbst verhoffe sie selbsten, weilen es wegen künftiger veranstaltung der aufsetzung des hohen altars sehr notwendig ist. Mit deme uns in den schutz des Allerhöchsten empfehlend und auf diesen meinen brief ehebaldigst eine gegenantwort erwartend, verbleibe meines geehrten herrn

bereitwilliger

Closterneuburg, den 26. Mai 1727.   Ernestus, probst.

Daraufhin antwortete Stumpfögger:

Hochwürdiger in Gott, wohledlgeborner,
gnädiger herr herr!

Ich habe die übersendte maß zu dem tabernacul zurecht empfangen, nach welchem ich mich schon zu richten weis. Die breite von 2 schuech vor dem tabernacul auf dem altarstein ist auch genug, denn es ist an den mersten orten dieses spatium zu ersehen. Was anbelanget meine reise, die veranstaltung wegen des künftigen aufsetzen des altars, werde, geliebts Gott, künftigen herbst meine untertänige aufwartung machen. Unterdessen bin ich willens, noch 2 schiff abgehen zu lassen, welches ich euer hochwürden und gnaden zur nachricht in untertänigkeit hinterbringen und mich zu ferneren gnaden gehorsambist empfehlen wollen.

Salzburg, den 26. Juni 1727.

Euer hochwürden und gnaden
untertänig gehorsamber

praes. 20. Juni 1727.   Sebastian Stumpfögger.

Den 15. August 1727 langte folgendes Schreiben Stumpföggers ein:

Hochwürdiger in Gott, wohledlgeborner,
hochgelehrter, gnädiger herr herr!

Hiemit habe euer hochwürden und gnaden gehorsambst hinterbringen wollen, daß ich willens bin, geliebts Gott, den 20. oder 21. dies monat Augusti mit zwei oder drei schiff ausgemachten märmelsteinern, zu dem hohen altar gehörig, von hier abzufahren, zu welchen dann ein bequemes ort kann ausgesehen werden. Übrigens geht noch alles gut vonstatten. Anbei mich euer hochwürden und gnaden ferners in dero hulden gehorsambst empfehlen wollen.

Salzburg, den 15. Augusti 1727.

Euer hochwürden und gnaden
untertänig gehorsamber

praes. 20. August 1727.   Sebastian Stumpfögger.

Darauf ging den 21. August 1727 wieder eine Schiffladung von Salzburg mit folgendem Begleitschreiben ab:

> Hochwürdiger in Gott, wohledlgeborner,
> hochgelehrter, gnädiger herr herr!
>
> Hoffe, mein letztes schreiben wegen dieser lieferung wird richtig eingeloffen sein. Sende demnach im namen und geleit Gottes durch Andre und Georg Eder zwei schiff mit ausgemachten marmorsteinern, zu dem hohen altar gehörig, auf welche lieferung vermög accord 4000 fl folgen, an denen ich aber im fruhjahr per abschlag baar 1000 fl empfangen und nur 3000 fl zu erheben hätte, welche gegen beiliegender gefertigter quittung von meiner eigenen handschrift, unmaßgeblich obig benannten schiffleuten kunnten aufgeben werden. Werde auch, geliebts Gott, künftiges monat October noch eine lieferung tun, bei welcher ich euer hochwürden und gnaden meine untertänige aufwartung zu machen gesinnt bin, umb einer künftigen aufsetzung des ganzen werks gerechtsame anstalt zu machen. Übrigens wie allzeit mich euer hochwürden und gnaden gehorsambist empfehlen wollen.
>
> Salzburg, den 21. Augusti 1727.
>
> Euer hochwürden und gnaden
> untertänig gehorsamber
>
> praes. 27. August 1727.   Sebastian Stumpfögger.

Mittlerweile hatte der Prälat am 3. September 1727 den uns bereits bekannten Kontrakt mit den kaiserlichen Kammerjuwelieren Rad und Hößlin abgeschlossen und Stumpfögger übersandte jetzt für die Goldschmiede noch eine Zeichnung mit folgendem Begleitschreiben:

> Hochwürdiger in Gott, wohledlgeborner,
> hochgelehrter, gnädiger herr herr!
>
> Dero gnädige zeilen habe ich sambt dem überschickten geld von den schiffleuten rechts empfangen, wofür untertänigen dank erstatte. Es folgt hiebei das papier oder sagma zu dem fries, wonach sich der goldschmied zu richten hat,[1]) bin aber willens, geliebts Gott, das ganze fries, welches in 8 stucken von schönem dunkelgrauen märmel bestehet, mit nächster lieferung einzusenden. Was noch ein oder anderes notwendig, hoffe mit nächstem selber mit euer hochwürden und gnaden abzureden, da ich gedenke den 6. oder 7. October in Closter Neuburg einzutreffen. Die lieferung aber wird zu ende des monats October geschehen. Anbei mich euer hochwürden und gnaden gehorsambst empfehlen wollen.
>
> Salzburg, den 5. September 1727.
>
> Euer hochwürden und gnaden
> untertänig gehorsamber
>
> Sebastian Stumpfögger
>
> praes. 12. Septembris 1727.

---

[1]) Diese Zeichnung liegt heute noch diesem Briefe bei.

Im Oktober 1727 dürfte dann **Stumpfögger** wahrscheinlich selbst in Klosterneuburg eingetroffen sein, um einerseits mit dem Prälaten wegen der künftigen Aufstellung des Altars zu verhandeln, anderseits auch in der Tabernakelfrage eine endgültige Lösung herbeizuführen. Die Tischlerarbeiten zu dem neuen Tabernakel wurden dem uns bereits (aus dem Stifte St. Dorothea her) bekannten kaiserlichen Kammertischler Paul **Podner**, die Bildhauerarbeiten dem kaiserlichen Bildhauer Johann Franz **Caspar**, der, wie wir wissen, auch die Arbeiten für das **Steinl**sche Modell und den Hochaltar selbst zu liefern hatte, übertragen. Die Vergolderarbeiten besorgten wieder die beiden bürgerlichen Maler und Vergolder Matthias **Braun** und Franz **Pizenhoffer**.

So kam endlich das Jahr 1728 heran. Am 8. April dieses Jahres ging die letzte Schiffladung **Stumpföggers** von Salzburg ab. Der sie begleitende Brief hatte folgenden Wortlaut:

<blockquote>
Hochwürdiger in Gott, wohledlgeborner,
hochgelehrter, gnädiger herr herr!

Hiemit sende abermalen im namen und geleit Gottes bei vorigen schiffleuten Andre und Georg Eder zwei schiff mit ausgemachten märmelsteinern, zu dem hohen altar gehörig, welche alhier glücklich angeladen und abgefahren sein. Zu dem aufsetzen mache ich meine rechnung, gleich nach den pfingstfeiertagen, geliebts Gott, von Salzburg abzureisen, hoffe indessen, daß der grund und das fenster bei dem altar wird hergestellet sein. Überschicke auch hiebei ein modell zu einem zug, wie ich es allhier zu gebrauchen pflege.[1] Habe auch euer hochwürden und gnaden untertänigst bitten wollen, mir in abschlag der hauptsumma und letzten termin 1500 fl erlegen zu lassen, damit die ausgaben zu bestreiten, denn es kommet täglich an mich, hab auch mit gnädiger erlaubnus euer hochwürden und gnaden mit diesem contrave (Bild) von unserem neuen erzbischof gehorsambist aufwarten wollen. Anbei mich euer hochwürden und gnaden gehorsambst empfehle in verharrung

euer hochwürden und gnaden
untertänig gehorsamber

Salzburg, den 8. April 1728.   Sebastian Stumpfögger.
praes. 13. April 1728.
</blockquote>

Unterdessen war in der Kirche bereits mit den Vorarbeiten zur Aufsetzung des Hochaltars begonnen worden.

Am 11. Februar 1728 wurde »mit dem Ausbrechen eines Einganges zu dem Hochaltar wie auch mit der Ausgrabung der Grundfeste« begonnen.

---

[1] Ein Aufzug zum Heben und Versetzen der Steine.

Die Arbeiten leitete der stiftliche Maurermeister Josef Matthias Gerl[1]). Die Grundfeste war 5 Klafter lang, 4½ Klafter breit und 16 Schuh tief. Am 1. März wurde dann mit der Ausmauerung der Grundfeste begonnen. Den Grundstein arbeitete der Klosterneuburger Steinmetzmeister Johann Reinthaler aus. Mittlerweile war auch der Steinmetzmeister Sebastian Stumpfögger aus Salzburg an Ort und Stelle eingetroffen und am 14. Juni begann nunmehr die Aufsetzung des Altars. Das Gerüst stellte der stiftliche Zimmermeister Jakob Grueber auf, die »messingenen Kolbenrädl« für den Aufzug lieferte der kaiserliche Stuckgießer Leopold Höllbil aus Wien[2]). Das Blei zum Vergießen der Marmorblöcke lieferten Thomas Schoiber von Steyr, Andre Eder von Lauffen, Stephan Fernitz in Wien und der Prinz Eugensche Brunnenmeister Andreas Reich aus Wien. Im Ganzen wurden 1797½ Pfund Villacher Blei verbraucht, die zusammen 208 fl. 12 kr. kosteten[3]). An der Aufsetzung des Altars beteiligten sich auch die drei Gesellen Stumpföggers, Matthias Hübel, Franz Radler und Maximilian Mösel. Die Steinmetzarbeiten waren am 10. Oktober beendigt. Die drei Gesellen blieben aber noch bis 14. November in Klosterneuburg und da sie »außer ihrer angedingten arbeit auch noch bei der auszierung des hochaltars« geholfen, erhielten sie vom 10. Oktober bis zum 14. November, also für fünf Wochen, der erstere die Woche zu 3 fl., die beiden anderen zu je 2 fl., den Betrag von 35 fl.[4]). In der Zeit vom 10. Oktober bis 14. November wurden nämlich die Bildhauerarbeiten, das Altarblatt und das Tabernakel aufgesetzt. Auch eine Inschrift wurde am Altar ober dem Bilde angebracht. Sie lautet:

◠ aLTARE + HONORI + DEI + PARENTIS + NATAE +
sVB + CaroLo + seXto + seMper + aVgVsto ◠

Die Buchstaben sind aus Messing und vergoldet. Für diese »54 buchstaben, 9 kreuzl und zwei zieraten« wurden dem Goldschmied Leopold Marckh aus Korneuburg 41 fl. 52 kr. ausgezahlt[5]).

Als der Altar fix und fertig dastand, wurde das Gerüst wieder abgetragen, der Raum des Presbyteriums mit einem neuen Pflaster versehen

---

[1]) Sein Vater, Christian Matthäus Gerl, war nämlich 1727 gestorben.
[2]) Sie wogen 86¾ Pfund, das Pfund à 42 kr. macht 60 fl. 43½ kr.
[3]) Der Zentner Blei kostete in Wien 11 bis 11½ fl, Thomas Schoiber lieferte das Blei mit 12½ fl., Andre Eder mit 11 fl. 60 kr., die Schiffmaut eingerechnet.
[4]) Kammeramts-Raitbuch, 1728, Fol. 67. Laufende Beträge.
[5]) Kammeramts-Raitbuch, 1728, Fol. 60, Nr. 275.

und endlich auch der Eingang, »alwo man die marmorstein hineingebracht«, wieder zugemauert. Für die Herstellung des Teppichs zum neuen Hochaltar wurden von dem Tuchhändler Johann Fuchs aus Wien zwei Stück 40 Ellen karmoisinrotes Kerntuch um den Preis von 60 fl. gekauft. Am 15. November 1728 (Leopolditag) zelebrierte der Prälat zum erstenmal das Hochamt bei diesem neuen Hochaltar[1]).

Nach Leopoldi (15. November 1728) begannen dann die Abrechnungen mit den einzelnen Künstlern und Handwerkern.

Sebastian Stumpfögger hatte für seine Marmorarbeiten den Betrag von 16.300 fl. nebst 30 Eimern Wein erhalten. Als er wieder nach Salzburg zurückgekehrt war, schrieb er folgendes Dankschreiben an den Prälaten:

Hochwürdiger in Gott, wohledlgeborner,
hochgelehrter, gnädiger herr herr!

Diene hiemit euer hochwürden und gnaden zu gehorsamber nachricht, daß ich mit meiner hauswirtin den 28. October, Gott lob, glücklich nachhaus kommen, bedanke mich denn schuldigster maßen für alle empfangene gnaden und guttaten, auch richtiger bezahlung. Den 23. November sein die 30 emer wein, auch 2 emer kreitlwein alhier ankommen, wofür absonderlich für den guten trunk schuldigsten dank erstatte, werde auch in dessen genießung öfters euerer hochwürden und gnaden gesundheit gedenken.

Den 29. November sein auch meine drei werkleut glücklich ankommen, allein der Franz hat ein hitziges fieber mitgebracht, lieget derowegen gefährlich zu bett. Der Mathias überlieferte mir einen brief, woraus ich aus dero gnädigen zeilen zu meiner consolation alles gute erfahren. Wünsche demnach, daß euer hochwürden und gnaden uoch unzählbare jahre auf diesem altar celebrieren kunnten. Kann ich mit meiner wenigkeit weiters was dienen, ist mit mir zu befehlen. Anbei mich nebst nochmaliger schuldigster und demütigster danksagung in dero hohen gnaden und wohlgewogenheit gehorsambst empfehlen wollen.

Salzburg, den 3. Decembris 1728.

Euer hochwürden und gnaden
untertänig gehorsamber

Sebastian Stumpfögger.

p. s: Meine hauswirtin läst sich nebst demütigster empfehlung für den kreitlwein und anderen gnaden absonderlich gehorsambst bedanken.

---

[1]) Das Presbyterium selbst erhielt seine heutige Gestalt erst unter Donato Allio im Jahre 1729 und der Hochaltar wurde erst am 6. Oktober 1731 durch den Wiener Kardinal-Erzbischof Grafen Kollonitsch feierlich eingeweiht. (Siehe die »Beiträge zur Baugeschichte des Stiftes Klosterneuburg«, I. Heft, von Dr. Wolfgang Pauker.)

Johann Georg Schmidt hatte für das Altarblatt den Betrag von 1200 fl. samt 12 Speziesdukaten oder in Summa 1248 fl. erhalten.

Der Bildhauer Johann Franz Caspar war bei der endgültigen Abrechnung nicht mehr am Leben, denn die seinem Kontrakt beiliegenden Quittungen unterschreibt bereits die Witwe Anna Magdalena Casparin. Sie erhielt am 27. November 1728 zunächst die im Kontrakt stipulierte Summe von 780 fl., dann für die Herstellung des Tabernakels den Betrag von 300 fl., zusammen also 1080 fl. [1]).

Der kaiserliche Kammertischler Paul Podner, der zu diesem Tabernakel die Tischlerarbeiten gemacht hatte, empfing am 29. Oktober 1728 für seine Arbeiten 170 fl. [2]).

Die beiden Vergolder Matthias Braun und Franz Karl Pizenhoffer erhielten:

a) für die kontraktliche Arbeit	800 fl. — kr.
b) für die Extraarbeiten zum Hochaltar	157 fl. 36 kr.
c) für die Leuchter, Lampen, Kugel und Spalierleisten . .	41 fl. 41 kr.
d) für das Tabernakel	450 fl. 17 kr.
zusammmen also . . .	1449 fl. 34 kr.

Außerdem erhielt noch jeder der beiden Kontrahenten je einen Eimer Konventwein [3]).

Den 29. November 1728 fand die Abrechnung mit den beiden kaiserlichen geheimen Kammer- und Hofjuwelieren Rad und Hößlin statt [4]). Sie empfingen:

	fl.	kr.
a) Wegen denen ut contract in Augsburg verfertigten und gelieferten 4 ganz vergoldeten kupfernen kapitellen, dergleichen schaftgesimbs, einen kleinen frieß, eine große bildram, vor macherlohn und vergolden	12236	3
Vor 10 centen 10 pfund 21 lot Tyroller kupfer, den centen à 56 fl	571	—
dann dem tischler, die große bildram zu machen und was an denen kapitellen zu machen nötig gewesen	75	—
dem schlosser vor kurzer arbeit	58	24
das münzattest	15	—
verschiedene hacken und schraufen zu vergolden . . .	8	40

---

[1]) Kammeramts-Raitbuch 1728, Fol. 58, Nr. 264 und 265.
[2]) Kammeramts-Raitbuch, 1729, Fol. 59, Nr. 266.
[3]) Kammeramts-Raitbuch, 1728, Fol. 59, Nr. 269.
[4]) Kammeramts-Raitbuch, 1728, Fol. 60, Nr. 275.

	fl.	kr.
b) Acht weiße, extra sauber getriebene kirchenleuchter und ein crucifix	5278	25
das eisen zu denen acht kirchenleuchtern	15	30
c) Eine ganz vergoldte kupferne glorie, macherlohn und vergolden	1538	15
d) 96 stück lauber, zwei knöpf zu den piramieden, ein dreiecketer und ein runder schein	1499	24
zwei centen 25 pfund 9 lot Tyroller kupfer à 56 fl . . .	131	45
das eisenwerch in der glorie	26	30
das münzattest	5	—
zusammen also . . .	21458	56

Außerdem erhielten sie noch für eine weiß getriebene Lampe, im Gewicht von 54 Mark, 15 Loth, 3 Quintl, die Mark zu 24²/₃ fl, 1355 fl 23 kr.

Am selben Tage wurde auch »herrn Mathias Staindl seelig und seinen unterlassenen erben wegen des hochaltars sowohl verfertigten riss als auch beigestellten Modell bezahlt« laut Quittung 600 fl [1]).

Die Gesamtkosten des neuen Hochaltars beliefen sich also, die Tagwerker-, Maurer- und Zimmermannsarbeiten abgerechnet, auf ungefähr 44.206 fl. 40 kr.

Über die weiteren Schicksale des Altars ist noch kurz Folgendes zu berichten:

Der Altar verblieb in seiner ursprünglichen Form ungefähr bis zum Jahre 1780 stehen. Dann wurde das hölzerne Tabernakel entfernt und durch ein solches aus Silber ersetzt. Das alte Tabernakel wanderte in die Rumpelkammer des Stiftes, wo es heute noch zu sehen ist. Es ist trotz der mannigfachen Schäden, die es gegenwärtig aufweist, noch immer ein Prunkstück ersten Ranges. Die Originalzeichnung dazu, die der Bildhauer Johann Franz Caspar seinerzeit nach dem Steinlschen Hauptmodell anfertigte, befindet sich im Archiv des Stiftes. (Siehe die Tafel XXIV.[2]) Das neue, aus Silber verfertigte Tabernakel mußte aber schon wenige Jahre später in das k. k. Münzamt nach Wien abgeliefert werden, denn unter den Wertgegenständen, die damals in den Jahren 1793 und 1797 aus der Schatzkammer und der Kirche des Stiftes dahin abgegeben wurden, finden wir »die sechs großen silbernen Altarleuchter samt dem Crucifix«, dann »die große silberne Lampe« und »das Hochaltar-

---

[1]) Kammeramts-Raitbuch, 1728, Fol. 94. Die Quittung fehlt.
[2]) Die Zeichnung ist mit dem Monogramm Caspars, F. C., signiert.

Tabernakel von geschlagenem Silber« verzeichnet [1]). Als das silberne Tabernakel entfernt war, stellte man aber merkwürdigerweise an dessen Stelle nicht wieder das alte ursprüngliche Tabernakel auf, sondern behalf sich mit einem primitiven hölzernen Kasten, der bis zum Jahre 1871 in Funktion verblieb. 1871 wurde dann das gegenwärtige Tabernakel, nach einem Entwurfe des bekannten Bildhauers Schönthaler, der auch die Ausführung dieses Objektes übernahm, aufgestellt [2]). Trotz der enormen Kosten, die das Stift damals gern und willig auf sich nahm, muß doch das ganze Unternehmen leider als ein total verunglücktes Experiment bezeichnet werden, denn ganz abgesehen davon, daß die Dimensionen total verfehlt sind, besteht auch sonst nicht die mindeste Übereinstimmung zwischen Altar und Tabernakel, was gewiß um so mehr zu bedauern ist, als man zweifellos um viel geringeres Geld das alte Tabernakel leicht wieder hätte in seinen ursprünglichen Zustand versetzen und an Ort und Stelle aufstellen können.

Um das Jahr 1890 trug sich der damalige Prälat Ubald Kostersitz mit dem Gedanken, das Werk Schönthalers zu entfernen und durch ein anderes zu ersetzen. Merkwürdigerweise ging man aber auch diesmal wieder dem vorhandenen alten Tabernakel sowie auch der im Archiv befindlichen Zeichnung aus dem Wege und ließ durch den bekannten Bildhauer, Professor Hermann Klotz, ein neues Modell herstellen, das allerdings sehr schön ist, aber nicht zur Ausführung gelangte, weil der Prälat durch andere bauliche Verpflichtungen in Anspruch genommen wurde und daher nicht mehr an die Realisierung dieses Projektes schreiten konnte.

Im Jahre 1832 wurden wieder mehrere Veränderungen an dem Hochaltar vorgenommen. Man fand, daß die beiden figuralen Gruppen, das Opfer Abrahams und Jakob mit dem Engel ringend, viel zu lebhaft seien und entfernte sie daher, gleichwie man auch die Figur des lehrenden Heilandes vom Schalldeckel der Kanzel herabnahm [3]).

1833 wurde auch das Altarblatt entfernt und durch ein viel »ruhigeres« von Leopold Kuppelwieser ersetzt [4]). Die figuralen Gruppen wurden um

---

[1]) Verzeichnis der Pretiosen, welche anno 1793 und 1797 aus der Kirche und Schatzkammer des Stiftes Klosterneuburg an das k. k. Münzamt zu Wien abgegeben worden. Stiftsarchiv, Neue Rapulatur Nr. 128, Fol. 250.

[2]) Von ihm stammt auch der Leopoldialtar in der Stiftskirche, gegenüber der Kanzel.

[3]) Gleichzeitig wurden auch die zwei schönen Marmorpyramiden, womit der Altar geschmückt war, entfernt. Eine davon steht heute noch im Lapidarium des Stiftes, wohin die andere kam, vermag ich nicht anzugeben.

[4]) Das ursprüngliche Bild von Johann Georg Schmidt befindet sich gegenwärtig in der Pfarrkirche zu Meidling. Die Skizze dazu ist in der Wohnung des hochw. Herrn Stifts-

das Jahr 1890 wieder an ihren ursprünglichen Ort zurückversetzt, die Kanzel entbehrt aber noch immer der Figur des lehrenden Heilandes und das Hochaltarblatt von Johann Georg Schmidt befindet sich gegenwärtig noch immer in der Pfarrkirche von Meidling. Hoffentlich ist aber die Zeit nicht mehr allzu fern, wo auch diese Objekte der Stiftskirche wieder werden zurückgewonnen werden.

Zur selben Zeit, als das Oratorium, das Chorgestühl und der Hochaltar aufgestellt wurden, ließ der Prälat Ernest Perger auch die Kirche mit neuen Bänken versehen, wozu Matthias Steinl die Zeichnungen entwarf und die beiden Bildhauer Bernhard Högenauer und Edmund Brauneck die Bildhauerarbeiten besorgten. (Siehe die Tafel XXVII.) Außerdem ließ der Prälat im Jahre 1729 auch noch einen überaus kostbaren Ornat (den bekannten Leopoldiornat des Stiftes) sticken, wozu, wie ich glaube, ebenfalls Matthias Steinl schon einige Jahre vorher die Zeichnung entworfen haben dürfte. (Siehe die Tafeln XXVIII und XXIX.)

Der Kontrakt, der mit dem Wiener Sticker Johann Jakob Ellmansperger am 7. April 1729 aufgesetzt wurde, lautet nämlich folgendermaßen:

> An heundt zu end gesetzten dato ist zwischen dem hochwürdigen, wohledlgebornen auch hochgelehrten herrn herrn Ernestum, des fürstl. sti Leopoldi stifts zu Closterneuburg probst, an einem — dann dem herrn Jacob Ellmannsperger, stickern in Wienn, anderten teils, folgender contract wegen stickung eines vollkommenen kirchenornates beschloßen worden:
>
> Erstlichen verspricht obgedachter Jacob Ellmannsperger benanntlich ein messgewand, stoln, manipul, kelchtüechel, corporaltaschen und palam mit allen fleiß und gerechten wohlgefarbten gold dem vorgelegten riss nach zu sticken[1].

dechanten zu sehen. Da sich das Altarblatt aus technischen Gründen für die Photographie nicht eignet, habe ich eine Reproduktion dieser Skizze der vorliegenden Publikation beigeschlossen. (Siehe die Tafel XXV.)

[1] Die Worte »dem vorgelegten riss nach« können allerdings auch so ausgelegt werden, als ob Ellmansperger selbst diesen Riß dem Prälaten vorgelegt hätte. Es ist aber keineswegs ausgeschlossen, daß dieser Riß noch von Matthias Steinl herrührte und dem Sticker vom Prälaten vorgelegt wurde. Ich verweise beispielsweise nur auf den Kontrakt, den das Stift St. Dorothea im Jahre 1731 mit dem Theatralmaler Georg Sebald Widmann abschloß (siehe Seite 313), wo es ebenfalls heißt, daß er das Portal und den Hochaltar »nach dem bereits verfaßt und dargezeigten riss« herstellen solle und der Riß doch nicht von ihm, sondern von Antonio Tassi herrührte. Es ist sicher nicht ausgeschlossen, daß der Prälat bei der Bestellung des Hochaltars auch an einen dazugehörigen Prunkornat dachte und sich zu diesem Behufe von Steinl einen Entwurf zeichnen ließ. Es darf uns auch keineswegs befremden, daß in diesem Kontrakt mit Ellmansperger der Name Steinl nicht mehr ausdrücklich genannt wird, denn Steinl war damals schon tot und es scheint, daß man sich der Verstorbenen in jenen Tagen nicht gerade besonders lange erinnerte.

Andertens vier levitenröck sambt zwei stoln, zwei manipuln nach dem schon verfertigten messgewand, so vor ein formular sowohl in der reiche, farb des golds, als art nach in der völligen stickerei dienen soll.

Drittens zwei pluvial, deren eines völlig obgedachter reiche, farb des golds und art nach gesticket sein mueß, das anderte aber allein voran sambt dem lunetel wie die außeren strich des messgewand umb und umb herunten mit einem breiten cariell versehen.

Viertens ein antipendium von sechs blättern, deren drei, wie das messgewand in der mitte, und drei, wie es auf der seiten gesticket, sein sollen.

Fünftens ein inful, schuech, handschuech und strimpf.

Sechstens zwei credenztischel, jedes mit zwei blätter, deren der mittere strich ganz und reich, wie der innere strich des messgewands, der anderte aber in zwei teil abgeteilet, wie der äußere strich, sein solle.

Siebentens zwei pölster mit einem cariell eingefaßt und an denen ecken hinauf etwas gestickt, wie auch ein gremial.

Dahingegen versprechen ihro hochwürden und gnaden

Achtens, vor alle oben sowohl der zahl, art, reiche und farb des golds nach specificierte und gemachte stickarbeit ihme, Jacob Ellmannsperger, drei tausend achthundert gulden, sage 3800 fl baar auch richtig und zwar alzeit nach proportion der verfertigten stickarbeit etwas hievon bezahlen zu lassen, damit er die arbeit desto leichter bestreiten möge.

Alles getreulich und ohne gefährde. Beschehen Wienn, den 7. April anno 1729.

(L. S.) Johann Jacob Ellmannsperger
sticker in Wienn.

H. Die übrigen Arbeiten Steinls für das Stift Klosterneuburg und dessen Besitzungen und Pfarren.

Bevor ich den Bericht über die Tätigkeit Steinls im Stifte Klosterneuburg abschließe, wird es notwendig sein, noch einige Notizen über verschiedene Arbeiten dieses Meisters nachzutragen, die ich bisher in der vorliegenden Publikation nicht recht unterzubringen in der Lage war.

Die erste Arbeit, durch die Matthias Steinl zum Stifte Klosterneuburg in Beziehung trat, scheint der Hochaltar für die Kirche in Hietzing gewesen zu sein. (Siehe die Tafel XVII.) Bisher wenigstens konnte ich keine andere Notiz finden, die auf etwaige frühere Beziehungen hindeuten würde. Der Kontrakt, den das Stift damals (1698) mit ihm abschloß, lautet:

Spanzetl,

das von (tit) ihro hochwürden und gnaden, dem gnädigen herrn herrn Christophen, probsten zu Closter-Neuburg, etc. mit dem edlen und kunstreichen herrn Matthiasen Staindl, der röm. kaiserl. Majestät ingenieurn zu Wienn, wegen eines altar zum gnadenbild nach Maria Hiezing auf nachfolgende weiß abgeredet und beschlossen worden:

Als ist er, herr Staindl, verobligiert, nach wohlbesagtem ort, wie es die weit und höche manierlich leidet, einen solchen altar zu machen, welcher sowohl mit aller nötigen saubern architecturarbeit als auch denen formblichen zieräden und mit guetem gold vergoldten statuen auf das zierlichste versehen und zwar in solcher formb, wie es der bereits von sich gegebene abriß mit mehreren ausführlich weiset, welchen er herr auch künftigen 2. Juli, als unser lieben frauen heimbsuchung anno 1699 an alle stöll gemachter zu verfertigen zugesaget und versprochen, jedoch hat zu lieferung dieses werks die nötigen fuhren das würdige stift Closter-Neuburg durch den Hiezinger zug zu verschaffen.

Dahingegen solle er, herr Staindl, vor solchen altar den 2. Februarii, als an lichtmesstag, 500 fl besagten jahrs und den 24 April, an s. Georgen tag, darauf wiederumben 300 fl, den überrest aber deren 900 fl, wann mehrermelter altar dem abris nach, ohne ausstellung eines fehlers, in die stell aufgesetzet ist und also in allem zusamben eintausend siebenhundert gulden (wiederhole die summa 1700 fl) bar und richtig in gangbarer münz zu empfangen haben.

Zu urkund und bekräftigung dessen die eigene handschrift sambt dem beigedruckten pettschaft hievor gestellet worden.

Beschehen den 30. December anno 1698 in Closter-Neuburg.

(L. S.) Mathias Steinl m. p.

Die nächste Arbeit Steinls betraf die Herstellung des Schalldeckels für die Kanzel der Stiftskirche in Klosterneuburg. Bekanntlich wurde die Stiftskirche von Klosterneuburg in den Jahren 1693 bis 1699 durch die beiden Bildhauer Johann Baptist und Johann Peter Spätz aus Linz mit den heute noch bestehenden sechs marmorsteinernen Seitenaltären und der dazugehörigen Kanzel ausgestattet[1]). Der Kontrakt wegen der Kanzel wurde am 26. Oktober 1697 abgeschlossen, die Kanzel selbst zu Ostern des Jahres 1699 aufgesetzt. Es handelte sich jetzt darum, für die Kanzel auch einen entsprechenden Schalldeckel zu entwerfen und mit dieser Aufgabe wurde Matthias Steinl betraut. (Siehe die Tafeln XVIII und XIX.)

Ende Juni des Jahres 1699 war bereits das Modell dazu fertiggestellt, denn im Kammeramts-Raitbuch desselben Jahres, Fol. 90, Nr. 365, finden wir folgende Notiz eingetragen: »den 27. Juni (1699) einem tischler von Wienn, so das modell des deckels über die canzel von holz gemacht, darvor er 35 fl begehrt, zahlt 30 fl«[2]). Dieses Modell rührte aber, wie wir gleich sehen werden, noch nicht von Steinl her, sondern wurde jedenfalls noch nach den Angaben des Johann Baptist Spätz hergestellt, denn als am 10. Juli 1699 der kaiserlich hofbefreite Goldschmied Johann Ernestus Keeß auf Grund

---

[1]) Siehe die Kontrakte in den »Beiträgen zur Baugeschichte der Stiftskirche in Klosterneuburg« von Dr. Wolfgang Pauker, im »Monatsblatt des Altertumsvereines« zu Wien, 1907, Nr. 2—4.

[2]) Da die Quittung leider fehlt, ist uns der Name des Tischlers unbekannt.

dieses Modells an die Ausführung der Arbeit schritt, hatte noch nicht Matthias Steinl, sondern der Bildhauer Joh. Bapt. Spätz das entscheidende Wort zu reden. Im Kammeramts-Raitbuch des Jahres 1700, Fol. 64, heißt es nämlich: »den 3. Juni, ihme, herrn Spätz, wegen daß derselbe aus gnädigen befelch heruntergereiset, umb ihme in ein und anderem der maße des deckels halber zu befragen, vor die mühe, auch herunter und hinauf verzehrung, geben 13 fl.« Ebenso lesen wir im selben Raitbuch, Fol. 83: »den 12. August, als die von herrn goldschmied herrn Spätz nacher Linz von Kupfer gemachten Kragstein hinauf, derselbe es aber wiederumben nach Wienn geschickt, umb mit der messerei recht übereins zu treffen, dem boten, so es von Wienn heraufgetragen, geben 24 kr.« Im ersten Stadium der Arbeit hatte also zweifellos Joh. Bapt. Spätz noch das entscheidende Wort. Als es sich aber um den architektonischen Ausbau und den figuralen Schmuck des Kanzeldeckels handelte, finden wir bereits Matthias Steinl als technischen Leiter des Unternehmens verzeichnet. So heißt es beispielsweise im Kammeramts-Raitbuch des Jahres 1702, Fol. 58: »den 30 Juli (1702) dem renngutscher auf eine mahlzeit, als er herrn Staindl, bildhauern, von Wienn heraufgeführt, 9 kr. — Item den 25. August, auf eine mahlzeit, als er herrn Staindl, bildhauern, von Wien heraufgeführt, 9 kr.« Ferner: »den 19. Oktober nach Wienn wegen der canzl zum herrn Staindl, verzehrt sambt dem Kutscher 39 kr.«[1]) Und am 26. Dezember desselben Jahres heißt es dann endlich: »den 26. Decembris ist dem herrn Mathiae Staindl der auf die canzl gemachte Salvator also bezahlt worden, als: vor den bildhauer 20 fl, vor das vergolden 16 fl und selben einzumachen 3 fl, zusamben 39 fl.«[2])

Johann Ernestus Keeß arbeitete an der Herstellung des Kanzeldeckels vom 10. Juli 1699 bis 14. November 1702.

Das Kupfer lieferte der Wiener Kupferschmied Franz Scheidler. Die Kosten dafür beliefen sich auf ungefähr 535 fl.[3]). Außerdem lieferte der Klosterneuburger Kupferschmied Franz Rupertus Härl zur Kanzel:

Erstlich 8 stück gesimbser, die wägen	36 Pfund	1	Vierting
mehr 18 kleine holköllen, die wägen	16 »	—	»
mehr dem goldschmied geben . , . . .	3 »	1	»
mehr den boden gemacht, der wäget	13 »	3	»
mehr 5 lange und eine kurze holköllen . . .	11 »	2	»
zusammen:	80 »	3	»

[1]) Verrechnung des Kämmerers Jakob Cini, ebenda.
[2]) Kammeramts-Raitbuch, 1702, Fol. 42, Nr. 223. Über diesen »Salvator« wurde bereits früher, Seite 297, gesprochen.
[3]) Die Rechnungsbelege fehlen leider.

Dafür, eines in das andere gerechnet, vor ein pfund per 51 kr, macht 68 fl. 38 kr. 1 ϑ.[1])

Die Schlosserarbeiten besorgte der bürgerliche Schlossermeister Friedrich Kaiser aus Klosterneuburg. Er verfertigte »von des closters eisen«: Erstlichen das gerüstl zu dem frießwerk, sodann das kupfer alles geschrauft mit starken schraufen und muttern und ein stern mit schraufen und muttern verfaßt. Ferners drei starke stangen in stein eingemacht sambt einer henkschließen und solches alles mit schraufen verfaßt und mit vielen anderen schraufen das kupferwerk mit dem draht verfaßt und den marberstein durchbohrt und das brett mit schraufen angeschrauft und mit blei vergossen und ein saubere stangen zu der stiegen, so poliert, sambt anderer vielfältigen arbeit, so nach und nach wiederumben verbessert worden ist, vor alles 64 fl.[2])

Am 17. Dezember 1702 erhalten auch noch zwei Goldschmiedgesellen, »die an der Kanzel gearbeitet«, auf Befehl des Prälaten 4 fl. Trinkgeld[3]).

Am 22. Jänner 1703 fand die Abrechnung mit dem Goldschmied Joh. Ernestus Keeß statt. Das überaus interessante Schriftstück, das damals aus diesem Anlasse abgefaßt wurde, hat folgenden Wortlaut:

»Heundt dato, den 22. Jänner 1703 ist zwischen ihro hochwürden und gnaden, herrn herrn Christophorum, probsten des würdigen unser lieben frauen gottshaus und fürstl. sti Leopoldi stift zu Closterneuburg, der röm. kaiserl. Majestät rat, an einem — dann herrn Johann Ernst Keeß, kaiserl. hofbefreiten goldschmied, andern teils folgender vergleich geschehen, als:

Erstlich, weilen gedachter herr Johann Ernst Keeß von seiner vergoldten und unvergoldten arbeit zu der canzl alhier geliefert 1126 march und darvor macherlohn sambt der von 10. Juli 1799 bis 14. Novembris 1702 vor ihm, seine ehefrau und bedürftige gesellen gereichte hausmannskost und aller beigeschafften bedürftigen materialien vor jedes march 3 fl, zusamben 3378 fl verlanget, anbei die belohnung vor das vergolden der discretion ihro hochwürden und gnaden heimbgestellet, als haben.

Andertens ihro hochwürden und gnaden, herr herr praelat, ihme, gedachten herrn Keeß, solcher gestalten befriediget, daß er neben obgenannter empfangener hausmannskost, allen gereichten materialien wie auch neben denen schon auf diese arbeit der canzl zu unterschiedlichen malen von anno 1699 bis anjezo empfangenen 1709 fl 30 kr in barem geld, zurück zu bekommen habe zwei schuldschein wegen vor etlichen jahren ihme von ihro hochwürden und gnaden zur auslösung der hoffreiheit und anderen notdürften vorgestreckten und noch nicht abgezahlten 308 fl. Item versprechen höchstgedacht ihro hochwürden und gnaden, ihme, herrn Keeß, noch in barem geld zu zahlen 900 fl Rheinisch, von welchen er gleich 500 fl, und die übrigen 500 fl im Mai dies jahr zu empfangen hat, also zwar, daß er künftig kein einziges ansuchen oder praetension auf die verfertigte arbeit bei hiesigem stift machen solle, anbei auch das eingegebene extraauszügl, andere arbeit betreffend und in 56 fl 43 kr 2 ϑ bestehend, völlig cassiert seie.

Drittens solle gemelter herr Johann Ernst Keeß zuvor das zum formieren gegebene zinn und die noch zurück zu geben restierenden 2 centen kupfer in das cammerambt liefern

---

[1]) Kammeramts-Raitbuch, 1702, Fol. 44, Nr. 239.
[2]) Kammeramts-Raitbuch, 1703, Fol. 67, Nr. 296.
[3]) Kammeramts-Raitbuch, 1702, Fol. 60. Laufende Ausgaben.

Zu mehrer bekräftigung dessen seind zwei gleichlautende vergleichs-contracte aufgesetzt und von beeden respective herrn contrahenten verfertiget worden.

Closterneuburg ut supra.«

(L. S.)   Christophorus
Probst.

(L. S.)   Johannes Ernestus Keeß
kaiserl. hofbefreiter goldschmied,
derzeit in Klosterneuburg.[1])

Anmerkung:

Den 31. Jänner 1703 seind mir die obbenannten 400 fl richtig bezahlt worden durch den ehrwürdig, in Gott geistlich, auch wohlverordneten herrn cammerer Jacob Cini und selben jahrs die zwei schuldschein, aus 308 fl bestehend, extradiert worden den 24. Martii.

(L. S.)   Joh. Ernestus Keeß.

Den 10. Jänner 1703 liefert herr Johann Ernest Keß in das Cammerambt von obbemelten zinn 104 pfund 8 loth.

Den 6. August 1704 liefert gedachter herr Keß wiederumb zinn oder blei durcheinander 3 pfund 28 loth. Item an schuldigem kupfer 137 pfund darunter kupfer, messing, metall, etc.

Jacobus Cini
C. R. Cl. derzeit Cammerer.

Bekenne hiermit, daß ich den 6. August 1704 auf abschlag empfangen bares geld 100 fl.

Item habe ich wiederumb auf mein begehren den 27. Februar 1705 abermalen empfangen 200 fl.

Den 7. Juli 1705 empfange ich wiederumb . . . . . 30 fl.
Den 10. Oktob. 1705 empfange ich wiederumb . . . 70 fl.

Heundt dato den 1. Febr. 1706 habe ich mehr aus dem löbl. cammerambt zu meiner vorfallenden notdurft paars geld empfangen 12 fl. Mehr den 26. Augusti 1706 seind mir endsgefertigten diese übrigen und noch restierenden 188 fl richtig und baar von dem löbl. sti Leopoldi stift zu Closterneuburg bezahlt worden. Weilen aber von den obbemelten 200 pfund von mir zurück zu geben schuldigen kupfer noch 63 pfund abgangen, also hab ich anstatt dessen das geld zurückgeben, nemblich vor jedes pfund 24 kr, welches zusammen macht 25 fl 12 kr. Wenn aber ich die benannten 63 pfund kupfer aus der kretz herausschmelzen würde, sollen mir solche von mehrgedachten stift gegen entgeld jedes pfund 24 kr angenommen werden. Zu völliger bekräftigung habe ich mich hier unterschrieben mit petschaftfertigung. Actum Closterneuburg ut supra.

(L. S.)   Joannes Ernestus Keß.
kaiserl. hofbefreiter goldschmidt
derzeit allhier.

[1]) Stiftsarchiv, Neue Rapulatur, Fol. 244, Nr. 55.

Johann Ernestus Keeß (auch Keß geschrieben) stammte aus Münnerstadt in Bayern, wo auch sein Vater, Johann Michael Keeß, das Goldschmiedhandwerk betrieb. Er kam dann nach Wien, trat durch seinen Bruder, der dem Stifte Klosterneuburg als Geistlicher angehörte, zu diesem Stifte in Beziehung und war daselbst viele Jahre hindurch als Goldschmied tätig. Im Jahre 1695 heiratete er in Wien bei St. Michael seine Frau, Anna Barbara, und übersiedelte dann mit ihr nach Klosterneuburg. Der Prälat Christoph Matthäi scheint, wie wir bereits gesehen haben, sein besonderer Gönner gewesen zu sein. Ihm schickte er auch eine Trauungsanzeige und lud ihn zur Hochzeitstafel ein. Das diesbezügliche Schreiben lautete:

> Dem hochwürdig und hochedlgebornen herrn herrn Christophoro, des lobwürdigen, unser lieben frauen gottshauses und fürstlichen st. Leopoldi stifts zu Closterneuburg hochmeritirten praelaten, ihro röm. kaiserl. maiestät rath, meinem gnädig hochgebietenden herrn.
> Closterneuburg.

Hochwürdig, auch hochedlgeborner,
gnädig hochgebietender herr herr!

> Dannach euer hochwürden und gnaden mir bereits vielfältig große gnaden zu erweisen ihnen gnädig gefallen lassen, habe deroselben ich in unterthänigkeit gehorsambst erkennen zu geben mich erkühnet, welcher gestalten durch schickung Gottes, des allmächtigen, ich mich mit der tugendreichen jungfrauen Anna Barbara Seitzin, als weiland herrn Johann Seitz, bürgerlichen hafners alhier, und Theresiae, seiner ehelichen hausfrauen seelig hinterlassenen ehelichen tochter, mit rath beiderseits befreundten in eheliche verpflichtung eingelassen und nägstkommenden montag, den 26. dies monats Septembris, den hochzeitlichen ehrentag zu begehen, erstlich die priesterliche copulation in St. Michaelis pfarrkirchen, frühe umb 6 uhr, christlich-catholischem gebrauch nach vorzunehmen, folgends mittags umb 12 uhr mit einer geringen tractation in dem Haffner Baadt alhier zu vollenden entschlossen bin.
>
> Dahero habe ich aus schuldigster devotion euer hochwürden und gnaden unterthänigist gehorsambist zu bitten nicht unterlassen können, sie geruhen uns beeden verlobten die hohe gnad zu erweisen und nicht allein solch vorhabenden ehrentag mit dero hochansehentlichen praesenz in person zu condecoriren, sondern auch meinem liebsten herrn bruedern Joanni Kessen, als dero untergebenen kellermeistern gnädig zu erlauben, daß er sich anhero begeben, die copulation verrichten und ermelt meinem hochzeitlichen festtag mit beiwohnen möge.
>
> Solche hohe mir erzeigende gnaden werde umb euer hochwürden und gnaden ich mit meinen unterthänigsten diensten äußerister möglichkeit zu demeriren mir eiffrigst angelegen sein lassen. Dieselbe Gottes gnädigster obhut treulich, zu dero beharrlichen gnaden aber mich bestens recommendire, verbleibend

euer hochwürden und gnaden

unterthänigster gehorsambster knecht

Wienn, den 20. monatstag
Septembris, anno 1695.

Joann Ernestus Keeß
kaiserl. hofbefreiter goldarbeiter,
bräutigam in Wienn.

Keeß hat für das Stift eine ganze Reihe von Kelchen, Monstranzen, Ziborien und anderen liturgischen Gebrauchsgegenständen verfertigt, auch lieferte er viele Jahre hindurch dem Stifte die sogenannten Leopoldipfennige. Er scheint im Jahre 1716 oder 1717 gestorben zu sein.

Im Jahre 1712 zeichnete **Steinl** den Entwurf für einen **Altar nach Hasendorf.**[1]) Das Werk ist heute leider nicht mehr erhalten. Die Tischlerarbeiten besorgte der bürgerliche Tischlermeister Andre **Bernardi** in Wien. Die Quittung, die er am 7. April 1712 darüber ausstellte, lautet:

> »Daß ich endsbenanndter von wegen eines altar, so ich mit ihro gnaden, herrn herrn praelaten von Closterneuburg, für die tischlerarbeit zu machen accordiert habe per 45 fl und darauf von dem herrn Mathias Staindl auf abschlag empfangen habe per 15 fl bezeuget meine hierunter gestellte handschrift und petschaft. Actum den 7. April 1712.«

(L. S.)   Maister Andre Bernardi
bürgerl. dischler.

Bernardi starb bald danach und die restlichen 30 fl. übernahm für die Witwe Matthias **Steinl**, der darüber folgende Bestätigung ausstellte:

> »Daß endes unterschriebener im namen der tischlerin wegen des altars zu Hasendorff den rest der veraccordierten 45 fl per 30 fl richtig empfangen, wird solches interim bezaigt.
>
> Actum Wienn, den 1. August 1712«
>
> Mathias Steinl.

Die Bildhauerarbeiten lieferte der uns bereits bekannte Benedikt Stöber. Mit ihm wurde folgender Kontrakt aufgesetzt:

> An heunt zu end gesetzten dato ist zwischen dem hochwürdigen, wohledlgeborn und hochgelehrten herrn, herrn Ernesto, des würdigen unser lieben frauen gottshaus und fürstlichen Sti Leopoldi-stifts zu Closterneuburg probsten etc etc an einem, — dann dem ehrengeachten Benedict Stöber, albier in Wienn burgerl. bildhauer, nachfolgenter contract aufgerichtet und beschlossen worden:
>
> Erstlichen versprechen ihro hochwürden und gnaden bemeltem Benedict Stöber für völlige bildhauerarbeit nach ausweisung des Staindlischen riss zu einem altar nacher Hasendorff in barem geld einhundert fünf und zwainzig gulden, wie auch, solchen altar auf obiges ort abzuführen können, gelegenheit beizuschaffen.
>
> Entgegen obligiert sich obbemelter Benedict Stöber, gleichförmig dem ihme communicierten Staindlischen riss seine bildhauerarbeit längstens bis zu end monats Juni

---

[1]) Hasendorf, ein Ort an der Bahnstrecke Tulln—St. Pölten, in der Nähe von Sitzenberg-Reidling, ehemals im stiftlichen Besitz. Das Schloß und die Kapelle bestehen heute nicht mehr.

dieses laufenden jahrs ohne mängl zu liefern, auch nachgehends durch sich oder einen seiner gesellen bemelten altar in völligen stand aufzurichten helfen.

Zu dessen mehrer bekräftigung seind zwei gleichlautende contract aufgerichtet und von beeden teilen gefertiget worden. Actum Wienn, den 15. Martii 1712.

(L. S.) Ernestus, Probst zu Closterneuburg.

(L. S.) Benedict Stöber hoffbefreidter bilthauer.

Anmerkung:

Hierauf abschlag den 30. Juli 1712 a conto empfangen 70 fl.

Benedict Stöber.

Dieses auszügl ist mir durch den herrn hofmeister mit 55 fl richtig bezahlt worden, wie auch 1 fl 8 kr. vor nögl und stroh zum einpacken, also völlig bezahlt worden den 1. September 1712.

Benedict Stöber
Bilthauer.

Die Marmorierer- und Vergolderarbeiten besorgte der bürgerliche Maler und Vergolder Tobias Lötzner in Wien. Der diesbezügliche Kontrakt lautet:

Anheut zu end gesetzten dato ist zwischen dem hochwürdigen wohledlgebornen auch hochgelehrten herrn herrn Ernesto, des würdigen unser lieben frauen gottshaus und fürstlichen St. Leopoldi-stifts zu Closterneuburg probsten etc etc an einem, — dann dem ehrngeachten Tobia Lezner, als burgerl. maler alhier in Wienn, nachfolgender contract aufgerichtet und beschlossen worden:

Erstlichen versprechen ihro hochwürden und gnaden bemeltem Tobiae Lezner für den so vermeinten Hasendorffer altar abgeredter maßen zu fassen und vergolten einhundert und zehen gulden wie auch ihme vergolter die gelegenheit, nachèr gedachtem Hasendorff abzufahren.

Entgegen obligiert sich Tobias Lezner obigen altar längstens in fünf wochen zu fassen und mit guetem gold, gleich wie es sein dargegebene prob ausweiset, zu vergolten und selbsten dem altarsetzen beizuwohnen, umb allen mängeln, so sich vielleicht fürthun möchten, abzuhelfen können.

Zu mehrer bekräftigung dessen seind zwei gleichlautende contract aufgerichtet und von beeden teilen gefertiget worden. Actum Wienn, den 6. Juni 1712.

(L. S.) Ernestus, Probst zu Closterneuburg.

(L. S.) Tobias Lötzner, Maler.

Anmerkung:

Den 1. Augusti empfange ich anno 1712 per abschlag 60 fl.
Den 12. September empfangen 50 fl.
Den 9. December den übrigen rest per 14 fl empfangen.

Tohias Lötzner
vergulter.

N. b: Auf die letzte vergoltung 14 fl contrahiert worden.

Das Altarblatt malte Sabino da Rosa. Die Quittung, die er hierüber ausstellte, lautet:

> Ich ends unterschriebner bekenne hiemit, daß ich wegen verfertigten Altarblatt in das Schloss Hasendorff die contrahierten 50 fl baar empfangen habe. Datum Wienn, den 4. Augusti 1712.
>
> (L. S.)   Balthasar Sabino d Rosau.[1]

Im Kammeramts-Raitbuch des Jahres 1714, Fol. 66, Nr. 292, fand ich ferner folgende Notiz: »den 5. Novemb. herrn Mathias Staindl vor das nacher Stoitzendorff gemalene sti Leopoldi-bild zahlt 30 fl.« Diese Notiz gab die Veranlassung, Matthias Steinl auch als einen hervorragenden Maler zu erklären[2]. Ich glaube aber nicht, daß Matthias Steinl das Bild für Stoizendorf selbst gemalt hat, denn in der beiliegenden Quittung heißt es nur: »Daß ich endsunterschriebener von herrn hofmeister vom Closterneuburgerischen hof in Wien wegen des bildts, als sti Leopoldi, nacher Stoitzendorff, dreißig gulden empfangen, bezeiget dieß. Actum Wien den 5. Dezembris 1714, Mathias Steinl.« Es heißt aber nicht, daß er das Bild selbst gemalt hat. Es wäre auch der erste und einzige Fall, wo wir Matthias Steinl auch als Maler kennen lernen würden.

An dieser Stelle möchte ich auch noch einige Worte über das wunderschöne Gitter sagen, das gegenwärtig noch an der Kanzelle des Presbyteriums in der Klosterneuburger Stiftskirche zu sehen ist. (Siehe die Tafel XXVI.) Die dazugehörige Zeichnung wurde im vorigen Jahre von Herrn Dr. Hermann Egger in der k. k. Hofbibliothek in Wien gefunden und mir in liebenswürdigster Weise zum Zwecke der Reproduktion überlassen. Sie ist allerdings nicht signiert, auch wurde dieses Gitter erst im Jahre 1732 von dem Klosterneuburger Schlossermeister Johann Lang ausgeführt[3], allein nichtsdestoweniger glaube ich doch, daß auch dieses Werk auf Matthias Steinl zurück-

---

[1]) Er hieß, wie aus vielen anderen Belegen ersichtlich ist, Balthasar Sabino da Rosa. Daß hier Rosau geschrieben steht, erklärt sich daraus, daß Sabino da Rosa des Schreibens unkundig war, was ja damals sehr häufig vorkam.

[2]) Siehe: »Das Stift Klosterneuburg«, eine kunsthistorische Studie von Karl Drexler, Wien 1894, Seite 39. Stoizendorf ist eine dem Stifte inkorporierte Pfarre in der Nähe von Eggenburg an der Franz-Josef-Bahn.

[3]) Im Kammeramts-Raitbuch des Jahres 1732, Fol. 56, Nr. 307 heißt es nämlich: »den 27. Octobris ihme Lang vor das zu denen cancellen bei hiesigen hochaltar gemachten gätter, vor verschafftes eisen und arbeit, accordiertermaßen 150 fl.«

Herr Dr. Hermann Egger fand außerdem noch eine ganze Reihe von Zeichnungen und Entwürfen, die für die Baugeschichte des Stiftes Klosterneuburg von höchster Bedeutung sind. Wieso sie in den Besitz der k. k. Hofbibliothek gekommen sind, ist nicht bekannt.

zuführen ist, denn einerseits ist es ja sehr naheliegend, daß Steinl, als er das Projekt für den Hochaltar und die steinerne Kanzelle ausarbeitete, auch gleichzeitig einen Entwurf für das dazu gehörige Gitter zeichnete, anderseits genügt aber auch schon ein ganz oberflächlicher Blick, um zu sehen, daß das Gitter in bezug auf Ornamentik mit dem Chorgestühl und dem Oratorium vollständig übereinstimmt. Ich glaube daher sicher nicht zu irren, wenn ich auch dieses Werk als eine Invention Steinls bezeichne.

Damit sind aber die Schöpfungen Steinls keineswegs alle genannt. Ich bin überzeugt, daß es im Stifte und auf den verschiedenen inkorporierten Pfarrkirchen noch eine Menge von Werken geben wird, die von ihm herrühren, für die aber vorderhand noch die urkundliche Beglaubigung fehlt.[1]) Ich bin auch fest überzeugt, daß heute viele Werke Steinls unter fremden Namen kursieren, die eine spätere Forschung zweifellos ihm wieder wird zuweisen müssen. Es ist nämlich geradezu erstaunlich, wo man überall den Namen Steinl antrifft. Er zeichnet beispielsweise die Ornamente für die Marmorierer und Stukkotorer bei St. Peter in Wien, auch steht es bereits fest, daß er für diese Kirche die Kanzel und die Orgel sowie auch die plastische Gruppe, das Martyrium des heiligen Johannes von Nepomuk »inventiert« hat.[2]) Im Jahre 1707 zeichnet er den Entwurf für den Kreuzaltar in der Pfarrkirche zu Krems[3]), desgleichen ist auch der grandiose Hochaltar der Stiftskirche zu Vorau sein Werk[4]), ja sogar für Ohlau in Schlesien finden wir ihn zugleich mit dem Maler Johann Georg Schmidt an einem Altarwerke beschäftigt[5]). Wie vieles gibt es da noch zu suchen, zu forschen, zu finden und richtigzustellen!

Übrigens will ich hier noch eine kleine Geschichte erzählen, die uns zeigen soll, wie man schon gleich unmittelbar nach Steinls Tode bestrebt war, seine Werke unter fremden Namen der Mit- und Nachwelt zu überliefern. Ich war nämlich heuer im Sommer im Stifte Zwettl. Bei dieser Gelegenheit lernte ich den um die Geschichte seines Hauses so hochverdienten Archivar P. Benedikt Hammerl kennen. Als wir gemeinsam die Stiftskirche besichtigten, fiel mir sofort der prachtvolle Hochaltar, der eine unverkennbare

---

[1]) Ich nenne nur beispielsweise die Apotheose des heiligen Florian in der Pfarrkirche zu Leopoldau. (Siehe die Tafel XXXVI, die sicher auf seine Invention zurückzuführen ist.)

[2]) Ilg: »Die Fischer von Erlach«, Seite 431. Alfred Schnerich: Die Kollegiat- und Stadtpfarrkirche St. Peter in Wien, Seite 10, 26 und 33.

[3]) Siehe die »Österreichische Kunsttopographie« I. Band, Seite 214.

[4]) Siehe die »Kunstwanderungen in der Steiermark« von P. Martin Riesenhuber, in der Beilage zum kathol. Vereinsblatt: »Die kirchliche Kunst«, Wien 1909, Nr. 10 bis 12.

[5]) Ilg: »Die Fischer von Erlach«, Seite 589.

Ähnlichkeit mit dem der Stiftskirche in Klosterneuburg besitzt, auf. Ich fragte daher: »Von wem ist dieser Altar?« Die Antwort lautete: »Von dem Bildhauer Joseph Mathias Götz aus St. Nikola.« Trotzdem die Antwort so bestimmt gegeben worden war, bestand für mich doch nicht der mindeste Zweifel, daß dieser Altar zwar von dem Bildhauer Götz ausgeführt sein konnte, der Entwurf dazu aber unbedingt von Steinl herrühren müsse. In diesem Sinne äußerte ich mich auch dem Herrn Archivar gegenüber.

Am nächsten Morgen gingen wir dann ins Archiv und machten dabei die folgende hochinteressante Entdeckung: Zunächst konnten wir konstatieren, daß zwischen dem Altar zu Klosterneuburg und dem in Zwettl tatsächlich Beziehungen obwalten, denn in einem Briefe Joseph Mungenasts an den Zwettler Prälaten empfiehlt dieser für die Marmorarbeiten den Salzburger Steinmetzmeister Sebastian Stumpfögger, indem er ausdrücklich darauf hinweist, daß jener auch die Marmorarbeiten für den Hochaltar in Klosterneuburg besorgt habe.

Hierauf besichtigten wir die Zeichnungen und Entwürfe. Für das Hochaltarprojekt existieren drei Gattungen von Zeichnungen. Sie sind nicht signiert, aber es steht fest, daß sie von Matthias Steinl, Josef Mungenast und Josef Matthias Götz herrühren. Auf den Zeichnungen, die Steinls Eigentum zu sein schienen, stand merkwürdigerweise regelmäßig in Dorso: »Ist cassiert worden«. Es entstand nun die erste Frage: Hat Steinl tatsächlich ein Hochaltarprojekt für Zwettl ausgearbeitet oder nicht? — Und richtig fand Herr P. Benedikt Hammerl den Beweis hierfür. In dem Diarium des Abtes Melchior Zaunack steht Folgendes geschrieben:

>»1722, Februar 11., sumpto prandio abivi Vienna, accepi mecum dom. Staindl propter conceptum formandum ad novum altare in monasterii templo«.

Ferner fand Herr P. Benedikt Hammerl unter den Kammeramts-Rechnungsbeilagen des Jahres 1726 folgende Notiz:

>»Aus gnädigster anbefehlung von ihro hochwürden und gnaden, herr herr praelaten von Zwettl.
>
>Von den herrn inschinier, als herrn Stänl, das modell zu dem hochaltar zu fassen an mich anbefohlen, als nemblichen alle statuen sambt alles laubwerch mit besten und feinen gold zu verfertigen, wie auch die ganze architectur mit feinen farben zu märbelieren, wie dann soliches mit besten fleiß und guetachtung des herrn inschinier, als herrn Stänl, verfertiget ist worden. Also ist vor dieß an ihro hochwürden und gnaden, herrn herrn praelaten mein untertänigstes begehrn und negster preis als nemblichen 50 fl. Ihro hochwürden und gnaden mich untertänigst empfehle.
>
>Datum Wien, den 14. September 1726   Mathias Praun,
>   burgerlicher vergolder.«
>
>Mit anderer Tinte von obiger Hand:
>
>»Diese Quittung ist mir richtig bezahlt worden.«

Es steht also fest, daß Matthias Steinl in den Jahren 1722—1726 nicht nur die Zeichnungen, sondern auch ein eigenes Modell für den Hochaltar der Stiftskirche in Zwettl entworfen und hergestellt hat.

Was geschah nun weiter? Der Prälat übersandte die Altarrisse samt dem Modell an Sebastian Stumpfögger nach Salzburg. Bevor jedoch der Kontrakt mit Stumpfögger zustande kam, starb Matthias Steinl am 18. April 1727 in Wien und die Unterhandlungen mit Stumpfögger wurden vorderhand sistiert.

Unterdessen trat ein neuer Mann auf den Plan, es ist dies Josef Matthias Götz aus St. Nikola nächst Passau. Dieser Götz ist seines Zeichens Bildhauer, zugleich aber auch ein Unternehmer und Geschäftsmann größten Stils. Leider scheint die Redlichkeit nicht gerade seine stärkste Seite gewesen zu sein. Er verstand es geradezu meisterhaft, auf der einen Seite sich das Vertrauen seiner Auftraggeber zu erwerben, auf der anderen Seite aber drückte er die Künstler und Handwerker, denen er in der Regel die Namen seiner Auftraggeber verschwieg, derart, daß sein Name in diesen Kreisen geradezu gefürchtet und verhaßt war.

Dieser Josef Matthias Götz war es nun, der den Prälaten von Zwettl bewog, das Steinlsche Projekt zu kassieren, indem er gleichzeitig ein viel schöneres und bedeutend billigeres Altarwerk nach seinen eigenen Entwürfen zu liefern versprach. Die Steinlschen Entwürfe wurden also jetzt kassiert und Götz arbeitete nun angeblich ein neues, von ihm selbst entworfenes Projekt aus. In Wirklichkeit aber war dieses Projekt kein anderes, als das des Matthias Steinl, dessen Kassierung er kurz zuvor beim Prälaten durchgesetzt hatte. Der ganze Schwindel kam aber durch einen höchst komischen Zufall auf. Götz hatte nämlich vergessen, daß sich das Steinlsche Modell noch immer in den Händen Stumpföggers befand. Als die Sache mit dem Prälaten perfekt geworden war und Götz die Herstellung des Hochaltars bereits zugesichert erhalten hatte, begann er jetzt als Unternehmer mit den diversen Künstlern und Handwerkern und dabei auch zugleich mit Sebastian Stumpfögger zu verhandeln. Seiner Gewohnheit gemäß wollte er auch diesmal wieder die Preise drücken, indem er den Namen seines Auftraggebers, des Zwettler Prälaten, verschwieg. Und nun kommt die komische Seite der ganzen Angelegenheit. Stumpfögger erkannte aus dem Vergleich, den er mit dem Götz-Modell und dem in seiner Werkstatt befindlichen Steinlschen Modell anstellte, daß dieser Auftrag nur für Zwettl gehören konnte und schrieb jetzt an den Hofmeister des Stiftes folgenden hochinteressanten Brief:

Der Bildhauer und Ingenieur Matthias Steinl.

Gelobt sei Jesus Christus!

Hochwürdiger, in Gott geistlich, hochgelehrter
herr hofmeister!

Daß ich euer hochwürden mit diesem schreiben molest bin, geschieht aus dieser ursachen. Bitte aber anvor, mir solches unbekannter weis nit ungünstig aufzunehmen. Nemblichen: Es hat mir herr Mathias Götz, bildhauer zu Passau, im monat Martii dieß jahr geschrieben und einen abriss zu einem altarpostament eingeschickt, worüber ich ihm einen überschlag per 900 fl zugesandt, darauf auch die antwort erhalten, es hat bei diesen 900 fl sein verbleiben und solle mit der arbeit fortfahren, wie auch beschieht. Ich wußte aber nit, wohin diese arbeit kommen solle, derowegen ich auch von keiner lieferung nichts melden können. Über dieses schickte er mir ein modell von holz und alles mit farben angedeutet, was dann eigentlich märmel sein sollte. Weilen sich sodann viel mehr märmelarbeit, als ehevor im abriss angezeiget, hervorgetan, habe ich ihm geschrieben, daß noch 300 fl müssen zugelegt werden, weilen auch noch über das, diese arbeit nacher Crembs solle geliefert werden, welches ich ehevor nit gewußt, und aus diesem habe ich abnehmen können, weilen der Grundriss und modell deme ganz ähnlich, was euer hochwürden vor einem jahr alhier eingeschicket haben, daß es zu dem hochlöbl. stift und kloster Zwedl gehören müsse, welches mir herr Götz dato noch nit angeführt, sondern mich getröstet, es würde nach gelieferter arbeit schon eine besserung folgen, welches mich aber nit vergnüeget oder versichert, daß ich nit schaden leiden müßte, denn auf seine, herrn Götz bezahlung wollte ich mich nit gerne in so große unkösten einlassen, weilen ich schon erfahren, wie er zu bezahlen pflegt, dann er mir noch einen alten ehrlichen rest schuldig ist. Gelanget demnach mein gehorsames anlangen und bitten dahin, daß euer hochwürden mir möchten großgünstig mit rath und that an die hand gehen, was ich in dieser sachen zu tun habe, denn ich weiß nicht, wohin oder wem ich zuschreiben solle, daß ich mich sicherstellen kann. Wann ich das versprechen oder bezahlung von dem hochlöbl. stift und kloster habe, hat es seine richtigkeit und bin zufrieden, denn unter 1200 fl kann ich diese arbeit nicht machen und bis Crembs liefern und das noch ohne mauth, welche ich niemalen über mich genomben habe. Er hat mir auch geschrieben, er will drei oder vierhundert gulden zu einem drangeld oder anfang überschicken, welches aber auch noch dato nit geschehen. Ich aber habe schon große unkösten gemacht, hätte deretwegen ein solches geld vonnöten, wie auch einen sicheren brief oder contract, denn wir sein alle sterbliche leut. Bitte höflich umb einige nachricht, anbei mich solchergestalten euer hochwürden gehorsamb empfehlen wollen.

Salzburg, den 6. Juli anno 1731.

Euer hochwürden
gehorsamer Diener

Sebastian Stumpfögger
hochfürstl. hofsteinmetzmeister in Salzburg.[1]

[1] Für dieses zweite Modell, daß nach dem Götzschen Entwurf hergestellt worden war, hatte die Tischlerarbeiten der Tischler Josef Deller in Wien und die Bildhauerarbeiten J. Christoph Mader, Bildhauer in Wien, besorgt. Der erstere erhielt für seine Arbeit 80 fl.,

Wir sehen also wieder aufs neue, wie gut es ist, wenn man nicht sofort jeder Überlieferung unbedingten Glauben schenkt, sondern zuerst die dazugehörigen Dokumente untersucht. Wenn also wieder einmal von Josef Matthias Götz und seinen Werken die Rede sein sollte, dann werden wir wissen, daß bei der Beurteilung seiner Leistungen äußerste Vorsicht geboten erscheint.

Daß es sehr notwendig ist, bei allen kunstgeschichtlichen Forschungen in erster Linie die erhaltenen Dokumente zu Rate zu ziehen, beweist auch noch folgender Fall, der die kunsthistorischen Kreise zweifellos sehr interessieren dürfte.

Bekanntlich handelte es sich noch vor kurzem darum, festzustellen, von wem der Bau der Kirche und des Klosters der Salesianerinnen am Rennweg in Wien herrührt. Es wurde behauptet, daß der Bau von Johann Bernhard Fischer von Erlach stamme [1]) und ich habe damals auf Grund des mir zu Gebote stehenden Aktenmaterials zu beweisen gesucht, daß er eine Schöpfung des Donato Felice von Allio sei [2]).

Nun hat sich folgendes ereignet: Die ehrwürdigen Schwestern haben alles mögliche aufgeboten, um in diese Angelegenheit Licht und Klarheit zu bringen. Ihre Bemühungen waren nicht vergebliche gewesen, denn vor einigen Wochen (25. Oktober 1909) wurde ich durch ihren Spiritual, den hochwürdigen Herrn Prälaten Dr. Gustav Müller, eingeladen, in das Kloster zu kommen und konnte nun das Resultat ihrer Forschungen sehen. Es ist ihnen tatsächlich gelungen, alle auf den Bau ihres Hauses und ihrer Kirche Bezug habenden Pläne zu finden und da steht es nun schwarz auf weiß, sowohl am Hauptplan des Gebäudes und der Kirche, wie auch am Hauptplan der Gartenanlagen: »Donato Felice Allio fecit et invenit«. Was dieses »fecit et invenit« für uns bedeutet, brauche ich wohl nach dem Vorhergesagten kaum mehr zu erörtern.

Es steht also jetzt wohl außer allem Zweifel, daß Donato Felice von Allio der Schöpfer der Kirche und des Klosters der Salesianerinnen am Rennweg ist.

---

der letztere 145 fl. Die Auszahlung dieser Beiträge erfolgte am 15., respektive 27. August 1730. Es sei mir auch gestattet, gleich hier dem hochwürdigen Herrn P. Benedikt Hammerl sowohl für seine liebenswürdige Führung, wie auch für die bereitwillige Überlassung der oben zitierten Notizen und Briefe meinen herzlichsten Dank auszusprechen.

[1]) Siehe in den Berichten und Mitteilungen des Altertumsvereines zu Wien, 39. Band, Seite 86—97.

[2]) Siehe die Beiträge zur Baugeschichte des Stiftes Klosterneuburg von Dr. Wolfgang Pauker, I. Heft, Seite 48—52.

V. Schlußwort.

Fassen wir das bisher Gesagte kurz zusammen, so ergeben sich für uns daraus folgende Resultate:

a) Wir haben zunächst den **Ausgangspunkt** für die kirchliche Kunstbewegung in den österreichischen Klöstern und Stiften am Beginn des XVIII. Jahrhunderts gefunden, das ist das ehemalige Stift **der regul. Chorherren von St. Dorothea in Wien**.

b) Wir haben ferner den **Künstler** kennen gelernt, der durch mehr als drei Jahrzehnte im Mittelpunkte dieser Bewegung stand, das ist Matthias **Steinl**.

c) Wir haben aber auch über eine Reihe von Fragen Aufschlüsse erhalten, die sicher sehr interessant sind. Dazu gehören vor allem die Aufschlüsse über die Stellung und Bedeutung des »**Ingenieurs**« in jener Zeit. Der Ingenieur ist, wie wir es bei Matthias **Steinl** gesehen haben, in erster Linie **Zeichner**, er verfügt über ein Wissen, das sich womöglich auf alle Zweige der Kunstfertigkeit erstreckt und hat vor allem, wie schon sein lateinischer Name »Inventor« besagt, die Aufgabe, **Projekte zu erfinden** und zeichnerisch festzulegen. Da der Begriff von Kunst und Künstler, wie wir ihn heute besitzen, damals noch etwas Unbekanntes war und auch die Kunst mehr oder weniger als eine Art Handwerk angesehen wurde, geschah es naturgemäß, daß auch die Tätigkeit des Ingenieurs nicht als etwas **Außergewöhnliches** oder **Besonderes** betrachtet wurde. Das Erfinden und Zeichnen war sein Beruf, sein tägliches Brot, sein bürgerlicher Erwerbszweig[1]). Hatte er das Projekt für den betreffenden Auftraggeber erfunden und gezeichnet, dann war in der Regel seine Mission zu Ende, die praktische Ausführung besorgten andere Künstler und Handwerker, die häufig unter seiner Direktion und Leitung standen, zuweilen aber auch ganz frei und selbständig arbeiten konnten. Das hing eben ganz und gar davon ab, **für wen** der Ingenieur zeichnete. Die Auftraggeber konnten Korporationen, Klöster und Stifte, aber auch, wenn ich mich so ausdrücken darf, Privatpersonen,

---

[1]) Daraus erklärt sich auch die ziemlich nüchterne Mitteilung vom Tode Steinls durch den Prälaten Ernest Perger an Sebastian Stumpfögger: »Herrn Steindl seinen brief habe ich erbrochen, maßen er den 18. dieses (nämlich April 1727) in dem drei und achtzigsten jahr seines alters in Gott seelig verschieden. Gott sei seiner armen seele gnädig und barmherzig.« Heute würde man jedenfalls seine Tätigkeit ganz anders einschätzen wie damals.

Künstler und Handwerker, Baumeister, Maler, Bildhauer, Goldschmiede, Stukkotorer, Sticker usw. sein. Er zeichnete für alle, nur mit dem Unterschiede, daß in den Kontrakten, die die Klöster mit den diversen Künstlern und Handwerkern abschlossen, sein Name in der Regel als der des geistigen Urhebers genannt, die Künstler und Handwerker von seiten des Klosters zumeist auch noch unter seine Leitung und Oberaufsicht gestellt wurden, während im anderen Falle sein Name meist spurlos von der Bildfläche verschwand.

Die damaligen »Ingenieure« scheinen aber auch mitunter eine Art **Unternehmer** oder **Kunsthändler** gewesen zu sein, die eventuelle Aufträge entweder in der **eigenen** Werkstatt oder durch ihnen befreundete Künstler und Handwerker in **deren** Werkstatt ausführen ließen. Ich erinnere beispielsweise an den Hochaltar **Steinls** für die Hietzinger Kirche, an den Salvator für die Kanzel in Klosterneuburg oder an das Altarbild für Stoizendorf. Einen solchen Unternehmer haben wir ja auch in der Person des Bildhauers Josef Matthias **Götz** aus St. Nikola kennen gelernt. Auch Matthias **Steinl** scheint im Anfange seiner Tätigkeit ähnliche Aufträge übernommen und ausgeführt zu haben, später aber war er jedenfalls nur mehr **entwerfender Künstler**, der allerdings auf die Bestellung der für die Ausführung erforderlichen Künstler und Handwerker einen bedeutenden Einfluß hatte. Leider besitzen wir von ihm keinen einzigen Brief. Es wäre gewiß sehr interessant, ähnlich wie bei Daniel **Gran**, ihn auch als Mensch kennen zu lernen und zu erfahren, wie sich sein Verkehr mit den diversen Auftraggebern und den diversen Künstlern und Handwerkern abspielte.

Einen überaus wertvollen Beitrag zur Erforschung und Klarstellung der heimischen Kunstgeschichte werden uns zweifellos auch noch die Handbücher des Dürnsteiner Prälaten Hieronymus **Übelbacher**, die ich im kommenden Jahrbuch des Stiftes Klosterneuburg zu publizieren gedenke, erbringen. Es ist überaus merkwürdig, woher dieser Prälat die Ideen und Vorlagen für seine baulichen und kunstgewerblichen Neuanschaffungen hernimmt. Ingenieure, Bildhauer, Figural- und Theatralmaler zeichnen für ihn Entwürfe, daneben benützt er illustrierte Bibeln und Architekturwerke, um daraus passende Vorlagen zu finden. Es wird immer klarer, daß wir künftighin bei der Beurteilung und Einschätzung von Künstlern und Kunstwerken aus jener Zeit von ganz anderen Gesichtspunkten werden ausgehen müssen, als dies bisher der Fall war. Vor allem wird es nötig sein, sich über das Verhältnis des Künstlers seinem **Auftraggeber** gegenüber klar zu werden. Heutzutage ist in der Regel **der Künstler** der tonangebende Faktor. Er schafft im allgemeinen **selbständig** und sucht in erster Linie seine **eigenen** Ideen zu verwirklichen. Der Begriff Künstler ist daher heutzutage in der Regel gleichbedeutend mit dem Begriffe Schöpfer, mögen an seinem Werke noch so viele fremde Hände mitwirken, er ist und bleibt der Künstler, der Schöpfer, der geistige Urheber und alle anderen, die dabei mittätig waren, sind Handwerker, im strengsten Falle Schüler oder Gehilfen des Meisters. Damals aber, am Beginn des 18. Jahrhunderts, war es nicht so. Die Lust zu schaffen war das Vorrecht und die Lieblingsbeschäftigung der großen Herren, sie erdachten und träumten die großen Projekte aus, zu deren Verwirklichung sie dann die Künstler beriefen[1]). Schon daraus ergibt sich für uns ein wesentlicher Unterschied zwischen damals und heute. Der Auftraggeber von damals ließ sich durch nichts und von niemandem binden, er beschäftigte bei der Durchführung seiner Ideen stets den, der ihm für diese oder jene Arbeit am tauglichsten zu sein schien, der führende und tonangebende Mann war und blieb stets er, alle anderen waren nur die Gehilfen, durch die er seine Ideen zu verwirklichen trachtete. Er berief Ingenieure, Baumeister, Bildhauer, Maler etc. etc. Keiner von ihnen war aber im Grunde genommen wirklich schöpferisch tätig in unserem Sinne, sondern jeder von ihnen hatte nur den ihm zukommenden Teil vom Programm seines Auftraggebers und Herrn durchzuführen[2]). Es ist daher sicher nicht richtig,

---

[1]) Ich erinnere beispielsweise nur an Kaiser Karl VI. selbst, an den Prinzen Eugen, den Grafen Althan, den gewaltigen Abt Berthold Dietmayr von Melk, die hochinteressanten Äbte Hieronymus Übelbacher von Dürnstein und Johann Michael Führer von St. Pölten etc. etc.

[2]) Jakob Prandauer arbeitete beispielsweise für Klosterneuburg und wahrscheinlich auch für Melk nur die Grundrisse aus. (Siehe Seite 303.) Beim Turmbau in Herzogenburg führte er das Gebäude überhaupt nur »secundum delineationem des Hofingenieurs Fischer« auf. (Siehe Seite 301.) In Zwettl und Dürnstein arbeitet Josef Mungenast die Pläne für die Türme auf Grund der ihm vom Prälaten vorgelegten Invention des Matthias Steinl aus. (Siehe Seite 300.) Als der akademische Maler Johann Georg Schmidt beispielsweise das Hochaltarbild für die Kirche in Heiligenstadt zu malen hat, wird von ihm verlangt, daß er dieses Bild im Auftrage des Prälaten »nach angebung des herrn Mathiae Staindl« verfertigen soll. (Siehe den Kontrakt Seite 341.) Ebenso wird ihm auch für die 12 Apostelbilder, die er für das Refektorium in Klosterneuburg zu malen hat, genau angegeben, was darauf »exprimiert« werden soll. (Siehe den Kontrakt Seite 345.) Ganz etwas Ähnliches sehen wir auch bei der Veranstaltung der kirchlichen Feier zu Ehren des seligen Petrus Fourerius im Stifte St. Dorothea (siehe Seite 313), wo ebenfalls durch den Prälaten dem Prediger Franz Dittel »das ganze Werk und die Invention deren Sinnbildern« überlassen wird, damit dann auf Grund seiner Ideen der Theatralmaler Antonio Tassi das ganze Projekt ausarbeite. Und wenn wir noch weiter zurückgreifen: Auch in der Turmknopfurkunde von St. Dorothea (siehe Seite 285) finden wir neben dem Namen Steinls den Namen desjenigen, »sub cuius directione« der Bau zustande kam.

Jakob Prandauer als den Schöpfer von Melk, Dürnstein oder Herzogenburg zu bezeichnen, er war auch sicher kein Baukünstler, wie er bisher stets genannt wurde, sondern der ehrliche, tüchtige und wohlerfahrene Maurermeister von St. Pölten, als den er sich stets selbst bezeichnete und als den ihn auch seine damaligen Auftraggeber schätzen und lieben lernten [1]).

Gehen wir nun zur Hauptsache über. Wer stand unter allen Künstlern und Handwerkern dem Auftraggeber am nächsten? Zweifellos der Ingenieur, denn seine Aufgabe war es ja, die Ideen und Pläne des Auftraggebers in eine entsprechende Form zu kleiden. Er mußte daher vor allem drei Eigenschaften besitzen: 1. Rasches und sicheres Erfassen der ihm proponierten Ideen, 2. vielseitige Erfindungsgabe bezüglich der Formgebung und 3. zeichnerische Gewandtheit.

Worin bestand nun die Tätigkeit des Ingenieurs? Er lieferte, wenn ich mich so ausdrücken darf, die Vorlagen, die dann von den diversen Fachleuten praktisch ausgeführt wurden. Dabei können wir eine interessante Beobachtung machen: Der Ingenieur zeichnete zuweilen Vorlagen, die vom praktischen Standpunkt aus nicht durchführbar waren. Woher kam das? Das kam daher, weil der Ingenieur zuweilen in der Technik des einen oder des anderen Handwerkers nicht genügend bewandert war. Was folgt nun daraus? Daraus folgt, daß derjenige der beste Ingenieur war, der in den meisten Gebieten des Kunsthandwerkes zu Hause war, denn dann hatten seine Vorlagen und Entwürfe den Vorzug, daß sie nicht nur zeichnerisch schön, sondern auch praktisch leicht durchführbar waren. Das höchste Lob, das einem Ingenieur zuteil werden konnte, bestand also unstreitig darin, daß man von ihm sagen konnte, er sei auf jedem Gebiete der Kunst zu Hause, denn dadurch wurde er ein wirklicher Künstler, auch in unserem Sinne, er wurde das Zentrum, um das sich ein ganzer Kreis von anderen Künstlern und Handwerkern scharte, er war derjenige, der der Kunst neue Formen und Wege wies, er war derjenige, der der Kunst und dem Kunsthandwerk auf Jahrzehnte hinaus den Stempel seiner Individualität aufdrückte.

Wenden wir nun das bisher Gesagte auf Matthias Steinl an. War er wirklich ein Künstler, auch in unserem Sinne? Zweifellos. Denn das höchste Lob, das damals einem Manne in seiner Stellung gespendet werden konnte, wurde ihm zuteil. In der Turmknopfurkunde des Stiftes St. Dorothea steht es geschrieben: »Inventore Mathia Staindl, viro in omni arte experto«,

---

[1]) Worin die Stärke Prandauers lag, darüber wurde bereits früher gesprochen. (Siehe Seite 306, Anmerkung 4.)

und daß dieses Lob kein leeres Wort gewesen ist, beweisen die von mir in dieser Arbeit publizierten Dokumente. Er beherrschte alles, nach seinen Vorlagen arbeiteten jahrzehntelang Baumeister, Bildhauer, Goldschmiede, Maler, Schlosser, Stukkotorer, Sticker etc. etc. — Er war ein wahrer und wirklicher Künstler, nicht nur im Sinne seiner Zeit, sondern auch nach unserer Auffassung, und dies zu erforschen und zu beweisen, war der Zweck der vorliegenden Publikation.

Anhang.

Der Kontrakt des Stiftes St. Dorothea mit dem kaiserlichen Theatralmaler Georg Sebald Widtmann, die Errichtung des Castrum doloris für den verstorbenen Prälaten Ferdinand Adler betreffend [1]).

»An heunt zu end gesetzten dato ist zwischen denen hochwürdig- und geistlichen hern, Josephum Rosner, des kaiserl. collegiatstift can. reg. lateran. st. Augustini ad st. Dorotheam p. t. dechant, und herrn Franciscum Dittel, derzeit hofmeistern alda, als tempore interregni aufgestellt und denominierter administratores an einem, — dann dem edl und kunstreichen herrn Georg Sebald Widtmann, kaiserl. theatralmalern, anderen teils nachfolgender unwiederruflicher contract abgeredet und geschlossen worden und zwar:

Erstlichen verobligiert sich besagter herr Widtmann, die ihme zu denen nach weyland titl. ihro hochwürden und gnaden herrn Ferdinand, Praelaten zu st. Dorothea, seel. gedächnus, bevorstehenden exequien hierbei aufrichtenden castrum doloris anvertraute malerei solchergestalten angelegen sein zu lassen und das ganze werk mit aller nötigen malerei zu versehen, daß sowohl 1. die vier großen postamenter mit ihren tragsteinern, 2. die vier mitteren tragsteiner, 3. die auf denen postamentern stehenden zwölf figuren sambt zugehörigen zwölf symbolis und überschriften, 4. die auf denen vier mitteren tragsteinern sitzenden genios mit ihren fliegenden schriften, 5. die auf denen postamentern und tragsteinern stehenden acht vasa nebst der ganzen staffelerei, 6. die zwei symbola zur rechten und linken seiten der tumba mit schriften zu haupt und füßen, 7. den berg samt dem von denen jungen abfliegenden alten adler mit der schrift und sonst aller nötiger zugehörung, fein, embsig und ausführlich gemachet, als auch das ganze werk mit allem vor angezogenem annoch vor dem fest Mariae-Himmelfahrt, als den 14. August,

---

[1]) Stiftsarchiv zu Klosterneuburg. Ferdinand Adler starb, 64 Jahre alt, am 9. Juli 1734. Die Exequien wurden am 17., 18. und 19. August 1734 abgehalten.

in völligen stand gebracht und aufgesetzet werden solle. Dahingegen versprechen

Andertens wohlgedachte herrn administratores für sothane specificierte und sonst hierzue all nötige und in stand gebrachte malerei mit sambt dem riss, der bei dem löbl. stift verbleibet, mehr erenntem herrn Widtmann **fünf und siebenzig gulden**, jedoch solle selber sich selbst währender Arbeit zu verkösten haben, bar und aufrecht zu bezahlen. Wie dann auch

Drittens beede herrn administratores verwilliget, die zu diesem castrum doloris von nöten sein sollenden farben und leimb ohne entgelt des herrn Widtmann, doch die pemseln ausgenommen, so selber selbst haben muß, jedesmals zu verschaffen. Was nun

Viertens den farbenreiber anbelanget, so solle derselbe täglich zu mittag allein ein halb wein bei denen leuten im thorsteherstübel nebst 21 kr. taglohn zu genießen haben.

Alles getreulich und ohne gefährde. Dessen zu wahrer urkund sind zwei gleichlautende exemplaria errichtet, von beeden contrahierenden teilen unterschrieben und jedem eines gefertigter zu handen gestellet worden.«

Actum Wienn . . . datum fehlt.

(L. S.)   Josephus Rosner,
   Decanus ad s. Doroth. p. t. Administrator.

(L. S.)   Franciscus Nicolaus Dittel,
   can. reg. ad S. Dorotheam professus, hofmeister
    et p. t. adjunctus administratoris.

(L. S.)   Georg Sebald Widtmann
   Maler.

Personenverzeichnis

zu der Arbeit Dr. Wolfgang Pauker: **Der Bildhauer und Ingenieur Matthias Steinl.**

Abril Adam Martin, Bildhauer 290
Adler Ferdinand, Propst von St. Dorothea in Wien 282 ff., 284, 287, 289 f., 292 ff., 312, 314, 317, 390
Allio, Donato Felice von, Ingenieur und Architekt 305 f., 366, 384
Althan, Graf 287 f., 387
Altomonte Martin, Maler 290, 317
Altschmidt von Hienheimb 294
Anders, Goldschmied 324
Augusti Engelbert, von, Chorherr von St. Dorothea in Wien 284, 293

Bayer Georg von Binnen, Prälat und Domdechant 315
Benedikt XIII., Papst 312, 320
Bernardi Andre, Tischlermeister 377
Bizenhoffer, siehe Pizenhoffer
Bodenstein Cyriak, Kunsthistoriker 306
Braun Matthias, Maler und Vergolder 331 ff., 335 f., 348, 351 f., 364, 367, 381
Brauneck Edmund, Bildhauer 329, 334, 370
Breittenbücher Heinrich, von, Bischof, Generalvikar von Wien 315
Brenner Johann Franz, Bildhauer 324
Brix, Goldschmied 324
Brugg(en) Johann van der, Universitätskupferstecher 309 ff.
— Martin van der, kaiserl. Hofkupferdrucker 309
Brunner Johann Georg, Maler 312
Bucher, kaiserl. Theatralmaler 314

Bussi Antonio Cajetano, Stukkotor 325
— Santino, Stukkotor 325
Camesina Albert, Ritter von Sanvittore, k. k. Konservator 324
Camiller Hieronymus, Chorherr von St. Dorothea 285, 289
Canischbauer, siehe Känischbauer
Caspar Johann Franz, Bildhauer 334, 340, 348, 351, 364, 367 f.
— Magdalena 367
Cini Jakob, Propst von Klosterneuburg 297, 303, 306, 373, 375
Clemens XII., Papst 312
Conte Josef, Zinngießer 347
Coradea Sylvestro de, kaiserl. Hofbildhauer 317

Danelli Emil, O. S. B. von den Schotten zu Wien 315
Danne, siehe Donnee
Deißl Ruppert, Steinmetzmeister 243
Deller Josef, Tischler 383
Dietel Ambrosius, akadem. Kupferstecher und Kupferdrucker 310
Dietmayr Berthold, von, Abt von Melk 302 ff., 387
Dittel Franz Nikolaus, Chorherr von St. Dorothea in Wien 313, 315, 387, 390 f.
Donnee Franz, Maler 311 f.
Donner Raphael, Bildhauer 318, 321
Drexler Karl, Chorherr von Klosterneuburg 379

Personenverzeichnis.

Eckart Josef, S. J. in Wien 315
Eder Georg, Schiffmann 343, 356, 358, 360, 363 f.
— Andre, Schiffmann 356, 360 f., 363 f., 365
Egger Hermann 379
Ellmansperger Johann Jakob, Sticker 370 f.
Endi Andreas, Bildhauer 329
Entzesperger Anna Maria 293
— Johann Andreas, Rat 293
Eugen, Prinz von Savoyen 387

Feill Zacharias, Goldschmied und Juwelier 295
Fernitz Stephan 365
Fischer von Erlach, Ingenieur- und Baumeisterfamilie 280, 296, 380
— Johann Bernhard, Ingenieur und Architekt 301 f., 305 f., 322, 384, 387
Fischer Maximilian, Chorherr von Klosterneuburg, Historiker 308, 312, 319, 321
Friedrich Andreas, Maler 312
Fuchs Johann, Tuchhändler 366
Führer Michael, Propst des Chorherrenstiftes St. Pölten 315, 387

Gagg von Löwenberg, Stifts-Rentmeister 319, 321
Gedhon Matthias, Maler 293
Geißenhoffer Johann Anton, kaiserl. Hofgoldschlager 346, 352
Gerl Matthäus, Maurermeister 326, 342, 365
— Matthias, Maurermeister 365
Glockeysen Lorenz, Goldschmied 295
Göttnickh Gregor, Tischlergeselle 328
Götz Josef Matthias, Bildhauer 300, 381 ff., 386
Gran Daniel, Freskomaler 277 f., 386
Grueber Jakob, Zimmermeister 365

Hammerl Benedikt, O. Cist., Archivar von Zwettl 380 f., 384
Härl Rupertus, Kupferschmied 373
Harrach, Graf 287
Haßlinger Bernhard, Tischlergeselle 327 f.
Hauer Anton, Glasmeister 337
Hayden Hieronymus, Propst von St. Dorothea in Wien 285

Herrmann Augustin, Chorherr von Klosterneuburg 319, 321
Hevinger Andreas, Buchdrucker 309, 311
Hoffmann Johann Michael, kaiserl. Siegel-, Stein- und Münzeisenschneider 323
— Servatius, Bildhauer 330 f.
Högenauer Josef Bernhard, Bildhauer 331, 345 ff., 370
Högenwald Josef, Bildhauer 331
Holbein Anna Maria 293
— Franz Xaver, Ministerial-Bancodeputations-Raitoffizier 293
— Johann Kaspar, Goldschmied 293 ff.
Höllbil Leopold, kaiserl. Stuckgießer 365
Holzmann, bürgerlicher Trödler 285
Hörbst Daniel, Tischlergeselle 328
Hößlin, kaiserl. Kammerjuwelier 348, 353, 363, 367
Hübl Matthias, Steinmetzgeselle 365 f.
Hueber Anton, Bildhauer 290 f.

Ilg Albert, Kunsthistoriker 279 f., 283, 296, 380
Indau Jakob, Ingenieur 310

Josef I., Kaiser 280
Josef II., Kaiser 283 f.
Jungwirth Balthasar, Bildhauer 291, 329 f., 333 f.
Jungwürth, siehe Jungwirth

Kaiser Friedrich, Schlossermeister 374
Känischbauer Johann, kaiserl. Kammergoldschmied 322 f., 334
Karl VI., Kaiser 280, 292, 315, 322, 365, 387
Katzler Matthias Josef 340
— Philipp, Maler 282
Kayser Johann, Bildhauer 291
Keeß Anna Barbara 376
— Johann Ernest, Goldschmied 293, 309, 323, 372 ff.
— Johann Georg, n.-ö. Regimentsrat 293
— Johann Michael, Goldschmied 376
— Johannes, Chorherr von Klosterneuburg 309, 376
Keiblinger Ignaz, O. S. B. von Melk, Historiker 302 ff.
Kinsky, Graf 287

Klotz Hermann, Bildhauer 369
Kollonitsch Sigismund, Graf, Erzbischof 366
Kostersitz Ubald, Propst von Klosterneuburg 323 f., 369
Küchelbecker Johann Basilius, Schriftsteller 322, 347
Kuppelwieser Leopold, Maler 369
Kurzböck Gregor, Universitätsbuchdrucker 320

Lang Johann, Schlossermeister 318, 335 f., 337, 343, 379
Langenauer Matthias, Tischlergeselle 328
Langstöger Maria Susanna 343
Leeb Robert, Abt von Heiligenkreuz 315
Leopold I., Kaiser 280, 285
Leßl Johann Paul, Tischlermeister 340 f.
Liechtenstein Antonie, von, Fürstin 288
Lindtner Thomas, Ziegellieferant 342
Loßband Konrad, Bildhauer 329
Lötzner Tobias, Maler und Vergolder 378

Mader Cristoph, Bildhauer 383
Marckh Leopold, Goldschmied 347, 365
Marold Dunstan, Chorherr von Klosterneuburg 338
Mathielli Lorenzo, Bildhauer 319, 321 f.
Matthäi Christoph, Propst von Klosterneuburg 374, 376
Meickl Friedrich, Tischler 348
Morder Leopold, Tischlermeister 333
Mordl Kaspar, Bildhauer 329
Mösel Maximilian, Steinmetzgeselle 365
Müller Gustav, Prälat 384
— Johann, Nagelschmied 340
Mungenast Josef, Baumeister 300 ff , 304 f., 381, 387

Noltäus von Ottendorf Ferdinand, Propst von St. Dorothea in Wien 283, 285 ff., 297

Obrist Josef Kupferschmied 338
Ott Hans Georg, Schiffmann 343
— Thomas, Schiffmann 343
Öttl Christian, Hofmaurermeister 289
Oxenbauer Ferdinand, Stukkotor 337, 344

Päminger Franz, Chorherr von Klosterneuburg 340

Perger Ernest, Propst von Klosterneuburg 279 f., 283, 295, 303, 305, 308 ff., 318, 322 ff., 329 ff., 333, 335, 338, 340 ff., 345, 348 ff., 353 ff., 370, 377 f., 385
Pfaff Josef, Tischlergeselle 327
Pfeiffer Hermann, Chorherr von Klosterneuburg 284
Pichler Erasmus, Drechslermeister 345
— Peter, Steinmetzmeister 326
— — Ziegellieferant 342
Pizenhoffer Franz, Maler und Vergolder 324, 331 ff., 335 f., 346, 351 f., 364, 367
Planta Leopold a, Propst von Herzogenburg 315
Podner Paul, kaiserl. Kammertischler 292, 364, 367
Prandauer Jakob, Baumeister 301, 303 f., 306 f., 387 f.
Praun siehe Braun
Prunner siehe Brunner

Querk Ignaz, S. J. 316

Rad, kaiserl. Kammerjuwelier 348, 353, 363, 367
Radler Franz, Steinmetzgeselle 365 f.
Reich Andreas, Prinz Eugenscher Brunnenmeister 347, 350, 365
Reinthaler Matthias, Steinmetzmeister 326, 343, 365
Reißmayer Balthasar, Tischlergeselle und Bildhauer 327 f., 334
Riesenhuber Martin, O. S. B., Kunsthistoriker 278, 380
Rimel Johann, Zimmermeister 316
Ristl Augustin, Chorherr von Klosterneuburg 316, 331
Rofrano, Marchese 287
Rosa Sabino da, Freskomaler 344, 379
Röschak Matthias, Holzhändler 333
Rosner Josef, Chorherr von St. Dorothea in Wien 314, 390 f.
Rößler Johann, Hof-Komödienmaler 311
— Johann Georg, Maler 311
Rößler Stephan, Abt von Zwettl 279, 300

Scheidler Franz, Kupferschmied 373
Schmalzer Adam Wilibald, Glasermeister 336 f.

Schmerling Wilhelm, von, Propst von Herzogenburg 302, 315
Schmid Ambros, Chorherr von Klosterneuburg 323, 327 f., 330, 332, 334 f., 344, 350
— Ferdinand, Musiker und Komponist 315
— Johann, Maler 314
Schmidt Johann Georg, akadem. Maler 339 ff., 345 f., 354, 367, 369 f., 380, 387
Schmücker Heinrich, Tischlergeselle 328
Schmuzer Andreas, Kupferstecher 300
— Josef, Kupferstecher 300
Schnerich Alfred 380
Schoiber Thomas, Eisenhändler 344, 365
Schönthaler, Bildhauer 369
Sebald Ivo, Chorherr von Klosterneuburg 323, 339
Seitz Anna Barbara 376
— Johann, Hafner 376
Sigoni Francesco, kaiserl. Theatralmaler 314
Sinhueber Benedikt, Tischlergeselle 327
Spätz Johann Baptist, Bildhauer 372 f.
— Johann Peter, Bildhauer 372
Stadler Hans, Müller- und Sägemeister 345
— Johann Augustin, Goldschmied 292 f., 295
Staindl Ferdinand Hieronymus, Chorherr von Klosterneuburg 283
— Johann 283
— Josue 283
— Katharina 283
— Maria Salome 283
Starmayr Johann Gottlieb, Freskomaler 337
Steindl Adrian, Minorit 283
Steinl Anna Rosina 281
— Cäcilia 281 f.
— Matthias 282

Stöber Benedikt, Bildhauer 282 f., 291, 377 f.
Strasser Christian, Stukkotor 337
— Johann, Bildhauer 329 f.
Stumpfögger Sebastian, Steinmetzmeister 280, 347 ff., 354 ff, 381 ff., 385

Tassi Antonio, Theatralmaler 305, 312 ff., 370, 387
Thurn Ferdinand, O. Praed. in Wien 315
Thut Christophorus, Propst von St. Dorothea in Wien 294
Trauttmansdorff, Graf 287

Übelbacher Hieronymus, Propst von Dürnstein 294, 299 ff., 307, 386 f.

Vogel Anton von Krallern, Abt der Schwarzspanier in Wien 315
Voigt Georg, Tischlermeister 345

Wallner Gilbert, Chorherr von Klosterneuburg 350
Weickhman Johann Andreas, Kupferstecher 309 ff.
Weiskamb, kaiserl. Obertapezierer 314, 317
Weyer Johann, Tischlermeister 292
Widtmann Georg Sebald, kaiserl. Theatralmaler 313 f., 370, 390 f.
Widtsack Balthasar, Vergolder 291
Wiedtschödl Stephan, Tischlergeselle 327 f.
Winst Cäcilia 281
— Stephan, kurfürstl.-bayrischer Trompeter 281
Wüttich Kaspar, Bürger von Wien 281, 283

Zaunack Melchior, von, Abt von Zwettl 300, 381 ff.
Zengerle Johann, Tischlermeister 358, 360

Tafel I.

Frospekt der Kirchenfassade des ehemaligen Chorherrenstiftes St. Dorothea in Wien.
(Originaltafel im Museum des Stiftes Klosterneuburg.)

Ansicht der ehemaligen Kirche u[nd...]
(Originalzeichnung i[...])

Tafel II.

maligen Stiftes St. Dorothea in Wien.
s Stiftes Klosterneuburg.)

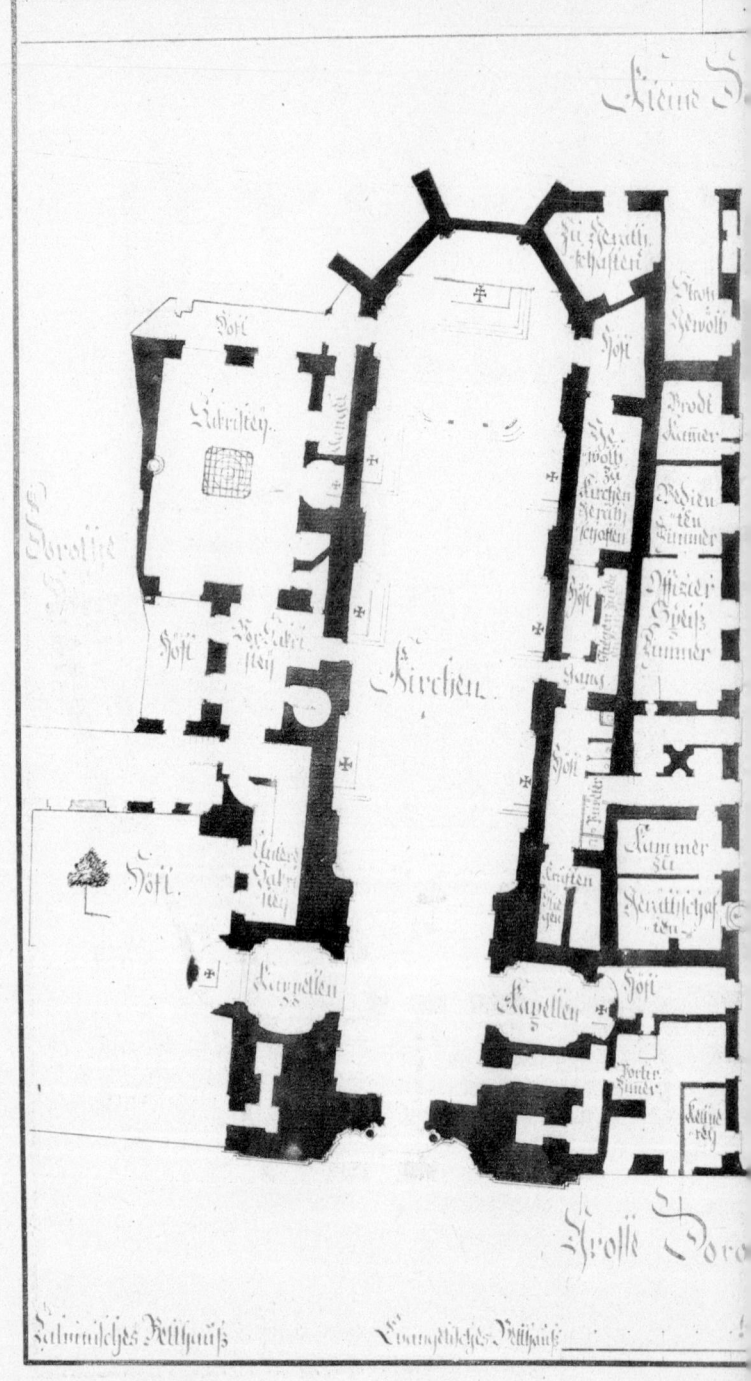

Grundriss des ehema

Tafel III.

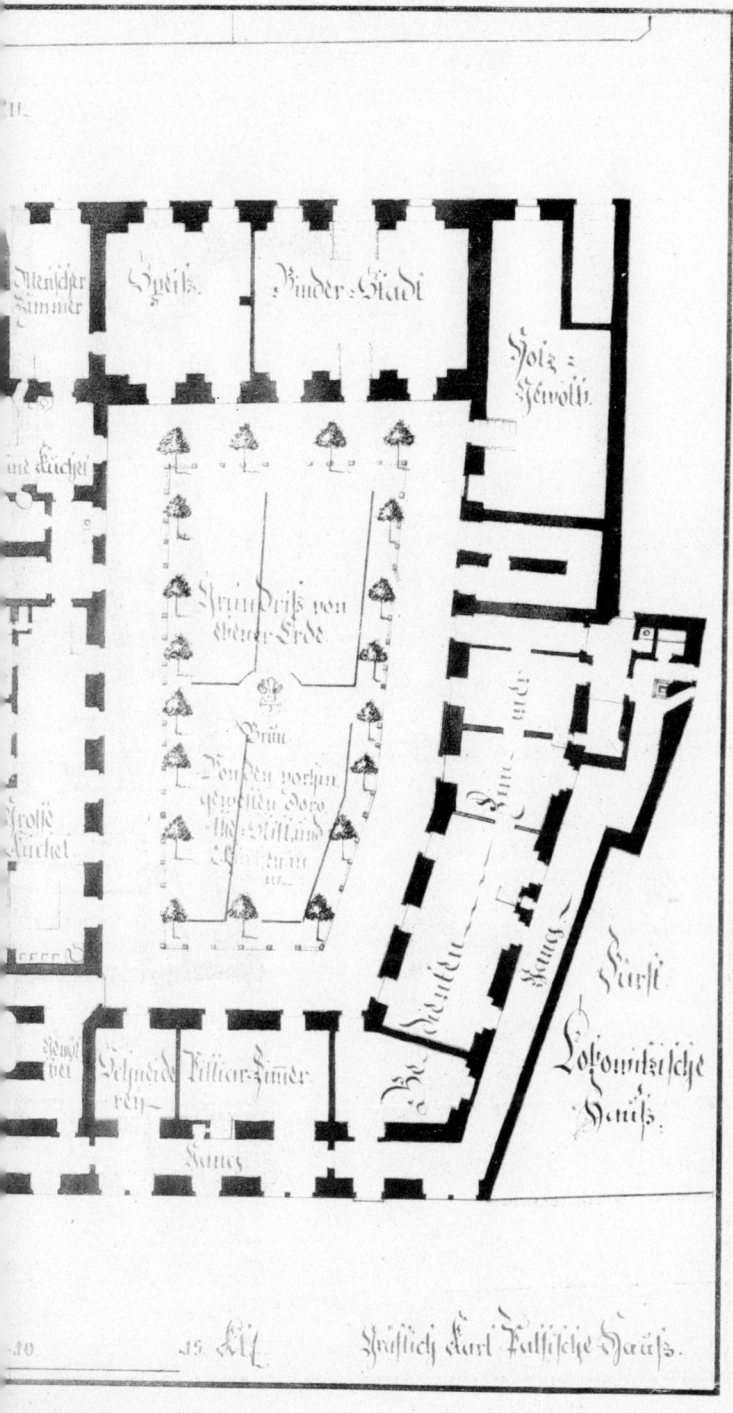

Dorothea in Wien.

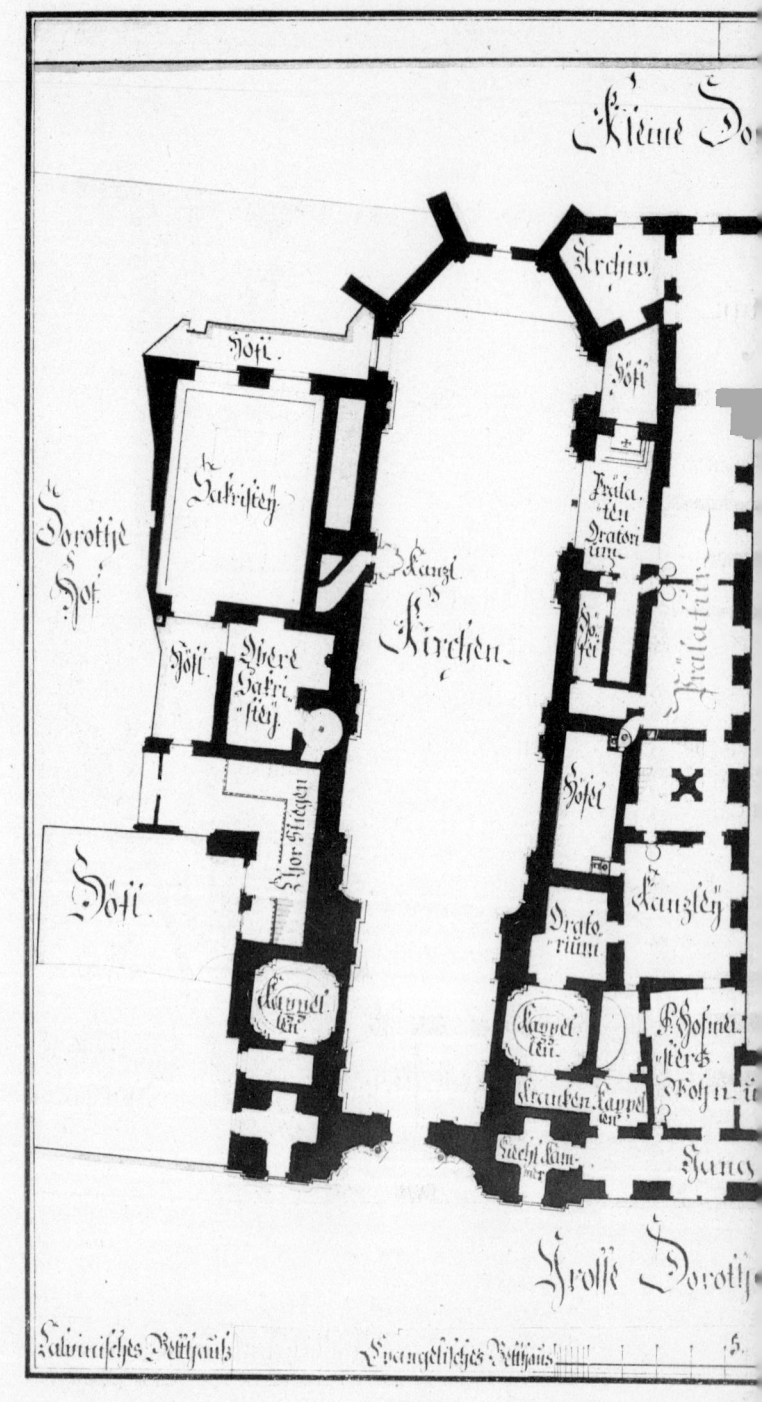

Grundriss des ehemalig

Tafel IV.

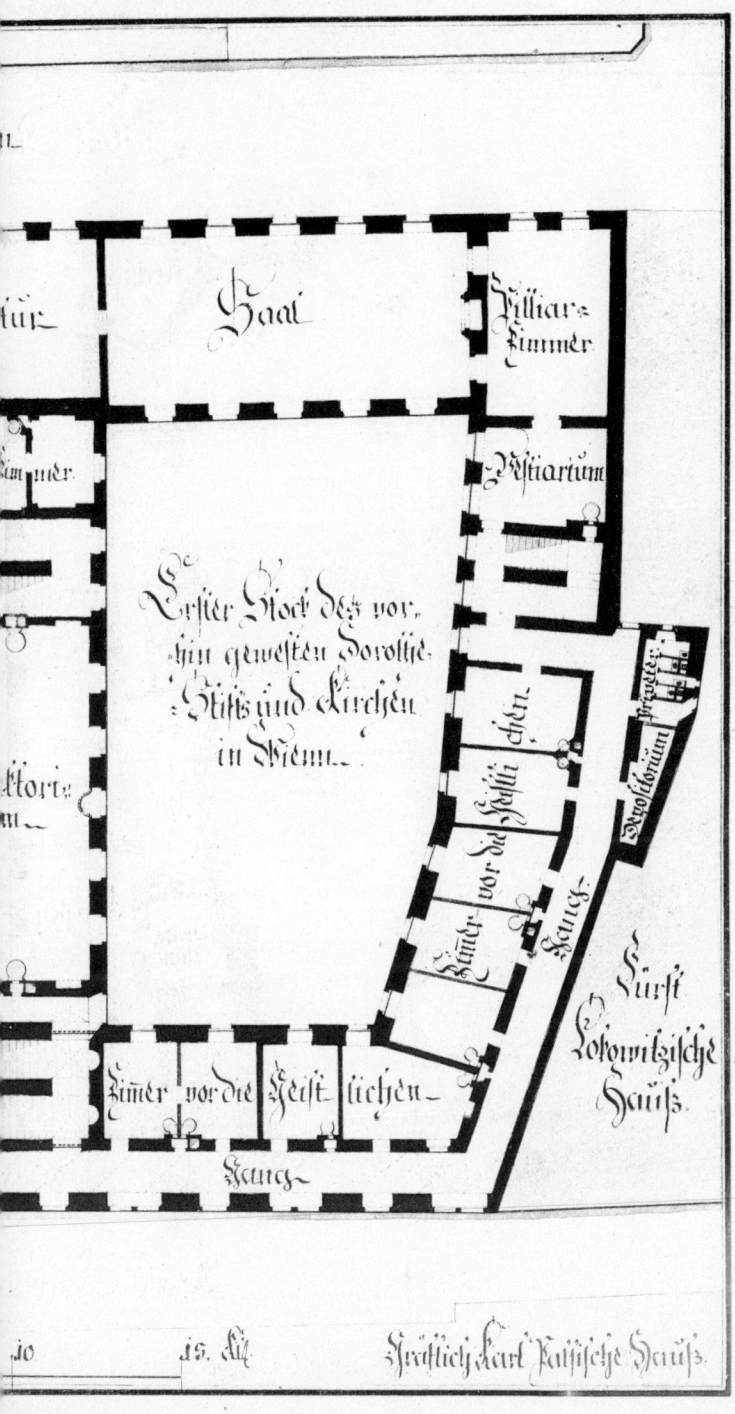

Dorothea in Wien.

Grundriss des ehem.

Tafel V.

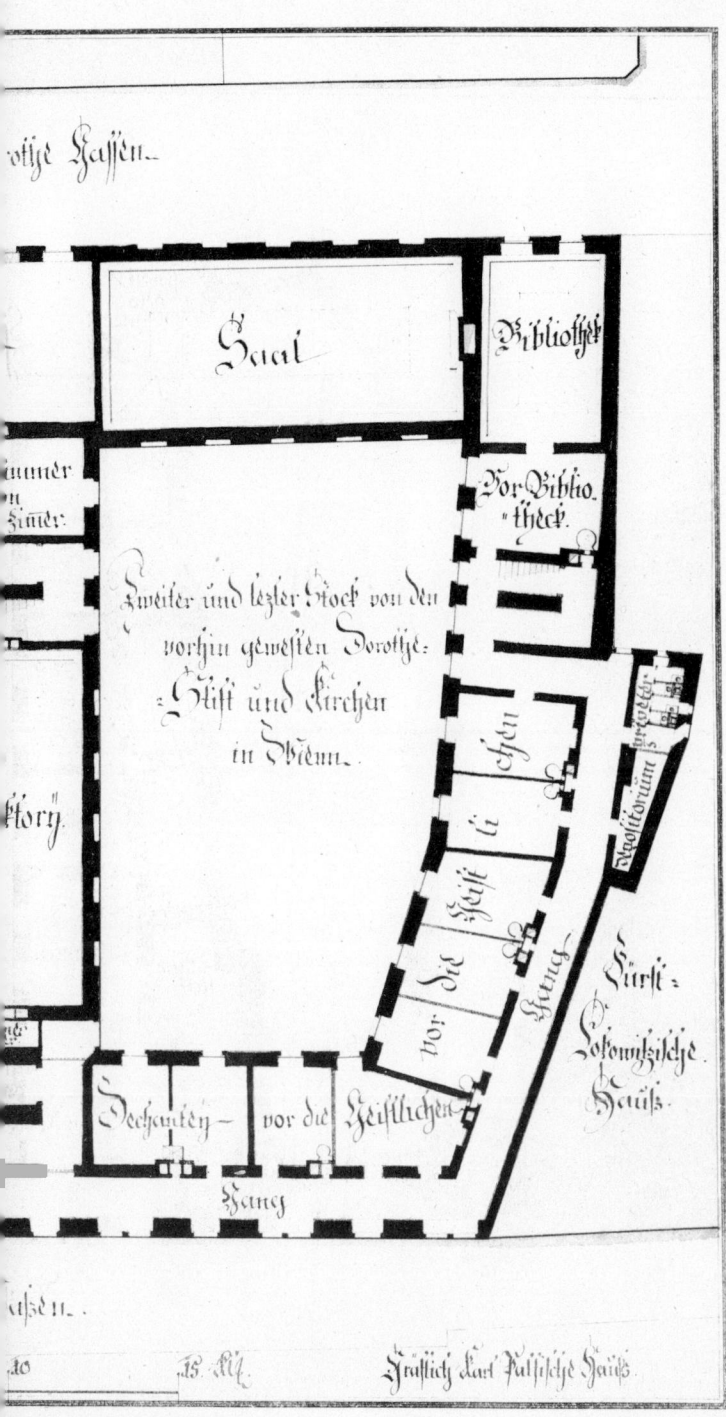

St. Dorothea in Wien.

Tafel VII.

Kirchturm von Dürnstein.

Kirchturm vom Stift Zwettl.

Tafel VIII.

Turm der Stiftskirche in Herzogenburg.

Tafel IX.

Altar-Riss für die Pfarrkirche in Sallapulka, von Joh. Bernh. Fischer von Erlach.
(Originalzeichnung im Stiftsarchiv von Herzogenburg.)

Tafel XI.

**Steinls Entwurf zur Triumphpforte
mit den Statuen der österreichischen Markgrafen. (1714).**
(Original im Stiftsarchiv zu Klosterneuburg).

Tafel XII.

Steinls Entwurf zur Triumphpforte
mit den Statuen der österreichischen Herzoge. (1714)
Original im Stiftsarchiv zu Klosterneuburg).

**Steinls Entwurf zur Triumphpforte
mit den Bildnissen der Kaiser aus dem Habsburgischen Hause. (1714).**
(Original im Stiftsarchiv zu Klosterneuburg).

Tafel XIV.

Das Friedhofsportal in Klosterneuburg.

Tafel XV.

Die große Monstranze in der Schatzkammer des Stiftes Klosterneuburg.

Tafel XVI.

Monstranze in Herzogenburg.

Pontifikalkelch in Herzogenburg.

Monstranze in Dürnstein.

Tafel XVII.

Hochaltar der Pfarrkirche in Hietzing.

Tafel XVIII.

Die Kanzel der Stiftskirche in Klosterneuburg.

Tafel XIX.

Steinls Salvator-Statue für den Schalldeckel der Kanzel in der Stiftskirche zu Klosterneuburg.

Tafel XX.

Das Chorgestühl der Stiftskirche in Klosterneuburg.

Tafel XXI.

Chorgestühl und Oratorium der Stiftskirche in Klosterneuburg.

Tafel XXII.

Detail vom Chorgestühl der Stiftskirche in Klosterneuburg.

Tafel XXIII.

Der Hochaltar der Stiftskirche zu Klosterneuburg.

Tafel XXIV.

Die Zeichnung des Bildhauers Joh. Franz Caspar für das Tabernakel des Hochaltars nach dem Steinlischen Hauptmodell.
(Original im Stiftsarchiv zu Klosterneuburg.)

Tafel XXV.

Das Altarbild für den Hochaltar der Stiftskirche zu Klosterneuburg.
(Skizze von Joh. Georg Schmidt.)

Tafel XXVI.

Das Gitter zur Kanzelle des Hochaltars.
(Unten der Entwurf, oben die Ausführung.)

Tafel XXVII.

Die Kirchenstühle in der Stiftskirche zu Klosterneuburg.

Tafel XXVIII.

Das Meßgewand des Leopoldi-Ornates in Klosterneuburg.

Tafel XXIX.

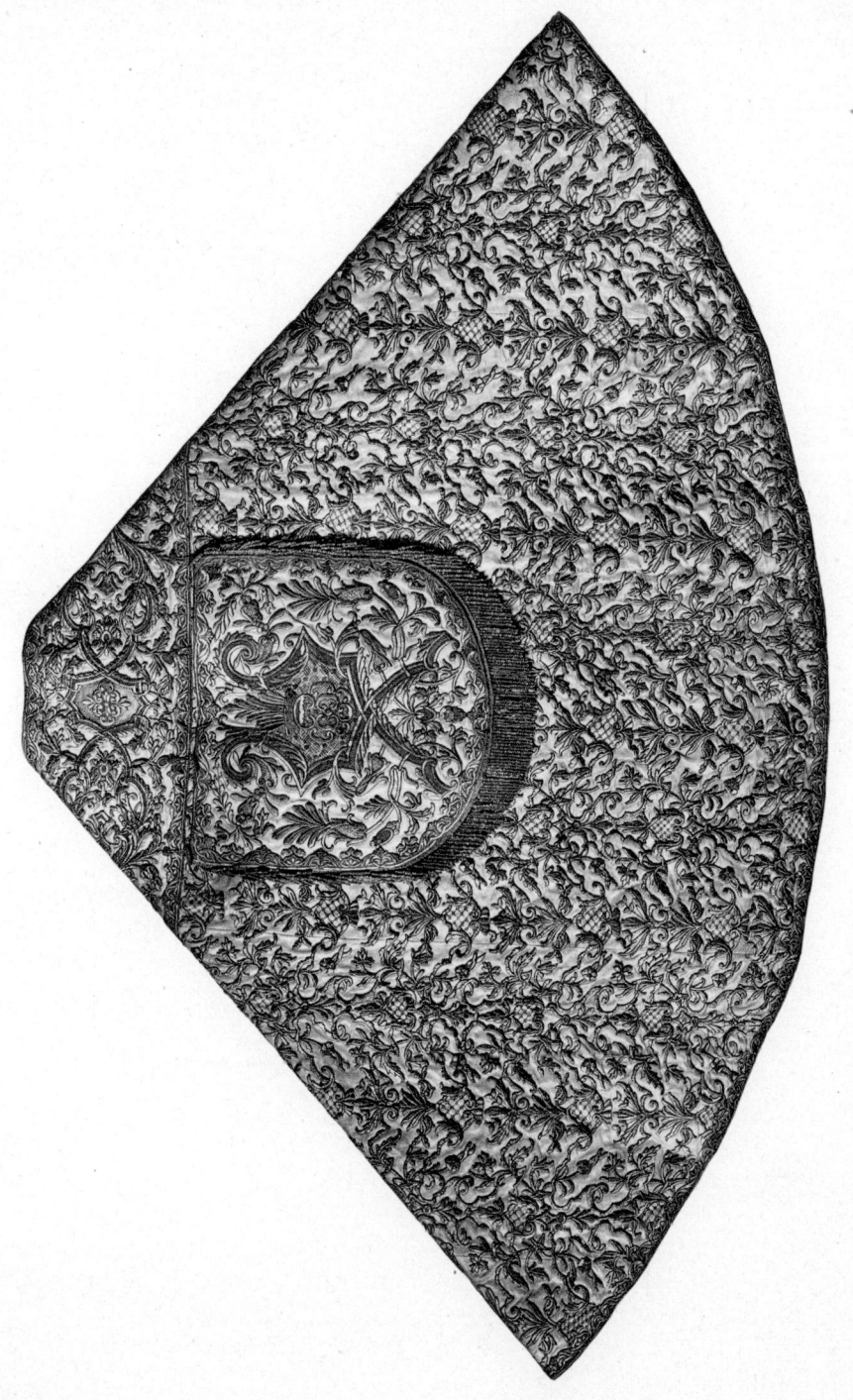

Das Pluviale des Leopoldi-Ornates in Klosterneuburg.

Tafel XXX.

Das sogenannte «alte» Refektorium des Stiftes Klosterneuburg.

Tafel XXXI.

Der Brunnen aus dem sogenannten «alten» Refektorium.

Tafel XXXII.

Die Kanzel aus dem sogenannten «alten» Refektorium.

Tafel XXXIII.

Der Hochaltar in der Pfarrkirche zu Leopoldau mit dem Steinlischen Tabernakel
und Antipendium aus der Pfarrkirche zu Heiligenstadt.

Tafel XXXIV.

Altarblatt (der heil. Augustinus) von Joh. Georg Schmidt.

Altarblatt (der heil. Michael) von Joh. Georg Schmidt.

Tafel XXXV.

Statue des hl. Florian in der Pfarrkirche zu Leopoldau.

Lichtdruck v. Max Jaffé, Wien.

E 28   Z 1 . 2 .   (22960)